(原书第7版)

质量管理

[美] 詹姆斯·R. 埃文斯（James R. Evans）著
辛辛那提大学

苏秦 刘威延 等译

Quality and Performance Excellence

Management, Organization, and Strategy

(International Edition)

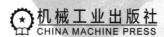

图书在版编目（CIP）数据

质量管理（原书第7版）/（美）詹姆斯·R. 埃文斯（James R. Evans）著；苏秦等译. —北京：机械工业出版社，2020.8（2024.1重印）

（管理教材译丛）

书名原文：Quality and Performance Excellence: Management, Organization, and Strategy

ISBN 978-7-111-64099-8

I. 质… II. ①詹… ②苏… III. 质量管理 IV. F273.2

中国版本图书馆CIP数据核字（2020）第045038号

北京市版权局著作权合同登记　图字：01-2015-2820号。

James R. Evans. Quality and Performance Excellence: Management, Organization, and Strategy, 7th Edition, International Edition.

Copyright © 2014, 2011 South-Western, Cengage Learning .

Original edition published by Cengage Learning.CMP Press is authorized by Cengage Learning to publish and distribute exclusively this simplified Chinese edition. This edition is authorized for sale in the Chinese mainland (excluding Hong Kong SAR, Macao SAR and Taiwan). Unauthorized export of this edition is a violation of the Copyright Act. No part of this publication may be reproduced or distributed by any means, or stored in a database or retrieval system, without the prior written permission of the publisher.

All rights reserved.

本书原版由圣智学习出版公司出版。版权所有，盗印必究。本书中文简体字翻译版由圣智学习出版公司授权机械工业出版社独家出版发行。此版本仅限在中国大陆地区（不包括香港、澳门特别行政区及台湾地区）销售。未经授权的本书出口将被视为违反版权法的行为。未经出版者预先书面许可，不得以任何方式复制或发行本书的任何部分。

本书封底贴有 Cengage Learning 防伪标签，无标签者不得销售。

本书涵盖了质量管理领域近年来的观点和实践，作者通过生动的叙述和丰富的现实案例，阐释了和全面质量与卓越绩效相关的基本准则和方法，以及这些准则和方法应该如何应用于不同类型的组织之中，说明了质量管理的基本原则与管理学课程中的理论和模型之间的关系。

本书可以作为MBA、EMBA、工业工程硕士、项目管理工程硕士等的教学用书，也可供从事质量管理相关工作的企业人员阅读。

出版发行：机械工业出版社（北京市西城区百万庄大街22号　邮政编码：100037）
责任编辑：贾　萌　　　　　　　　　　　责任校对：李秋荣
印　　刷：固安县铭成印刷有限公司　　　版　　次：2024年1月第1版第4次印刷
开　　本：185mm×260mm　1/16　　　印　　张：24.5
书　　号：ISBN 978-7-111-64099-8　　　定　　价：89.00元

客服电话：(010) 88361066　68326294

版权所有·侵权必究
封底无防伪标均为盗版

译者序

卓越绩效是当前国际上广泛认同的一种组织综合绩效管理的有效方法,它源自美国鲍德里奇国家质量奖评审标准,以顾客为导向,追求卓越的经营绩效。卓越绩效后来逐步风行世界发达国家与地区,成为一种卓越的管理模式,即卓越绩效模式。

《质量管理》(原书第7版)以卓越绩效模式为核心内容,系统、全面地介绍了现代工程师和管理者必备的质量管理知识与方法,注重理论联系实际,综合运用组织管理学、统计学、质量控制和供应链管理等各领域的概念与原理,对生产控制、组织变革、企业绩效等各个方面做出了详尽的指导,内容丰富且条理清晰,堪称质量管理学的经典之作。

詹姆斯·R. 埃文斯是美国辛辛那提大学教授、卓越绩效中心主任,拥有佐治亚理工学院工业与系统工程博士学位。他曾担任美国决策科学学会(Decision Sciences Institute)主席(1997~1998年),在美国鲍德里奇国家质量奖评审委员会任职达14年之久,目前担任《质量管理杂志》(*Quality Management Journal*)编委。埃文斯先生出版过20余本有关运营管理和质量管理的教材,同时发表了90余篇相关领域的研究论文。在2004年5月的美国质量协会年会上,埃文斯教授凭借本书第6版(与林赛教授合著)被授予"克劳士比奖章",该奖章仅授予对质量管理原理、方法和技术的理念与应用的扩展有突出贡献的人。

埃文斯教授担任美国鲍德里奇国家质量奖评委多年,对卓越绩效准则有深刻的理解,并将其数十年研究与实践成就的核心内容凝练到了本书中。本书贯穿了卓越绩效准则的框架和要点,同时突出以追求卓越绩效管理模式为导向的组织管理与变革,既着眼于具体质量管理和控制技术的介绍与应用,又聚焦于组织层面的设计与重构。本书通过大量实践案例,详细地阐述了卓越绩效模式在组织管理中的战略地位与应用原则,为卓越绩效模式的开展提供了具体指导,因此,本书既可作为我国高校质量管理和质量控制课程的教材,也可供广大从事质量管理工作的人员阅读参考。

全书分为四个部分,第一部分介绍了质量与卓越绩效模式的基础知识,第二部分围绕供应链背景下卓越绩效模式的应用展开,第三部分介绍了卓越绩效与组织行为学的关系,第四部分介绍了卓越绩效模式对组织变革的影响。四个部分之间既相对独立又互有关联,教师可根据实际情况开展教学与学习活动。

本书第一部分由刘威延和牛腾翻译，第二部分由王灿友和郑帅翻译，第三部分由赵丁、马俐、程光路翻译，第四部分由苏秦和杨毅翻译。全书由苏秦和刘威延审译并统稿。另外，博士研究生张文博、欧阳智、李乘龙、王洁、刘丹参与了部分章节的初译工作，在此深表谢意！

机械工业出版社的编辑对本书的出版给予了热情帮助并付出了大量的辛勤劳动，特表示衷心感谢！

苏　秦

西安交通大学

前　言

美国质量协会注意到了媒体报道中涌现的新问题。究竟是哪些问题呢？无论是在食品安全、玩具召回事件中，还是在卫生保健、汽车工业中，产品缺陷都十分突出。毋庸置疑，质量（或质量缺失）对每个人的生活而言都举足轻重。因此，本书的内容与当代学生、工人以及商业领袖都息息相关，并且至关重要。对于刚毕业的学生来说，要想在当今高度竞争的商业社会中取得成功，理解质量与卓越绩效的准则是十分必要的。

关于质量与卓越绩效这个主题有多种研究方法，但仅依靠学生自己学习相关准则是较为困难的。因为尽管这些方法部分相似，但每种方法都有独特的术语和缩写，从而导致学生在初次学习的过程中很难明确把握这个主题。另外，大多数有关质量的书籍并没有基于学生的实际需求和经历来编写。

本书有以下三个目标：

- 使学生熟悉和全面质量与卓越绩效有关的基本准则和方法；
- 向学生展示这些准则和方法如何在不同的组织中发挥作用；
- 阐述基本准则与当前流行的管理学课程中的理论及模型之间的关联。

本书介绍了和质量与卓越绩效相关的基本准则及方法工具，并且提供了许多可以用于课堂讨论的案例，其中大多数案例聚焦于北美、南美、欧洲及亚太地区制造业和服务业中的大中小企业。

本书的内容框架可以作为管理学、组织理论、组织行为学、战略管理（或运营）教材的补充，也可以用来在选修课程上对质量与卓越绩效做一个介绍。学习过管理学和组织理论、组织行为学等基础课程的学生将更为熟悉本书提到的大多数管理理论，这些理论有助于学生正确地使用质量与卓越绩效准则。

第 7 版的变化

本书第 6 版对章节内容进行了较大幅度的修改并重新编排了章节顺序，更加突出了本书主题的逻辑性，而第 7 版则主要关注内容的实时性，同时保持原有版本一贯的学生友好型风格。修订内容包括章首的卓越绩效引例,并增添了一些当下的相关话题、专栏和章末案例。

本书组织架构

本书内容架构的弹性相当大,可以满足不同教师的需求。除前两章之外,其他所有章节都可以按任意顺序排列。与大多数质量方面的书籍不同,本书根据传统管理主题展开组织架构。这样的框架可以帮助学生在组织设计和领导等方面理解质量准则和管理理论的相似之处。在很多传统的管理书籍中,质量总是被表达为一种新的或与管理不同的概念,但这显然是不正确的。

本书的大多数质量准则都以教师或学生十分熟悉的管理理论为基础,因此本书的架构可以帮助学生领会质量与卓越绩效和这些管理理论的差异。

本书分为四个部分。第一部分是质量与卓越绩效基础,介绍了全面质量与卓越绩效的核心原理,接着解释了其如何与熟知的管理理论相关联。同时,这一部分在一般商业管理框架和战略里定位了质量思维,介绍了过程管理中用到的工具。每章章首都有一个"卓越绩效引例",强调了获得鲍德里奇国家质量奖的组织的实践与本章内容的相关性。

第1章介绍了全面质量与卓越绩效的概念及其在制造、服务、卫生保健、教育和非营利性组织中的适用性,质量准则的演变,以及全面质量的当代原理及其与代理理论之间的关系。

第2章介绍了组织追求卓越绩效的三个主要框架:鲍德里奇国家质量奖、ISO 9000:2000以及六西格玛,重点介绍了这些方法在构建卓越绩效中的价值,并且讨论了它们的相似及不同之处。戴明、朱兰和克劳士比的思想启发并创建了这些框架的基础。

第3章介绍了过程管理,总结了产品和服务的设计质量以及在制造与服务运营中控制质量的最重要的工具和技术。本章的主题有:质量功能展开、故障模式和影响分析、防错法、统计思维以及统计过程控制。此外,本章也讨论了质量、统计思维的创造性与创新,以及包括统计过程控制在内的质量控制工具的有效使用。

第4章集中在质量和过程改进工具等内容上,包括改善、戴明环、六西格玛DMAIC、精益思维、七种质量控制工具、标杆管理和再造以及一些创造性和创新概念。本章阐述了运营中过程管理的一些例子。

第二部分是卓越绩效、战略与组织理论,从战略角度介绍了质量与卓越绩效的重要性、客户–供应商关系的概念以及组织设计扮演的角色。

第5章讨论了在组织战略中为了获得竞争优势,质量与卓越绩效充当的角色,以及从竞争对手中脱颖而出的意义及实现的方法,还讨论了基于质量的战略计划过程和战略工作设计活动。战略管理的一个重要方面是使用关于标准和信息的"平衡计分卡"以实现数据驱动决策过程,本章也重点讨论了这一话题。

第6章讨论了在高绩效组织中顾客与供应商的重要性,阐述了顾客–供应商关系的原理、处理顾客－供应商关系的实践、顾客与供应商在实践中的例子及其与组织理论的联系。

第7章的重点是如何设计组织以支持卓越绩效，解释了高绩效组织为何必须与传统的组织、组织设计方法、成功用质量观点重组的组织案例相区别，并且与组织设计理论进行了对比。

第三部分是卓越绩效与组织行为学，讨论了团队合作及授权等内容，并且把质量与群体和激励的概念联系了起来。

第8章关注团队合作，强调了在高绩效组织环境里团队合作的重要性，并且描述了在组织中普遍存在的团队类型，包括六西格玛项目团队。本章也从组织角度讨论了团队如何才能有效地工作，阐述了一些在实践中团队合作的例子，并对基于质量的团队概念和组织行为理论进行了比较。

第9章介绍了员工参与、授权、激励的重要概念。本章描述了员工参与的范围和益处、授权在组织中尤为重要的原因、成功引入并维持员工参与及授权的准则，以及成功的团队合作的例子。在支持质量投入的组织实践环境下，本章讨论了激励概念，同时也在当今较为流行的一些与激励相关的组织理论背景下讨论了这些概念。

第四部分是领导与组织变革，讨论了致力于使卓越绩效成为现代组织组成部分的相关实践，关注领导和达成卓越绩效的过程。

第10章关注领导、质量负责人的角色、领导的实战例子以及与传统领导理论的关系。

第11章以组织变革和学习、组织文化、维持长期卓越绩效方法的讨论作为结束。本章也阐述了在实践中一些组织变革的例子以及质量导向变革与组织理论的联系。

本书每章的后面都有相应的注释，为愿意深入学习这些主题的学生提供了一些参考。

致谢

感谢我的朋友兼同事 Dr. James W. Dean, Jr.，他是本书早期版本的合著者，在确定本书版式和特征以及将质量概念与传统管理和组织理论整合等工作上贡献卓著。

十分感谢评论家对本书早期版本提出的改进意见，他们是：

Phyllis Alderdice，Jefferson Community College

Mohsen Attaran，California State University—Bakersfield

Victor Berardi，Ken State University

George Bertish，University of Central Florida

Dr.Joseph D.Bono，Barry University

Gary Bragar，Bloomfield College

Frank Carothers，Somerset Community College

Robert Carver，Stonehill College

Elia Chepaitis，Fairfield University

Tim Davis, Cleveland State University

Kevin Van Dewark, Humphreys College

Dean Elmuti, Eastern Illinols Uiversity

Elizabeth Evas, Concordia College

Lou Firenze, Northewood University

Mark Goudreau Johnson &Wales University

Marjorie Hance, College of St. Catherine

Jodi Harrison, Northewood university

John Hironaka, California State University Sacramento

Jane Humble, Arizona State University

Santiago Ibarreche, University of Texas—El Paso

Yunus Kathawala, Eastern Illinois University

Kathleen Kerstetter, Davernport University

Dan Kipley, Azusa Pacific University

Dr.Kees Rietsema, Devry

Malcolm Keif, Cal poly State University

Patrick Lee, Fairfield University

Roger McHaney, Kansas State University

Jalane Meloun, Barry University

Ellen Mink, Kentuckt Community and Technical College System

Connie Morrow, Somerset Community College

David Murphy, Madisonville Community College

Judi Neal, University of New Haven

Ken Paetsch, Cleveland State University

Dr. Michael Provitera, Barry University

Stanley Ross, Bridgewate State College

Mark Schuver, Purdue University

Kris Sperstad, Chippewa Valley Technical College

Matthew P. Stephens, Purdue University

Scott Stevens, Eastern Illinois University

Walter Tucker, Eastern Michigan University

Oya Tukel, Cleveland State University

Ryan Underdown, Lamar University

Tomas Velasco, Southern Illinois University

Larry Williamson, Pittsburgh State University

Nesa Wu，Eastern Michigan University

最后，非常感谢来自 Cengage Learning 的编辑 Charles McCormick Jr. 和 Conor Allen 的帮助，同时非常感谢之前在 West Publishing 公司和 South-Western 出版社工作的编辑 Richard Fenton、Esther Craig 和 Alice Denny。

和许多商业及学术领袖一样，我认为，不仅对于商业竞争优势，而且对于有意义的工作和生活中的诚信而言，质量都是必不可少的。如果本书能够帮助学生在提升所在组织的产品及服务质量上大显身手，或帮助他们意识到质量的重要性，那么我们的付出就是值得的。

如果你对本书下一版有改进建议或者可以提供更好的案例，我们将很乐意听取并且在下一版中对你的贡献致谢。请通过电子邮件（James.Evans@UC.edu）随时联系我们。

詹姆斯·R. 埃文斯

教学建议

教学目的

1. 理解质量与卓越绩效相关的基本概念、基本原则和方法，认识并了解代理理论、组织模型等，了解这些基本理论是如何对组织产生影响的。

2. 掌握戴明、朱兰、克劳士比的管理理念，认识这些管理理念与卓越绩效的关系，全面认识现阶段的质量与卓越绩效模型，并掌握美国鲍德里奇奖、ISO 9000 认证和六西格玛管理的精髓。

3. 掌握质量设计和控制的各种工具与技术。

4. 理解并掌握持续改进的观点和方法，理解组织使用过程改进的方法与工具，认识和了解突破性改进、创造力及创新的重要性。

5. 认识并了解竞争优势的概念、特征和来源，掌握差异化战略的概念以及质量影响战略规划的两种方式。

6. 认识顾客 – 供应商关系对于卓越绩效的重要性，掌握顾客 – 供应商关系的三个原则和服务顾客的四个实践，对基于组织理论的顾客 – 供应商关系有清晰的了解。

7. 了解组织结构的概念以及影响组织结构选择的因素，掌握职能型结构的优缺点，全面认识和掌握为实现卓越绩效进行组织重构的几种方式。

8. 了解质量环境下团队的重要性，掌握组织内部几种不同团队的类型，并了解各种团队在不同组织中的具体应用。

9. 理解员工参与的范围，全面认识和掌握授权的重要性及成功授权的原理。

10. 理解领导对于质量的重要性，了解卓越绩效中领导者的角色，以及领导的全面质量理论与其他一些著名领导理论的异同点。

11. 了解组织变革对于实现卓越绩效的重要性和适用范围，掌握组织变革的全面质量观与组织理论之间的联系。

授课建议

本课程以课程教学为主、案例讨论为辅，建议总教学时数 32 或 48 学时（不含案例分析和互动性实践学时）。

授课进度

部分	教学内容	学习要点	课时安排 质量管理类专业专科	课时安排 非质量管理类专业本科
第一部分 质量与卓越绩效基础	第1章 导论：质量与卓越绩效	1. 掌握质量与卓越绩效的概念 2. 理解质量与卓越绩效对于组织的文化和管理体系的重要性 3. 了解"质量革命"的历史 4. 理解制造业、服务业、医疗业、教育行业和政府组织中的质量，掌握质量与卓越绩效的基本原则和行为实践 5. 掌握质量与管理理论中组织模式的关系	4	2
	第2章 质量与卓越绩效框架	1. 掌握戴明、朱兰、克劳士比的管理理念内容 2. 理解鲍德里奇国家质量奖和其他相关奖项、ISO 9000和六西格玛等作为质量与卓越绩效框架的意义	4	2
	第3章 质量设计与控制的工具和技术	1. 掌握过程管理的工具和方法，理解这类工具和方法的具体应用 2. 了解统计思维的原则，并认识它可作为有效管理的一个基础	8	4
	第4章 质量改进的工具和技术	1. 了解持续改进的观点和方法，阐述改进方法的具体应用 2. 掌握过程改进的一系列工具的应用，包括六西格玛和精益六西格玛 3. 了解突破性改进、创造力和创新的重要性	6	4
第二部分 卓越绩效、战略与组织理论	第5章 竞争优势和卓越绩效的战略管理	1. 认识质量和盈利能力之间的关系，了解成本领导、差异性等概念 2. 理解质量在满足顾客对产品设计、服务、灵活性、变化、创新和快速响应的期望上的重要性 3. 了解信息在战略规划和质量聚焦决策上的作用，掌握质量在战略形成和实施上的作用	6	2
	第6章 顾客-供应商关系质量	1. 认识顾客-供应商关系对于卓越绩效的重要性 2. 掌握顾客-供应商关系的原则和实践，认识顾客和供应商之间的有效合作的应用 3. 理解高质量的顾客-供应商关系与传统组织理论的不同	4	4
	第7章 卓越绩效的组织设计	1. 了解与组织结构选择有关的问题，掌握最常见的组织结构——职能型结构 2. 理解职能型结构的优点、不足以及如何变革，了解变革的具体应用 3. 理解结构权变理论与制度理论、全面质量（TQ）实践与绩效的情景因素的影响	4	2
第三部分 卓越绩效与组织行为学	第8章 质量团队合作	1. 了解质量环境下团队的重要性，掌握组织内部几种不同团队的类型 2. 认识与团队成功应用有关的因素，认识有效团队的具体应用 3. 理解以质量为核心的团队的应用与组织行为理论之间的联系	4	2
	第9章 参与、授权和激励	1. 了解员工参与的范围 2. 理解授权的重要性和成功授权的原理，掌握员工授权的具体应用 3. 理解参与、授权、激励之间的联系	4	2

(续)

部分	教学内容	学习要点	课时安排	
			质量管理类专业专科	非质量管理类专业本科
第四部分 领导与组织变革	第10章 卓越绩效领导	1. 了解领导对于质量的重要性 2. 理解卓越绩效中领导者的角色，认识领导者实现卓越绩效的具体实践 3. 理解领导的全面质量理论与其他一些著名领导理论的异同点	4	2
	第11章 卓越绩效与组织变革	1. 了解组织变革对于实现卓越绩效的重要性和适用范围 2. 理解建立深厚的质量文化、保持绩效、持续改进组织有效性对于组织的重要性 3. 掌握组织变革的全面质量观与组织理论之间的联系	4	2
		课时总计	52	28

说明：1. 本书授课的总学时数只是一个参考，不同学校及专业可以对课时进行相应的修改，教师可以根据实际情况对内容进行删减。建议增加课堂案例讨论，这样可以调动学生学习的积极性与主动性，对学生的学习具有比较好的促进作用。

2. 建议各章至少选择两个案例（可选择书中的案例或者由学生自选其他案例），在教师的指导下，由学生进行准备和分析，案例讨论时间由教师灵活调整。对于作业，建议教师安排学生通过网络来进行一些实践性练习，并通过网络获取一些讨论的资料与数据。

目 录

译者序
前言
教学建议

第一部分　质量与卓越绩效基础

第1章　导论：质量与卓越绩效 2
卓越绩效引例：波德尔谷医疗系统 2
1.1　质量与卓越绩效 4
1.2　组织中质量的重要性 5
1.3　简史回顾 7
1.4　组织中的质量 12
1.5　全面质量与卓越绩效的原则和
　　 实践 18
1.6　全面质量和代理理论 29
1.7　全面质量和组织模型 29
内容回顾与问题讨论 31
案例 32
注释 34

第2章　质量与卓越绩效框架 36
卓越绩效引例：K&N管理公司 36
2.1　卓越绩效的基础 37
2.2　鲍德里奇奖 47
2.3　国际质量与卓越绩效奖项 61
2.4　六西格玛 69
2.5　鲍德里奇准则、ISO 9000和六西
　　 格玛的比较 73

内容回顾与问题讨论 75
案例 77
注释 82

第3章　质量设计与控制的工具和
　　　　 技术 85
卓越绩效引例：得州铭牌有限公司 85
3.1　设计高质量的产品和服务 87
3.2　质量过程设计 96
3.3　过程控制 100
3.4　统计思维及过程控制工具 102
3.5　过程设计和控制实例 107
内容回顾与问题讨论 111
案例 113
注释 116

第4章　质量改进的工具和技术 118
卓越绩效引例：艾尔德尔-斯泰茨
　　　　　　　维尔公立学校 118
4.1　过程改进 120
4.2　改进过程 124
4.3　持续改进的工具 129
4.4　突破性改进 139
4.5　创造力和创新 144
4.6　过程改进实例 147
内容回顾与问题讨论 150
案例 152
注释 155

第二部分 卓越绩效、战略与组织理论

第 5 章 竞争优势和卓越绩效的战略管理 ·········· 160

卓越绩效引例：Freese and Nichols 公司 ·············· 160
5.1 质量、竞争优势和盈亏底线 ······ 161
5.2 竞争优势的来源 ·············· 164
5.3 质量和差异化战略 ············ 167
5.4 信息和知识之于竞争优势 ······ 175
5.5 卓越绩效的战略规划 ·········· 178
5.6 卓越绩效的战略规划实例 ······ 191
5.7 全面质量和战略管理理论 ······ 195
内容回顾与问题讨论 ················ 197
案例 ······························ 197
注释 ······························ 200

第 6 章 顾客-供应商关系质量 ······ 202

卓越绩效引例：仁惠医疗中心 ········ 202
6.1 顾客-供应商关系和卓越绩效 ·· 204
6.2 顾客-供应商关系的原则 ······ 207
6.3 与顾客打交道的实践 ·········· 209
6.4 管理顾客关系 ················ 215
6.5 与供应商合作的实践 ·········· 218
6.6 顾客-供应商关系质量实例 ···· 221
6.7 基于组织理论的顾客-供应商关系 ························ 223
内容回顾与问题讨论 ················ 226
案例 ······························ 227
注释 ······························ 230

第 7 章 卓越绩效的组织设计 ········ 233

卓越绩效引例：波音航空支持部门 ···················· 233

7.1 组织结构 ···················· 234
7.2 职能型结构 ·················· 235
7.3 为卓越绩效进行组织重构 ······ 237
7.4 基于质量的组织设计实例 ······ 250
7.5 与组织设计理论的对比 ········ 253
内容回顾与问题讨论 ················ 256
案例 ······························ 257
注释 ······························ 259

第三部分 卓越绩效与组织行为学

第 8 章 质量团队合作 ·············· 262

卓越绩效引例：卡利公司 ············ 262
8.1 团队的重要性 ················ 263
8.2 团队的类型 ·················· 264
8.3 跨职能团队合作 ·············· 269
8.4 有效的团队合作 ·············· 271
8.5 团队实例 ···················· 278
8.6 与组织行为理论的对比 ········ 281
内容回顾与问题讨论 ················ 283
案例 ······························ 283
注释 ······························ 286

第 9 章 参与、授权和激励 ·········· 289

卓越绩效引例：美国退伍军人事务部合作研究计划临床研究药剂协调中心 ····· 289
9.1 员工参与 ···················· 290
9.2 授权 ························ 294
9.3 员工参与实例 ················ 301
9.4 激励 ························ 303
9.5 员工参与和激励理论 ·········· 306
内容回顾与问题讨论 ················ 309
案例 ······························ 310
注释 ······························ 311

第四部分　领导与组织变革

第 10 章　卓越绩效领导 ……………… 316
　　卓越绩效引例：斯通纳公司 ………… 316
　　10.1　关于领导的不同视角 ………… 318
　　10.2　一个质量领导者的角色 ……… 320
　　10.3　卓越绩效领导实例 …………… 325
　　10.4　领导系统 ……………………… 329
　　10.5　卓越绩效和领导理论 ………… 330
　　10.6　领导、治理和社会责任 ……… 335
　　内容回顾与问题讨论 ………………… 338
　　案例 …………………………………… 339
　　注释 …………………………………… 343

第 11 章　卓越绩效与组织变革 ……… 345
　　卓越绩效引例：佛罗里达州珊瑚
　　　　　泉市 ……………………… 345
　　11.1　变革的重要性 ………………… 346
　　11.2　文化变革 ……………………… 348
　　11.3　保持质量与卓越绩效 ………… 356
　　11.4　组织变革实例 ………………… 365
　　11.5　组织变革与组织理论 ………… 367
　　内容回顾与问题讨论 ………………… 370
　　案例 …………………………………… 371
　　注释 …………………………………… 374

第一部分

质量与卓越绩效基础

- 第1章 导论：质量与卓越绩效
- 第2章 质量与卓越绩效框架
- 第3章 质量设计与控制的工具和技术
- 第4章 质量改进的工具和技术

第1章

导论：
质量与卓越绩效

🌐 卓越绩效引例：波德尔谷医疗系统[1]

波德尔谷医疗系统（Poudre Valley Health System，PVHS）是一家当地人开设的私营非营利医疗机构，为北科罗拉多州、内布拉斯加州以及怀俄明州的居民提供医疗服务。波德尔谷医疗系统拥有两个急症护理医院以及一个急症护理设施网络，从而能够提供包括急诊治疗、重症治疗、内外科治疗、母婴护理、肿瘤治疗以及整形在内的全方位医疗服务。坐落于科罗拉多州柯林斯堡的波德尔谷医院（Poudre Valley Hospital，PVH）成立于1925年，通过扩展医疗服务并使其多样化，现已成为一家服务能力覆盖方圆50 000平方英里①的区域医疗中心，即波德尔谷医疗系统。波德尔谷医疗系统的地位体现在：①科罗拉多州第三大心脏病中心；②丹佛到蒙大拿州比林斯地区之间唯一一家3A级新生儿重症监护室；③二级以及三级创伤中心；④减肥手术中心。波德尔谷医疗系统的使命是保持独立自主运营，同时提供高质量的创新综合医疗服务并不断超越顾客期望；波德尔谷医疗系统的愿景是提供世界级的医疗服务。

为了能够完成其使命并实现愿景，该组织的高层领导者雇用了4 200名员工、550名获得专业资格认证的医生以及800名志愿者，以此创建了激励员工追求更高绩效和满意度的文化。该组织从新员工的入职培训开始就注重沟通交流，并且伴随着开放式的政策、多种发展途径和众多分享机会一直延续到日后的工作中。从新型医疗服务的设计到临床护理，波德尔谷医疗系统使用跨专业团队以满足病患需求。例如，波德尔谷医疗系统中的创伤康复小组通常由医师、护士、呼吸治疗师、放射技术员共同组成，且全天候随时待命提供服务，此外还有一个由外科创伤医生带领的跨专业护理小组每天轮流负责照看患者。根据美国外科学院（American College of Surgeons）最近的一项调查，波德尔谷医疗系统的创伤康复小组"与美国其他任何一个康复计划相比，其中的医生与护士的合作都是最为出色的"。2008年，波德尔谷医疗系统的人员整体流动率下降至8%，这一数字远低于其竞争对手，在医疗人力资源管理部门（Healthcare Human Resource Administration）的绩效水平中排前10%，而在全美范围内波德尔谷医疗系统的员工整体满意度排在第97百分位。此外，《现代医疗》（Modern Healthcare）杂志也将波德尔谷医疗系统评为2008年"美国百所最佳医疗工作场所"之一。

通过建立合作伙伴关系，波德尔谷医疗系统能够把对手变为盟友，更关注未来的发

---

① 1平方英里≈2.590平方千米。

展。波德尔谷医疗系统最初与医生建立了合作伙伴关系，后又将其合作伙伴扩展到一些家庭式的保健所、长期护理服务提供者、社区医疗组织以及健康计划管理者——这种合作伙伴关系每年能够为当地的雇主节约500万美元。其中一个合作伙伴是位于内布拉斯加州斯科茨布夫市的一家社区医院，波德尔谷医疗系统与其合作建立了一家新医院。在新建医院的设施规划阶段，波德尔谷医疗系统仔细地听取了顾客的想法，改进了急诊室的布局，建成了能看到壮观的山景和窗户可打开式的私人病房，增加了康复园区，同时也增添了供患者亲属使用的便利设施，如淋浴和厨房。

波德尔谷医疗系统建立了一个名为"全方位成功之路"的绩效提升体系——高级管理者和员工可以按照这个框架整合关键过程。运用新型的电子平衡计分卡系统，使用者可以通过与战略目标相关的关键测量指标评估整个过程。如果关键绩效测量指标显示为蓝色或绿色，则表示整个波德尔谷医疗系统正处于完成相应目标的路径上。如果关键绩效测量指标显示为黄色或者红色，则需要在合适的高级管理者监督下采取相应的纠正措施。

波德尔谷医疗系统通过设计和测试创新体系与新型技术驱动创新，从而满足医疗护理的需要。例如，波德尔谷医疗系统是美国最早的在四个医学专业领域中使用机器人辅助手术的医疗机构之一，也是世界范围内最早的24个将可视化系统整合在服务过程内的医疗机构之一。美迪铁克信息系统（The Meditech Information System）是一个安全的、用户界面设计良好的电子网络系统，能够保证信息实时准确地在组织内部传递。为了提升患者的体验，波德尔谷医疗系统使用了盖威尔网络（GetWell Network）——这是一个患者室内交互教育系统，能够为患者提供相关护理信息，同时也允许患者访问互联网和收发邮件，进行投诉和表扬以及点播电影。

目前，波德尔谷医疗系统已经得到了来自外部的认可，并不断向着愿景和目标迈进。2007年和2008年，波德尔谷医疗系统被美国护理学会（American Nurses Association）以及国家护理质量指标数据库（National Database of Nursing Quality Indicators）评为具备全国最高护理水准的医院。在每个住院日平均注册护士护理时间方面，波德尔谷医疗系统自2005年起就一直位于国家护理质量指标数据库中的前25%里。2008年，波德尔谷医疗系统被认为比美国护理认证中心（American Nurses Credentialing Center）认可的具有"吸引力"的医院中的90%都要出色。波德尔谷医疗系统还是连续五年被授予汤姆森百佳医院（Thomson 100 Top Hospital，因杰出的成果、患者的安全、运营及财务绩效获选）的七所医院之一。根据医疗护理及服务中心（Centers for Medicare and Medicaid Services）提供的数据，波德尔谷医疗系统及其洛基医疗中心（Medical Center of the Rockies）的患者满意度得分超过了全国排名前10%的医院。2008年，波德尔谷医疗系统获得了巅峰绩效奖（Peak Performance Award）——这是科罗拉多州针对卓越绩效的最高奖项。波德尔谷医疗系统也是唯一一个两次荣获该奖项的机构。

此外，波德尔谷医疗系统的财务和市场成绩也说明了其管理方式的卓越性：2006年，波德谷医疗系统的平均收费比其主要竞争对手低了2 000美元，与丹佛市的平均水平相比低了7 000美元，而在其所在的主要服务领域中，波德尔谷医疗系统62.3%的市场份额也比紧随其后的竞争对手高出了42%。

建立一个像波德尔谷医疗系统这样出色的组织需要做些什么？从前面的介绍中我们可以得到以下启示：关注质量、绩效以及顾客和利益相关者需求的组织文化；支持组织目标，提供改进方向，引导创新和最佳实践的计划体系；给予员工支持、发展和参与的承诺。总而言之，上述几点都展示了本书的核心思想。无论是对于医疗护理行业、制造业、服务业、教育行业，还是政府机构，这几点都具有普遍适用性。

本章将介绍质量与卓越绩效的基本原则：

- 解释质量与卓越绩效的概念；
- 回答为什么组织的文化和管理体系需要关注质量与卓越绩效；
- 简述"质量革命"的历史；
- 描述制造业、服务业、医疗业、教育行业和政府组织中的质量；
- 说明质量与卓越绩效的基本原则和实践；
- 讨论质量与管理理论中组织模式的关系。

1.1 质量与卓越绩效

人们对质量的定义有多种方式。一些人认为质量指的是产品或服务的优越性或卓越性，一些人认为质量应该指的是制造和服务的零缺陷，还有一些人认为质量应与产品特性以及产品价格相关联。一项调查要求美国东部地区 86 家公司的管理者对质量下定义，得到了许多回答：

- 完美
- 一致性
- 消除浪费
- 快速交货
- 符合政策和规范
- 提供完好并可用的产品
- 一次性做正确
- 取悦顾客，使其满意
- 全方位的顾客服务和满意度[2]

今天，大多数管理者都认同追求质量的目的是使顾客满意。美国国家标准学会（American National Standards Institute，ANSI）和美国质量协会（American Society for Quality，ASQ）给出的质量的定义为"产品或服务的综合特征或属性所能满足特定要求的程度"。这种将满足顾客需求视作质量的观点就是通常所说的适用性（fitness for use）。在高度竞争的市场环境下，仅仅满足顾客的需求是不足以为组织带来成功的。为赢得竞争，组织必须能够超越顾客的期望。因此，当前一个比较流行的质量定义是"满足或超越顾客的期望"。此定义在密西西比州图尼卡好莱坞赌场度假村的愿景中得到了反映："好莱坞赌场度假村是一个能让顾客产生宾至如归感觉的地方，在这里我们为顾客提供最高等级的私人定制产品和服务，顾客可以享受充满乐趣的体验。好莱坞赌场度假村的所有员工第一次就把正确的事情做对，将顾客的需求作为我们每次做决策前的首要考虑。"鹿之谷度假村是另一个将超越顾客预期作为组织目标的例子（详见下面的专栏"在鹿之谷，质量不靠吹嘘"）。

 在鹿之谷，质量不靠吹嘘[3]

坐落于犹他州帕克城的鹿之谷度假村凭借自身提供的优质服务及所带来的非凡滑雪度假体验被认为是滑雪胜地中的丽思·卡尔顿。该度假村提供路边滑雪停车服务以帮助顾客装卸滑雪器具。停车场的服务人员也将确保车辆的高效停放，并且还有班车来往于滑雪场和停车场之间。通往滑雪坡的人行道会被加热，以防止结冰并有助于除雪。顾客乘坐电梯的中央区宽敞平坦，从而确保有足够的空间供顾客放置滑雪器具，并且方便顾客使用电梯。在一天结束的时候，顾客也可以免费将滑雪器具存放在存储间。度假村为了减少排队和拥堵，限制了在山上滑雪的顾客数量，并为专业和业余滑雪者提供免费登山观光游览的服务。度假村的每个员工，无论是电梯顶部回答疑问或指引方向的"雪山主人"，还是咖啡厅和餐厅内友善的工作人员，都承诺要确保给每位顾客一个美妙的体验；这里的饮食一直被滑雪爱好者杂志评为第一名。度假村的副总裁兼总经理说道："我们的目的是让我们的顾客有胜利者的感觉。无论是在山上、在我们的滑雪学校里还是在餐饮服务运营中，我们都加倍努力，因为我们希望顾客明白他们才是第一位的。"这也难怪该度假村在滑雪爱好者杂志的读者调查中一直被评为最好的滑雪地点之一（这也是作者最爱的滑雪地点）。

顾客驱动的质量是高绩效组织的根基。富士通的一家美国子公司富士通网络传输系统（Fujitsu Network Transmission System）的总裁兼首席执行官表示："我们的顾客是很聪明的，他们希望我们不断进步以满足他们不断改变的需求。在今天的竞争环境下，顾客难以接受那些数以千计的平庸供应商，他们需要的是少数特别的供应商。"

质量不能仅立足于组织生产的产品或提供的服务，还应当嵌入组织的管理实践中，也就是说，质量应当成为组织管理中的潜在价值。当设计并执行了好的管理实践，好的结果也就会随之而来。这就产生了"卓越绩效"的概念，它是一套组织绩效管理的集成方法，意味着向顾客和利益相关者提供不断提升的价值，以促进组织的持续性发展，改善整体组织效能和能力，以及组织与个人的学习。卓越绩效是当前最杰出组织的特征，是提供高质量产品和服务的必要保证。所有的组织，不论规模大小，不论是生产型还是服务型、营利型还是非营利型，如果能将这一原则植入其中，都能够从中获益。

1.2 组织中质量的重要性

20世纪八九十年代，"质量"一直是商业尤其是制造领域中的热词。如今，我们一般不会听到太多关于"质量"方面的问题，除非出现事故。媒体经常会报道造成死亡的医疗失误、导致产品失败的软件故障、食品供应链的质量问题，以及汽车召回事件等。尽管许多组织并不经常谈论质量，但是这些例子表明，质量依然是一个重要问题，不仅存在于制造过程中，还广泛存在于医疗、服务等所有类型的组织中。[4]

作为世界领先的质量管理咨询师以及《质量文摘》（Quality Digest）的专栏作家，H. 詹姆斯·哈里顿（H. James Harrington）发现当前许多公司更多的兴趣在于降低成本和提升效率，而不是提高质量，因此他呼吁公司应当回归质量这一基本点。他提倡公司应当通过发现并消除产生缺陷的原因以提供更好的产品和服务，并且更加专注于测量消费者满意度，以此评估进展并取得更进一步的改善。更为重要的是，H. 詹姆斯·哈里顿认为质量应该落实到个人层面，这样每个员工都能够通过做出严肃的承诺而努力工作，每天都竭尽全力，并且为自己取得的成就而感到自豪。"已足够好"这一态度在当今世界是远远不够的。[5]

今天的消费者足够聪明，能够识别日常接触的产品和组织中的质量或者缺陷（详见下面的专栏"愚弄消费者的时代已过去"）。如果一个组织不能够充分关注消费者，那么它正处于需要幡然醒悟的过程中，或者最糟的是，正处于迅速灭亡的过程中。这就是理解质量对于每一个组织中的每一个员工仍然至关重要的原因。作为20世纪最受尊敬的质量先驱之一，约瑟夫·M.朱兰（Joseph M. Juran）认为过去的20世纪将会被历史学家定义为生产力的世纪。朱兰同时表明21世纪应该被定位为质量的世纪，"对技术质量的依赖已经成为我们生活的一部分"。[6]

 愚弄消费者的时代已过去

消费者在购买产品时，一直非常关注产品质量。在一封给《商业周刊》编辑的信中（2007年7月9日与16日，第16页），一位读者写到，美国人已经从底特律汽车生产商三巨头转向本田和丰田，并不是为了追求视觉设计的特性，而是追求耐用、可靠、低油耗和低维护成本。底特律需要提供能乘坐5个乘客且每加仑㊀汽油跑35英里㊁的汽车，还要附带长达10年的10万英里全车质保，才能够将丰田和本田的顾客争取过来。如今，顾客已经不是仅仅写信了，他们还可以在网站和社交媒体上发表博客、评论和意见，让所有人都能够看得见。

成功组织的故事往往最终出现在供质量专家阅读的出版物中，这基本上多此一举。以下这些公司将质量与卓越绩效作为基本的商业规则，因此取得了显著的成就，但是媒体并没有进行大量的报道。[7]

- 雀巢普瑞纳宠物食品有限公司（Nestle Purina PetCare Co., NPPC）实现了营收的持续增长，并且在全美经济衰退以及宠物数量只有小幅增长的情况下实现了销售目标。
- 佛罗里达州珊瑚泉市（Coral Springs）的商业满意度在4年内从76%增长到了97%。美国《金钱》（Money）杂志将珊瑚泉市评为最佳居住地之一。该城市还多年被美国承诺联盟（America's Promise Alliance）评为最适宜年轻人居住的100个社区之一。
- PRO-TEC公司通过交付次品率低于0.12%的产品始终如一地满足消费者的质量期望。相对于竞争者，其产品质量、按时交货、服务和产品研发得分更高，资产回报、

㊀ 1美制加仑 ≈ 3.785升，1英制加仑 ≈ 4.546升。

㊁ 1英里 ≈ 1.609千米。

长期生存能力都有可持续改善的趋势。
- 医疗成像设备制造商美德瑞达（MEDRAD）的净推荐值（Net Promoter，NP）得分（一个由重复购买和推荐水平定义的忠诚度度量标准）始终以 60% 多的忠诚度高于其竞争者 50% 多的忠诚度。美德瑞达的全球顾客满意度评级（按 NP 值计算）稳定地从 50% 增长到 63%，超越了 50% 这一代表一流水平的基准。
- 大西洋保健（Atlantic Care）是新泽西州东南部的一个非营利医疗系统，在 8 年的时间内其利润从 2.8 亿美元增长到 6.51 亿美元，年复合增长率达到 11%，超过了州平均增长率 5.6%。在这一时期，大西洋保健医疗中心的免费医疗量从大约 34 000 例增长到 56 000 多例，两倍于本州的平均水平。
- 艾尔德尔-斯泰茨维尔（Iredell-Statesville）学校的平均学生运营费用处于北卡罗来纳州地区的最低水平，但是其学术水平排名在州前 10 位之列。同时，5 年内该学校的 SAT 分数在全州 115 个学区中的排名从第 57 名上升到第 7 名。

我们还可以举出更多这样的例子，大量的实证案例证实执行有效质量与卓越绩效原则的公司都实现了销售收入增长、成本控制以及员工和总资产的增长（详见下面的专栏"研究证实全面质量管理实践效果"）。不少公司由于没有迈出实施卓越绩效之旅的第一步而失败，或者由于缺乏保证和持续性措施而逐渐让早期的成功丧失殆尽。

 研究证实全面质量管理实践效果[8]

1997 年，凯文·亨德里克（Kevin Hendricks）和维诺德·辛格哈尔（Vinod Singhal）基于客观数据和严格的统计分析发表了最著名的研究成果之一。该研究表明，如果全面质量管理方法得到有效执行，就能够显著改善财务指标。它以 600 家获得质量奖励和质量认可的上市公司为样本，对这些公司的营业收入以及其他会影响营业收入的指标（销售额、总资产、员工数量、销售回报以及资产回报）的变动百分比进行了追踪记录，并将这些结果与控制组公司的这些指标进行对比分析——控制组和获得质量奖的公司在同一行业且规模相当。分析结果表明在样本公司和控制组公司之间存在很大的差异。具体来讲，样本公司营业收入平均增长 91% 而控制组公司只增长 43%。获得质量奖励的公司的销售收入增长了 69%，而控制组公司增加了 32%；在总资产上，两组公司分别增加了 79% 和 37%；在员工数量上，二者分别增加了 23% 和 7%；在销售回报上，二者分别增加了 8% 和 0%；在资产回报上，二者分别增加了 9% 和 6%。小公司的表现实际上优于大公司，并且在 5 年内样本公司的投资组合收益超过标准普尔 500 指数 34%。

1.3 简史回顾

要深入理解质量在当前商业领域中的重要性，需要对质量管理的历史进行回顾。现代质量保证方法实际上起始于公元前 12 世纪的中国周朝。当时产生了具体的政府管理部门，其职能如下：

- 生产、库存、原材料产品的分配（现在称之为供应链管理）

- 生产和制造
- 制定和执行质量标准
- 监督和检查

这些部门组织有序,帮助周朝中央政府控制生产过程。该系统甚至包括在生产中进行点对点监督的质量组织——该组织直接向皇帝汇报。周朝中央政府还颁布了政策和过程以控制国内的生产(产品包括餐具、推车、棉花和丝绸等),并且禁止销售不合标准的、次等的和不合格的产品。在古代中国,生产者自身在不同阶段开展的检查对于建立质量责任至关重要。一旦发现一个产品不符合标准,就能够马上找出负责的工人,并且对引起故障的原因进行评估。

中世纪时,技能熟练的工匠同时扮演生产者和检查者双重角色。作为工匠的巨大使命感使得他们保证了产品的质量,并且能够理解顾客所期待的质量。几百年之后,工业革命改变了这一切。托马斯·杰斐逊(Thomas Jefferson)将奥诺雷·勒·勃朗(Honore Le Blanc)提出的可替换零件的概念引入了美国。伊莱·惠特尼(Eli Whitney)错误地认为这一思想将会很容易实现,于是他在1798年与政府签订了两年内供应10 000支滑膛枪的合同。伊莱·惠特尼设计了专门的机器工具,训练毫无经验的工人按照一套标准设计、测量、对照模型制作配件。不幸的是,惠特尼总体上低估了生产过程的波动性以及由此对质量造成的影响。这个项目耗费了超过10年的时间才得以完成,很可能是美国政府第一份成本超支的合同。直到今天,"波动"这一生产过程中的障碍仍然使管理者苦恼至极。

弗雷德里克·W. 泰勒(Frederick W. Taylor)的"科学管理"概念极大地影响了制造组织中质量的本质。通过聚焦于生产效率和将工作分解成小的工作任务,现代的组装生产线摧毁了制造过程的整体性这一特质。为了保证产品能够准确无误地生产,独立的质量控制部门承担了检查的任务。因此,把好产品与坏产品分开成为确保质量的主要方法。

亨利·福特对质量的贡献

亨利·福特作为第二次工业革命的领导者,在20世纪初为我们当今称为"全面质量实践"的活动做了很多基础性的工作。这段历史一直到1982年福特公司的高管访问日本、研究日本管理实践的时候才被揭露。当时,一位日本的高管反复提到一本书,福特公司的高管发现这本书是《我的生活与工作》(My Life and Work)的日文翻译版,是1926年由亨利·福特和塞缪尔·克劳瑟(Samuel Crowther)合著的(纽约花园城出版公司出版)。当时这本书已经成为日本工业界的"圣经",并且使福特汽车公司意识到自己已经偏离自身创立的原则很多年了。回到美国后,福特的高管不得不到一家二手书店寻找这本书的副本。

20世纪20年代,西部电气公司的检验部门转移到了贝尔电话实验室,由此出现了质量控制的统计方法。质量控制先驱沃尔特·休哈特(Walter Shewhart)、哈罗德·道奇(Harold Dodge)、乔治·爱德华(George Edwards)等,开发了新的检验理论和方法以保持与提高质量。控制图、抽样技术和经济分析工具奠定了现代质量保证活动的基础,也影响了他们的同事爱德华·戴明(W. Edwards Deming)和约瑟夫·朱兰的思想(他们20世纪上半叶同样在西部电气公司工作)。

第二次世界大战后,作为麦克阿瑟将军重建项目的一部分,戴明和朱兰将统计质量控制(statistical quality control)引入日本。这些方法与在美国进行的质量控制并没有多少差别,只有一个至关重要的区别。他们说服日本高层管理者:质量改进能够打开新的世界市场,对日本的兴亡至关重要。日本管理者相信且完全支持质量改进概念,完全接受戴明和朱兰的质量管理哲学。当时的日本由于受到第二次世界大战的影响,除人力资源外,几乎没有其他自然资源可以参与竞争。在接下来的20年里,当日本以史无前例的速度改善质量时,西方的质量水平却停滞不前。西方制造商基本不需要关注质量。美国制造企业有很强的垄断力,因此战后几乎所有的消费品都供不应求。美国高层管理者只关注营销、产量和财务绩效。

20世纪70年代晚期和80年代初期,许多美国公司输给全球其他竞争者(尤其是日本)大量的市场份额。1987年,《商业周刊》对美国管理者提出了一个严厉的警告:"质量,还记得吗?美国制造企业从20世纪五六十年代那个'美国制造'能够骄傲地代表全球最优质产品的光辉岁月中一路下跌……当日本人正在开发更高质量标准的一系列电子产品、汽车、机床等产品时,许多美国管理者正扬扬得意地打着盹儿。现在,除了航天和农业,在国际贸易中几乎没有市场能够体现出美国自己的力量。对于美国工业,很简单:提高质量,否则被打败!"[9]

美国的"质量革命"可追溯到1980年,NBC播放了一个名为"如果日本可以,那为什么我们不可以"的纪录片。这个节目将那时美国几乎无人所知的80岁的戴明介绍给了美国的管理者。福特汽车是第一批邀请戴明帮助改进运营的公司之一。尽管那时美国汽车销售量下降了7%,并且汽车业的资金成本和营销成本都在增加,但几年内福特就获得了汽车制造历史上最高的收益。1992年,媒体大肆庆祝:福特金牛座(Taurus)汽车超过了本田雅阁,成为美国第一的汽车制造企业。福特前首席执行官唐纳德·彼得森(Donald Petersen)表示:"戴明博士所给予的工作帮助确实改变了福特公司的领导力……戴明博士在很多方面都影响着我的思考。最为突出的是他帮助我明确了关于团队工作、过程改进的价值,以及持续改进概念无所不在的力量。"颇具讽刺的是,在20世纪末21世纪初时,就质量而言,福特汽车已掉到全美汽车公司的最后一名,这也证明维持质量努力确实是很艰难的挑战。

20世纪80年代,美国意识到了质量的重要性,因此大部分美国公司都开展了大量的质量改进活动。1984年,美国政府将10月定为国家质量月。1987年,在日本设立戴明奖34年之后,美国国会设立了马尔科姆·鲍德里奇国家质量奖(简称"鲍德里奇奖"),以提高全民质量意识,树立国家质量榜样,推动美国工商业对质量的广泛关注。20世纪80年代末期,佛罗里达电力和照明公司(Florida Power and Light)成为第一个获得戴明奖的非日本企业。质量得到制造业的普遍重视后,质量运动扩展到服务行业。联邦快递、丽思·卡尔顿酒店等公司的案例,证明质量原理能同样有效地应用于服务领域。

20世纪90年代,医疗保健、政府部门和教育系统都开始持续关注质量。随着公众和政府聚焦于全民医疗系统,医疗服务机构正转向以质量作为获得高绩效和低成本的途径。[10]例如,一家医院通过利用质量工具,术后感染率降低到全国标准的1/5。1993年,为推动改进质量,时任副总统阿尔·戈尔(Al Gore)建立了"国家绩效评审"组织。联邦政府共征集到384个推荐建议和1 214个专门提案,用于改进运营和降低成本。1991年,学术协会、商业协会、个体商户、大学等联合成立了一个非营利团体——国家教育质量组织，以利用质量原理改进教育过程。许多地区的学校系统，包括学院和大学都获得了很大的进步。

尽管质量改进努力开始关注的是通过使用测量、统计和其他问题解决工具来减少产品与服务的缺陷和差错，但随后组织意识到，如果在日常工作中不能始终高度重视管理实践，那么持续性的改进是无法实现的。管理者发现：他们听取顾客意见，建立长期关系，制定策略，测量绩效，分析数据，奖励和训练员工，设计与交付产品和服务等一系列方法都是推动质量改进、提高顾客满意度和商业绩效的有效工具。换句话说，他们认为"管理的质量"与"质量的管理"同样重要。许多人开始使用术语"大Q"和"小Q"区分管理组织经营过程的质量和仅关注制造质量。随着组织开始将质量原则整合进管理系统，**全面质量管理**（total quality management，TQM）理念开始流行。质量被用来指代组织层面的卓越绩效，而不是一种基于工程或产品的技术学科，从而更深刻地影响组织的各个方面。

今天，"全面质量管理"（TQM）这一术语已经从商业行话中消失了，然而质量管理原理已经成为高绩效管理系统的基础，也是取得竞争成功的重要因素。仅仅用三个字母代表如此强大的管理概念也许是令人遗憾的，但同样令人遗憾的是，人们将如此风行的术语的消亡归结为概念本身的消亡。许多组织将质量原则与日常的工作结合得如此紧密，以至于人们都不再认为质量是什么特别的东西了。相反，在许多企业中，质量改进还没有开始。

质量活动失败的原因缘于组织的方法和系统，这也是本书所强调的。如同《质量文摘》前任编辑所指出的："不，TQM没有死。TQM的失败恰好证明了糟糕的管理不仅存在而且还很活跃。"最成功的组织发现了全面质量（total quality，TQ）的基本原则对有效的管理实践非常必要，并且代表着实现商业成功的有效方法。

随着TQM改变了组织对顾客、人力资源和制造与服务过程的思考，许多高层管理者开始意识到所有的基础经营活动，例如组织中领导者的责任，组织如何为未来制定战略规划，数据和信息如何用来进行商业决策，等等，都需要基于质量原则展开，并持续随着环境条件和商业方向的改变而推进。从这个角度讲，关注产品的质量观念已经演化成一个新的概念，即前面所定义的卓越绩效。

为了保持竞争力，从TQM的失败中吸取教训，20世纪90年代末期出现了一种新的质量改进工具，即**六西格玛**（six sigma）。六西格玛是一套整合多种经过多年测试与验证的质量改进工具与技术的、关注顾客和结果导向的经营过程改进方法，体现了一定的战略视角，深得高层管理人员支持。许多组织已经将六西格玛作为一种提高质量的方法。最近，一些组织还将六西格玛与丰田生产系统的精益生产进行整合，不仅解决了质量问题，而且解决了降低成本、提高效率等关键经营问题。

如今真正的挑战是如何保证管理者不失去质量管理和卓越绩效的基本原则。全球市场和国内外的竞争迫使世界上各个组织意识到它们的存活与高质量息息相关。[11]许多国家，如韩国、印度和中国，都在大力增强质量意识，包括召开研讨会、学术会，播放广播，举办学校演讲，分发宣传手册等。西班牙和巴西正在鼓励刊发用本地语言写作的有关质量的书籍，以便其国民学习。这些趋势会加剧全球竞争。许多其他因素也正在改变组织对质量的看法（见下面的专栏"什么将会影响质量的未来"）。正如德州仪器首席执行官汤姆·安吉伯（Tom Engibous）在1997年针对目前和未来的质量重要性所讲的："质量将随处可见，被整合进成功组织的各个方面。"这也是卓越绩效的意义所在。

 什么将会影响质量的未来

2011年,美国质量协会给出了影响质量未来的八个关键因素。[12]

1. 全球责任

一个组织必须充分意识到其本地决策对全球的影响,有限的地球资源难以满足日益增长的需求,浪费资源越来越不可接受。全球责任还涉及人权、劳务、公平运营、消费者权益以及社会贡献。在这个日益联通和信息灵通的世界,负责任的努力会从消费者那里得到回报,从而使得作为一个由全球关注驱动的组织,维持声誉比以往任何时候都重要。

2. 消费者意识

随着科技的发展,比如互联网、Twitter、Facebook的兴起,消费者可获取丰富的信息,以做出购买决策。所以,组织必须快速对消费者的关注点做出反应,使产品能够满足消费者的意愿和需求,否则就会出现消费者选择竞争对手的风险。许多服务提供商会建立数据库,以获取消费者偏好,并允许定制顾客体验。生产技术也要提供类似的定制化水平,允许经济订货批量为1,同时等待时间为0。

3. 全球化

全球化不再仅仅意味着组织开拓新市场。今天,企业不得不面对越来越多的竞争者、低成本的劳动资源,以及全球供应链所带来的潜在风险。

4. 不断加速的变革

科技将变革的速度提升到了一个新的档位,并带来了机会与威胁。威胁在于人类可能无法适应技术进步所伴随的混乱。但是,如果人类可以适应,那么机会也是无限的。产品生命周期会缩短,在我们的有生之年也会见证产业的出现、成长和消亡。所以,第一时间进入市场比过去更重要,同时企业也要有能力预测消费者的需求,并对其做出快速反应。

5. 未来的劳动力

对于人才的竞争会日趋激烈,且随着科技的进步,员工的工作方式和工作地点都会变化。所以,组织需要更加灵活地应对员工工作方式和地点的变化。组织需要在员工培训和教育方面投入更多资源,更加注重专业认证,这将根据组织对员工证明能力的需求而逐渐发展。

6. 人口老龄化

由于员工寿命的延长,组织面临着更高的成本来支付健康医疗和社会福利。退休成为"20世纪后半叶短命的人造产物"。人口统计学家预测在2015年,大部分人口的年龄会超过65岁。这样,老龄生活模式更加普遍,也为组织提供了更大的市场。

7. 21世纪的质量

现在的质量不同于50年前的质量,甚至跟5年前的质量也不同。质量已超越组织自身的范围,包含消费者对于组织的整个体验,而不仅仅指产品或者服务的质量。随着质量专业人员有更多的机会发挥他们的技能,我们可以很快看到质量被用于解决社会问题。这说明人们在用一种新的方式或者说更具希望的方式发挥质量的作用。

8. 创新

根据专业解释,创新是追求不同或者令人振奋的事物。创新意味着组织生存的核心。正如研究指出的:"如果创新意味着组织预测消费者需求——表达出来的或未表达出来的,已知的或未知的——以及将产品或服务推向市场,激发顾客兴趣的能力,那么很明显,对于今天日新月异的世界,创新才是成长的核心动力,对于未来也同样如此。"

这些因素将会影响组织如何塑造自己,管理者如何计划和领导,全体员工如何工作去实现质量目标。正如美国质量协会所说的:"质量使社会进步。最终,质量方法论将被用于建设一个更好的世界。

1.4 组织中的质量

制造和服务业管理者的职能是处理不同类型的质量问题，以下是对这些问题的概述。尽管制造和服务业的质量管理细节并不相同，但顾客导向的定义消除了这些人为的区别并且提供了统一的视角。

1.4.1 制造质量

完备的质量系统在制造业中已经存在了一段时间。然而，这些系统最初专注于诸如设备的可靠性、检查、缺陷测量和过程控制等技术问题。顾客导向型组织的转变带来了生产实践的根本改变，这在产品设计、人力资源管理和供应商管理等领域中体现得尤为显著。例如，现在的产品设计活动将市场、设计和生产运营紧密地结合在一起。人力资源实践关注授予员工收集和分析数据、制定关键运营决策、为持续改进负责等的权力，从而将有关质量的责任从质量控制部门转移到制造现场。供应商成为产品设计和产品制造方面的伙伴。这些努力多数是由汽车行业推动的，这使得它们的供应商网络致力于改进质量。

制造的产品有许多质量维度，包括如下部分：[13]

（1）性能：产品的主要运行特性。
（2）特征：产品的"装饰和点缀"。
（3）可靠性：产品在特定时期和使用条件下正常工作的概率。
（4）符合性：产品的物理、性能特征与预先建立的标准相匹配的程度。
（5）耐用性：使用者在一个产品出现故障或者想要替换掉之前得到的使用量。
（6）维护性：快速和容易地修理产品的能力。
（7）美观：产品的外观、触觉、声音、味道和气味。
（8）感知质量：来自形象、广告或者品牌名字的主观评估。

这些维度大多在产品设计中被反复考量。例如，在最初的雷克萨斯汽车设计中，日本丰田汽车公司购买了许多竞争者的汽车，包括梅赛德斯、捷豹以及宝马，并且在拆卸它们之前进行严格的追踪运行测试。[14]首席工程师决定效仿梅赛德斯的外观、可靠性、奢华度和身份特点。他建立了11项性能目标。最终的设计比其他豪华小轿车具有更小的牵引系数（带来更卓越的空气动力学表现）、更轻的质量、更高效的燃油引擎以及更低的噪声水平，并使用更坚固的材料制作座椅的边缘以使外观维持更久。设计的引擎具有比德国汽车模型更长的扭矩，从而使得车辆快速启动，这一点也颇受美国人喜爱。福特公司北美地区内部设计的主管称这些器械为"艺术的产物"。

制造中的质量控制经常以符合性为基础，尤其是规格符合性。规格是由产品和服务设计决定的目标与公差。目标是产品想要达到的理想值；公差是与这些理想值的可接受范围的偏差。例如，计算机芯片生产者会规定芯片上引脚之间的距离应该是 0.095 ± 0.005 英寸⊖。其中0.095是目标，±0.005是公差。因此，引脚之间的距离在 $0.090 \sim 0.100$ 这一范围内都是可

⊖ 1英寸≈2.540厘米。

接受的。"没有缺陷等同于质量好"这一思想在制造业中存在了很长时间。

许多比较国内和国外产品的研究着眼于误差的统计测量。然而，没有缺陷本身并不能达到或超过顾客的期望。许多高级管理者声称良好质量的符合性仅仅是"比赛刚开始"。实现差异化和使客户满意的更好的方法是改进产品设计。因此，生产商把他们的注意力转向改进设计，以此实现质量和商业目标。

1.4.2 服务质量

服务被定义为"所有没有直接生产实体产品的主要或辅助活动，也就是指，购买者（顾客）和出售者（供应商）之间非实物部分的交易"。[15] 服务可能简单到处理一个投诉或者复杂到批准一份房屋抵押。服务组织包括酒店、保健、法律、工程以及其他的专业服务组织，教育机构，金融服务，零售商，运输以及公用事业。

当今美国80%的劳动力在服务业，所以服务质量的重要性不容低估，正如多种研究的统计结果所揭示的：[16]

- 平均而言，不满意顾客中向公司投诉的比例不超过90%。对于公司接收到的每一例投诉，对应着25个有问题的顾客，其中大约1/4有严重的问题。
- 对于投诉过的顾客，如果投诉被解决，他们中超过半数人将与该组织再次合作。如果顾客觉得投诉被很快解决，再次合作的比例高达95%。
- 平均每个顾客对于一个问题会再指出关于该问题的9个或10个其他相关问题。而投诉得到满意处理的顾客只会指出5个左右。
- 与保有顾客相比，得到一个新顾客要花费6倍以上的时间。

那么，为什么许多公司把顾客当作商品？在日本，顾客的概念与"贵宾"等价。服务很明显应该是公司优先考虑的事情。

服务部门要比制造部门晚几年开始意识到质量的重要性。这是因为服务产业没有面临与制造相似的过度国外竞争的事实。另一个因素是服务工作明显比制造工作支付得少，服务部门的工作有较高的人员流动率，因而人员的经常变动使得建立持续改进的文化变得更困难。

服务和制造的产物在很多方面存在差别，这些差别在控制质量方面有重要的应用。最主要的差别是：

（1）顾客需求和绩效标准经常难以识别和衡量，主要是因为由顾客定义它们是什么，但每一个顾客的定义都是不同的。

（2）服务的最终产品比制造的最终产品需要更高的定制等级。医生、律师、保险推销员和餐饮服务雇员必须将他们的服务销售给独立的顾客。而在制造中，目标是一致的。

（3）许多服务系统的产出是无形的，然而制造业的产品是有形的。制造质量可以用公司设计规格评估，但是服务质量只能通过顾客的主观的、模糊的预期和过去的经历评估。制造的商品可以被厂商召回或者替换，但是不良的服务只能伴随道歉和赔偿。

（4）服务的生产和消费同时进行，然而制造业的产品生产要早于消费。另外，许多服务需要在顾客方便的时候完成。因此，服务不能被存储、保有库存，或者像制造产品一样提前运输。因此，作为保证质量的途径，注意力更多需要放在训练和建立服务质量上。

（5）顾客经常参与服务过程，并且由顾客提出服务何时被执行。反之，制造业在远离顾客的地方进行产品生产。例如，快餐厅的顾客自己点菜，领取他们的食物，并且被期望在用餐完毕后自己清理桌子。

（6）服务是劳动密集型产业，反之制造是资本密集型产业。与人交互的质量是服务中的一个重要因素。例如，医院护理的质量很大程度有赖于顾客、护士、医生和其他医疗人员的交互。因此，服务人员的行为和道德品质对传递服务过程中的质量具有关键作用。

（7）许多服务组织必须处理大量的顾客交易。例如，在一个给定的工作日，联邦快递和美国邮政服务公司每天处理全球上百万次货物运送，同时银行系统也会处理相同数目的交易。如此大的数量增加了犯错的可能性。

这些差别使得服务组织即使不断努力，也难以理解和应用全面质量原则（虽然该原则在制造组织中风行）。

许多服务组织拥有完备的质量保证体系。然而，它们经常类比制造组织，更多地趋向于以产品为核心而不是以服务为核心。产品质量的许多关键维度被应用于服务组织。例如，"及时到达"对于航线来说是对服务"绩效"的测度；经常性的旅客奖励和"商务舱"分区代表了"特征"这个维度。一个酒店的典型质量保证系统关注诸如精心布置的房间这样的技术规格（详见下面的专栏"敲三下门"）。然而，服务组织有制造系统不能实现的特殊要求。服务质量最重要的维度包含以下部分：[17]

- 时间：顾客必须等待多长时间？
- 及时性：服务被承诺后是否会被提供？
- 完整性：是否包含订单中的所有项目？
- 礼仪：一线的雇员是否会愉快地向每个顾客打招呼？
- 一致性：服务可以以相同的方式传递给每一名顾客，以及可以每次传递给相同的顾客吗？
- 可获得性和便利性：服务容易获取吗？
- 准确性：服务在第一次时会被正确提供吗？
- 响应性：服务人员能否迅速地反应并解决意料之外的问题？

敲三下门[18]

万豪集团（Marriott）因其过分详细的标准作业程序（SOP）而名声受损，因为这导致游客在酒店里不是享受一致的服务质量，就是讨厌酒店在各方面盲目的统一性。"这家公司与其他任何一家（除了政府）相比都有更多限制、更多系统、更多程序手册"，一个行业领域经验丰富的人说，"并且其工作人员真的遵守这些规则。"管家在114条备忘录指导下工作。一个标准的操作程序是：服务人员敲三下门，敲完后，这位服务人员应当立即用清晰的声音表明他/她的身份，说"客房服务"。绝不能在门外提及顾客的名字。

虽然人们喜欢拿这些程序开玩笑，但它们也是万豪集团业务的一个重要部分，同时，SOP 被设计用来保护品牌。最近，万豪集团废除了所管理的酒店里一些死板的指导方针，并授权所有者自己在细节上做决定。

服务组织必须对产品做全局的定位，并重点关注顾客反应和员工的行为。服务组织应该考虑如下几点：[19]

- 公司应该控制的质量特征可能是不明显的。顾客感知非常重要，即使顾客的需求很难被定义。例如，服务速度是一个重要的质量特征，但速度的观念会因不同的服务组织和不同的顾客而差异巨大。市场营销和顾客调研在其中扮演着重要的角色。
- 行为是一个质量特征。人员之间的交互质量在每个涉及人员互动的交易中都是重要的。例如，银行发现出纳员的友好是获得更多存款顾客的主要因素。
- 在塑造顾客对服务的预期和设置顾客对服务的评价标准中，形象是一个主要因素。不良的形象和在传递服务中出现故障同样有害。高层次的管理应该对塑造和引导公司表现出来的形象负责。
- 建立和测量服务水平可能是困难的。服务标准，尤其是和人的行为相关的服务标准，经常依据经验设置，并且难以被测量。在制造中，量化产出、废料和返工很容易。但是顾客态度和员工的能力不会这么容易被测量。
- 质量控制活动可能会在监管和控制人员都未出现的地点或时间进行。服务应该在顾客需要时执行，从而需要员工的更多训练和自我管理。

这个问题说明服务中管理质量的方法不同于制造中的方法。然而制造可以被视为一系列不仅在公司和最终顾客之间，而且在整个组织中相互关联的服务。制造部门是产品设计部门的顾客；装配部门是制造部门的顾客；销售部门是包装和配送部门的顾客。如果质量指的是达到或超出顾客期望，那么生产就具有了超越产品导向的新含义。全面质量法则为组织中的每个人在实现顾客满意的过程中提供了支撑。

1.4.3 医疗保健业、教育、政府以及非营利领域中的质量

如今面临持续改进质量的压力，并且在质量方面有强烈兴趣的一个服务产业是医疗保健业。保健业重视质量已有一段时间。1910 年，欧内斯特·科德曼（Ernest Codman）提出"医院标准化最终结果系统"（end result system of hospital standardization）。在这个系统中，医院应该追踪每一个会诊的患者以判断治疗是否有效。如果没有效果，医院应该尝试找到原因，从而使之后类似的患者得到成功治疗。1917 年，美国外科医师学会建立了"医院最低标准"（Minimum Standards for Hospitals）并于第二年开始实行。在美国外科医师学会的协作下，并由其他几个代理机构提供免费认证，医疗保健领域的主要认证机构医疗保健机构认证联合委员会（Joint Commission Accreditation of Healthcare Organization，JCAHO）于 1951 年创立。它的使命是"通过医疗保健认证和相关支持医疗保健组织改进的服务，持续改进公众护理服务的安全和质量。"到 1970 年，认证标准被重新定义，以表征可实现的最优质量水平，而不

是质量水平的下限。1992 年，医疗保健机构认证联合委员会发行新标准，要求所有医院的首席执行官自我学习持续质量改进（Continuous Quality Improvement，CQI，医疗保健行业用来表示质量改进努力的术语）方法。[20] 新标准更加彻底地强调了诸如外科病例复审、血液使用评估和药物使用评估等绩效改进观念和质量改进原则。

其他机构诸如美国医疗保健改善协会（Institute for Healthcare Improvement，IHI）极力支持医疗保健行业的质量改进。IHI 的目标是健康状态的改进、更好的临床效果、在不降低质量的情况下实现成本的降低、便于使用的医疗保健系统，以及顾客和社区的满意度改进。IHI 致力于在医疗保健机构之间培养合作而不是竞争，促进在制造中被证明有效的质量控制工具的使用。IHI 早先在 37 个集中医疗保健单位发起的试点项目取得了肺炎和其他并发症大幅降低、更短的治疗时间以及高达 30% 的成本减少的效果。

1990 年，SSM 医疗保健公司（SSM Health Care）成为美国第一家在整个系统中实行持续质量改进方法的医疗保健机构。五年后，在访问了美国鲍德里奇国家质量奖的制造业获得者并学习了它们的做法之后，SSM 制订了新的领导计划、改进了战略和财务规划过程，召开了新的会议，在医院之间分享最佳实践；改进了 CQI 模型，可以快速识别和纠正潜在的问题。2002 年，SSM 医疗保健公司成为医疗保健业中第一个美国鲍德里奇国家质量奖获得者。虽然很多医疗保健组织注意到它们的质量措施有了显著的改进，但这些改进主要发生在降低成本和提高效率方面。大部分医疗保健组织面临的一个挑战是如何让医生参与质量过程。许多组织要求医生加入团队和指导委员会，在管理人员和医生之间建立联系，把医生作为支持力量，开展针对性训练。[21] 今天，医疗保健业是实施质量管理原则中成长最快的领域。

教育代表了质量改进中最有趣和具有挑战性的领域之一（详见后面的专栏"质量是基础"）。美国的教育质量受到攻击后，从幼儿园到 12 年级以及大学，都提出了教育改革的口号。[22] 蒙哥马利县公立学校（Montgomery County Public Schools，MCPS）是更加创新地应用全面质量原则和卓越绩效进行管理的学区之一。蒙哥马利县公立学校是马里兰州最大的学区，也是全国第 16 大学区。位于华盛顿郊区的蒙哥马利县公立学校服务于极其多元化的团体，有来自 164 个国家的超过 144 000 名学生（他们说 184 种语言）。蒙哥巴利县公立学校的全面改革努力在学区战略规划——我们的行动号召（Our Call to Action，OCA）是追求卓越——指导下进行。改革计划包括五个策略目标，明确地定义了关键绩效指标和行动方案，并且建立了区域联盟。高级领导与合作伙伴、顾客以及社区一起扩大活动范围，征求 OCA 中涉及的共同关心的问题和期望，之后在组织中全面开展该活动。OCA 与马里兰州教学委员会"驶向卓越蓝图的桥梁"规划目标以及联邦要求一致。按照逐层向下的方式，每一个办公室、部门以及学校都开发了有关评估适当的行动方针的绩效指标改进计划，这些都与 OCA 目标一致。区域战略规划的系统一致性，对蒙哥马利县公立学校开发和实施的严格响应每位学生需求的教学大纲的核心竞争力有直接影响。

蒙哥马利县公立学校通过"逆向工程"思想开展教育过程，以大学和职业生涯目标为起点，然后识别达到该目标学生需要的知识和技巧。结果，该学校推出了"大学入学准备的七把钥匙"，这是在整个学校系统展开的、从幼儿园到高中的七种测量学术目标的途径。七把钥匙连环组成大学升学准备的轨迹，每把钥匙都以前一把为基础。蒙哥马利县公立学校的学生在国家评定上能够达到较高的水平，并且缩小了种族和社会经济因素造成的成就差距。

例如，在中学阅读方面，在 2006～2010 年的五年间，蒙哥马利县公立学校将非洲裔美国公民和白人学生的成绩差距缩小了 13%，并且学生毕业率和家长满意度远在国家平均水平之上。[23]

 质量是基础[24]

在 20 世纪 80 年代纽约的一个小学里，老师发现学生除了完成布置的阅读任务，没有进行更多的阅读学习，同时发现作业有很多错误，从而得出学生没有领会质量哲学中"第一次就做正确"的结论。因此，老师提出了一个包含明确期望的计划，与学生签订阅读契约，并且记录和绘制他们的完成过程。这项完美的工作在全校开展，一些学生选择考拉熊（Koala）作为吉祥物来识别"koality"（嗯，就是质量）工作。这个过程以"Koality Kid"被人们熟知，启发学生把工作做到最好，使他们更有勇气并且获得尊重。校方同时邀请一些质量专家到学校观察如何实践质量。他们帮助开展该项目，之后这些项目在专业协会中得以标准化并被提倡。最终，超过 800 所学校发起类似的项目，同时引入例如流程图、帕累托图以及因果图等其他质量改进工具，我们将在后面介绍这些工具。即使学生从来没有接受质量改进的教育，他们也理解如何有效使用这些工具，其实"就是这么简单"。

美国联邦、州立和地方政府机构在开展各自的卓越绩效项目和相关过程中动力十足。例如，卓越管理总统奖是授予行政分支机构卓越管理的最高奖项。奖项设立于 1988 年，旨在识别质量和生产率的卓越表现。马萨诸塞州设立了质量改进机构，以监督和支持广泛的质量项目。州立质量奖项目为很多国家和地方机构提供了像私企那样学习质量和追求卓越绩效的基础。例如，在俄亥俄州，俄亥俄运输部实施持续的质量改进，从而使多个地区通过"俄亥俄卓越合作伙伴"（Ohio Partnership for Excellence）计划获得了州立最高卓越绩效奖认证。

不像其商业同行，非营利机构没有最低盈利值的驱动（即使紧张的预算也可以成为追求质量与卓越绩效的驱动因素），同时，它们的管理者在执行组织改革中经常缺乏商业洞察力和专门的技术知识。很少有资料指导如何将质量原则应用于非营利机构，同时，非营利机构的员工使用不同于商业领域的"语言"，这也使得将商业领域的观念有效地应用到非营利机构具有一定的挑战性。非营利机构面临的最关键的挑战是能否克服对变革的恐惧，改变非营利机构与商业组织不同，不能有效地运用质量准则、识别愿景和顾客、理解工作过程、处理有限的资源、理解与政府及大型团体的关系这样的思维模式。[25]

尽管如此，大量非营利机构因为它们对公众和社会（它们的主要顾客和利益相关者）的影响而采纳质量原则。例如，1994 年美国国家公路部开始识别国家公路组织取得的质量成就；美国红十字会发起了一项多年的、耗资几百万美元的质量改进计划提高组织有效性并改进收集、测量和献血的过程。他们致力于使用以下创新方法，使任何变动、偏差和失误降至零。

- 使用新技术，减少出现人为误差的可能性；
- 重建和提高员工质量保证的水平；
- 开发现代化的综合训练系统；
- 重新建造核心生产过程，从而使之更高效和简化，减少并防止错误；
- 追加设备投资，增加对更高效、更有效的新技术的应用。[26]

1.5 全面质量与卓越绩效的原则和实践

在他们的时代,爱德华·戴明、约瑟夫·朱兰以及菲利浦·克劳士比致力于研究管理缺陷,并为超前于时代的现代质量管理原则打下了基础。1992年,美国九个主要企业的董事长和首席执行官与主要大学的商业和机械院系的系主任及认可的顾问联合给出了全面质量的一个定义:

全面质量(TQ)是一个以人为本的管理系统,目标是在持续降低实际成本的过程中对顾客满意度进行持续改进。全面质量是一个全面的系统方案(不是分离的部分或项目)和高层次决策的必要组成部分;它贯穿于职能和部门的工作,包含自上而下的所有雇员,同时向前、向后扩展到整个供应链和顾客链。全面质量强调学习和适应持续改进是组织成功的关键。[27]

"全面质量"这一术语最初是质量改革全盛期的遗留物。很多人现在还在继续使用该术语,而另一些人更偏好使用更全面的术语"卓越绩效"。本书中将会交替使用这两个术语。然而不要让术语成了为组织成功奠定基础的那些基本原则的障碍!

在一篇经典的研究文献中,小詹姆斯·W. 迪安(James W. Dean Jr.)和大卫·E. 鲍文(David E. Bowen)认为全面质量具有"原则""实践"和"技术"的特征。[28] "原则"是理念的基础,"实践"是原则应用的活动,"技术"是帮助管理者和雇员进行有效实践的工具和方法,所有这些必须同时起作用。

全面质量理念最初基于三个核心原则:以顾客为中心、团队合作和持续改进。尽管看上去很简单,但是这些原则表现出了和传统管理实践的显著差别。以往,公司很少理解外部顾客的需求,更少理解内部顾客的需求。产品基于"卖方市场"的视角被设计而不是寻找达到顾客期望和要求的"买方市场"的视角。管理者和专家控制与指导生产系统;工人被告知做什么和如何做,并且很少询问他们的意见。实际上从来没有向员工和团队征求过意见。一定量的浪费和误差是可接受的,并且由事后检验控制。质量改进一般来自技术的突破而不是不假思索的持续改进。伴随全面质量的开展,组织开始主动地识别顾客需求和期望,通过了解员工的知识和经验将质量引入组织,并且持续地改进过程和系统。

随着学科发展,人们学习了更多关于在组织中构建可持续质量的必要条件,界定现代质量管理的那些原则也自然而然地随之发展。表1-1是以ISO 9000:2000的国际质量标准为基础的质量管理原则表。我们会在第2章中详细描述这一标准。这些是"领导和运营组织的综合及基础的规则或者信念",很好地体现了全面质量的基本原则和实践。除了以顾客为中心、团队合作和持续改进,质量管理的重要原则还涉及领导、过程法、管理的系统方法、基于事实的决策方法和互利的供应商关系。

表 1-1 质量管理原则

原则1:以顾客为中心
组织依赖它们的顾客,从而应该理解目前和未来的顾客需求、满足顾客需求,并且尽力超越顾客预期
原则2:领导
领导构建组织目标和方向的一致性,他们应该创造并维持能够使人们全身心投入实现组织目标的内部环境
原则3:全员参与
所有级别的人都是组织的必要组成部分,他们的全身心投入使其能力可以为组织利益所用

(续)

原则4:过程法
当活动和相关资源作为过程被管理时,预期的目标容易更高效地实现
原则5:管理的系统方法
将相互关联的过程作为一个系统进行识别、理解和管理,有助于快速、有效地达到组织的目标
原则6:持续改进
组织全部绩效的持续改进应该作为组织的永久目标
原则7:基于事实的决策方法
有效的决策应该基于对数据和信息的分析
原则8:互利的供应商关系
组织和它的供应商相互依赖,一个互利的关系将同时提高二者创造价值的能力

资料来源:The terms and definitions taken from the quality management principles of ISO 9000 are reproduced with the permission of the International Organization for Standardization, ISO. They can be obtained from any ISO member and from the Web site of the ISO Central Secretariat at the following address: http://www.iso.org. Reprinted by permission of ISO.

接下来的部分我们将会简要解释这些原则,并列举与这些原则相结合的关键实践。第3章将会介绍一系列支持这些原则和实践的工具与技术。在随后的章节中,我们将会详细地说明这些概念,关注组织设计、工作过程中的改变,以及为了支持这些原则、实践和技术而必须构建的文化。

1.5.1 以顾客为中心

顾客是质量的裁判。杰克·泰勒(Jack Taylor)建立的企业租车公司(Enterprise Rent-A-Car),是美国最大以及最兴隆的租车公司,也许是因为它很好地总结了以顾客为中心的重要性:如果你照顾好你的顾客和员工,就会带来良好的收益。从全面质量角度来看,公司做的所有决定都是"顾客驱动的"。组织需要建立与顾客的关系,从而顾客会继续使用它们提供的产品和服务,并且愿意积极地支持和推荐这家公司,换句话说,就是要建立顾客参与。关注顾客也需要理解顾客当前和未来的需求;有效的策略有助于聆听顾客的心声并向顾客学习;同时需要测量他们的满意度、不满意度和顾客参与的水平。接近顾客的公司知道顾客想要什么,顾客如何使用它的产品,并且了解顾客可能无法表达的预期需要。它也会持续地应用新技术获得顾客的反馈。顾客需求(尤其是关键顾客团体中极其不同的需求)必须和组织战略规划、产品设计、过程改进和员工培训的活动紧密相连。传统上,银行被认为是非顾客友好型的(向他人咨询要收费,对账、查账要收费,使用ATM也要收费),目前也做了很多戏剧性的改变(参见下面的专栏"银行开始关注顾客")。

 银行开始关注顾客[29]

被称作"WaMu"的华盛顿互助银行是打冲锋的先驱(不是含沙射影),它将传统银行实践变得更加以顾客为中心。它借此成为美国最大的金融机构之一和第二大家庭贷款提供者。由于和星巴克产业链位于同一个城市(西雅图),华盛顿互助银行利用星巴克的顾客友好型实践使它的运营更适合当代顾客。例如,它聘用穿着卡其布衣服、有零售经验的员工在它的分公司里播放嘻哈音乐。从分公司管理者到下层员工的每个人都为委员会工作;10年前,该

银行的一个新出纳员在工作的第一年就可以挣到 50 000 美元。所以，它被《财富》杂志称为最好的工作地点之一。其他银行跟随它的步伐，例如其中一家银行将数以百计的员工派往芝加哥的街头邀请潜在用户参观银行。华盛顿互助银行的成功使它之后被摩根大通银行并购。

全面质量将企业中的每个人都视作内部或外部供应商的顾客，以及外部或内部顾客的供应商。内部顾客（任何工作产出的接受者，例如生产过程中的下一个部门或者从订单输入员那里接收指令的拣货员）在保证质量上与购买产品的外部顾客一样重要。没有达到内部顾客的需求同样会影响外部顾客。员工应该把自己定位为一些员工的顾客以及一些其他顾客的供应商。同时将他们自己视作顾客和供应商的员工，懂得他们的工作如何与最终产品相关。毕竟供应商的责任是通过可能的最高效和最有效的行为理解和满足顾客的需求。

然而以顾客为中心同时也延伸到顾客和内部关系之外。社会是每一个组织的重要顾客。按照定义，世界级公司是一个典型的企业公民。商业道德、公共健康和安全保障、对环境的关注，以及分享公司业务和地理社区中与质量相关的信息都是必需的。除此之外，公司支持（在资源的合理限制下）国家、工业、贸易和社区活动以及非专属质量信息的分享将带来深远的利益。

卓越绩效的一些以顾客为中心的实践包括调查和理解顾客的需求与期望；保证产品和服务与顾客需求和预期相关联；通过组织与顾客沟通需求和预期；测量顾客满意度并使用结果进行改进；系统地管理顾客关系；取得顾客满意和其他利益相关者（例如所有者、员工、供应商、当地社区和整个社会）之间的平衡。

1.5.2 领导

对质量的领导是高层管理者的责任。高层管理者必须制定方向，建立顾客导向，明确质量价值，以及提出考虑所有利益相关者需求的高预期，同时将这些内容纳入公司的运营模式。高层管理者需要致力于所有员工的发展，鼓励组织中的参与、学习和创新。增强价值观和预期需要以大量的人力为保证并涉及高层管理。通过他们在计划、评审公司质量绩效中扮演的角色以及识别员工的质量成就，高层管理者起到了树立行为榜样并在组织中强调价值、激励领导的作用。

如果没有对质量的承诺，任何创新都注定要失败。对于质量促进的空口承诺相当于"死亡之吻"。摩托罗拉公司（第一批鲍德里奇国家质量奖的获得者）的 CEO 在每个高层管理会议上都将质量列为第一项日程。他经常在讨论质量过后就离开会议现场，传递出一旦质量问题得到解决，财务和其他问题也会自行解决的信息。当丽思·卡尔顿酒店集团开始一个新的附加服务时，首席执行官来到叠被子的服务生和洗盘子的厨房员工旁边与他们一起工作，想象一下这些行动传递给工人怎样的信息！许多公司拥有由高级主管和管理人员组成的公司质量委员会，旨在在公司内部制定质量政策并且评审绩效目标。质量应该是战略规划和竞争性分析过程中的重要因素。

许多全面质量环境要求的管理原则和实践与长久以来的实践相违背。高层管理者——最好从首席执行官开始，应当是组织中卓越绩效的领导者。首席执行官应该是提供广阔视野和洞察力、激励与认可的中心。领导者应该通过每天的行动决定需要改进或者放弃的计划，以促进全面质量活动的可持续性，从而降低员工在改变的过程中不可避免的抵制。

不幸的是，许多组织没有高级管理者的承诺和领导。这并不意味着这些组织不能形成质量导向。质量可以通过强大的中层管理者的领导和员工得到提升。在许多情形中，这也是质量改进的起点。领导给人们提供个人成长和发展的机会。人们在学习和获得成就的过程中获得自信以及欢乐，同时企业成功的能力得到提升。人们因他们的创造力和智慧发挥价值，而主动地做出贡献。每个人都是过程管理者，负责对企业以及最终消费者都具有更高价值的输入到产出的转化过程。然而在这个过程中如果没有强大的高层管理，组织就不能持续地进行质量改进努力。

领导者的关键实践包含考虑决策中所有利益相关者的需求；建立组织未来的明确愿景；设置有挑战性的目标；在组织的所有阶层建立和维持价值观、公正和道德；建立信任和消除恐惧；为员工提供充足资源、培训以及自由来做出关注顾客的决定；启发、鼓励和识别员工的贡献。

1.5.3 全员参与

公司的成功越来越依赖知识、技术和员工的动机。员工的动机和成功越来越依赖拥有学习和实践新技能的机会，同时可以由员工互动和团队合作促进。道格拉斯的 X 理论模型总结了动机的传统视角：工人不喜欢工作，需要密切的监督和控制。全面质量组织支持 Y 理论的假设：工人在自我驱动中寻求责任，并在工作中发挥较高等级的想象力和创造力。全面质量管理者被视作过程管理者，他们在管理下属的过程中只进行领导而不是过分干预。

在组织绩效中，有许多证据表明良好的人力资源实践具有重要的作用。例如，一项关于客户服务中心的研究发现通过以下方法可以降低公司的离职率，销售收入会增加：强调高超技术，在团队和决策制定中让员工参与，以及拥有更高的工资和工作安全系数的人力资源激励。[30]

员工参与（employee engagement）是指工人和他们的组织之间有较强的精神纽带，主动投入并致力于他们的工作，认为他们的工作是重要的，知道他们的观念和想法具有价值，对于组织的产品具有更高的责任感。参与经常被理解为**授权**（empowerment），也即人们拥有自主权，可以根据他们的感觉做决策、掌管他们的工作、规避风险并从错误中学习，以及提出改进措施。例如，员工可以不考虑行政层级而做出决策，从而使得顾客满意。正像温莱特工业公司（Wainwright Industries）的管理理念所说的那样，授权需要表示出对人们的极度信任。位于弗吉尼亚安南达尔的 Mastery Works 公司所做的调查认为员工会因为信任问题离开他们的组织，并观察到"缺乏信任几乎是每个已经从组织离开的人所面临的问题"。[31]

许多研究表明高水平的员工参与对组织绩效有重大的、积极的影响。研究表明参与以执行有意义的工作，确定组织方向、建立绩效问责和高效的工作环境，营造一个安全、信赖和合作的环境为特征。在许多非营利机构中，员工和志愿者因为工作与他们的个人价值相关而被吸引。因此，支持这些原则的关键实践包含以下几点：

- 理解驱动员工参与、满意度和动机的关键因素；
- 设计和管理工作和职位以促进有效的沟通、合作、技巧分享、授权、创新，以及从不同观点中受益、考虑员工、营造引导较高绩效和动机的组织文化的能力；
- 创造一个保证和改进工作场所健康、安全的环境，通过政策、服务和收益等支持员工；

- 基于补偿、认可、奖励和激励开发绩效管理系统，支持高绩效工作和员工参与；
- 评估员工参与和满意度，并使用结果来改进工作场所的活动；
- 评估员工能力和需要的才能，基于评估结果来利用核心竞争力，应对战略挑战，招募并留住富有技巧及竞争力的员工来完成组织任务；
- 为员工和组织领导在发展与学习上进行适当投资；
- 管理所有员工的职业发展，以及对管理和领导职位进行持续的规划。

工作设计在当今的组织环境中经常涉及团队。全面质量理念在整个企业中鼓励和促进团队合作和团队建设。竞争行为（个人之间或者群组之间的对立）违反了全面质量的原则。有效的奖励系统能识别个人和团队贡献并且加强合作。团队合作的领域很宽泛，尤其是那些受员工影响同时也影响员工工作过程改进中的员工教育、训练以及有意义的参与。团队合作可以分为以下三种方式。

（1）垂直团队合作（vertical teamwork）：高层管理者和底层员工的团队工作。

（2）水平团队合作（horizontal teamwork）：工作组之间的团队合作和跨职能小组（通常叫作跨职能团队）。

（3）跨组织合作关系（interorganizational partnerships）：供应商和顾客的合作。

1. 垂直团队合作

每个人都应该参与质量改进。在任何组织中，最能理解他的工作以及如何改进工作的人是工作的执行者。垂直团队合作是指通过授权，在组织层级之间共担责任。这代表高层管理理念中一个深刻的转变，因为传统的理念是员工应该"被管理"以适应已有的商业系统。许多组织授权它们的员工不经过预先许可就可以执行改进。

公司可以通过以下方式鼓励参与：识别团队和个人成就；在组织中分享成功故事；通过消除对失败的恐惧鼓励承担风险；鼓励形成员工参与的团队，实施反应迅速、提供反馈、奖励实施的建议系统；通过提供财务和技术支持帮助员工实现他们的想法。

员工需要训练与工作相关的技能，从而理解并解决与质量相关的问题。一线员工需要聆听顾客的技巧；生产员工需要与提高技术相关的特定技巧；所有员工需要理解如何使用测量促进持续改进。训练使得所有员工对目标、目的以及实现途径有了统一的认识。训练经常从意识到质量管理原则开始，紧接着是学习质量改进的特定技能。通过工作中的学习、参与和授权的应用可以加强训练。

2. 水平团队合作

跨职能工作组可以最好地执行问题解决和过程改进工作。例如，产品开发团队可能包含设计者、生产人员、供应商、零售商和顾客。德州仪器防御系统及电子集团（Texas Instruments Defense Systems & Electronics Group）（被雷神公司收购以后）雇用企业团队来解决企业层面的问题，雇用员工效能团队防止特殊工作领域出现潜在问题，雇用部门行动团队解决部门的问题。花岗岩公司（Graniterock Company）只有不到400名员工，有大约100个功能团队，包括10个公司质量团队，还有项目团队、采购团队、特别小组以及由在不同地点从事相同工作的员工组成的功能团队。

3. 跨组织合作关系

合作应该同时从内部和外部建立。企业应该构建有益于相互的、更大共同利益的合作关系。合作应该包含以下促进劳资合作的内容：与工会达成的诸如员工发展、交叉训练或者全新工作组织的协议。公司应该和供应商联合确定可以充分利用供应商生产能力的规格，而不是指定采购件的规格。内部合作也应该包含在企业的部门之间构建提升灵活性、响应性和促进知识共享的网络关系。外部合作应该包含与供应商、顾客或者教育组织的合作。合作使企业核心竞争力与互补优势、合作伙伴能力的交融成为可能。

特别地，供应商是一个需要关键信息、产品设计、绩效反馈和帮助等的重要伙伴。合作的目标是创新，减少供应的材料在关键特征方面的变异，以及获得更低的价格和更好的质量。这个目标可以通过减少供应商数量和建立长期关系实现。

将人员纳入质量实践包括：帮助他们理解他们的贡献和角色在组织中的重要性；识别行动中的约束；形成所有者意识以及识别和解决质量问题的责任感；针对个人目标和目的评估绩效；提供提高员工竞争力、知识和经验的机会；提供分享知识和经验的机制；提供讨论问题的开放论坛。

1.5.4 过程法

通常通过审视垂直维度来观察组织，也就是观察组织结构图（organization chart）。然而团队工作经常是通过水平或者跨职能的方式完成，而不是通过分级的方式完成（或者未能完成）。我们不能再将企业视为一个由彼此分离的、高度专业化的个人以及通过职能层级松散连接的部门组成的集合。

过程（process）是指为了实现预期结果的一系列活动。根据美国电话电报公司（AT&T），过程是指工作以何种方式为顾客创造价值。[32] 我们通常想到的是生产环境中的过程：将投入（物理设施、材料、资产、设备、人员和资源）转化为产出（产品和服务）的活动与操作的总和。一般类型的生产过程包括机械加工、混合、装配、交货或者批准贷款。然而，几乎组织中的每一个主要活动都包含跨越传统组织边界的过程。例如，一个订单执行过程应该包含零售商订货；一个市场代表把它输入公司的计算机系统；财务人员进行信用检查；分拣、打包，通过分销和物流人员运输；财务开具发票；现场服务工程师的调试（见图 1-1）。

全面质量将企业视作一个由相互关联的过程组成的系统，这些过程通过（内部和外部）供应商与顾客的合作网络横向连接。每一个过程都通过微观或者宏观的过程层级与企业的愿景和目标相连接。每一个过程都包含子过程，同时也被更高级的过程所包含。这种过程的结构在整个层级中不断重复。

过程的前景将所有必要的活动连接到一起，同时提升员工对整个系统的理解，而不是仅注重每个小部分。许多改进组织绩效的绝佳机会位于组织界面（organization interface）中，即组织结构图中方框之间的空间。

支持关注过程（process focus）的良好实践包括：系统地定义创造预期产出的过程；确立管理关键过程的明确的责任和义务；分析和测量过程的性能；在组织职能内部及组织之间识别关键活动的界面；关注例如资源、方法等因素。

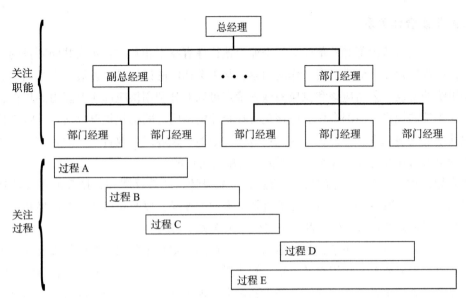

图 1-1 过程 VS. 职能

资料来源：From EVANS/LINDSAY, Managing for Quality and Performance Excellence (with Student Web), 8E. © 2011 Cengage Learning.

1.5.5 管理的系统方法

实现质量和市场领导需要强烈的未来导向，以及愿意向所有利益相关者（包括顾客、员工、供应商、股东、公众和社区）做出长期承诺。这需要系统性的方法。成功的全面绩效管理需要具体到组织特定的综合、校准和集成过程。**综合**（synthesis）是指将组织视为基于关键业务属性的整体，这些业务属性包括核心竞争力、战略目标、行动计划和工作制度。**校准**（alignment）是要求整个组织的计划、过程、措施和行为保持一致。**集成**（integration）建立在校准的基础上，使得组织系统的各个要素以充分互联的方式运行，并传递预期的结果。系统化的观点包括高层领导对战略方向及客户的关注。这意味着高层领导将基于结果对绩效进行监控、反馈并进行管理。系统化的观点还包括利用测量、指标、核心竞争力和组织知识，构建关键战略。这是指将组织战略同工作系统、关键过程联系起来，并协调资源以改进组织的整体绩效和对顾客的关注。因此，一个系统的观点意味着通过对组织整体及其各组成部分进行管理，获得成功。

确保使用系统方法管理组织的实践包括：设计组织，使其通过最有效和最高效的方式实现其目标；理解过程之间的相互依赖关系；开发协调和集成各过程的方法；提供对实现目标所必需的角色和责任的清晰认识，从而减少交叉职能部门之间的障碍；了解组织能力；定义特定活动和过程如何运作；通过测试和评估不断改进系统。

1.5.6 持续改进

美国德州仪器公司前任部门总裁在其办公室内的标语牌上写道："如果你不改变过程，那你为什么希望能改变结果呢？"因此，管理者需要为组织持续改进和学习提供领导。持续改进应该是对所有系统和过程进行管理的一部分。它是指渐进以及"突破性"改进。改进和学习需要嵌入在组织的运作方式中。这意味着改进和学习应当成为日常工作的一部分，寻求在源头上消除问题，其驱动力既源于可以做得更好的机会，也源于需要纠正的问题。

改进可以分为以下多种类型：

- 通过新产品及改进客户服务提升客户价值；
- 通过更好的工作过程和减少错误、缺陷、废品提高生产效率和经营绩效；
- 改进灵活性、响应性及周期时间绩效；
- 通过学习改进组织管理过程。

1. 改进产品和服务

应当对顾客需求进行仔细研究，这些需求必须反映在产品和服务的设计中。日本管理学家狩野纪昭（Noriaki Kano）提出顾客需求分为以下三个层次。

- 不满意因素：它是指在产品或服务中顾客认为理所当然存在的那些特性，如汽车里的广播、暖风装置及必要的安全性能等。顾客通常不会明确要求这些项目，但他们会预先假定已经由商家提供。如果没有提供，顾客就不满意。
- 满意因素：顾客会表示出他们想要这些性能，如汽车里的空调、光盘播放装置等。当这些需求被满足时，顾客就感到满意。
- 愉快（惊喜）因素：它是指顾客未曾预期到的创新特性，例如在汽车上首次引入防抱死刹车和安全气囊功能。这类实例还包括尚处于开发阶段的新概念，比如防碰撞系统。如果重视为顾客提供这种意想不到的特性，会提高顾客对产品质量的感知。

这种分类的重要意义在于，尽管满意因素相对容易通过常规市场调研确定，但仍需要特别的努力以提高顾客在另外两个因素上的价值感知。随着时间推移，顾客逐渐习惯于满意因素/愉快因素（例如今天的防抱死刹车和安全气囊），最终满意因素会逐渐成为不满意因素（如果不提供，客户就不满意）。因此，公司必须持续创新并研究消费者感知，以确保顾客需求得到满足。

2. 改进工作过程

卓越质量源自精心设计和实施良好的工作过程及强调预防的管理系统。改进工作过程将大大减少废品和不合格品，从而降低成本。

3. 改进灵活性、响应性及周期时间

要在全球市场上取得成功，组织要有应对快速变化的能力和灵活性。例如，电子商务需要比传统市场销售渠道更加快速、灵活和个性化的响应能力。**灵活性**（flexibility）是指能够迅速而有效地适应不断变化的需求的能力。这可能意味着从一个产品快速转换到另一个产品，快速应对不断变化的需求，或者提供广泛的定制化服务的能力。灵活性可能要求特殊的策略，如模块化设计、共享组件、共享生产线和专门培训员工。它还包括外包决策、与关键供应商的协议及创新合作模式等。

补充灵活性的另一个重要业务指标是周期时间。**周期时间**（cycle time）是指完成一个循环的过程所需的时间，比如客户订单的交付时间或推出新产品的时间。减少周期时间的目的有两个：第一，加快工作过程，从而提高客户响应能力；第二，减少周期时间只能通过精简和简化非增值步骤如返工等过程实现。这降低了失误和出错的可能性，从而使得质量有所提高。通过减少没有附加值的步骤，也降低了成本。因此，减少周期时间常常推动组织、质量、成本和效率同步改善。显著减少周期时间不能简单地通过专注于个别子过程实现，必须在整个组织检验跨职能过程。这迫使公司在组织层面了解工作并参与合作。**敏捷性**（agility）是常用来表征灵活性和较短周期时间的术语。

4. 学习

学习是指通过实践和结果之间的反馈理解为什么组织变革是成功的，并得到新的目标和方法。一个学习周期有以下四个阶段：

- 计划；
- 执行计划；
- 评估进度；
- 根据评估结果修订计划。

支持持续改进的有效做法包括使用系统的方法使整个组织持续改进；对员工进行持续改进方法和工具的培训；把对产品、过程和系统进行持续改进作为每一个员工的工作目标；建立持续改进的指导目标，跟踪并测量；识别和认可改进。

1.5.7 基于事实的决策方法

测量提供了关键过程、输出和结果的重要数据与信息。当采用可靠的分析方法推断项目趋势和隐含因果关系时，测量提供了客观的学习基础，从而实现更好的客户满意度、运营和财务绩效。组织需要良好的绩效评估推动战略和组织变革，管理资源与过程，并持续改进。

对组织各层次的分析都需要数据和信息的支持。信息的类型和它如何传递、如何与各级组织匹配对于成功同等重要。在作业层面，数据提供实时信息以识别质量变异的原因，确定驱动因素，并根据需要采取纠正措施。这可能需要由精益沟通渠道（包括公告、电子质量报告和零件尺寸的数字读数等组成部分）提供关于发生了什么事以及事件进展的直接信息。在过程层面，运营绩效数据如产量、周期时间和生产率等，可以帮助管理者确定他们是否在做正确的工作，是否有效地运用资源，以及是否有所改进。这个级别的信息通常是通过汇总得到的，例如每日或每周的报废报告、从顾客服务部取得的顾客投诉数据或从外地办事处传真来的每月销售量和成本的数据。在组织层面，公司所有领域的质量和经营绩效数据，以及相关的财务、市场、人力资源、供应商数据，形成了战略规划和决策的基础。这类信息是高度集成的，可以从整个组织的许多不同来源获得。

一整套与顾客及公司绩效要求紧密相关的测量方法和指标能够为公司将所有活动与其目标相匹配提供明确的基础。公司应当选择最能促使公司改进顾客、业务和财务绩效的因素构成其绩效测量方法及指标。这通常包括：

- 产品和过程结果；
- 以顾客为中心的结果；
- 以员工为中心的结果；
- 领导和管理结果；
- 财务和市场结果。

组织如今面临的多个问题之一是如何管理、使用、评估和分享它们不断增加的组织知识。领先企业受益于其员工、供应商、合作者及合作伙伴的知识资产，这些人共同推动组织学习和提高绩效。组织知识管理的重点是：员工做好自己工作所需要的知识；改进过程、产品和服务；跟得上不断变化的需求和业务方向；开发创新的解决方案为顾客和组织增加价值。

管理数据、信息和组织的一些行之有效的做法包括：确保数据和信息足够准确、可靠；需要使用数据的人员能够得到相关数据；采用有效的方法分析数据和信息；基于对事实的分析采取行动和做出决定，以及平衡经验与直觉。

1.5.8 互利的供应商关系

如今，供应链是许多组织中最重要的业务过程之一。**供应商**（suppliers）不仅包括提供材料和部件的公司，也包括经销商、运输公司以及信息、健康服务和教育的提供者。关键供应商可能提供企业业务范围内不具备的独特设计、技术、整合或营销能力，因此能够实现更低成本、更快上市和更高质量的战略目标。

2011年日本北部地震和海啸后，高质量供应链的重要性变得显而易见。丰田、本田以及其他亚洲公司的生产设施都经历了严重的供应链中断。与上年4月同期相比，丰田和本田的全球产量分别下降了47.8%和52.9%。[33] 然而，由于供应链的力量，这两家公司的产量迅速回升。

供应链有助于组织在交付、灵活性和降低成本方面建立竞争优势。AMR研究公司（AMR Research, Inc.）的报告表明，擅长供应链管理的公司在其他财务指标上也有更好的表现。正如AMR研究公司的一个高管所言："供应链绩效可以转化为生产力和对市场份额的占有……供应链管理不仅仅意味着低成本和高效率，它更需要卓越的能力以应对需求的变化及创新的产品和服务。"[34] 供应商越来越被视为顾客的合作伙伴，因为它们通常存在相互依赖的关系（详见下面的专栏"供应商关系的力量"）。

 供应商关系的力量[35]

供应商合作伙伴关系的一个有力的例子是当大火烧毁了丰田公司一种5号关键汽车制动阀的主要来源时各方的反应。没有它，丰田必须关闭其在日本的20家工厂。灾难发生后的几小时内，其他供应商开始设计模板，临时制作模具系统，并设置临时生产线。几天之内，在150多家分包商的帮助下，共36家供应商的近50条生产线能小批量生产阀门，甚至一家从来没有做过汽车零件的缝纫机公司也花了500工时改装铣床，使其每天能够生产约40个阀门。丰田承诺给供应商约1亿美元的奖金，"以表达谢意"。

发展互利的供应商关系的有效方法包括正确认识供应商对完成商业目标的战略重要性，特别是最小化总成本的重要性；识别和选择关键供应商；通过平衡短期和长期收益，发展互利关系；通过公开和诚实建立信任合作，从而实现互惠；与合作伙伴共享知识和资源；关于信息与未来计划进行明确的公开沟通；建立联合开发和改进活动；激励、鼓励和认可供应商的改进与成就。

许多大公司都体现了全面质量原则的经营理念（详见下面的专栏"Karlee 公司引入全面质量管理"，这是一个关于一家公司例证这些原则的案例）。有趣的是，一些研究已经表明，有六条全面质量原则并不会对组织绩效产生同样的影响。[36]一项对 1 200 名澳大利亚和新西兰制造商的研究发现，全面质量管理原则和实践显著地提高了业绩，领导、以顾客为中心和人力资源管理是影响绩效最重要的因素，管理者应尽可能多地利用这些因素。

Karlee 公司引入全面质量管理[37]

位于得克萨斯州加兰市的 Karlee 公司是一家生产精密金属板并为电信、半导体和医疗设备行业提供机加工零部件的合同制造商。它的一些充分体现全面质量原则的方法如下所述。

1. 以顾客为中心

Karlee 公司慎重地选择那些能够支持自己价值观（特别是具有系统性的经营方针和绩效管理，寻求长期合作伙伴关系和全球领导力）的客户，并为此制定战略决策。管理层和团队领导与每个客户合作确定当前需求和未来需求，并为每个客户分配一个三人的客户服务团队，一天 24 小时待命，随时解决日常生产中的问题。

2. 领导

高级主管领导和 Karlee 公司领导委员会制定公司的战略方向，通过绩效考核进行沟通、强化价值观和期望，参与改进活动或者战略项目，定期与客户及团队成员互动，认可团队成员的成就。

3. 全员参与

产品生产和交付过程均围绕单元化生产方式设计。团队有责任了解其顾客的需求，并根据这些需求组织生产。如果确信能够帮助他们获得更高的绩效，团队有权改变其战略计划中的推荐目标，安排工作，管理库存，以及设计自己的工作区布局。

4. 过程法

过程负责人有责任按顾客需求维持其过程，如样机开发、调度、生产安装、制造、装配和交付等。生产团队与质检团队共同创建过程文档。

5. 管理的系统方法

Karlee 公司的战略规划方法包括对整个公司的战略评估，以及将企业目标和目的与关键业务驱动因素相匹配。Karlee 公司使用信息和数据设定目标，在经营、过程和组织水平上调整组织方向。

6. 持续改进

团队使用结构化的方法评估、改进和记录过程，并向高级管理层和 Karlee 公司指导委员会提交改进现状报告。团队通过和竞争对手、"最佳实践"公司以及顾客对标来向他们学习。

7. 基于事实的决策方法

团队分析缺陷数据、顾客投诉报告、生产过程中生成的控制图以识别问题，确定改进的机会。对每一项业务目标和项目都会定义测量方法，高层领导每周召开会议，评审公司绩效，确保项目符合目标和计划。

8. 互利的供应商关系

Karlee 公司选择和开发能承诺使顾客满意的供应商，以确保他们有需要的原料和服务来帮助顾客。它与每个供应商讨论供应商绩效问题和期望，并在年度供应商研讨会上展示。

这一切使得1995～2000年Karlee公司年均销售增长35%，并且获得了高水平的顾客和员工满意度、高水平的质量和运作绩效。

本书的目的是在全面质量和传统管理领域中的组织理论、组织行为学、组织战略之间建立坚实的联系。当任何一家公司开始考虑如何改进时，都会被引向凝聚在TQ概念下的各种方法。如今，卓越绩效是一个关乎生死存亡的问题。

1.6　全面质量和代理理论[38]

代理理论作为组织理论的一个模型，已经得到了广泛的关注。代理理论是一个基于代理关系的概念，这种关系是指一方（委托人）委托另一方（代理人）进行工作。代理理论假设在委托代理关系中个人追求效用最大化并会采取行动维护自身利益。因此，当权力委托给代理人行使，代理人可能会利用这种力量谋求自身利益，增加委托人的成本。监督是代理理论的核心问题，因为它是双方维护和管理这种关系的主要机制。

代理理论与全面质量理论形成了鲜明对比。全面质量理论将管理体系视为一个基于社会和人的系统，而代理理论则将人从等式中移除，基于经济角度来看待问题。代理理论提出人是自利和机会主义的，他们的权利是有条件的，与为组织增加的价值成正比，而全面质量理论认为人同样会被自身利益以外的原因驱动，人类都有与生俱来的被尊重的权利。代理理论假设委托人和代理人之间天生存在内部冲突，双方通过契约保持目标一致。但在全面质量理论中，组织中的每个人分享共同的目标和持续改进理念，并且通过全面质量实践和企业文化保持目标一致。通过共享信息实现这些目标对全面质量至关重要，而代理理论认为人们会通过隐匿信息维护自身利益。全面质量基于持续改进原则从长期视角看待问题，而代理理论基于委托人与代理人之间的契约更侧重短期效益。在全面质量中，为了创新，冒险是必要的，但代理理论假定双方共同承担风险并应使其最小化。

最后，在全面质量理论中，领导者的角色是提出质量目标并发挥战略作用；代理理论认为领导者应当建立控制机制并实施监督。全面质量理论的支持者认为这是一个卓越的策略，因为这使得质量文化得以持续并且长期成本更低。支持代理理论的人认为通过构建合适的代理合同和协调双方利益，能够得到更高的绩效。在第3章中我们将看到，代理理论的一些元素明确存在于全面质量环境下的战略实现方法中。这两种理论都塑造了学者和实践者的行为，但研究尚未得出明确结论。然而，很难说清公司选择的一个明确的全面质量管理道路是否已经实现。

1.7　全面质量和组织模型[39]

尽管全面质量是一种新的组织管理理念，但它并不是一个全新的模式。与那些著名的组织形式相比，它可以被看作撷取了这些已构建模型的多个方面，并通过一些有效的方法放大了这些方面。机械式组织、有机式组织和组织文化模型是管理理论学家研究的三种主要组织模式。表1-2将全面质量管理与这三种组织模式进行了对比总结。机械式组织，运用经典管理理论，将组织视为一种专门为其所有者创造利润的工具或机器。管理学家将工作简化至基本的作业，并且只关注其效率、合格性和合规性。虽然机械式组织模型和全面质量管理都假设组织的存在是为了实现特定的绩效目标，但是全面质量管理对质量进行了更广泛的定义。后者更多地采用开放式系统的视角，将管理者定位为领导者和有远见的人，而不仅仅是进行计划、组织、指导和控制的个体。全面质量管理拓宽了员工的角色；采用水平而非垂直的工作组织；侧重于持续改进而不是稳定性。狭隘的经理和那些经常批评全面质量管理的人常常是在机械意义上考虑质量，而且也不关注其更广泛的含义。

表 1-2 全面质量和组织模型总结（改编自斯宾塞，1994 年）

维度	全面质量范式	机械式组织模型	有机式组织模型	组织文化模型
目标	长期生存	组织效率和绩效	组织生存	满足个人需求；人类发展
质量的定义	取悦或满足顾客	符合标准	顾客满意度	组成个体满意度
环境的作用/本质	模糊的组织和环境边界	客观的；外部边界	客观的；内部边界	制定或通过关系定义边界
管理的角色	重点是改善和创造一个能提供高质量产品的系统	协调和提供可见的控制	协调并通过创造愿景和系统提供无形的控制	就愿景、系统、奖励进行协调及调解谈判
员工的角色	员工被授权；通过教育和培训提供所需技能	被动的；服从命令	响应的/系统参数范围内自我控制	主动的/自我控制；参与创造愿景、系统
结构合理性	以供应商为起点、以顾客为终点、由团队支撑的水平过程	命令链（垂直的）；技术合理性	过程流（水平和垂直的）；组织合理性	在任何方向上相互调整；政治合理性
对变化的态度	鼓励变化、持续改进和学习	注重稳定；学习源于专业化分工	变化和学习有助于适应	变化和学习对自身是有价值的

资料来源：Republished with permission of the Academy of Management, P.O. Box 3020, Briarcliff Manor, New York 10510-8020. *Models of Organization and Total Quality Management: A Comparison and Critical Evaluation* (Table), Barbara A. Spencer, *Academy of Management Review*, 1994, Vol. 19, No. 3. Reproduced by permission of the publisher via Copyright Clearance Center, Inc.

有机式组织模式将组织系统视为活的有机体，依赖资源环境并且在可接受的范围内调整部分行为以保持整体性能。这种模式假定系统目标（如生存需求）取代了绩效目标（如利润）。在激烈的竞争环境中，生存往往作为首要目标，在这一点上，全面质量管理与之相似。以顾客满意度作为质量的定义正符合这一观点。有机式组织模型认为组织并不是独立的实体，这与全面质量管理信奉的建立合作伙伴的观点相符：愿景取代了恐惧，成为管理行为的驱动和激励因素；员工基于共同的信仰和价值观工作；横向沟通变得同纵向沟通、强调协调方向和组织合理性一样重要；组织必须适应广泛的外部力量。很明显，全面质量管理与这种组织模型有很多相似之处。这有助于解释为什么很多实践者认为全面质量管理是新的东西，而许多学者认为其根植于几十年前流行的系统理论。

组织文化模型认为组织是一个由具有自由意志的个体订立的合作协议的集合。组织成员制定或者构建组织的文化和社会环境。从这个模型的视角来看，组织的目标是服务于利益相关者的多样化需求，全面质量学者也经常表达类似的观点。由于利益相关者的多样性，质量被赋予多种含义，尽管在一定程度上对组织的价值观和目的达成共识是必要的。全面质量理论通常假设组织必须适应顾客的期望，而最新的观点中建立合作伙伴关系和分享最佳实践

（甚至是同竞争对手）与组织文化模型相一致。在组织文化模型中，管理者承担一个更独特的领导角色，他们放弃控制并且分享权力以满足组织中不同个体的需求；员工在建立组织目标上有更大的话语权；所有结构性决策都是基于价值的并且具有明确的个人自治含义（政治合理性）；学习需求的驱动力不再是为了适应环境压力，而是为了满足个人需求。上述许多属性都是近年来高绩效组织采用全面质量原则的过程中表现出来的特性。

总之，全面质量从与机械式组织模型相反的影响演化而来，同时吸收了许多有机式组织管理模式的特征。然而，近年来的趋势是，来自组织文化模型的理念正在使得全面质量管理在现代组织中更加成熟。 这种趋势在下一章讨论马尔科姆·鲍德里奇卓越绩效准则时将表现得更为明显。

内容回顾与问题讨论

1. 描述在开篇的卓越绩效引例中，PVHS 的特定实践是如何支持全面质量原则的。

2. 解释为什么质量成为美国企业在 20 世纪 80 年代面临的最重要的问题。除了来自日本的经济竞争，还有什么其他因素使得质量重要性上升？

3. 讨论质量对世界上任何一个国家的国家利益的重要性。鉴于中国作为全球经济大国崛起，你认为质量将会在中国的未来发挥怎样的重要性？

4. 结合自身经验，举若干例子说明你购买的商品或服务同你对其的质量预期相比，是满足、超过还是不满足。在这之后，你是如何看待这些公司的？

5. 如何将质量的定义运用于你所在的大学？提供例子说明顾客是谁，如何达到或超出他们的期望。

6. 你认为什么力量将会在管理实践中影响质量的未来（见本章专栏"什么将会影响质量的未来"）？

7. 社交媒体如何改变了消费者和组织对质量的处理方式？组织如何在其质量方法和决策中使用社交媒体？

8. 想一个你所熟悉的产品。描述该产品在本章中列出的八大质量维度（如性能、功能等）。

9. 对学院或大学而言的八大质量维度是什么？对一间教室而言呢？

10. 解释制造型和服务型组织之间的差异及其对质量的影响。

11. 描述全面质量的主要原则。

12. 怎样把全面质量的概念运用于你的个人生活？考虑你与他人的关系及你的日常活动，比如作为一个学生，属于某个团体或专业组织等。

13. 为什么以顾客为中心是高绩效组织的关键因素？

14. 列出你个人的"顾客"。你会采取什么步骤了解他们的需求并建立顾客互动？

15. 举一个由于缺乏本章所定义的"不满意因素"，而导致你没有购买某商品或服务的例子。再举一个你获得了意料之外的"惊喜因素/愉快因素"的例子。

16. 缺乏高层管理人员会以何种方式阻碍或毁掉改进质量努力？

17. 说明组织中出现持续改进和学习的各个领域。

18. 为什么企业在追求全面质量与卓越绩效的过程中，测量十分重要？

19. 检查一些你熟悉的过程，列出测量和改进这些过程的方法。在实施这些方法时，你可能会面临哪些困难？

20. 描述团队合作的三种方式。

21. 描述一些能够在学院或大学中运用的垂直、水平和组织间的团队合作方式。

22. 什么是员工参与？它与员工授权有什么不同？员工如何知道他是真正被授权了的？组织如何知道员工是真正参与了的？

23. 你是否曾经由于缺乏某些授权，而在工作中觉得自己受到限制？你是否有过这样的经验，为你服务的人缺乏某些相关授权？为什么授权的概念如此难以在组织中落实？

24. 全面质量理论与代理理论有哪些区别？

25. 解释机械式组织、有机式组织和组织文化模型的概念，全面质量同这些管理模式有什么相似点和不同点？

26. 调查近年来在教育或医疗领域中出现的质量改进努力。这些组织向商业公司学习了什么经验？它们在质量上面临的独特问题是什么？它们是怎样解决的？

27. 如今，不管是制造业还是服务业都极大地依赖互联网和信息技术。用哪些方法可以评估一家网站的质量？

案例

预定噩梦[40]

詹姆斯·哈里顿是一位著名的质量管理顾问，他在《质量文摘》上讲述了下面这样一个故事。

1小时前我打电话预订了航班。在电话音响了5声之后传来了电话录音的声音："感谢您致电ABC航空公司，为了确保您获得优质的服务，您的来电将被录音以备今后分析。"然后我被告知从以下3项提示中做出选择："公务旅行，请按1键。私人旅行，请按2键。团体旅行，请按3键。"我按了1键。

接着，我被要求从以下4项提示中做出选择："美国国内旅行，请按1键。国际旅行，请按2键。已预订的培训，请按3键。参加会议，请按4键。"因为我要去加拿大，我选择了2键。

这时，我的电话已经打了2分钟，我被提示可以使用顾客识别卡。过了几秒钟，传来一个甜美的声音："国际航线服务人员繁忙，请不要挂断电话，因为您是一位重要顾客。"然后，音乐替代了这一声音。2分钟后，又响起录音留言声音："接线员依旧繁忙，请不要挂断电话，将为您接通第一位空闲的接线员。"又是音乐，随后是另一个声音："接线员依旧繁忙，请不要挂断电话。您的业务对我们非常重要。"接下来又是让人难以承受的音乐。最后，一个甜美的声音响起："为了节省时间，请输入19位顾客服务代码。"我疯狂地寻找着服务卡，希望在电话挂断前找到它。非常幸运，我找到了它并迅速输入了代码。同样甜美的声音回答我："确认您的顾客户代码，请输入您的社会保障号码的最后4位。"我在键盘上敲进了4位数字。

声音响起："谢谢，很快就会有一位接线员与您通话。如果您的电话非常紧急，请拨打1-800-CAL-HELP，或者同时按下电话机上的所有按键，否则，请继续等待，因为您是一位非常重要的顾客。"这一次，响起的不是音乐，而是该公司的一段服务广告。

最后，一个真人接通了我的电话，说："我可以为您做点什么？"我回答："是的，是的。"他说："请告诉我您的19位顾客服务代码以及您社会保障号码的最后4位数，以便我确认。"（我想我已经在第一时间提供了这些数字，为什么还要让我再说一遍？）

我立刻确信，他会叫我5523-3675-0714-1313-040先生。但出乎我的意料，他说："好的，哈里顿先生。您想在什么时间去哪里？"我告诉他我将下周一去蒙特利尔。他说："我只负责国内预订业务。我们的国际业务有一个新的电话号码，是1-800-1WE-GOTU。我将为您转接。"几声"嗒嗒"之后，传来一个声音："我们所有的国际业务接线员都占线。请不要挂断电话，您的电话将按顺序接通。不要挂断或者重拨，否则会延误您的接通时间。请您稍候，因为您的业务对我们十分重要。"

讨论题

1. 总结上述案例中所出现的服务问题。

2. 这家公司应该怎样做才能确保哈里顿先生得到优质的服务？谈谈你对全面质量原则的理解。

圣克鲁斯吉他公司[41]

圣克鲁斯吉他公司（Santa Cruz Guitar

Company，SCGC）是一家小规模制造企业，每年生产近 800 把吉他。该公司没有设立正式的质量管理部门，也没有自觉地尝试应用全面质量管理的原则。然而，在参观圣克鲁斯吉他公司的设施及相关运作时，我们却发现许多全面质量管理原则在该公司是显而易见的。

尽管现代电子数控（Computer Numerical Controlled）设备已被用于制造吉他的小零件，但 SCGC 的成功之处在于其拥有一个由 14 个被称为制琴师的职员组成的小团队。这些职员有着精湛的手艺，负责手工制作每把吉他的主要组成部分，保管和调试每把吉他。车间分为六个工作站，每把吉他从一个工作站转到另一个工作站，被逐步组装起来。各工作站里经验丰富的制琴师往往有权自己决定产品特色。只有当制琴师和另一个更高级的制琴师都满意吉他的做工质量时，吉他才会被移动到下一个工作站。制造部门负责检查生产的产品。该公司在招聘过程中，只招聘那些希望在团队氛围中工作且有吉他制作热情的人。

以下是制作吉他的七个步骤。

（1）选择干燥的木材：吉他制作过程的第一步是选择最高等级的木材。一般情况下，木材在蒸发除湿窑中会缓慢而仔细地被除去细胞内的结合水。目标水分含量为 3%，但暴露在车间里的温度/湿度条件下，水分含量稳定在 6%。车间保持在恒定的 47% 的湿度，对于维持湿度条件的平衡状态是最佳的。

（2）初步切削木材：在车间干燥的条件下，可使用传统木工工具对木材进行初步加工，然而，SCGC 采用数控机床制作吉他颈部。

（3）弯曲侧面：为了制作需要的形状，首先要将吉他的侧面浸入水中 10 分钟，以调整所选木材，然后置于热弯曲模板上，用手缓慢地释放压力。这时，木材的内部压力就会逐渐消除，使木材最终呈现出模板的形状。这个过程最好由人的双手完成，因为如果使用机器塑形的话，当木材被迫放入模板中时，其形状会有逐渐回弹的趋势。

（4）切割顶部和背面：把吉他的顶部和背面切割成形，并在每个面上增加支架。吉他顶部和支架的厚度对吉他最终形成的声音影响最大。制琴师刮掉顶部和支架上多余的部分后，轻弹顶部，倾听来自每一条琴弦的声音，直到形成完美的音色。最后，在组装完成后，如果制作的吉他发出的声音是如此的特殊，简直令人称奇，那么制作吉他顶部的人将会立即得到通知，并要求检查其笔记，查看如何才能得到这样的声音，以便在未来这样的声音可以被其他制琴师所复制。

（5）切割琴颈：在 SCGC 所产的吉他中，约有 60% 的吉他的颈部是用数控机床切割的。它是吉他在生产过程中唯一一个未经手工制作的主要组成部分。吉他颈部的尺寸是否一致这一点至关重要，用数控机床切割吉他颈部会比手工制作更精细。另外，在 SCGC 所产的吉他中，由于有些客户会有特殊的要求，所以还有近 40% 的吉他颈部是用手工制作完成的。

把珍珠母嵌入黑檀木板中，然后粘在琴颈上。

（6）上漆：最后会用特殊配方的漆给琴身涂 12 道保护层以保护木材表面，这种漆是用硝化纤维和塑化剂制作的，必须足够薄，以使声音不会被抑制。

（7）完成最后的组装和调试：用鸠尾榫接头把颈部安装在琴身上，并把二者黏合，再把琴码粘在琴身上。然后，安装弦桥和琴钮——二者由牛骨制成，用来悬挂琴弦。最后，给吉他装上琴弦，就可以第一次弹奏它了。接下来技师会调整琴颈和琴弦的高度，优化乐器的操作感受与舒适度。

SCGC 设立了一个网站，吉他爱好者可以在上面提问关于自己的吉他的问题，并会得到解答。SCGC 鼓励工人进一步提高技能，不仅让工人参加额外的课程，还允许工人每年制作两把吉他供个人使用。这些机会有助于工人探索新的制作吉他的技巧，也会使他们对整个吉他的制作过程更熟悉。SCGC 甚至鼓励自己的工人某一天走出去，开展属于自己的制琴业务。

以这次 SCGC 之旅为基础，你认为他们的哪些经营和质量实践反映了全面质量原则？

爱丽丝的餐厅

爱丽丝·扬是一名新毕业的商科研究生，高中和大学时期她在许多不同的餐馆里打过工。近来，她决定开发一种新的餐厅模式，主要为繁忙的专业人士在下班回家的路上提供外卖的家常饭菜。餐厅还会为愿意在那里吃饭的人提供一个小的就餐区。由于这项业务未来必将与那些全国特许经营餐厅和其他传统型本地餐厅竞争，爱丽丝希望能确保这项业务在质量与卓越绩效方面具有竞争力，能够建立起良好的声誉。她请你来帮助她分析在设计和经营餐厅方面必须解决的问题。运用全面质量管理原则及本章中讨论过的其他任何概念，给爱丽丝提出建议，她如何才能确保实现企业的质量目标。

沃克汽车销售与服务公司

沃克汽车销售与服务公司（Walker Auto Sales and Service，WASS）是一家为美国主要汽车品牌提供全方位服务的经销商，它主要提供三种服务：新车销售、二手车销售、维修和保养服务。由于这个市场的竞争性，公司的所有者达伦·沃克（Darren Walker）决定采用一些更加系统的方法改善服务，提供更高水平的客户满意度。通过调查、焦点小组、分析顾客投诉数据和信息等方式，他识别出这些服务的需求重点。当顾客到达店内时，他们期望店里有良好的环境，比如有大量汽车、可比较的销售方案、周到的销售员、及时的欢迎并让人感到舒适、放松等。他们还希望销售员是彬彬有礼的，在汽车方面知识渊博，尊重他们的时间，以及诚实守信。对于维修和保养服务，顾客希望这些工作能被合理地解释，能被充分告知所有额外的必需工作，并且能在完成后对这些工作进行评估。他们希望工作人员能为他们估算好时间，还希望与服务部门交流。

供应商在公司业务与整条价值链中都扮演了重要角色。经销商需要合格的产品、随时满足需求的产品供应、及时交货以及公道的价格。WASS 还从其他企业那里获得支持，用这些支持提供员工福利和特定的项目培训，开展信息技术规划和局域网/互联网开发，开展市场营销和做广告，以及规划战略方向。WASS 正面临着对熟练技术人才日益激烈的争夺、由变化的顾客群体所导致的不断增长的需求，以及由于新的外国代理商进入本地市场而引起的更多竞争等问题。达伦认为有必要在市场上成为"首选的经销商"。

运用全面质量管理原则和服务业的特殊性，描述达伦为实现其愿景必须考虑的问题，并据此制定一个行动规划。

注释

1. Baldrige National Quality Program 2008 Award Recipient Profile, National Institute of Standards and Technology, U.S. Department of Commerce.
2. Nabil Tamimi and Rose Sebastianelli, "How Firms Define and Measure Quality," *Production and Inventory Management Journal*, Vol. 37, No. 3, Third Quarter 1996, pp. 34–39.
3. Courtesy of Deer Valley Resort. Interesting summaries of Deer Valley's customer-focused approaches can be found in ski magazines.
4. *Salt Lake Tribune*, "Utah Hospitals Log Nearly 90 Major Mistakes," June 30, 2009; cited in *ASQ Quality News Today*, www.asq.org/qualitynews.
5. H. James Harrington, "Are We Going Astray? Quality Digest, Feb. 2008; "The Decline of U.S. Dominance-Part 2" Quality Digest, Mary 2008, available at www.qualitydigest.com.
6. Thomas A. Stewart, "A Conversation with Joseph Juran," *Fortune*, January 11, 1999, 168–169.
7. Results of selected Baldrige Award recipients. Others may be found by reading the recipient profiles on the Baldrige website, www.nist.gov/baldrige.
8. Kevin B. Hendricks and Vinod R. Singhal, "Does Implementing an Effective TQM Program Actually Improve Operating Performance? Empirical Evidence from Firms That Have Won Quality Awards," *Management Science*, Vol. 43, No. 9, September 1997.
9. "The Push for Quality," *Business Week*, June 8, 1987, p. 131.
10. "Reinventing Health Care," *Fortune*, July 12, 1993, advertisement section.
11. Lori L. Silverman with Annabeth L. Propst, "Quality Today: Recognizing the Critical SHIFT," *Quality Progress*, February 1999, pp. 53–60.
12. *2011 Future of Quality Study*, Milwaukee, WI:

12. American Society for Quality, http://asq.org/about-asq/how-we-do/futures-study.html, accessed 1/10/11.
13. David A. Garvin, "What Does 'Product Quality' Really Mean?" *Sloan Management Review*, Vol. 26, No. 1, 1984, pp. 25–43.
14. "A New Era for Auto Quality," *Business Week*, October 2, 1990, pp. 84–96.
15. D. A. Collier, "The Customer Service and Quality Challenge," *The Service Industries Journal*, Vol. 7, No. 1, January 1987, p. 79.
16. Karl Albrecht and Ronald E. Zemke, *Service America*, Homewood, IL.: Dow Jones-Irwin, 1985.
17. A. Parasuraman, V. A. Zeithaml, and L. L. Berry, "SERVQUAL: A Multiple-Item Scale for Measuring Consumer Perceptions of Service Quality," *Journal of Retailing*, Vol. 64, No. 1, Spring 1988, pp. 12–40.
18. Eryn Brown, "Heartbreak Hotel?" *Fortune*, November 26, 2001, pp. 161–165.
19. Carol A. King, "Service Quality Assurance Is Different," *Quality Progress*, Vol. 18, No. 6, June 1985, pp. 14–18.
20. "New JCAHO Standards Emphasize Continuous Quality Improvement," *Hospitals*, August 5, 1991, 41–44.
21. Nada R. Sanders, "Health Care Organizations Can Learn from the Experiences of Others," *Quality Progress*, February 1997, 47–49.
22. See, for example, Christina Del Valle, "Readin', Writin', and Reform," *Business Week/Quality Special Issue*, October 25, 1991, 140–142; Myron Tribus, "Quality Management in Education," *Journal for Quality and Participation* (January–February 1993), 12–21. See also Christopher W. L. and Paula E. Morrison, "Students Aren't Learning Quality Principles in Business Schools," *Quality Progress* 25, No. 1, January 1992, 25–27; John A. Byrne, "Is Research in the Ivory Tower 'Fuzzy, Irrelevant, and Pretentious'?" *Business Week*, October 29, 1990, 62–66.
23. Baldrige Award Recipient Profiles, National Institute of Standards and Technology, U.S. Department of Commerce.
24. Kennedy Smith, "Koalaty Kid: A student-focused initiative to improve the quality of education," *Quality Digest*, August 2002. http://www.quality-digest.com/aug02/articles/07_article.shtml.
25. Madhav N. Sinha "Helping Those Who Help Others," *Quality Progress*, July 1997; and Renee Oosterhoff Cox, "Quality in Nonprofits: No Longer Uncharted Territory," *Quality Progress*, October 1999, 57–61.
26. Kennedy Smith, "American Red Cross Undergoes Quality Transfusion," *Quality Digest*, March 2003, 6–7.
27. Procter & Gamble, "Report to the Total Quality Leadership Steering Committee and Working Councils," Cincinnati, Ohio, 1992.
28. James W. Dean, Jr. and David E. Bowen, "Management Theory and Total Quality: Improving Research and Practice Through Theory Development," *Academy of Management Review*, 19, 3, 392–418, 1994.
29. Based on Scott M. Paton, "A Change for the Better," First Word Editorial, *Quality Digest*, December 2003, p. 4.
30. "It's My Manager, Stupid," *Across the Board*, January 2000, p. 9.
31. Kicab Casteñeda-Mendez, "Performance Measurement in Health Care," *Quality Digest*, May 1999, 33–36.
32. AT&T Corporate Quality Office, *"AT&T's Total Quality Approach,"* 1992, 6.
33. "Toyota and Honda to recover quickly from supply chain disruption." http://www.wheelsunplugged.com/ViewNews.aspx?newsid=10012. Accessed 2/6/12.
34. "Supply Chain Excellence," Special Advertising Section, *Business Week*, April 25, 2005.
35. Valerie Reitman, "Toyota's Fast Rebound After Fire at Supplier Shows Why It's Tough," *Wall Street Journal*, May 8, 1997, 1.
36. Danny Samson and Mile Terziovski, "The relationship between total quality management practices and operational performance," *Journal of Operations Management* 17, 1999, pp. 393–409.
37. Adapted from KARLEE 2000 Malcolm Baldrige Application Summary, National Institute of Standards and Technology, U.S. Department of Commerce.
38. See S. S. Masterson, J. D. Olian, and E. R. Schnell, "Belief versus practice in management theory: Total quality management and Agency theory," in D. Fedor and S. Ghosh (eds.), *Advances in the Management of Organizational Quality* (Vol. 2), Greenwich, CT: JAI Press, 1997, pp. 169–209.
39. Based on Barbara A. Spencer, "Models of Organization and Total Quality Management: A Comparison and Critical Evaluation," *Academy of Management Review*, Vol. 19, No. 3, 1994, pp. 446–471.
40. H. James Harrington, "Looking for a Little Service," *Quality Digest*, May 2000. QUALITY DIGEST Copyright 2000 by QUALITY DIGEST. Reproduced with permission of QUALITY DIGEST via Copyright Clearance Center.
41. "Good Vibrations" by Luke T. Foo, *Quality Progress*, Feb. 2008, 25–30. Reprinted with permission from Quality Progress © 2010 American Society for Quality. No further distribution allowed without permission.

第 2 章

质量与卓越绩效框架

卓越绩效引例：K&N 管理公司 [1]

K&N 管理公司（K&N Management）是鲁迪乡村小店烧烤餐馆（Rudy's "Country Store" & Bar-B-Q）在得克萨斯州奥斯汀市的一个特许开发商，也是马迪·法尼汉堡薯条奶昔店（Mighty Fine Burgers, Fries and Shakes）的开创者。这是两种休闲概念的快餐，特点是没有座位的柜台式服务，菜单品种有限。公司文化基于质量与卓越构建；公司与顾客关系紧密，把顾客称为"宾客"；它的愿景是"通过每次都让一位客人高兴而闻名世界"。这家公司有超过450名员工（员工被称为"团队成员"），其年收入将近5 000万美元。

K&N 管理公司建立和维持了一种"愉悦客人"的文化。它依赖创新和技术手段，创造满足和超出顾客需求的产品。顾客可以通过网络和社交媒介了解店面的信息与活动，也可以通过其他创新方法，例如安装在每一家马迪·法尼店的交互系统"Eyeclick"。在用餐时期，使用可以进行简单调查的平板电脑（iPad）收集反馈数据，并且还将这些数据上传给第三方主机做汇总。而对点外卖的客人则直接用网络进行调查。

所有的公司领导者，从总经理到主管，都随身携带掌上电脑（Personal Digital Assistant，PDA），以提醒他们顾客的评论和抱怨，以及日常的绩效结果。通过这个系统实现客户推动公司改进的其中一个例子是2001年推出的鲁迪早餐玉米卷计划（Rudy's breakfast taco program）。其他例子还包括2007年提出的团体餐服务接送亭，以及在所有的店面都安装的 Jacuzzi 手洗机，这些服务深受广大顾客喜爱。

维护一系列与关键业务驱动相匹配的关键客户需求（key guest requirements，KGR）需要不断倾听和学习。公司系统地测量了关键客户需求的绩效，并向员工传达了结果。绩效差距和改进机会都被汇集到计划方案中，这些方案涉及从问题解决到战略规划的各个方面。

K&N 管理公司用尽心思留住自己的员工，为每周平均工作时间达到30小时以上的所有员工提供了高于市场水平的一系列福利措施。所有类型的员工，包括临时工，其离职率都要低于行业平均水平。例如，K&N 管理公司的生产员工离职率为50%，而同行业平均离职率为85%。K&N 管理公司的缺勤率略高于1%，而相对应地，最强竞争对手的缺勤率为5%，标杆学习值为3.5%。K&N 管理公司员工绩效管理系统建立了雇用、培训和发展以及绩效提升的机制。在标准化的工作过程下，这些提倡团队成员参与的机制为高质量服务提供了优良的环境，也让团队成员能够始终满足客户的需求。

K&N管理公司通过明确的管理过程和详细的分权制度使得所有的团队成员为实现卓越绩效、诚实服务和商业伦理而负责。公司管理者通过月度绩效反馈、年度绩效积分评价和360度评估等方法对他们的行为负责,而公司董事会收到年度绩效反馈以及接受外部行政教练的培训。高层领导作为"负责任的伙伴"支持和确保他们的员工能够有效地实行其职业发展计划。结果是,K&N管理公司在过去的15年里没有发生一起违反法律和商业伦理的事件,同时在审计过程中实现了完全的财务合规。

以上所有的方法都获得了卓越的绩效。

在销售上,K&N管理公司的餐厅远远超过当地的竞争者和全国连锁餐厅。在K&N管理公司的两家餐厅中,客人对于食品质量、招待、清洁、服务速度和价值等的满意度评分均在4.7分以上(以5.0分为满分的评价标准),远远高于其最强的竞争对手。这两家餐厅的总体客户满意度都高于4.7分,这也击败了其最大的竞争对手。超过95%的K&N管理公司团队成员表示他们以能够为这家公司工作而感到骄傲。2010年,《奥斯汀美国政治家》(*Austin American Statesman*)称这家公司是"奥斯汀市最好的工作之地"。

一家餐厅在其运营中使用像上面描述的卓越绩效实践看起来是很不寻常的。然而,这样做的结果却不言自明,并且让K&N管理公司得到了马尔科姆·鲍德里奇奖,这也是美国关于卓越绩效的最高认可。虽然该奖项只授予了个别公司,但是这个奖项的认证标准为所有企业的质量管理和改进提供了框架。在世界范围内,对质量管理实践有着重要影响的两个框架分别是美国的马尔科姆·鲍德里奇奖和国际ISO 9000标准认证。近年来,六西格玛(Six Sigma)的理念也逐渐演变成一个关于管理和质量提升的独特框架。这些框架是由三个关键人物的管理理念演变而来的,他们是:爱德华·戴明、约瑟夫·朱兰和菲利浦·克劳士比。本章将介绍他们的管理理念,以及在组织中质量管理和改进的框架。

本章的目标包括:

- 描述关于戴明、朱兰、克劳士比的管理理念,他们的理念为利用现代方法实现质量与卓越绩效提供了基础;
- 概述马尔科姆·鲍德里奇奖或其他相关奖项、ISO 9000标准和六西格玛作为实现质量改进和卓越绩效的理论框架;
- 理解这些框架在范围、目的和理论上的差异,以便在决定用一种方法实现组织绩效的时候做出最合适的选择。

2.1 卓越绩效的基础

爱德华·戴明、约瑟夫·朱兰、菲利浦·克劳士比被视为质量革命中真正的管理学领袖。他们在测量、管理、质量提升方面的深刻见解对于今天的组织实践具有很大的影响。本节我们将回顾一下他们的思想,这些思想都是当今卓越绩效理念的基础。

2.1.1 戴明的理念 [2]

在西部电子公司（Western Electric）统计质量控制发展的开拓年代（20世纪二三十年代），戴明作为一名统计员曾在该公司打工。在第二次世界大战期间，他教授质量控制课程，从而为国防出力。虽然戴明在美国培养了很多工程师，但是他还是没能获得高层管理者的位置。第二次世界大战结束后，戴明被邀请去日本教授统计质量控制理念。日本企业高层的管理者都很渴望学习，戴明向掌管日本80%资本的21个巨型财团的社长发了演讲。这些高层管理者都接受了戴明的建议并将统计质量控制的理念用于他们自己的工业。到了20世纪70年代中叶，日本产品的质量已经胜过西方国家制造商制造的产品的质量，所以日本公司的产品也因此全面进入西方市场。戴明获得了日本最高的荣誉——皇家瑞宝奖章。日本电气公司的前总裁曾说过："没有一天我不在考虑戴明博士的管理理念。"

事实上，戴明在美国并不知名。直到1980年，美国国家广播公司播出了一部题为《日本行，为什么我们不行？》的纪录片，这使得戴明在企业高管中成为一个家喻户晓的名字，同时福特等公司也邀请戴明帮助它们改进其质量方法。那时，戴明知道自己能为祖国做出贡献的时间不多了，因此充满激情地工作，一直到1993年12月安然辞世，享年93岁。当被问及希望如何被人们记住时，戴明回答，"我甚至可能不想被记住"，然后停顿了很久，他补充道，"或许……就是让人们在将来能够把我看作一个用尽一生努力阻止美国自寻死路的人"。[3]

不像其他管理学大师和咨询专家，戴明从来不定义质量，也不精确地描述质量。他在自己最后一本书中说："如果一个产品或服务可以帮助某个人，并拥有一个具有可持续发展的好市场，那么这个产品或者服务就拥有了质量"。[4]戴明强调高质量能够带来高生产率，从而为企业带来长期竞争力。图2-1总结了戴明连锁反应（Deming Chain Reaction）的观点。

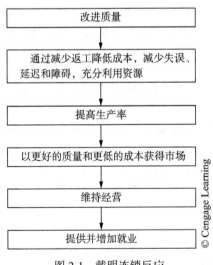

图2-1 戴明连锁反应

戴明关于质量管理的理念是很复杂的，他甚至写了几本书予以阐释和解释。戴明将他的理念总结为"渊博知识体系"，该体系包括四个部分：①对系统的认识；②过程变异；③知识理论；④心理学。

1. 系统

一个系统是一个组织中为了实现其目标的所有职能部门（或组织活动）的集合。一个系统必须存在一个为之持续努力的目标。戴明认为，任何系统的目的都是为了其中的每一个角色（包括股东、员工、顾客、社区、环境）能够长期存在并获得利益。股东可以实现经济利益，员工可以得到培训和教育的机会，顾客可以获得产品和服务以满足他们的需求，社区将受益于商业领导力，环境也将受益于对社会负责的管理。

例如，一家麦当劳餐厅可以被看作一个系统，它由点餐/收银子系统、食物准备子系统、免下车就餐子系统等组成。在任何一个子系统中，各个组件通过协调合作使整个系统能够有效运行。如果点餐/收银系统或者食物准备系统出现错误，顾客就不能得到他们想要的产品和服务。为了有效运转该系统，管理者必须理解存在于各个子系统之间和系统内部员工之间的内在联系。（例如，如果一家麦当劳餐厅没有仓库管理者，那它是否能成功运行呢？）

戴明强调管理者的工作就是优化系统。如果只为系统的一部分进行决策，我们只能获得次优解，结果将阻碍系统实现其目标。例如，一种常见的做法便是以最低报价购买材料或服务。便宜的材料质量低劣，反而可能会导致在设备调整适应和产品维修过程中产生过多的成本。虽然采购部门会有一个漂亮的账目，但整个系统将会受到损害。

系统概念也适用于人力资源管理。个人或部门之间为了资源针锋相对无疑是企业的自我毁灭。此时个人或部门通过最大化其预期收益完成自己的任务，却不是在把公司视为一个整体的基础上考虑的。相反，系统则必须要求合作。

 连锁反应有用！[5]

虽然戴明连锁反应的观点已经发表了半个世纪多，但是研究者也仅仅在最近才开始用实证数据对其进行验证。维克多·威汉（Victor Wayhan）、巴士尔·库姆瓦拉（Basheer Khumawala）和艾丽卡·巴尔德森（Erica Balderson）等人通过抽取有效实施全面质量管理实践的美国公司样本，证实了戴明的连锁反应理论。不仅如此，研究者还指出全面质量管理实践的主要作用就是改善过程或者组织能力，从而最终影响财务绩效。

2. 变异

正如没有两片同样的雪花，任何生产过程中的两个产出也不可能相同。例如，一个生产过程包含多个变异来源，因此不同批次的材料都会在强度、厚度或水分含量上存在不同；切割工具在强度和构成方面具有内在的不同；在制造过程中，工具存在磨损，机器摆动会引起设置的变化，电波干扰也会引起机器功率的变化；操作者不可能将组件始终放在固定装置上。综上，出现在材料、工具、机器、操作者和环境等方面的各种变异，其复杂的相互作用关系永远也不能理清。不过，尽管由单个源头导致的变异存在随机性，但是它们联合产生的变异非常稳定，因此能够被统计预测。那些作为一个自然组成部分存在于过程中的因素被称为**变异的一般原因**（common cause of variation）。

这些一般原因通常可以解释生产过程可观察到的80%~90%的变异。剩下的10%~20%则来源于**变异的特殊原因**（special cause of variation），通常被称为**可指定的原因**

（assignable cause）。特殊原因来自过程中非固有的外部源头，比如从供应商处购买的一批劣质材料、训练不合格的操作员、过度磨损的机器工具，或者测量仪器的刻度错误等。特殊原因导致了非自然的变异（它能干扰一般原因自身的随机影响模式）。因此，通过使用统计方法很容易能把它们检测出来，并利用经济原则予以移除。

只存在一般原因的系统是稳定的，因此能准确预测其绩效。不过，特殊原因却会破坏这种预测模式。（想想如果发生暴风雪或者意外事故，会对你每天上班或上学有什么影响？）不幸的是，管理者要么对一般原因导致的变异过度反应，要么对特殊原因导致的变异熟视无睹。如果他们尝试"矫正"一般原因，这反而会导致系统出现更多的变异；如果他们忽略特殊原因，他们则会失去改进的机会。

以戴明的观点来看，变异是质量低下的罪魁祸首。例如，在机械组件中来源于零件尺寸规格的变异会导致不一致的绩效以及出现过早磨损和零件故障。同样地，服务方面的不一致性也会降低客户满意度和损害公司形象。

变异也会增加做生意的成本。举一个发表在日本《朝日新闻》上的例子，这个例子比较了在日本和美国圣迭戈工厂索尼电视的成本与质量。[6]圣迭戈厂房生产的每一台电视的色彩密度都是合格的，但是一些日本工厂生产的色彩密度不合格（见图2-2）。然而，在圣迭戈生产一台电视比在日本生产平均多损失0.89美元，这是因为在圣迭戈的工厂不合格的电视会在厂房内调整维修，而这个过程导致了额外成本。此外，一台按照标准调整后的电视，比一台原先制造出来就合格的产品更可能导致顾客抱怨，因此可能会产生更高的服务费用。图2-2显示了在美国生产的电视中，只有较少比例的产品达到了色彩密度的目标值。而在日本厂房生产的电视的质量分布与目标值更为一致；即使存在一些产品不合格，但其总成本也相对更低。

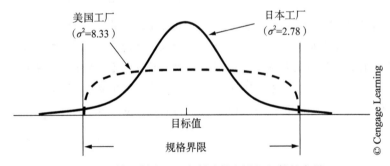

图 2-2　美国制造和日本制造的电视机组件的变异

通过最小化变异，所有人都会受益。生产商由于减少了检测需求，减少了废料和返工，提高了生产率而获益。"顾客"能够确保所有的产品都有相似的质量特性，尤其当"顾客"是另一家在其生产与服务中大量使用这种产品的公司时。减少一般原因变异的唯一途径就是改变过程技术，包括机器、人力、原材料、技术方法或者测量系统。但是只有管理层才能做这些决策；迫使员工实现更高的质量水平只会注定失败。不过，特殊原因导致的变异却能通过控制图被员工识别出来，但这需要培训和领导的支持才能做到。

3. 知识理论

渊博知识体系的第三部分被称为知识理论。这是哲学方法论的分支，主要涉及知识的本质、范围、前提和基础，以及知识的总体可靠性。戴明深受克拉伦斯·欧文·刘易斯（Clarence Irving Lewis）的影响。[7] 刘易斯曾说过："知识就是解释；作为一种思维活动，如果解释总是需要进一步的经验来核实，那么知识怎么可能存在？……**根据过去对未来进行的推断最多只是一种可能性，甚至这种可能性也必须由可能性更大的原则来保证。**"

这些言论大体上是说，必须依靠事实、数据、合理的理论做出管理决策，而不仅仅是想法。经验不能被检验或者被验证，但是有数据支持的理论能够通过建立因果关系进行预测。理论能够解释事情发生的原因。例如，由于知名商业顾问的提倡，很多公司追求最新时尚，结果却发现它们失败了。这经常会发生，其原因是它们根本就没有理解那些能够使之成功的背景和假设。

4. 心理学

人们设计产品和过程，服务消费者，从而达到期望的结果。心理学帮助我们理解他人、人与环境之间的相互作用、领导与员工的相互作用，以及行为发生的动因。领导只有理解以上这些因素，并且在核心决策中将这些因素综合考虑，才能很好地进行管理。更重要的是，人们重获了享受工作的权利。心理学帮助我们培养并保持积极向上的天性。

戴明渊博知识体系中的大部分内容都并非原创。沃尔特·休哈特在20世纪20年代便提出一般和特殊原因的变异概念；戴明借鉴的行为理论也早在20世纪60年代就被提出来了；系统理论也在20世纪50～70年代由管理科学家总结提炼；同时，各个领域的科学家很早就对预测、观察和理论之间的关系有深刻的理解。戴明的贡献就是试图整合一些基础的观念，识别出不同科目之间的协同效应并且将它们发展成管理理论。

一位著名的顾问彼得·斯科尔特斯（Peter Scholtes），对于如何从失败中理解渊博知识体系的组成做了一些著名的评论。[8]

当人们不理解系统时：

- 他们将事件视为单个事件，而不是由很多相互依赖因素的相互作用所导致的结果；
- 他们只看到一些表象，但不是问题的深层原因；
- 他们不理解对（组织）某一部分的干扰能在其他地方或时间导致严重损坏的原因；
- 他们将问题归咎于个人，即使这些人很少或者没有能力控制身边发生的事件；
- 他们不理解古代非洲人的格言："抚养一个孩子需要整个村庄。"

当人们不理解变异时：

- 他们没有看到趋势正在发生变化；
- 他们看到了根本不存在的趋势；
- 他们不知道什么时候预期才是现实的；
- 他们不理解过去的绩效，所以他们不能预测未来的绩效；
- 他们不知道预言（prediction）、预测（forecast）、猜测（guesswork）之间的区别；
- 当别人因为幸运成功时，他们就会表扬；当别人不幸失败了，他们就会指责。这经常会发生，其原因是无论系统性的原因是什么，人们总趋向于把所有事归因于人们的努力、豪言壮语、弱点、错误或者蓄意破坏，但很少去分辨哪些是事实而哪些是观点。

当人们不理解心理学时：

- 他们不理解激励或者人们这样做的原因；
- 他们采用胡萝卜加大棒的方法或其他没有积极效应的方法，最终只会导致激励者与被激励者之间的关系受到损害；
- 他们不理解改变的过程和阻力；
- 当他们与人交往的时候，他们往往会采用命令式和家长式的方法；
- 他们变得冷嘲热讽、道德败坏、消极怠工、愧疚、怨恨、倦怠、疯狂以及叛逆。

当人们不理解知识理论时：

- 他们不知道如何计划和完成学习以及改进；
- 他们不理解改变和改进的不同；
- 尽管他们付出了最大努力，但是问题依然没有解决。

戴明用他的14条原则支持管理的转变（见表2-1）。需要认识到的是，这14条原则来源于几个世纪之前，当时很多组织被独裁式的经理统治，他们被短期利益驱使而不考虑也没兴趣去改进质量。虽然今天的管理实践已经很大程度上不同于戴明管理理念提出的时代，但这14条原则仍然向管理者传达了重要的见解。忽视这些只会导致重复过去的错误。

表2-1 戴明关于管理的14条原则[9]

1. 提出并向所有员工发布公司或者组织的目标，建立持之以恒地改进产品和服务的目标
2. 所有人都要学习新的理念
3. 理解检测的目的是改进过程和降低成本
4. 终止只以价格为依据进行商业决策的实践
5. 持之以恒地改进生产和服务系统
6. 进行岗位职能培训
7. 教导并实施领导
8. 排除恐惧，建立信任，创造一个创新的氛围
9. 优化团队、小组、员工的努力以实现公司的目标和宗旨
10. 取消对员工的训诫
11.（1）取消生产定额管理。相反，学习并建立改进的方法 （2）取消目标管理（management by objective，MBO）。相反，提高过程改进的能力，学习过程改进的方法
12. 消除剥夺人们享受工作自豪感的障碍
13. 鼓励学习和自我提升
14. 采取行动实现转变

1. 管理层承诺

对于管理者来说，在组织内部，做出推动改进的承诺仍旧并非易事。甚至当管理者已经对组织进行了全面评估，并且已经知道他们需要改进什么时，很多管理者仍不能有效地把握机会。[10]造成这种现象的原因从否认（我们不可能有那么差）到借口（我们现在实在忙不过来），各种各样。有效的领导是从承诺开始的。本书第4章将重新审视这个问题。

2. 学习新理念

戴明指出，以往建立在弗雷德里克·泰勒于20世纪早期提出的原则上的管理方法，例如定额驱动生产、工作测量、敌对式工作关系等,都不起作用了。虽然领导始于承诺,但它仍然需要新式思考。如今,很多公司已经采纳了全面质量(TQ)原则,这在第 1 章已经介绍过了。然而,人们会变换工作,组织的记忆一般也是短暂的,所以组织和个人都需要持续地重新学习新方法,并温习很多旧方法。如今的"新理念"包括了鲍德里奇框架和六西格玛。

3. 理解检验

20 世纪中叶,检验对于质量控制来说已经成为主要手段;公司雇用几十个甚至上百个员工全日制检验质量,但这几乎不能为产品增加价值。戴明建议,应当把检验作为改进的一种信息收集工具加以合理利用。如今,这种检验的新角色已经被大多数公司应用于质量管理实践。然而,很少有管理者能真正理解变异对他们的过程和检验实践的影响。通过更好的理解,管理者可以消除不必要的检验,从而降低不必要的成本,或者执行关键的检验任务以避免更昂贵的下游修复。

4. 结束只以价格为依据的决策

传统上,采购决策由成本(而不是质量)通过竞标决定。劣质材料或组件导致在生产后期阶段增加的成本,远远超过通过竞标"节省"的费用。戴明提倡把采购部门看作"内部供应商",竭力倡导公司与一些供应商建立长久关系,从而形成供应商忠诚并增加改进的机会。如今对供应链管理的关注正是反映了第四条原则的成就。供应链管理重点着眼于从系统角度对供应链进行研究,其目的是最小化供应链成本并且和供应商发展伙伴关系,这些观点会在第 4 章中具体介绍。

5. 持续改进

传统上,持续的改进并不是常见的企业实践;如今,对于在一个高度竞争和全球化的企业环境里生存来说,这是必要手段。在设计和运营环节中,改进都是必要的。商品和服务的设计改进来自对消费者需求的理解、持续不断的市场调查或者其他渠道的反馈,以及对生产和服务过程的理解。运营的改进是通过减少引起变异的原因和变异带来的影响,让所有员工去创新,并且寻找方式、方法更加高效和有效地工作来实现的。改进的工具是不断演化的,组织需要确保它们的员工有效地理解和应用这些工具,这需要培训,也就是第六条原则的主要内容。改进将会在第 6 章和第 7 章中进一步介绍。

6. 开展培训

人是一个组织最有价值的资源;他们想做好一项工作,但是他们经常不知道如何去做。培训不仅仅能带来产品、服务以及卓越绩效的改进,还会增加工人的斗志,让工人知道公司愿意帮助他们并给他们的未来投资。培训内容必须超出基础工作技能,例如运行一台机器或者按规定脚本跟顾客交流等。培训应该包括如下工具:识别、诊断、分析、解决质量和绩效问题。如今,关于和直接生产相关的技能,很多公司都有非常好的培训项目,但在强化员工的辅助技能方面做得不够好。而这正是最有可能显著改进关键业务成果的领域。

7. 进行领导

管理者的工作是领导和指挥,而不是监督和给予工作指导。监督者应该是教练而不是警察,并且应该通过监督建立起管理者和员工之间的关联。领导可以帮助消除恐惧并且鼓励团队合作。对于每一个组织来说,进行领导从过去到现在以及未来都一直是一项具有挑战的任务,尤其是当新一代的管理者取代了已经学会如何领导的老一代管理者时。因此,戴明原则中的这一点对组织来说永远有意义。

8. 驱除恐惧

恐惧在工作中体现在很多方面:恐惧报复、恐惧失败、恐惧未知的事物、恐惧改变。恐惧鼓励短期的和自私的思考,而非对整体都有益的长期改进。对所有组织来说,恐惧是一个文化问题。创造一个没有恐惧的文化是一个缓慢的过程,但是这一过程可以在领导换届时期和企业政策改变中被瞬间摧毁。因此,当今的管理者仍需要继续对恐惧对组织可能产生的影响保持敏感。对于积极的动机,我们将会在第 9 章中介绍。

9. 优化团队努力

个人与部门之间的障碍会导致质量低下,因为"顾客"没有接收到他们期望从"供应商"处所获得的东西。这常常是内部晋升竞争或者绩效排名导致的结果。团队合作可以帮助瓦解内部顾客和供应商之间的障碍。核心是满足顾客需求和改进过程。团队工作是实现公司目标的一个很重要的方式,对此,我们将在第 8 章中进一步讨论。

10. 取消说教

动机可以通过信任与领导很好地实现,而不是通过喊口号的方式实现。号召改进质量的口号通常是由于缺乏动机而导致质量低下。当员工为之工作的系统限制了他们的绩效时,就无法仅仅通过增强动机的方法改进了。相反,他们将会变得挫败,绩效也会进一步降低。改进起源于好的组织设计和数据导向过程的应用(见第 5~7 章)。

11. 取消定额和目标管理(MBO)

数值定额激励短期行为而不是长期行为,尤其是当奖励或者绩效评价只是为了满足定额的时候。戴明承认目标很有用,但是只为他人设定数值目标而不包含实现目标的方法,只会导致挫败和不满。此外,年度之间或者季度之间产生的系统变异,如增加 5% 或者降低 6%,都会让比较变得毫无意义。

12. 消除影响人们工作自豪感的障碍

一些组织将工人视为一个"商品"。工厂工人被安排千篇一律的工作,被提供一些下等的机器、工具或者材料,按照指令生产有缺陷的产品以应对销售压力,并且向对工作一无所知的监督者汇报。这种态度被高级别的授权所取代,从而使得工人对他们的工作过程具有归属感,并且能够保持较高的自尊。这会在第 9 章中进一步探讨。

13. 开展教育

培训在第 6 条原则中指的是工作技能,而教育指的是自身发展。公司有责任发展个人自身的价值和自我价值。对人们进行投资是一种强大的激励方法。今天,很多公司理解了"提升员工知识基础,继而提升特定工作技能之外的知识,回报巨大"这一关系。然而,其他公司仍将这项任务视为一项成本，将它视为在做财务权衡时很容易被舍弃的任务。

14. 采取行动

所有的文化改变都开始于最高管理层，然后涉及公司的所有人。改变组织文化通常会遇到很多组织难以解决的怀疑和抵制，尤其当戴明认为许多需要彻底根除的传统管理实践早已根植于组织文化中时。对于这部分内容，我们将在第11章中做更多讨论。

现在的很多组织还在继续使用戴明的原则（见下面的专栏"运用戴明管理理念，路易斯维尔大获全胜"）。

 运用戴明管理理念，路易斯维尔大获全胜[11]

希勒里希 & 布莱斯比（Hillerich & Bradsby, H&B）公司旗下的路易斯维尔（Louisville Slugger）棒球品牌已经创建超过115年。20世纪80年代中期，H&B公司面临来自市场改变和竞争的巨大挑战。公司的CEO杰克·希勒里希（Jack Hillerich）参加了一场基于戴明管理理念的研讨会，这场研讨会说明了公司当前在质量控制方面所做的努力的基础是什么。研讨会结束后，希勒里希决定要弄清楚在一家拥有思想老旧的工会和在劳动力管理上存在问题的老公司，戴明所倡导的哪些改变是可以实现的。希勒里希劝说工会的领导选取了五名高级经理参加了另一场戴明管理理念的研讨会。

根据研讨会的内容，工会的核心小组和管理者提出了一个改变公司的战略。他们讨论了如何建立信任以及使组织变为一个"你愿意在其中工作"的组织。公司的员工对这个战略很感兴趣，但持怀疑态度。为了证明他们的承诺，经理测试了戴明14条原则，并且从中挑选出几项他们认为能够通过实践而实现改变的管理原则。改变中的第一项，就是取消与时薪相关的工作定额和进度预警以及未完成工作定额的罚款。取而代之的是一种以小组为基础的工作方式。虽然只有少数员工好好利用了这种改变，但因为员工以正确生产产品而自豪，所以总生产率提高了，返工减少了。H&B同时也取消了绩效评估和以销售额为准的薪酬制度。公司同时十分关注在培训和教育方面的努力，从而使得员工愿意改变，提升了团队合作能力。时至今日，戴明管理理念仍旧是H&B公司发展的核心指导准则。

2.1.2 朱兰的理念

20世纪20年代，约瑟夫·朱兰加入了美国西部电力公司，此时该公司正引领着统计质量方法的发展。在公司里，他做了很长一段时间的工业工程师。1951年，朱兰撰写、编辑并且出版了关于质量的最详尽的书籍之一——《质量控制手册》，后来这本书还被多次修订。20世纪50年代，在戴明之后，朱兰把质量管理原则教给了日本人，并且成为他们质量重组的主要动力。

比起戴明，朱兰在改变方面采取的是更加务实的方式。他建议，要设计并采取更适合企业现有商业战略规划的方式，从而使得被拒绝的风险最低。朱兰将追求质量分为两个层次：①企业作为一个整体的使命是实现产品高质量；②企业每个单独部门的使命是实现生产高质量。高管层在质量管理的过程中应扮演一个积极、热情的领导者角色。

朱兰认为，一个组织中不同层级的员工应使用不同的"语言"（戴明认为，数据应该成为共同语言）。高管层使用的是钱（美元）的语言，员工使用的是物的语言，而中层管理者必须同时会使用这两种语言并且能够进行翻译。因此，为了得到高管层的关注，质量问题必须使用他们能够理解的语言——钱（美元）。朱兰主张通过质量成本核算和分析关注质量问题。

在操作层面，朱兰注重通过消除缺陷提高与规范的符合性，这需要使用统计工具进行分析以获得广泛支持。朱兰将质量定义为"适用性"（fitness for use）。这个定义被分成四个部分：设计质量、符合性质量、可用性和现场服务。设计质量注重市场调研、产品概念和设计规范；符合性质量包括科技、人力和管理；可用性包括可靠性、可维护性和后勤保障；现场服务包含及时性、能力和完整性。

朱兰关注的质量三个方面的方案称为"质量三部曲"（朱兰研究院已注册的一个商标）：①质量计划，即准备完成质量目标的过程；②质量控制，即在操作中实现质量目标的过程；③质量改进，即使绩效突破到前所未有水平的过程。

质量计划开始于识别内部和外部顾客，判断他们的需求并且研发满足他们需求的产品。质量控制包括判定什么需要控制，建立可以客观评估数据的测量方法，建立绩效的标准，评估实际绩效，解释实际绩效和标准之间的差距并且对此采取行动。质量改进是通过判断需要进行改进的特定的项目，使适合的人参与改进，诊断表现不佳的原因，寻找有效的补救方式并且在改进方面实施控制手段。

直到2008年（103岁）去世前，朱兰博士一直在提升质量方面积极努力并且撰写书籍。2008年4月，美国质量协会出版的杂志《质量进步》介绍了他一生的贡献。

2.1.3 克劳士比的理念

菲利浦·克劳士比于2001年去世，他最早是生产线检验员，而后以副总裁的身份在国际电话电报公司（ITT）工作了14年。离开ITT后，他在1979年创建了菲利浦·克劳士比学院，致力于发展和提供培训课程。他写了几本书，第一本书《质量免费》就销售了近100万册，唤起了美国公司高层管理者对质量的重视，因而受到赞誉。

克劳士比质量学说的本质体现在质量管理基本原则和改进的基本要素中。克劳士比的质量管理基本原则如下：

- 质量意味着符合要求而非优美。克劳士比打破了质量就是"卓越"的神话。要求必须被清晰表述才能不被误解。要求是沟通的工具而且必须是确定的。一旦任务完成，人们可以衡量任务相对于要求是否一致。发现不一致就表示质量不达标。这样，质量问题转化成了不符合问题，即表示产品和标准的差距。管理层的责任是设定要求。
- 没有所谓的质量问题。问题必须被造成问题的个人或部门所识别。一般会存在会计问题、生产问题、设计问题、前台问题等。质量起源于职能部门而非质量部门，因此质量问题的责任应被归结于这些职能部门。质量部门应该测量符合性并且报告结果，引导以积极的态度开展质量改进。这点和戴明14条中的第3条很相似。
- 没有所谓的质量经济学：在第一时间就把工作做正确永远都更经济。克劳士比支持

"质量经济学"毫无意义这种假设。质量是免费的。第一时间无法完成正确工作的行为才是产生费用的原因。戴明连锁反应中传递了相似的信息。
- 衡量绩效的唯一指标就是质量成本。质量成本就是"不符合要求"产生的费用。克劳士比指出,大多数公司在质量成本上花费了销售收入的 15%~20%。质量管理良好的公司能够将质量成本控制在不足销售额 2.5%。其主要花费是在预防和评估阶段。克劳士比建议测量并公示因质量不达标而产生的费用。质量成本的数据在吸引管理层注意力、选择纠正行为的机会和追踪质量改进等问题上有很大的用处。这些数据为改进和成果的认可提供了实实在在的证据。朱兰也同样支持这个主张。
- 唯一的绩效标准就是零缺陷(zero defects)。克劳士比对此提出:

> 零缺陷是绩效考核的标准。它是工匠的标准,不管他是做什么的。零缺陷的主旨是在第一次就把事情做对。这意味着关注预防缺陷而不是发现并改正缺陷。
>
> 人们经常想当然地认为缺陷是不可避免的。因此,他们不仅接受差错,而且认为差错是理所应当的。在工作中出点差错并不会困扰我们……是人就会犯错。我们都有自己的关于工作或学习的标准,即开始让我们感到不安的差错程度。就像在学校里,考试得到 A 固然很好,但拿到 C 通过考试也是可以接受的。
>
> 然而,当涉及我们的个人生活时,我们不会维持这些标准一成不变,否则,在付账的时候,我们就会不时地发现被少找了零钱……作为个人,我们不可能忍受这样的现实。
>
> 我们有双重的标准:一个是对于我们自己,另一个是对于工作。大多数人认为差错都是因为大意导致的,而非缺少知识。当我们认为差错不可避免的时候,就可能产生大意。假如我们能仔细考虑这些事情,并且为在第一次就把事情做对而不断地、小心翼翼地努力,我们就将在消除返工、报废和修理等造成的浪费上前进一大步,正是这些浪费提高了成本,减少了个人的机会。[12]

然而,朱兰和戴明认为告诫生产线上的工人去生产完美的产品,即使不是虚伪的,也是没有意义的。因为绝大多数缺陷是因为生产系统设计的不合理造成的,而这并不是工人所能控制的。

克劳士比提出的改进的基本要素包括决心(由组织的领导者决定)、教育和实施。与朱兰和戴明不同,克劳士比的方法主要是关于行为的。他强调管理和组织过程对改变公司文化的重要性,强调态度比数据工具的使用更重要。与朱兰相同,却与戴明不同的是,克劳士比的方法和已有的组织结构有很高的契合度。

2.2 鲍德里奇奖

马尔科姆·鲍德里奇国家质量奖,如今简称为鲍德里奇奖,是美国乃至全世界范围内全面质量(TQ)最有力的催化剂。更重要的是,这个奖项所提出的"卓越绩效标准"已经成为所有组织理解和实践卓越表现的准则。本节将介绍该奖项的概貌、标准以及评奖的过程。

2.2.1 历史与目的

意识到美国的生产力在下降之后，1982 年 10 月总统罗纳德·里根签署了一条法令，要求开展关于生产的全国性学习/会议。1983 年，为了给即将在白宫举行的生产力会议做准备，美国生产力与质量中心（前身为美国生产力中心）组织了七场计算机网络会议。会议最终的报告建议"需要一个类似于日本戴明奖的全国性奖项，每年颁发给成功挑战和满足奖项要求的企业。奖项要求和相关的评选程序要和戴明奖的程序相似并且有效"。1987 年 8 月 20 日，鲍德里奇奖被写进法律（公法 100-107）。这个奖项以总统罗纳德·里根时期的商务部部长的名字马尔科姆·鲍德里奇命名。可是他在参议院实践这条法令之前被杀害了。马尔科姆·鲍德里奇受到世界上很多国家领导人的尊重，在实践政府贸易政策、解决与中国和印度的技术转让分歧问题、连续七年主持和苏联的首个部长级会谈等方面发挥了重要作用。与苏联的会谈为美国企业进入苏联市场铺平了道路。

设立这个奖项的目的在于：

- 帮助激励美国公司提高质量和产量，以获得认可的荣耀，同时增加利润获取竞争优势；
- 认可在提高产品和服务质量上取得成就的公司，为其他企业树立榜样；
- 建立能够为商业、个人、政府以及其他企业所用的指导和标准，衡量他们在质量改进上做出的努力；
- 为希望效仿改变企业文化和实现卓越的成功之道的其他美国企业提供特定的指导。

鲍德里奇奖对在质量管理实践和绩效方面取得突出成果的企业进行表彰。鲍德里奇奖不仅仅只是表彰产品上的卓越，也不是以"赢"为目的而存在，它主要关注能够取得很高的顾客满意度和很好的商业结果的绩效管理实践方法的提升和改进。在制造类、小企业类、服务类和非营利性医疗保健类和非营利性教育类等几种企业类型中，每类最多有三家企业能够获得奖项。医疗保健和教育方面的奖设立于 1999 年，非营利类设立于 2007 年。表 2-2 展示了截至 2012 年的获奖名单。

表 2-2　马尔科姆·鲍德里奇国家质量奖获得者（截至 2012 年）

制造类
摩托罗拉公司（1998）
西屋公司商用核燃料部（1998）
施乐公司商业产品和系统部（1989）
美利肯公司（1989）
凯迪拉克汽车分部（1990）
IBM 罗切斯特实验室（1990）
旭电公司（1991）
Zytec 公司（现在是安泰鑫科技公司的一部分）（1991）
AT&T 网络系统（现在是朗讯科技公司光网事业部）（1992）
德州仪器防御系统与电子集团（现在是雷神公司的一部分）（1992）
伊士曼化工公司（1993）
阿姆斯特朗世界工业公司建筑产品业务（1995）

（续）

制造类
康宁电信产品事业部（1995）
ADAC 实验室（1996）
3M 牙科产品事业部（1997）
旭电公司（1997）
波音公司运输机和加油机分部（1998）
太阳能涡轮机公司（1998）
意法半导体公司—美洲地区（1999）
德纳公司—金亚部（现在是扭矩牵引技术公司（2000））
Karlee 公司（2000）
Clarke American Checks 公司（2001）
摩托罗拉公司商业、政府和工业解决方案部（2002）
美德瑞达公司（2003）
巴马公司（2004）
阳光保鲜食品公司（2005）
北美嘉吉谷物加工公司（2008）
霍尼韦尔联邦制造和技术有限公司（2009）
美德瑞达公司（2010）
雀巢普瑞纳宠物用品公司（2010）
洛克希德·马丁公司导弹和武器发射火力控制分部（2012）

小企业类
全球冶金公司（1988）
华莱士公司（1990）
马洛工业公司（1991）
花岗岩有限公司（1992）
艾姆斯橡胶公司（1993）
温莱特工业公司（1996）
Custom Research 公司（1996）
三叉戟精密制造公司（1996）
得克萨斯铭牌公司（1998）
阳光保鲜食品公司（1999）
洛斯阿莫斯国家银行（2000）
斯通纳公司（2003）
得克萨斯铭牌公司（2004）
帕克·普雷斯·雷克萨斯公司（2005）
梅萨产品公司（2006）
PRO-TEC 涂层公司（2007）
梅萨产品公司（2012）

服务类
联邦快递（1990）
AT&T 通用卡公司（现在是花旗集团的一部分）(1992)
丽思·卡尔顿酒店（现在是万豪国际的一部分）(1992)
AT&T 消费者通信服务中心（现在是 AT&T 的消费市场部）(1994)
威瑞森信息服务中心（前身是 GTE Directories 公司）(1994)

（续）

服务类

德纳商业信用股份公司（1996）

美林信贷公司（1997）

施乐商业服务部（1997）

BI 公司（1999）

丽思·卡尔顿酒店（1999）

国际运营管理公司（2000）

Pal's Sudden Service 公司（2001）

布兰奇–史密斯印刷分部（2002）

波音航空支持部（2003）

卡特彼勒金融服务中心（2003）

DynMcDermott 石油公司（2005）

普瑞米尔公司（2006）

MidwayUSA 公司（2009）

Freese and Nichols 公司（2010）

K&N 管理公司（2010）

Studer 集团公司（2010）

教育类

楚加奇学区（2001）

珍珠河学区（2001）

威斯康星–斯托特大学（2001）

帕拉丁镇第 15 学区联合学校（2003）

罗伯特·W. 蒙福特商学院（2004）

瑞查兰德学院（2005）

捷克斯公立学校（2005）

艾尔德尔–斯泰茨维尔学校（2008）

蒙哥马利县立公立学校（2010）

医疗保健类

SSM 医疗中心（2002）

彭萨科拉浸信会医院（2003）

堪萨斯市圣克鲁克医院（2003）

罗伯特·伍德·约翰逊大学附属汉密尔顿医院（2004）

布朗森卫理公会医院（2005）

北密西西比医疗中心（2006）

仁惠医疗中心（2007）

夏普医疗护理（2007）

尘埃谷健康系统公司（2008）

亚太兰特医护中心（2009）

赫特兰医疗中心（2009）

爱得佛凯特·古德·撒马利亚医院（2010）

亨利·福特医疗中心（2011）

施耐克医疗中心（2011）

中南基金会（2011）

北密西西比医疗中心（2012）

(续)

非营利类

珊瑚泉市（2007）

美国军备研发和工程中心（2007）

退伍军人事务部联合研究项目药物临床研究协调中心（2009）

协和出版公司（2011）

欧文市（2012）

这个奖项逐渐发展为鲍德里奇卓越绩效项目（也叫鲍德里奇项目）。这个综合性的项目鼓励和支持企业发展并保持卓越绩效。从 1987 年建立到 2012 年期间，鲍德里奇项目通过美国国家标准技术研究院（美国商务部的一个部门）管理。2012 年，美国国会的众议院拨款委员会想要取消几十个联邦项目，从而使联邦预算减少至少 15 亿美元。不幸的是，虽然联邦资金中属于鲍德里奇奖的预算部分非常少（只有 960 万美元），国会还是通过了取消鲍德里奇奖的提议。鲍德里奇项目组反应迅速，开始转变成为一个可持续发展的、不由政府支持的营运模式（如果当本书出版时，鲍德里奇转变如何实现还不明确，你可以在网上搜索关于鲍德里奇转变的最新信息）。2012 年的 4 月，美国承诺在 2015 年建立鲍德里奇基金会以支持该项目的实施。

在世界范围内，鲍德里奇计划产生了重大的影响，并且我们坚信这个计划还会一直促进卓越绩效，为组织的领导者在其组织内追求高质量与卓越成果而指明道路。这个项目的网址（http://www.nist.gov/baldrige）提供了关于这个奖项、绩效标准以及获奖企业的诸多信息。

2.2.2 卓越绩效的评价准则

奖项的评选基于一系列严格的标准，这个标准就是"卓越绩效评价准则"（本书使用 2011～2012 年的版本）。设计该准则是为了鼓励企业通过一个匹配的组织绩效管理方法加强竞争力，从而实现：

- 把不断改进的价值传递给顾客，实现市场成功；
- 提升公司总体的绩效和能力；
- 组织和个人的学习。

准则由一系列不同层次的类目（category）、条款（item）和着重方面（area to address）构成。七种类目分别是：

（1）领导。作为七种类目中的第一项，它象征着领导对于商业成功的重要性。条款 1.1 高级领导，用于评审高级领导者责任的关键方面。它评审高级领导者如何设定以及交流组织的愿景和价值观以及他们如何去实践价值观。它聚焦于高级领导者的行动，以创建一个可持续发展、绩效良好并且关注业务、顾客以及社区的组织。条款 1.2 治理和社会责任，用于评审包含领导力提升的组织治理系统的关键方面。它评审组织如何确定组织内的每个人的行为都是合法的、道德的，以及组织如何实现其社会责任并支持关键社区。

（2）战略规划。该类目用于评审组织是如何制定战略目标和行动计划的。条款 2.1 战略制定，用于评审组织如何确定核心竞争力、战略挑战以及战略优势，并且确立战略目标以应对挑战、发挥优势。其目的是提高总体绩效、竞争力，促进未来的成功。条款2.2战略实施，用于评审组织如何将战略目标转换为行动计划从而实现目标。它也评审组织如何评价与行动计划相关的过程。它的目标是确保战略能够成功部署以实现目标。

（3）关注顾客。该类目用于评审组织如何使顾客参与以实现长期市场成功，以及如何建立关注顾客的企业文化。条款3.1顾客之声，用于评审企业聆听顾客及辨别顾客满意和不满的过程，也评审使用这些数据的过程。其目的是利用有用的信息以超出顾客的期望。条款3.2顾客参与，用于评审组织识别并创新能够服务顾客和市场的产品的过程；使顾客能够获得信息和支持的过程；利用顾客、市场和产品信息的过程。该条款同时也评审组织是如何与顾客建立关系、如何解决顾客的抱怨以留住顾客、提高他们的参与度的。这些努力的目的是提高市场占有率，建立一个更加以顾客为主的企业文化，增强顾客的忠诚度，以及识别创新的机会。

（4）测量、分析和知识管理。该类目被定位为鲍德里奇理念系统框架里其他所有类目的基础，并且为业务结果提供了关键反馈结构。条款4.1组织绩效的测量、分析和改进，用于评审一个组织如何选择和使用数据进行绩效测量、分析和审核，以支持组织规划和绩效改进。在一个依赖财务、非财务数据和信息的综合绩效测量及管理系统中，该条款发挥着核心的收集和分析数据的作用。绩效测量、分析、审核以及改进的目的是指导组织过程管理朝着实现组织的核心目标和战略规划方向发展，预测组织内外快速的或难以预料的变化并做出反应，识别可以分享的最佳实践。条款4.2信息、知识与信息技术管理，用于评审在日常及紧急情况下，组织如何确保用于员工、供应商、合伙人、合作者和顾客的数据、信息、软件和硬件的质量与可用性，也评审组织如何建立和管理知识财产。它的目的是提高组织的效率和有效性，以及促进创新。

（5）关注员工。该类目用于评审组织如何建立有效的、支持性的员工环境。条款5.1员工环境，用于评审组织的员工环境、员工能力和保有量需求，及其如何确保一个安全、支持性的工作环境。它的目的是为完成工作和支持员工建立一个有效的环境。条款5.2员工参与，用于评审组织所拥有的从事、开发和评价员工参与度的系统组织，以促使和鼓励员工能够有效地贡献并充分发挥其能力。这些系统旨在促进更高绩效的产生，利用核心竞争力，帮助完成行动计划以及确保组织的可持续发展。

（6）关注过程。该类目用于评审组织如何通过设计、管理和改进工作系统与工作过程传递顾客价值并实现组织的成功和可持续发展。条款6.1工作系统，用于评审在为顾客创造价值、为紧急情况做好准备、为实现组织成功和可持续发展等目的下，组织的工作系统是怎样设计、管理、改进的，以及如何利用核心竞争力。条款6.2工作过程，用于评审在创造顾客价值，实现有效果和有效率的运营以及实现组织成功和可持续发展等目的下，工作过程是怎样设计、管理和改进的。

（7）结果。该类目体现了对结果的关注，这些结果包括目标评价和顾客对组织所提供产品的评价，以及对于主要过程及过程改进行为的评价；以顾客为中心的结果；以员工为中心的结果；治理、领导系统和社会责任的结果；财务和市场的总体绩效。这些关注点支持了准则的目的：从顾客和市场角度审视商品的优良价值；由组织的运营、员工、法律、道德、社会和财务指标所反映的优良的组织绩效；组织和个人的学习。因此，类目7为评价、改进过程和产品提供了实时信息（进展情况的评估），符合组织的总体战略。

为了获得详细的附注和解释，我们鼓励读者阅读完整的文件。对于教育、医疗等有特殊语言和实践方式的行业，准则可能会稍微不同。准则每年都会更新，因此我们建议你获取最新的版本。这些准则可以从前面提到的鲍德里奇网站上下载。

这七项条目组成了一个集成的管理系统，就像图2-3中描述的一样。七项类目的顶部反映了组织必须通过它们的战略和行动计划做出所有的重要决策，从而关注顾客。领导、战略规划和关注顾客代表了"领导三角"，并且体现了三个功能集成的重要性。关注员工和关注过程代表了如何完成组织工作和如何实现业务结果。这些功能和领导三角相关联。最后，测量、分析和知识管理通过为基于事实的系统改进奠定基础，从而为整个框架提供了支撑。

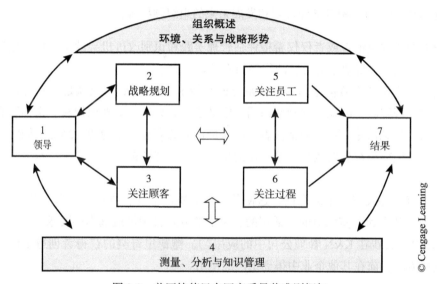

图2-3　美国鲍德里奇国家质量奖准则框架

每个类目都包含许多条款（编号为1.1、1.2、2.1等）或者业务需要关注的关键要求。每个条款也都包含许多不同的着重方面（如6.1a、6.1b），这些着重方面寻求关于方法的特定信息，以保证和提升竞争绩效，保证这些方法的实施或者实施的结果。如领导类目就包含2个条款和5个着重方面：

1.1　高级领导

　　a. 愿景、价值观和使命

　　b. 沟通和组织绩效

1.2　治理和社会责任

　　a. 组织治理

　　b. 合法和道德行为

　　c. 社会责任和关键社区支持

愿景、价值观和使命这一着重方面（1.1a）是为了让组织回答以下问题。

（1）愿景和价值观：高级领导者是如何建立组织愿景和价值观的？高级领导者是如何通

过领导系统部署适合员工、主要供应商、合伙人、顾客以及其他利益相关者的愿景和价值观的？高级领导者是如何通过个人行为体现其组织价值观的承诺的？

（2）提倡合法和道德行为：高级领导者的行为是否体现了他们对合法和道德行为的承诺？他们如何营造一个需要合法和道德行为的组织环境？

（3）创造一个可持续发展的组织：高级领导者如何创造一个可持续发展的组织？高级领导者如何：

- 为组织绩效的提升创造一个环境，完成组织的使命、战略目标、革新、绩效领导力以及组织灵活性？
- 创造一种可以持续传递积极的顾客体验和培育顾客参与度的员工文化？
- 创造一个有利于组织和员工学习的环境？
- 参与组织学习、制订继任计划和发展未来的组织领导者？

鲍德里奇奖的申请者或者仅仅希望评估管理实践和识别改进机会的组织可以把这些问题当作催化剂，从而更好地了解自己的优势和不足。

需要关于方法或部署信息的那些着重方面开始于"如何做"，也就是说它们定义了一系列可执行的管理实践。因此，评判准则同时定义了一套集成的基础架构和一系列为高绩效管理系统所用的基础措施。这些措施代表了国家最优秀的商业人才的智慧结晶，同时反映了一个世界级的高绩效组织想要成功必须要做的事情。这个准则被认为代表了"有效管理实践的前沿"。

准则中有一些没有规定的东西，这便是特定的质量工具、技巧、技术、系统和起始点。公司被鼓励去开发和证实创新的、适用的、灵活的方式去满足最基本的要求（见下面的专栏"鲍德里奇领导实践在K&N管理公司中的应用"）。鲍德里奇奖的获得者创造了许多创新的方法，这些方法目前在其他企业中得到了广泛使用。

 鲍德里奇领导实践在K&N管理公司中的应用[13]

为了说明一个组织如何实践准则，本案例展示了一些由K&N管理公司在它的奖项申请总结（之前提供的鲍德里奇奖网页上有）中为了回答愿景和价值观的问题所列出的领导这一类目的信息。

K&N管理公司对顾客愉悦和追求卓越充满激情，这在整个运营过程中都十分明显。高层领导团队（senior leadership team，SLT）包括两名股东和七名董事，负责制定和部署愿景与价值观。使命、愿景和关键业务驱动力（key business drivers，KBD）最初由一组高层领导和经理于2002年在Pal's Sudden Service公司进行对标参观后设置。我们的愿景反映了对客人愉悦的追求，在我们的使命声明中定义了每个团队成员的角色。如果团队成员保证让每个客人高兴，全世界将公认我们在热情、过程和绩效上都实现了卓越。核心价值观是由高层领导设定的，这也考虑了团队成员对于什么文化最重要的想法。让客人高兴的激情已经融入我们的价值观，并且在整个组织进行全面部署。

高层领导将使命、愿景、价值观和关键业务驱动力应用在过程展开、评价、数据分析、评估以及绩效改进上。每年会由高层领导团队在战略规划研讨会上审核决定是否应该改变使命、愿景、价值观和关键业务驱动力。

公司在员工的选择和培养过程、概念设

计与运营管理上追求卓越是显而易见的。使命、愿景、价值观和关键业务驱动力，首先通过基层会议部署，然后通过培训、交接班会议交流和绩效评估加强。在培训模块，每一组的第一步都是给小组成员传达我们文化的关键要素。在基层会议上，小组成员会收到一个包含使命、愿景、价值观、关键业务驱动力和FISH结构模型（团队成员士气和激励理论）的文化卡片。

我们的使命、愿景、价值观以各种各样的方式被扩展到关键供应商和顾客。愿景和使命都被印在了商业名片上。我们的客人可以轻松地在餐厅墙上以及马迪·法恩（Mighty Fine）的网站上查看我们的使命、愿景、价值观和关键业务驱动力，或者通过我们团队成员的态度去感受。执行董事通过每年实施的计分卡形式将我们的价值递给关键供应商。计分卡的标准本质上是保证供应商对我们的产品和交付标准负责。为了保持我们的关键业务驱动力，我们要求供应商在规定的交货时间内向我们提供符合我们质量要求的产品。那些不符合标准的供应商会被更换。

鲍德里奇准则是基于一系列被称为"**核心价值和概念**"的准则制定的：

- 富有远见的领导；
- 顾客驱动的卓越；
- 组织和个人学习；
- 重视员工和合作伙伴；
- 灵活性；
- 关注未来；
- 创新管理；
- 基于事实的管理；
- 社会责任；
- 注重结果和创造价值；
- 系统的视野。

（在鲍德里奇准则文件中有详细描述）这些观念深植在准则中，在本质上，提供了一种关于卓越绩效文化的描述。例如，如果回顾准则条款1.1高级领导，可以很容易地找到直接或隐含的几乎对于所有这些观念的引用。核心观念和概念展示了准则的基本理念，这与第1章讨论的质量管理的原则有相似的地方。

2.2.3 鲍德里奇奖的评估过程

鲍德里奇奖的评估过程非常严格。在第一阶段，从商业、学术、医疗保健和政府领域挑选七个或更多的顶尖质量专家（他们都是志愿者），他们会对每份申请进行全面评估。评审员对申请人的每个评审项目的表现做出评估，对照准则列出关键的"优势"和"改进机会"。"优势"表示有效和积极地遵循了准则；"改进机会"说明企业在遵循标准方面的不足，但不会就企业应当如何做给出具体方法或者评审员的个人观点。为了帮助评审员了解申请评奖的组织，申请人需要提供相关组织概况，包括组织的基本环境，与顾客、供应商或者其他合作伙伴的关系，员工和技术类型，竞争环境，面临的关键战略挑战以及绩效改进系统。组织概况有助于评审员将焦点放在关键绩效的要求和结果上，这也可以帮助评审员理解组织和组织认为重要的内容。

基于这些评价，对每个评分条款给出得分百分比，打分范围为 0～100%，以 5% 为增幅。详细的评分准则可以在准则文档中找到。准则类目 1～6 的每一个条款都注重一些特定的过程（你如何……）。每个条款从以下四个方面进行评价：方法、部署、学习和整合。**方法**（approach）是指用于完成过程的方式，包括该方式在项目的要求和组织的经营环境上的合适性、方法使用的有效性，以及方法基于可靠的数据和信息（即系统的）可重复程度。**部署**（deployment）是指在应对与组织相关并且重要的评分条款要求方面，方法得到应用的程度、方法得到持续的应用，以及方法在所有适用部门得到应用。**学习**（learning）是指通过定期的评价和改进，对方法不断进行完善，鼓励通过创新对方法进行突破性的改进，以及共享组织中相关工作部门和过程的改进及创新的方法。**整合**（integration）是指方法与组织概述和其他过程条款中识别出的组织要求协调一致的程度；组织各过程、部门的策略、信息与改进系统相互融合、补充；计划、过程、结果、分析、学习和行动在各过程之间协调一致。

类目七是关于结果的。**结果**（result）是指一个组织的产出和成果。用于评估结果的要素包括当前的绩效水平，绩效改进的速度和广度，与适当的组织和标杆相比的绩效，在应对重要的顾客、产品、市场、过程和行动计划绩效要求方面达到的程度，对未来绩效的有效指标，以及在过程和工作单元中协调一致以支持组织层面的目标。

评审组通过讨论个人评分的不同对每个项目达成共识。国家评审委员会接着选取它认为有潜力的申请人，并对其进行实地调研。评审委员会参观该公司长达一个星期，验证不清楚的书面申请信息和需要解决的问题。评委用实地参观报告推荐获奖者。评委不得参与有竞争关系、冲突或者有如就业、客户关系、经济利益、个人或家庭关系等私人关系的申请者的讨论和投票。评委受利益冲突规则和行为规范的约束，对于所有的信息都严格保密。

所有申请者都会收到一份反馈报告，报告会批判性地评价公司的优势和有待改进的方面。反馈报告通常有 30 页或者更多，包含书面申请评估小组的反馈、每个申请人个人获得的总分以及所有申请人得分的分布。这种反馈是申请该奖项最有价值的地方。我们应该注意到，获奖者的得分通常处于 650～750 分。这表明，虽然它们的做法和结果的确是优秀的，但是它们仍然有改进的机会。施乐公司前首席执行官曾说：质量是一场没有终点线的比赛。

获得鲍德里奇奖的组织是受到高度认同的榜样。它们（甚至包括那些到了现场参观阶段但没有入选的组织）区别于其他组织的特点有：[14]

- 结果成就。这些组织在所有的领域中取得了显著的效果，比如产品（例如医疗保健结果）、过程、顾客、员工、领导和治理、财务和市场等。结果有随时间变化的趋势，并与标杆（最高绩效水平）进行比较。此外，实测结果对进行管理和制定基于事实的决策与改进十分关键。
- 企业家精神和创新。这些组织采用创新的方法以满足它们客户的当前需求，用吸引人的产品和服务解决它们尚未表达的需要。它们提供引领市场的产品、服务和机会。在充满挑战的时代和环境中，它们明智地选择承担风险以维持自己的地位，实现市场领导的地位。它们不依赖过去的成就或声誉。它们是问"为什么不"而非

"为什么"的组织。
- 敏捷性。这些组织在它们的决策及其调整战略能力上是有战略意义的。当环境改变或预计要改变时，它们已经准备好去适应和寻找新的市场，以维持自身利益和相关者的利益。战略规划不是一份空头文件，而会随着执行和监控过程发展。这些组织跟踪指标计划的执行，其中做出改变的能力也是执行过程的一部分。
- 治理和领导测量。这些组织的领导和治理起到了作用，提供了正确的指导。它们测量领导力和治理团队的绩效，而不是通常的实践活动的绩效。它们也是社区中的好公民，并且会衡量自身承担社会责任的结果。它们了解社区的需求，并为其提供所有类型的资源。
- 工作系统和工作过程。这可能是要掌握的最具挑战性的概念。这些组织了解它们的工作，也知道它们的核心竞争力。它们在工作人员进行的工作过程中做出明智的决定，利用自己的核心竞争力在过程上进行决策，并很好地执行这些过程（可以用数据证明）。它们知道什么时候应该依靠供应商和合作伙伴，利用这些关键的决策在市场上取得成功，即使在竞争对手无所作为的时候。

2.2.4 准则的演化

正如任何组织的重要管理实践每年都应当被评估并改进一样，具体的评奖准则每年也应当被评估和改进。多年来，该标准不断精简，以适用于所有类型和规模的组织，并且增强了过程和结果之间的联系。精简后的标准更加通用、友好。最重要的是，"质量"一词在20世纪90年代中叶被明智而审慎地摒弃了。例如，1994年之前，战略规划类目的标题是"质量战略规划"。其后更改为"战略规划"，这意味着质量应该是业务计划的一部分，而不是一个单独的议题。作为一种有意识的尝试，在整个文件中"绩效"这个词语被"质量"所替代，是为了强调理解全面质量管理原则不仅是质量体系的基础，更是一个公司整个管理系统的基石。鲍德里奇奖的前主管和设计者柯特·赖曼（Curt Reimann）博士指出："你用来赢得鲍德里奇奖的东西，正是你用来赢得市场的东西。我们的战略是让鲍德里奇奖标准模拟真正的竞争，成为一个有用的日常工具。"

为此，准则最显著的变化反映了商业实践和全面质量管理的成熟度。准则从主要关注产品和服务的质量进化为对全球市场上绩效卓越的广泛关注。此外，准则的更新旨在解决经营管理面临的新的有关问题。例如，在安然公司、世通公司和安达信公司发生商业丑闻之后，准则在2003年突出强调了组织治理和道德伦理。2005年，基金会引进了可持续发展的概念，这是指一个组织满足当前业务需求的能力、为未来做好准备的敏捷性和战略管理能力，以及为实时或短期突发事件做好准备的能力。最近，员工和顾客参与的概念也被引入和整合在标准中。

2.2.5 鲍德里奇计划的影响

鲍德里奇奖准则构成了一个可以应用于任何组织（不管是制造业还是服务业，大公司还是小公司）的业务卓越模型，（见下面的专栏"鲍德里奇杠杆作用在保健业的运用"）。美国商务部2011年12月公布的经济评价研究分析了鲍德里奇计划中鲍德里奇卓越绩效项目的社会净价值。[15] 研究表明，被调查的申请者的收益成本比为820∶1，支持了该计划为美国创造巨大经济价值的说法。更重要的是，计划改变了世界各地的许多组织的经营管理方式，并极大地推动了把全面质量管理（TQM）的原则纳入这些组织的日常文化中。真正的受益人是获得更好的产品和服务的顾客以及利益相关者。吉姆·柯林斯（《从优秀到卓越：为什么有些公司可以跨越……而另一些不行》的作者）说："我认为鲍德里奇奖的过程是训练有素的人员进行训练有素的思考，采取训练有素的行动以打造产生杰出结果的优秀组织这样一套强有力的机制。"

 鲍德里奇杠杆作用在保健业的运用[16]

位于新泽西州的医疗保健提供商大西洋保健（AtlantiCare）是2009年五个鲍德里奇奖获得者之一。虽然直到2000年该组织还没有实施鲍德里奇准则，但其文化是植根于质量中的。20世纪90年代，它围绕"患者是一切的中心"这个理念开展建设，并采用全面质量管理（TQM）的理念，为创造客户服务持续改进提供了必要的工具，而且它采用PDCA（plan-do-check-act）循环的方式。接着，2000年，它开始实施鲍德里奇准则，推动其绩效水平达到新的高度。

2006年，大西洋保健第一次递交了国家奖申请但未能获得实地调研。然而，接下来的一年，它获得了实地调研，但让人又鼓舞又失望。"你不知道还要做多少工作，但我们知道第一次实地调研的时候不可能得奖。"大西洋保健的董事长和首席执行官大卫·蒂尔顿（David Tilton）说。"我们知道我们可以做得更好。"2008年另一次实地调研进一步使人相信组织有了进步，一年后的胜利证实了这种感觉。

在任职培训中，新员工学习到了改进方法的速成课程，以及称为5B的卓越绩效框架。这个项目强调该组织在以下五个领域的最佳目标：质量、顾客服务、员工和工作场所、增长以及财务绩效。随着员工在组织中的地位升高，对改进的强调也随之增强。对管理层，公司要求管理层出席，说明如何使用鲍德里奇框架提高性能和促进创新的培训项目。在领导环境中赋予经理人运作所需的工具。这种工具被组织称为"紧－松－紧过程"（tight-loose-tight process），指的是高级管理层以下的自治和授权。通过放松管控，大西洋保健向员工授权，让个体业务单元自主决定满足高层目标的手段，从而创造一个更灵活的组织。

随着目标的设定，经营单元制订年度行动计划和确定关键指标，以帮助它们确定它们达到了目标。每一个由经营单元设定的行动计划，都和公司识别的对组织成功十分关键的九大战略挑战相关。

医疗保健服务
- 让医生参与新的合作和伙伴模式。
- 在主要服务领域外创造可持续增长。
- 对保健服务的投资和招聘机会进行识别和排序。

医疗卫生投入
- 开发新商业和服务模式以支持和发展初级护理。
- 识别和改进社区卫生与健康的关键成功因素。

健康信息
- 通过临床沟通和透明化提高护理质量。
- 运用技术提高患者安全和临床质量。

运营
- 招聘、培训、留住技艺精湛的员工。
- 在一个报销减少、资金渠道减少且未

参保人口增加的环境中取得成功。

在克服这些挑战的另一项努力中，大西洋保健将一些客户意见纳入其规划的几个过程中，通过收集用户数据、分析呼叫中心的发展趋势、采用焦点小组的方法，组织评估并改善了顾客访问。最典型的例子是成立于2006年的访问中心系统。焦点小组研究发现顾客在接触通常很复杂的医疗保健系统时会感到沮丧。免费的医生和事件调度热线用来追踪顾客的要求和需要。这些努力旨在提高顾客满意度，以获得更大的市场份额，从而增加收入。在美国医疗保险与医疗补助服务中心对充血性心脏衰竭、急性心肌梗死和肺炎等相关指标的测量中，该组织位列前10%。大西洋保健的家庭护理部门获得了COS公司颁发的"家庭护理精英奖"，该公司向家庭护理和临终关怀服务机构提供绩效改进对标测量。基于质量结果、质量改进和财务绩效，大西洋保健在美国8 222家医疗机构中排进了前100。其在行为健康方面的治疗有效性始终超越美国的标杆——心理健康集团（Mental Health Corp），2009年超越标杆16%。

这些数据反映了大西洋保健对鲍德里奇准则的应用，但它对该计划的信念十分坚定，超出了随后的奖项所承载的意义。尽管处在竞争激烈的医疗行业中，大西洋保健还是为其他想要走相同道路改进的公司设立了一系列"鲍德里奇分享日"。"我们相信，医疗保健领域中的质量和持续改进的承诺是必要的。作为鲍德里奇奖的获得者，我们有责任与其他组织共享卓越绩效的策略与实践。我们谦卑地期待着为那些希望加入我们质量之旅的公司提供指导。

大量的组织正在使用评奖准则评估自己的质量计划，建立和实施质量倡议，与供应商和合作伙伴更好地沟通，以及教育和培训，即使它们并不打算申请鲍德里奇奖。举一个例子，虽然一般来说法律界没有采用质量管理实践，管理美国20个州56家律师事务所的全美保险的诉讼分部仍把鲍德里奇模型作为其业务计划的一个关键组成部分。高层领导把鲍德里奇模型引入对出庭律师的管理中，并鼓励个人律师办公室申请当地的或州立的基于鲍德里奇计划的奖项。

许多小企业（美国定义为少于500名员工的公司）认为鲍德里奇准则很难适用于它们的组织，因为它们不可能和大型公司做法相一致。然而，组织的实践其实不需要那么正式或复杂。例如，通过独立的第三方调查、大量访谈、焦点小组这些对大公司来说常见的做法获得客户和市场知识的能力，对于小公司来说可能因为缺乏资源而受限。然而，重要的是该公司是否使用有效的方法收集信息，并用它提高客户的关注度和满意度。同样地，大公司经常用复杂的计算机信息系统进行数据管理，而小企业可能使用个人电脑与手工方法相结合的手段进行数据和信息管理。同时，涉及进行员工参与和过程管理的系统可以在很大程度上依赖非正式的口头沟通，而不是正式的书面文件。因此，一家企业的规模或性质并不影响准则的适用性，反而是准则使用的背景会产生影响。

1999年教育和医疗保健类目加入鲍德里奇计划，这反映了这些行业对鲍德里奇计划的兴趣越来越大。许多学校现在正在使用这一准则。在认识到鲍德里奇原则和医疗机构评审联合委员会（Joint Commission on Accreditation of Healthcare Organization，JCAHO）的标准具有一致性和重叠部分后，芝加哥地区的一所大医院在申请基于鲍德里奇计划的林肯卓越奖（Lincoln Award for Excellence）的同时，也为JCAHO的认证视察做了准备。

美国大多数州都设立了类似鲍德里奇奖的奖项。州立奖项计划一般旨在促进生产效率、增强质量意识、促进信息交流、鼓励企业采用质量和生产率的改进策略、识别制定成功策略的公司、给州内其他企业做榜样、鼓励新产业在州内落户,以及建立一种关于生活质量的文化。以上将有利于州内所有居民。[17]

然而,每个州都是独特的,因此具体目标会有所不同。例如,明尼苏达质量奖的主要目标是鼓励明尼苏达州的所有组织审查当前的质量状态和更多地参与持续改进质量的运动,以及识别州内的杰出质量成果。相反,密苏里州的目标是对密苏里全体居民进行质量改进教育,在密苏里生活的各个方面促进对质量的追求,认识到质量的力量。俄亥俄州计划的重点是使组织更早地走上追求卓越绩效的道路,识别杰出的组织。州立奖项计划的信息可以在之前章节中提供的鲍德里奇的网站上找到。

2.2.6 鲍德里奇标准和戴明理念

大家都知道戴明不提倡鲍德里奇奖[18](尽管如此,另一位大师约瑟夫·朱兰在奖项发展上的影响作用却很大),该奖项竞争的性质与戴明的教义在根本上是冲突的。然而,戴明的许多理念都直接体现在准则中或者体现了准则的精神。事实上,围绕戴明14条原则建立全面质量管理体系的 Zytec 公司获得了鲍德里奇奖。下面是对鲍德里奇准则如何支持戴明14条原则的简要概括。

(1)目标声明。战略发展需要使命和愿景。高层管理者对目的和目标的承诺在领导类目以及加强顾客满意度和关系类目中都有所强调。

(2)学习新理念。沟通价值观和期望、以顾客为关注焦点以及学习都是组织领导条款中的关键方面。

(3)理解检验。过程管理类目强调制订合适的测量计划。准则寻求有关公司如何最小化其检查成本的证据。

(4)结束只以价格为依据进行商业决策的实践。过程管理类目以及准则对整体绩效、过程与结果之间联系的强调,都暗含了这一内容。

(5)持续改进。持续改进和学习是鲍德里奇准则的核心价值。准则内容将专门考察公司如何评价和改进其过程。

(6)开展培训。"关注人力资源"类目识别的是培训和员工发展在满足绩效目标中的重要性。

(7)教导和实施领导。第一类目专注于领导,图2-1也说明了这是管理系统的本质驱动力。

(8)消除恐惧并创新。"关注人力资源"、关注顾客和市场以及战略规划类目聚焦于支持这一观点的工作设计、授权和执行问题。

(9)优化团队和员工的努力。准则尤其关注产品、过程设计和过程管理中的团队合作、客户知识,以及人力资源类目中的团队合作、客户知识。

(10)取消口号。虽然没有直接涉及,但是对工作和工作设计作为高绩效驱动力的关注使得我们没有必要争论这个问题。

(11)取消定额和目标管理(MBO),实施改进,理解过程。领导和战略部署条款以及测量、分析、知识管理和过程管理类目,涉及基于事实的管理。

(12)消除障碍。领导和关注人力资源的类目以及顾客满意度和关系类目,支持这一目标。

(13）鼓励教育。"关注人力资源"类目直接涉及这一点。

(14）采取行动。领导的这一角色在领导类目中被直接提及。

戴明的14条原则和鲍德里奇标准的一致性证明了质量管理原则的普遍性。

2.3 国际质量与卓越绩效奖项

世界上的很多国家和地区已经建立了奖项与奖项的标准，很多其他奖项和鲍德里奇奖项准则在本质上很相似。

2.3.1 戴明奖

戴明应用奖设立于1951年，是日本科学家和工程师联合会（Union of Japanese Scientists and Engineers，JUSE）为了认定和表彰戴明在统计质量控制方面获得的成就和他与日本人民的友谊而设立的。戴明奖有以下几个类别，包括个人奖、工厂奖、小公司奖以及戴明应用奖。戴明应用奖每年颁发给那些通过应用全公司质量控制（companywide quality control，CWQC）达到显著绩效提升的公司或公司部门。根据JUSE的定义，CWQC是一种在考虑顾客导向和整体公众福祉的同时，确保设计经济划算、生产和供应顾客要求的质量良好的产品和服务的活动体系。这些质量保证活动涉及市场研究、研发、设计、采购、生产、检测和销售，还有公司内部和外部所有其他相关活动。通过让公司内的每个人理解统计概念和方法，将它们应用到质量保证的各个方面，以及重复合理的计划、实施、评估和行动循环，CWQC旨在完成商业目标。[19]

评判准则包括10个主要的类目：政策，组织及其运营，教育和宣传，信息的收集、交流及运用，分析，标准化，控制/管理，质量保证，影响，未来计划。每一个主要的类目还可以分为子类或者"检查点"。例如，政策类目包括寻求管理、质量和质量控制的政策，制定政策的方法，政策的适合性和一致性，统计方法的利用，政策的交流和宣传，政策的检查和效果的状态，以及政策和长短期计划之间的关系。每个类目权重相同。

每年有数以百计的公司申请该奖项。经过最初的申请资质筛选，公司必须提交其质量实践的详细说明书。在审核这些说明书的基础上，只有一部分被认为成功实施CWQC的公司才会被选出进行实地考察。实地考察包括公司陈述、检查员的深度质询以及与高层管理者召开的行政会议。检查员考察工厂并自由询问任意工人任意问题。

例如，在佛罗里达光电公司（见下面的专栏"电力质量"），检查员询问指定的人员一些问题，如"你的主要职责是什么？""公司最重要的事情是什么？""你的绩效指标是什么？你的目标的指标又是什么？""与你的目标相比，你今天做得怎么样？"他们搜寻关于欠佳绩效的案例。文档记录必须是随时可获取的。预备工作是广泛的，有些时候繁复得令人沮丧。

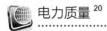
电力质量[20]

佛罗里达光电（Florida Power Light，FPL）是美国最大的电力企业之一。19世纪70年代，由于成本增长、销售增长放缓、联邦和州的监管变得严格，公司被迫反复提高电力价格。公司变得官僚化和缺乏弹性。1981年，时任董事会主席马歇尔·麦克唐纳德，意识到公司只是考虑保持缺陷可控而非改进质量。由于他对质量的关注，麦克唐纳德在FPL引入质量改进小组。管理层知道这是正确的一步，但只有这样的小组不能够带来公司存活所需的改变。麦克唐纳德尝试说服其他执行官，让他们相信公司必须进行全面质量改进过程，但与FPL打交道的专家都是制造领域的，而FPL本质上是一家服务公司。1983年，在日本，麦克唐纳德见到了戴明奖获得者关西电力公司的一位主席。他给麦克唐纳德讲解了关西电力的全面质量努力。公司高级职员开始定期访问关西电力公司，并且在他们的帮助下，FPL在1983年开始了其质量改进项目（quality improvement program，QIP）。

其质量努力包括授权每个部门制订改进计划，标准化工作规则，减少浪费，提升内部顾客的观念，使得最佳实践能够在不同地点可复制。FPL修改了使用多年的集中建议系统。这个系统每年只有大约600条建议被提交上来，而且通常要花费6个月进行评估。取而代之的新的分散式系统拥有更简洁的处理程序，从而改进了响应时间。员工可以参与其中，提出自己的建议。1988年，有9 000条建议被提交上来；到了1989年，数量增加到了25 000条。作为这些努力的结果，服务中断的平均长度从1983年的75分钟下降到1989年的大约47分钟；每千人顾客的抱怨数量下降到了1983年的1/3；安全性得到了提升；电的价格也得到了稳定。1989年，FPL成为第一家获得戴明奖的非日本公司。

戴明奖颁发给所有能够满足规定标准的公司。然而，这项奖项每年的数量之少，说明了达到标准的困难程度。其目标是保证公司彻底地开展质量过程，并在其得奖之后能够继续长期地提升。这个申请过程没有"失败者"。对那些没有获得认可的公司来讲，检查过程自动延长至三年内进行两次。

2.3.2 欧洲卓越奖

1991年10月，欧洲质量管理基金会（European Foundation for Quality Management，EFQM）、欧洲委员会以及欧洲质量组织发布了欧洲质量奖（现在称为欧洲卓越奖）。质量对企业在日益全球化的市场中的竞争力以及人们的生活标准越来越重要，而该奖项的设计正是为了提升欧洲共同体，尤其是商业组织，对这一重要性的认识。该奖项基于以下前提：与绩效、顾客、人力、社会相关的卓越结果是通过领导推动的方针与战略、员工、合作伙伴关系、资源以及过程交付实现的。该奖项有三个荣誉等级。EFQM卓越奖是其中的最高形式，类似于鲍德里奇质量奖。另外两个等级是：①卓越认可奖，授奖群体是那些很好地追求卓越的组织；②卓越承诺奖，该奖是为那些刚刚开始进行卓越实践的组织设计的。

该奖项的评奖过程和戴明奖、鲍德里奇质量奖相似。评估基于顾客满意度、业务结果、过程、领导、人员满意度、资源、人力管理、政策和战略以及社会影响。和鲍德里奇质量奖类似，"结果"包括顾客满意度、人员（员工）满意度、社会影响，在总体得分中占了很大的比重。它们都是由使能因素（即一个组织实现其商业责任的方法）所驱动的。

该奖项的分项类别大致和鲍德里奇质量奖一致。然而，人员满意度、顾客满意度、社会影响、业务结果等组成的结果准则却存在着一些差异。[21] 社会影响方面关注大多数团体对公司的感知和公司对生活质量、环境、全球性资源的保护等处理方式。在公共责任方面，欧洲的准则比鲍德里奇准则更加强调公共责任这个条款。

2.3.3 加拿大卓越企业奖

加拿大国家质量协会（National Quality Institute，NQI）通过有名的加拿大卓越企业奖来奖励本国在卓越绩效方面成就突出的组织。NQI 是一个非营利组织，旨在支持和促进加拿大包括商业、政府、教育和医疗等在内的企业和机构进行质量驱动的创新。加拿大卓越企业奖的质量准则和鲍德里奇质量奖相似，只是存在一些侧重点的不同。其主要的准则类目及其条款如下。

（1）领导：战略方向、领导参与、结果。
（2）关注顾客：顾客需求、顾客关系管理、测量以及结果。
（3）改进计划：确定改进计划的内容、评估以及结果。
（4）关注员工：人力资源计划、参与氛围、持续学习氛围、员工满意度以及结果。
（5）过程优化：过程定义、过程控制、过程改进以及结果。
（6）关注供应商：伙伴关系、结果。

这些类目的相关信息和鲍德里奇质量奖相近。例如，关注员工类目中重视人力资源计划的发展，以及通过人力实现卓越的实施、运营策略。同时，它也评审组织在营造和支持员工发挥最大潜能的环境方面所做的努力。

2.3.4 澳大利亚企业奖

澳大利亚质量奖（现称为澳大利亚企业奖）设立于 1988 年，是独立于鲍德里奇质量奖发展而来的。该奖项由澳大利亚质量委员会下属的澳大利亚质量奖基金会颁发。澳大利亚卓越企业奖在澳大利亚的商业界非常有分量。从 1988 年奖项设立以来，仅有两个组织获得该奖。除了卓越企业奖之外，还有以下四个等级的奖项：

（1）企业卓越基础奖：对企业在实现卓越经营方面取得的进步给予鼓励性认可。
（2）青铜奖：获奖者必须展示被良好地定义、策划并评审的方法及其实施情况，并提供随时间改进的证据。
（3）白银奖：该等级的组织不仅必须展示青铜奖水平框架的绩效，还要能够展示支持这一框架以及世界上其他框架理念的管理思想。
（4）黄金奖：该等级的组织需要首先满足白银奖的要求，而且要证明在该奖项评价体系的至少五个类目中实现卓越绩效，同时必须在各个条款上得到最少 50% 的分数。

评估准则涉及领导、战略和计划、信息与知识、人员、顾客关注、过程、产品和服务以及经营结果。在该模型中，领导和顾客关注是管理体系的驱动力，也是绩效的使能要素。战略、政策和计划、信息与分析以及人员是管理体系的关键内部组成。过程、产品和服务的质量聚焦于如何实现目标结果以及获得改进。业务绩效则属于管理体系的输出——结果类目。

和鲍德里奇质量奖比较，这个体系强调管理过程整体的和内在的属性。其准则以鲍德里奇质量奖、欧洲卓越奖模型为基准。澳大利亚企业奖的一个显著特点是它得到联邦的坚定支持。

2.3.5 中国质量奖[22]

2001年，中国质量协会发布了国家质量奖，近来又在该奖项下设置了卓越绩效奖。为了促进中国的经济发展，中国政府颁布了新的质量标准（于2005年1月1日生效），旨在鼓励中国日渐繁荣的商业为更好的质量奋斗。该奖项准则基于马尔科姆·鲍德里奇国家质量奖的架构，并根据中国独有的商业氛围进行了修改，尤其是在提升企业信誉、品牌建设战略、可持续发展方面。中国政府发挥了上海质量管理科学研究院的代表性作用，邀请研究院专家协助设计国家新的质量标准，而且邀请了鲍德里奇质量奖得主前往上海报告管理过程。同时，他们举办了众多的座谈会来学习鲍德里奇质量奖的准则，尝试根据中国的质量政策改造这些概念。在第一个3年里，共有17家企业被授予中国国家质量奖。其中，宝钢集团和上海大众汽车分别在2002年和2004年获得了世界级组织奖和亚太质量奖。

2004年，深圳成为第一个颁布当地质量奖项的城市，名称是市长质量奖，由深圳市质量技术监督局颁发。副市长领导一个由当地专家组成的评估委员会，该评估委员会使用鲍德里奇质量奖的很多准则，包括国际最佳实践、社会因素和深圳政府领导首创的政府战略活动等。

2006年年底，超过55个组织申请过质量奖。其中6家企业获得了该奖，包括华为（2004年），它是第一批获奖者。300万元（折合387 000美元）的奖励是中国最高额度的质量奖，激励了很多组织参与其中并分享它们的最佳实践。其他城市，如上海和宁波，也已经设立了当地的政府质量奖项，用来提升各行业的质量管理体系并交流经验。

2.3.6 质量和国家文化

我们注意到很多国家改编了鲍德里奇质量奖的准则，将准则和得分体系进行了变动，例如欧洲质量奖。再如中国在2005年颁布的新质量标准，即中国国家质量奖准则，使用了鲍德里奇质量奖的组成体系，但根据中国特有的商业氛围进行了调整，关注提升企业信誉、品牌建设战略以及可持续发展等方面。进行国际文化间的对比可以帮助我们理解和解释这些差异。

一项研究发现，相比于另外一些国家，鲍德里奇质量奖更适合一些国家的文化。[23] 不同的文化对改变的接受能力不同，这反映了不同国家将质量奖本土化以确保其有效实施的需求不同。比较令人惊讶的是，相比对于美国来讲，鲍德里奇质量奖更加适合日本的国家文化。其中的一些原因是，鲍德里奇质量奖有着深深的日本质量管理实践的烙印。多年来，准则方面的变动关注于改变美国管理文化，却没有反映其当前的实践。这些结论更加验证了戴明关于知识理论的观察，他认为最佳实践不能盲目复制，而应智慧地理解和改造。这是当今全球化背景下进行管理工作的一条重要教训。

 文化和质量有效性[24]

托马斯·库尔（Thomas Kull）和约翰·瓦克尔（John Wacker）的一项研究表明，通过质量管理实现质量绩效的能力受到该国文化价值观的高度影响。在文化范围内，重视某些行为（如去除不确定性的行为），能够协助质量管理项目提升质量。而重视其他行为（如关系中的固执程度），则会妨碍质量管理并且妨害质量绩效。从正式的定义来讲，固执程度是描述个体在其与其他个体的关系中独断、对抗性、侵略性的程度；不确定性的规避则是指集体行为依赖社会规范、准则和程序以避免未来事件的不可预知性的程度。

该研究发现，高的固执程度总是伴随着低的质量管理有效性。在样本国家中，韩国相比其他很多国家拥有更高的不确定性规避，这也解释了为何它拥有更高的质量管理有效性。研究结论能够帮助管理者设计计划以保证亚洲制造的高质量，也能够帮助它们预测未来在世界其他国家可能出现的问题。

2.3.7 质量管理体系

组织需要一个结构化和系统化的方法执行 TQ 的原则、实践和技术。[25] 根据 ASQ 的在线词汇表，**质量管理体系**（quality management system，QMS）可以被认为是一种管理和改进核心过程的机制，其目的是"使组织在最低的综合成本下实现最大程度的顾客满意度"。它应用并综合了标准、方法、工具以达到与质量相关的目标。因此，一套质量管理体系代表了质量观念、标准、方法和工具的特定化执行，这对组织来讲是独一无二的。质量管理体系为记录过程提供了基础，用以控制和改进运营，达到以下目标：

- 更高的产品符合性和更少的变异。
- 更少的缺陷、浪费、返工和人为错误。
- 提升生产力、效率和效果。
- 驱动创新。

首先，需要制定**质量策略**（quality policy），即一份描述达到高质量和满足顾客期望的承诺的正式文件。其次，管理者必须建立一种与质量管理体系相适应的组织结构，包括责任认定、交流方式、关键记录和文件的维护、审核绩效的程序。管理者必须识别和提供必要的资源以实现质量策略中既定的目标。这些资源包括特种技术人员、培训、工作场所、制造装备、检测技术、计算机软件和能够起支持作用的工作氛围。个体必须划清责任以能够在第一时间防止缺陷和错误的发生，识别与解决质量相关问题，并确认解决方案的执行。

质量管理体系的核心在于关注创造顾客需要的产品和服务。因此，质量管理体系应包括识别顾客需求、产品计划和设计过程、采购程序、贯穿供应链的产品与服务的生产控制方法和技术、检测和/或测试、不合格品的处置、测量和测试仪器的维护及确认。

质量手册（quality manual）是实施和维护质量管理体系的长期参考。质量手册不必很复杂，小型公司可能只需要几十页，而大型组织可能就需要关于所有关键职能部门的手册了。为了证明与要求的一致性，确认质量体系运作有效，必须要有充分的记录。需要保持的典型记录一般包括检测报告、测试数据、审核报告、调校数据。在进行识别趋势分析和监控纠正措施的有效性时，这些记录都需要能够易于检索。其他文件，如图纸、说明书、检测程序和指导、工作指导、运营表格，对实现高质量来讲都是至关重要的，所以同样需要严格控制。

最后，质量管理体系需要维护和不断更新。维护可以通过内部审核加以促进，重点识别有记录的程序是否按章操作、是否有效，并将相关问题报告给管理层以采取纠止措施。内部审核一般包括检查过程记录、培训记录、投诉、纠正措施以及过往的审核报告。一个典型的内部审核开始于请日常过程执行人员解释相关情况。[26] 将他们的表述和文件记录的程序做对比，并记录一致性和异常情况。接下来，进行文书或其他数据的比对工作，并且考察过程是否和文件程序的意图以及公认的解释一致。内部审核员同样需要分析过程是否符合它的意图和目标，从而关注持续改进。

尽管构建质量管理体系有很多种方式，但一般组织通常还是选择 ISO 9000 系列标准，因为它是质量管理体系的一系列标准和指导准则，并且代表了国际上对良好质量管理实践的认可。[27] ISO 9000 提供了设计和管理质量管理体系的全面框架，能够帮助组织建立过程导向和记录、控制关键过程的原则。

2.3.8　ISO 9000：2000

随着质量成为国际商业的重要关注点，众多组织都开发了相关标准和指导准则。质量管理、质量控制、质量体系和质量保证等术语在不同国家、一国之内甚至一个行业内的理解都不尽相同，有时还存在冲突。[28] 随着欧盟签署的欧洲自由贸易协定最终在 1992 年年底生效，质量管理成为一个关键的战略目标。

为了使欧洲国家在一般市场中的质量要求以及那些希望和这些国家进行商业往来的国家的质量要求实现标准化，一个特别的标准化组织——国际标准化组织（ISO）于 1946 年成立，由 91 个国家的代表组成，在 1987 年通过了一系列质量标准。该标准于 1994 年进行了修订，又在 2000 年进行了再一次的重大修订。其他次要的修订也已陆续出版。这些均称为 ISO 9000 族标准。

基于管理实践的某些一般特性可以被标准化，同时被良好设计、实施和管理的质量体系可以保证产出符合顾客期望和要求这两个前提，ISO 9000 定义了质量体系标准。这些标准旨在满足以下五个目标：

（1）实现、保持和寻求持续改进、满足要求的产品质量（包括服务）。
（2）提升运作质量以持续满足顾客和相关利益方阐明的或隐含的需求。
（3）增强内部管理者和其他员工对质量要求可以满足、质量改进可以实现的信心。
（4）增强顾客和其他利益相关者对交付的产品可以实现质量要求的信心。
（5）增强质量体系要求能够实现的信心。

在美国，美国国家标准学会（ANSI）在美国质量协会的支持和合作下已经引入了 ISO 9000 标准。该标准已经被大约 100 个国家认可，其中包括日本。在一些国外市场中，公司一般不会从没有认证的供应商那里进行采购。因此，进行标准认证正在成为国际竞争的一项要求。该标准适用于所有类型的企业，如电力和化学，也适用于服务业如医疗、银行和交通运输等。

2.3.9　ISO 9000 标准的结构

ISO 9000：2000 标准关注开发、文件记录、实施程序，从而保证生产和服务交付过程中运营和绩效的一致性，其目标是持续改进，由 TQ 的基本原则支持。该标准包括以下三个文件：

- ISO 9000：2005——基础术语
- ISO 9001：2008——要求
- ISO 9004：2009——绩效改进指南

ISO 9000：2005 提供了基本信息和标准中用到的关键术语的定义。ISO 9001：2008 提供了一个基本的 QMS 框架，旨在向顾客和第三方认证机构证明其与被认可的质量原则的一致性。要求分为四个基本部分：管理责任，资源管理，以及产品实现，测量、分析和改进。[29] 要求由一系列编号的"条款"构成，对组织应该做的事情都做了细致的规定。例如，条款 6.4 工作环境，是指"组织应确保和管理为达到产品符合要求所需的工作环境"。[30] 工作环境（work environment）关系到物理、环境和其他因素，如噪声、温度、湿度、光线和天气。该条款要求组织识别工作环境可能影响产品或服务质量的方面，并采取措施管理与人相关的因素，如工作方法和工效学、物理工作环境等。此外，标准要求保持 20 种不同类型的文件。这就提供了审核是否符合标准的能力，并且可以提供尽职调查以及免责。标准可能非常难以理解，然而有很多可以获得的资源能够帮助管理者解释和使用该标准。[31] 最后，ISO 9004：2009 提供了协助组织改进和维持其 QMS 的指导。

该标准适用于所有类型的企业，如电力和化学，也适用于服务业，如医疗、银行和交通运输等。例如，一个纽约的软件开发商 Islandia 计算机公司在 40 多个国家雇用了超过 14 000 名员工。他们使用 ISO 9001 在所有网站建立了牢靠的质量体系（很多是从其他软件公司得到的）以帮助产品开发和支持标准化。1998 年，医疗保险和医疗补助中心（Centers for Medicare and Medicaid Services）开始要求它的新的有关理赔的商业合同都要通过 ISO 9001 认证。

2.3.10　执行和注册

实施 ISO 9000 不是一项简单的任务。[32] ISO 9000 标准最开始时本质上只是一个建议，并且被用于顾客与供应商之间的合同中和内部审核中。然而，它们很快进化成对于那些愿意"证实"质量管理水平或者通过第三方审核员获得"注册"的企业的标准，第三方审核员通常是实验室或者其他一些认证机构（称为注册员）。这个过程始于英国。不是由每一个顾客审核供应商是否符合标准，而是由注册员给公司发放合格证明。这个合格证明得到了供应商所有顾客的认可。

注册过程包括：由注册员通过质量体系文件或者质量手册进行文件审查；预评估，识别与质量体系或者文件可能存在的差异；由一个团队或者两三个审核员评估质量体系或者其文件；监督或者周期性的再次审核和验证与实践和已注册的系统的一致性。在评估过程中，审核员必须问一些这样的问题（以管理职责作为一个例子）：有关于质量的明文规定的政策存在吗？质量管理的目标明确吗？政策和目标已经被传递与解释给组织的各个层次了吗？对那些管理或从事影响质量的工作人员的工作描述已经做了记录吗？影响质量的职能描述可以获得吗？管理者指定一个人或者一个团体并给予其权力去阻止产品的不符合性了吗？识别和记录问题了吗？提供解决方案了吗？用什么手段证实解决方案有效？[33]

每三年需要重新认证一次。单独的部门（而不是整个公司）必须全部独立地完成注册。所有花费都由申请人承担，所以整个过程下来花费不菲。一个注册的审核过程可能在任何一处都花费从 10 000 美元到 40 000 美元不等，而文件材料和培训的内部花费可能超过 100 000 美元。全世界成千上万的组织已经成功注册。

2.3.11 ISO 9000：2000 的好处

ISO 9000 有三个主要的好处：[34]

（1）提供行为准则。ISO 9001 对于审核的要求能够促使组织在日常工作中评审自己的质量系统。如果维护质量系统失败，审核可以识别出来并且要求采取纠正措施。

（2）包含一个好的质量系统的基本要素。ISO 9001 包括任何良好的质量系统所必备的基础要素，例如理解顾客需求，确定有能力满足顾客需求，确保执行可能影响质量的工作的人员有能力开展工作，保证满足产品需求所需要的物质资源和支持服务，以及确定哪些问题可以被识别和更正。

（3）提供营销方案。获得 ISO 认证的组织能利用它们的身份使得它们在顾客眼中显得与众不同。

很多组织已经意识到 ISO 9000 的显著益处（参见下面的专栏"在西尔斯公司使用 ISO 9000"）。例如，在杜邦公司，通过实施 ISO 9000，已经成功地将准时交货从 70% 提升到 90%，运转周期从 15 天降低到 1.5 天，首次通过率从 72% 提升到 92%，并且检验步骤的数量减少了 1/3。美国太阳微系统公司的米尔皮塔斯工厂是 1992 年获得注册的，并且管理者相信它已经帮助将提高的质量和服务传递给了顾客。[35] 第一家获得住宅建造商注册的公司是坐落于密歇根的 Delcor 家装公司，两年内它的可矫正缺陷率从 27.4 降低到 1.7，并且将建筑体验好评率从 65 分左右提高到 95 分左右（以 100 分为满分）。[36] 因此，使用 ISO 9000 作为质量系统的基础可以提升生产率，降低成本并且增加顾客满意度。

除了这类事实证据，之前的研究已经表明了 ISO 9000 的影响。一项研究追踪了 1987～1997 年所有获得 ISO 9000 认证生产的美国上市公司的财务绩效，并且验证了 ISO 9000 认证是否实现了生产率的提高、市场收益的增加以及绩效的改善。[37] 这项研究排除了 ISO 9000 对绩效没有因果影响，仅仅是被管理较好的公司采纳了而已这个假说。证据支持了细致的设计和连贯的执行以及有记录的质量管理系统对优秀的财务绩效影响显著的观点。

 在西尔斯公司使用 ISO 9000[38]

美国西尔斯·罗巴克公司，是北美最大的零售商之一，由美国零售商西尔斯公司完全控股。经过 8 年的努力，公司的产品维修中心和家庭服务的内部质量管理系统（QMS）获得了 ISO 9001 注册。当维修中心获得注册后，西尔斯公司便将其商业的核心转向了家庭服务那边。在美国，大约 10 000 名西尔斯公司的技术员维修了全美 1/5 的电器。在 2005 年年底，西尔斯公司有 383 个地点在其 ISO 9001 注册范围内，包括全部 6 个家庭服务地区。在意识到 ISO 9001 为大型组织提供了一个框架，以实施一个跨越地理界限和多项业务的一致的、有内聚力的计划以后，西尔斯通过进行注册加强组织过程的一致性。ISO 9001 的执行在帮助公司实现标准化的过程中起到了巨大的作用。ISO 9001 常常与生产工业联系在一起，西尔斯公司需要克服的一个主要障碍就是在零售和服务环境中传递 QMS 的价值。

使用 ISO 9001 作为持续改进的基础，西尔斯公司已经做了引人注目的改进，尤其是在维修和服务的工具校准方面。虽然公司在执行 ISO 9001 之前已经校准了一些工具，但是为了安全考虑，标准需要 100% 的工具校准。ISO 9001 的另一个重要的好处体现在公司制冷剂处理方面。西尔斯公司用氟利昂和其他危险的材料工作，这些材料如果处理不当便会产生巨大的环境影响。作为其 ISO 努力的一部分，西尔斯通过实施一项全面的制冷剂处理计划，改善了其现有的危险品处理程序。该标准还促使西尔斯实现了维修效率的提升。例如，实施 ISO 9000 标准以后，在位于田纳西州查塔努加市的维修站里，每名维修工人平均每天维修的割草机等物品的数量增长了一倍，从每天四五台增加到每天八九台。由于 QMS 的实施，西尔斯还改善了其位于休斯敦的地区办事处的技术人员召回率。召回率是指服务技术人员在 30 天内必须再次返回顾客家中提供服务的次数百分比。此前，休斯敦地区的召回率在 12% 左右。2004 年，休斯敦地区的服务技术人员接受了 25 万份服务呼叫订单，召回率为 9.3%。2005 年召回率降到了 7.9%。

2.4 六西格玛

六西格玛可以被描述为一种业务改进方法，旨在通过关注对顾客以及对组织来说明确增加财务回报的关键产出，以发现和消除制造或服务过程中产生缺陷和错误的原因。在过去的几个世纪中，六西格玛已经获得了极大的声誉，是因为一些大公司，如联合信号公司（Allied Signal，现在是霍尼韦尔国际公司的一部分）和美国通用电气公司（GE）接受了这一方法；然而，它并不像它看起来的那样是一个新概念。这个概念通过利用团队（其成员都受过训练，以提供基于事实的决策信息）提供的基础或高级质量改进和控制工具进一步得到完善。

六西格玛条款起源于一个统计指标，相当于每 100 万机会中只能出现 3.4 个或更少的缺陷。六西格玛与更广泛的思想及方法改进相关。采用六西格玛思想的所有组织的一个远大目标就是使得所有关键过程（无论职能范围如何），都达到六西格玛的能力水平。

2.4.1 六西格玛的演化

摩托罗拉公司开创了六西格玛理念，把它作为测量产品和服务质量的一种方法。一位已故的摩托罗拉可靠性工程师比尔·史密斯（Bill Smith），在 20 世纪 80 年代中叶提出了这个理念并将它推销给摩托罗拉的 CEO 罗伯特·高尔文（Robert Gulvin）。史密斯注意到系统故障比率实际上比最终产品检测的预测结果高得多，并且提出了几个原因，包括系统越复杂出现故障的概率越大，以及传统质量思维的根本缺陷。他总结到，需要一个更高水平的内部质量，并说服罗伯特·高尔文相信了它的重要性。结果，摩托罗拉公司在 1987 年

设定了以下目标:

在1989年之前将产品和服务质量提高10倍,在1991年之前提高至少100倍,在1992年之前达到六西格玛能力。伴随着深深的紧迫感,将质量努力扩展到公司的方方面面,同时建立连续改进的文化以保证顾客完全满意。我们只有一个最终的目标:让我们做的所有事达到零缺陷。[39]

六西格玛的核心思想基于一些关键概念:[40]

(1) 关注整体战略目标,从关键业务过程和顾客需求出发进行思考。

(2) 关注公司里支持项目、支持团队活动、帮助克服变革阻力及获取资源的发起人。

(3) 重视诸如百万机会缺陷数这样的定量测量指标。这样的测量指标可用于公司各个方面,包括制造、工程、行政、软件等。

(4) 确保在过程前期识别关注业务结果的恰当指标,据此提供激励和明确责任。

(5) 在充分培训的基础上,以项目团队的方式提高利润,减少非增值活动,实现运转周期缩减。

(6) 培养能够应用改进工具并领导团队的具有充分能力的过程改进专家("绿带""黑带"和"黑带"大师)。

(7) 为改进制定富有挑战性的指标。

实施六西格玛的公认标杆是美国通用电气公司(GE)。在前任CEO杰克·韦尔奇的推动下,通用电气公司做出的特殊贡献在于将媒体的关注点吸引到了六西格玛理念上,并且让六西格玛成为很流行的一种质量改进方法。20世纪90年代中叶,质量引起了通用电气公司很多员工的关注。杰克·韦尔奇邀请在推行六西格玛方面取得巨大成功的联合信号公司的CEO拉里·博西迪(Larry Bossidy)在公司高管会议上就六西格玛发表演讲。这场会议引起了通用电气公司管理者的注意,正如韦尔奇说的,"我对六西格玛的喜爱到了狂热的地步并且开始推动它",并称它为公司有史以来承担的最有野心的工作。[41] 为了确保成功,通用电气公司改变了激励计划,60%的奖金基于财务指标,40%的奖金基于六西格玛,并且向参加六西格玛培训的员工提供优先认购期权奖励。第一年,他们花费2亿美元培训了30 000名员工并且实现了1.5亿美元的节约。1996~1997年,通用电气公司将六西格玛项目的数量从3 000个增加到6 000个,在生产率和利润方面的收益达到3.2亿美元。到1998年,公司在六西格玛上取得的净节约达7.5亿美元,下一年节约将会达到15亿美元。

通用电气公司有很多早期成功的故事。例如,通用电气资本事业部每年要从抵押贷款顾客处接收大约300 000个电话,由于接线员忙不过来,有24%的电话要使用语音信箱或者之后由接线员回拨。一个六西格玛团队分析了一个几乎能够做到全部接听这些电话的部门,并将该部门的做法应用于其他41个部门,将顾客的一次通话率提高到99.9%。塑料事业部的一个团队将用于CD-ROM和CD的一种材料的质量从3.8σ提高到5.7σ,同时从索尼得到了大量的新订单。[42] 通用电气公司由于开展六西格玛,CT扫描仪X射线管的寿命提高了10倍;工业金刚石业务的投资回报率提高了400%;轨道车维修的周期时间缩短了62%;塑料生意节省了4亿美元。[43]

在实践中，通用电气公司的一个关键认识是，六西格玛不只属于工程师。杰克·韦尔奇观察到如下内容：[44]

- 工厂管理者可以使用六西格玛降低浪费，提高产品一致性，解决设备问题或者扩大产能。
- 人力资源管理者需要它来降低在员工雇用方面的时间。
- 地区销售经理能够用它提升预测的可靠性，改善定价策略和定价变动。
- 水管工人、汽车修理师和园艺工人能够用它更好地了解顾客的需求，使得自己提供的服务能够更好地满足顾客的愿望。

实施很多年之后，六西格玛成为通用电气公司文化的一个至关重要的部分。事实上，随着通用电气公司不停收购新的公司，使六西格玛和不同公司的文化融为一体是一个重大的挑战。在收购过程中，六西格玛是一个优先考虑的因素，而且在收购过程早期就需要考虑到。

很多其他组织像德州仪器、联合信号公司（与霍尼韦尔公司合并）、波音公司、3M、家得宝、卡特彼勒公司、IBM、施乐公司、花旗银行、雷神公司和美国空军空战司令部已经开发了与六西格玛理念相关的质量改进方法，同样取得了显著成果。从 1995 年到 1997 年第一季度，联合信号公司称从实施六西格玛中节约成本超过 8 亿美元。在花旗银行，内部召回率降低了 80%，信贷处理时间降低了 50%，过程申请的周期时间从 28 天下降到 15 天。[45]

2.4.2 六西格玛作为一个质量框架

六西格玛为全面质量（TQ）系统的实现提供了一个蓝图。在很多方面，六西格玛是众多"全面质量管理"（TQM）基本概念的实现，尤其体现在对过程改进所需要的人和过程要素的整合上。[46] 人员问题包括管理领导、紧迫感、关注结果和顾客、团队过程和文化改变；过程问题包括过程管理技术应用、变异分析和统计学方法、有规律的解决的方法以及由事实决定的管理。然而，这远不是旧的质量方法和传统全面质量（TQ）概念的重新包装（见下面的专栏"六西格玛：TQM 的化身？"）。一些对比鲜明的特点包括：

- TQ 很大程度是基于员工授权和团队工作进行，而六西格玛由业务领导负责。
- TQ 活动通常在一个职能、过程或者单独的工作地点发生，而六西格玛项目是真正的跨职能的。
- TQ 培训通常局限于简单的改进工具和理念，而六西格玛专注于一系列更严格的和先进的统计学方法与结构性的问题解决方法，即 DMAIC［定义（define）、测量（measure）、分析（analyze）与改进（improve）和控制（control），我们将会在第 6 章中详细讨论］。
- TQ 专注几乎没有财务责任的改进，而六西格玛需要一个可证实的投资回报，并且关注盈亏底线。此外，六西格玛已经在质量改进中提升了统计学和统计思维的重要性。六西格玛关注可测量的盈亏底线结果、严格的解决问题的统计学途径、快速完成项目以及组织机构建设，从而成为一个强大的方法论。

六西格玛：TQM 的化身？ [47]

一个研究团队研究了六西格玛质量管理步骤和文献，试图探明六西格玛是对传统 TQM 方法的简单的重新包装，还是提供了一个改进质量和组织绩效的新方法。这个研究团队识别了三种新的实践，对六西格玛的实施起着决定性的作用：在组织人力资源管理体系中提供一个六西格玛角色结构，制定结构化改进步骤作为实施项目改进的正式范例，强调质量改进过程中量化的客观指标。使用一个正式的研究模型和 226 个美国生产车间样本，他们总结出这三种实践与传统质量管理实践是不同的，并且这三种实践在提升绩效方面补充了传统质量管理实践。结果表明当管理者执行六西格玛实践的时候需要考虑某些重要的方面。高级管理者的支持直接影响了六西格玛角色结构和六西格玛关注的指标的实施，这表明要成功实施六西格玛，高级管理者接受六西格玛理念并且乐意调配资源使得组织结构、政策和过程适应六西格玛是至关重要的。中层管理者可以用六西格玛角色结构补充传统员工结构，从而提升组织促进员工持续发展的能力。最后，强调使用六西格玛结构改进步骤和绩效指标以激励和引导产品设计中的改进活动以及应用及时和准确的质量信息进行过程管理是十分重要的。

2.4.3　六西格玛在服务组织中的应用

因为六西格玛是在制造部门中提出来的，而且大部分相关文献都围绕着譬如摩托罗拉公司和通用电气公司等公司展开讨论，许多在服务部门工作的人都认为六西格玛不适用于他们的组织。事实并非如此。[48] 所有的六西格玛项目都有以下三个关键特点：

- 一个亟待解决的问题；
- 一个存在问题的过程；
- 一个或多个测量指标，这些指标可以量化需要填补的差距，以及用来监测进展。

这些特点存在于所有的业务过程中，因此六西格玛可以容易地被应用在各种营运、管理和服务等领域中。事实上，大家普遍认为有 50% 或者更多的节约机会存在于制造过程之外。在服务部门内，六西格玛开始被称为营运六西格玛（transactional six sigma）。然而，尽管六西格玛可以同等地适用在服务领域中，但是相比于制造过程，服务业确实有一些自身的特征。首先，服务业的文化通常不够科学，而且服务业员工通常不会考虑过程、测量和数据。这些过程经常是无形的、复杂的，并且不能很好地定义或者记录。不仅如此，服务工作通常需要大量的人力干预，比如顾客互动、担保、批准决定或者手工生成报告。这些差异使得机会很难被识别，同时项目很难被定义。最后，相似的服务活动经常以不同的方式被实施。如果有三个人在三个不同的地方做一份相同的工作，他们很难以相同的方式做这份工作。

因为服务过程大部分是人力驱动的，测量经常不存在或者边界不清（这是因为许多人认为缺陷不能被测量）。因此，在收集任何数据前，必须创建测量体系。将六西格玛应用在服务领域中需要考察四个关键的绩效测量指标：

（1）准确性，如通过正确的财务数据进行测量、信息的完整性或者无数据错误；

（2）周期时间，即做某件事需要花费的时长，比如支付发票；

（3）成本，即过程活动的内部成本（在许多案例中，成本在很大程度上取决于准确性和/或过程的周期时间，过程花费时间越长，需要修正的错误越多，成本也就越高）；

（4）顾客满意度，通常是主要的衡量成功的标准。

幸运的是，制造过程和非制造过程有重要的相似性。首先，两种类型的过程都有"潜在的工厂"，有缺陷的"产品"会被送回那里返工或报废（修改、更正或者对非制造产品而言进行丢弃）。找到"潜在的工厂"，你就找到了可以改进过程的机会。进行手动对账，反复修改预算直到管理层接受，以及向顾客重复拨打销售电话因为顾客想要的信息没法获得，这些都是"潜在的工厂"的例子。

在 CNH 资本公司（CHN Capital）的一次应用中，六西格玛工具被用于缩短发布收回投标清单信息和重新营销网站的资产管理周期时间。[49] 周期时间被缩短了 75%，从 40 天下降到 10 天，带来了显著的资金持续节约。一家设施管理公司有较长的销售回款周期。最初，公司试图通过缩短结算周期解决这个问题，然而这种方法会惹恼顾客。运用六西格玛之后，公司发现大部分有较长销售回款期的账户接受发票时会出现很多错误。了解错误的来源并做出过程变化后，过程得到改进，销售回款周期被缩短。在杜邦公司，一个六西格玛项目被用来改进一个员工申请长期残疾津贴的周期时间。[50] 一些六西格玛的财务应用案例如下：[51]

- 缩短应收账款回收的平均和变动时间；
- 更快结账；
- 改进审计过程的准确性和速度；
- 减小现金流的变动；
- 提高会计分录的准确性（大部分企业有 3%～4% 的错误率）；
- 改进标准财务报告的准确性和准备周期。

六西格玛在服务组织的其他应用包括一家大型保险公司降低了超过 70% 的缺陷率，显著地提高了顾客的满意度，并且在这个项目的前 5 个月节省了超过 250 000 美元；一家财务服务公司重新设计了它的网站使其能更好地反映出呼叫中心提问的问题，节约了成本并且提高了顾客服务质量，因为顾客能够在网页上更容易地得到会计信息；一家设备管理公司发现大部分存在高额日销售回款的账户会接受有误的发票——通过避免这些错误，销售回款期将被缩短。[52]

2.5 鲍德里奇准则、ISO 9000 和六西格玛的比较

我们将考察三大质量管理体系：鲍德里奇（卓越绩效）准则、ISO 9000 和六西格玛。尽管每一种体系都是以过程为中心，以数据为基础以及以管理为导向，但是每一个体系提供了不同的侧重点以帮助组织改进业绩和提高顾客满意度。例如，鲍德里奇在一个整体的管理框架中关注整个组织的卓越绩效，识别并跟踪重要的组织结果；ISO 9000 关注产品和服务的符合性，从而保证在市场中的权益，并且关注解决质量系统中的问题以及产品和服务的不合格问题；六西格玛专注于测量产品的质量并且推动过程改进以及在整个组织内节约成本。

尽管 ISO 9000 的 2000 年版本整合了许多鲍德里奇准则的基本原则，但是它仍然不是一

个综合的运营绩效框架。然而，它是开始一段质量之旅的一个很好的途径。ISO 9000 提供了一系列建立一个质量系统的良好基本原则，同时对于没有正式质量保证程序的企业来说，这是一个极好的开端。事实上，相比于鲍德里奇，它在过程和产品控制上提供了更详细的指导，而且为实现一些在过程管理类目下的鲍德里奇准则要求提供了系统的方法。因此，在开展质量计划初期的企业可以真正地追求持续改进之前，该标准强化了必需的控制制度。定期审核的要求有助于质量体系的建立与发展，直到它根植于企业内。

实施六西格玛可以满足 ISO 9000:2000 版本的一些要素，包括质量管理体系、资源管理、产品实现以及标准的测量、分析和改进部分。[53] 比如，六西格玛通过定期检查相关计划和项目，给赞助项目提供支持，提供培训资源以及交流项目进度和成就，可以有助于企业履行管理承诺。

一个关键的问题是，一个用鲍德里奇的组织如果也用六西格玛是否将会更成功，或者相反。如果该组织只是把六西格玛视为过程管理类目下的一小部分，其产生的影响将很小。我们可以考察一下六西格玛在七个鲍德里奇类目中的角色。六西格玛会提高领导能力，从而专注于使商业成功的关键因素以及挑选合适的策略和行动计划。因此，六西格玛能够增强领导能力和策略规划方面的管理实践。鲍德里奇的主要关注点是了解顾客的需求并将它们与过程、配送系统关联起来。通过关注顾客需求的关键质量特性（critical to quality, CTQ）——六西格玛重要概念之一，组织可以获得更好的关于顾客需求的知识，这是关注顾客类目的关键组成部分。

六西格玛方法是由依据事实进行管理的方法驱动的。这个基础可以提高一个组织满足测量、分析和知识管理类目中提到的要求的能力。在支持项目、提供技术及特定应用知识方面，人扮演的角色很重要。六西格玛能够改进工作系统、培训和工作环境——包括以人力资源为关注点的鲍德里奇类目中的所有关键组成部分。在六西格玛方法下，过程管理不是副产品，而是主要的组织目标之一。DMAIC 为第六个类目过程管理提供了一种结构化的方法。最后，六西格玛关注商业结果会使得组织能够跟踪并监督合适的指标。

构建质量框架[54]

美国韦里迪安住房建筑公司有大约 100 名员工，每年在麦迪逊、威斯康星州及其周边地区建造单户型和公寓型房屋。通过最佳质量实践提升顾客关注度和满意度，该建筑公司在减少环境影响的同时，通过运用如美国国家住房质量奖、鲍德里奇美国国家质量奖准则、建筑认证和六西格玛等框架提高了生产率。美国国家住房质量奖基于鲍德里奇美国国家质量奖，提供给申请者专业的评估并反馈关于组织的质量管理实践。然而，不像鲍德里奇美国国家质量奖，美国国家住房质量奖的评定过程包括一个关于顾客对申请者建造的住房和房屋建造过程满意度的第三方调研。基于鲍德里奇快线（Baldrige Express），即一种基于鲍德里奇准则的员工调查，公司每年进行一次自我评估。员工基于每一个标准给公司评级，并且提供详细的关于优势和缺点的评论，这些被汇总并提供给管理层。该公司用这种分析推动每年的战略规划过程。

2004 年，美国韦里迪安住房建筑公司获得了 NAHBRC 关于质量和安全管理体系的建筑商认证。这个基于 ISO 9000 的认证是一个第三方审核，涵盖美国韦里迪安住房建筑公司的建设、销售和顾客关系部门。自从获得此认证后，土地开发、购买、评估和设计部门也已经被整合进此认证。韦里迪安的质量倡议造就了许多业绩改进，包括：

- 样板房的销售周期从32天下降到15天。
- 样板房的起草时间减少了一小时多。
- 样板房的评估时间减少了32%。
- 材料差异（订购和实际需求间的差异，可能是由现场损坏造成的）在木料上下降了20%，在壁板上下降了24%，在装饰上下降了38%。
- 文书处理每年减少了208小时；通过实施一个名为Builder MT的软件系统，实现了绩效增长，在整个公司总共节省了大约200 000美元。
- 通过履约和担保过程改进，人工时间每年下降了200小时。
- 通过与贸易伙伴合作，有10个缺陷降低小组将自己的缺陷率减少了一半。

● 内容回顾与问题讨论

1. 总结戴明的管理理念，并指出其存在争议性的理由。

2. 结合"渊博知识系统"的四个部分，解释戴明14条原则。

3. 为什么戴明连锁反应不以"利润增加"为终点？这与戴明管理理念的核心基础矛盾吗？

4. 列举一个你熟悉的系统，指明其主要目的，探索系统内部各部分的相互作用，考虑一下这个系统是否按照最优化进行管理。

5. 描述一个你熟悉的过程，指出造成变异的因素，并列举在这个过程中由特殊原因造成变异的例子。

6. 知识理论如何运用于教育实践？这对于改进教育质量有什么意义？

7. 请解释，正如皮特·斯科尔特斯（Peter Scholtes）所说的那样，不理解"渊博知识系统"的组成部分可能造成的结果。

8. 将戴明14条原则总结成三四个核心主题，讨论这14条原则是以何种逻辑组合在一起的？

9. 戴明14条原则对大学教育有什么意义？以你所在的学校为例，你会建议用什么样的方案实施这14条原则？

10. 戴明14条中各原则之间是如何相互作用的？它们是如何支持彼此的？为什么它们不是单独地而是整体地被考虑？

11. 以下主题形成了戴明理念的核心基础。将戴明14条原则分类到以下各主题中，并讨论它们的共同点。
    a. 组织目标和使命；
    b. 量化目标；
    c. 管理思想的变革；
    d. 摒弃基于直觉的决策；
    e. 合作建设；
    f. 管理者与员工关系的改进。

12. 总结朱兰的管理理念，它与戴明的管理理念存在哪些相同与不同点？

13. 朱兰质量三部曲是什么？它与其他商业职能领域（比如融资的）管理方法有区别吗？

14. 朱兰质量三部曲对于大学教育有什么意义？大部分的大学教师和管理者会同意大学教育应强调质量控制而不是计划和改进吗？

15. 你将如何使用朱兰质量三部曲改进你个人的研究和学习？

16. 总结克劳士比管理理念，该理念与戴明和朱兰的管理理念有何不同？

17. 哪一个质量管理理念——戴明、朱兰或者克劳士比，你个人觉得更合适、更好？为什么？

18. 总结鲍德里奇美国国家质量奖的基本框架，它的主要理念基础是什么？

19. 描述在卓越绩效标准的七大类目的各个类目中主要解决的问题。

20. 讨论在鲍德里奇准则中被提问的问题。选择你认为的对组织而言最难回答的10个问题并且说明原因。

21. 在 K&N 管理公司的卓越绩效概述中，你认为哪些可能是最佳实践？这些实践是如何与卓越绩效的鲍德里奇美国国家质量奖标准的前六类目相一致的？

22. 参考 K&N 管理公司解决有关鲍德里奇标准的高层领导方面中问题的例子，解释什么样的实践能够解决以下特定的问题：

A. 高层领导者是怎样设定组织的愿景和价值观的？

B. 高层领导者是怎样通过员工、核心供应商和合作伙伴、顾客与各利益相关者实现组织的愿景和价值观的？

C. 高层领导者的行为是如何贡献于组织的价值观的？

23. 正如在本章中提到的，对于鲍德里奇标准中的过程条款，要从四个维度进行评估：方法、部署、学习和整合。下面是一个检查小组识别出的有关领导方面可达到鲍德里奇准则的改进机会。讨论这些评论暗示了以上四个维度的哪一个（一些有可能涉及不止一个维度）。

a. 申请者针对系统评估和一些可能支持卓越运营和增强可持续性的关键领导方法出示了有限的证据。其中包括创新方法、绩效领导力、始终传递积极顾客体验的员工文化构建，以及领导技巧提升。其他的例子还有领导力发展项目、法律和职业道德途径、关注行动的方法和"传奇服务"标准。

b. 对于创造和平衡申请者的顾客及利益相关者（监管机构、股东和社区）之间价值的系统性过程是不明显的。比如申请者没有描述领导系统以及通过绩效管理和发展过程使公司与顾客成为伙伴所涉及的活动、人员以及步骤。

c. 几个关键的领导方法没有充分地被实施。比如，不清楚使命－愿景－价值观（MVV）是如何在主要的供应商和合作伙伴中体现的；发展机会是如何被提供给所有企业员工的；使命－愿景－价值观、服务标准培训和法律道德要求是否应用于支持中心的员工（占 20% 的劳动力）。

d. 申请者如何按照道德行为方法安排其与顾客、合作伙伴、供应商和其他利益相关者的交互活动是不明显的。例如，申请者仅仅描述了关注非员工利益相关者的一个途径，而且也不能保证和监督这一过程。考虑到申请者存在较多的供应商和合作伙伴，这个差距有可能是非常显著的。

24. 鲍德里奇准则是怎样支持戴明 14 条原则的？

25. 列举一个在鲍德里奇美国国家质量奖过程中获得高分的企业在七大类目中有可能采取的具体行为。你认为对一家企业而言，在所有的类目中都获得高分有多困难？

26. 创建一个矩阵，其中每一行是鲍德里奇美国国家质量奖准则的一个类目，四列对应以下组织质量成熟度：

● 传统的管理模式；
● 有关质量重要性的意识；
● 夯实的质量管理体系开发；
● 杰出、世界级的管理实践。

在矩阵的每一个单元格里，在对应的准则类目下，列举 2～5 个你希望在以上提到的四种情形中的每一种情形中所期望看到的企业特征。考虑这个矩阵如何被用作一个自我评估的工具以指明企业改进方向？

27. 考虑到鲍德里奇项目最初是国会建立的，你认为减少联邦资助合适吗？评论家认为制造型企业已经对其失去兴趣和激增的医疗保健领域的应用已经使这个项目远离其本意。你同意这种观点吗？

28. 考察以下来自 ISO 9000 的要求。哪些直接有利于控制或改进质量，哪些则不会？对于那些不会的，你认为它们为什么会成为标准的一部分？

a. "组织应确定客户明确提出的要求。"

b. "管理审查的记录应被保留。"

c. "……文献归档应包括……需要的文件……以确保有效的计划、运作和过程控制。"

d. "……应决定要实施的监督和测量方式，以提供产品符合既定标准的证据。"

e. "质量管理系统应包含一个质量手册。"

f. "确立并实施检查或其他必要活动，以确保被选购的商品符合特定要求。"

29. 上网查阅 ISO 9000 的详细资料。尽管该标准是制造业的标准语言,但是请将其中部分语言转述为适用于公立学校系统的标准框架。

30. 描述六西格玛的改进。它对通用电气造成了哪些影响?在服务机构,六西格玛的应用又有哪些不同?

31. 六西格玛、ISO 9000 和鲍德里奇准则之间有哪些异同?

32. 对于医院、政府机构、非营利组织,实行六西格玛需要在管理理念方面进行哪些改进?

33. 怎样运用六西格玛的原则改进一所学校或大学的质量过程?在教育背景下,六西格玛中的哪些要素也许很难得到支持?为什么?

34. 找一家已经实行六西格玛的公司,指出它为了使用六西格玛的方法,在组织中进行了哪些改变。

案例

技术支持人员

梅丽莎·克莱尔在一个大型计算机制造商的呼叫中心担任技术支持代表。她的职责包括接听电话、回答技术问题、解决顾客问题以及为顾客提供其他信息和指导。她的主管要求她要言语谦和,不能与顾客产生冲突。但是,由于每天的来电太多且员工数量有限,主管要求她每小时必须处理至少五个来电。这样,梅丽莎每天下班都很失落,因为她经常无法在数据库中找到所需要的信息,只要一有人告诉她"加快进度",她就神经紧张。

讨论题

1. 梅丽莎的实际工作内容和她的工作描述存在哪些差别?对于这种情况戴明可能会怎么看?

2. 参考戴明原则,草拟一个计划以改进这种情况。

再访圣克鲁斯吉他公司

阅读第 1 章圣克鲁斯吉他公司的案例,解释戴明十四条是怎样反映到它的管理实践和步骤中去的。

TriView 国家银行[55]

TriView 国家银行(TriView National Bank, TNB)是一家总部设在北卡罗来纳州罗利市的私有制银行。TNB 是一家超大规模的银行,拥有资产 60 亿美元。该银行在 1973 年由罗利市的四个企业家出资成立,取名为罗利市农商银行。在之后的 20 年中,银行通过自然发展和兼并相似小银行不断地扩张它的分支机构。1990 年,银行改名为 TriView 国家银行。现在,TNB 已经在美国 15 个州开设 47 个支行。

1998 年,TNB 进行重新定位,从一个向顾客提供对账和贷款服务的传统分支系统开始向销售导向的咨询企业文化转变,合作伙伴也参与其销售和服务。TNB 的基础业务是吸引客户到银行里,建立和他们之间的多重产品关系以牢牢抓住顾客的钱包,不断提升客户的忠诚度。这个战略非常成功。由于贷款需求增加,而且 TNB 一直能提供顾客喜爱的产品和服务,它的自有资产在 21 世纪初期增加了 30%。从 2007 年开始,房地产泡沫破裂导致经济衰退,TNB 的借出资金量急剧下滑,但是它依然保持着良好的资产负债水平。尽管一些公司的倒闭影响到了这个领域,失业率也比平时更高,但是三角研究园(Research Triangle)地区的多元化经济使得这一区域比全国其他地方表现得好得多。

以下总结了影响银行绩效的公司环境、关系和挑战。这些是出现在鲍德里奇标准应用的组织概况中的关键因素。

组织环境

- **私有制银行**:申请者是一家北卡罗来纳州罗利市的私有制银行,拥有 60 亿美元的资产(因此被认为是一家巨头),在 1973 年由四名企业家一起创建。
- **组织**:组织结构包括总部、直接服务中心、按揭贷款部门、运营中心和 15 个社区的 47 家分支机构,以及由 1 400 个 ATM 机构成的网络系统。
- **文化**:申请者自认为拥有"咨询式的销售导向文化",这种文化渗透在了销售和服务中。
- 主要商业主张：吸引顾客；建立多重产品关系以牢牢抓住顾客的钱包并提高顾客忠诚度。
- 产品供给：申请者的主要产品是通过网络、电话和顾客接入端的在线系统为消费者、小型企业提供365天24小时全天候服务。
- 服务供给：服务包括存款账户、借记卡、货币市场账户、存款单、个人退休账户、安全服务、财务规划、保险、抵押、房屋净值抵押贷款、贷记卡、汽车贷款和学生贷款、在线或移动存款安全、信贷额度、设备融资、商业地产融资、现金管理、银行存款箱、建筑工程融资、分期偿还贷款和对账。
- 使命、愿景和价值观（MVV）：使命是指为顾客提供金融服务，促进所有服务社区的经济健康增长。愿景是指以出色的服务成为社区银行中的领军企业。价值观是正直，为客户保密，同时诚实、透明地进行工作，和所有利益相关者构建良好的信赖关系；以客户导向为中心，提供一流的服务；进行绩效管理：依靠数据决策，建立员工问责制；提供出色的运营：让每一个过程都能够经济、有效的实施；创新，且持续改进和应用最佳创意。
- 品牌：TriView……你的家庭银行。
- 核心竞争力：核心竞争力包括"一流的服务"，包括理解顾客，并超越他们所想；"进行出色的运营"，强调过程和纪律。
- "信任团队"：申请者任用"信任团队"（例如，为了兼并整合而成立的信任团队）推进组织文化，包括对使命、愿景和价值观的关注。
- 劳动力数量：申请者有1 080名员工、682名客户服务代表、158名行政人员、83名高管。其中，92%的员工是全职的，8%是兼职的。

- 劳动力教育背景：6%为研究生毕业，22%为本科毕业，53%为大专毕业，100%为高中毕业。管理层中的78%有大学文凭。
- 劳动力性别及种族分布：68%为女性，32%为男性；40%为高加索人，24%为亚洲人，24%为非洲裔美国人，26%为西班牙裔，3%为美洲土著，7%为亚裔美国人。
- 工会单位：没有有组织的工会单位。
- 员工参与因素：授权环境（所有人）、个人职业发展（所有人）、服务态度（客户服务代表）、为TNB/当地社区/国家/行业做贡献的机会（专家、高管）。
- 员工满意度：工作安全，提供工作所需的资源和技能，有竞争力的报酬福利，能够进行团队合作（客户服务代表、行政人员）；实行弹性工作制（客户服务代表、行政人员和专家）；能够对职业生涯有帮助，富有挑战性和高回报的工作（专家、高管）。
- 劳动力的增长：兼并Widmark抵押贷款公司后，劳动力增长了18%。
- 资产：设施包括总部、直接服务中心、运营中心和按揭贷款部门的建筑设施，全部位于罗利市境内。还有由1 400台ATM机和47家分支机构构成的网络系统。
- 联邦储蓄系统的成员：TNB是联邦储蓄系统的一员，通过自动化交易所和联储电信进行转移支付。TBN的顾客能够通过云ATM网络系统（cumulus ATM Network System）使用遍布全球的500 000台ATM机。
- 运营中心：运营中心覆盖了数据中心中的各种银行系统（例如TriView管理信息系统通过软件程序提供顾客、账户、财务信息）。数据库采用预测模型为不同顾客群体设计产品和服务。报表服务被外包给了J-Pro报表服务公司。

- 规章要求：通过联邦金融机构审查委员会、美国货币监理署、联邦存款保险公司、《金融服务现代化法案》规范，信用卡问责和披露制度、问题资产救助计划、农村教育行动计划、《银行保密法》、客户隐私法规、《21世纪支票交换法案》《公允信用报告法》《社区再投资法和存款事实法案》进行管控。

组织关系

- 组织结构：申请公司的四位创始人是：CEO兼董事会主席、总裁、CFO、秘书兼法律顾问。执行管理委员会包括这些合伙人和高管团队的其他成员。
- 治理：由董事会进行治理，负责选举CEO，有效管理银行事务，采纳并实施相关的政策和措施。
- 报告：CEO向董事会报告，总裁向CEO报告，其他高管向总裁报告。
- 顾客和利益相关者——市场：市场包括15个社区，又划分为三大地区（或基本细分市场）："三角研究园"地区（罗利市300平方英里的部分、教堂山和达拉谟）、温斯顿赛勒姆/格林斯博罗/海波因特地区和其他新增的社区。
- 顾客细分和要求：消费者（C）、小微企业（SB）、商家（CM）；存款安全和信息安全（C，SB），能够一周7天24小时随时方便地进入账户（C，SB），及时被答复所询问的问题（所有），服务及时快速甚至无须等待（所有），拥有高素质的员工（C），关注社区利益和社区问题（SB，CM），商业问题保密（SB，CM），低息（CM），过程快捷和批复迅速（CM）。
- 顾客细分：按生命周期划分为学生、青年职场人士、职业中期、职业晚期和退休人员。
- 利益相关者的要求和期望：监管方要积极遵守相关规定，对信息要求做出及时响应，能充分及时地获得信息，进行风险评估和风险排除；股东需要准确的财务记录，制定透明、客观的决策，进行风险评估和风险排除，在地方和全国范围内维护财务信誉；社区投资、良好的公司成员和社区合伙人的声誉、积极的志愿者以及财务支持。
- 关键供应商：关键供应商提供邮件/电话营销服务、广告与办公服务、核对服务、运钞车服务、数据备份和灾后恢复服务以及用户研究、员工参与度调查、在线和其他服务，共享ATM网络、安保、财务计划、保险服务和贷记卡服务。
- 供应商沟通和管理机制：包括每个月或每半年的会议、合同、采购单、合伙协议和战略规划、TNB的TriView运营绩效（TrView Operational Excellence, TOE）过程以及识别创新。关键供应链要求包括专家、投资回报率、创新、最佳价值、及时送达和路线维护、准确的订单、发票和交易、安全和保密、100%及时补救、完美的记录、及时的报告、附加值分析、为客户提供一流的服务和过程创新。财务审计由卡罗琳娜·皮埃蒙特会计所提供。

竞争环境

- 竞争现状：申请者是罗利市最大的社区银行；在15个社区中数一数二，过去5年的市场占有率不断增加。
- 关键竞争者：巨型银行（CSSNCS）、超区域型银行（North Mountain）、中型银行（J&L社区银行）、超社区银行（State Savings Bank）、社区银行（92家）、存贷公司（69家）、信用合作社（每个社区至少一家）、国有信用卡公司、按揭贷款公司、保险公司、共同基金公司。
- 关键竞争力变革：包括客户满意度和忠诚度的提升；客户愿意支付更高的利率以享受地方银行安全、方便、可靠的服务；持续增加的客户存款；管制加强,可能会因此限制产品创新的外部环境。

- **成功因素**:申请者资本充足;家乡出镜率高、形象好;提出了"传奇服务";积极参与且满意度高的员工;营造了信用合作社的感觉和零手续费的文化;开发了新颖的无纸化程序,加速了交易过程;能够承担相应规模的风险,更加灵活,决策框架更加合理和迅速。

- **比较数据的来源**:比较数据包括社区银行联盟——ROI;美国银行联盟——资产分类;朱诺维亚指数(Junovia Index)——效率指数;鲍德里奇奖获得者——服务上的标杆;B&F咨询公司(Blooming & Flowers Solution)——IT度量标准;DemoGraph调查公司——传奇服务的标准、客户满意度、参与度调查,员工参与度调查;《金融脉搏杂志》的最佳雇主调查——员工满意度/参与度。

战略背景

- **战略挑战**:指出银行法规目前和未来可能的变化,更多采用低利润率的客户服务达到盈利目标,以应对一般公众对金融领域的信心丧失;对顾客的信心和期望产生的影响(尤其是对像TNB这样的地方社区银行而言),将Widmark的工作和员工并入按揭贷款部门,同时维持有效的成本控制,达到由于在线银行需求的增加而产生的技术要求,满足由于行业延伸,工作时间向24/7模式转变而产生的弹性工作的需求,面对退休增多与市场回暖所带来的人力资源的挑战。

- **战略优势**:利用2013年"问题资产救助计划"(TARP)的低息资金(5%);由于当地银行声誉良好使得市场份额持续增加,提供了较多的并购机会;尽管客户更加挑剔且成本不断压缩,但仍保持了忠实、稳定且低离职率的劳动力;过程规章制度和TOE关注使得TNB能以更低的成本进行过程交易。

绩效改进系统

- **TOE系统**:TOE(TriView Operational Excellence,TOE)包括CIP、精益制造/六西格玛和项目管理等常用的过程管理方法。框架是鲍德里奇准则,从20世纪90年代末开始应用。

- **团队改进**:"信任团队"识别需要提升的地方并进行排序;团队会用任何可能的方法,具体取决于问题的性质。

- **持续改进**:持续改进定义为每年5%,源于对核心程序的(年度)系统评估。

案例任务

回顾2011～2012年鲍德里奇标准的前六个类目(除了类目7结果),列出能影响你对组织管理进行评估的最相关的因素。例如,它们的战略挑战之一是"应对一般公众对金融领域的信心丧失;这给顾客信心和期望带来了影响(尤其是对像TNB这样的地方社区银行而言)"。这与条款1.2中的组织治理密切相关,你应该能够看到它们对这个条款中的问题的应对能够解决该问题。类似地,它们的核心竞争力之一是运营卓越:证明了过程和绩效规范。这样的话你,便可以在类目6关注过程中看到有效的管理实践。

你的任务是从组织概况中列出对于每一类问题的应对措施最重要的影响因素,并解释为什么你认为它们和准则相关。

TecSmart 电子公司

TecSmart电子公司为计算机、医疗、办公产品等不同领域的设备制造商设计、制造和维修电力设备。公司的文化焦点可以用三个关键词总结:质量、服务和价值。顶层管理团队从20世纪80年代中期基于戴明的14条管理原则开始了创业之旅。他们成立了一个"戴明指导委员会",指导整个过程以支持实现这14条管理原则,并举办了"戴明研讨班"培训大部分企业员工。尽管戴明理念为该公司进入新世纪提供了基础,但是现任CEO决定采用鲍德里奇聚焦法来评估这些标准,以识别可以改进的地方。

在第一个预备阶段中,执行团队花了一

天时间思考公司的管理过程，初步列出了一份优势清单，总结如下：

- 高层领导制定公司目标，带领跨职能团队进行评估，并开发初始方案展示给公司员工。每个部门经理根据各个公司目标制定支持性目标，使团队里的所有员工都能参与其中。
- 高层领导参加季度交流会议，与所有员工讨论公司现存问题并予以解答。每个月所有员工都能从他们的部门经理处收到全部的财务信息。
- 高层领导在 TecSmart 大学教授变革管理、顾客服务、质量和领导力方面的课程；他们与顾客、供应商和标杆合伙人会面，积极地参与到各职业和团体组织。
- 公司收集每个部门的运营数据，并在每个月的高层会议和跨职能任务团队会议中评估它的信息需求。
- TecSmart 为它的大部分过程制定了六西格玛的目标，并在所有产品线上将考核指标细分成了若干部分。
- 员工培训采用了五个步骤来解决问题，即识别问题，收集数据，分析原因，开发解决方案，实施方案。
- 将用户反馈，市场研究，来自顾客、供应商、竞争者和行业领导者的标杆信息等引入到战略规划过程中。团队分析由所有经理在计划会议上完成，并出台长期战略规划文件。这些文件的可行性会由其他员工和主要供应商一起讨论。一旦达成一致，各部门会给出详细的行动方案和可计量的目标要求。CEO 每个月都会检查公司的改进进展情况。
- TecSmart 通过 12 个不同的过程收集客户信息，并通过信息合并和相互比照验证信息的效度。
- 所有员工都接受客户关系训练。客服员工帮助制定服务标准，该标准能进行日常的追踪。
- 所有投诉必须在两天内由销售副经理处理并解决。副经理要确保任何可能产生投诉的环节都能得到改进。
- 顾客满意度数据从销售代表、行政电话呼叫和访问以及满意度调查处收集。这些数据由执行团队在战略规划阶段进行评估比对。
- TecSmart 采用自我管理的工作组。在这个工作组中，员工做出日常的决定，经理们指导过程的改进。员工只要能得到另一个人的同意，就可以做出过程改变。当有必要出差时，销售员能够获得批准。
- 每名员工平均接受 72 小时与质量和服务相关的内部培训。质量培训对所有销售人员、工程师、办公室人员和经理来说是必修的。
- 每年均向员工发放问卷以了解公司是否有效地实行了戴明的 14 条管理原则，每一条均用 1～10 评分。
- 跨职能团队指导产品开发，其中包括执行管理层的四次临时检查。与顾客召开会议以识别顾客需求和要求，在每个开发阶段末评估过程。
- 新产品开发团队、设计工程师和顾客一起合作，确保设计要求在测试和生产阶段都能得到满足。所有过程会被正式记录在案，用统计学的过程控制监测变异，并为未来的修正提供依据。统计学的方法应用于优化过程。
- 质量由内部审核、员工意见调查和顾客反馈进行评估。
- 每个产品开发项目的早期都有供应商的参与。识别供应商的质量要求，具有资质的供应商原料可以免于进料检查。

讨论题

1. 讨论 TecSmart 识别出来的这些方面如何支撑戴明的 14 条管理原则。

2. 这些情况怎样支持鲍德里奇准则？找出案例中的每个方面分别体现了哪一条准则。

3. 还有哪些明显的改进机会和鲍德里奇准则相关？通过采用鲍德里奇准则，你推荐用什么方法提升 TecSmart 的绩效？

六西格玛能够应用于医疗保健领域吗

科林·大卫（Colin David）是西南路易斯安那地方医疗中心（SLRMC）的 CEO。SLRMC 是一家小型非营利医院，拥有 150 个床位和 825 名员工，为门诊和住院患者提供服务。科林刚从一个医疗中心会议上回来，会议的主题之一是从财务角度讨论六西格玛的理念和意义，呼吁各医疗中心建立一个六西格玛框架。科林非常兴奋，但是他知道要让医院改变既有的文化是相当困难的。不过一旦他完成了这个改变，SLRMC 肯定能够成为行业的领头羊。在讨论这个想法时，执行管理层对未来的无限可能充满了期待。他们识别了四个关键领域，即患者服务、质量评估、财务管理和人力资源。在这些领域中，他们认为六西格玛会起到相当大的作用。由于会议时间有限，团队总结了一个主要的行动方案：由负责这四个领域的董事提出一个战略性的六西格玛方案，为之后的变革打下基础。但是，会议结束后，科林意识到他们对六西格玛的潜力过于乐观，而没有考虑怎么将其介绍给医院员工以及怎样来启动这个方案。科林决定最好找一个顾问寻求帮助。于是你被强力地推荐，一周后你将和科林进行会晤。

讨论题

你认为这次会议主要有哪些待议事项？在提出六西格玛执行方案前，你需要回答哪些问题？

你准备如何设计一套基础设施支撑 SLRMC 的六西格玛？

注释

1. Baldrige National Quality Program Award-Recipient Profile, National Institute of Standards and Technology, U.S. Department of Commerce.
2. Reprinted from *Out of the Crisis* by W. Edwards Deming. Published by MIT, Center for Advanced Engineering Study, Cambridge, MA 02139. Copyright © 1986 by W. Edwards Deming.
3. John Hillkirk, "World-Famous Quality Expert Dead at 93," *USA Today,* December 21, 1993.
4. W. Edwards Deming, *The New Economics for Industry, Government, Education*, Cambridge, MA: MIT Center for Advanced Engineering Study, 1993.
5. Victor B. Wayhan, Basheer M. Khumawala, and Erica L. Balderson, "An Empirical Test of Deming's Chain Reaction, *Total Quality Management* 21: 7–8, July-August 2010, 761–777.
6. April 17, 1979; cited in L. P. Sullivan, "Reducing Variability: A New Approach to Quality," *Quality Progress,* Vol. 17, No. 7, July 1984, pp. 15–21.
7. Clarence Irving Lewis, *Mind and the World,* Mineola, NY: Dover, 1929.
8. Peter R. Scholtes, "Communities as Systems," *Quality Progress,* July 1997, pp. 49–53. Reprinted with permission from the Estate of Peter R. Scholtes. See also Peter R. Scholtes, The Leaders Handbook, which draws upon Deming's principles to provide a comprehensive approach to enhance leadership and quality improvement.
9. Reprinted from *Out of the Crisis* by W. Edwards Deming. Published by MIT, Center for Advanced Engineering Study, Cambridge, MA 02139. Copyright © 1986 by W. Edwards Deming.
10. Matthew W. Ford and James R. Evans, "Managing Organizational Self-Assessment: Follow-Up and Its Influence Factors," working paper, Department of Management & Marketing, Northern Kentucky University, 2003.
11. Adapted from March Laree Jacques, "Big League Quality," *Quality Progress,* August 2001, pp. 27–34.
12. Philip B. Crosby, *Quality Is Free*, New York: McGraw-Hill, 1979, pp. 200–201.
13. 2010 K&N Management Award Application Summary.
14. Harry Hertz, "Distinguishing 'Role Model' from 'Really Good.'" Insights on the Road to Performance Excellence, November/December 2011, http://www.nist.gov/baldrige/insights.cfm.
15. Albert N. Link and John T. Scott, Economic Evaluation of the Baldrige Performance Excellence Program, Planning Report 11-2, National Institute of Standards and Technology, U.S. Department of Commerce, December 16, 2011.
16. "Jersey Score" by Brett Krzykowski, *Quality Progress,* Sept. 2010, pp. 29–33. Reprinted with permission from Quality Progress © 2010 American Society for Quality. No further distribution allowed without permission.

17. Paul M. Bobrowski and John H. Bantham, "State Quality Initiatives: Mini-Baldrige to Baldrige Plus," *National Productivity Review,* Vol. 13, No. 3, Summer 1994, pp. 423–438.
18. Letter from W. Edwards Deming, *Harvard Business Review,* January–February 1992, p. 169.
19. JUSE, The Deming Prize Guide for Oversea Companies, TOKYO, 1992, p. 5.
20. Brad Stratton, "A Beacon for the World," *Quality Progress,* May 1990, pp. 60–65; Al Henderson and Target Staff, "For Florida Power and Light After the Deming Prize: The Music Builds… and Builds… and Builds," *Target,* Summer 1990, pp. 10–21.
21. B. Nakkai and J. Neves, "The Deming, Baldrige, and European Quality Awards," *Quality Progress,* April 1994, pp. 24–29.
22. "China Issues New Quality Standard," *Quality Digest,* December 2004, http://www.qualitydigest.com/dec04/news.shtml#3, accessed 4/08/06. See also Jack Pompeo "Living Inside China's Quality Revolution" *Quality Progress,* August 2007, 30–35.
23. Barbara B. Flynn and Brooke Saladin, "Relevance of Baldrige Constructs in an International Context: A Study of National Culture," *Journal of Operations Management* 24, No. 5, September 2006, pp. 583–603.
24. Thomas J. Kull and John G. Wacker, "Quality management effectiveness in Asia: The influence of culture," *Journal of Operations Management* 28 (2010) 223–239.
25. Nicole Radziwill, Diane Olson, Andrew Vollmar, Ted Lippert, Ted Mattis, Kevin Van Dewark, and John W. Sinn, "Starting from Scratch, Roadmap and toolkit: recipe for a new quality system." http://asq.org/quality-progress/2008/09/basic-quality/starting-from-scratch.html]
26. Tom Taormina, "Conducting Successful Internal Audits," *Quality Digest,* June 1998, 44–47.
27. International Organization for Standardization, "ISO 9000 essentials," http://www.iso.org/iso/iso_catalogue/management_and_leadership_standards/quality_management/iso_9000_essentials.htm.
28. Michael J. Timbers, "ISO 9000 and Europe's Attempts to Mandate Quality," *Journal of European Business,* March/April 1992, pp. 14–25.
29. http://www.bsi.org.uk/iso-tc176-sc2/. "Transition Planning Guidance for *ISO/DIS 9001:2000,*" ISO/TC 176/SC 2/N 474, December 1999.
30. ANSI/ISO/ASQ Q9001-2008.
31. For example, C. A. Cianfrani, J. J. Tsiakals, and J. E. West, *ISO 9001:2008 Explained*, 3rd ed., ASQ Quality Press: Milwaukee, WI, 2009.
32. Implementation guidelines are suggested by the case study by Steven E. Webster, "ISO 9000 Certification, A Success Story at Nu Visions Manufacturing," *IIE Solutions,* April 1997, pp. 18–21.
33. AT&T Corporate Quality Office, *Using ISO 9000 to Improve Business Processes,* July 1994.
34. Jack Dearing, "ISO 9001: Could It Be Better?" *Quality Progress,* February 2007, 23–27.
35. "ISO 9000 Update," *Fortune,* September 30, 1996, p. 134[J].
36. "Home Builder Constructs Quality with ISO 9000," *Quality Digest,* February 2000, p. 13.
37. Charles J. Corbett, María J. Montes-Sancho, David A. Kirsch, "The Financial Impact of ISO 9000 Certification in the United States: An Empirical Analysis," *Management Science,* Vol. 51, No. 7, July 2005, pp. 1046–1059.
38. Pam Parry, "Sears Delivers a Better QMS," *Quality Digest,* January 10, 2007. QUALITY DIGEST Copyright 2007 by QUALITY DIGEST. Reproduced with permission of QUALITY DIGEST via Copyright Clearance Center.
39. "Origin of Six Sigma: Designing for Performance Excellence," *Quality Digest,* May 2000, 30; and Mikel Harry and Richard Schroeder, *Six Sigma,* New York: Currency, 2000, 9–11.
40. A composite of ideas suggested by Stanley A. Marash, "Six Sigma: Business Results Through Innovation," *ASQ's 54th Annual Quality Congress Proceedings,* 2000, 627–630; and Dick Smith and Jerry Blakeslee, *Strategic Six Sigma: Best Practices from the Executive Suite,* New York: Wiley, 2002.
41. Jack Welch, *Jack: Straight from the Gut,* New York: Warner Books, 2001, 329–330.
42. Welch, Jack, 333–334.
43. "GE Reports Record Earnings with Six Sigma," *Quality Digest,* December 1999, 14.
44. Welch, Jack, 329–330.
45. Rochelle Rucker, "Six Sigma at Citibank," *Quality Digest,* December 1999, 28–32.
46. Ronald D. Snee, "Guest Editorial: Impact of Six Sigma on Quality Engineering," *Quality Engineering,* 12, No. 3, 2000, ix–xivxiv.
47. Xingxing Zu, Lawrence D. Fredendall, and Thomas J. Douglas, "The evolving theory of quality management: the role of Six Sigma," *Journal of Operations Management,* 26, 2008, pp. 630–650. See also Roger G. Schroeder, Kevin Linderman, Charles Liedtke, and Adrian S. Choo, "Six Sigma: Definition and underlying theory," *Journal of Operations Management,* 26, 2008, pp. 536–554 for a comprehensive evaluation of the differences between Six Sigma and traditional quality management approaches.
48. This discussion of the adaptability of Six Sigma to services is adapted from Soren Bisgaard, Roger W. Hoerl, and Ronald D. Snee, "Improving Business Processes With Six Sigma," *Proceedings of ASQ's 56th Annual Quality Congress,* 2002 (CD-ROM), and Kennedy Smith, "Six Sigma for the Service Sector," *Quality Digest,* May 2003, 23–28.
49. Elizabeth Keim, LouAnn Fox, and Julie S. Mazza,

"Service Quality Six Sigma Case Studies," *Proceedings of the 54th Annual Quality Congress of the American Society for Quality,* 2000 (CD-ROM).
50. Lisa Palser, "Cycle Time Improvement for a Human Resources Process," *ASQ's 54th Annual Quality Congress Proceedings,* 2000 (CD-ROM).
51. Roger Hoerl, "An Inside Look at Six Sigma at GE," *Six Sigma Forum Magazine* 1, No. 3, May 2002, 35–44.
52. Kennedy Smith, "Six Sigma for the Service Sector," *Quality Digest,* May 2003, 23–27.
53. Ronald D. Snee and Roger W. Hoerl, *Leading Six Sigma,* Upper Saddle River, NJ: Prentice Hall, 2002.
54. "Building Quality at Veridian Homes" by Denis Leonard, *Quality Progress,* Oct. 2006, pp. 49–54. Reprinted with permission from Quality Progress© 2010 American Society for Quality. No further distribution allowed without permission.
55. Based on 2011 Malcolm Baldrige Award examiner training case study. U.S. Department of Commerce.

第 3 章

质量设计与控制的工具和技术

卓越绩效引例：得州铭牌有限公司[1]

作为曾经被授予鲍德里奇美国国家质量奖的最小公司——得州铭牌有限公司（Texas Nameplate Company, Inc., TNC）同样也是第一个被两次授予鲍德里奇美国国家质量奖的小公司，第一次是在 1998 年，第二次是在 2004 年。TNC 是位于得克萨斯州达拉斯的一家私人家庭企业，起初为全国及海外的小公司生产多品种、小批量的定制铭牌。这些身份标签和商标展示了重要的设备使用和安全信息，产品范围从高压阀和油田设备延伸到计算机领域。

顾客关系是 TNC 成功的关键。公司通过一系列正式和非正式的途径建立和维持顾客关系，包括按时配送材料和零缺陷承诺，否则就免费提供。大量的沟通和用户联系机制帮助促进和发展顾客关系。这包括和各个层级的员工面对面的交流、与顾客进行交互的数据库，以及通过嵌入公司邮件系统的语音信箱系统追踪顾客的需求和关注。在数据库中汇总投诉并通过纠错行为组（Corrective Action Team）予以解决。

TNC 的高层领导（占员工数量的近一半）参与 TNC 策略发展和部署过程的所有方面。所有的员工参与每个月的例会，所有的管理者和监督人每周或每两周开会，评审组织绩效，分享想法，识别改进的机会。每半年，高层领导会进行管理评估。TNC 的质量管理系统再次通过了 ISO 9001：2000 认证。

对创新、系统的过程和新技术的有效使用帮助 TNC 实现"更好，而不是更大"的目标。公司组建了一个称作"The New Hotrod™"的内联网，用于追踪工作流，在工厂展示实时的产品信息。两个其他的内联网——Real-Time Dashboard™ 和 Pipeline Dashboard™ 用于收集和组织产品数据。The New Hotrod™ 提供展示信息的网页，帮助员工监督产品，探索浩瀚的产品和顾客信息数据库。

超过 80% 的 TNC 劳动力获得了交叉培训，从而可以跨部门执行多种任务。员工通过追踪内联网的工作过程核查实时信息，同时这些信息在一个集中控制的智能电视中展示。他们通过迅速地转到需要帮助的区域来回应工作流的改变。The New Hotrod™ 也设有论坛以供员工讨论和建议。鼓励员工发展和维护个人网页的活动提高了他们的计算机技能并使他们获得了赞誉。技术和训练可以给生产带来戏剧性的改进。1998～2004 年，按照占销售量的比例，生产不符合标准的事故发生概率从 1.4% 降低至 0.5%，显著低于商业周刊的中位数（2%）。同一时期，TNC 减少报价响应时间，使之从 6 小时降到低于 2 小时，从而将生产周期长度从 14 天缩短为低于 8 天。

TNC 同样改进了它的财务过程。对陈

旧的应收账款（90天或更久）的良好管理降低了未支付账款的百分比，从2002年的7%降到2004年的少于4%。此外，为了更好地引导它的产品价格政策，公司开发了Simon™定价系统，使得销售者可以通过顾客的个人需求以及TNC竞争者的定价策略调整价格。公司的每个人都受到重视，被信任并为组织成功做出贡献。连续、开放、双向的沟通为各个层级的高层管理者和员工创造了高度激励和授权的环境。

如果没有有效的设计、控制和对组织流程的改进，类似于TNC的组织很难在生产高质量产品和服务中成功。约瑟夫·朱兰使用"质量三部曲"——计划、控制和改进刻画质量管理。计划包括设计顾客想要的产品和服务，以及产生和传递给顾客的过程。控制专注于维持绩效的目标水平。改进使得产品、服务和过程更好。朱兰观察到绝大多数管理者在控制中投入过多，在计划和改进中（这是达到和超过顾客预期并且获得竞争优势的最重要活动）投入过少。

过程管理（process management）包括设计、控制和改进，是在关键价值创造和支持过程中识别提升质量、运营绩效以及最终顾客满意度机会等方面实现高绩效水平的关键必要活动。好的过程管理有助于防止缺陷以及错误，降低浪费和冗余，从而通过更短的周期时间，得到改善的灵活性和更快的顾客回应，实现更好的质量和改进后的公司绩效。例如，美国电话电报公司（AT&T）把以下原则作为过程管理思想的基础：

- 专注于从头到尾的过程质量改进；
- 质量的思想是预防和持续改进；
- 每个人在一定水平上管理一个过程，同时既是顾客又是供应商；
- 顾客需求驱动过程质量改进；
- 正确的行动是专注于去除问题的根源而不是处理症状；
- 简化过程以减少犯错和返工的机会；
- 过程质量改进来自纪律严明和结构化的质量管理原则和应用。[2]

正式的调查研究提供了过程管理对质量和净利润的影响的证据（详见专栏"过程管理驱动绩效"）。

过程管理驱动绩效[3]

通过对多个产业的418个生产车间的质量实践研究，调查者论证了设计和过程管理的努力对例如废弃、返工、缺陷的内部质量产出以及投诉、担保、诉讼的外部质量产出有着相等的积极影响。一个有趣的结果是尽管设计努力通过可见的产品变化影响以顾客为基础的质量感知，但是它们主要通过提高生产高性能产品过程的有效性（即内部质量）影响外部质量产出。然而，公司不需要经常为了产品特征中可见的突破改进而奋斗。这些努力需要和当前的效率以及产品成本改进相平衡。这些发现表明，为了获得卓越质量产出，公司需要平衡设计和过程管理努力并坚持长期实施这些努力。

工具和技术为客观地估计过程绩效活动和有效地设计、控制和改进提供了方法。质量的实践者从其他学科比如统计、运筹学中借用了多种工具，创造性地解决问题，帮助设计、改进和控制过程。这些工具使人们能够客观地看待问题，基于事实决策使用数据，并且为管理者通过富有逻辑的方式处理变异提供了一个途径。这一章及下一章提供了必要的工具和支持过程管理活动的技术的总览（书后的书目提供了补充阅读）。本章专注于过程设计和控制；第4章专注于过程改进。

3.1 设计高质量的产品和服务

尽管生产和服务技术有显著的提高，但是企业和顾客仍然受到产品或者服务失败的困扰。顾客没有得到期望的质量。每年有数千人死于误食药物。控制大部分当代产品的软件程序易于失败。[4] 这些问题本质上来源于欠佳的设计或不充分的设计过程。

今天的公司面临难以置信的压力，因为它们在持续改进产品质量的同时必须降低成本来满足不断提高的法律和环境要求，以及缩短产品生命周期以满足变动的顾客需求并保持竞争力。实现这些目标的能力很大程度上依赖于产品设计（也称作再设计）。好的设计不仅会降低成本并且会改进质量。例如，更简单的设计有更少的组件，这意味着更少的故障点，装配错误的机会也更少。[5] 尽管我们倾向于将产品设计和制造产品视为等同，但是理解设计过程在服务中的应用同样重要。例如，20世纪80年代晚期，花旗银行设计了一个新的抵押批准程序，将周转时间从45天降低到少于15天；联邦快递不断改进打包运送服务。[6]

顾客的需求和期望驱动产品与服务的计划过程。市场在识别顾客期望中扮演着重要的角色。一旦顾客期望被识别，管理者必须将其翻译为特定的产品和服务标准，从而使得生产和服务配送过程可以实现。在一些情形中，顾客接受的产品和服务与他们所期待的完全不同。最小化这种差距是管理者的责任。组织可以使用多种工具和方法专注于外部和内部的顾客。

大多数公司都有若干类型的结构化产品设计和开发过程。六西格玛设计（design for six sigma，DFSS）代表了一系列在产品开发过程中使用的方法论和工具的新兴规则，以保证产品和服务可以达到顾客的需要并实现绩效目标，并且其过程可以实现极高的质量水平。DFSS由四个主要活动构成：[7]

（1）概念开发，产品功能基于顾客需求、技术能力和经济现实；

（2）设计开发，专注于产品和过程绩效问题，是达到产品和服务在生产或配送中的需求的必要保证；

（3）设计优化，最小化生产和使用中的变异的影响，开发一个"稳定的"设计；

（4）设计验证，保证生产系统的能力达到合适的绩效水平。

这些活动经常与被称为"DMADV"的过程相联系，DMADV分别代表定义（define）、测量（measure）、分析（analyze）、设计（design）和验证（verify）。定义专注于识别和理解市场需求或机会。测量用于收集顾客的意见，识别对顾客重要的特征，概述能够达到顾客需要的产品的功能性需求。分析专注于从工程和美学角度进行概念设计，通常包括画图、虚拟模型或者开发和理解产品功能性特征的仿真过程。设计专注于制定详细的规格、采购需求等，从而使概念得以付诸生产。最后，验证包含原型开发、测试和产品实现计划。一些组织自定义了这一过程。例如，卡特彼勒公司使用被称作 DMEDI——定义（define）、测量（measure）、分析（explore）、设计（design）以及实施（implement）的过程。

（1）定义机会：通过目标陈述、生成计划和资源识别理解开发的过程和目的。

（2）测量顾客需求：通过考察顾客需求和竞争性分析理解新过程需要的产出。

（3）分析设计概念：使用创新的技术开发多种概念并通过确认顾客需求评估这些概念。

（4）开发细节设计：通过过程的使用和产品设计、试验项目与测试，将概念变为现实。

（5）实施详细设计：完全实施新过程并且就预期结果评价新过程的价值。

被用于产品设计的三个重要的途径是概念开发、创新和质量功能展开。

3.1.1 概念开发和创新

概念开发（concept development）是应用科学、工程和商业知识形成基本功能性设计的过程，从而满足顾客需求以及生产或服务配送需求。开发新概念需要创造力和创新。

创造力（creativity）是用新的或新奇的方式看事情。**创新**（innovation）包含观点、过程、技术、产品或者业务模型的采纳（业务模型应是新的或者就其应用目的而言是新的）。有创造力的思考和创新的结果是不连续或突破的改变，带来了新的、独一无二的产品和服务，从而取悦顾客并且创造竞争性优势。小型企业管理局将创新分为以下四个类别：

（1）一个全新的产品类别，例如 iPod；

（2）首个同类别产品已经存在于市场中，例如 DVD 播放器；

（3）已存在的技术的显著改进，例如蓝光光碟播放器；

（4）对已存在产品的适度改进，比如最近的 iPad。

创新已经成了苹果和已故的史蒂夫·乔布斯的印记——乔布斯的灵感来源于简化、操作简单、使用计算机做创造性的工作、使生活更加容易。[8]《商业周刊》民意调查发现大多数高级经营主管人员表明创新是他们的前三个优先级之一，实施的速度和将观点推向市场所需要的协调过程的能力，是成功创新的最大障碍。[9]

创新建立在强大的研发过程之上。许多大的公司注重研发职能。政府机构也提倡创新。例如，美国国家标准技术研究所（the National Institute of Standards and Technology，NIST）是美国商务部的代理机构，提倡创新和商业竞争性，并通过提倡科学、标准和技术的测量提高经济安全和改进生活质量。NIST 实验室开展提高国家技术基础设施水平以及为满足美国工业需要持续改进产品和服务的研究；提出了霍利斯制造业扩展伙伴关系计划（Hollings Manufacturing Extension Partnership），这是一个全国范围的网络，要求地方中心给较小的厂商提供技术和商业的协助；提出了技术创新计划（Technology Innovation Program），给行业、大学、协会提供成本分担奖励，对那些满足国家和社会关键需求的、潜在的革命性技术开展研究。

 无处不在的比萨饼创新[10]

在 2009 年晚些时候，世界最大的比萨饼销售商达美乐比萨，宣布核心比萨产品的每个部分都在改变，包括新的外观、新的奶酪和新的调味汁。"我们因'30 分钟内送达'而被熟知"，美国商业区的董事长说。"同样没有理由我们不能拥有市场上最好的比萨饼。"为制定新的食谱，达美乐比萨在两年中实验了成打的奶酪、15种调味汁和50种比萨饼外皮调味料的搭配。随着经济危机加剧和变化的人口结构、顾客的口味，从竞争的角度看，需要改变。"我们以前很难在口味上赢得所有人"，达美乐比萨的首席市场执行官说。

在概念开发中必须要问的第一个问题是：产品（商品或服务）想要做什么？顾客的期望如何转化为物理的或者可操作的规格和生产过程，意味着成功的产品和完全失败之间的差距。其他的设计考虑包含产品的重量、尺寸、外观、安全性、生命、服务能力和可维护性。当关于这些因素的决策由工程考量而不是顾客需求决定时，结果经常是在市场中出现注定失败的糟糕设计。在有潜力的观点被识别后，要用成本/收益分析、风险分析和其他技术对它们进行评估。最后，通常使用几种打分矩阵对选择标准赋予权重，选出最好的概念。

3.1.2 质量功能展开

质量功能展开（quality function deployment, QFD）是一种确保顾客的需求在整个产品设计过程以及生产系统的设计和运营中得到满足的方法。QFD既是一种思想，也是一系列计划和沟通的工具，致力于使顾客需求与设计、生产和产品营销相协调。QFD的一个主要益处是改善生产过程中所有参与者（营销和设计、设计和生产、购买和供应商）的沟通与团队合作。QFD允许公司模拟新设计理念和概念的结果。这使得它们更快地把新产品投入市场并获得竞争优势。

1972年，QFD产生于三菱的神户造船厂。丰田随后拓展了这个概念，并于1977年开始将其投入使用。最初的结果是令人印象深刻的：例如1977年1月～1979年10月，丰田在发行新货车的启动成本上减少了20%。截至1982年，启动成本比1977年的基线降低了38%；截至1984年，降低了61%。除此之外，研发时间减少了1/3，同时质量得到了提升。

在美国，1992款凯迪拉克完全依靠QFD进行计划和设计。这个概念在美国通过美国供应链研究公司（一个非营利组织）以及麻省的一家咨询公司GOAL/QPD得以推广和发展。今天，QFD被成功地运用于电子生产商、家用电器、服装、建筑设备以及例如通用汽车、福特、马自达、摩托罗拉、施乐、柯达、IBM、宝洁、惠普等公司。

QFD专注于将顾客需求转化为每个阶段产品研发和生产中恰当的技术需求。顾客的需求（用他们的术语表达）被恰当地称为"顾客之声"。这是顾客需求的收集，包括所有的满意因素、愉快因素/惊喜因素和不满意因素——顾客想要从产品中获得的"顾客需求"。例如，顾客可能会要求洗洁精是"持久的"和"有效去污的"或者一个MP3播放器有"好的音效"。有时这些需求被称作"顾客属性"。在QFD中，公司的所有操作被"顾客之声"所驱动，而不是高层管理者或者设计工程师的观点。

技术特征是将"顾客之声"翻译为技术语言。它们是决定顾客的属性"如何"实现的方式。例如，洗碗工决定减少盘子上的油渍和污渍。泡沫捕捉油污，因此盘子上的油脂可以用水去除。最终，油污充满泡沫，之后泡沫破灭。因此，一个洗洁精的技术特征是在洗洁精产生的泡沫破灭之前可以吸收的油渍和污渍的分量。

用一系列矩阵将"顾客之声"与技术特征、生产计划和控制要求联系起来。基本的计划文件被称作顾客需求计划矩阵。如图 3-1 所示，因为它的结构，它也经常被称为**质量屋**（house of quality）。质量屋把顾客属性与技术特征联系，以保证任何工程的决定都有满足顾客需求的基础。

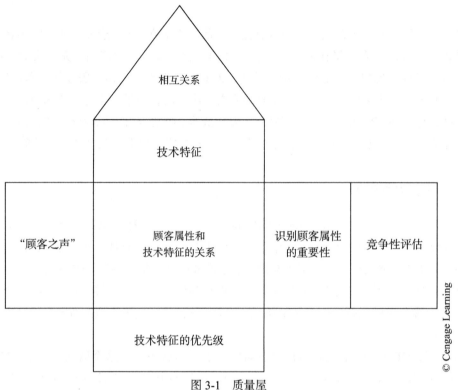

图 3-1　质量屋

建立质量屋需要以下六个基础部分：
（1）识别顾客属性；
（2）识别技术特征；
（3）顾客属性和技术特征的关系；
（4）竞争性评估；
（5）评估技术特征和开发目标；
（6）决定哪些技术特征部署在生产过程中。

第一步是识别顾客属性。在运用 QFD 时，使用顾客自己的语言很重要，这可以保证顾客需求不被设计师和工程师误解。注意，不是所有顾客都是最终使用者。对于一个生产商而言，顾客可以包含政府管理者、批发商和零售商。因此，可能存在许多等级的顾客需要。

第二步是列举满足顾客需求所必需的技术特征。这些技术特征是用设计师和工程师的语言表达的设计属性。技术特征构建了之后设计、生产和服务过程活动的基础。技术特征必须是可测量的，因为产出应该被控制并可以与客观目标对比。

质量屋的屋顶展示了任意一组技术特征之间的相互关系。我们可以使用多种符号表达这些关系。一个典型的方案是使用●表示一个很强的这种关系，〇表示强的关系，△表示弱关系。这些符号帮助决定改变一个产品特性的后果，使得计划者在特征之间做出权衡。这个过程使得设计师可以专注于从整体上而非个体上把握特征。

第三步建立顾客属性和技术特征之间的关系矩阵。顾客属性在左面一行列举，技术特征在顶部书写。在矩阵中，符号用来说明行为中的关系强弱程度，类似于房屋的屋顶。关系矩阵的目的是展示最后的技术特征能否充分强调顾客属性。这个评定可能基于专家经验、顾客回应或者受控制的实验。

技术特征可以影响多个顾客属性。顾客属性和任何一个技术特征关系的缺乏说明属性没有被强调，以及最后的产品要满足顾客需求存在困难。类似地，如果技术特征没有影响任何顾客属性，这个技术特征是多余的或者会遗漏一个重要的顾客属性。

第四步是增加市场评估和关键卖点。这一步包含评估每个顾客属性的重要性并就每个属性评估存在的产品。顾客重要性评级代表了顾客感兴趣和具有最高期望的领域。

竞争性评估有助于企业看清竞争产品的所有优点和缺点。这一步使得设计师可以寻找改进的机会。它也将 QFD 连接到公司的战略视角并在设计过程中体现优先级。例如，关注在竞争者的产品中被低估的那些属性可以帮助企业获得竞争优势。这种属性成为关键卖点并且帮助建立营销策略。

第五步是竞争产品的技术特征评估和制定目标。这个过程经常通过室内测试实现并被翻译为可测量的项。企业将这些评估与顾客属性的竞争性评估做比较，找到不一致的点。如果一个竞争性产品很好地满足了顾客属性，但是相关技术特征的评估没能满足，那么不是方法使用错误就是产品有外观差异（不是有利于竞争者就是不利于产品）影响了顾客感知。基于顾客重要性评级以及现存的产品优势和劣势，对每个技术特征设置目标。

建立质量屋的第六步是挑选技术特征来展开过程的剩余部分。这意味着识别与顾客需求有紧密联系的较差竞争绩效或者较强卖点的特征。这些特征应该在设计和生产过程中得到"展开"（翻译为每一种功能的语言），于是企业就可以采取合适的行动和控制方法来维护"顾客之声"了。未被识别的特征不需要如此严苛的关注。

如图 3-2 所示，质量屋的简单例子是一个关于期望改进汉堡产品的快速服务特许经营商的假想案例。"顾客之声"由以下四部分构成。汉堡应该：

- 味道好；
- 健康；
- 视觉吸引；
- 物有所值。

可以被设计为产品的技术特征的是价格、尺寸、类别、钠含量和脂肪含量。矩阵中的符号显示每个顾客属性和技术特征的关系。例如，味道和钠含量有较强的关系，和脂肪含量有适度的关系，与卡路里含量有微弱的关系。在房屋的屋顶上，价格和尺寸有较强的关系（尺寸增加，价格一定增加）。

竞争性评估说明竞争者目前在营养和价值方面薄弱；如果经销商可以利用它们，就可以将其作为营销计划的关键卖点。

最后，房屋底部是基于顾客重要性评级和竞争性评级分析的技术特征的目标值。标注星号的特征将会在随后的设计和生产活动中展开。

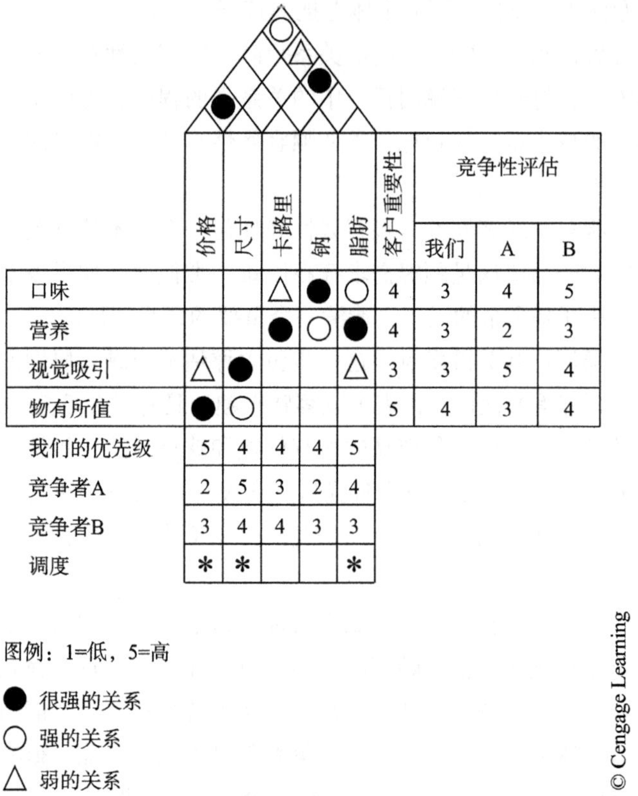

	价格	尺寸	卡路里	钠	脂肪	客户重要性	竞争性评估		
							我们	A	B
口味			△	●	○	4	3	4	5
营养			●	○	●	4	3	2	3
视觉吸引	△	●			△	3	3	5	4
物有所值	●	○				5	4	3	4
我们的优先级	5	4	4	4	5				
竞争者A	2	5	3	2	4				
竞争者B	3	4	4	3	3				
调度	*	*			*				

图例：1=低，5=高

● 很强的关系
○ 强的关系
△ 弱的关系

图 3-2　质量屋举例

　　质量屋为市场提供了一个重要的理解顾客需求并给予高层管理者政策方向的工具。然而，这仅是 QFD 过程的第一步。"顾客之声"必须被带到生产过程中去。三个其他的质量屋把"顾客之声"在零件特性、过程计划和生产计划中展开。它们是：

　　（1）技术特征展开矩阵，将最终产品的技术特征翻译为重要零件的设计要求。

　　（2）过程计划和质量控制图，将零件特征翻译为重要过程、产品参数以及各自的控制点。

　　（3）操作指南，即用以识别工厂员工执行的操作，以保证实现重要的过程和产品参数。

　　前两个质量屋代表的绝大多数 QFD 活动是人们在产品研发和工程职能中开展的。在下一阶段中，计划活动开始包含监管者和生产线操作员。这个过程代表从计划到执行的过渡。如果产品的零件参数很关键，并在过程中被创造或受到影响，则它是一个控制点，从而告诉公司应监管和视察什么以及如何建立质量控制计划的基础。这些质量控制计划是为了实现顾客满意的关键特征。最后一个质量屋将控制点与质量保证活动的特殊需求相联系，包括明确控制方法、样本大小等，以实现必要的质量水平。

　　QFD 的成功依赖于将产品推向市场的所有主要职能部门的有效沟通和合作。设计师的目标是设计满足理想功能性需求的产品；生产工程师的目标是有效地生产设计的产品；零售人员的目标是售卖产品；财务人员的目标是盈利。采购必须保证购买的零件达到质量要求。包装和配送人员需要保证产品以良好的运营状态顺利送达顾客。因为所有这些职能都对产品有影响，它们必须进行合作。建立交叉功能团队来实现产品研发也经常被称为并行工程（concurrent engineering）。

3.1.3 设计故障模式与影响分析

设计故障模式与影响分析（design failure mode and effects analysis，DFMEA）的意图是识别可能出现的所有失败途径，估计失败的后果和严重程度，并给出矫正设计行动的建议。DFMEA 通常包含每个设计元素和功能的以下信息。

- 故障模式：每个组件或功能都可能出现故障，这些信息通常需要一些研究和想象。一个开始的途径是意识到过去发生的故障，诸如查看质量和可靠性报告、测试结果以及提供有用信息的保修报告。
- 故障对于顾客的影响：诸如不满意、潜在伤害或者其他安全问题、停工期修理要求等。维修记录、顾客投诉以及保修报告都是良好的信息来源。企业应该考虑最终产品功能的失败、下一阶段的生产能力、顾客所看到的或者体验的以及产品安全。
- 严重性、出现可能性以及检测度。严重性使用 1～10 的尺度测量，其中"1"代表故障非常小以至于顾客可能不会察觉，"10"意味着可能会失去顾客。图 3-3 展示了典型的计分量表。出现的频率以服务历史或者可以揭示故障重要性的现场性能为基础。基于严重性和可能性，可以指派一个风险优先级，识别必须被处理的重要的故障模式。

等级	严重性	发生率	检测度
10	有危险的或者潜在生命威胁	非常大或者确定的发生可能性	不能察觉或隐藏缺陷
7～9	在顾客安全和满意度上有严重影响	大的发生可能性	小的觉察概率
5～6	主要对顾客满意有影响	适中的发生可能性	适中的觉察概率
2～4	有小缺陷或者对顾客不便利	小的发生可能性	大的觉察概率
1	很小或者没有影响	不太可能发生	总是可以觉察

图 3-3 DFMEA 评级的评分规则

- 故障的潜在原因。故障经常是设计不良的后果。设计缺陷能造成现场或生产和装配中的错误。原因的识别可能需要实验和严格的分析。
- 矫正行动和控制。这些控制可能包含设计更改、防错机制、更好的使用说明、管理职责和目标实现日期。
- 使用 DFMEA 不仅可以促进产品功能和安全的实现，而且可以降低外部失败成本，尤其是担保成本，减少生产和服务配送问题。它也提供了琐碎的法律诉讼的预防措施。DFMEA 应该在设计过程早期实施以节省成本，减少回收次数，提供改进随后设计的知识基础。这个过程也可以用来识别有危险的、可能对工人和操作问题产生威胁的情况，这些情况可能破坏生产过程，导致废弃、停工或者其他不增值的成本。

3.1.4 可制造性设计

产品设计严重地影响生产成本（直接的或间接的劳动、原材料和人工成本）、再设计、担保、现场修复和产品的生产效率以及产出的质量。三星公司的一个管理者坦言质量、成本和运送时间中的 70% ~ 80% 都由最初的设计阶段决定。这是公司在最初设计周期中钟情于降低复杂度的原因。最终,三星产品以较低的生产成本、较高的边际收益、较短的时间、较高的频率进入市场,并且与竞争者相比拥有更多的创新产品。[11]

简化设计可以降低成本和改进质量。例如,梅赛德斯 – 奔驰觉察到由于较高的成本和降低的质量,与宝马和雷克萨斯相比,其全球领导力在降低。尽管是一个技术领导者,但梅赛德斯 – 奔驰的交通工具配有数种电子系统,整合并实现功能的无缝连接是一项困难的任务。工程师通常为每一个车型都设计新的电子设备,这增加了复杂性和成本。公司着手改进的一个初步计划是设计类似于宝马公司所做的更低复杂性的车,例如使用通用组件的、可以被很多车型共用的电子架构。[12] 通过减少组件数目,降低材料成本,降低存货水平,实现了供应商数目减少和生产时间缩短。

可制造性设计(design for manufacturability,DFM)是一个在最高质量水平上以高效生产为目的设计产品的过程。DFM 通常被整合到标准设计过程中,但是由于公司对高创造性解决方案的需要,它经常在公司中的特殊"智囊团"等部门中一再被强调。例如,三星扶持了一个价值创新项目(Value Innovation Program)中心,它被描述为"采用邀请制,昼夜不停,思想和利润的装配线,三星的高层研究员、工程师、设计师凭借此解决最棘手的问题"。[13] 典型的项目包括减少一种新的打印机原材料成本的 30%,或者减少一个新的摄像机生产步骤数量的 25%。DFM 是为了避免装配操作简化但需要更复杂和更贵的零件的产品设计,零件制造简化而需要更复杂装配过程的产品设计,以及生产过程简单、廉价但是服务或支持过程很困难、昂贵的产品设计。

3.1.5 设计和环境责任

环境组织关于关注"社会责任"的设计呼声、州和市政当局空间和土地消耗殆尽以及消费者执着的性价比追求等诸多压力都使得设计师和管理者开始关注面向环境的设计(design for environment,DFE)。[14] DFE 指在产品和过程设计中明确考虑环境,包含可回收设计和拆卸的尝试。通过减少处理和管理成本,增加产品生命末期价值,减少原材料使用和减少法律责任,DFE 可以以较低的成本创造理想的产品,提供更多的选择。

许多产品被丢弃只是因为与购买一个新的相比,维护或修理成本过高。如今拆卸设计使得回收变得更容易,产品修理更易承担。同时,公司在考虑兼顾产品成本和质量的新设计途径上面临挑战。例如,尽管使用铆钉而不是螺丝装配一个物品更高效,但这种方式违反了可拆卸设计的思想。一个选择是在设计之初就放弃使用紧固件。

3.1.6 面向服务的设计

服务与产品生产非常不同。第一,服务的产出过程不易被定义。服务是顾客和服务提供者的无形的交互,不能储存、移动或者视为可以被生产的产品。第二,大多数服务过程包括与顾客的大量交互,这使得企业经常难以识别顾客需求和期望。相反地,顾客经常不会定义他们对服务的需求,直至他们有一些参考或者比较。例如,快餐店详细地设计了改进服务质量和速度的过程。15 新的免提对讲机系统、更好地减少周围厨房噪声的麦克风，以及展示顾客订单的屏幕都致力于满足这些需求。温迪汉堡（Wendy's）的计时员在订单完成过程的每个部分都要计数以帮助管理者识别有问题的领域。厨房的员工戴上耳机听顾客下单。麦当劳从菜单上淘汰许多项目是为了简化厨房操作，并开发展示更多图片的新菜单面板以使得订购更简单。它同样减少了点餐机可能的键盘操作数量，并安装了新的自动饮料机和薯条箱。

服务过程通常包含内部和外部活动，这些活动是使得质量设计复杂的因素。例如，在银行，糟糕的服务可能来源于出纳员对待顾客的方式，或者在出纳员可控范围之外的计算机和通信设备质量较差。内部活动最初与效率相联系（符合性质量），然而外部活动——与顾客直接交互需要关注有效性（设计质量）。通常，内部操作涉及的员工没有理解他们的操作如何影响看不到的顾客。过程的成功取决于每个人（内部和外部的员工）理解他们如何为顾客增加价值。

服务有三个组成部分：物理设备、过程和程序，员工的行为以及员工的专业判断。16 设计一项服务本质上包含决定这些组成部分的有效平衡。目标是提供组成元素内部协调并且致力于满足特定目标市场区间需求的服务。对一个组成部分关注太多或太少都会造成问题或者带来较差的顾客感知。例如，对步骤的过分强调会带来及时、有效的服务，但是也可能会给顾客造成迟缓及冷漠的感觉。对行为的过分强调会提供一个友好和有风度的氛围，但这是以慢速、不连续或者混乱的服务为代价的。对专业判断的过度强调会使得顾客的问题得到解决，但是也会造成慢速、不一致或者迟缓的服务。

设计有效服务的一种有用方式是首先意识到服务因顾客联系和交互程度、劳动强度、定制程度不同而不同。例如，铁路公司在这三个维度上得分都很低，而室内设计服务在这三个维度上得分都很高。快餐店可能在顾客联系和交互以及劳动强度上得分很高，但是在定制程度上得分很低。在这三个维度上得分都低的服务组织更类似于制造组织。对于质量的强调应该专注于物理设施和程序，而行为和专业判断相对不重要。

随着顾客和服务系统之间的联系和交互增加，两个因素必须被考虑。在劳动强度较低的服务中，顾客对于物理设施、过程以及程序的印象很重要。服务组织应该尤其关注选择和维护可依赖以及易操作的设备。随着高水平的联系和交互，合适的员工行为逐渐变得重要。当劳动强度增加时，个体之间的差异变得重要；然而，只要定制程度、联系及交互保持低水平，员工行为和专业判断将保持相对不重要。随着定制程度的增强，专业判断成为顾客接受服务质量的重要因素。在上述三个维度都很高的服务组织中，设施、行为和专业判断同样重要。下面的专栏"将工厂设计应用于顾客服务"提供了一个将传统制造过程概念应用到服务的有趣视角。

将工厂设计应用于顾客服务 17

戴尔对成本效率的关注已成为一个长期的核心策略。通过手机及网络向顾客销售计算机的直接销售模式减少了运输到商店的成本和库存成本。然而，戴尔的一些削减成本的努力疏远了顾客。例如，戴尔在客户服务中心配备的员工少于500人。一个如此小的中心经常无法发挥其应有的作用。最常见的是，客户服务中心的代表仅仅学习解决某一种问题，比如 Dimension 台式机的硬盘小故障。这解释了为什么接线员经常不得不将电话转接到有合适专业知识的技术人员。将近45%打给戴尔的电话需要至少一次转接。作为解决方式，一个戴尔执行者提出将客服中心当作一家工厂。例如，公司客服中心的员工在帮助顾客时，如果遇到问题将升起一面有颜色的旗。当这面旗帜升起时，监管者将会跑来解决问题。正如每家戴尔工厂训练员工装配不同类型的计算机模型，训练电话接线员解决多种类型的机器故障，可以增加第一个接线员就可以解决此问题的可能性。客服中心的规模也被扩大了（就像它的工厂），从1 000人到3 000人，增加了来电者的问题可以被中心内某个人解决的可能性。除此之外，戴尔的大监视屏幕可以让员工看到等待的顾客数。

3.2 质量过程设计

设计生产和运送产品及服务的过程（对于内部和外部顾客）对成本（盈利）、灵活性（根据顾客需求或偏好改变生产正确产品类型和数量的能力），以及质量都有重大影响。下面的专栏"90 000张DVD不用货架"是以高效和快速顾客服务为中心的创新过程设计的一个例子。

 90 000张DVD不用货架[18]

网飞（Netflix）公司成立时，它通过采用由邮件提供超过15 000种DVD、没有到期时间和过期费用等措施，给DVD出租行业带来了一场革命。网飞的麻省伍斯特中心是一个可以储存大约90 000张DVD的仓库（此前用于存放鞋子），而且没有货架。每天早晨8点，美国邮政服务公司（比其他邮递公司更便宜及快速）派出"南瓜马车"装载从新英格兰回收的DVD橙色箱子。不像传统上那样需要通过固定货架位置的类别标签检索DVD并满足顾客订购，操作员扫描归还的碟片收集数据，这些数据由网飞公司的圣何塞总部匹配新的订单。午餐之后，伍斯特的操作员在他们的库存中扫描每一个碟片。每次扫描的时候，如果顾客需要该影片，则按照从圣何塞发出的指令"运送碟片"，否则选择"明天扫描"。"明天扫描"的碟片移动得更快，被归置在一边。被运送的碟片会获得一个信封和一对标签。它们会穿过"欧米伽"——一个40英尺⊖长的、可以在一个小时内通过邮政编码将超过20 000片待出租的碟片分配到指定箱子中的机器。按邮政编码预先分拣每个DVD为网飞公司节省了6～7美分，同时提供给顾客更快的运送时间。

过程设计开始于过程所有者（process owner）。过程所有者可能是一个个体、团队、部门或者一些交叉功能小组。关于过程设计，摩托罗拉公司建议的一种基础的方法如下所述。

（1）识别产品或服务：我做什么工作？

（2）识别顾客：工作是为谁做的？

（3）识别供应商：我需要什么？我从哪里可以得到所需要的？

（4）识别过程：需要执行什么步骤及任务？每一步的投入和产出是什么？

（5）防错过程：我如何消除或者简化任务、避免缺陷或错误？

（6）制定测量、控制及改进目标：如何评估过程？如何更好地改进？

⊖ 1英尺≈0.304 8米。

从步骤 1 到步骤 3 强调了诸如"过程的目的是什么""过程如何使顾客满意"及"过程的投入和产出的本质是什么"等问题。通过定义将输入转变成输出的过程中需要执行的确定任务,第 4 步关注实际过程设计。第 5 步专注于运送高质量货物的能力和高效的过程。第 6 步保证过程被监测并被控制在所需的绩效水平。监管包括收集过程中的测量数据和 / 或例行的顾客反馈,并使用这些信息控制和改进过程。

一个好的过程设计专注于通过保证产品和服务满足内部与外部顾客的需求来避免低劣的质量,使过程有能力实现绩效的预定水平。标准化过程保证了产出的一致性。例如,在生产一个新的、小的 CD 播放器时,索尼公司需要制定整个新的生产过程,因为没有现存的过程可以使这个产品生产得如此小并且精密。联邦快递开发了一个配备激光扫描机的无线快递收集系统,每天通过六个主要的中心管理上百万个包裹,不仅改进了顾客服务,同时节省了劳动成本。[19] 然而,标准化过程也许并不能满足不同顾客的需求。今天,许多类似于戴尔的公司使用大规模定制过程提供个性化的、顾客设计的产品以达到每个顾客偏好的要求,同时保证其价格与大规模生产相近。传统过程要么专注于定制的、精雕细琢的产品,要么专注于大规模生产的、标准化的产品,因此大规模定制要求传统过程做出重大改变。[20] 这包括柔性生产技术、准时制生产、信息技术和对缩短周期时间的强调。

过程设计应该包括逐步的过程图(process map)或者流程图(flowchart)(参考下一个章节关于设计和使用流程图的细节),以及标准操作程序和工作指令。许多公司以 ISO 9000 为基础定义和记录关键过程。例如,作为转化到 ISO 9000 标准过程的一部分,布兰奇 – 史密斯印刷公司设计了超过 40 个过程图。康宁公司电信产业部门(TPD)在公司的所有领域中识别和记录了超过 800 个过程,值得特别强调的是,其中的 50 个在持续改进努力中被设计为"核心业务过程"。每一个核心过程由一个关键公司领导者拥有和管理。

3.2.1 敏捷性过程设计

敏捷性(agility)是保持竞争力的一个重要因素。敏捷性是一个经常被用来表征灵活性和较短时间周期的术语。敏捷性对于顾客导向类策略(比如大规模定制)十分重要,因为这些策略需要迅速的反应和灵活性以应对变化的顾客需求(见下面的专栏"撬动时尚热潮")。**灵活性**(flexibility)指的是快速、有效地适应变化需求的能力。它意味着从一个产品到另一个产品的迅速转变、改变需求的迅速回应,或者提供大范围定制服务的能力。灵活性可能包括例如模块化设计、共享零件、共享生产线和对员工进行特殊培训的策略,同时也包含外包决策、和关键供应商的协议以及创新伙伴事宜。

 撬动时尚热潮[21]

敏捷性的一个例子是位于斯德哥尔摩的时尚零售商 H&M。传统的服装零售商至少需要在销售季六个月以前开始设计他们的产品,H&M 能在短短的三周内将产品放上货架。通过监测顾客趋势和识别热卖产品,设计师开始设计新款式,然后由样品制作者生产,通常使用员工作为模特。设计方案以电子方式送到可以迅速完成工作的欧洲和亚洲工厂。在不到两个月的时间内,大多数 H&M 商店会将新款式摆放在货架上。公司的使能因素之一即被授权的员工,他们有想象力并且不用正式批准就可以创造新风尚。

敏捷性的使能因素包含为了理解顾客产生的需求和需要而与顾客建立的密切关系、授权员工作为决策制定者、有效的生产和信息技术、密切的供应商和合作者关系以及突破性改进。敏捷性的一个重要度量标准是周期时间，即实现过程的一个周期所花费的时间（例如，从顾客订购一个产品到运送该产品的时间，或者引入一个新产品的时间）。周期时间的急剧缩短不能通过简单地专注于个体子过程实现，应该在整个组织中检验跨职能过程。通过这些活动，公司开始在组织层面理解工作并进行合作。

3.2.2 防错法

防错法（poka-yoke）是一个使用自动设备或方法避免简单人为错误的防止错误的过程。防错法的概念由已故的新乡重夫（Shigeo Shingo）拓展和完善。新乡重夫是开发丰田产品系统的日本制造工程师。这个主意是为了避免重复性的工作或者行动（这些行动依赖警惕性或者记忆），从而缩短工人的工作时间，追求更具创造性和增加价值的活动。

防错法专注于两个方面：预测或者说识别缺陷出现的时机并提醒；检测或者说确认缺陷已经发生并停止过程。许多防错法的应用极其简单，也很具有创造性，通常所需费用并不多。一些例子如下：

- 许多机器拥有连接到报警灯的限制开关，当执行者将部件不恰当地放置在机器上时会进行提醒。
- 一个钻孔机上的设备可以计算工件上的打孔数，出现蜂鸣声是因为打孔机没有在工件上打出正确的数量。
- 保险起见，密码或者电子邮件地址经常需要输入两遍。
- 关键的飞行器部件订单使用定型泡沫装置，这种装置仅仅允许正确的部件放置进去，保证发送的是正确的部件。
- 亚马逊网站的助手把产品分类装入箱子，箱子用来称重且比较与订单的重量是否一致；如果不一致，助手要立即确认货物。

防错法技术也被应用于顾客产品设计，以避免偶然的使用错误或安全隐患。例如，如果点火门是开的，许多车就会发出听得见的信号，防止人离开或者被锁在车里。电动剪草机的把手有一个安全杆，必须按住才能启动机器。计算机软件比如微软文字处理软件会在关闭之前自动检查任何未保存的文件。投资基金的委托投票无法装入回复信封，除非去掉一个小长条。这个小长条需要回答者检查投票是否已签署并注上日期。

理查德·B. 蔡斯（Richard B. Chase）和道格拉斯·M. 斯图尔特（Douglas M. Stewart）认为相同的概念可以应用于服务领域。[22] 主要的区别是服务防错法必须同时考虑顾客活动以及生产者的活动，应当为直接的交互行为或者通过电话、邮件或者诸如自动取款机等其他技术产生的交互行为准备防错法。蔡斯和斯图尔特根据设计的防止类型对服务防错法进行分类：服务错误和顾客错误。服务错误来源于任务、处理或者服务中的有形因素。顾客错误在准备阶段、服务接触或者在解决问题时出现。

任务错误（task error）包含错误地执行工作、顺序错误、执行太慢，也包括做了未被要求的工作。防错法设备用于防止任务错误的一些例子是：计算机提示、标有颜色的收款机的键盘、诸如麦当劳炸薯条勺子等测量工具以及信号设备。医院使用托盘放置外科工具以识别每一个工具，防止外科医生把其中的一个遗留在患者体内。

处理错误（treatment error）出现在服务者和顾客的接触中，比如缺乏有礼貌的行为，对顾客没有答谢、倾听或者采取合适的行动。银行鼓励眼神互动，例如要求出纳员在他们开始交易时识别顾客眼睛的颜色并填写到清单中。为了提升快餐店对客人的友善程度，训练者提供了四个特殊暗示来判断何时微笑：与顾客问好时、取菜单时、告知甜品种类时、找零时。他们鼓励雇员观察顾客是否以微笑回应——对于微笑的一种鼓励。

有形错误（tangible error）是指服务的物理因素，比如不干净的设备，肮脏的制服、不合适的温度和文件错误。酒店在毛巾周围包裹包装纸，帮助房屋清扫人员识别是否使用过和何时需要替换。单词的拼写检查程序软件（假设已被使用）有助于减少拼写错误。

顾客错误（customer error）会在以下情形中出现，例如当顾客没有为接触提供必要的材料，不理解他们在服务交易中的角色或者没有参与正确的服务时。电子设备提供流程图来识别如何处理服务来电。通过引导顾客回答三个是或者否的问题，在给他们打电话之前流程图提供了必要的信息。

接触中的顾客错误（customer errors during an encounter）可能是由疏忽、误解或者简单的记忆错误造成的，包括在记忆流程步骤或者遵从说明时出错。防错法的例子包括游乐骑乘设施旁边的身高表指明了对骑乘者体型的要求，蜂鸣器提示顾客应该移除自动取款机中的卡片，以及飞机升降门必须锁好才能开灯。一些餐厅出纳员向后折叠信用卡收据的顶端边缘，在拿着餐厅的收据同时展示顾客的那一份收据。

服务接触解决阶段的顾客错误（customer errors at the resolution stage of a service encounter）包括没有发现服务不充分，没能从经验中学习，没能调整预期，没能恰当地执行后期的活动。酒店可以使用颁发小礼物来鼓励顾客提供反馈。放置回收托盘点和垃圾接收点提醒顾客在快餐设施中归还托盘。

服务过程防错需要识别何时何地错误通常会发生（详见下面的专栏"美国大选过程的防错法"）。一旦识别故障，必须找到源头。最后一步通过资源检查、自我检查或者顺序检查防止错误发生。

 美国大选过程的防错法[23]

人们对 2000 年美国大选有相当大的争议。在佛罗里达州，580 万票中出现了大约 500 票误差，这小于可预测的错误数，如票数计数错误、投票错误、错误拒绝的选票以及其他由于系统及过程（人、设备、方法、材料和环境）错误引起的投票或计数错误。若干问题影响了投票结果的质量。

- 投票用的打孔卡需要投票者在卡片上打孔，从而通过机器可识别的方式来投票。用来穿透卡片（从选票卡上钻下小纸片）的触针在形状或者锋利程度上不够完善。在制造过程中，卡片模具多次被磨损。卡片可能太厚或者太薄。卡片在潮湿的环境中暴露了太长时间，因此可能在机器中不能正确地计数。

- 过程错误可能出现在以下几处：投票者可能没有真正投票，或者投票者没有为候选人投票（因为误解了投票设计）。没有正确计算选票；手工选票可能没有正确记录投票者的意图。
- 投票判决中缺乏统一的标准，使得精确地预测过程错误率变得困难。

人们需要一个基于质量原则和防错法的系统过程来减少类似的错误。虽然这种思想在许多组织中很成功，但是它并没有成为公众政策对话中的一部分，也没有被制度化，成为国民大讨论的一个组成部分。

3.3 过程控制

控制（control）是确保符合要求，以及需要纠正错误和维持稳定绩效时采取纠正措施的活动。缺乏控制不仅会引起顾客不满，而且会对公司和顾客造成严重的后果（详见下面的专栏"缺乏控制种下苦果"）。例如，没有识别在灌装过程中污染何时出现就表明了控制的缺乏。

 缺乏控制种下苦果

美国朗涛设计顾问公司是独立的设计和形象公司，它所做的一项国际研究表明可口可乐公司是全球顾客心中软饮排行第一的品牌，认为其完全遵从质量原则。可口可乐公司曾宣布："对质量的承诺使得我们保持本色。"[24]然而，1999年6月初，将近100名比利时儿童在饮用可口可乐后生病。这个事故致使比利时健康部门要求可口可乐公司召回比利时的几百万罐产品，并且终止产品订购。随后，由于恐惧感染的扩散，法国和新西兰也终止订购可口可乐公司的产品。很快就查明，安特卫普的装瓶工厂在碳酸化作用过程中使用了污染的二氧化碳。可口可乐公司的官方陈述为"独立实验室的测试表明瓶装产品产生异味的原因是二氧化碳。这些二氧化碳将被替换并且所有有异味的产品将被移出市场。这个问题仅影响软饮的口味……第二个问题涉及一些听装产品的外部气味。在比利时配送系统案例中，灌装工厂在进行木头处理时使用的一些物质导致罐子外面底部散发出令人厌恶的气味。独立分析检测显示产品是安全的。公司联合比利时的灌装合作伙伴一起采取所有必要的措施消除这个特殊气味。"[25]两周后，公司才被允许在这三个国家生产和销售产品。

任何控制系统都有三个组成部分：①标准或目标；②测量成果的方法；③真实结果和标准的比较，以及通过反馈建立纠正措施的基础。目标和标准在计划和设计过程中进行定义。这些目标和标准通过测量质量特征而发挥作用，诸如机器组件的维度、次品数、顾客投诉或者等待时间。例如，高尔夫球应该考虑达到符合高尔夫规则的五条标准：最小尺寸、最大重量、球形对称、最大初始动能和整体距离。测量质量特征的方法可能会自动执行或者通过人工测量进行。通过投掷高尔夫球穿过一个金属环来测量尺寸：一个符合要求的球会粘在环上，一个不符合要求的球会掉下；电子秤测量重量精确到一克的1/1 000；初始动能通过将一个球以98英里/小时的速度打击到距离箱子6.28英尺远的弹道屏幕终点所用的时间来计算。[26]

短期纠正措施通常应该由对该过程负责的过程所有者实施。在许多组织（例如丽思·卡尔顿酒店集团公司）中，过程所有者涉及全体员工。公司有一个政策：授权第一个觉察到问题的人从常规职责暂时脱离，立即调查和改正问题，记录事故，随后返回常规工作。长期纠正措施是管理者的职责。关于政府的一个有趣的质量控制应用详见下面的专栏"中央情报局中的质量管理"。

 中央情报局中的质量管理[27]

我们可以在最陌生的环境中找到质量控制。《洛杉矶时报》报道中央情报局将开始使用质量控制程序和过程来监测内部调查,并创立"质量控制办公室"来监测在调查过程中如何使用证据和证词。同时,它并没有满足于控制,报道称中央情报局的监察长也想专注于减少完成调查的时间——这是一个明确的质量改进的例子。新的质量关注点来自听取"顾客"(内部调查的目标)的抱怨。内部调查持续了很多年,并且以往并没有在调查报告中给予"顾客"充分的考虑。

控制的职责可以通过检查控制系统的三个组成成分决定。过程所有者必须拥有通过明确的说明和规格知道预期是什么(标准或目标)的方法;他们必须拥有决定真实绩效的方法,通常是通过检查和测量;如果他们发现预期和真实绩效有误差,必须提供改正的方法。如果其中的任何一个没有被实现,就是管理者的责任,而不是过程所有者的职责。朱兰和戴明都做了这个重要的区分。如果过程所有者需要对他们控制之外的问题做解释或者被要求做出回应,他们会变得沮丧并且不再参与管理。朱兰和戴明认为大多数质量问题都是管理可控的。

过程控制需要一个好的测量系统来跟踪质量和可控的绩效。测量提供了获取重要质量和绩效指标以揭示过程绩效模式的能力。每个测量都应该以顾客需求驱动的标准和目标为目标。达到这两个条件可以保证收集充分的数据来揭示对评估和控制的有用信息,同时促进学习以实现改进和发展。例如,表3-1展示了SSM保健公司用来监测过程的关键指标。每天、每周、每月以及每季的绩效评估提供了评审和管理这些指标的机会,并在它们影响患者之前识别出预防可能出现的错误的方法。

表 3-1 SSM 保健公司使用的过程、需求和测量指标

过程	关键需求	关键测量指标
入院		
入院/挂号	时效性	• 从接收患者到进行护理的时间 • 按照患者满意度调查评定的患者入院/挂号的时效性
检查		
患者检查	时效性	• 24小时内或术前体检率 • 根据每个医院的政策,按合适的间隔进行疼痛评估
检验科和放射服务	准确性 时效性	• 质量控制结果/重复率 • 检查时间 • 医护人员满意度调查回复率
护理/治疗		
临床护理	护士回应 疼痛管理 成功的临床结果	• 患者满意度和医护人员调查问题的回复率 • 等待止痛药的时间 • 慢性心力衰竭患者处理比率 • 心肌缺血患者出院率 • 意外的再住院/回到急诊室或者手术室 • 死亡率

(续)

过程	关键需求	关键测量指标
药房/药物使用	准确性	• 用药医嘱上危险的缩略语的使用 • 临床误诊率或者因临床误诊造成的药物不良反应事件
手术/麻醉	专业技术、能力/沟通	• 外科文件和麻醉同意书记录清楚 • 手术的死亡率 • 手术室感染率
出院		
病例管理	合理利用	• 平均住院日 • 费用拖欠 • 计划外的再次入院
出院过程	协助和指示	• 为患者提供出院指南 • 患者满意度调查的回复率

资料来源：Courtesy of SSM Health Care.

许多公司使用多种多样的自动可视控制系统。例如，戴姆勒－克莱斯勒公司在墨西哥托卢卡装配车间生产"PT漫步者"。为了保证质量，托卢卡车间确保关于零件、过程、装配以及完成过程的每一步（从冲压到主体喷涂以及最终的装配）都是正确的。控制实践包含质量报警系统的可视管理，以使得非正常状态下的情况得到立即关注。系统给每个工具作业、生产、维护以及原材料流的站点提供可视听的符号。[28] 其他公司使用以统计分析数据模式为基础的统计过程控制（对此，我们将在下一节中详细描述）。例如，花岗岩公司是第一个将统计过程图运用到骨料、混凝土、沥青生产管理中的建筑原材料公司。

3.4 统计思维及过程控制工具

统计思维是戴明哲学的中心，也是良好管理的基础。统计思维是一种基于以下原则的学习和行动的思想：

（1）所有工作出现在内部相互联系的系统中；

（2）所有过程都存在变异；

（3）理解和减少变异是成功的关键。[29]

统计思维不仅仅是简单地应用统计方法或者量化变异，而是更专注于理解和减少变异。统计方法对于成为统计思想者很重要。通过将工作视为过程，我们可以应用基于事实管理的方法和多种质量管理工具建立一致性、可预测的过程，研究并改进过程。通过将过程视为系统内部联系的部分，我们可以避免局部最优化，这也是戴明建立的渊博知识系统中关键的原则之一。当管理者孤立地做决定时，他们没有看到因为他们的决定可能在整个公司出现的连锁事件。一个典型的例子是设计产品时不考虑生产过程的能力或者在现场服务中所需要的支持系统。

识别和理解变异是统计思维的本质。我们在第2章戴明建立的渊博知识系统这一背景下讨论了变异的原则，尤其是引起变异的普通和特殊因素之间的差异。一些过度变异造成的操作问题是由以下原因造成的。[30]

- 变异增加了不可预测性：如果我们不理解系统中的偏差，就不能预测未来绩效。
- 变异降低了对于生产能力的利用：如果过程具有极少的变异，管理者可以增加过程的载荷，因为他们不需要将疏忽考虑到生产计划中。
- 变异造成"牛鞭"效应：这个著名的现象出现在供应链中；当需求出现小的改变，生产和库存水平的变异会显著地扩大到配送中心、工厂和供应商等上游部门，造成不必要的成本和原材料流的管理困难。
- 变异带来寻找根本原因的困难：过程变异使得决定问题是源于例如原材料的外部因素还是存在于过程本身变得困难。
- 变异使提前检测潜在问题变得困难：不正常的变异是问题存在的信号；如果过程有很少的内在变异，那么当问题真正发生时，很容易检测出来。

即使变异无处不在，许多公司也经常忽略它。管理者多久才基于单个或两个数据点做一次决定、观看趋势或者操纵他们不能真正控制的财务图表（见下面的专栏"副总裁的困境"）？在许多组织中，统计思维不能被广泛和持续使用的原因有两个。[31] 第一，从历史上看，统计学家作为生产、调查和发展的问题解决者，往往专注于个体顾客而不是组织。第二，统计学家最初专注于技术的统计方面，而不是专注于导致盈亏底线的过程变异。统计思维是良好过程管理的基础。理解过程为决定变异的影响以及应该被执行的、合适类型的管理决策提供参考。变异用过程数据的统计分析来量化，同时我们还需要理解资源、幅度和变异的本质。

 副总裁的困境[32]

著名的质量管理咨询家布赖恩·乔伊纳（Brian Joiner）讲述了以下案例：

埃德是一个在全球设有分支机构的服务公司的地区副总裁。他认为他管辖地区的机构应该获得公司的最高顾客满意等级。如果他注意到在一个月内某个公司在满意度排名上有重大下滑或者有三个月排名位于"平均水平之下"，他将会打电话给管理者询问发生了什么，并且明确下个月排名会改进。在绝大多数时间里，它确实会改进！在2~3月平均满意分数从65分下滑到60分，埃德给管理者的备忘上写着：

坏消息！我们下滑了5个点！我们应该全部专注于正确地提升这些分数！我发现我们的使用率比预期增加的快，所以你们真的应该赶紧给我们的顾客提供更好的服务。我知道你们能做到！

乔伊纳说，我应该这样看数据吗？这个月与上个月相比？这个月与去年同期相比？我是否经常看最近的数据点、最后两个数据点？我不能理解为什么人们只想关注两个数据点。最后，我发现用任何两个数据点来计算趋势很容易："这个月比上个月下降2个百分点。这个月比上个月同期高出30个百分点。"但不幸的是，当都来自一个稳定的过程时，通过比较这两个结果，我们一无所获……对管理很重要的数据大多来自稳定的过程。

高级管理需要通过定义战略和方针目标，清楚、一致地沟通收益和结果，提供必要的资源，辅导他人，识别和奖励期望的行为来提倡使用统计思维。为了帮助管理者在这种方式下工作，许多组织使用六西格玛激励来建立高级专家的核心团队——这些专家具备统计思维并且可以帮助其他人有效使用它。这同时需要一个有助于学习新行为和概念的环境。

3.4.1 统计过程控制

统计过程控制（statistical process control）是监控过程以识别变异的特殊原因，并在需要采取纠正措施时发出信号的一种方法。由此，它为运用统计思维控制过程提供了基础。当特殊原因出现时，过程就被认定为失控（out of control）。如果过程偏差源于单个一般原因，过程就被称为处于统计控制状态（in statistical control）。简单而言，统计控制表示经过一段时间，过程均值和变异是稳定的。

统计过程控制是改进质量和生产率的有效技术。许多顾客要求他们的供应商提供统计过程控制的证据。因此，统计过程控制为公司提供了说明质量能力的方法，在如今激烈竞争的市场中是生存的必要活动。另外，研究也表明它能起到激励劳动力的作用（详见下面的专栏"统计过程控制可以调动积极性"）。因为统计过程控制需要过程来展示可测量的变异，因此它对于接近六西格玛的质量水平是无效的。然而，统计过程控制在公司的早期质量努力下是很有效的。

 统计过程控制可以调动积极性[33]

全面质量管理组织的管理者经常面临如何激励前线组织员工持续改进，在不改变基本的激励制度的前提下实现高质量产出的困境。与社会技术系统理论相关的研究表明：为了最大化成功实施和持续运行的可能，明确并协调任何干预的技术及社会影响极其重要。一项调查研究表明，有效地实施统计过程控制可以给过程操作者提供更大的心理鼓励，通过提高操作员执行的工作的吸引程度来提高工作动力和满意度。意识到统计过程控制的实施可以在心理鼓励中带来无意识的改进，解释了实施和维持统计过程控制的尝试可能失败的原因。在生产环境中实施统计过程控制时，如果配备不希望充实工作的过程执行者，很可能适得其反，导致员工不满意。同样，当过程执行者觉察到他们的工作因为更好的技术、更直接的反馈及更好的控制等而更加丰富时，他们可能期待相应的认可和补偿。如果不这样做，与其他没有改变工作的员工获得相同的报酬分配，员工就会产生被剥削和不公平的感觉。

沃尔特·休哈特是第一个在过程变异中区分一般原因和特殊原因的人。他创造了控制图以识别特殊原因的影响。控制图展示了控制过程的阶段（见图3-4）。横轴表示时间，纵轴表示变量的值。中心的水平线通常反应被测量的质量特征的平均值。另外两个水平线表示控制上限（upper control limit）和控制下限（lower control limit），因此如果过程是可控的，样本值将有很大的可能性落在过程限内，也就是说仅仅被一般原因的变异影响。如果点落在控制界限之外或者出现不正常的模式，例如向上或向下移动，那么这些模式的出现表示有特殊的原因。

尽管控制图首先在制造环境中得到发展和使用，它们在服务组织中的应用也很广泛。表3-2展示了几例控制图在服务中的潜在运用。关键是定义合适的质量指标来监测。大多数服务过程可以通过适当应用控制图进行改进。考虑以下例子，医疗卫生机构认证联合委员会（JCAHO）根据严格的标准和指导方针监管与评估健康护理的提供商。护理质量的改进是主要关注点。医院被要求识别和监测影响患者护理的重要质量指标并建立评估阈值（TFE），这是指应当开展针对问题的特殊调查的水平。评估阈值提供了关注非随机误差的方法（即变异的特殊原因）。一种符合逻辑的方式是通过控制图设置评估阈值，例如，医院每个月收集的术后感染的数量。这些数据如表 3-3 所示。医院管理者关心高百分比的感染（例如 12 月的 1.76%）是不是由非随机因素造成的。图 3-5 展示了根据这些数据建立的控制图（注意：如果控制界限被移除，它将成为一个简单的趋势图）。感染的平均百分率是 55/7 995=0.688%。

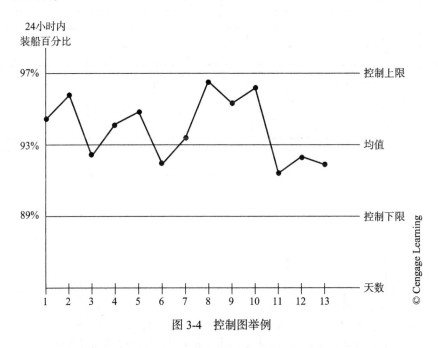

图 3-4 控制图举例

表 3-2 控制图在服务组织中的应用

组织	质量测量指标	组织	质量测量指标	组织	质量测量指标
医院	实验室测试准确性 保险索赔准确性 及时送餐和药物	邮局	分类准确性 投递时间 按时投递的邮件百分数	酒店	房间清理的满意比例 退房时间 投诉数
银行	支票处理准确性	救护车	响应时间	运输	货运车正确线路比例 每次索赔的损失金额
保险公司	索赔程序响应时间 账单准确性	警察部门	区域犯罪事件 交通罚单数	汽车服务	工作完成比例 零件缺货数

© Cengage Learning

表 3-3 术后感染的各月数据

月	手术	感染	百分比（%）	月	手术	感染	百分比（%）
1	208	1	0.48	4	236	1	0.42
2	225	3	1.33	5	220	3	1.36
3	201	3	1.49	6	244	1	0.41

(续)

月	手术	感染	百分比（%）	月	手术	感染	百分比（%）
7	247	1	0.40	23	222	2	0.90
8	245	1	0.41	24	212	2	0.94
9	250	1	0.40	25	219	1	0.46
10	227	0	0.00	26	223	2	0.90
11	234	2	0.85	27	191	1	0.52
12	227	4	1.76	28	222	0	0.00
13	213	2	0.94	29	231	3	1.30
14	212	1	0.47	30	239	1	0.42
15	193	2	1.04	31	217	2	0.92
16	182	0	0.00	32	241	1	0.41
17	140	1	0.71	33	220	3	1.36
18	230	1	0.43	34	278	1	0.36
19	187	1	0.53	35	255	3	1.18
20	252	2	0.79	36	225	1	0.44
21	201	1	0.50	共计	7 995	55	
22	226	0	0.00				

© Cengage Learning

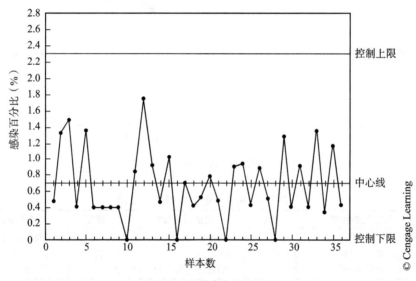

图 3-5　外科感染的控制图

使用更高阶书籍中描述的方程，控制上限为 2.35%。没有数据点落在控制上限之上，表明每个月的变异主要源于偶然，所以过程是稳定的。为了减少感染率，管理人员应该关注过程的一般原因。控制上限将是符合逻辑的一个评估阈值，因为这个界限之外的任何值不可能偶然发生。管理者可以持续地使用这个图监测未来的数据。

3.4.2　服务过程控制

许多人认为过程控制仅仅应用于制造领域。这和现实差之千里。由于强烈的个性化服务环境，丽思·卡尔顿酒店集团公司控制质量的方法极具前瞻性。[34]整个组织中广泛配置可以收集并使用质量指标的系统。每家酒店每天都监测服务质量指标。丽思·卡尔顿发现很多顾客需求是感官上的，因此难以测量。然而，通过收集、训练和保证员工拥有丽思·卡尔顿黄金标准的服务知识，他们有能力通过合适的感官测量（味道、外观、气味、声音和触觉）评估他们的工作，并且采取合适的行动。

公司使用三种类型的控制过程交付质量：

（1）单个员工基于他们的自发性和学习行为进行自我控制。

（2）基本控制机制，由员工中的每个成员执行。

（3）关键过程的关键成功因素控制。过程团队使用顾客和组织的需求指标来决定质量、速度和成本绩效。这些方法被用来与标杆和顾客满意度数据进行比较，以决定正确的行动和资源分配。

另外，丽思·卡尔顿执行自我审核和外部审核。它在所有层级内部执行自我审核，从一个个体或职能到整个酒店。高层主管在多个时段的正式调查中评估各领域的操作时，可以发现每天在酒店出现的敷衍情况。独立的审核由外部独立的旅行和酒店评级机构执行。所有的审核必须归档，所有结果必须交由被审核单位的高层领导。他们对推荐的矫正行动及其实施和有效性负责。

3.5 过程设计和控制实例

许多组织通过应用过程管理原则进行本质上的改进。在本节中，我们将展示不同行业（生产、服务和教育）的一些例子。

3.5.1 雷克萨斯[35]

雷克萨斯汽车公司在质量上一直领先于业界。2000年，安大略湖附近的剑桥市被选为雷克萨斯工厂除日本以外的场地，设计生产RX 300 SUV。生产的副总经理指出："我们一开始就了解到为了得到认可，我们应该比九州（雷克萨斯日本生产地）更好，而不是一样好。"

剑桥工厂的团队合作开始于教授工人生产过程的每个阶段及其他团队成员的职责。这样做不仅加强了每项工作都重要的观念，同时增加了对员工的激励：如果他/她理解其他工作是如何被完成的，以及一项工作如何影响其他工作，那么每个团队成员就会更好地执行他的工作。工程师和管理者创造了一个如同制药实验室一般干净、明亮的环境，每一个东西都有自己的位置，每一个位置都有东西。传统的汽车公司工厂又黑又吵闹，并且充满飞溅的火星和金属冲压机器的撞击声。相反，剑桥工厂用明亮的颜色进行装饰（由室内设计师搭配），并以拥有没有斑点的地板为荣——这是连续用笤帚和簸箕清扫的结果。这些来源于"5S"要求，即精益生产的关键元素（我们将在第4章中讨论）。因为在一个典型的汽车车间，许多缺陷是由生产过程本身造成的（由工人的碰撞和刷蹭），所以整洁会扮演非常重要的角色。剑桥生产线上没有响铃和时钟，牛仔裤没有铆钉，所以不会擦伤车体，金属碎片在进入油漆系统之前会被清扫。雷克萨斯的理念建立在以下观念的基础上：质量必须嵌入生产过程的各个部分，而不是被用作事后检查或修理的标准。每个工人都是自己以及同伴团队工作的质量控制检查员，有责任在移动到下一个生产环节前消除瑕疵。

为了实现这种理想状况，在离车间地板很高处的计算机屏幕上会显示每个点的产品的状态。在必要情况下，团队成员可以拉绳索从而完全停止生产。当这种情况发生时，通过灯塔及每个站点不一样的、独特的短暂音乐声（像个人电话铃声传递消息那样）传递信息。在剑桥工厂，雷克萨斯引入"质量门"，把质量控制提升到新的水平上：顾客有特殊需求的项目检查点（例如完美的喷漆表面和车辆前灯完美地嵌入车体等）会被记录和评估。例如在焊接区域，团队成员用锤头、凿子和钻模测试焊接点，通过将其名称首字母置为亮色来核实每一个焊接件的完整性。尽管隐藏在喷漆之下或者不会被顾客察觉，但这些个人对呵护和质量的坚守将伴随车辆的全生命周期。之后，在焊接过程结尾，车体会受到更严格的检查，由人体碰触来进行，这一特殊过程使得雷克萨斯在汽车公司中堪称凤毛麟角。在由灯管组成的有棱角的屋顶下，团队成员用他们的手小心地扫过汽车外部的每一英寸。通过手套上的小的黑色粗糙块状物体，他们去除掉所有残留的污点和不规则的地方。

一旦焊接，汽车机身会被移动到上色间，上色间比其他车间更洁净。那里有着硅谷清洁车间般的空气。团队成员穿着特殊的防静电服。设置的两层门给上色区域提供了一层气闸。配备有向下的通风处和有格栅的走道，水在下面流动，收集线头和灰尘颗粒。该区域不允许有任何硬纸板。为了移走金属刨花，每个汽车车身都用真空吸尘器清扫。最下面一层（决定汽车颜色的关键涂色层）由水溶性颜料制成，而非危害环境的溶剂。机器手臂抓取装有颜料的墨盒，进行喷雾。墨盒仅仅装有为一辆汽车上色的墨量，之后会被再次充满。该车间允许在生产线上有不同的颜色，即不再要求必须是蓝色（或红色）的车才能被放在一起操作。最后，一个称为感知器的机器用于测量汽车表面反光，并检测光彩和光滑度。

上色之后是装配阶段。装配阶段的重点在于安装门、窗户和其他类似内部小件设备的关键配件。车门在装配早期阶段被拆卸下来，在重新装入车体前（当然是同一辆车的车体）通过车间单独加工。这样的操作方便进入车体内部，保护门的皮革和木头免遭破坏。为了安装顶篷（大的车顶独立部件），一个团队成员坐在一个由机械手臂支撑的灵巧座椅上，悬挂在车体内部。之后，工作人员会安装内部细小的零件，例如木制嵌板。每个汽车的木制部件从同一个圆木上剪切，之后被组装成整体。如果一个木头组件在装配过程中被破坏，那么所有其他部件也将被替换。

在生产线末尾，通常是一辆汽车在稳定的暴风雨中经受耐候测试。另外两种检测是在一个称为"运输质量检测"的隔间进行的，会随机挑选汽车进行超近距离、毫不留情的像简易外科手术式的检测。之后 RX330s 需要通过碰撞和曲线撞击测试。驾驶员加速、刹车，之后把手从方向盘上移开，以确保新汽车不会靠向一边或另一边。最终，准备好的有轨车将把它们运送到一个遥远的城市，卖给新的所有者。

3.5.2 克罗格公司[36]

克罗格公司是美国最大的食品杂货店零售商之一，其总部在俄亥俄州的辛辛那提市。克罗格的目标之一是只配送最好的产品给顾客。新鲜的产品容易腐烂，保证质量一致性是公司面临的最具挑战性的问题之一。为了解决这个问题，克罗格通过讨论组收集顾客意见数据，并制订了一个精益六西格玛方案。例如，参与者将得到产品的样本，并被要求给它们排序，同时被询问他们最喜欢或者最不喜欢的产品及原因。克罗格紧密关注产品的毛利，例如葡萄，因为对于不同的种类，其成本有巨大的差异。通过使用控制性味觉测试并分析结果，他们发现顾客通常并不偏好更高成本的产品。

控制产品质量很大程度上依赖于检查和测量技术。克罗格拥有质量保证检查员以决定接受还是拒绝一批产品。根据季节而定，在到达配送中心时，一部分比例的产品被标记以便检验。他们使用一个规格手册，实质上是描述克罗格公司生产的所有产品的规格标准的质量手册。图片也用来帮助检查员辅助检测评估。例如，使用以下质量刻度评估葡萄：

评级	定义
9	浆果表面的花很完整；花梗看上去是绿色的、新鲜的；甘甜并且清新/质地圆润
7	花梗轻微枯萎，花有少许污迹；肉质仍然圆润
5	没有花，花梗枯萎开始变棕色；浆果轻微变软
3	花梗枯萎，呈棕色；个别浆果轻微腐烂；花梗枯萎潮湿
1	具有被水浸泡过的组织，明显腐烂

制定质量手册是一个重大的项目，需要决定每个产品的标准。一个典型的产品条目有卖主的名字、产品的名字、颜色、尺寸、数目、压力水平、含糖量和耐受性。最后，测量结果被输入数据库，并得到"克罗格质量分数"。克罗格质量分数要填入每个供应商的分数卡，是一种专业的内部测量方法，基于供应商提供的产品的典型标准。这个分数卡是签署合同时与供应商谈判过程的一个主要部分。

检查员使用不同的设备帮助检查质量控制过程，其中包括：

- 一个样本大小轮盘，决定需要检查的样本大小。这一方法基于统计抽样理论，使检查员不经过执行任何计算就可以选择合适的样本大小。检查员首先识别批次中产品的例数，决定产品属于哪个类别，然后把轮盘排列起来，识别出推荐的检测例数。
- 测量样本重量的电子秤。
- 衡量水果和蔬菜坚硬程度的透度计。这提供了产品成熟程度的信息，也有助于发现是否存在任何不可见的内部伤痕。然而，要正确使用这个工具需要对其进行连续的校准，并对相关人员进行多方面训练。测量系统分析技术被用来评估测量过程的变异状况。
- 折射计用来测量易碎性或者含糖量。例如，为了测试一根胡萝卜，检查者将削掉一小片并压碎以破坏细胞，之后榨取几滴放入测量可溶性固体含量的设备，这个设备将显示含糖量。例如，评分是 4 表示不好，6 是均值，12 是好的，18 是完美的。美国农业部的颜色表展示了不同成熟阶段的产品看上去究竟如何。

当产品到达配送中心时，检查员检查是否接收了正确的数量以及产品是否被破坏。如果检测样本被接受，该批次随后会被运往零售商店。如果检测样本未通过检查，之后将执行整批的全面质量检查。每个检查员通过电子手握仪器简化捕捉数据的过程，并将数据发送、存储在在线数据库中。同时它还能拍照，因此检查员可以记录产品，这有助于识别产品在运输中被损坏的地点，从而被召回。

威廉·皮策（William Pitzer）是克罗格管理该项目的六西格玛团队的黑带，他说：

> 我们在克罗格配送中心实施的质量项目在工作之前就清楚地做出高水平的承诺以确保成功。使每个人都相信这个项目并不总是易事，因为无法立即看到好处，它需要对每个供应商积累起足够多的数据。尽管如此，我们开展了这个过程，看到了盈亏底线的成本节省，以及给顾客提供了更高质量的产品。

3.5.3 楚加奇学区

楚加奇学区（Chugach School District，CSD）位于阿拉斯加南部中心，包含威廉王子海湾的大部分海岸线和岛屿。尽管只有不到 20 个全职职工，CSD 服务的学生却遍及 22 000 平方英里的孤立、遥远的地区。一些村庄和学校全部都是阿留申人（阿拉斯加本土人），而其他地方包括多样化的群体。考虑到位于追求卓越教育之路上的种种障碍（包括高失业率和贫困、社区服务等多种社会问题），CSD 完全可以代表"蛮荒阿拉斯加"。通过小型飞行器或者通过学校拓展项目，流动的教师有规律地访问瓦尔迪兹和费尔班克斯荒芜地带的家庭，学生得以在三个小村庄中接受教育服务。

1994 年，CSD 发起了全面调整努力。凭借学校、社区和商业的投入，CSD 重新排列课程来开发 10 个以绩效为基础的标准：数学、科学、技术、阅读、写作和社会科学、服务学习、职业发展、文化意识和表达以及个人/社会/健康发展。个人学习计划（ILP）、学生评估活页（SAB）、学生学习概要（SLP）以及学生生存技巧一揽子支持和文件一致性在所有标准上都得到了专业性提升。CSD 为所有涉及的地区开发了绩效标准连续统一体。

CSD 教育项目和服务的成功源于教育过程的设计、传递和可见的持续改进努力（见图 3-6）。过程持续专注于学生从开始到结束的投入回报。设计过程使顾客需求与所有利益相关者成为一个整体，以确保强大的共享愿景，从而使这个愿景被所有人支持。行动计划驱动这个过程的设计。过程简单、高效并且包含评估和精炼过程部分以改进过程的每一步以及过程本身。

一个关键过程是楚加奇教学模型（Chugach Instructional Model，CIM），CIM 被持续改进，并且包含明确和有效的教学方法。图 3-7 是对于 CIM 的总结。这种教学方法的目标是在所有涉及区域建立实景学习情境。楚加奇开发了建立主题单元的过程，使得教师可以设计与学生相关的情境单元。楚加奇员工参与每年 4 月开展的为下一年做计划的过程。主题单元直接支持 CIM 的目的，即帮助连接教师和学生成绩水平以及开发的主题。主题单元折射出学科之间的关系。因为本质和定义，它极具扩张性，不像数学科学、社会研究、艺术那样，有名称上的界限。主题单元，简单说来，利用并培养了人们连接不同学科的天性。

CSD 提出学生学习概要方法以帮助老师关注孩子的全身心（不仅是智力），并促进学习。它帮助学生认识到自己是有个性的学习者。经过多年试错和利益相关者的投入，楚加奇学区预计到了采用这种变革式方法的必要性。每个学生的智力、情感和意志力发展模式被识别，以此来更好地关注、教导每个学生。从测试中获得的认知、情感和评价信息触手可及，可以帮助老师和学生专注于教导与学习。

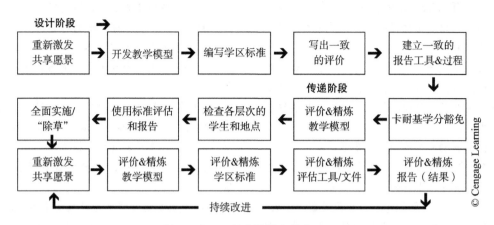

图 3-6　CSD 教育设计和传递过程

楚加奇学区的一个特征是没有年级。一个学生可能在等级 V 数学学习了一年，而同样年龄的另一个同学学习相同等级用了四个月，然后开始学习等级 Ⅵ。发展水平是学生学习的水平，它的基础是孩子和年轻人如何发展、学习、在不同的年龄展示他们所学的知识。学生的成绩水平与楚加奇发展记录卡的发展水平一致。这个水平允许学生以他们自己的速度连续学习。个人学习计划考虑个人差异，从而允许系统中的每个孩子通过设定目标设计他们的教育。学生在全年都可以制订和实现个人学习计划。

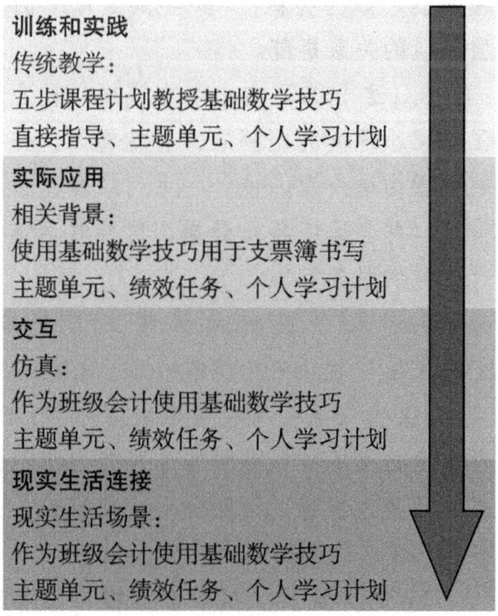

这些过程产生了显著的结果。加利福尼亚成果测试（California Achievement Test）显示，阅读方面的全国百分制得分从 28.44 分上升到了 71.7 分；语言方面的得分从 26.46 分上升到了 71.9 分；数学方面的得分从 53.6 分上升到了 78.1 分；拼写方面的得分从 22 分上升到了 65 分。楚加奇是美国唯一被授予新美国高中奖（一个表现最佳的高中获得的国家级奖章）的学区，同样是 2001 年鲍德里奇国家质量奖教育部分的第一批获得者之一。

图 3-7　楚加奇教学模型

资料来源：Chugach School District.

内容回顾与问题讨论

1. 在卓越绩效管理方面成果显著的得州铭牌公司是一家仅有少于 50 名员工的、多民族构成的小公司。这家公司实施过程设计和控制工具面临怎样的挑战？它是如何克服这些挑战的？

2. 过程管理是什么？它包含的三种类型的活动是什么？

3. 解释 AT&T 过程管理准则背后的合理性。解释它如何在过程的设计、控制和促进中起重要作用？

4. 识别连接以下典型公司业务活动的关键过程：销售和市场、供应链管理、信息技术管理、人力资源管理。什么因素可能影响这些过程的设计？

5. 解释 DFSS 的四个主要活动。

6. 说明质量功能展开过程的好处。它如何帮助组织设计更好的产品和服务？

7. 使用你觉得合适的"市场调查"技术，定义如下情境的一系列顾客属性：①在你所在的大学购买书籍；②酒店商务房间；③大学注册过程。如何使用 QFD 设计这些服务？定义一系列"如何去做"，并尝试为每个例子建立质量屋的关系矩阵。

8. （这个练习在小组中完成）假设你开设了一家小规模的比萨店，有就餐区，并且在区域范围内送外卖。设计一系列顾客需求和技术需求，并尝试完善质量屋。这样的运作应该有什么样的服务标准？

9. 什么是设计故障模式与影响分析（DFMEA）？提供一个简单的例子说明这一概念。

10. 为任意一家晚餐馆准备一个 DFMEA。考虑食物准备和服务过程中可能出现的故障模式。清楚地解释并证实你对于严重性、可能性和检测度的选择。

11. 解释设计上的**可制造性**的重要性。在儿童（和成人）用来"建造"东西的乐高积木中，哪些原则是显而易见的。

12. 调查你所在地企业中所做的一些面向环境的设计尝试。描述公司在过程设计中强调环境考虑而使用的政策、方法及技术。

13. 服务过程设计如何不同于生产产品设计？解释一个好的服务设计必须考虑的因素。

14. 描述摩托罗拉过程设计方法。这个方法如何帮助其保证高的质量和绩效？

15. 什么是大规模定制？为什么大规模定制给过程设计带来了挑战？

16. 为什么敏捷性在过程设计中很重要？

17. 识别在你个人生活中几种错误的来源。提出一些防错方法来消除它们。

18. 基于本章中的例子说明如何将防错法应用到美国大选系统中？你可能希望对这个主题做一些额外的研究或者弄清楚当地选举过程是如何被执行的。

19. 在网站上寻找约翰·格劳特（John Grout）的防错法网址。阅读几篇感兴趣的文章并写一份你发现的信息的报告。

20. 在大学图书馆里发生着许多这样的事情：

- 处理顾客需要复印期刊文章的请求；
- 读者遗留在桌子上的应该放回书架的书（捡起书、放在车上、分类并放回书架）；
- 查找丢失的书。

对于这些事情，识别可能产生的潜在问题，以及你认为图书馆可能采取什么"防错法"来提供更好的服务。

21. 解释控制系统如何工作，并提供你日常生活中的例子。

22. 提供你熟悉的标准化过程的一些例子。解释它们是如何被控制的？

23. 统计思维是什么？传统的统计教学如何通过这些思维做改进？从你学习统计的过程中找到对应的经历。

24. 描述过度变异导致的操作问题。

25. 解释统计过程控制的概念。解释它如何支持第 2 章讨论的戴明的理念。

26. 列举控制图在服务组织中不同于表 3-2 的可能应用。

27. 在本章讨论的雷克萨斯案例中，解释支持高质量产品实现的剑桥车间的过程设计。过程中哪些特殊的方面与设计、控制和改进相关。哪些课程或者最佳实践可以被其他公司学习和应用（汽车产业之外的）？

28. 对于本章讨论的克罗格公司的案例，顾客味觉测试的结果如何与我们在第 1 章中讨论的质量定义相关？

案例

旅程网客户服务过程[37]

《质量文摘》的高级编辑斯科特·佩顿将以下顾客服务经历和旅程网（Orbitz，一个领先的在线旅游网站）联系了起来：

我一个月使用旅程网四五次来给我自己或者与佩顿出版社合作的教员预订行程。网站中优惠的价格和方便浏览的界面给我留下了深刻的印象。尽管通过网站预订过上百张飞机票，但我之前从未给客服中心打过电话。（我想这本身就说明了我享受到的服务质量。）

浏览我的美国运通卡的最近的账目，我发现两个关于相同数量和相同路线的收费。我知道这存在错误，因为我只买了一张票。我进入旅程网页面核对我的最后一个行程。我看到这一周那个人只有一个预订的路线，因而旅程网出错了。我知道我需要打电话给公司修正错误，当我致电客服中心时我开始体验不舒服的感觉。我的电话会打到哪里？他们会相信我吗？我是否犯了价值335美元的错误？

我通过浏览旅程网主页开始了这个过程。让我印象深刻的是页面顶端有个大的、清晰可见的标签写着"客户服务"。我认为它可能是一个到"常见问题"数据库的链接。出乎我的意料，当我点击按钮时，有三个选择：常见问题数据库、电子邮件链接以及免费咨询电话。客户服务部门一周工作7天，一天工作24小时。对旅行来说，这是出乎意料的。那么，这看上去很好，但是我的电话将怎么被回答？

我拨通电话后，立即被接通到旅程网语音信箱系统，询问我的电话号码。显然，这是为了让他们知道我是从哪里打来的。通过输入我的电话号码，我被接入一个出奇快速和简单的语音导航系统——该系统按需求将电话分类。我通常讨厌这种语音系统，但是旅程网的系统并不让人痛苦，我只经历了数秒。

当我点击"帮助"时，我的电话在一分钟之内被接听了。一个友善的女士询问她可以做什么。我解释道通过浏览美国运通卡，我发现被收取了两次费用。她的第一反应是道歉。"我很抱歉你遇到这个问题，"她说，"让我们看看怎么做能帮你解决。"

她询问我一些问题并让我等待她核实该问题。两分钟后，她回来为我的等待表示歉意。旅程网确实收取了两次费用。她解释旅行网会退回我的钱，并在30～60天内显示在我的美国运通卡上，这取决于我的运通卡清单什么时候出来。她再次致歉并询问是否有她还能做的以及我对问题的解决是否满意。

大约一周后，我收到旅程网对于该问题的道歉信以及问题的原因。这个信里还包括我在旅程网下一次消费的50美元折扣赠票。

讨论题

1. 旅程网在哪些方面给佩顿先生带来了良好的服务体验？

2. 将这个例子所学的知识一般化到其他组织。组织可能遭遇顾客服务过程设计的什么挑战？

州立大学体验

哇！州立大学的视频很酷。它有许多专业；它离我家很近，因此我可以保留我的工作；爸妈来访时也会很喜欢。我希望我可以知道成为一个州立大学的学生是什么样的。嗯，我认为我可以要求爸妈和我进行一次校园之旅……

我确信这个旅途发生在这个夏天最热的几天。校园很大（花费我们约两小时完成旅途）但是我们没有看遍全景！我不确定旅行导游知道他在做什么。我们进入巨大的学术走廊，但是那里的灯都不亮。我的旅行导游没有找到开关，所以我们需要打开门使得光线照射进来。大约在旅途的3/4处时，导游说："州立大学不是一个上学的坏地方，你只需要学会这个系统。"我想知道他到底想表达什么？……

申请同样让人很困惑。我怎么能让招生办公室知道我对物理、机械工程和工业设计感兴趣呢？甚至我的父母都不知道。我猜我需要致电招生办公室寻求帮助……

我很激动！妈妈递给我一封州立大学的来信！或许他们准备录取我。什么？这是什么？他们说需要我寄成绩单。我在两周前寄送申请时照做了。其间发生了什么？我希望它不会影响我的申请。我将与招生办公室核实……

你找不到我的文件了？我以为你只丢失了我的成绩单。我询问我的顾问是否寄送，顾问说她上周已经寄送。噢，当你找到我的文件时，给我打电话，好吗？好的。

最后，我被录取了！稍等，我没有申请大学学院（这是两年的项目）。我想要学习物理学、教育学硕士或者工业设计。好吧，既然我唯一的选择是大学学院，而且我也很想去州立大学，我猜我应该寄送确认表。它看上去真像一个申请表。事实上，我知道我给了他们很多相同的信息。我怀疑他们是否还需要？看上去像浪费时间……

迎新介绍很有趣，我欣喜他们澄清了我没有申请大学学院。我想我会喜欢这所州立大学。我见到了许多其他学生以及我的指导教师，并注册了课程。我需要做的剩下的事就是付学费。噢，账单上没有给我的资助。可我填写所有表单就是因为我可以从州立大学获得奖学金。如果没有资助，我和我的父母没办法支付学费。账单上写着，如果我没有及时缴费，我将不能参加所有课程。

我没有经过计算机确认？我很久前就寄送了表格和费用。我接下来应该做什么？我不想失去我所有的课程。我应该去招生办公室或者大学办公室获得一封确认接收的信。好的。如果我明天做，我会获得所有课程吗？……我无法入眠；我对第一天非常紧张……

讨论题

1. 该学生经历了服务过程中的哪些故障？
2. 州立大学管理部门应该采取什么类型的过程管理活动？

斯科特健身中心

图 3-8 展示了提议建设的健身中心的一个部分完成的质量屋。

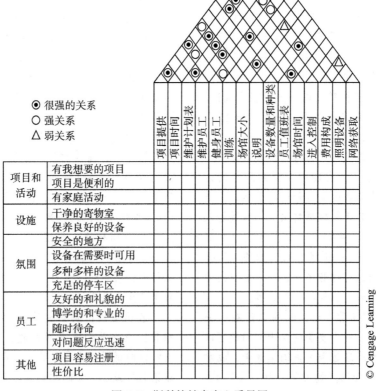

图 3-8 斯科特健身中心质量屋

1. 检查质量屋的屋顶的关系。解释它们有意义或者无意义的原因。这个评估如何帮助开展设计活动?

2. 完成质量屋的主体矩阵,也即检查每组顾客和技术需求,检查是否有很强的关系、强关系、弱关系或者没有关系,在矩阵中填写合适的符号。

3. 假定通过调查和焦点小组得知,最重要的顾客需求是"拥有我想要的项目""有家庭活动""设备在需要时可用""注册项目很容易"以及"性价比"。"员工随时待命"排名很低,其余的重要性适中。

基于这些信息,识别应该在随后的设计活动中强调的最重要的技术需求。

西南地区医院

斯图尔特·肯德尔刚从年度药物会议上返回。斯图尔特是西南地区医院的主任。在会议上,他得知每年超过50 000人死于医疗错误,其中每年大约有7 000人死于药物错误。药物错误可能导致残疾,引起法律诉讼以及在较长的住院和药物治疗中产生近百万美元的花费。肯德尔医生认为西南地区医院应该有前瞻性地防止药物错误。联合一个团队规划这个过程之后,得到图3-9,现在雇用你来分析并帮助给出预防错误的推荐方法。试着讨论错误的可能来源、个人责任的类型(例如医师、护士、药师以及其他),以及可以用来消除这些错误的防错法。

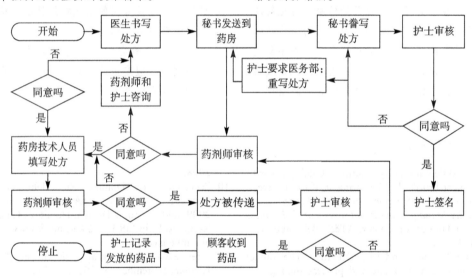

图3-9 西南地区医院的药物管理过程

资料来源:Ellen Williams and Ray Tailey,"The use of Failure Mode Effect and Criticality Analysis in a Medication Error Subcommittee," ASQC Health Care Division Newsletter, Winter 1996, 4. © 1996 American Society for Quality. Reprinted with permission from the author.

HMO 的药店危机[38]

约翰·多弗刚上完一门紧张的课程——"持续改进的统计思维"。这门课程被提供给一个大型健康维护组织(HMO)的所有员工。然而,因为他已经面临巨大的压力,所以没有时间庆祝。多弗在 HMO 的药房是助理药剂师,而他的经理胡安·德·帕格迪拉将要被解雇。关于不恰当处方的大量投诉,甚至有一些法律诉讼,使得对帕格迪拉的解雇十分迫切。

帕格迪拉现在请求多弗做他的助理来尝试解决这个问题。"约翰,我真的需要你的帮助,"帕格迪拉说,"如果我不能看到主要的改进或者至少下个月之前看到可靠的计划,我将成为历史。""我很乐于帮忙,"多弗说,"但是我能做什么?我仅仅是一个助理药剂师。""你干什么工作并不重要。我认为你是解决这个问题的合适人选,"帕格迪拉说。"我意识到我不了解药房的日常操作,但是你每天都在那里工作。你处在寻找如何解决这个问题的更好位置上。只需告诉我做什么,我会完成它。""但是你雇用的那个分析错误处方的统计咨询师怎么办?"多弗询问道。

"说实话,我对这个家伙很失望。他花费两周尝试提出一个新的模型预测每周的错误处方。我尝试向他解释我不想预测错误,只想消除它们。我认为我没有达到这个目的,然而,因为他说我们需要一个月的额外数据来证实模型的有效性,之后才可以应用一种从期刊上看到的新方法'识别时间序列上的变化节点',天知道他在说什么。但是得到数据后,他只会识别改变节点,并给我发送了一份清单。他说他的工作就是解释数据意味着什么以及如何回应。我对于统计知道的不多。"

"在大学里我记住的唯一东西就是这是我曾学过的最差的课程。我开始信服统计在解决真实问题时提供不了太多东西。因为你恰巧学习过统计思维课程,可能你能看到我看不到的东西。我意识到这个尝试可能失败,但是我希望你可以将它作为一个完结这门课程的项目。"

"我过去也常常以相同的方式理解统计,"多弗回应道,"但是统计思维课程不专注于处理数据,因此很有趣。我在提高处方准确性方面有一些想法。我认为这将是一个大的项目。但是我们没有能力自己解决。正如你所知,指向我们的矛头太多。药剂师抱怨医生潦草的字迹以及对问题不完整的说明。医生责怪将药方输入计算机的助理药剂师,认为它们并不完整。助理药剂师责怪药剂师误解有关药品术语、商标名称的知识并且不了解药物相互作用等。"

"听上去没有希望,"帕格迪拉说。"我可不会这么说,"多弗回应。"只是在药房里,我们自己可能没有捷径可以走。让我来解释我们应该做什么以及如何使用我在统计思维课程所学的知识解决这个问题。"

你认为约翰会如何使用他所学的知识解决这个问题?假定他确实对课程中统计思维的概念和工具有深刻的理解。

注释

1. 2005 Malcolm Baldrige National Quality Award Recipient Profile, U.S Department of Commerce.
2. AT&T Quality Steering Committee, *Process Quality Management & Improvement Guidelines,* AT&T Publication Center, AT&T Bell Laboratories (1987).
3. Sanjay L. Ahire and Paul Dreyfus, "The impact of design management and process management on quality: an empirical investigation," *Journal of Operations Management* 18, 2000, pp. 549–575.
4. Peter Svensson, "It's not just computers: Gadgets crash," *The Cincinnati Enquirer,* April 3, 2003, A3.
5. Steven H. Wildstrom, "Price Wars Power Up Quality," *BusinessWeek,* September 18, 1995, 26.
6. Philip A. Himmelfarb, "Fast New-Product Development at Service Sector Companies," *Quality Digest,* April 1996, 41–44.
7. C. M. Creveling, J. L. Slutsky, and D. Antis, Jr., *Design for Six Sigma in Technology and Product Development* (Upper Saddle River, NJ: Prentice Hall, 2003).
8. Romain Moisecot, "Steve Jobs: a biography." http://www.allaboutSteveJobs.com.
9. James R. Stevenson and Ali E. Kashef, "Newer, Better, Faster: How Six Sigma boosts innovation and reinvention," *Quality Progress,* September 2008.
10. Bruce Horovitz, "Domino's Pizza delivers change in its core pizza recipe," *USA Today,* December 16, 2009, and Courtney Dentch, Domino's Changing Recipe to Help Lift U.S. Sales, http://www.bloomberg.com
11. Peter Lewis, "A Perpetual Crisis Machine," *Fortune,* September 19, 2005, 58–76.
12. Gail Edmondson, "Mercedes' New Boss Rolls Up His Sleeves," *BusinessWeek,* October 17, 2005, 56.
13. Lewis, op. cit.
14. Early discussions of this topic can be found in Bruce Nussbaum and John Templeton, "Built to Last—Until It's Time to Take It Apart," *BusinessWeek,* September 17, 1990, 102–106. A more recent reference is Michael Lenox, Andrew King, and John Ehrenfeld, "An Assessment of Design-for-Environment Practices in Leading U.S. Electronics Firms," *Interfaces* 30, No. 3 (May/June 2000), 83–94.
15. Sarah Anne Wright, "Putting Fast-Food to the Test," *The Cincinnati Enquirer,* July 9, 2000, F1, 2; and David Grainger, "Can McDonald's Cook Again?" *Fortune,* April 14, 2003, pp. 120–129.
16. John Haywood-Farmer, "A Conceptual Model of Service Quality," *International Journal of Operations and Production Management* Vol. 8, No. 6

(1988), pp. 19–29.
17. Dell: Facing Up to Past Mistakes, *Business Week*, June 19, 2006, pp. 35–36.
18. Lucas Conley, "90,000 DVDs. No Shelves," *Fast Company*, September 2003, p. 38.
19. Kelly Scott, "How Federal Express Delivers Customer Service," *APICS—The Performance Advantage*, November 1999, pp. 44–46.
20. Rebecca Duray and Glenn W. Milligan, "Improving Customers Satisfaction Through Mass Customization," *Quality Progress*, August 1999, pp. 60–66.
21. "It's the Latest Thing—Really," *Business Week*, March 27, 2006, pp.70–71.
22. Excerpts reprinted from Richard B. Chase and Douglas M. Stewart, "Make Your Service Fail-Safe," *Sloan Management Review*, Vol. 35, No. 3, Spring 1994. Copyright © 1994 by the Sloan Management Review Association. All rights reserved.
23. Howard R. Schussler, "Can Quality Concepts and Tools Fix the U.S. Election Process?" *Quality Progress*, April 2001, pp. 46–50.
24. "Coca-Cola: A Taste for Quality," The Coca-Cola Company, Atlanta, Georgia.
25. http://www.thecoca-colacompany.com/news/News-Detail.asp?NewsDate=6/15/99. Note: this link is no longer active.
26. "Testing for Conformity: An Inside Job," *Golf Journal*, May 1998, pp. 20–25.
27. "Quality Control Comes to the CIA," *Los Angeles Times*, February 4, 2008. Cited by the American Society for Quality, http://www.asq.org/quality-news/qnt/execute/displaySetup?newsID=3011
28. "DaimlerChrysler's Quality Practices Pay Off for PT Cruiser," News and Analysis, http://www.Metrologyworld.com (accessed March 23, 2000).
29. Adapted from Galen Britz, Don Emerling, Lynne Hare, Roger Hoerl, and Janice Shade, "How to Teach Others to Apply Statistical Thinking," *Quality Progress*, June 1997, pp. 67–79.
30. Steven A. Melnyk and R. T. Christensen, "Variance is Evil," *APICS The Performance Advantage*, June 2002, 19.
31. Ronald D. Snee, "Getting Better Business Results: Using Statistical Thinking and Methods to Shape the Bottom Line," *Quality Progress*, June 1998, pp. 102–106.
32. Adapted from Brian L. Joiner, *Fourth Generation Management*, New York: McGraw-Hill, 1994, p. 129.
33. Manus Rungtusanatham "Beyond improved quality: the motivational effects of statistical process control," *Journal of Operations Management* 19, 2001, pp. 653–673
34. Adapted from The Ritz-Carlton Hotel Company, Application Summaries for the Malcolm Baldrige National Quality Award, 1992 and 1999.
35. Phil Patton, "Northern Exposure," *Lexus Magazine*, Quarter 1, 2004, 39–42. Reprinted by permission.
36. Our appreciation goes to former student Nick Siegert and to William J. Pitzer of the Kroger Company for providing the information for this case.
37. Scott M. Paton, "Stellar Customer Service," *Quality Digest*, June 2006, p. 64. QUALITY DIGEST Copyright 2006 by QUALITY DIGEST. Reproduced with permission of QUALITY DIGEST via Copyright Clearance Center.
38. "How to Teach Others to Apply Statistical Thinking" by Galen Britz, Don Emerling, Lynne Hare, Roger Hoerl, and Janice Shade, *Quality Progress*, June 1997, pp. 67–79. Reprinted with permission from Quality Progress © 2010 American Society for Quality. No further distribution allowed without permission.

第 4 章

质量改进的工具和技术

卓越绩效引例：艾尔德尔 – 斯泰茨维尔公立学校[1]

艾尔德尔–斯泰茨维尔公立学校（Iredell-Statesville Schools，I-SS）是一个涵盖幼儿园到12年级（K-12）的公立学校教育体系，位于北卡罗来纳州西南部。当地社区分散，经济发展不平衡。为了满足20 900名学生的不同需求，艾尔德尔–斯泰茨维尔公立学校提供了多种课程和教育项目，包括不同课程的组合课堂、两所成人学校、虚拟课程和大学预科班等。这个教育体系还提供毕业前和毕业后的辅导课程、短期可选地点课程以及同当地社区学院合作的双学分课程。I-SS将其员工按照认证、等级和行政人员进行细分，认为他们是"实现组织学习和改进的知识资产"。

在"点燃学习热情，改善学生学习"的新理念下，艾尔德尔–斯泰茨维尔公立学校领导层的关注焦点从"注重教学"变为"注重学习"。学校的负责人和高级领导团队使用I-SS卓越绩效模式作为管理方法，共享和实现学校愿景。他们将学校的战略计划与北卡罗来纳州教育委员会重点战略结合起来，形成了包括：良好的学生成绩，健康、安全、有序和充满爱心的校园，高素质的教师、管理者和员工，强大的家庭–社区–商业支持，以及有效–高效的运营这五个战略重点。这五个重点贯穿整个部门、院系和学校的改善计划，为I-SS学校体系提供了明确的方向。

为了履行提高学生成绩和使学生长期成功的使命，艾尔德尔–斯泰茨维尔公立学校使用了提高成绩和缩小差距（raise achievement and close gaps，RACG）模型。学校教师讨论和分析学生应该学习并且能够做到的事情，并在课堂上用以下五个关键问题构成引导学生学习行为的基础：①"学生需要学习什么？"②"他们将如何学习？"③"我们如何知道他们已经掌握了？"④"如果学生没有学会，我们该怎么做？"⑤"如果他们已经掌握了，我们又该怎么做？"当学生成绩没有达到预定目标时，可以使用"计划、执行、研究和行动"（plan, do, study, action，PDSA）循环系统地处理与预定目标的差距，进而识别原因和实施改进。最佳实践将被分享到整个区域、部门和学校。为了支持RACG计划，行政团队和部门团队会定期全面分析学生的期中和期末综合评价。以下结果系统地表明了学校为改进学生的学习成绩所付出的努力取得的成效。例如：

- 艾尔德尔–斯泰茨维尔公立学校完成了"不让一个孩子掉队"（No Children Left Behind，NCLB）方案提出的年度进步目标的94%，这一指标优于同等地区和全美平均水平；
- 同级毕业率（九年级学生四年后从高等学校毕业的比例）稳步增长，从2002～2003年的64%，增长到

- 2007～2008年的80.7%；
- 在这5年中，艾尔德尔-斯泰茨维尔公立学校的综合SAT成绩提高了60分，达到1056分，目前在全国排名第7；
- 艾尔德尔-斯泰茨维尔公立学校非裔美国学生和其他学生之间的学年末阅读水平差距从23%降到了12.3%。

为了建设健康、安全、有序和充满爱心的学校，"2003～2004届"艾尔德尔-斯泰茨维尔公立学校委员会把可选学校、可选学习过程和学生出勤率作为降低辍学率的最高优先级。在可选学习方案上应用PDSA循环，显著地改变了可选学习过程的结构。该校添加了许多创新的方案，例如校外停学报告中心、在校信用恢复方案、重新出勤计划、虚拟课程、夏季信贷恢复程序以及战略合作伙伴提供的每日培训和社区教室等。学校还提供有区别的文凭课程，目的在于预防低年级和高年级的学生辍学。

有效的培训和辅导方法可以确保学校由高水平的教师、管理者和员工提高学生成绩和缩小差距。专业学习社区为学校提供了面对面的课堂教师授课和虚拟课程的机会，改善学生学习并在年级和院系间分享最佳实践。教学辅导员通过提供训练、建模和指导，为学校成员提供不间断的职业发展支持。艾尔德尔-斯泰茨维尔公立学校同时培训助教、教师和工作人员。在课堂之外，干部学校使用卓越绩效模式培训学校管理者。

艾尔德尔-斯泰茨维尔公立学校依赖其强大的来自家庭、社区和活跃合作伙伴的支持（包括供应商、社区组织、家长和志愿者）实现其目标。他们参与学校和区域改善团队、咨询委员会和特别任务小组，与学校员工并肩工作。志愿者提供了大约147 000小时的服务，承担了诸如辅导员、导师、一对一午餐伙伴、文员、课堂工作人员等的工作。艾尔德尔-斯泰茨维尔公立学校同社区学院、其他学区携手为学生提供大学预科班和双学分机会。该校还同斯泰茨维尔市议会及布卢门撒尔表演艺术中心合作，建立了一所表演艺术精英中学，并同少男少女俱乐部合作为"高危学生"提供课外延伸活动。为了实现战略目标，学校制定了一项包含关键合作伙伴在内的捐赠战略，在短短3年内就收到了超过800万美元的捐款。

在前面的章节中，我们介绍了过程管理，重点集中在设计及控制产品和过程的工具与技术上。改进是过程管理的第三个要素，艾尔德尔-斯泰茨维尔公立学校的引例则展示了使用系统的方法进行改进的力量。持续改进是全面质量中不可缺少的部分。全面质量理念并不是要通过改进系统引起一阵轰动，那不过是在一种"新颖并且改良"的模式下盲目地运作几年。以全面质量为导向的组织，每天、每月、每年甚至几十年如一日百折不挠地改进其过程、产品和服务，并且也这样培训员工。戴尔电脑就是一个很好的例子。尽管戴尔公司已经在个人电脑行业中取得了最高的质量评级，公司的首席执行官迈克尔·戴尔（Michael Dell）仍然专注于寻找减少机器故障的方法。他判断故障水平与每一个硬盘驱动器在组装过程中被处理的次数有关，并且坚决要求应当减少现有水平上对每个驱动器超过30次的"触碰"次数。他们改造了生产线，使得"触碰"次数被降到15次以下。很快，硬盘驱动器废品率就降低了40%，产品总故障率降低了20%。[2]

由于过程改进在每个组织中的重要性，我们将使用一整章描述这个对组织最重要的工具和技术。特别地，我们将：

- 解释持续改进的观点和方法；
- 描述被许多组织使用的系统的改进方法；
- 说明过程改进中一系列工具的应用，包括六西格玛和精益六西格玛；
- 讨论突破性改进、创造力和创新的重要性。

4.1 过程改进

控制和改进的区别如图 4-1 所示。任何过程性能测试的结果都会天然地围绕某个平均水平上下波动。对这种模式而言，异常情况会导致对平均水平不同寻常的偏离。控制是消除这种异常情况并保持质量的方法，而改进意味着将性能提高到一个新的水平。一个能够改进的过程，必须具有重复性和可测量性。重复性是指随着时间的推移，这一过程必将周期性发生。这个周期可能很长，例如产品开发过程或专利申请时间，也可能很短，比如一项生产操作或一个订单的输入过程。换句话说，你需要能够同时从成功和失败中学习。许多组织使用各种不同的方法，包括正式的问题解决方法以识别潜在的改进、分析数据并落实解决方案（见下面的专栏"保持优雅格调"）。

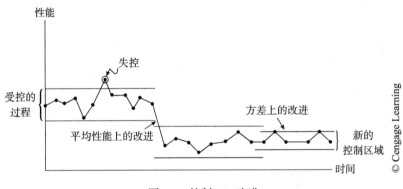

图 4-1 控制 VS. 改进

 保持优雅格调

丽思·卡尔顿酒店有八项专门用于改进过程、产品和服务质量的机制。

（1）新酒店开设的改进过程：一个从全公司集结人员组成的跨职能团队共同工作以识别和纠正问题。

（2）综合绩效评估过程：工作区团队机制授权履行工作的员工开发工作过程和绩效标准。

（3）质量网络：一种同行评议机制，通过该机制员工个人可以提出好的想法。

（4）常驻的问题解决团队：一个工作区内的常驻团队，该团队可以解决任何他们所选择的问题。

（5）质量改进团队：一个特别组建的团队，专门解决由员工个人或领导者提出的问题。

（6）战略质量规划：年度工作区团队，用来确定使命、主要供应商目标和行动计划、内部目标及行动计划，以及进展评审。

（7）精简过程：年度的酒店评估，对那些

不再对顾客有价值的过程、产品或服务进行重新评估。

（8）过程改进：针对企业领导者、管理层和雇员的团队机制，用以改进最关键的过程。

4.1.1 改善

持续改进（continuous improvement）的概念可以追溯到许多年以前。在美国最早的一个案例位于全美现金收纳机公司（National Cash Register，NCR）。1894年，该公司一批有缺陷的收纳机被退回后，公司创始人发现公司内有着令人不愉快和不安全的工作环境。他为此做了很多改变，包括提供更好的照明条件、新的安全设备、通风设施、休息室和储物柜。公司还提供大量夜校课程以提高员工的受教育水平和技能水平，并设置了一个从工厂工人处征求意见的机制。提出最佳建议的员工，可以得到奖金和荣誉；到20世纪40年代，公司平均每年能收到约3 000条建议。多年来，诸如林肯电力公司和宝洁公司等其他公司，也提出了许多创新性的和有效的改善方法。然而，这些方法几乎只关注生产力和成本。相比之下，近年来日本的成功刺激了对质量改进的关注。东芝（1946年）、日本松下电器产业株式会社（1950年）、丰田公司（1951年）最早发起了一些正式的持续改进项目。特别是丰田公司，开创了准时制生产（JIT），使得公司能够高效生产并且使产品近乎零缺陷。准时制生产建立了持续改进的理念，在日本称为**改善**（kaizen）。

改善策略被称为"日本管理学最重要的概念——日本竞争成功之钥"。正是这些成百上千的小改善所形成的积累效应最终使绩效发生了巨大的变化。在日本实行的改善方法，资金投入最小；每个人都参与改善的过程；改善源于专业的和有经验的工人。例如，在日产汽车有限公司（Nissan Motor Co. Ltd），任何建议，只要能使生产用时减少至少0.6秒，就会被管理层认真考虑。这并不是说大的突破性改进不会发生；当然会有，特别是在全面质量管理的早期阶段。用足球来比喻，全面质量实践的成功并不体现在偶尔灵光一闪的"世界波"的魅力上，而像是在球场上"每次推进一码"一样，不断努力提高。

图4-2展示了3年内，某铸造厂试图减少残次品（因质量差而被拒绝的产品）的努力结果。此图说明了其持续改进的一些情况。

- 废品率逐年下降，从第1年的9.5%下降到第2年的6.5%，再到第3年的3.5%。
- 不仅是废品率的水平值，水平值的月度变异幅度也在逐年下降。第1年随机变化程度大，到第3年则相对稳定下来。
- 即使未在质量上下功夫，公司偶尔也会幸运地得到良好的质量。铸造厂花了两年的时间才使得一个月的质量达到同第一年第一个月一样好的水平。

显然，第一年第一个月是侥幸，因为第二个月废品率比其高出50%！公司的质量主管很好地诠释了持续改进的理念，他说："我们还远远没有做到我们应该做到的，但是我们正在做得更好。我们的每个明天都会更好。"

美国和世界各地的许多公司都广泛采纳和应用了改善法。例如，ENBI公司（ENBI Corporation），一家位于纽约的为打印机、复印机和传真机提供精密金属轴和其他滚轴的制造商，采用改善计划后，产量上升了48%，周期时间减少了30%，库存减少了73%。[3] 改善法同样被成功地运用于在巴西的梅赛德斯－奔驰汽车公司，使公司在3年时间内节省了30%的制造空间，库存减少了45%，交货时间减少了70%，安装时间缩短了70%。公司组织了16名员工全权负责改善活动。[4]

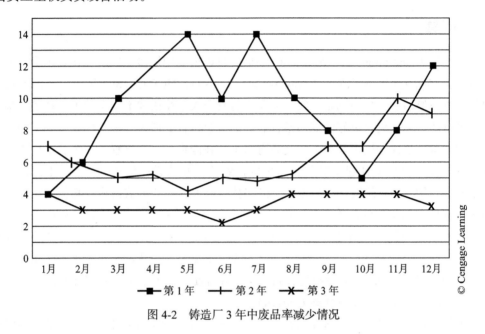

图 4-2　铸造厂3年中废品率减少情况

持续改进可以针对组织的许多不同方面进行。例如，可以进行改进使员工更容易、更准确、更快速、更低成本或更安全地完成工作，或者令顾客更满意。[5] 显然，如果用这种方式思考持续改进，那么任何系统都存在许多改进的机会。有多少操作是连哪怕一个方面都不能改进的呢？追求持续改进，重要的是坚持不懈。一些小的改变不仅需要长时间的积累才能形成重大改进，甚至在刚开始实施的时候它们可能会造成混乱。

日本已故制造业专家新乡重夫认为：[6]

由于改善……需要新的规程，必定遇到一些困难……最初，新方法将会很难推行。然而，旧程序却很容易，因为它们都是熟悉的……只要是陌生的，即使是改进的程序，也会比旧程序更难于实行，更花时间……因此，改善并不会立即显示其真正价值……如果只经过短暂的尝试就放弃的话，99%的改进计划都将消失得无影无踪。

就像激发这场改进的文化变革一样，持续改进也很难维持。也许是"如果没有坏，就不要修复它"的心态太过深深地嵌入我们的文化，在很多情况下，许多希望奉行持续改进的组织一直未能成功地这样做。

我们已经讨论了对于持续改进而言最重要的一个因素：一个适当的组织文化（见后面的专栏"这儿的律师不开玩笑"）。如果组织中的每个人都能理解和相信持续改进的重要性，那么剩下的就是技术问题。如果不能，那么也没有任何技术能做这件事。

鉴于组织中总有许多地方可以改进，设置优先级就显得至关重要，有许多方法可以做到这一点。[7] 例如，如果延迟交货是最常见的客户投诉，那么持续改进就应该致力于减少交货时间。由于顾客常常不能在组织内部确定问题的根源，所以增加一些排序通常是必要的。

这儿的律师不开玩笑[8]

在大多数律师事务所中，实现持续改进是很困难的。这一方面是因为律师报酬直接以小时计算，另一方面是因为许多人不认为自己应该花时间参与质量改进计划，即使从长远来看，这一计划可以简化过程，为他们节约时间。在这种含有许多个人习惯和特质的文化中，标准化流程和过程非常困难，即使这并非不可能。

然而，一些事务所已经取得了令人瞩目的进展。Mays & Valentine 事务所，位于弗吉尼亚州里士满市，拥有130名律师，建立了一个质量改进团队。他们给顾客寄去短期调查，寻找与这些外部顾客利益一致的地方。同时，公司还进行了一项内部调查，以确定其企业文化是否可以接受全面质量理念。公司执行委员会为每一个团队仔细选择了任务和目标。根据调查结果，他们选择了一些方面进行改进，如律师与客户间的响应性和可访问性、事务所的复印流程、可选择的付费方式等。这些改革的结果包括：公司制定切实的政策，实行客户响应性新标准；采用新的分公司电话系统；将复印业务外包给施乐公司（Xerox）；采用新的管理测评系统，测评指标包括计算机性能、离职率、中央传真系统效率、结算速度、投诉率和收款率等。公司要求员工更投入工作，并鼓励他们提出改进效率的方法，最终公司不但改善了服务，员工也愈加满意。

为了服务于全面质量管理的目标，历史悠久的传统也发生了新变化。在波特曼设备公司（Portman Equipment Company），员工一旦发现改进的机会，填写一份变化建议书，就可以发起一个团队来研究问题。[9] 在温莱特工业公司，员工可以填写一份简短的表格描述他们的想法（可能很简单，比如在事故发生之前修复磨损的延长线），以获得主管批准。员工的名字进入每周评比（一条安全建议得3分，团队想出的主意每人得1分），优胜者将获得一张任何他们想要的礼品券。该项目完全由员工运作，管理层并不参与，员工甚至可以自行设置项目的年度预算。

优化市政管理的改善活动[10]

同许多城市一样，佐治亚州罗斯韦尔市正致力于用有限的税收提供各项服务，包括社区发展、市政工程、执法、交通和娱乐等。通过运用持续改善，该市简化了企业开发自身物业的许可证办理过程；旨在减少周期时间、成本和浪费。在计划阶段，该市发现这种许可证审批时间通常要超过120天。审批过程要经多个利益相关者（包括地区政府、工程部门、公共事务和消防部门等）传递和签字同意。然而，大多数程序都是不完整的或不准确的，企业难以操作。项目目标设定为减少许可证办理周期至平均75天，75天内许可证处理率从31%提高到66%，削减无意义的工作，以及使平均成本降低10%～15%。企业和来自所有相关部门的人员组成了一个15人的团队。在3天的时间内，这个团队分析办理过程，评估可能的解决方法，并设计了一个执行方案。

4.1.2 改善事件

许多组织运用改善思想在有限的时间内解决紧急问题。**改善活动**（kaizen event，通常称为**快速改善**）是指一种激烈和快速的改进过程，团队或部门把全部资源在短时间内集中用于一个重要项目上。与传统的改善应用相反，快速改善不是在员工兼职的基础上进行的。能够理解改善活动和能够当场实施改进的员工聚集在一起组成改善活动团队，这些员工来自所有参与改善过程的领域。对所有参与者而言，这种改进是立竿见影、令人兴奋和满意的。

4.2 改进过程

管理者需要使用系统的方法驱动持续改进项目。一些组织遵循那些标准的和受欢迎的方法，而另一些则开发独特的方法以满足自己的需求和文化。组织通常会在员工培训时将这些方法教给员工，从而为形成训练有素的解决问题的力量打下基础。例如，伊士曼化学公司（Eastman Chemical）使用以下七个步骤加速持续改进。

（1）专注和精确定位。"专注"是指每个人都对目标达成共识；"定位"是指确定具体的、可测量的期望。

（2）沟通。沟通是指在全公司范围内宣传关键成果、愿景和使命宣言，令员工能够回答下列问题：需要改进什么？为什么它对顾客、公司和我是重要的？管理团队需要做什么才能有所帮助？具体来说，公司要求我做什么？

（3）翻译和结合。团队将全公司目标转化成自己的语言和自身的环境。

（4）创建管理层行动计划。管理层创建达成目标的具体行动计划，包括衡量成功的标准。要求每一个团队成员都知道需要完成的任务是什么，为什么自己很重要，以及自己在团队完成任务过程中的角色定位。

（5）改进过程。团队分六个步骤解决问题。

（6）测量进度和提供"反馈"。伊士曼化学公司坚信给员工明确的、可视化的反馈及恰当的绩效测量的重要性。以及恰当的绩效测评。伊士曼公司的原则包括：

- 反馈应当可视化、频繁、简明和具体。
- 要显示与基准绩效的对比。
- 公布过去、现在和未来的目标。
- 公布历史最佳成绩。
- 图表应当易于理解。
- 良好的计分卡应当经得起评论和解释。

（7）强化行为和赞美结果。伊士曼公司鼓励团队在庆功会上回答以下问题，强化学习带来了积极的结果：你做了什么？为什么要这样做？为什么你的工作对客户、公司和团队是重要的？团队怎样完成这项改进？

伊士曼化学公司的方法大部分用来处理组织和文化的问题。然而，真正的工作是在第五步完成的。伊士曼化学公司指出，它的规则无法被别人盲目照搬执行，而必须适应特定的企业文化。但是，人本原则是通用的。

结构化的改进方法通常包含以下四个关键步骤，这种方法描述了一个合乎逻辑的、数据驱动的解决问题的过程：

（1）重新定义和分析已察觉的问题；
（2）产生想法；
（3）评估和选择可行的解决方案；
（4）实施该方案。

在重新定义和分析已察觉的问题步骤中，人们收集并整理信息，分析数据和做出基本假设，从新的视角重新审视问题。在这一步中，问题解决者的目标是收集事实，得到有用的问题定义。产生想法步骤的目的是开发新的解决方案。想法产生后，人们评估、识别和选择最好的那个。最后，必须实施解决方案，例如改变过程或程序。下面我们将讨论一些比较流行的方法。

4.2.1 戴明环

戴明环（Deming Cycle）是最早的关注质量改进的方法之一，组织中的每个人都能够学习和使用戴明环。戴明环是一种简单的适应过程改进的科学方法。1939 年，沃尔特·休哈特首先提出质量控制理念，将其分为质量标准、生产和大规模生产检验三步，认为这三步"组成了一个动态的、获取知识的科学过程"。[11] 这三个步骤对应假设、实验、检验假设的科学研究方法。休哈特用圆环生动地描绘了这一过程，传达了持续改进的重要思想。戴明改进了休哈特的理念，1950 年，他在日本研讨会上介绍了这些观点。"戴明环"包括：

- 通过适当测试来设计产品；
- 在生产线和实验室生产、测试产品；
- 销售产品；
- 通过服务和市场调查检验产品，得到用户反馈和非用户不购买的原因。

日本管理者将上述内容运用到 PDCA 循环中——计划（plan，设计产品）、执行（do，确保产品按设计生产）、检查（check，检查销售/投诉情况并确认客户是否满意）以及行动（act，吸取反馈意见，改进下一阶段的计划），称之为"戴明环"；20 世纪 80 年代，戴明重新修订了这一方法，将"检查"改为"研究"（study），将其称为 PDSA 循环。多年来，PDSA 循环演变为一种更具普遍性的方法，既注重短期的持续改进，也重视长期的组织学习。它远远超出了最初对产品设计的关注，而是建立在许多质量从业者的贡献和研究之上。

戴明环基于这样一个前提：改进源自知识的应用。[12] 工程、管理或操作的知识会使一个过程更容易进行、更准确、成本更低、更安全或者更能满足客户的需求。三个需要考虑的基本问题分别是：

（1）我们试图完成什么？
（2）我们做出什么变化可以促使改进发生？
（3）我们如何知道这个变化就是一项改进呢？

戴明环由以下四个阶段组成：计划、执行、研究、行动（见图 4-3）。有时也被称为 PDSA 循环。计划步骤由研究现状、收集数据和为改进做计划组成。在执行阶段，通过实验室尝试、小批量生产或服务于小样本客户群执行上述计划。设计研究阶段的目的是确定试验计划能否正常工作，或者能否可以找到进一步改进的问题或机会。在最后的行动阶段，执行最终计划，确保改进是标准化、切实践的，能够持续进行下去。这会导致工作回到计划阶段，继续做进一步的诊断和改进（见下面的专栏"戴明环的应用"）。

图 4-3 表明，这种循环永远不会结束。也就是说，戴明还注重持续改进，以改进后的标准作为跳板，再做进一步改进。这使得戴明环与传统的问题解决方法区别开来，这也是戴明哲学的基本要素之一。

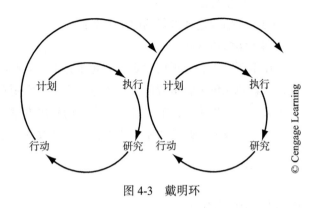

图 4-3　戴明环

 戴明环的应用[13]

为了让女儿在每次换尿布时停止哭泣，凯文·杜利和妻子使用了戴明环和各种质量工具。任何初为父母的人或年长的哥哥姐姐都知道，这种哭声常会使人心碎，有时也会干脆把人逼疯。

第 1 个戴明环包括：进行一些尝试，确定女儿在换尿布的桌子上哭泣时间的比例（计划）；收集 15 次换尿布的数据，把数据绘制在一张趋势图中（执行）；观察这些貌似随机的数据（研究）；关注换尿布过程所涉及的步骤（行动）。第 2 个戴明环包括：设计流程图记录换尿布的各个步骤（计划）；绘制图表（执行）；研究整个过程（换尿布的每个步骤从表面上看也许并不复杂或者不正确）；他们决定寻找其他可能引起哭泣的原因（行动）。

第 3、4、5 个戴明环包括：建立因果图，研究父母衣着不同是否会引起女儿哭泣时间的变化，收集数据检验这一假设（使用帕累托图研究），同时寻找哭泣时间与上次换尿布时间之间的联系。在第 6 个循环中，杜利收集数据并研究女儿在妈妈给她换尿布时是否哭闹时间比较短。直方图确认了父母的差异！在第 7 个循环中，凯文观察妻子的方法与自己的有什么不同（计划），列出关键差异（执行），研究差异（他的妻子更能抓住宝宝的注意力），并制定一些引起婴儿注意的策略（行动）。

最后一个循环执行了这些改变，数据证实情况确实有所改善！我们可以肯定以后当杜利先生教女儿开车时，一定还会迫不及待地使用戴明环……

4.2.2　六西格玛改进方法

六西格玛采用一种被称为 DMAIC 的系统的改进方法，即定义（define）、测量（measure）、分析（analyze）、改进（improve）和控制（control）。

1. 定义

选定一个六西格玛项目后，第一步是要清晰地定义问题。这一活动随着项目选择的不同而具有显著的差异。项目选择一般针对的是问题的症状，通常会导致相当含糊的问题描述。

我们应当使用有效术语描述问题，以便做进一步分析。例如，某公司长期以来生产的电机的可靠性较差，这就产生了一个旨在改进电机可靠性的六西格玛项目。对保修和现场维修数据的初步调查表明，大多数问题源于电刷磨损，更具体地说，可能是电刷硬度变异的问题。因此，这个问题可以定义为"减少电刷硬度变异"。挖掘出更具体的问题描述，这一过程被称为**确定项目范围**（project scoping）。

一个好的问题描述还应当做到明确客户，识别对产品和服务绩效影响最大的 CTQ 关键质量特性，描述当前绩效水平、错误或客户投诉的本质，确定相关绩效指标，测定最佳绩效标准，计算项目的成本、收益，并量化成功地实施六西格玛项目后预期达到的绩效水平。定义阶段还应当提出项目管理需要做什么，由谁做，什么时间做。

2. 测量

DMAIC 方法在这一阶段侧重于如何测量影响关键质量特性的内部过程。这需要理解过程绩效和顾客价值之间的因果关系。一旦理解了这些关系，就必须确定和实施收集事实的程序，包括收集有效数据、观察和聆听等。来自现有工序和实践的数据往往提供了重要的信息，同时来自主管、员工、顾客和现场服务人员的反馈也非常有用。

3. 分析

许多解决问题的方法的一个重大缺陷是缺少对严格分析的重视。很多时候，我们在尚未理解问题的本质或确定问题的根源时，就想一下子解决问题。DMAIC 方法的分析阶段主要关注缺陷、错误或过度变异发生的原因。

确定了可能的变量后，就要进行实验验证。这类实验通常包括提出要研究的假设、收集数据、分析数据、得到合理的和统计支持的结论等步骤。在这一阶段，统计思想和分析发挥着至关重要的作用。这也是为什么统计学是六西格玛培训的重要内容之一（这些内容在工程和商科常常被忽略）。还有些实验可能会用到计算机仿真技术。

4. 改进

一旦理解了导致某个问题的根源，分析人员或团队就需要提出各种想法以消除或解决问题，并改进绩效指标和关键质量特性。提出想法是一个具有高度创造性的活动，因为许多解决方案并不是显而易见的。这项任务的困难之一在于，人们在对想法做出全面评估之前就会本能地进行先入为主的判断。大多数人都有一种天然的恐惧，害怕提出一个"愚蠢"的主意或出丑。然而，这类想法可能才是某个有创造性的和有用的想法的基础。有效的问题解决者必须学会避免匆忙的判断，培养出在这个阶段能够提出大量想法的能力，无论这些想法是否实用。在提出一系列想法之后，评估和选择最有前途的想法是必要的。这个过程包括确认所提方案会如何对关键过程变量和关键质量特性产生积极的作用，并确定这些变量的最大可接受范围。

解决问题的方案常常会涉及技术或组织的变革。人们通常会借助某些决策或评分模型评价解决方案，评价时依据的重要标准包括成本、时间、质量改进潜力、所需资源、对管理人员及员工的影响和实施的障碍（如变革阻力或组织文化）等。为了有效地实施解决方案，做什么、在何处做、何时做以及怎样做这些责任必须落实到个人或团队，而他们也应当自始至终地完成工作。

5. 控制

控制阶段着重于如何维持改进，包括在改进的过程中采取措施确保关键变量保持在最大可接受范围内。这些改进包括建立新的标准和程序，培训员工，制定控制措施以确保改进不会随时间而消亡。控制程序可能很简单，如采用核对表或定期状态反馈以确保相关程序得到遵守，也可以应用统计过程控制图以检测关键指标的绩效。对于这些内容，我们将在第7章中讨论。

下面的专栏"美国运通公司使用DMAIC方法"展示了DMAIC过程的一个例子。

 美国运通公司使用DMAIC方法[14]

美国运通公司使用DMAIC方法改进更新信用卡客户的卡片送达数（本专栏中的数据出于保密原因而进行了调整）。下面是运通公司应用DMAIC方法的一个简单描述。

定义和测量： 1999年，美国运通公司寄出的信用卡更新卡片每月平均有1 000张被退回。其中65%是由于持卡人地址变更但未通知公司造成的。美国邮政署将这些地址称为可转寄地址。运通公司收到这些退回的塑料卡片时并没有及时通知持卡人。

分析： 数据显示，不同类型的卡片退卡原因存在显著的差异。Optima是一种循环信用卡，发生退卡的数量最多，但同其他类型的卡片相比，退卡率并没有显著区别。迄今为止，在更换、更新和新户头三种情形的卡片中，更新卡的退回率最高。进一步的测试还发现，可转寄地址的退卡在退卡中占有压倒性的比率和数量。

改进： 公司开展了一项实验性研究，将所有更新卡业务的记录与全国地址变更数据库对照。此举使得公司的每百万机会缺陷率降低了44.5%，每百万次更新卡的退回数由13 500次降低到6 036次。这项措施使得1 200多名原本收不到信用卡的持卡人收到了卡片，增加了公司收入，提高了顾客满意度。

控制： 美国运通公司将定期跟踪退卡比例作为一项新的监测手段，以确保新方法处于受控状态。

4.2.3 定制改进方法

实践中还存在许多戴明环和DMAIC方法的变体。例如，一些医院和美国海岸警卫队采用了一个被称为FADE的变体形式：关注（focus）、分析（analyze）、开发（develop）、执行（execute）。在关注阶段，团队选择要解决的问题并进行定义，描述该过程的当前状态，为什么需要改变，期望得到什么结果，以及得到这一结果的好处。在分析阶段，团队描述具体过程，确定需要哪些数据和信息，并在清单上列出产生问题的根本原因。开发阶段着重于创建解决方案和实施计划，并撰写一份解释性文档，提交给负责分配资源的管理者。最后，在执行阶段，执行解决方案，并建立监控计划。

许多过程改进方法往往与独特的组织文化相适应。例如，第一个获得鲍德里奇奖的汽车经销商帕克·普雷斯·雷克萨斯公司（Park Place Lexus），使用一个名为DRIVE的质量改进过程——定义问题（define）、识别原因（recognize）、确定解决方案（identify）、验证操作（verify）和评估结果（evaluate）。显然，这个缩略词既蕴含该组织的特色，又便于员工记忆。

4.3 持续改进的工具

无论使用哪一种改进方法，人们已经从其他学科（例如，运筹学和工业工程）借鉴了许多工具以更好地促进改进过程。在本节中，我们将描述几种最常用的质量改进工具。

4.3.1 全面质量的七种工具

人们广泛运用以下七种简明的基于统计学的工具收集和分析数据。同七种管理和规划工具一样，这七种工具——流程图、检查表、直方图、帕累托图、因果图、散点图和控制图十分形象、易懂，被称为"质量控制的七种工具"，这里其实有点儿用词不当，因为我们将主要把它们应用于改进。

1. 流程图

流程图（或过程图）是一种展示过程执行步骤的图（图4-4即为流程图的一个示例）。流程图最好由参与过程的人——员工、主管、经理和顾客共同绘制。主持人通常需要保持客观、理性，提出正确的问题，并化解矛盾。主持人可以通过提问引导讨论，如"接下来会发生什么""这一步由谁做出决策""这一步采取什么行动"。由于团队成员经常对于业务过程本身存在误解或者缺乏大局观，大家对这些问题常常不能达成共识。

流程图帮助参与过程的人更好地理解整个过程。例如，流程图可以帮助员工认识他们在过程中所处的位置，

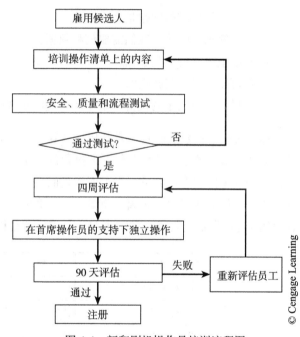

图4-4 新印刷机操作员培训流程图

即谁是他们的供应商和客户。通过协助开发流程图，员工开始体会到自己在过程中的主人翁身份，从而更愿意努力改进过程。使用流程图培训员工，会使员工更具有一致性。

一旦构建出流程图，就可以使用它识别质量问题以及需要改进的地方。提出诸如"这项工作对顾客有什么影响？""我们能否改进或精简这项工作""我们是否应该在这一点上控制关键质量特性"之类的问题，会有助于识别改进的机会。流程图能够帮助人们看到过程中简单但重要的变化（参见下面的专栏"一站式，473个步骤"）。

 一站式，473个步骤

当前任辛辛那提市行政官瓦莱里娅·雷米女士上任时，她向建筑稽查员询问城市是否提供办理建筑许可的"一站式"服务。他们回答："当然有，你要去这里一次，在那里一次，

到各处一次。”最终她发现，办理一个许可证从最初提交申请到最终打印出证书共需要473个步骤！瓦莱里娅女士在市政厅花了一周时间，给申请许可的每个步骤都做了记录，并聘请顾问分析建筑稽查部，最后得到了一张30英尺长的办理建筑许可证的流程图。尽管瓦莱里娅女士认为，进行改进并不容易，但她的助理表示，很多人都想知道如何才能把工作做得更好。“他们可能比任何人都更知道问题的存在。比起任何其他人，他们也更需要成为解决方案的一部分。”[15]

2. 检查表

这个工具可以帮助我们收集数据。当设计一个数据收集过程时，首先要思考以下几个基本问题：

- 我们需要解答的问题是什么？
- 为回答这一问题，我们需要何种数据？
- 从哪里能获得这些数据？
- 谁可以提供这些数据？
- 怎样才能以最小的代价和最小的误差收集数据？

检查表是一种数据收集工具，用于解释数据。质量相关的数据主要有两种类型——计数型数据和计量型数据。计数型数据通过累加或某种类型的可视化检查获得，例如出错发票的数量、符合规格的零件数量、汽车面板表面缺陷的数量等。计量型数据通过连续的大规模测量收集，常见的例子包括距离、重量、体积和时间等维度特征。图4-5是一个离散数据检查表示例（通过计数法获得），图4-6是一个连续测量检查表。

类型	第1周	第2周	第3周	第4周
行李丢失	𝍷		𝍷𝍷	𝍷
行李延误	𝍸 𝍷	𝍷𝍷𝍷𝍷	𝍸 𝍷𝍷𝍷	𝍸
失去联系	𝍷𝍷	𝍷	𝍷𝍷𝍷	𝍷
差劲的客舱服务	𝍷𝍷𝍷	𝍸	𝍷𝍷𝍷	𝍷𝍷𝍷
票务错误	𝍷			𝍷

图4-5 离散数据检查表：航空公司投诉

3. 直方图

过程中始终存在变化，这些变化通常可以用直方图的形式反映出来。直方图能够生动地展示一系列数据的变化情况，展示某个特定指标或组合观察值的频率或数值。

直方图提供了关于样本的母体特征的线索。使用直方图，能够清楚地看到分布形态，从而推断样本的母体特征。原本在普通数据表中难以观察到的情况变得明显了。检查表的设计，就是旨在提供直观可见的直方图数据统计。从图4-6中，我们可以清晰地看出产出的变化过程和落在规定界限之外的产出比例。

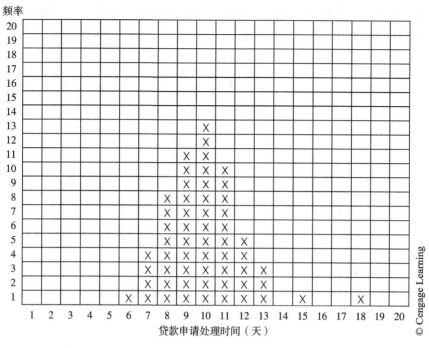

图 4-6 连续测量检查表

4. 帕累托图

帕累托分析是用以分析问题来源或优先级的技术。帕累托分析从"琐碎的多数"中分离出"关键的少数",并为选择改进的方向提供帮助。它常被用于分析检查表中的计数型数据。在帕累托分布中,将观察对象的特征从最高频率到最低频率排序。例如,把图 4-5 中的数据按递减频率排序,结果是:

(1)行李延误。

(2)差劲的客舱服务。

(3)失去联系。

(4)行李丢失。

(5)票务错误。

将这些数据绘成柱状图,就是帕累托图,如图 4-7 所示。

如图所示,人们通常还在柱状图上方绘制累计频率曲线。帕累托图能够清楚地表明缺陷的相对比例,并可以用来识别最有前途的改进机会。它还能用来展示随着时间推移,改进项目的结果。

5. 因果图

因果图是最有效的识别问题原因的工具,也被称为鱼骨图。因日本质量专家石川馨推广了这一概念,人们也称它为石川图。因果图是用一种简单的图解表示法,将因果呈现在一条链上。

如图 4-8 所示,在横轴末端,列出一个问题,每一条指向主干的分支代表一个可能的原因，指向原因的分支代表造成该原因的因素。人们使用因果图识别产生问题最可能的原因，从而在此基础上进一步进行数据收集和分析。

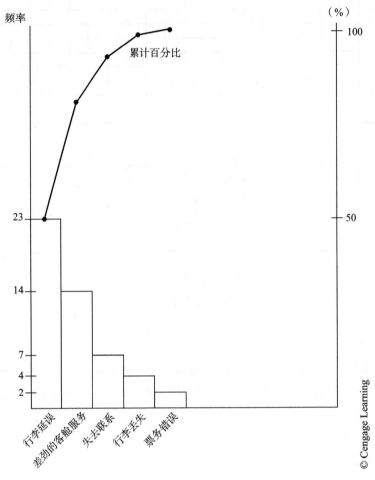

图 4-7 帕累托图

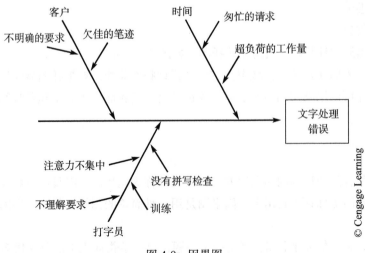

图 4-8 因果图

人们常常在头脑风暴环境中创建因果图，以使每个人都可以贡献自己的想法。组织通常从生产者和管理者中抽调人手组成小团队，并与一名经验丰富的主持人一起开展这项工作。主持人将讨论的重点引向问题和原因，以事实而不是主观想法为依据。这种方法非常需要团队成员之间的互动。主持人必须仔细聆听参与者的发言，并捕捉其中的重要思想。

6. 散点图

散点图描绘假设的原因和结果之间的关系，如合金某种成分的比例与合金硬度之间的关系、员工犯错数量与加班工作的关系（见图4-9）等。人们通常从因果图中获得这些原因。

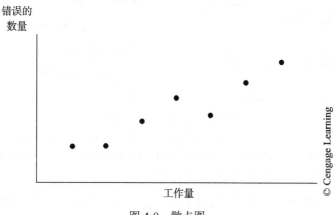

图4-9 散点图

如果数据点呈现向右、向上延伸的趋势，说明一个变量的增加会引起另一个变量的增加。如果这种趋势是向右下方，说明一个变量的增加会使另一个变量减少。如果无法观察出趋势，说明变量可能不相关。当然，这种关联并不意味着一定是由一个变量的变化导致了另一个变量的变化，也可能是别的原因造成的。然而，如果有理由相信存在直接的因果关系，散点图就可以提供关于某个过程改进的线索。

7. 控制图

控制图的支柱思想是统计过程控制（SPC），最早由沃尔特·休哈特在1924年提出。前面的章节已经介绍了控制图，它被用于识别改进机会和验证改进的预期效果。

这七种质量控制工具在组织边界的横向和纵向上都提供了极佳的沟通载体（见下面的专栏"投篮质量"）。

 投篮质量[16]

蒂莫西·克拉克发现，在篮球比赛中，他的儿子安德鲁的平均罚球命中率在45%～50%。安德鲁的罚球过程很简单：走上罚球线，4次拍球，瞄准，投篮。为了确认这种观察结果，安德鲁投了5轮，每轮10个罚球，平均命中率为42%，这5轮的命中率变化很小。蒂莫西构建了因果图以识别影响命中率的主要原因（见图4-10）。在分析图表和观察儿子投篮后，他认为主要原因是没有站在罚球线上的同一个地方，每次罚球的焦点也不一样。

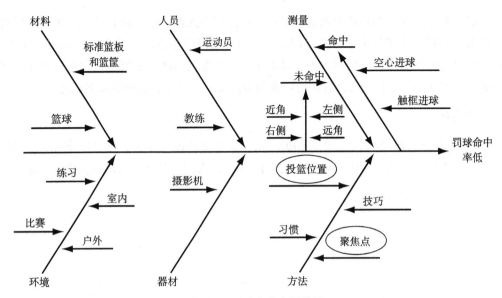

图 4-10 罚球命中率因果图

资料来源："Continuous Improvement on the Free-Throw Line" by Timothy Clark and Andrew Clark, *Quality Progress*, Oct. 1997, pp. 78–80. Reprinted with permission from Quality Progress © 2010 American Society for Quality. No further distribution allowed without permission.

他们开发了一个新的罚球过程，安德鲁站在罚球线的正中间，瞄准篮筐正前方中间的位置。在训练中，这种新方法使命中率提高了36%（见图4-11）。1994年赛季结束时，安德鲁最后三场比赛的平均罚球命中率提高到了69%。

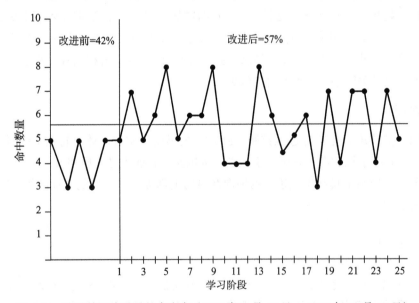

图 4-11 改进前和改进后的命中率（1994年3月17日～1994年11月23日）

资料来源："Continuous Improvement on the Free-Throw Line" by Timothy Clark and Andrew Clark, *Quality Progress*, Oct. 1997, pp. 78–80. Reprinted with permission from Quality Progress © 2010 American Society for Quality. No further distribution allowed without permission.

1995年赛季，安德鲁平均罚球命中率为60%。控制图表明，此命中率相当稳定（见

图4-12)。1995年夏天,安德鲁参加了一个篮球训练营,他被建议改变投篮技术。这项活动使得他在1996年赛季的命中率降低到50%。后来,他的父亲帮助他重新回到旧的罚球过程中去,安德鲁才恢复了昔日的高水准,也提高了自信。

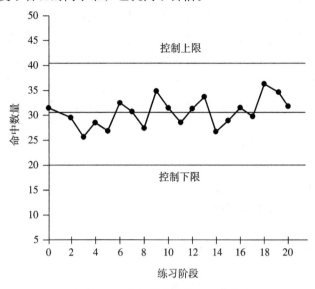

图4-12 确定罚球过程是否稳定

资料来源:"Continuous Improvement on the Free-Throw Line" by Timothy Clark and Andrew Clark, *Quality Progress*, Oct. 1997, pp. 78-80. Reprinted with permission from Quality Progress © 2010 American Society for Quality. No further distribution allowed without permission.

4.3.2 根本原因分析

根本原因分析是使用统计学的、定性或定量的方法识别和推断根本原因或问题真正来源的工具。你可能还记得,我们在上一章中讨论过的 DFMEA 方法(设计故障模式与影响分析),该方法的目的是识别产品故障的原因。类似的方法也常常用于根本原因分析。在识别根本原因时,"五个为什么"是一种很有效的方法。[17] 这种方法是通过连问五个为什么,迫使人们以一个因果链不断重新定义问题,从而探究症状的源头。丰田有一个经典案例:一台机器因为保险丝烧断而停工了,一种显而易见的解决方法是更换保险丝,但是这个行动只消除了问题的症状。为什么保险丝会烧断?因为轴承润滑不充分。为什么轴承润滑不充分?因为润滑剂泵没能正常工作。为什么润滑剂泵没能正常工作?因为泵轴有磨损。为什么泵轴会磨损?因为粉尘渗入了泵轴,这才是根本原因。丰田在润滑剂泵上附加了一个过滤器,防止粉尘渗入泵轴,最终解决了机器故障问题。

4.3.3 精益思想

浪费是过程效率的敌人。减少浪费是日本制造业企业管理的主旋律,其方法包括采用全面质量管理和准时制生产等多种形式。差劲的过程会浪费时间、金钱、材料、人力和降低顾客满意度。通过改进过程减少浪费包含着精益思想的概念。**精益**(lean)是指由丰田汽车公司最初开发的旨在消除各种形式的浪费的举措,这些浪费包括需要返工的缺陷品、非必需的处理步骤、不必要的材料或人员移动、等待时间、过多的库存、生产过剩等。简单地说，就是"用最少的投入得到最大的产出"。[18] 它涉及识别和消除整个价值链上的非增值活动，以实现更快的客户响应、更低的库存、更高的质量和更好的人力资源。一篇关于丰田公司的文章写道，观察运转中的丰田生产系统犹如"欣赏美景"一般。

精益生产建立在下列诸多措施的基础之上：测量和持续改进，进行多项职业培训的工人，采用灵活和日趋自动化的设备，进行高效的机器布局，快速设置和转换，准时制（JIT）交付和调度，采纳可实现的工作标准，授权员工进行检查和采取纠正措施，建立供应商合作伙伴关系，以及进行预防性维护等。精益生产的支持者宣称这种方法能带来如下好处：

- 周期时间缩短至少 60%；
- 空间利用率提高 40%；
- 生产能力提高 25%；
- 产成品和半成品库存降低 50%；
- 质量改进 50%；
- 资本周转率和工人生产率提高 20%。

然而，正如一位业内专家指出，这需要"海量的详细规划、纪律、勤奋和对细节的高度重视。"调查表明，大中型公司可能会更熟悉精益原则并且采用了相应的体系，而小型制造商却很少了解这些原则。因此，在小企业这一重要的经济领域中，存在着相当多的机会。

精益生产的一般原则包括：[19]

（1）减少传递。每次把一个过程从一个人或小组传递到另一个时，都可能发生错误（想想接力赛跑中交接接力棒的时刻）。当后一组等待前一组完工时，或需要与前面的组沟通才能继续时，时间常常就被浪费掉了。

（2）精简步骤。在步骤上节省时间的最好方法就是根本不做这一步。如果某个步骤并不会增加产品或服务的价值，或者不能使产品更吸引顾客，那就停止这样做。在制造业企业中，如果移动、存储和检查产品几乎没有增加产品价值，那么这些步骤就应该尽可能消除。

（3）并行步骤，而非顺序排列。除非一个步骤必须在另一个步骤完成之后才能开始，否则，为什么不同时执行这两个步骤呢？打个比方，许多组织在运营中，如果安排两个人洗碗，那么总是当一个人先洗完所有的碗，并且达到碗能放入烘干器的程度时，再让另一个人来烘干它们。当碗全部被烘干后，负责烘干碗的人再把洗碗的人叫回来，然后重复上述过程。愚蠢吗？当然，但这就是他们一直以来的做事方式。

（4）关键人物尽早参与。这项原则是为了避免由于关键人物在过程进行中没有参与而导致的返工。多年来，许多生产企业在咨询自己的制造工程师之前，就命令设计人员先设计出整个产品。然后，制造工程师会对产品提出大量修改建议，设计师只得不情愿地再将这些建议纳入他们的设计中。许多公司已经改变了这种过程，安排制造人员尽早参与。[20] 这是最常见的一种过程再造模式，也符合全面质量管理原则，即"一遍做对"。

精益生产同样使用许多工具：

- "5S"。5S 取自日语的整理（seiri）、整顿（seiton）、清扫（seiso）、清洁（seiketsu）和

素养（shitsuke）这五个词的首字母。日本人设计了关于工作场所的一套组织化和标准化系统。整理是指确保工作场所的每件物品都放在适当的位置，移除非必需物品。整顿是指把材料和设备放在容易被找到和使用的地方。清扫是指使工作环境保持干净。工作场所保持干净，不仅有利于安全，而且有助于在酿成事故之前就发现诸如漏油之类的保养问题。清洁是指制定正式的程序和惯例以达到一致与连贯的状态，确保所有步骤都能正确实施。素养是指通过训练、沟通和组织结构将这一过程保持下去。

- 目视管理。目视管理是指将工具、零件和生产活动置于所有员工一目了然的状态下，每个人只要一瞥就能明白系统的状态。这样，如果某台机器停止运行了，或者某个零件出现了故障或延迟，就能马上采取行动纠正。
- 有效布局和工作标准化。设备和工艺的布局应当根据最有效的运行次序设计，通过物理连接、最有效的安排机器位置和设置步骤，形成一个常见的单元式布局。通过明确规定正确的操作方法将每个人的工作标准化，从而减少人的无效动作，节约人们的精力。
- 拉式生产。在这套系统（也被称为"看板"或"准时制"）中，只有当下游员工发出一个需要零件的信号时，上游供应者才能进行此项生产。
- 快速换模技术（single minute exchange of dies，SMED）。快速换模技术是指生产车间设备的快速装换，从而实现在同一设备上进行多品种、小批量生产。减少准备时间增加了运营的价值，使生产过程更加平稳。
- 全面生产维护。全面生产维护旨在确保设备在需要时能够随时开动和使用。
- 来源检验。操作者要进行检验和控制，确保流到下道工序的产品符合规范。

精益思想也可以很容易地应用于非制造业环境中。专业服务公司如银行、医院和餐馆等已经受益于精益原则。例如，由于银行业边际利润较低，银行业务就更需要快速响应和效率，从而使银行的许多操作过程（如支票分类和抵押贷款审批等）天然地适于采用精益企业解决方案。[21] 比如处理纸质支票和信用卡存根所涉及的物理过程，和一条装配线上的操作没什么两样。银行在系统中处理支票的速度越快，它就能越快地回笼资金，得到更高的资本回报率。

六西格玛是精益生产的一个有益补充。例如，一个减少周期时间的项目可能同时涉及六西格玛和精益生产两方面。精益工具可以用于简化输入订单的过程。但在实施过程中，我们可能会发现，由于地址、客户数量或运费等有误而不得不大量返工，从而使得处理时间存在很大的变异。此时，我们就可以同时使用六西格玛工具探究问题的根本原因，并确定解决方案。由于这些共同点的存在，许多培训项目和咨询专家开始关注"精益六西格玛"，即同时借鉴这两种方法中的最佳内容。这两种方法都由客户的需求所驱动，专注于真正的节约资金，都能够对组织绩效产生显著影响，并且都可用于非制造业领域中。

然而，精益生产与六西格玛之间也存在一些明显的差异。首先，它们处理的是不同类型的问题。精益生产重在处理过程中的可见问题，如库存、物流和安全问题等。六西格玛更关心那些不太可见的问题，如性能的变化等。另一个区别是，精益生产更直观，能够更容易地被应用到工作中的每个人身上，而六西格玛的许多工具则要进行高级培训，甚至达到黑带、黑带大师或同等咨询专家的水平才能使用。例如，5S 的概念就比统计学方法更容易掌握。因此，一般建议组织先从基本的精益原则做起，再进一步采用更复杂的六西格玛方法。

让药房更精益[22]

精益工具开始越来越多地应用于医疗保健领域。案例之一是药房服务。坐落于密歇根州大急流市的地铁保健医院使用精益工具减少其提供药物给患者的时间。精益团队首先为现有过程绘制了流程图,发现此过程需要166分钟和14个不同的步骤。助理药剂师需要花费他们3/4的工作时间寻找药物,因此常常无法执行临床任务。分析完过程后,他们识别出许多非增值步骤,重新设计了过程以改善流畅性,精简掉那些非增值步骤。此外,他们更改了药房的物理布局,设计了一个"核对"工作站和一个"外带"工作站,以及一个令药剂师能够在里面不受打扰的检查订单的"安全区",从而最大限度地减少混乱。最终,他们给患者提供药物的时间减少了1/3,精简了过程中的5个步骤,还附带得到了一个质量改进的好处:错误减少了40%。

4.3.4 精益六西格玛

随着组织发展六西格玛能力来解决一致性问题,人们开始认识到,许多重要的商业问题其实落入了效率问题的范畴中,并开始把这些问题分配给六西格玛专家和项目团队。于是,六西格玛团队开始使用精益生产的工具以消除浪费和精简过程中的非增值活动。当六西格玛和精益工具融合时,就出现了精益六西格玛(Lean Six Sigma,LSS)的概念,旨在同时借鉴这两种方法中的最佳实践。精益六西格玛是一种集成的改进方法,通过减少缺陷、变异和浪费,改进商品、服务和运行效率。

六西格玛和精益生产都由顾客需求所驱动,专注于真正的节约资金,都能够对组织绩效产生显著的影响,并且都容易被应用于非制造业领域中。它们也都运用数据和逻辑分析解决问题。例如,一个减少周期时间的项目可能同时涉及六西格玛和精益生产两方面。精益工具可以被应用于简化订单输入过程。在实施过程中,我们可能会发现,由于地址、客户数量或运费等有误而不得不大量返工,从而使得处理时间长短存在很大的差异。我们可以同时使用六西格玛工具探究问题的根本原因,并确定解决方案。Avery Point Group 猎头公司指出,越来越多的公司正在寻找兼具六西格玛和精益生产技能的人才,即使这些公司甚至没有一个正在部署中的成熟的六西格玛或精益项目。[23]

尽管六西格玛和精益生产都是从制造业中发展而来的,但是它们仍然易于被广泛地应用在各种政府机构、行政和服务领域。[24] 服务通常由以下四项关键绩效指标驱动。

- 准确性。它是指财务数据准确性、信息完整性和免于数据错误情况的程度。
- 周期时间。它用于衡量做一件事情需要多少时间,如发货时间。
- 成本。它用于指过程活动的内部成本(在很多情况下,成本在很大程度上取决于准确性和/或过程的周期时间,时间越长,需要纠正的错误就越多,成本就越高)。
- 客户满意度。它通常是成功的主要度量指标。

由此,我们可以很容易地看到精益六西格玛是怎样为服务业提供实实在在的利益的(见后面的专栏"拥抱精益六西格玛的百思买公司")。然而,服务业的独特性常常使得改进机会难以识别,项目难以定义。例如,在服务业中,员工一般不会考虑过程、测量和数据;过程往往是无形的、复杂的，不好定义或不易记录；服务工作常常需要大量的人为干涉；相似的服务活动经常以不同的方式进行。幸运的是，制造业和非制造业之间也存在着重要的相似点。首先，这两种形式的过程都存在"隐蔽工厂"。隐蔽工厂是指那些问题"产品"发生返工或报废的地方（非制造业中以修改、修正或放弃的形式出现）。找到了隐蔽工厂，你就找到了过程改进的机会。

 拥抱精益六西格玛的百思买公司[25]

百思买公司从 2005 年起实施精益六西格玛，重点是提高创新效率、提升客户体验。公司培训了 500 多名六西格玛绿带、60 多名黑带和黑带大师，作为企业持续改进团队的一部分。其中一个改进项目涉及家庭安装服务，该项目旨在改善上门安装电器时的客户体验。在一些实例中，他们认为有些干燥机没有安装成功，是由于客户自己缺少某些必要零件。百思买公司联合买家与供应商，开发了捆绑销售的方法，向顾客搭售必要的零件使电器达到能够安装的程度。这不仅提高了客户满意度，也使过程更合理化，消除了运输和重新安排进度过程中存在的浪费。另一个项目优化了不同盈利水平的商店的商品分类和库存，从而能够为不同地区的顾客提供更好的服务。

4.4 突破性改进

与改善哲学中渐进和持续改进的思想相反，突破性改进是指非连续的变革。突破性改进是创新和创造性思维的结果；**延伸目标**（stretch goals）或**突破性目标**（breakthrough objectives）常常会激发这种思维。延伸目标迫使组织以完全不同的方式进行思考，既鼓励重大改进，也鼓励持续性改进。当设立一个改进 10% 的目标时，管理者或工程师只要做一些小的改进就可以满足要求。然而，当目标是实现 1 000% 的改进时，员工就必须进行创新，跳出现有的条条框框进行思考。看似不可能的事若能常常被实现，会带来显著的改进和高昂的士气。

标杆管理和再造是帮助企业实现突破性改进的两种常用方法。

4.4.1 标杆管理

标杆管理旨在寻找能带来卓越效能的最佳实践。标杆管理帮助企业认清自己的优势和劣势，以及行业领导者的优势和劣势，并将那些最佳实践引入自己的运营中。**最佳实践**（best practices）是指那些可以带来超乎寻常的结果的方法，通常是指那些在技术应用或人力资源方面已得到顾客或行业专家广泛认可的创新。通过标杆管理，一家公司可以发现自己和其他行业一流公司的优势与劣势，并学会如何把最佳实践融入自己的运营中。标杆管理通过帮助员工看到别人能做到什么进行激励。例如，波音公司曾试图把建造新的 747 和 767 型飞机的时间从 18 个月（1992 年）减少到 8 个月。为了完成这个延伸目标，它的团队向世界上所有最好的生产商学习，从计算机到轮船，每样产品都不放过。到 1996 年，这一时间缩短到了 10 个月。[26]

施乐公司开创了现代标杆管理，它也因此获得了美国鲍德里奇质量奖。施乐公司最初向它的直接竞争对手学习并发现：

- 施乐公司自己的单位产品制造成本与竞争对手在美国的产品售价相当；
- 最好的公司的供应商数量是自己的 9 倍；
- 自己的流水线不良品率高出对手 10 倍；
- 产品交货期比对手长 1 倍；
- 每百万机会缺陷率比对手高 7 倍。

这些结果帮助施乐公司了解了它需要改进的地方，设定了现实的目标以指导规划工作。

标杆管理主要有竞争性标杆管理和通用标杆管理两种类型。竞争性标杆管理通常重点关注竞争对手的产品和制造，就像施乐公司最初做的那样。通用标杆管理评估最佳公司的过程或业务功能，且不拘泥于行业。施乐公司意识到改进所有业务过程的潜在可能，认为服务业和其他制造业公司的更好的实践也可以应用到自己的运营中。例如，施乐公司吸取了里昂比恩公司（L. L. Ben）的仓储和分销系统的实践经验。所以，标杆管理不仅仅限于瞄准直接竞争对手（见下面的专栏"智能炸弹和粉红凯迪拉克"）。

 智能炸弹和粉红凯迪拉克

尽管施乐公司创造性地实施了现代标杆管理，但其实这并不是一个新概念。[27] 19 世纪初，新英格兰的实业家弗朗西斯·洛厄尔（Francis Lowell），就去考察过英国最好的压榨机厂的生产技术。亨利·福特到芝加哥的屠宰厂参观，看到屠宰后的动物被悬挂在钩子上（装在轨道上）从一个工作台移到另一个工作台，从此发明了装配流水线。丰田公司的 JIT 生产系统受到美国超市补货活动的启发。Convex 计算机公司派其后勤经理去迪士尼世界，学习迪士尼是怎样管理设备的。德州仪器前防御系统和电子集团——"智能炸弹"和其他先进武器系统的制造者，研究了包括玫琳凯化妆品公司（奖励其销售精英粉色凯迪拉克）在内的六家公司准备订单的最短时间，设计了融合六家公司之长的过程，将订单准备时间缩短了一半。

为了更有效率，我们应当将标杆管理应用于所有业务。例如，摩托罗拉公司鼓励组织里的每个人都问一问自己："谁是我的领域中最好的那一个？我可以采用他们的哪些技巧和特色改进我的绩效，才能把我变成领域中最好的那一个（执行官、机器操作员、厨师、采购员等）？"

标杆管理的过程可以描述如下：

（1）决定对哪些过程的功能进行标杆管理。这些过程应当能够对企业绩效和关键竞争维度产生重大影响。比如若快速响应是提高竞争能力的一个重要维度，那么就可以选择订单处理、采购、生产计划和产品分销等过程进行标杆管理。当然，也要有迹象表明改进潜力是存在的。

（2）确定可测的关键绩效指标。这些指标应当与客户的需求、期望具有直接联系。典型的绩效指标包括质量、性能和交付速度等。

（3）确定同行最佳公司。对于特定的业务功能，标杆管理最好限定在同一行业中：一家银行在某种情况下的支票处理操作的标杆应当是同等情况下的另一家银行。对于通用的业务功能，最好跳出自己的行业进行比较，比如大学的助学金办公室最好以银行的贷款过程为标杆。选择标杆公司需要了解一些相关信息，即哪些公司在关键领域中拥有最佳业绩。可以从已发表的报告和文章、业内专家、贸易杂志、行业协会、前员工或顾客和供应商等多种渠道获得这类信息。

（4）测量同类最佳公司的绩效，并与自身绩效比较。通过公开信息或实地考察，甚至深入调查获得所需要的信息。

（5）定义并采取行动以达到或超过最佳水平。这通常需要改变整个组织系统。如果仅仅试图简单地模仿，那就像是瞄准一个总在移动的目标，因为最佳公司的过程也在持续改进。因此，组织应当以超过最佳公司的业绩为目标。

简单地说，标杆管理就是追寻全世界任何地方、任何行业、任何公司的最佳实践，而再造就是对业务过程进行激进的再设计，从而实现业绩的大幅提升。花岗岩公司就是标杆管理的一个范例，它发现无法找到任何公司正在测量混凝土的准时交货，于是转而向易腐产品（同新拌混凝土的特征一样）准时交货的全球领袖达美乐比萨学习，获取关于测量和改进过程的新点子。通过观察纳斯卡车队（NASCAR）后勤维修人员是怎样工作的，通用磨坊公司减少了工人把生产线从贝蒂妙厨产品切换到其他产品的时间，将其从 4.5 小时减至 12 分钟。通用磨坊公司还研究了隐形轰炸机飞行员和维护人员是如何合作并改善团队协作的，由此把旗下一家工厂的生产成本降低了 25%。[28]

下面用英特尔公司的例子说明再造的概念，英特尔公司以前要用 91 个步骤花费数千美元购买圆珠笔——购买叉车也是这个过程。后来他们改进了过程，将其削减到 8 个步骤。在以顾客需求为导向重新思考了自己的经营目标后，塔可钟快餐店（Taco Bell）将厨房从餐厅中移除，因为它认为自己其实是一家零售服务公司而不是制造公司。它在餐厅之外的中央食品供应部门煮熟肉和豌豆，再把它们在餐厅中重新加热。如番茄、洋葱和橄榄等其他东西也在餐厅之外准备。这项创新使整个业务链每年节约了 1 100 万个工时和 700 万美元。[29]

4.4.2 再造

再造（reengineering，也称过程再设计）专注于突破性改进，它从根本上改变了完成工作的过程，以此显著地改进了工作的质量和速度，并降低了成本（见下面的专栏"宝洁公司过程再造缩短周期时间"）。

 宝洁公司过程再造缩短了周期时间

宝洁公司的非处方（OTC）临床部门为了缩短周期时间所做的努力，可以作为过程再造的案例之一。这个部门主要进行药物、保健品和疗法等方面的临床测试。[30] 这些测试所采集的数据遵循严格的设计、实施、分析和总结的过程。宝洁公司有至少四种方法进行临床研究，它需要找到最佳方法以满足其研究和发展的需要。它选择把重点放在缩短周期时间上。

其方法以全面质量的基本原则为基础,包括:关注客户,以事实为基础,持续改进,授权,采用合理的领导架构,以及理解工作过程。其中一个案例如图4-13所示。研究小组发现,OTC部门要花费数月时间准备一份最终报告。

他们将现有过程绘制成图,才完全理解了冗长的准备时间、返工数量、审核和验收循环产生的原因。通过把顺序作业变为平行作业,识别监管过程中的关键指标,他们再造了OTC部门的工作过程,使周期时间减少到4周以内。

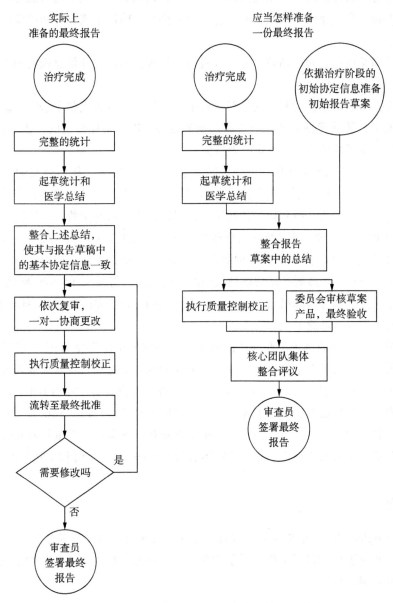

图 4-13　最终报告"是"和"应当"的过程设计

资料来源:"More, Better, Faster from Total Quality Effort" by David A. McCamey, Robert W. Boggs, and Linda M. Bayuk, *Quality Progress*, Aug. 1999, pp. 43-50. Peprinted with permission from Quality Progress © 2010 American Society for Quality. No further distribution allowed without permission.

再造必须对业务过程提出这样一些基本问题:"我们为什么要这样做?""为什么要用这种方式做?"这样的质疑往往会揭示出过时的、错误的或不恰当的假设。当所需的改进非常大，对运营进行渐进式改变无法完成工作时，就需要使用再造。10% 的提高可以用修修补补完成，但是 50% 的提高就要求重新设计过程，从而跨越式地改进绩效。例如，IBM 信贷公司通过重新思考业务过程，把给 IBM 计算机、软件和服务提供融资的过程从 7 天缩短到了 4 小时。最初，该过程被设计成能够处理最困难的申请，并且需要 4 名经过特殊培训的专业人员和一系列的交接过程。其实这一过程真正需要的工作时间只有 1.5 小时，其他时间都花在了传递和延误上。通过质疑所有的申请都是独特而困难的这一假设，IBM 信贷公司用具有计算机系统支持的单个员工取代了多位专业人员——该系统界面友好并可应用原专业人员使用的所有数据和工具。

具有讽刺意味的是，一旦再造了新过程，人们往往会觉得新的操作方法好用得多，他们早就应该想到。另一个常见的反应是："为什么我们要那样做呢？"回答通常是："因为我们一直都是那样做的。"通用电气董事会主席杰克·韦尔奇曾把他的公司比作一栋用了 100 年的老阁楼，多年来收集了大量无用的垃圾。

过程再造（通用公司的术语称其为"群策群力"）就是把所有垃圾从阁楼中清扫出去的过程。[31] 旧的做事方法常常是为了行使行政职能，而不是以客户为中心考虑问题。在同一家工厂中，一件产品被装进盒子里包装好，从工厂的一边发到另一边，再打开包裹从盒子里取出来。为什么要这样做？因为工厂的这两部分是两个独立的利润核算中心，第一部分要向第二部分"卖出"产品！

如果一个过程是由行政管理逻辑所驱动的，比如成本核算或专业化功能，那么再造它的时机就已经成熟。[32] 基于挪威教授阿斯比约恩·奥纳（Asbjorn Aune）的工作，图 4-14 展示了过程再造对质量改进的重要性。[33] 过程把顾客期望同他们最终获得的产品或服务连接起来，这种连接能够确保（或不能保证）产品达到或超过顾客期望。

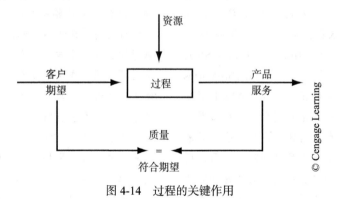

图 4-14　过程的关键作用

4.4.3　过程改进中的组织问题 [34]

过程改进是一种最常见的组织变革类型，然而，在许多组织中，执行过程改进是一项困难的活动。改进的成功率远不能令人满意。关于组织的文献介绍了一些促进或抑制变革成功实施的因素。例如，有研究表明，以下两个因素是影响再造方案长期成功的关键。

（1）幅度：它是衡量过程在多大程度上映射到业务的维度，往往从一项职能中的单一行动拓展到整个业务单元；

（2）深度：有多少"深度杠杆"（结构、技能、IT系统、角色、测评/激励、共同的价值观）是受控的。

还有人研究了变革阻力、高级管理者的支持、人力资源多样性、方法的严谨性、相关努力的成本收益等影响组织变革的因素。有趣的是，一些数据表明，对组织变革项目而言，当发起人地位更强时，更容易获得成功；当中层管理者而不是高级管理者支持项目时，成功率更高；当基于事实的数据测量驱动人们努力时，项目更易成功（失败的项目往往基于定性的描述）。在第11章中，我们将进一步讨论组织变革。

4.5 创造力和创新

前面的章节介绍了产品研发中的创造力和创新。研究表明，卓越经营的实现需要一种倾向于变革的环境，员工的创造性能够在这种环境下被培育、发展和保持。[35] 创造力和创新是改进产品与过程的基础，任何组织都需要理解、发展和支持这两者。从全面质量的视角看，创造力和创新需要更好地响应顾客需求，特别是那些顾客不会明确说出来的"惊喜因素/愉快因素"，这样开发出的产品和服务才会使组织在战略上领先于竞争对手。持续改进的努力同样需要创新和创造力支持，例如识别和提炼独特的、创造性的方法以解决问题。最后，一个培养创造力和创新的环境，会比任何外在报酬都更激励员工"快乐工作"，就像戴明常说的那样（见下面的专栏"发自内心的创新"）。

 发自内心的创新

1994年，有三家公司获得了鲍德里奇奖，分别是：AT&T消费者通讯服务公司（Consumer Communication Service，CSS）、通用电话与电子公司（GTE Directories Corporation）和温莱特工业公司。AT&T消费者通讯服务公司（长途电话提供商）和通用电话与电子公司（出版电话簿并出售广告，后来被威瑞森公司收购）是大型的创新型公司，拥有高端技术并支持授权团队的人力资源开发活动，在整个组织内培养了创新的氛围。两家公司还提供类别广泛的培训和教育课程，甚至包括专门致力于创新和创造力的课程。因此，这两家公司在产品和服务质量、客户满意度、各类运营和财务指标等方面取得了令人满意的结果，就不令人惊讶了。

总部设在密苏里州圣彼得斯乡村的温莱特工业公司却与CSS和GTE公司显著不同，温莱特公司是一家小型的家庭式公司，为汽车和其他行业生产铭牌和机械零件。自1991年开始进行持续改进活动起，温莱特公司的顾客满意度、残次品和废品率、生产事故、生产周期时间和质量成本都发生了持续性的甚至是激动人心的进步。与此同时，它的市场份额、生产率和利润率都有所增长。

在温莱特工业公司中，创新是一种生活方式。每个员工平均每周实现多于一项改进！这样每人每年就进行了超过50项改进，而同期的美国工厂里每名员工每年最多执行一项改进。温莱特工业公司并不像CSS或GTE那样的大公司一样拥有庞大的可用资源。公司每年花掉相对较高比例的预算用以培训，有一些培训还是外包的；然而，公司并没有提供正式的创造力培训。公司所具有的是一种自然散发着创造力和创新精神的文化，工厂里弥漫着一种无拘无束的美国中西部气息。

温莱特工业公司里的每一个人，从董事

会主席到任意一名员工，都穿着缝有自己名字的制服。他们把人力资源部称为"人民区"，把培训总监叫作"培训的家伙"，把毛绒鸭子作为公司吉祥物和质量领先的象征。

温莱特工业公司是创新如何能够使美国传统企业在质量和绩效方面得到超常改进的卓越典范。更重要的是，当游客参观工厂时，他们能明显地感受到温莱特工业公司员工流露出的精神和热情。工作很有乐趣！质量改进以及工作本身应当是快乐的，创新也应当是富有乐趣的。

在已经成为世界顶级效率标准的丰田生产系统中，一个关键的概念就是创造性思维（soikufu），这意味着使用工人的建议（在日本，"创造力"这个词被直译为"危险的机会"）。丰田公司董事长曾说："日本工人的特点之一，就是他们不仅用手，更用大脑工作。我们的工人每年提供 150 万条建议，其中 95% 被用于实践。丰田的空气中似乎弥漫着一种关于改进的实实在在的关注。"[36]

创造力常常是个人或团队在使用有限资源的过程中，被急于找出解决方法的需求所激发。日本人在解决制造质量问题上，展现出非凡的创造力。这并不奇怪，因为日本拥有的自然资源有限，日本文化天生关注消除浪费和保护每一种珍贵的可用资源。在任何组织中，一线工人都是最大的创造力来源，他们在每天的工作中都能收集到大量数据和信息。想要深入挖掘这些工人的知识，组织必须把创新作为自身文化的一个关键部分，关心每个工人工作的改进。这需要组织授权给员工，允许他们用自己的想法工作。我们将在第 9 章中进一步讨论这个话题。

创造力和创新是马尔科姆·鲍德里奇卓越绩效准则的重要观点。准则中关于鼓励创造力和创新的机制包括：

（1）准则的非指令性特征，这鼓励使用创新的方法和突破性的思想，使其能实现具体项目的目标，鼓励行为以结果为导向，而不是遵循过程。

（2）质量以顾客为导向，主要着重于加强质量中积极的一面，提供新的服务，以及更好的顾客关系管理。加强质量中积极的一面通常比减少错误和缺陷的措施更需创造力，后者倾向于依赖设计好的技术。

（3）持续改进和定期学习，要把这二者作为所有工作单元活动的重要组成部分。鼓励公司内部任何人都分析和解决问题。

（4）强调在公司所有的运营活动中减少周期时间，鼓励企业分析工作过程、组织方式和每一步过程的价值贡献，培养变革性、创新和创造性思维来组织和执行工作。

（5）着重关注顾客的未来需求，鼓励企业寻求创新和创造性的方式以满足顾客需求。

许多公司创造力和创新的案例都获得了鲍德里奇奖，这些案例包括：

- 标杆管理，由施乐公司开创。
- 组织测量的分类范例"业务运营 – 业务变革"，首先由美国克拉克支票公司（Clarke-American Checks）引入，之后被许多其他鲍德里奇奖的获得者采用。
- 温莱特工业公司预防工作场所事故重演的录像实践和研究。

研究表明，教育和学习可以使人变得更有创意。组织需要了解开发创造性思维的工具，帮助组织改善绩效和质量。

创造力和组织系统

公认的领导力专家沃伦·本尼斯（Warren Bennis）指出："创造有两种形式。你可以唱歌和跳舞，你也可以创造一个充满了歌手和舞者的环境。"本章已经讨论的工具有助于促进创造性思维，但它们不能被有效地运用于非创造性环境中。由于管理设计了组织系统，那么它就有责任创建一个有利于创造和创新的氛围。许多文献对如何培养组织的创造力提出了大量不同的建议，包括：[37]

- 在组织中减少或消除阻碍创新的障碍。这些障碍包括各种妨碍创新的环境，比如独裁的老板、干扰（持续的会议或电话）和缺乏管理支持等。此外，有创意的人应该被从日常事务和行政杂务中解放出来。
- 匹配个人创造力的工作。有些人最爱独自工作，有些人却喜欢在团队中工作。有的人在朝九晚五的时间内做得很好，有的人则需要弹性工作时间。管理者应对这些个人特质、奇装异服或频繁的咖啡休息时间等保持宽容。
- 容忍失败和确立方向。有创造力的人需要一种氛围，在这种氛围里离经叛道的想法不会被严厉地审判。一些看似愚蠢的主意经常会变成最好的产品。然而，企业必须给他们适当的方向，设置现实的目标使其保持紧迫感（见下面的专栏"从失败中学习"中的许多案例）。
- 增强创造性地解决问题和提高生产力的动机。高级领导者、上级和同事应当公开承认员工的创新成果。这种承认有助于增强自尊和创新动机。
- 提高组织成员的自尊和自信。对于富于创造力的员工，只有当他们的想法而非安全或自我受到挑战时，才能达到最佳状态。安全的工作、充足的报酬以及令人满意的工作可以增强员工的自信心和安全感。
- 改善沟通，使想法能被更好地分享。在组织中，这显然是真理。有创造力的员工也需要与组织外部的同行交流，这种行为应当受到鼓励。他们需要自己的想法得到共鸣，自己的努力得到持续反馈。
- 将高创造力的人置于特殊的工作岗位并为他们提供培训以发挥其创造力。企业要为那些不是直线集权型组织的组成部分的人建立职业规划、提供物质奖励，以免打击他们的创造力。

 从失败中学习[38]

开发新产品是一件棘手的事；许多（如果不是大多数）想法会永远不见天日；有些则在投向市场后迎来彻底的失败。例如，维珍大西洋航空公司（Virgin Atlantic Airways）在商务舱中推出了新型卧铺席位，但乘客抱怨这种席位既不稳定又不舒适。同样，可口可乐公司这些年已经试验了许多新产品，你可能从未听说过巧克力风味的饮料 Choglit 或 OK 苏打水，因为这些产品都没有成功地被市场接受。这会令公司尴尬吗？几乎不会。那些公司董事长告诉投资者，失败是勇于冒险的结果，如果公司要继续前进，就必须承受更大的风险和可能出现的失败。

专家认为，应当鼓励失败，失败可以提供有关顾客和顾客行为的全新的和有用的见解。专家建议，公司应当创立一个能够容忍失败的环境，使员工可以彼此分享从错误中吸取的教训，从而让公司变得"擅长失败"。例如，维珍大西洋航空公司始终坚持创新和冒险精神，又花费 1.27 亿美元推出了一种新的座椅设计，最终大获成功。

如果仔细分析戴明的 14 条基本原则，你会看到许多和支持创新的态度及组织结构相似的内容。他在消除恐惧，清除抑制快乐工作的障碍，消除数字驱动和短期目标驱动的管理，注重持续改进、领导力、不断的培训和教育等方面尤其如此。特别地，恐惧是创造力的杀手。某企业法律办公室的负责人说："当有人用恐惧刺激我时，我觉得筋疲力尽。我会不愿意创新、不愿意冒险，但往往是要冒风险才能将工作做得更好。"一位中层管理者说："如果人们总是很担心搞砸了，就会不愿意改变行为或工作方式，从而抑制了创造力。人们得过且过，而不是着眼未来。"[39] 一般来说，大多数组织的文化都不会为带来创新的行为提供支持。文化变革、教育和培训是发展创新型组织所必需的。

特别地，领导对创造力有很大的影响。[40] 研究人员指出，人格、认知风格取向和内在动机水平是员工创造力的核心特征。认知风格是人的自然的倾向或解决问题的偏好。拥有创新型认知风格的个体，会自发地寻求创新和整合多元化信息，重新定义所提出的问题，并生成新颖的想法。拥有适应性认知风格的那些人，会倾向于在成熟的领域中使用数据，接受已经定义好的问题，产生与公认惯例相符的想法。当人们享受与创造力有关的工作时，他们的创新水平就会提高。研究人员发现，当员工与同其认知风格相似的上司一起工作时，他们的创造力没有表现出提高。特别地，那些具有创新型认知风格的人很少能从他的同样极富创造力的领导那里受益，这可能是因为他们都已经具备了关于创造的技能、信心和价值观。然而，当员工与同他具有类似内在动机的上级一起工作时，他的创新能力会增强。

研究人员还发现，内在创新动机较低的员工被分配到一个高创新动机的主管那里工作时，他们的创意输出会减少，这可能是因为这种主管也许会无意中恐吓或抑制这些员工的创造力。

这些发现对选择、分配和培训员工具有现实意义。管理者必须考虑个人的创新动机，根据员工对创造性工作不同的动机取向，识别和分配员工工作，提升组织的创造力。

让一个真正欣赏创造性工作的主管同一群具有创新动机的员工一起工作，也是一种有用的方法。主管有能力并且愿意创造一些有利于创新的积极体验，是一种提高组织创新能力的强有力的方式。我们将在以后的章节中进一步讨论领导和激励。

4.6 过程改进实例

下面我们将会列举一些使用本章所介绍的工具和技术以改进其过程的组织案例。

4.6.1 通用电气[41]

任期超过 20 年的通用电气前 CEO 杰克·韦尔奇，被认为是 20 世纪最伟大的公司领导之一。1981 年，在他写给通用电气股东的第一封信中，提到"对最佳质量和员工个人卓越性的承诺是我们获得持续商业成功的最可靠途径。质量是我们顾客忠诚度的最好保证。它是我们对外国竞争的最强防御，并且是维持增长和获得收入的唯一途径。"韦尔奇先生改进公司的方法经历了以下三个学习周期：

（1）第一个周期（20世纪80年代初至80年代末），他根据市场表现，减少不良业务单元，将通用电气聚焦于消除商业投资组合的多样化上，并淘汰不盈利的业务，使公司资本得到更好的运用。在精简组织机构和削弱官僚主义之后，韦尔奇先生进入了下一阶段的学习。

（2）20世纪80年代末期到90年代中期，他通过群策群力（work-out）和改变活动过程（之后重新命名为改变加速过程）这种创造性的团队活动使公司聚焦于简化和淘汰非增值活动。群策群力是给组织中的所有等级、水平和职能部门的人员提供用来解决问题和改进的工具。群策群力打破了组织内的人为障碍和"墙"，培养了"无边界学习"的想法。

（3）纵观他的学习之旅，韦尔奇他的员工不断挑战自我，持续寻找创新的方法，应用新的知识，利用一切可利用的资源改进企业。1995年，韦尔奇发现了六西格玛，并研究它在摩托罗拉和美国联信公司的实施。这个探索阶段集中于从已经精细化的企业运营中消除变异，以便在更好地关注顾客的同时推动生产力和提高财务绩效。

韦尔奇持续学习的过程令他发现，首先必须简化业务，然后使那些为在瞬息万变的商业环境中取得稳定绩效而设计的最佳实践在公司中自动运转起来，从而不断前进。正如韦尔奇所强调的："正是学习和分享的热情形成了我们带着持续的乐观主义观察未来的基石，使我们确信最好的时光就在前方。"

尽管韦尔奇已经退休很多年，通用电气公司仍然持续在工作过程中使用和信奉六西格玛、精益生产和很多其他质量管理工具。每个通用电气公司的员工都进行六西格玛培训，并且很多获得了至少绿带认证。这些工具被嵌入公司的价值观和日常工作中。例如，通用电气资本铁路服务（GE Capital Rail Services）的一个公开的价值观就是质量，并被解释如下：

在所有产品、服务和过程中传递顾客价值。当需要做出日常选择时，给予质量至少与时间表和预算一样多的考虑。展示出实现精益六西格玛目标和通过减少缺陷及消除浪费驱动盈亏底线的激情。[42]

4.6.2　福德瑞特医院[43]

用药和实验室过程/结果报告被认为是在复杂的医疗保健系统中比较容易出错的环节。在威斯康星州密尔沃基市的福德瑞特医院（Froedtert Hospital），静脉注射和实验室过程以及结果报告中的错误是有据可查的。此外，整理、传输、分析和报告临床检验结果的错误被认为是医院错误的一个主要来源。密尔沃基市的四个组织组建了一个联盟，致力于使用六西格玛建立一种新型运作模式，以减少错误和提高患者满意度。

他们设计的模式使用了经典的六西格玛DMAIC过程。由医生、护士、药剂师和管理人员组成的多学科团队认定，连续静脉注射给药过程存在大量错误。连续静脉注射被用于很多临床环境中，出错会严重影响患者健康。团队成员开发了一个过程图（流程图）以说明连续静脉药物注射过程中的每个步骤：医师医嘱、医嘱复审、药剂师录入医嘱、剂量准备、配药、输液速率计算、安装静脉泵、设置静脉泵流速控制程序和泵监控。基于发生频率、可检测性和严重程度,团队分析了该过程中的每一步以识别可能的出错点及其影响。分析证实输液速率计算和安装静脉泵是静脉注射过程中最易出错的两个步骤,因而最初确定原因和减少错误的努力主要集中在这两个步骤上。具体的干预包括启用标准化医嘱单、制定政策指定所有静脉注射药物的浓度标准,以及使用非标准浓度时运用颜色编码标签。实施上述措施30天后,可测量的改进效果是显著的。1级误差从47.4%降低到14%。2级误差从21.1%降低到11.8%,3级误差从15.8%降低到2.9%。

使用六西格玛方法和统计工具,该团队还研究了医院的临床检验过程。团队识别了患者样本收集、实验室分析和报告过程中的关键要素。这些步骤包括医师医嘱、录入医嘱、匹配医嘱与患者、收集样本、标记样本、运送样本、分析样本、报告结果和将结果输入患者的病例。每一步都常发生错误。应用六西格玛分析发现导致错误的几个最关键步骤是:单位文职人员录入医嘱、样本运送到实验室和实验室分析样本。团队在医院中组建了一个包括管理层、实验室、护士、文职人员、信息系统和质量管理成员的实验室错误排除特别小组。这个特别小组使用多种六西格玛工具,按照易出错的可能性将实验室分析步骤区分出优先次序,深入分析临床实验问题。

4.6.3 波音[44]

波音C-17飞机惰性气体生成系统(OBIGGS)项目改进团队完全重新设计了一个系统,该系统使飞机在被敌人炮火攻击时能防止燃料箱爆炸。这个项目促使C-17飞机上最强大的系统之一出现了。该团队是获得2007年由美国质量协会和职场英才论坛赞助的国际卓越团队竞赛银牌的三支队伍之一。

尽管之前的系统OBIGGS I成功地保护了燃料罐,但它需要频繁的维护。较低的系统可靠性导致了较高的维修成本、较长的劳动时间和很多无法完成任务的飞机。团队意识到,提高OBIGGS的可靠性将会比其他系统更能对飞机可靠性产生深刻的影响。

这个团队包括超过200位波音员工、150家供应商和50位空军成员。团队使用数据、质量工具和质量概念,包括帕累托分析和头脑风暴,首先选择项目,然后确定问题的根本原因。利益相关者密切参与了整个过程,特别是在确认根本原因和项目选择时,因为这个项目是由客户资助的。利益相关者包括工程师团队、支持系统团队和空军的顾客及供应商。

团队使用的一个最重要的工具是从空军那里得到的维护数据,这些数据提供了识别组件故障的最佳来源,因为这些记录是在每次失事时由飞行员和维护人员生成的。从这些记录中,波音还创建了一个工具用以记录每架飞机的系统需要维护的时间。由此,团队创建了一个系统需要频繁维护的根本原因列表。团队成员讨论哪个组件有固有的设计缺陷、哪里会出现维护的弊端、为什么一些组件在修理后很短时间内又坏了,以及为何一些故障检修过程会缺失。团队还利用供应商的维修数据库获取关于每个故障具体原因的详细信息。最后,团队使用故障模式与影响分析(FMEA)寻找最终的根本原因。

团队成员发现不仅系统组件太容易出现故障,而且系统重启需要花费大量时间,还会对其他系统产生许多不必要的压力。系统在维护上的消耗(无论是时间还是金钱)都是很庞大的。团队发现人们一般能成功地解决引起组件故障的初始问题。但是，团队成员发现当零件持续使用更长的时间后，新的故障模式会出现，并且阻碍了预期突破性的可靠性改进。团队发现甚至在完成多个组件设计的变更后，系统还是没有提高到预期的可靠性。此外，他们还意识到由于系统如此复杂，他们努力达到的可靠性标准总是与预想的结果相差甚远，而且空军永远不会满意系统的性能。进一步，在利用详细的分析结果对整个OBIGGS Ⅰ系统进行故障模式与影响分析（FMEA）后，该团队认为其中有太多的失败模式，他们得出结论：OBIGGS Ⅰ系统太复杂以致无法修理！最终，他们决定完全重新设计这个系统。

团队使用各种质量工具，包括头脑风暴和标杆供应商，重新设计开发一个可能的解决方案。团队成员分析了四个可能的解决方案，并为每个方案定义了体系结构和所需性能。质量功能展开（QFD）分析明确了每个设计标准和系统需求之间的关系。团队遵循标准波音系统工程实践开展了一项比较研究来决定最终解决方案，这项研究使各种工程设计备选方案中的需求达到了最优化的平衡折中。

当几架OBIGGS二代系统的飞机交付使用后，一项新的可靠性评估证实了可靠性目标已经得以实现。有形的和无形的结果大大超出了所有人对系统的预期。重新设计：

- 使系统可靠性提高了7 400%。
- 使初始化时间缩短了11倍。
- 使重量减轻了517磅⊖，从而允许增加载货容量。
- 达到20%的系统节约和1/3的生命周期成本节约。
- 提高了顾客满意度并加强了利益相关者的关系。
- 使波音公司成为惰化抑爆系统设计的行业领导者。
- 包含一项开放式结构设计，降低了未来改进的成本。
- 通过降低物流和生产成本，获得优秀的客户评级，实现了积极的财务改进。

◼ 内容回顾与问题讨论

1. 艾尔德尔-斯泰茨维尔公立学校支持持续改进的关键特征是什么？

2. 为什么一个可以改进的过程必须是可重复的和可测量的？

3. 你怎样才能改进你的备考过程？准时上课？打扫你的房间或者宿舍？

4. 改善（kaizen）理念追求鼓励性建议而不是寻找无法改进的原因。典型的借口是"如果它没有坏，就不要修理""我太忙而不能干这件事"以及"这不在预算里面"。思考至少五个人们为他们不想改进而给出的其他借口。

5. 改善（kaizen）和改善活动（kaizen event）有什么不同？

6. 什么是戴明环？解释构成每个步骤的活动。

7. 找出一个你生活中的问题。概述一个使用戴明环解决这一问题的计划。

8. 你将如何使用戴明环改进你的学习和课堂表现？

9. 解释六西格玛DMAIC方法。它与戴明环的异同是什么？

10. 某位顾问讲述了一个故事：有两个六西格玛团队分别做报告展示它们是如何在各自的领域中改进其过程的。在第二个报告末尾，顾问提了一个使两位黑带等级的团队领导均愣在当场的基本问题："你们俩不是刚才提出要

⊖ 1磅≈0.453 6千克。

基于消除对方团队的部分过程来做出改进吗？某一个方面的实施成本看起来要抵销另一个方面的节约！"黑带们忽略了什么？你建议如何阻止这种情况在其他组织中发生？

11. 尝试为医院、学校或者其他特定行业制定一种让人印象深刻的改进方法的字母缩写，类似于本章中解释过的帕克·普雷斯·雷克萨斯公司使用的DRIVE过程。

12. 解释"全面质量的七种工具"中每种工具的目的和用途。

13. 选择一件你经常做的事情（例如洗车、准备考试、做饭）并画出它的流程图。描述流程图是如何帮助你理解和改进这个过程的。

14. 快餐打包窗口的流程图如图4-15所示。讨论这个过程固有的重要质量特性并提出可能的改进。

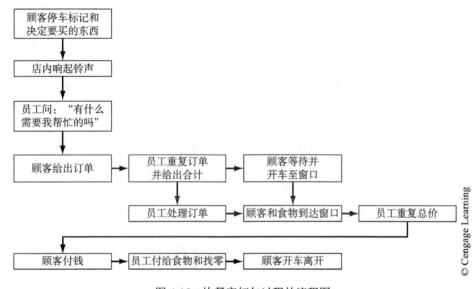

图4-15　快餐店打包过程的流程图

15. 设计一份检查表来帮助一名在数学测验中获得低分的高中生，确定他得分低的原因。

16. 为以下问题建立因果图：①糟糕的考试成绩；②没有工作机会；③太多超速罚款单；④工作或上学迟到。

17. 什么是精益思想？描述一些在精益思想应用中使用的流行工具。

18. 解释六西格玛是如何补充精益思想的。

19. 给出一些突破性改进的例子。这些概念是如何激励工人的？管理者怎样做才能确保成功？

20. 解释标杆管理和最佳实践的概念。学生应如何使用这些概念改进学习？

21. 讨论学院或大学如何使用标杆管理改善其运营？你可以从学术管理员和商务人士处征求意见（你可能会发现他们的一些意见有分歧）。

22. 什么是再造？标杆管理如何支持再造工作？

23. 解释如何在本章介绍的各种工具和方法中体现创新。

24. 在《逆向管理》（纽约：自由出版社，2002）一书中，作者罗伯特·I. 苏顿（Robert I. Sutton）提出了11条用于提升、管理和维持创新能力的建议，包括：

- 雇用"缓慢的学习者"（那些对组织环境熟悉得比较慢的人）；
- 招聘那些让你觉得不舒服甚至讨厌的人；
- 鼓励人们无视和挑战领导及同事；
- 寻找那些快乐的人，让他们释放快乐；
- 思考一些可笑或不切实际的事情，然后计划完成它们；
- 忘掉过去，尤其是公司曾经的成就。

你觉得这些建议为什么能起作用？（如果

你没什么好点子，最好读读这本书！）

25. 为下列调查结果拟出可能的原因：对组织变革项目而言，当发起人地位更强时，更容易获得成功；当中层管理者而不是高层管理者支持项目时，成功率更高；当基于事实的数据测量驱动人们努力时，项目更容易成功。

案例

再论州立大学体验

回顾第 3 章中"州立大学体验"案例，假设你是本机构的一名顾问，运用本章提到的概念，如摩托罗拉的过程设计方法和六西格玛改进方法等，为该大学设计一个改善学生体验的计划，列出计划大纲，做一份可行的报告。

韦尔茨商用机器公司[45]

韦尔茨商用机器公司（Welz Business Machines）是一家提供各种复印机、计算机和其他办公设备的销售与服务公司。它在公司日常业务中会接到很多电话，涉及服务、销售和会计等部门，所有的电话都由客服代表集中处理并被转接到其他合适的员工处。

许多顾客都抱怨呼叫服务时漫长的等待时间。一项市场调查发现，如果电话响了 5 声后还没有接通，顾客会被激怒。公司总裁斯科特·韦尔茨（Scott Welz）委托顾客服务部经理蒂姆研究这个问题，并找到缩短呼叫等待时间的方法。蒂姆与接电话的客服代表见了面，试图找到长时间等待的原因，以下是其对话：

蒂姆：这是一个严重的问题。如何应答顾客的问询电话是顾客对我们的第一印象。如你所知，我们的公司是建立在对顾客高效和热情的服务基础之上的。很明显，顾客需要等待，是因为你正在同另一名顾客通话。你觉得什么原因会导致通话时间过长？

罗宾：我注意到，需要接听转接电话的同事经常不在。转接电话并确定电话是否被应答需要时间。如果那个人不在，我需要向顾客道歉，再把电话转接到另一台分机。

蒂姆：你是对的，罗宾。销售人员确实常常不在办公室，他们可能在上门推销，出差预览新产品，或者由于其他各种原因离开办公桌。还有什么其他原因导致这个问题出现吗？

拉维：有的顾客花了相当长的时间在抱怨一个问题，我除了把电话转接给别人也没办法帮助他，这总是令我很恼火。当然，我会倾听也会同情他，但是这确实会占用大量时间。

拉马尔：有的顾客总是频繁地打电话，就像我们是他们失散多年的朋友一样，和我们谈一些私人话题。

蒂姆：这也并不总是坏事，你知道。

拉马尔：是的，但是这会让我延迟接听其他人的电话。

南希：有时也不完全是顾客的原因，比如午餐时间，我们就无法接听电话。

拉维：早上 9 点刚开始工作的时候，会有一大波电话一起打进来。我认为很多延迟是这种高峰时段造成的。

罗宾：我在下午 4～5 点也注意到了同样的情况。

蒂姆：别的部门经理向我提出一些意见，他们说有时会接到并不属于自己职权范围内的电话，只好把它们再次转给别人。

马克：但是这并不会造成我们部门的延误。

南希：是的，马克，但是我只是认为，有的时候我根本不理解顾客真正的问题到底是什么。我得花很多时间让他们把问题解释得更明白。常常，我只好把电话再转给别的同事，因为其他通话正在等待。

拉维：也许我们需要更了解我们的产品。

蒂姆：好的，我认为我们已经收集到了许多顾客需要等待的大部分主要原因。在我看来，主要有四个方面的原因：接线员人手不足，转接方不在办公室，顾客主导了谈话，以及你们可能不理解客户的问题。下一步，我们要再收集一些关于这些原因的信息。我想建一个数据收集表来跟踪这些原因。马克，你愿意帮我吗？

在接下来的两周内，全体员工收集了来电者为什么不得不等待的频率数据，制成数据表，结果总结如下：

原因	总数
接线员人手不足	172
转接方无人接听	73
顾客主导谈话	19
接线员不理解问题	61
其他原因	10

讨论题

1. 通过蒂姆和其他工作人员之间的谈话，绘制一张因果图。
2. 对收集到的数据做帕累托分析。
3. 公司可能会采取什么措施改进这种现状？

热石轮胎[46]

热石（Hotstone）是一家为机动车市场制作轮胎的公司。它的员工注意到，仓库里已经装入托盘的材料在被叉车移动到出站的拖拉机牵引拖车里时，总是需要等待，这种等待会在出货码头形成严重的拥塞。而仓库拣货员不得不等待叉车返回，再回到仓库里一个较远的地点处理下一份订单。

你被指派为精益六西格玛项目经理以改进这一过程。编写一份项目章程，并讨论你需要收集什么信息进行这个改进项目。怎样运用DMAIC过程系统地完成这个项目？此外，讨论在这个项目中你最可能使用什么方法？

LT公司[47]

LT公司一开始是一家小的、家庭式公司。在很长一段时间内，公司所有者自己管理包括计费在内的大部分运营业务，客户对此也很满意。随着时间的推移，公司稳步发展，并收购了美国和许多其他国家的工厂，并拆分了大部分业务。在LT公司收购的许多公司里，会计系统各不相同。尽管LT公司成功地解决了由于快速增长引起的大部分问题，但始终无法解决账单错误问题。客服部和记账部总是充斥着关于错误的账单的投诉。

LT公司的记账过程随着时间的推移一直在演变，导致记账人员之间缺乏一致性。顾客订单和结算程序是混乱、不合适和过时的。并不是所有的记账人员都具有相同的知识和培训水平。文档的缺乏进一步增加了混乱，使这种情况越发严重。记账人员遵循他们自己认为合理的政策和过程，以他们认为正确的方式做事。

为了解决账单问题，LT公司任命了一支由具有跨行业背景员工及专家组成的六西格玛团队。团队讨论了这个问题，研究了六西格玛和精益生产的工具与技术，向其他公司学习，并咨询了这个领域的专家。

团队做的第一件事是研究记账过程，并绘制了一张流程图（见图4-16）。然后团队回顾了账单错误发生之后的解决过程。大多数场景都遵循了类似的路径：顾客打电话询问账单，收听事先录好的菜单选项。顾客听了许多个选项之后发现没有一个能解释清楚他所面临的特殊问题。发现系统只能处理选择好的咨询后，他们感到十分沮丧。数分钟后，顾客终于同客服代表说上话了，但是依然要等待通话或者从一个客服转接到另一个客服，迫使顾客多次重复同一个问题。最终，客服向顾客保证问题会得到解决，但是下个月顾客又会带来相同的账单、相同的错误、相同的投诉以及加重的怒火，最终公司损失了一名被自己惹恼的顾客。

进一步的研究揭示了许多不同类型的账单错误：

- 价格和收费错误的账单；
- 发错顾客的账单；
- 发错地址的账单；
- 重复记账和延迟记账；
- 为没有预订的商品开出的账单；
- 为退回商品开出的账单；
- 商品装运前开出的账单。

帕累托分析显示，70%的错误是由账单上商品数量错误或者为没有预订的商品开出账单所导致的。使用因果图，六西格玛团队集思广益，深入探索了可能的原因（见图4-17）。

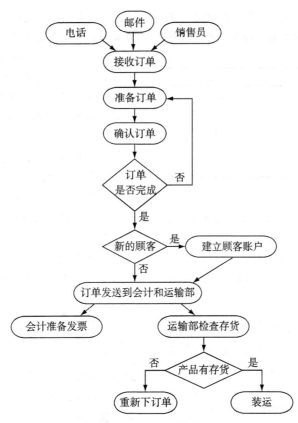

图 4-16　LT 公司账单流程图

资料来源：From "A Less Costly Billing Process" by Lakshmi U. Tatikonda, *Quality Progress*, January 2008, pp. 31–39. Reprinted with permission from *Quality Progress*. © 2010 American Society for Quality. No further distribution allowed without permission.

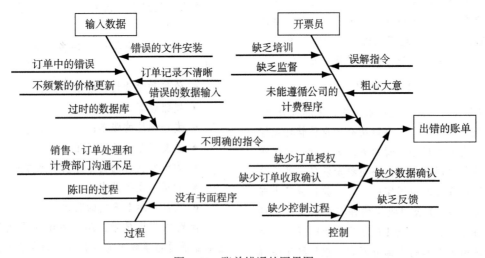

图 4-17　账单错误的因果图

资料来源：From "A Less Costly Billing Process" by Lakshmi U. Tatikonda, *Quality Progress*, January 2008, pp. 31–39. Reprinted with permission from *Quality Progress*. © 2010 American Society for Quality. No further distribution allowed without permission.

为了更好地找出产生通信错误的原因，团队成员决定追踪账单完成过程。顾客订单经由邮件、传真或电话等形式送达。在每一步，订单都要分批并且排队等待处理。主要的过程包括接受订单（为每名顾客建立资料夹），准备订单（为当前的新顾客分类并添加信息），订单计价，发送和记账。表 4-1 详细描述了这一过程。

表 4-1　账单过程中的数据和行为

顾客	订单准备	记账
• 通过快递、传真、电话和电子邮件发出订单 • 日均订单数：200 **中央收发室** • 收到外部邮件 • 按部门分类 • 放入文件箱 • 传送至各部门 • 贴上邮票并发送外埠邮件 **接收订单** • 从顾客和中央收发室处接收订单 • 打开顾客邮件订单 • 在纸上记录顾客的电话订单 • 以顾客名和邮戳日期对全部订单分类 • 准备顾客订单信息资料夹 • 每天准备一次将多批顾客订单发送至订单准备部门 **信用检查** • 每周检查一次顾客信用 • 在资料夹中添加信用评价 • 根据可接受和不可接受的信用将顾客分类 • 将分类账单分批处理并移交记账部门	• 以顾客下单顺序接收资料夹 • 把资料夹分为新顾客和已有顾客 • 将新顾客资料夹移送数据中心 • 从数据中心接收新顾客资料 • 将顾客订单资料夹提交订单确认 • 接收订单确认文件 • 复制两份顾客订单资料 • 把一份资料送达运输部门，另一份送至记账部门 **数据处理** • 从接收订单部门获取新顾客资料 • 分批处理资料，制定顾客编号和创建顾客记录 • 在顾客文档中添加新顾客编号和其他信息 • 每天一次将顾客资料批量发往订单准备部门 **订单确认** • 从订单准备部门接收顾客资料 • 检查存货是否足够 • 估算价格 • 在顾客订单中添加价格估计 • 每天向订单准备部门移交一次资料	• 从订单准备部门接收顾客订单资料副本 • 将新顾客资料发送至信用检查部门 • 从信用检查部门接收新顾客资料和信用评价 • 将顾客资料按可接受和不可接受的信用分类 • 将不可接受类的顾客资料发回订单获取部门 • 将可接受的顾客资料发往销售税务部门 • 从销售税务部接收顾客资料 • 计算账单总价（售价和税） • 将所有必要信息录入计算机，每月打印两次发票 • 填写信封地址，折叠，装入发票，并封口 • 每天两次将信封发往中央收发室 **发货** • 从订单准备部门接收顾客订单资料 • 选取和包装订单中的货物 • 打印地址标签，将其粘贴在包裹上 • 每天运送包裹两次

资料来源：From "A Less Costly Billing Process" by Lakshmi U. Tatikonda, *Quality Progress*, Jan. 2008, pp. 31–39. Reprinted with permission from Quality Progress © 2010 American Society for Quality. No further distribution allowed without permission.

使用前面提供的信息，列出你建议改进账单过程的具体步骤，包括公司用来跟踪改进过程效率和有效性的性能指标列表。总结你的结论，并向公司管理者提交一份正式报告。

◘ 注释

1. 2008 Malcolm Baldrige National Quality Award Recipient Profile, U.S. Department of Commerce.
2. Andrew E. Serwer, "Michael Dell Turns the PC World Inside Out," *Fortune*, September 8, 1997, pp. 76–86.
3. Lea A. P. Tonkin, "Kaizen Blitz[SM] 5: Bottleneck-Bashing Comes to Rochester, NY," *Target*, Vol. 12, No. 4, September/October 1996, pp. 41–43.
4. Mark Oakeson, "Makes Dollars & Sense for Mercedes-Benz in Brazil," *IIE Solutions*, April 1997, pp. 32–35.
5. Based on Chapter 14 in Alan Robinson (ed.), *Continuous Improvement in Operations: A Systematic Approach to Waste Reduction*, Cambridge, MA: Productivity Press, 1991.
6. S. Shingo, *The Sayings of Shigeo Shingo: Key Strategies for Plant Improvement*, Cambridge, MA: Productivity Press, 1987, p. 152.
7. See Chapter 6 for a discussion of various ways to get ideas from customers.
8. Adapted from Nancy Blodgett, "Law Firm Pioneers Explore New Territory," *Quality*

Progress, August 1996, pp. 90–94.
9. Interview by former co-author James W. Dean, Jr. with Richard Buck, vice president for Quality, Portman Equipment.
10. Peter J. Sherman, "Kaizen in Local Government," *iSixSigma Magazine*, September-October 2010, pp. 55–59.
11. For an interesting history of the evolution of the Deming Cycle, see Ronald D. Moen and Clifford L. Norman, "Circling Back: Clearing up myths about the Deming cycle and seeing how it keeps evolving," *Quality Progress*, November 2011, pp. 22–28.
12. Gerald Langley, Kevin Nolan, and Thomas Nolan, "The Foundation of Improvement," Sixth Annual International Deming User's Group Conference, Cincinnati, Ohio, August, 1992.
13. Adapted from Kevin Dooley, "Use PDSA for Crying Out Loud," *Quality Progress*, October 1997, pp. 60–63.
14. Chris Bott, Elizabeth Keim, Sai Kim, and Lisa Palser, "Service Quality Six Sigma Case Studies," *ASQ's 54th Annual Congress Proceedings*, 2000, pp. 225–231.
15. Gregory Korte, "473 Steps," *The Cincinnati Enquirer*, October 30, 2002, A1, A10.
16. Timothy Clark and Andrew Clark, "Continuous Improvement on the Free-Throw Line," *Quality Progress*, October 1997, pp. 78–80.
17. Howard H. Bailie, "Organize Your Thinking with a Why-Why Diagram," *Quality Progress* 18, No. 12 (December 1985), 22–24.
18. Gary Conner, "Benefiting from Six Sigma," *Manufacturing Engineering*, Vol. 130, No. 2, February 2003.
19. These principles are based on Richard C. Whiteley, *The Customer-Driven Company: Moving from Talk to Action*, Reading, MA: Addison-Wesley, 1991.
20. See J. W. Dean, Jr., and G. I. Susman, "Organizing for Manufacturable Design," *Harvard Business Review*, January–February 1989.
21. Anthony R. Goland, John Hall, and Devereaux A. Clifford, "First National Toyota," *The McKinsey Quarterly*, No. 4, 1998, pp. 58–66.
22. Patricia Houghton, "Improving Pharmacy Service," *Quality Digest*, October 18, 2007.
23. "Study Shows Six Sigma, Lean Are Merging," *Industry Week*, March 7, 2008.
24. Soren Bisgaard, Roger W. Hoerl, and Ronald D. Snee, "Improving Business Processes With Six Sigma," *Proceedings of ASQ's 56th Annual Quality Congress*, 2002 (CD-ROM), and Kennedy Smith, "Six Sigma for the Service Sector," *Quality Digest*, May 2003, 23–28.
25. Kate Burrows, "Outside of the Box," *iSixSigma Magazine*, January/February 2011, pp. 22–30.
26. Shawn Tully, "Why to Go for Stretch Targets," *Fortune*, November 14, 1994, pp. 45–58.
27. Christopher E. Bogan and Michael J. English, "Benchmarking for Best Practices: Winning Through Innovative Adaptation," *Quality Digest*, August 1994, pp. 52–62.
28. Pallavi Gogoi, "Thinking Outside the Cereal Box," *BusinessWeek*, July 28, 2003, pp. 74–75.
29. Michael Hammer and James Champy, *Reengineering the Corporation*, New York: HarperBusiness, 1993, pp. 177–178.
30. David A. McCamey, Robert W. Bogs, and Linda M. Bayuk, "More, Better, Faster From Total Quality Effort," *Quality Progress*, August 1999, pp. 43–50.
31. N. Tichy and R. Charan, "Speed, Simplicity, and Self-Confidence: An Interview with Jack Welch," in J. Gabarro (ed.), *Managing People and Organizations*, Boston, MA: Harvard Business School Publications, 1992.
32. Robinson, *Continuous Improvement*.
33. Reprinted from "Total Quality Management: Time for a Theory?" Paper presented at the EOQ Conference in Prague, 1991, by Asbjorn Aune.
34. Martin Smith, "Business Process Design: Correlates of Success and Failure," *Quality Management Journal*, 10, 2, 2003, pp. 38–49.
35. See, for example, Jacob Eskildsen, Jens Dahlgaard, and Anders Norgaard, "The Impact of Creativity and Learning on Business Excellence," *Total Quality Management*, Vol. 10, Issue 4/5, July 1999, pp. S523–S530.
36. Masaaki Imai, *Kaizen: The Key to Japan's Competitive Success*, New York: McGraw-Hill, 1986, p. 15.
37. Mark R. Edwards and J. Ruth Sproull, "Creativity: Productivity Gold Mine?" *Journal of Creative Behavior*, Vol. 18, No. 3, 1984, pp. 175–184; and Michael K. Badawy, "How to Prevent Creativity Mismanagement," *Research Management*, Vol. 29, No. 4, 1986, p. 28.
38. Jena McGregor, "How Failure Breeds Success, *BusinessWeek*, July 10, 2006, pp. 42–48.
39. Kathleen D. Ryan and Daniel K. Oestreich, *Driving Fear Out of the Workplace*, San Francisco: Jossey-Bass, Inc., 1991, pp. 63, 64.
40. Pamela Tierney, Steven Farmer, and George Graen, "An Examination of Leadership and Employee Creativity: The Relevance of Traits and Relationships," *Personnel Psychology*, Vol. 52, No. 3, Autumn 1999, pp. 591–620.
41. "Cycles of Learning: Observations of Jack Welch" by Gregory H. Watson, *Six Sigma Forum Magazine*, Nov. 2001, pp. 13–17. Reprinted with permission from Quality Progress ©2010 American Society for Quality. No further distribution allowed without permission.
42. GE Capital Rail Services, Values & Commitment, http://www.ge.com/railservices/about/values.html, accessed 6/12/12.
43. "Application of Six Sigma to Reduce Medical Errors" by Cathy Buck, *ASQ World Conference on Quality and Improvement*, May 2001. Reprinted

with permission from Quality Progress ©2010 American Society for Quality. No further distribution allowed without permission.
44. "Quality Tools, Teamwork Lead to a Boeing System Redesign" by Nicole Adrian, *Quality Progress*, Nov. 2007, pp. 43–48. Reprinted with permission from Quality Progress ©2010 American Society for Quality. No further distribution allowed without permission.
45. This case was developed from a classic example published in "The Quest for Higher Quality: The Deming Prize and Quality Control" by RICOH of America, Inc.
46. Inspired by a project described in Elaine Schmidt, "Where the Rubber Meets the Road," *iSixSigma Magazine*, May/June 2010, pp. 23–29.
47. "A Less Costly Billing Process" by Lakshmi U. Tatikonda, *Quality Progress*, Jan. 2008, pp. 31–39. Reprinted with permission from Quality Progress ©2010 American Society for Quality. No further distribution allowed without permission.

第二部分

卓越绩效、战略与组织理论

- 第 5 章　竞争优势和卓越绩效的战略管理
- 第 6 章　顾客－供应商关系质量
- 第 7 章　卓越绩效的组织设计

第5章

竞争优势和卓越绩效的战略管理

卓越绩效引例：Freese and Nichols 公司 [1]

Freese and Nichols 公司是一家位于得克萨斯州的多领域咨询公司，公司提供工程、建筑、环境科学、规划、施工以及项目管理方面的服务。公司成立于1894年，参与整个州的重大公共项目。事实上，在从埃尔帕索到特克萨卡纳上空 10 000 英尺的高度飞行时，你一定会看到公司的众多项目之一。Freese and Nichols 公司的顾客来自公共领域和管制环境，其行为会影响政策、规划以及日常福利。Freese and Nichols 公司所服务的市场包括市政当局、水域／河流管理局、军事／政府组织、高等院校、运输实体以及能源机构。

Freese and Nichols 公司擅长建立长期客户关系，与42%的关键客户保持长达30年以上的关系，与71%的关键客户保持长达10年以上的关系。公司上下通过各种过程和工具，使用一个集成销售系统记录顾客交互、偏好、需求和其他关键信息。这个过程加强了公司员工和客户之间一对一的关系。公司高层领导将行政访问作为一种深入了解大客户需求的方式。对长期客户关系的维持，公司坚持刺猬原则（组织致力于做好的唯一一件事情）：在客户服务方面做到最佳，从而带来长期互利关系。

对公司而言，职业发展是一个关键的员工参与因素。Freese and Nichols 大学提供了关注、加强或维持公司核心竞争力以及发展领导力的综合课程。高级经理、小组领导和退休的领导经常作为讲师参与进来，传授自己的知识和经验。

Freese and Nichols 公司有一个综合性的、长达一年之久的战略规划过程，用来识别关键焦点区域的指标、核心行动以及平衡计分卡测量情况。计划过程中的参与者代表组织的所有领域，其中包括一个负责检查 5～15 年可能影响公司趋势和变化的"未来委员会"。Freese and Nichols 公司还使用"接球"（catch-ball）过程使计划与部门、组和个人串联起来，从而确保承诺的资源和商定的战略得以实施。

由于其战略聚焦，Freese and Nichols 公司通过留存收益的增长以及支持关键业务需求和增长策略的专用基金建立了一个可持续发展的组织。2005～2010年，留存收益从大约 900 万美元增加到了 1 600 万美元，其中现金储蓄和专用基金被投资到了新的办事处，用以支持战略行动、技术更新、财务并购以及基金持有者剥离付款，支付更大的职业责任保险自付额，减少额外费用。

竞争优势（competitive advantage）表示一家公司所具有的超越竞争者并获得市场优势的能力。在长期经营中，可持续竞争优势提供了超出平均水平的绩效，正如在上述引例中

Freese and Nichols 所表明的那样。一家公司有很多选择用以定义它的长期目标：它想要服务的顾客、所生产和交付的产品和服务，以及满足这些目标的产品设计和服务系统。创造一个可持续竞争优势取决于制定和执行一个好的战略。**战略**（strategy）是决定和揭示公司目标、策略和计划以满足股东需求的决策模式。**战略规划**（strategic planning）是组织成员展望未来、开发必要过程以及通过运营来实施这个愿景的过程。一个阐述战略规划涉及范围的好例子是嘉吉谷物加工公司。[2] 该公司提出了以下四个领域的关键问题：

（1）在哪里行动？——哪些顾客？哪些市场？哪些地理位置？哪些产品？价值链在哪里？

（2）如何行动？——"在哪里行动"中的每一个决定与其他决定相比应当给予多少关注？价值链上每个步骤的战略联盟到了什么程度？每个客户群的价值主张是什么？

（3）需要考虑哪些资源？——我们需要什么能力？我们需要什么过程？什么是理想的组织结构？我们需要什么技能？

（4）何时行动？——实施行动的合适时间是什么？

本章聚焦于全面质量（TQ）如何对竞争优势产生贡献，将讨论质量与卓越绩效在组织商业战略中的作用。本章将会：

- 分析质量和盈利之间的关系；
- 把成本领先、差异化以及人作为竞争优势的重要来源进行讨论，并讨论它们和质量间的关系；
- 描述质量在产品设计、服务、灵活性、多样性、创新和快速响应等方面满足顾客期望的重要性；
- 讨论信息在战略规划和关注质量的决策上的作用；
- 描绘质量在战略形成和实施上的作用。

5.1 质量、竞争优势和盈亏底线

一个强大的竞争优势有六个特征，[3] 每个特征都和质量与卓越绩效的一个焦点密切相关并被它所支持。

（1）强大的竞争优势被顾客需要和需求所驱动。公司提供给顾客竞争对手无法满足的价值。顾客的需要和需求形成了所有质量管理行动的基础。例如，六西格玛项目以改进对顾客非常重要的"关键质量特性"（critical to quality，CTQ）为中心。

（2）强大的竞争优势会对商业成功做出明显的贡献。相当多的证据表明卓越绩效方法正向影响盈亏底线。鲍德里奇获奖者（Baldrige recipients）作为一个整体，表现明显优于其同行，六西格玛项目必须是财务上合理的。

（3）强大的竞争优势与组织的独有资源以及环境中的机会相匹配。没有哪两家公司拥有相同的资源；一个好的战略会有效地使用这些资源。全面质量的原则特别关注在执行商业战略时组织的人力资源和过程设计。

（4）强大的竞争优势是稳定和持久的并且很难被竞争对手所复制。例如，一个优秀的研发部门可以持续地开发新产品或过程，从而保持相对于竞争者的领先地位。一个卓越绩效文化需要花费数年才能建立，但是一旦建立便很难消除，因为它已经在所有员工（无论是工人还是管理者）的态度和思考过程中变得根深蒂固了。

（5）强大的竞争优势提供了进一步改进的基础。卓越绩效文化持续关注改进和学习，并且利用诸多可行的工具和技术实施改进。六西格玛项目对于持续改进设计和过程至关重要。

（6）强大的竞争优势为整个组织提供了方向和动力。关注质量的积极性统领了每个人的集体才能。例如，通用电气（GE）在整个公司开展六西格玛方面积累的经验使得所有工作人员成为一个整体迈向一个共同的目标。当受到激励和奖赏时，这种积极性将鼓舞每一个人。

我们可以归纳出：关注质量与卓越绩效可以成为一种建立、获得和维持竞争优势的重要方法（详见下面的专栏"拥抱全面质量不是难事"），但是许多组织未能意识到这一点。

 拥抱全面质量不是难事

质量在获得竞争优势方面的作用已经被一些以20世纪80年代为背景的研究案例所阐述。PIMS联合公司是一家战略规划机构的子公司，拥有一个包括1 200家公司案例的数据库来研究产品质量对公司绩效的影响[4]。PIMS联合公司的研究人员发现：

- 产品质量是商业盈利的重要决定性因素。
- 提供优质产品质量和服务的企业通常拥有大的市场份额并且都是该市场的早期进入者。
- 对几乎所有种类的产品和市场来说，质量与更高的投资回报有明显的正向相关性。PIMS联合公司的研究表明相比产品被认为质量较差的公司，拥有较好产品质量的公司能够在销售额上获得超过三倍的回报。
- 质量提升战略通常会使市场份额提升，但是从减少短期收益率这个角度来看会亏本。
- 高质量生产者通常能够索取更高的价格。

通用系统公司（General Systems Company）是一家杰出的质量管理咨询公司，也发现建立全面质量体系的公司在投资回报上始终超过行业标准。这要归因于以下三个因素：

（1）一个有效的质量体系减少了质量较差带来的直接成本。

（2）质量的提升有助于促进生产力的提升。

（3）提升质量和提高生产率的结合促使市场份额的提升。

图5-1总结了质量和盈亏底线之间的关系。一个产品在市场上的价值受它的设计质量影响。在性能、特性和可靠性方面的改进将使其不同于竞争者的产品，从而提升公司质量声誉以及产品的感知价值。这使得公司可以索要更高的价格并且扩大市场份额。从而，这也会使收益增加（这些收益抵消了改进设计的额外成本）。

生产过程中改进的一致性通过在返工、废料和保修上节约的成本，带来了更低的制造和服务成本。这种观点由菲利浦·克劳士比通过他的《质量免费》[5]一书所普及。正如克劳士比所言：

质量不仅仅是免费的，它还诚实地对待每一个利润追逐者。如果一美分没有被投入到错误的决策中，相反就会在盈亏平衡线上多出半美分盈利。在这些"谁知道商业的明天将会发生什么"的日子里，要提升利润没有多少方式可选。如果你专注于确保质量，你就有可能增加相当于5%～10%销售额的利润。那是一大笔免费的钱。

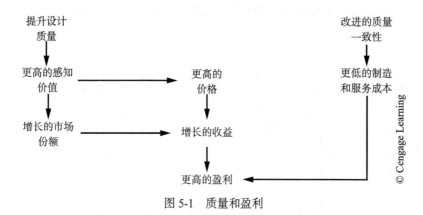

图5-1　质量和盈利

改进设计质量和一致性的净效应是盈利增加了。

如今，大多数消费者根据价值制定他们的购买决策。价值可以被定义为和价格相关的质量。当组织比它的竞争对手提供较少的感知价值时，它会丧失市场份额。仅有高一致性的质量并不能提供足够的价值来吸引顾客。30年前，高质量可能会吸引客户，而如今只是刚刚"进入游戏"而已。例如，当根据缺陷率指标表示的美国国产汽车的质量稳步提升时，越来越多的消费者开始追求低制造缺陷水平之上的质量维度，这成了所有汽车厂商的面临的挑战。自1980年起，美国国产汽车的缺陷率下降了80%多。J. D. Power & Associates 的一项最新质量调查表明目前汽车行业的基础质量有了明显提升。目前抱怨的重点在于：一个汽车制造商制造了完美的车但并不是顾客真正想要的。技术故障正让位于无法满足顾客的问题。结果，美国公司强烈追求新的、有创造性的模型设计，甚至招募欧洲设计师。[6] 公司再也不能把质量努力仅仅聚焦在消除缺陷上了。因此，公司必须同时关注提升设计服务质量和减少缺陷及相关成本，从而创造顾客价值。戴明和朱兰都强调持续进行市场调研，改进产品开发设计、生产和销售这个循环的必要性。

鲍德里奇奖提名及获奖者表明质量带来了竞争优势并改进了商业绩效。美国审计署（General Accounting Office，GAO）对鲍德里奇奖提名者在获奖项目最开始两年的情况开展了一项研究，探索了能够表明全面质量实践对公司绩效影响的公司运营的四个可测量方面：[7]

（1）员工关系；
（2）运营程序；
（3）顾客满意度；
（4）财务绩效。

在员工关系方面，员工满意度、参与度、人员流动、安全和健康以及建议采纳率都实现了明显改进。在运营程序方面，可靠性、交付及时性、订单处理时间、错误和故障、产品提前期、库存周转、质量成本以及整个成本节约获得了可喜的结果。由于客户投诉减少和客户留存率提高，整体顾客满意度也得到了提升。在财务绩效方面，市场份额、员工平均销售额、资产回报率和销售回报率都表明大多数公司进行了积极的改进。

美国审计署开发了一套整体框架来描述全面质量管理和它在竞争力上的影响（见

图 5-2）。实线表明从有助于改进产品和服务以及质量系统的领导开始，全面质量过程如何带来质量提升。这些领域的改进使得顾客满意度提升、组织获益，而这两个方面的改进又进一步提升了竞争力。虚线表示信息反馈对持续改进的必要性。方框内的箭头表示绩效指标的期望趋势。

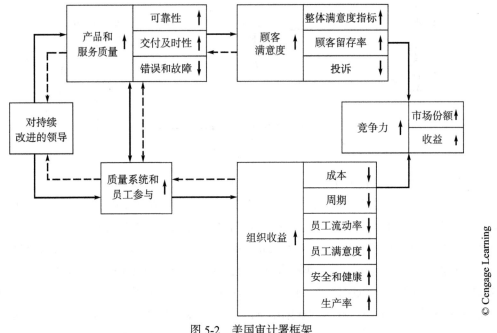

图 5-2　美国审计署框架

尽管美国审计署的研究有些过时，但是在今天看来它的结论仍然有效。一份由 Zenger Miller Achieve 公司开展的对近 1 000 个高管的调查指出：质量管理行动带来了相似的收益，包括提高的员工参与度、改进的产品和服务质量、提升的顾客满意度、提升的生产率和改进的员工技能。[8]

5.2　竞争优势的来源

竞争战略方面的经典文献指出公司可能表现出两种基本的竞争优势类型：低成本和差异化。[9] 例如，万豪菲尔德酒店（Marriott's Fairfield Inn）被设立以吸引想要以低廉价格入住干净、舒适房间的商业旅行者。在这个市场上，他们注重成本领先。相比而言，丽思·卡尔顿酒店则注重差异化（超乎寻常的个人关注、每天两次家政服务以及诸如睡衣和带飘窗的房间这些令人愉悦的事物），并且收取高端价格。图 5-1 通过展示成本降低和改进设计如何影响盈利能力支持了这种假设。现代思维为竞争优势增加了第三个来源——组织中的人。[10]

5.2.1　成本领先

许多公司通过将自身打造成为产业中的低成本领导者来获得竞争优势。这些公司生产大量成熟产品并通过低价格获得竞争优势。这类公司经常进入其他公司建立的市场。它们强调获得规模经济,并从所有来源寻找成本优势。

成本领先者如果能够把价格控制在低于或者接近产业平均值,那么将获得平均水平以上的绩效(参考下面的专栏"你不可能一直愚弄所有人")。产品必须被认为与竞争对手的产品是有可比性的,否则公司将会被迫把价格压低到正好低于竞争对手的价格来获得销量。这会抵消源自成本优势的任何收益。

 你不可能一直愚弄所有人

对于以质量为代价关注成本所带来的问题,我们可以用施利茨酿造(Schlitz Brewing)公司[11]的案例来说明。早在20世纪70年代,美国第二大酿造商施利茨,开始成本削减活动。它采用的措施包括改用玉米糖浆和啤酒花颗粒以及缩短50%的酿造周期等降低啤酒成分质量的措施。

从短期来看,施利茨公司比安海斯-布希(Anheuser-Busch)公司实现了更高的资产回报率和更大的规模(以及华尔街分析师的喝彩)。

《福布斯》杂志强调:"如果大多数顾客并不关注,那么是否值得加强产品质量?施利茨似乎有了一个更成功的答案。"但是顾客关注残次品。不久之后,施利茨的市场份额和收益迅速下降。到1980年,施利茨的销量下降了40%,股价从69美元降到5美元,该公司最终被出售。

低成本可以带来高生产率和高设备使用率。更重要的是,质量提升会使生产率提升,反过来又会降低成本。低成本来自产品设计上的创新和减少生产成本的工艺技术以及通过关注细致运营获得的效率。这种方法已经被许多日本公司所运用。日本公司采用了许多在美国开发出来的产品创新以及工艺技术。它们改进了设计和制造过程,从而以低成本生产高质量的产品,结果是获得了更大的市场份额。因此,持续的战略改进对于达到低成本竞争优势是非常必要的。

为了实现大批量产品的成本领先,企业使用了多种方法:[12]

- 在产品设计中较早考虑制造环节,既为了"制造还是购买"的决策,也为了确保产品工艺能够达到要求的容差。
- 通过产品设计最小化零件数量、去除紧固件、使零件尽可能对称、避免僵硬和死板的零件、使用单侧组装设计以利用自动化设备。
- 有限的产品模型,在分销中心而不是工厂实现定制化。
- 采用一个为固定操作过程而设计的制造系统。每项努力都是为了确保交货时的零差错。企业要尽量减少半成品库存,使用多种技能、专注的员工团队。

六西格玛可以成为组织制定和维持低成本领先战略的重要方式,因为它可以帮助识别问题来源以及工艺和设计的改进机会,这些都表明了财务合理性并且影响盈亏底线。此外,六西格玛建立了在所有制造和服务运营方面持续关注降低成本的组织基础。

5.2.2 差异化

为了实现差异化,在某些被顾客广泛重视的维度上,公司在其行业中必须是独一无二的。企业选择一个或多个消费者认为重要的属性，然后以自身独特的定位满足这些需求。例如，戴尔的直销商业模式是计算机产业中所属类别中的第一，从而使戴尔区别于其竞争者。

通常，实施差异化战略的公司可以控制溢价以获得更高的利润率。朱兰举了一个提升可靠性从而超越其竞争者的电动工具制造商的例子。[13] 现场数据表明可靠性方面的差异导致了显著的低运营成本，且公司有能力保护这一溢价。

然而，使用差异化作为竞争优势来源的公司必须使自己的产品或者体系难以被模仿。这通常涉及文化、习惯和沉没成本。例如，为什么其他公司不复制戴尔那种比较好的直销商业模式呢？戴尔的方法显然不是一个秘密，迈克尔·戴尔甚至写了一本关于它的书。竞争者以令人惊讶的精准性复制了它的网站，但是他们面临的更大的困难是复制支持活动，比如购买、计划、调度、物流，这些戴尔几十年来围绕直销商业模式所建立起来的活动。竞争者被与供应商、分销商之间的长期关系以及所处的不同文化所压垮。[14]

5.2.3 人员

下面关于丰田的故事阐述了人员在建立和维持全面质量组织中的重要性。丰田位于肯塔基州乔治城的工厂已经三次获得欧洲汽车工厂质量金奖（J.D. Power Gold Plant Quality Award）。当被问及丰田的优质车面漆背后的"秘密"时，一个管理者回答："我们没什么任何其他人不能拥有的出色技术，丰田质量机器（Toyota Quality Machine）没什么秘密。质量机器就是劳动力（喷涂流水线的团队成员、供应商、工程师），每个在这里生产的人都怀着这样的态度：我们制造了世界级的车辆。"[15] 人力资源是唯一一个竞争对手无法复制，并且是唯一有协同加强效应的资源，也就是说，其产生的输出要大于组成部分的总和。苹果只雇用对自己所从事工作充满激情的人；基因泰克（Genentech）筛选掉了那些问了太多关于头衔和选择权问题的人，因为他们只想要愿意服务顾客的人。[16]

来自组织人员的竞争优势可以驱动低成本和差异化。例如，几十年来，西南航空已成为美国最营利的公司。每架飞机上只有比较少的员工并且每个员工可以服务更多的乘客。它的大部分成本优势来自其非常高效的、积极的和参加工会的员工。[17]

它的竞争优势是低成本还是它的员工呢？在航空业，西南航空有着其独特的竞争优势。前任 CEO 赫布·凯莱赫（Herb Kelleher）曾经说过："这是其他竞争者很难模仿的无形资产。你可以买一架飞机、设置票务柜台、安装行李传递机，但是我们真正最有价值的竞争性资产是我们的集体荣誉感——文化和精神。"有相似评论的还有鲍德里奇奖的两次获得者丽思·卡尔顿公司。作者关于鲍德里奇奖获得者考察的一个事实是员工真心喜欢为组织工作并且对他们的工作高度满意。许多鲍德里奇奖获得者均已位列《财富》杂志"最值得工作的公司"的名单。

提供一种培育合作、主动性和创新的工作环境，教育和培训员工，提升幸福、满意度和主动性，这些都是竞争者非常难以复制的。这是一种明显不同于产生于工业革命时期的工作环境的哲学。在工业革命之前，技艺娴熟的工匠与他们生产的产品的质量休戚相关，因为他们的家庭的生计依赖这些产品的销售。弗雷德里克·泰勒发表了背离技术的观点。泰勒认为一家工厂应该基于科学管理。所以，他关注工作方法设计、日常工作标准的制定、选择和训练员工以及计件奖励。泰勒将计划从执行中分离，他认为那时的工长和工人缺乏必要的教育规划他们的工作。工长的职责是确保工人符合生产力标准。其他科学管理的先行者，如弗兰克、莉莲·吉尔布雷思和亨利·甘特进一步通过情绪学习、方法提升、人体工程学、时序安排和薪资激励系统改进了泰勒的方法。

泰勒的方法显著地提升了生产率并且为20世纪的工业增长做出了重要贡献。然而，他也将许多手工工作变成了一系列平凡、无趣的任务。他的方法缺乏系统的视角以及对客户的关注，使质量责任从工人身上转移到了监督者身上，结果质量变差了。泰勒的观点同时促进了工会的发展，建立了一种无法完全克服的工人与管理者间的对抗性关系。泰勒方法的最明显失误可能就是它未能很好地使用组织的最重要资产——工人的知识和创造力。正如丽思·卡尔顿酒店公司总裁所言，人类不应被视为一种功能，他们有目标，人力资源职能的作用正是释放员工的力量去实现组织的目标。[18]

5.3　质量和差异化战略

竞争优势来自满足或者超越顾客期望——质量的基本定义。一家企业可能专注于质量相关维度的任意几点以使自身有别于竞争对手。这些关键维度是：

- 卓越的产品和服务设计；
- 杰出的服务；
- 高敏捷性；
- 持续创新；
- 快速响应。

传统战略管理主张聚焦于单一的维度。

然而，由于顾客变得更苛求，公司不再只围绕着一个维度竞争。追求卓越绩效战略将帮助提升所有这些维度。事实上，仔细审阅鲍德里奇奖的准则可以看出这些维度显然贯穿准则始终。以下部分讨论了这些差异化的方法以及每种方法中质量所起的作用。

5.3.1　卓越产品设计竞争

一家公司做的战略决策中最重要的是选择和开发新产品（在这个部分中，我们关注制造产品）。这些决策决定了增长、利润和公司未来的方向。显著的竞争优势可以通过拥有卓越设计的产品获得。另外，有吸引力、可靠、容易操作和保养成本低的产品可以给顾客提供好的质量感知。只需要观察计算机的演化过程以及在计算机产业中的持续改变，我们就能明白优秀设计的价值。

产品设计的质量受几个维度的影响，即我们在第1章中首先介绍的：[19]

- 性能——产品的首要运转特性，如引擎的马力或者立体声放大器的声音质量。
- 特征——产品的附加部件，如一辆汽车里的刹车系统、导航系统或者扩音器里的环绕立体声选择。

- 可靠性——产品在规定的一段时间和特定的使用条件下持续使用的概率，如一辆汽车在各种天气和没有电子元件故障的条件下继续工作的能力。
- 持久性——在产品物理性损坏或者直到有了一个更好的替代品前，用户对该产品的使用用量，如顾客所预期的得到日常保养的汽车可运行的英里数。
- 美感——产品的式样、感觉、声音或者气味如何，比如汽车外部油光发亮以及现代立体感的黑色高科技外形。

传统上，我们只从产品技术方面考虑产品设计职能，而现在还必须考虑制造和市场营销问题。产品设计师必须将好的产品与持续变化的顾客多样化需求相匹配。这需要极大的灵活性。同时，成本必须最小化，这就要求在设计阶段考虑制造过程。

5.3.2　质量在产品设计中的作用

一家公司必须关注影响顾客具体需求的关键产品维度。如果这些期望未被直接识别或者被错误理解，最终产品将不会被顾客感知为高质量。公司需要创新性的市场营销努力以确保需求被很好地识别（详见下面的专栏"古怪的、时髦的、独立的、特立独行的"）。

古怪的、时髦的、独立的、特立独行的[20]

这正是本田元素（Honda Element）汽车的设计者所形容它的。设计师面临设计一个全新产品的挑战，这个产品既可以与当前的思域（Civic）款汽车共存，同时还能吸引不想购入主流汽车或屈从世俗的年轻Y世代男性和X世代家庭。高管全权委托给设计团队以了解这些潜在客户是如何使用他们的车的。设计组采取了"浸入式研究"，去联谊会会堂，与冲浪者和山地车爱好者出去逛，从而了解他们的生活方式。本田设计者将一些元素纳入汽车中——"爱好空间""友好露营"和"友好公路旅行"。汽车被设计成适合存放两辆山地车或者10英尺长的冲浪板，可以舒适地睡下两个人。车里有防水材料的座位以及可擦式平板地板。汽车网（enmunds.com）认为："甚至在投产运行9年后，本田元素运动型汽车仍然是路上最独特和最有用的一款。"[21]

马尔科姆·鲍德里奇奖准则强调系统过程在设计和改进产品及创造它们的过程中的重要性。例如，申请奖项需要提供关于顾客需求是如何被识别以及被应用于产品计划的证据。对大多数公司而言，产品设计被认为是一个关键价值创造过程。从这个角度看，这些公司需要良好的过程以将客户需求转换为产品需求，选择基于客户需求的关键过程绩效特征，在设计过程早期就提出质量需求，用产品和交付系统协调与整合设计。

关注产品设计质量需要在工程上进行大量投入以确保设计符合顾客期望。质量工程和产品与服务中设计和评价质量的计划、步骤和方法有关。质量工程的有效技术包括：

- 并行工程，即工程师和设计人员共同开发既实用又简单易造的产品设计，从而减少质量低劣的可能性；
- 价值分析，即分析产品每个组件的功能以决定如何在最经济的方式下完成它；

- 设计审核，即管理者评估设计与顾客需求相关度有多高以及如何更好地在生产前改进；
- 试验设计，即用正式的数据试验决定高质量、低成本要求下产品和过程参数的最佳组合。所有这些努力都需要一个高水平的团队工作。

5.3.3 服务竞争

随着服务产业在美国经济中所占的比例越来越大，服务质量成为顾客期望和企业成功的一个重要因素。而直到最近，制造公司仍然认为服务的重要性低于制造业本身。然而，与产品质量本身差不多，服务可能是达到竞争成功的最重要因素（详见下面的专栏"顾客服务：对阿拉斯加航空公司并不是什么新鲜事"）。这可能是因为，随着产品质量平均水平的提高，顾客转而将服务作为区分不同竞争公司的首要方式。例如，人们对计算机生产商不满意的最大原因在于缺乏充分的售后服务。

 顾客服务：对阿拉斯加航空公司并不是什么新鲜事

穿行在国家的主要机场通常会比较拥挤，顾客常常排着长队等待售票和检查包裹（更不用说安检了）。我们想你肯定有过一些相当不愉快的经历。航空公司尝试过通过多种方法减少这些问题。例如，自助登记机允许乘客办理登机手续并方便包裹存放。阿拉斯加航空公司采用了一种激进的方法，通过对标主题公园、医院和零售商重新设计它的登机过程以获得最佳实践。这种新设计的开发原型被安置在一个西雅图仓库里，用以查看配置计数器和传送带的不同运作方式。即使是一个简单的改变，比如移动传送带上传送包裹的按钮，也能提高效率。自助登记机按组放置在一起，同时"大厅协调员"为乘客提供消息和建议。通过在每个登记台两边都放置包裹传送带，职员可以协助一名乘客而另一名乘客可以将包裹放在空闲传送带上。这个项目明显减少了顾客等待的时间，提高了职员效率，节省了成本。[22]

20 世纪 80 年代，由于汤姆·彼得斯和鲍勃·沃特曼所著的《追求卓越》一书问世，服务的重要性得到重视。[23] 书中的一个重要主题就是卓越的公司都痴迷于服务。这有多重要呢？1985 年一个关于美国产品和服务质量的盖洛普民意测验（Gallup poll）发现绝大多数顾客认为质量是由员工的行为、态度和能力所决定的。他们很大程度上还认为服务质量差是因为同样的一系列因素。这些观点在今天依然存在。

好的服务可以转化为金钱。银行业相关研究发现每年有 10% 的顾客离开，[24] 而这些人中 21% 的人离开是由于服务差。每个顾客每年贡献 121 美元的收益，并且获取一个新顾客的成本是 150 美元。如果一家银行有 20 万个顾客的基础，这意味着因为服务质量差有 4 200 人将要离开。算法表明每年损失的收益和替代努力成本合起来超过 100 万美元。其他产业中的相同研究发现顾客保留与收益率之间有很高的相关性。

我们讨论了服务的许多方面以及它们如何不同于第 1 章中的制造环节。然而，管理无形的质量特性更加困难，因为它们通常取决于员工行为和系统绩效。因此，两个关键的服务系统质量要素是员工和信息技术。顾客主要通过人员接触质量评价一项服务。一项《华尔街日报》的调查发现美国人关于员工服务的最大不满是：当你按照约定时间在家等待快递员或者售货员时，他们木能出现；信息不灵通的售货员；当你等候时，售货员在打电话，声称"我们部门不管"（他会跟你顶嘴，或者不能描述产品是如何工作）的。

研究者已经多次表明当服务人员工作满意度高时，顾客满意度高；当服务人员工作满意度低时，顾客满意度也低。[25] 许多服务公司会依照如下座右铭行事："如果我们关怀自己的员工，他们将会关怀我们的顾客。"例如，在联邦快递，公司信条被简单地描述为人员、服务、收益。公司里所有潜在的决策由决策对员工（人员）、他们的顾客（服务）和公司财务绩效（收益）产生的影响进行评价，次序如上所述。不幸的是，在许多公司中，一线员工——经常接触顾客的售货员、接待员、交付人员等却拿着最低的薪水，接受最少的培训，具有极小的决策制定权以及极少的责任（授权）。

由于必须处理大量信息并且顾客需求服务在日益增长，信息技术在现代服务组织里非常重要。信息技术的合理应用不仅会带来质量和生产率上的提升，同时也会产生竞争优势，尤其是当技术被用于更好地服务顾客和使顾客与公司间的交易更加便捷时。服务产业争相利用信息技术以提升顾客服务。例如，餐馆使用手持式订单输入计算机终端以加快点菜过程。订单会被快速传给厨房或者后台，在那里显示并打印客人菜单。除了能节省时间，这种系统通过标准化订单获取、开具账单、规范存货步骤以及减少手写需要提升准确性。人们曾经用电话进行信贷审核要浪费几分钟时间，现在通过计算机审核系统完成只要几秒钟。

另一个重要的服务方面是投诉处理（一个鲍德里奇奖的重要准则）。研究表明如果能够及时解决顾客投诉，80%～90%的不满意顾客（取决于损失数）将会再次从公司购买产品。如果不能及时解决顾客投诉，这个数字将会下降到20%～45%。此外，在大多数根本不进行投诉的不满意客户中，只有10%～40%的人会变成重复购买者。

5.3.4 质量在服务中的作用

关于服务，研究表明以下五个关键服务质量维度有助于顾客感知：

- 可靠性——可靠并准确地提供所承诺服务的能力，比如在承诺时间内顾客服务代表的响应、服从顾客指令、提供无差错的发票和清单以及第一时间准确修复。
- 保证性——员工的知识和礼貌，以及他们传递信任与自信的能力，比如回答问题的能力、有能力做必要的工作、监视信用卡交易以避免可能的诈骗和在顾客交易时表现的有礼貌和使人愉悦。
- 有形性——实体设施和装备以及员工风貌。有形性包括吸引人的设施、合适的员工着装和容易阅读及理解的精心设计的表格。
- 移情性——提供给客户的个人关注和关怀程度，如愿意在顾客方便时安排交货，用外行的语言来解释专业术语以及通过名字认出老顾客。
- 响应性——愿意帮助顾客和提供敏捷的服务，如迅速响应解决问题、迅速同意退货和迅速更换有缺陷的产品。

理解这些特征并前瞻性地将它们设计到服务以及服务交付过程中是全面质量组织的一个

重要方面。

持续提供优质服务的公司（比如 IBM、联邦快递、诺德斯特龙）和许多其他公司有共同的特定元素：[26]

（1）它们建立了支持商业和生产线目标的服务目标。

（2）它们识别和定义了顾客对服务质量和响应性的期望。

（3）它们将顾客期望转变成明确可交付的服务特征。

（4）它们设立了有效的、响应的、集成式的服务交付系统和组织。

（5）它们监视和控制服务质量以及绩效。

（6）它们为顾客需求提供快速并且划算的响应。

这些思想在鲍德里奇奖准则中的顾客关注类目中有具体的体现。准则着眼于一个组织如何建立关系以获得顾客和满足顾客需求并以此开展重复性生意和积极引荐。准则中的要求包含：组织如何决定关键顾客接触需求，顾客寻找信息、开展交易、投诉时有哪些途径，以及顾客接触需求是如何部署在整个响应链上的。准则还考察组织的投诉管理程序，考察它如何保证敏捷性并有效地解决问题。

5.3.5 敏捷性竞争

对于敏捷性，我们在第 3 章中做过介绍。敏捷性的一个重要方面是创造各种不同的产品和选择的能力。能够随着顾客需求的变化而迅速改变生产线、利用新技术的公司可以在特定市场上获得竞争优势。例如，电子商务需要并且使得迅速、灵活和定制化的响应成为可能。为了更好地理解这些问题，我们综述了一些关键概念。基本上，市场上存在三种类型产品：定制产品、选择导向型产品和标准化产品。[27] 定制产品，通常进行小批量生产，用来准确满足顾客的规格，比如婚礼礼服以及被设计用来进行具体、复杂工作的机械工具。定制产品的生产成本相对较高，并且需要对制造过程中的每个步骤细心关注以保证质量。因为定制商品只可以按需生产，所以顾客必须等待被制造的产品。

选择导向型产品是指设计组装在一起的装配件的特定配置。顾客参与选取要组装的部件。一个好的例子是个人计算机系统，顾客定义磁盘驱动器类型、调制解调器、存储器配置等。装配件可以相对大批量生产、重复生产，所以成本减少且质量很容易保证。因为制造商不能预期顾客需要的所有配置，顾客有时必须等待产品被组装成想要的配置。

标准化产品是大批量生产的，比如包括收音机、电视、电器用具以及大部分可在百货公司中找到的消费商品。顾客没有从中进行选择的选择权，因为产品每次都是依照同一种方式生产的，所以质量很容易达标。因为制造商生产出了符合顾客需求的标准化产品，顾客将无须等待产品，除非产品脱销。

标准化产品在生产效率、质量和可靠性上提供了许多优势。固定流水线上的大规模生产需要高水平的生产效率。因此，标准化产品是成本领先战略的基础。由于需要采购、生产和装配的零件较少，犯错误的机会少，所以质量通常得到了改进。生产日程表更加可预测，因而可靠性提升。标准化产品也简化了购买和顾客服务过程。标准化产品的零件订购更稳定，发货可以安排得更加频繁，从而可以降低库存。

营销人员需要考虑销售以及如何正确和成功地在市场上做出响应。他们偏爱满足顾客私人需求的定制化产品。定制产品和选择导向型产品可以被生产以满足顾客期望，反之，标准化产品在满足变化中的顾客需求方面具有较少的灵活性。顾客期望可以只在设计阶段被纳入。然而，这有助于提高生产效率。这种制造和营销之间的内在冲突必须从战略角度进行审视。

快速消费类餐厅行业制定了相似的战略选择。例如，麦当劳生产了一个标准化产品从而获得了服务交付方面的优势。比较而言，汉堡王和温迪则生产选择导向型产品。尽管选择可能会更广，但这些公司牺牲了服务速度。无论标准化还是选择导向型产品都不一定就是好的，每家公司必须决定根据每种方法需要做出怎样的权衡以及选择最能提供竞争优势的方法。

许多产品开始是定制产品，久而久之，变成了标准化产品。例如，亨利·福特是最早进行汽车标准化生产的企业之一。然而后来顾客需求选择更加多样化，美国汽车演变成经典的选择导向型产品。顾客现在可以从多种颜色、座位类型、引擎、变速器、轮胎和其他选项中做出选择。德国和日本的许多汽车制造商已经采取了一种限制选择数的战略。它们提供更少的选择，并且一些选择是由经销商而不是制造商进行配置。这种策略提供了一个显著的成本优势并且使厂商达到更高的生产水平。它通过提供同一种车的几种变化模型和频繁的设计改变来获得灵活性。日本可以在一条生产线上生产多达 7 个模型（大多数美国制造商产品线只生产一个模型）。

许多公司将灵活性和多样性作为竞争武器。公司将其战略聚焦于灵活性和多样性：更多、更好的产品特征，能够快速改变产品线的工厂，扩展的顾客服务以及持续改进的新产品。例如，东芝计算机车间在一条相同的产品线上装配了 9 种不同的文字处理器，在另一条生产线上装配了 20 多种手提电脑。[28] 灵活的生产线可以防止受欢迎的模型缺货或者过度生产销量已经放缓的产品。日产（Nissan）将其战略描述为"5 个任意"：在任意地点、任意时间由任意人员生产任意批量的任意东西。日产的高科技智能车体组装系统可以焊接和检查任意类型汽车的部件，总共只需 46 秒。由于美国汽车生产商考虑退出全车系，日产准备在细分市场上增加更多的模型。

从获得竞争优势的角度来说，灵活性和多样性的价值被 1981 年的"本田－雅马哈之战"所证明。本田在摩托车上的霸权受到了雅马哈的挑战，本田通过 18 个月内引进 113 个新的或者翻新机型来回应，而雅马哈只能管理 37 个机型变化，最终它宣布满足于成为第二名。

5.3.6 质量在敏捷性中的作用

要想变得敏捷，组织既需要有效的过程，同时又需要随商业情况变化调整这些过程的能力。例如，组织需要持续监控和感知顾客需求与期望变化的能力，并在必要时改变设计，并快速开发新过程和产品。借鉴全面质量原则，一个关注顾客的组织和过程导向是敏捷性的先决条件。

同样重要的是，在设计和操作需要持续改变与改进的生产系统类型时，不同职能部门和员工群体作为团队一起工作的能力。事实上，鲍德里奇准则寻求公司如何组织和管理工作与职位从而达到关注人力资源类目中的"保持与商业需求同步的敏捷性"的证据。随着计划和产量在改变，全面质量管理中的一个关键问题——良好的供应商关系也很重要。

5.3.7 创新竞争

许多公司聚焦于将研发作为其战略的一个核心部分。这些公司处于产品科技前沿，其创新和引进新产品的能力是一个重要的成功因素。在如今的技术世界中，创新已经成为满足顾客需求的最重要的因素。只需要看看 iPod 和 iPhone，便可知道创新在市场上的重要性。

产品性能而非价格才是主要卖点。当竞争者进入市场并且边际利润下降时，这些公司经常退出市场转而引进富有创新性的新产品。这些公司专注于出色产品的研究、设计和开发，高产品质量，以及改造生产设施从而频繁生产新产品的能力。

随着全球竞争加剧，创新能力对于保持竞争优势已经变得必不可少。例如，许多年以前，美国全美现金出纳机公司长期固守过时的机械技术，而竞争者则开发了新的电子系统。缺乏创新几乎毁了这家公司。今天，领先的公司不会等待顾客去改变，它们使用创新创造新的顾客需求和渴望。例如，在 3M 公司，五年前还根本不存在的产品预计占到了每个部门销售额的 25%。这迫使管理者去认真思考创新。创新的同时也需要紧密联系顾客。正如 3M 的首席执行官吉姆·麦克尼（Jim McNerny）所言：

我们努力把顾客请进我们的客厅和实验室中来。对于某些顾客，我们把全职员工借给他们几年，帮助他们使用六西格玛工具改进运营。这跟快速销售无关，而是我们的确得到了一些有价值的东西：更好地理解我们的顾客的需求。[29]

这样一种精神不仅会带来新产品同时也会帮助管理者创造更好的改进质量的过程。

5.3.8 质量在创新中的作用

创新管理是鲍德里奇奖准则中的一个核心概念。该准则指明创新应当引领一个组织达到新的绩效维度。创新不再仅仅是研发部门的分内事，它对所有业务方面和所有过程而言都是重要的。组织应当引导和管理创新，让创新成为文化的一部分并整合进日常工作中去。

鲍德里奇奖准则通过以下几种方法鼓励创新。

- 准则不是固定的。准则鼓励创造和突破性思维，因为这些准则根据组织目标引导相关活动并且不关注随后的特定步骤。
- 顾客驱动质量强调"质量的积极方面"——提升、新服务和顾客关系管理。质量积极方面的成功很大程度上取决于创造力，而不只是依靠定义明确的技术按照步骤减少错误和缺陷。
- 人力资源集中强调员工参与度、发展和认同，鼓励通过创造性的方法提升员工效能，促进授权和做出更多贡献。
- 持续改进和学习是所有工作组活动的组成部分。这需要分析和解决公司内部各个方面的问题：强调持续改进，鼓励变革、创新，并创造性地思考工作该如何组织和管理。
- 对顾客未来需求的关注鼓励公司寻求创新和创造性的方法服务它们的主顾。

5.3.9 时间竞争

在当今的快节奏社会中，人们讨厌等待。时间已被认为是竞争优势的重要来源之一。**周期**（cycle time）是指完成一个过程循环所用的时间（比如，从一个顾客订购一件产品到产品被交付所用的时间，或者引进一个新产品的时间）。缩短周期服务于两个目的：首先，它加速了工作过程，从而改进了顾客响应；其次，周期的缩减只能通过精简和简化过程来消除重复工作这种无价值附加步骤完成。这种方法通过减少潜在的失误和误差推动了质量的提升。通过减少无价值的多余步骤，成本也得以降低。因此，周期缩减经常同时推动组织、质量、成本和生产率的提升。

公司交付满足客户需求的最终产品所需要的总时间被认为是产品提前期。这包含了花费在设计、工程、采购、制造、测试、包装和运输上的时间。短的产品提前期提供了许多优势。首先，它允许公司更加快速地引进新产品并渗透进新的市场（详见下面的专栏"扔掉旧设计"）。成为市场上的首个新产品允许公司掌控更高的价格，至少持续到竞争产品出现。例如，当首次进入市场时，摩托罗拉的袖珍型移动电话比任何日本竞争产品小一半而价格是其两倍。马自达的米亚达（Mazda Miata）成交价比标价高 5 000 美元。其次，每月在开发时间上的节省可以为一家大公司节省数百万美元的花费。最后，短的提前期减少了预测长期销量的需求，允许制订更加准确的产品计划，并且减少了库存。较短的提前期增加了公司响应顾客需求变化的灵活性。

扔掉旧设计[30]

摩恩公司（Moen Inc.）生产用于洗澡间和厨房的水龙头。20 世纪 90 年代中期，随着水管设施成为新家和改造工程的流行必需品，该公司需要提供一系列更多的银、铂、铜产品样式，以替代 20 世纪六七十年代设计的产品线。通过在设计过程中与供应商合作的方式，摩恩使用网络复兴了它的产品设计方法。早先，工程师要花费 6～8 周想出一个新设计，把它刻录成 CD，然后将它们邮寄给 14 个国家的供应商，由这些供应商生产组装成水龙头所需的数百种部件。供应商会返还需要互相协调的附有更改建议的 CD。重新设计活动和工具设计以及生产可能使这个过程延长到 24 周。

通过基于网络的方法，一个新的水龙头从绘图到上架只需 16 个月，低于 2 年的平均时间。时间的节省允许摩恩的工程师上线 3 倍的项目，并且每年引进 5～15 条新的水龙头生产线。1998～2001 年，这帮助其销量增加了 17 个百分点，高于同期工业平均值的 9%，并使摩恩公司从市场份额的第 12 名提升到了与德尔塔阀门公司的并列第 3 名。

5.3.10 质量在时间竞争力上的作用

鲍德里奇奖评价准则强调在所有业务过程中缩减周期的重要性，特别是设计到引进（design-to-introduction）或者创新周期。竞争市场上的成功增加了采用新产品或者改进产品和实现更短服务周期的需求。同时，对顾客更快和更灵活的响应也是商业管理的一个重要要求（详见后面的专栏"达美乐比萨改变了规则"）。

达美乐比萨改变了规则 [31]

达美乐比萨是比萨产业中的真正创新者。公司创始人汤姆·莫纳汉（Tom Monaghan）知道顾客想要比萨配送得更快（这对大学生来说特别真实，对吧）。然而，他也知道在配送时间方面并不存在工业标准。因为没有公司考虑过控制配送过程，比萨可能会在20分钟到2小时内到达任何地方。从竞争的角度来看，顾客基于口感和价格而非配送选择比萨。莫纳汉发现，通过关注配送可以获得竞争优势，其余的正如他们所言，都过时了。通过承诺30分钟时窗内持续配送，达美乐超出了顾客期待。今天，这种"愉快因素/惊喜因素"已经成为一个满意因素，持续快速配送经常是比萨订购决策过程中的首要标准。

要明显减少周期时间不能通过简单地关注单个子过程实现，必须在整个组织内重新审视跨职能过程。通过这些活动，公司得以在组织层次理解工作并且参与到合作行为中。响应时间上的重要改进经常需要简化工作组织、过程和路径。为了实现这些，公司需要给予时间绩效更多的关注。这可以通过使响应时间成为工作单元改进过程的一个关键指标来实现。简化过程减少了出错的机会，带来了质量的改进。响应时间上的改进通常源于内部顾客–供应商关系的改善，以及员工对团队工作的理解增强。减少响应时间需要来自所有员工的明确承诺以及高层管理者的领导。这种努力必须涉及整个组织并且通常需要组织的再设计。

5.4　信息和知识之于竞争优势

随着每年信息资源的急剧增加，管理信息和知识需要明确的资源保证。来自内部运营、网络以及来自B2B和B2C的交流信息，对组织提供信息的能力发出了挑战，这些信息是人们开展工作、跟上时代以及改进所需要的。

最近几年，理解商业决策对结果的影响以及与竞争对手、行业领袖对标的结果，正变得日益重要。对所有商业职能领域而言，一致、准确和及时的信息供应，提供了用于评价和改进过程、产品与服务的实时信息，从而实现了商业目标、满足了迅速变化的顾客需求。简而言之，企业要创造并维持一个竞争优势（详见下面的专栏"数据将使你自由"）。这要求企业必须拥有一个有条理并行之有效的系统来测量绩效和管理知识资产。

 数据将使你自由 [32]

20世纪90年代早期，波音的组装线处于效率低的困境中。追溯到第二次世界大战生产轰炸机时期，公司使用手工编号系统追踪飞机的400万个部件和170英里的接线；改变737起落架上的一个部件意味着要重新对464页稿纸编号。工人工作的场地上堆满了一桶又一桶备用零件，这些备用零件价值数百万美元。在一次试图从竞争对手空中客车公司夺取市场份额的争夺战中，公司将飞机打了很大的折扣，结果铺天盖地来了一大批订单。波音试图提高双倍生产率并采用新的生产控制系统，结果导致公司被迫在1997年10月的27天内关掉了自己的737和747线，造成了1.78亿美元的损失，并在高层管理者中引起震动。大部分指责集中在波音的财务实践和缺乏实时数据上。随着新的首席财务官上任和财务小组成立，公司使用彩色密码电子表格创立了一个包含诸如材料成本、库存周转率、加班时间、不合格品这些重要元素的"控制专家组"。波音首次能够生成一系列条形图以表明项目中哪个可以创造价值，哪个会破坏价值。结果使人眼前一亮，这些措施不仅帮助提升了运营效率而且帮助形成了一个成长计划。正如一位管理者所指出的："数据将使你自由。"

组织出于以下三个原因需要绩效测量：[33]

- 引导组织进入一个特定的方向，也就是驱动战略和组织变革；
- 通过评价行动计划的有效性来管理在这个方向前行所需要的资源；
- 管理构成组织工作和带来持续改进的过程。

由威廉·施曼联合公司（William Schiemann & Associates）进行的一项调查发现：通过测量进行管理的公司更有可能成为所在行业财务上的前三名，能够更成功地完成组织变革，可以在高层管理者中达成明确的战略一致性，实现管理人员之间良好的合作和团队工作水准，员工基于绩效承担更多的自我监控工作以及有更强的意愿去承担风险。[34]

许多管理者和质量专家仅仅用生产系统的输出来看待测量活动是不对的，因为一系列广泛的测量指标，经由强大的信息系统连接在一起，可以帮助校准一家公司的运营和它的战略方向。

传统上，大多数企业依赖于仅仅基于财务或者工厂生产率考虑的组织绩效数据，比如投资回报率、每股收益、直接劳动效率以及机器利用率。[35] 不幸的是，这些指标中的大部分并不准确并且强调数量多于质量。[36] 它们奖励了错误的行为，缺乏预测能力，直到最后也没有抓住关键商业变革；它们反映了职能，而不是跨职能流程，对知识资本这种很难量化的资源给予了较少的考量。[37] 今天，许多组织创造了能够提供商业绩效综合视角的"平衡计分卡"措施。

哈佛商学院的罗伯特·卡普兰和戴维·诺顿提出了**平衡计分卡**（balanced scorecard）这个名词，用以应对传统财会指标的局限性。它的目的在于"将战略转变成能独特地把愿景传递给组织的措施"。他们对平衡计分卡的描述包含以下四个视角。

- 财务视角：衡量企业提供给股东的最终结果，包含利润率、收益增长、投资回报、经济附加价值和股东价值。
- 内部视角：聚焦于关注驱动企业的关键内部过程的绩效，包含诸如质量水平、生产率、周期和成本这些指标。
- 顾客视角：关注顾客需求、满意度以及市场份额，包含服务水平、满意度和回头生意。
- 创新和学习视角：直接关注未来成功的基础——组织中的人和基础设施。关键措施可能包括智力资产、员工满意度、市场创新和技能发展。

一个好的平衡计分卡包含领先和滞后指标和标志。滞后指标（结果）告诉了什么已经发生；领先指标（绩效驱动）预测了什么将要发生。例如，关于近期交易的调查结果可能成为顾客保留（滞后指标）的一个领先指标，员工满意度可能成为一个成交量的领先指标等。这些指标和标志也应当从不同角度建立起因果关系。克拉克美国（Clark American）公司使用两个独特的维度构建其绩效测量：它们是如何被使用的（无论是对于变革商业还是对于运营商业）以及它们是可预测的（领先）还是可诊断的（滞后）。变革商业指标是那些对战略目标达成非常重要并且评估组织绩效的指标，比如总的订货周期和实施意见。运营商业指标是那些被用于日常运营并包含准确性、响应性以及交付时间期限的指标。

卡普兰和诺顿的平衡计分卡只是随着公司认识到需要由一组广泛的绩效指标提供业务绩效时，随之出现的一种绩效测量系统。雷神公司的版本定义了顾客、股东、过程和人员视角。马尔科姆·鲍德里奇准则中卓越绩效类目将绩效指标归为以下六组：

- 产品和过程成果；
- 关注顾客成果；
- 关注员工成果；
- 领导和治理成果；
- 财务和市场成果。

从供应商到顾客，一线员工到高层管理者，这些绩效指标拓展了整个商业运营。

例如，温莱特工业将公司商业目标和客户的关键成功因素相匹配：价格、最小生产线缺陷、交付和伙伴关系。这个匹配过程促进了五个关键战略目标类目的发展：安全、内部客户满意度、外部客户满意度、缺陷率和经营绩效。在每个类目里，温莱特开发了具体的指标，并制定了相应目标。例如，对于外部客户满意度，它测量了一个满意度指标，统计了月投诉数量；对于经营绩效，它追踪销量、资金支出和市场份额以描绘整体情况。

比较信息包含与直接竞争者和最佳实践标杆相关的比较，无论是在产业内部还是外部。这些信息允许组织了解它们相较于竞争者以及其他领先公司的位置，提供了突破性改进的动力，并帮助它们在比较绩效水平前理解自身的过程。例如，康宁信息产品部使用竞争分析过程收集公开数据，分析竞争者的意图和能力，包括制造产能、成本和增加产能的成本，并通过对竞争者产品的直接评估来决定产品产能和质量。

公司需要问一个关键的问题：产品、服务质量、运营绩效的整体提升与公司财务绩效以及顾客满意度上的改变有什么关联？领先公司利用多种多样的统计工具和结构化方法分析数据并将其转化成有用的信息。富士施乐（Fuji-Xerox），一家施乐的日本子公司，使用例如变量回归和分析这样的统计技术开发与顾客满意度结果相关的数学模型，其中复印质量、机器故障以及维修时间这些因素被考虑在模型内。这种方法可以提供一个重要的因果关系指标（从另一个视角来看，详见下面的专栏"理解商业成功的驱动要素"）。

 理解商业成功的驱动要素[38]

位于明尼苏达州罗彻斯特市的IBM的AS/400部门是1990年马尔科姆·鲍德里奇奖的获得者，该部门发起了一项研究以探索在多个指标中是否存在某些联系，比如市场份额、顾客整体满意度、员工道德、工作满意度、授权成本、库存成本、产品废料和生产率这些指标。研究者使用了10年的数据识别出了市场份额、顾客满意度、生产率、授权成本和员工满意度之间的强关联。通过开发一个和这些变量相关的统计模型，IBM了解到要提升员工满意度，管理者必须关注提升工作满意度、管理满意度和拥有正确工作技能的满意度。这将积极地影响生产率、市场份额和顾客满意度。提升员工满意度同时也将直接影响生产率和顾客满意度，并将减少授权成本。减少的授权成本将直接影响顾客满意度和市场份额。

提升顾客满意度也将直接影响市场份额。这些关系提供了实证证据以支持我们之前在本书许多章节中提到的全面质量的传统观点，即改进组织中人的因素会积极地影响顾客以及商业成功。

5.5 卓越绩效的战略规划

百思买明尼阿波利斯市总部的行政套房里有一所仿制的"零售医院"，有一排床位。其中像凯马特（Kmart）和伍尔沃斯（Woolworth）这样的零售商的雕像和公司的商标就躺在一个枕头上。这些公司糟糕的财务结果显示在床头的图表上。旁边的标牌上写着：[39]

> **这里是公司战略出了问题时来的地方**

任何组织高层领导都需要关注的一个重要方面就是战略规划。通过战略规划，领导者关注组织在未来三年、五年或更多年应该并且能够成为什么样的理想景象，从而塑造组织的未来并管理变革。战略规划的目标是建立一种在选择性路径上十分稳固的态势，以至于不管无法预知的外部力量如何，组织都能达到自己的目标。

质量在战略规划上的作用可以通过两种方法考察：首先，质量与卓越绩效如何影响组织的战略；其次，全面质量概念和实践如何改进战略规划过程。

5.5.1 质量与卓越绩效作为一种战略焦点

有效的战略围绕一些关键概念和提供聚焦点的推力来发展。战略的本质在于建立一种态势，即在选择性路径上非常稳固以至于不管无法预知的外部力量如何，组织都能达到自己的目标。传统企业战略的焦点一直是财务和营销，这与竞争优势的两个主要来源——成本和差异化相类似（之前章节讨论过）。卓越绩效带来了这两个领域的改进，因此其本质上可以被视为一种战略，特别是在考虑迎合顾客想法和需求的重要性时。许多公司已经认可质量驱动下的战略可以产生明显的市场优势。如今，将质量整合进大多数经营战略规划中已经相当常见。也就是说，对许多组织而言，质量已经成为一种提供有效管理基础的基本运作理念。

质量被整合进入经营战略规划是自然演化的结果。对大多数新公司或者那些已经从合理的成功措施中受益的企业而言，质量经常位于增加销量、扩展产能或者推动生产之后，战略规划通常只关注财务和营销战略。随着公司开始面对日趋激烈的竞争，成本缩减目标占了上风。一些部门或个体可能支持质量改进努力，但是质量还没有被纳入公司的战略经营计划中。然而，面对市场风险和顾客期望的增长，质量的重要性日益突出，成为整个战略规划的必要组成部分并被看作核心运营策略。

5.5.2 战略规划过程中的质量

通过关注一个组织未来 10～20 年应该是并且可以是什么样的理想愿景，以及制定短期、长期目标、行动计划来实现这一愿景,战略规划帮助领导者塑造一个组织的未来并管理变革。

许多组织的战略规划工作做得很糟糕,就是因为它们没有将战略规划看作一个业务过程。这是质量原则可以产生显著影响并帮助建立更好的卓越绩效系统的地方。战略规划所起的作用,除了确定可行的方向和具体的目标外,还使工作过程与公司战略方向相匹配,从而确保改进和学习并加强公司优势。例如,使用系统化过程可以帮助资源最优化使用,确保受训员工的可获得性,以及确保包括资本支出或供应商开发等短期和长期需求之间的衔接。

将战略规划视为一个过程,组织需要:

- 长期规划,并理解关键影响、风险、挑战和其他可能影响组织未来机遇与方向的要求。这有助于确保短期行动计划与组织长期战略方向相匹配。
- 设想未来的竞争环境以有助于减少竞争威胁,缩短反应时间并识别机遇。
- 开发行动计划和部署资源(特别是人力资源)以达到匹配和保持一致性,并为设定和交流进行中的改进活动的优先级奠定了一个基础。
- 确保部署有效,即评估系统可以追踪所有领域的实施计划成效。

战略规划包含两个主要的活动:开发和实施。战略开发包括定义组织的使命,即企业的概念和愿景;设立目标,即将使命转化为具体的绩效目标;定义一个战略,即决定具体的行动来达到绩效目标。实施环节关注有效果和有效率的执行策略,以及在必要时评估绩效并做出正确的调整。

5.5.3 战略开发

组织的领导者首先必须探索和认可组织的使命、愿景和指导原则(这些形成了战略规划的基础)。一家公司的**使命**(mission)定义了其存在的原因。例如,Freese and Nichols 公司的使命是创新的方法……实用的结果……杰出的服务等。公司的使命通过公司里的不同群体指引战略的发展。它营造了制定日常运营决策的环境,并且设置了有效战略选择的范围。另外,它帮助组织在不同的绩效指标和短期及长期目标之间做出权衡。

愿景(vision)描绘了组织向哪里前进以及它试图成为什么(参见第 9 章从领导视角对愿景进行的讨论)。Freese and Nichols 公司的愿景描述是成为顾客和员工选择的公司。它简单并且好记,富有激励性、挑战性,吸引了所有股东并描述了一种理想的状态。

价值观(values)或者**指导原则**(guiding principle),通过定义所有员工的态度和政策指导通往愿景的旅程,并通过有意识和无意识的行为支持各个组织层次的员工。对于 Freese and Nichols 公司,指导原则是:

- 我们讲道德;
- 我们传递质量;
- 我们有求必应;
- 我们增加价值;
- 我们持续改进;
- 我们不断创新;

- 我们专业化发展；
- 我们尊重他人；
- 我们回馈自己的社区。

并非所有的公司都明确地区分它们的使命、愿景和价值观。

使命、愿景和价值观是战略规划的基础。高层管理者和其他领导，特别是CEO，必须能说清楚它们。在使命、愿景和价值观对员工以及外部环境里与公司做生意的人员和组织来讲变得"真实"之前，必须通过象征性的和真正的行动传递、实施和强化它们。怎么称呼它们并不重要，重要的是公司能够清楚表述它们，更重要的是对它们做出承诺。

尽管组织的使命、愿景和价值观很少改变（尽管它们可能被调整以反应商业方向的变化），但是组织存在的环境经常变化。因此，战略发展需要评估组织环境，评估因素如顾客和市场需求、期望和机会、技术和其他可能影响产品和运营的创新、全球或者国内经济的变化以及合作伙伴和供应链需求等。对任何组织而言，至关重要的是它的**战略挑战**（strategic challenge）评估，即那些施加在一个组织未来成功可能性上的压力（详见下面的专栏"医疗保健的战略挑战"）。战略挑战经常由一个组织在将来与其他同类商品和服务提供商相比所处的竞争地位的影响因素所驱动。这些因素可能包含运营成本（比如，材料、劳动力或者地理位置）；拓展或者缩减市场；被组织和竞争者合并或者收购；经济情形，包括需求波动和本地以及全球经济衰退；产业的周期特性；新的或者替代产品或服务的引进；快速的技术变革；新的竞争者进入市场。另外，一个组织可能面临与招聘、雇用和合格劳动力保留相关的挑战。理解这些问题通常借助使用SWOT（strength、weakness、opportunity、threat）分析并形成构建关键战略目标的基础。

医疗保健的战略挑战[40]

像当今大多数医疗保健组织一样，北密西西比河医疗中心（NMMC）面临着缺乏医疗保健提供商这样的战略挑战以及其所在社区的独特挑战，比如高贫困水平、糟糕的健康状态以及缺乏健康护理保险。它最大的战略挑战由五个关键成功因素组成。

（1）人员：维持和确保员工的满意度、技能和参与度；雇用和保留有技术的员工；促进职员和医师领导者发展。

（2）服务：提高患者和医师的满意度。提升患者顾客的忠诚度。

（3）质量：提供高水准、基于证据的高质量关怀并维护患者安全。

（4）财务：在一个还款压力增加和慈善医疗改善的环境下，要增加必要的财务资源以支援组织。

（5）增长：在与使命一致的领域里继续扩张。

识别和平衡这些关键成功因素与挑战是北密西西比河医疗中心如何组织、匹配和关联会谈、分析、挑战、目标、绩效指标和行动计划的核心。在规划过程时，它针对每个关键成功因素识别出了两种目标类型：

- 商业经营目标，即增强或者维持已经建立的职能，处理长期的挑战并利用关键过程指标；
- 商业增长目标，即采用一种新服务，在已有服务上进行显著改进，或者解决一个新挑战。

一些组织面临的特别明显的挑战是对威胁自身竞争地位或者市场份额的破坏性技术准备不足。过去，这类技术包括个人电脑取代打字机，手机挑战固定和投币式公用电话，传真机夺走了通宵快递服务的生意以及 e-mail 挑战所有其他通信方式。今天，组织需要审视与它们直接相关的产业内外部环境，从而尽早发现这类挑战。

组织今天所面临的许多问题之一是如何管理、使用、评价和分享日益增加的组织知识。领先的组织已经从它们的员工、顾客、供应商、合作者和伙伴的知识资产中获益，它们一起驱动了组织学习并提升了绩效。要利用这种知识，组织需要一种能够系统推动组织变革的绩效改进方法。绩效改进的全部方法可能包含实施精益企业制度，应用六西格玛，使用 ISO 9000：2000 或者鲍德里奇框架。

战略开发带来了战略、目标和行动计划的清晰定义。**战略**（strategy）是对设定组织方向以实现其愿景和使命的概略陈述。一个战略可能是想要成为一个首选供应商、一个低成本生产商、一个市场创新者或者一个高端或者定制化的服务提供商。**战略目标**（strategic objective）是指组织必须改变或者提升以保持或变得有竞争性的东西。它们一般集中于外部，与客户、市场、产品、服务或者技术机遇和挑战相关。战略目标设定了组织的长期方向并指导资源分配决策。例如，在高度竞争的产业里，供应商的战略目标可能是发展和维持价格领导地位。具体的**行动计划**（action plan）来源于战略，清晰地描述了必须做的事情、人力资源计划和支持、绩效测量与指标以及资源调度。这个过程如图 5-3 所示。

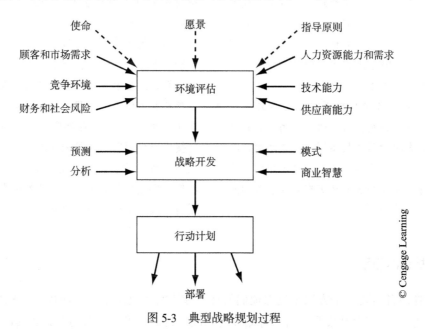

图 5-3 典型战略规划过程

质量和战略发展

全面质量原则可以帮助改进一个组织的战略规划过程，并因此会产生较好的战略。有效的战略规划取决于对顾客和市场需求、期望以及竞争环境和内在能力的清楚理解。例如，丽思·卡尔顿酒店从处理顾客需求的有效程度如何这个角度对所有行动计划进行评估。它的一个关键的目标是以百分之百的客户保留率成为第一好客公司，所有的计划都必须围绕这个目标进行。

关注团队工作建立了一种预期，即组织中的每个人都将在战略形成中发挥作用。高层管理者、员工甚至顾客或者供应商在许多组织里积极地参与计划过程。例如，在索拉透平（Solar Turbines）公司，战略开发过程涉及的人员来自其全世界范围内的组织、顾客和供应商。职能型和跨职能型团队中的销售、市场营销、服务、工程和制造人员进行信息收集、分析和总结。这些信息被传递给领导系统委员会和行动委员会，并与战略和重要的成功因素目标集成与整合。由于顾客和供应商在供应链中的重要性，战略规划通常会涉及他们。当组织规划未来时，顾客和供应商可能会给其提供重要的建议。

在满足目标和目的时，对测量与客观推理的关注引入了现状核实以决定战略和绩效的有效性。持续改进的理念引导组织去理解如何改进它们的战略规划过程（详见下面的专栏"搜索战略"）。在这个过程中能改进的方面是对未来需求的预测、内在能力的评估，以及将内部和外部视角整合进规划过程中。这样做的一个方法是学习他人使用过的有效过程并在自己的组织中采用新想法。

搜索战略[41]

施乐、福特、微软、摩托罗拉、惠普和其他公司已经使用了一个叫作搜索会议方法的策略来提升它们的战略规划过程。搜索会议是一个参与性的活动，能够促使大型团队共同创造一个其成员将要实施的计划。通常，来自相同组织的20~40个人在大型团队全体会议上就规划任务连续工作两三天。

他们开发了长期战略愿景、可达到的目标和具体的行动计划。所有的工作由负责整个计划过程的自我管理团队指挥。会议之后，那些创立计划的人负责其实施。这种民主的方法给那些最易受变化影响的员工在方向设置和策略部署上更多的控制权。

在一些已经确定的方向上，高层管理者不能操纵研究会议日程以控制参与者。此外，被讨论的每件事情都是公开的。预期的结果是：催生一群意志坚定的、对组织面临的挑战有深刻理解的、有见识的员工，他们都认同战略所服务的种种理想，产生符合那些理想的行动计划，产生参与的社会机制以及在战略实施中参与整个体系的过程。正如施乐的一位副总裁所反映的："我们在年度计划过程中使用来自搜索会议团队的成果来开发之后三年的商业战略。我们的文化已经创造了一个巨大转变；我们已经使单位成员从高度依赖由上而下的计划转变成表现得像个企业家。"

5.5.4 战略实施

高层管理者需要一个方法来确保他们的计划和战略在组织中被成功执行（术语"部署"被频繁使用）。这涉及开发具体行动计划以达到战略目标，确保足够的财力和其他有用资源来完成该计划，当环境需要对计划做出改变时制定紧急措施，必要时匹配工作单元、供应商或者合作伙伴活动，以及识别追踪进度的绩效评价指标。

本质上，战略实施连接着计划者（关注"做正确的事"）和行动者（他们的重点是"正确地做事"）。典型的行动计划包括完成工作所需要的资源承诺和时间范围的细节。进行战略实施时，企业也可能需要对一些员工或者招聘职员做专业培训。处于高度竞争行业中的供应商的战略目标之一可能是发展和维持价格领导者的地位。行动计划可能需要设计有效的过程，建立一个可以记录行动层面成本的会计系统，并与组织匹配成为一个整体。部署需求可能包含工作单元和基于成本与收益来设定优先级的团队训练。组织层面的分析和检查可能会强调生产率增长、成本控制和质量。

日本通过一个名为**方针规划**（hoshin planning）或者政策部署的过程来部署战略。**方针**（hoshin）的意思是政策或政策部署。政策部署是一个管理重要业务过程变化的系统方法。它强调整个组织的规划和设定优先次序，强调提供符合目标的资源，测量绩效以作为改进绩效的基础。政策部署本质上是一个基于全面质量来执行战略的方法。金（King）这样形象地描述它：[42]

设想一个组织知道顾客从现在开始5～10年想要什么，准确地知道他们将要做什么，并尽力满足和超越这些期望。设想一个计划系统：整合了（计划、执行、研究、行动）语言以及基于明确的、长期思考的行动，是一个关注过程和结果的、现实的测量系统，识别什么是重要的，群体结盟，由掌握必要信息的人做出的决策，综合日常活动制订计划，有良好的垂直交流，跨职能交流，每个人都为自己做出计划，以及能产生双赢。这就是方针规划。

有了政策部署，高层管理者负责创立和传递一个愿景，然后建立整个组织范围内的承诺以实现它。[43] 这一愿景通过每年政策陈述（计划）的制定和执行来实施。所有等级的员工都积极参与形成策略和行动计划以实现这个愿景。

在每个等级上，逐渐增加更细致和具体的方法来完成所决定的年度计划。计划是分层级的，从高层管理者的计划向下级传递。贯穿整个组织的共同目标和活动之间应当有明确的联系。政策部署提供了基于反馈的频繁评估和修订，这些反馈来自定期的过程审核。基于对一个问题根本原因的分析来制订计划和行动，而不是仅仅基于表面症状。

计划一般会非常详细，包含对实施期间可能出现问题的预期。它的重点是对过程的改进，反对只看结果的导向。今井（Imai）提供了一个策略实施的例子。[44]

为了阐述政策实施的需求，让我们考虑下列案例。

一家航空公司的总裁宣称他主张安全并且公司的目标是确保安全贯穿公司上下。这一声明在公司的季度报告和它的广告中占据显著位置。

让我们进一步假设，部门经理也郑重承诺公司的理念是安全。餐饮经理说他信奉安全。飞行员说他们信奉安全。机务组人员说他们信奉安全。公司里的每个人都在践行注重安全的理念。真的吗？或者可能每个人仅仅为安全的想法付出极少的服务。

另外，如果总裁声称安全是公司政策并且和部门经理制订出定义他们责任的安全计划，每个人将会有一个非常具体的目标要讨论。安全将会成为一个真正的关切点。对于主管餐饮服务的经理而言，安全可能意味维护食品质量，避免顾客不满意或者生病。

在这种情况下，该如何确保食物质量最好？该建立什么类型的控制点和检验点？如何确保飞机上的食物质量没有偏差？当飞机飞在空中时，谁来检查冰箱的温度或者烤炉的情况？

只有安全变成每个员工设立的具有明确控制和检查点的特定行动时，安全才能算作是真正作为政策被部署。政策部署要求每个人根据自身责任理解政策，并且建立工作标准以检查他们在执行政策时成功与否。

图 5-4 展示了一般的方针制定过程。政策部署开始于公司的高层管理者。高级管理者制定公司的愿景和核心目标。一个目标的例子可能是"改进交付",支持"成为让顾客满意的产业领导者"的长期愿景。中层管理者与高层管理者协商达成实现最终目的的各个小目标。目标将预期的变化程度数字化。这些应该是极有挑战性的,但人们应该觉得是可以达到的。

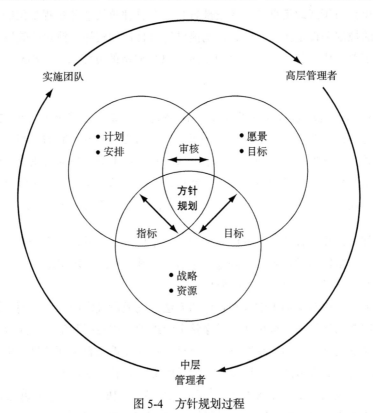

图 5-4 方针规划过程

资料来源:Hoshin Kanri: Policy Deployment for Successful TQM Copyright 2004 by TAYLOR & FRANCIS GROUP LLC-BOOKS. Reproduced with permission of TAYLOR & FRANCIS GROUP LLC-BOOKS via Copyright Clearance Center.

策略详细说明了达到目标的方法。这些方法包含更多要采取的详细措施。中层管理者负责管理资源以实现目标。之后,中层管理者就绩效评价指标与实施小组进行协商,绩效评价指标被用于评估完成策略的进展情况。

测量是确保策略的各个要素有效性的明确检查点。实施团队被授权管理行动和安排活动。然后高层管理者使用检查程序了解实施团队的进展和他们的计划系统的成功运行。第4章中描述的七个管理和计划工具被广泛应用于这个过程中。

5.5.5 连接人力资源和企业战略

当组织试图去做一些与众不同的事情时,人员总是会受到影响。因此,考虑组织变革以及可能需要的必要人力资源变革计划是很重要的。这些变革可能包含新的训练方案、工作组织或者补偿和激励方法。例如,为了解决全国的护理人员短缺问题,浸信会医院(Baptist Hospital)的护士招募和保留策略需要许多人力资源变革,比如改进临床进阶制度规划,调整薪酬以招募硕士学位的护士，增加护理学生的奖学金数目，让有经验的护士给高中生做演讲以激发他们对这一领域的兴趣。摩托罗拉的商业、管理以及工业解决方案部门将以下人力资源计划整合进战略规划过程：工作设计上的突破性变化、团队成员发展、教育和培训；补偿、认可和收益；诸如识别和招募这样的人力资源需求。当通用公司决定采纳六西格玛架构时，它需要训练 12 000 名黑带领导者实施这个计划。通用公司重新规定了对高层管理者中项目冠军的激励（这项激励占管理者奖金的 40%）。

人力资源战略规划经常包含下列中的一个或多个：

- 对工作组织重新设计来增加授权、进行决策制定或者促进团队参与；
- 主动显著地促进劳工/管理者合作，比如工会会友关系；
- 主动营造知识共享和组织学习的氛围；
- 与教育机构保持伙伴关系，从而在将来有助于确保准备充分的员工的供应。

无论选择什么，对组织整体战略起支持作用才是至关重要的。例如，假设一家公司识别出它的关键成功因素是顾客满意度、员工满意度、市场增长和一流的绩效。每个关键成功因素有一个或多个通过公司战略规划过程定义的战略目标。因为这些战略目标的成功完成依赖于公司员工的执行，诸如提升技巧、增加知识和增强动机这样的关键人力资源计划被识别出来以支持这些战略目标是很重要的。表 5-1 展示了一些例子。

表 5-1 人力资源计划与关键成功因素及战略目标的匹配

关键成功因素和战略目标	人力资源计划
顾客满意度	
• 通过改善响应性加强顾客关系	• 为一线员工实施新的训练项目
员工满意度	
• 鼓励员工发展和制定生涯规划以利用劳动力多元化	• 开发、实施和发布在线训练课程
	• 在团队项目中要求轮流领导
市场增长	
• 追求新的和扩大的市场机会	• 积极参与市场营销团队来决定人力资源需求
	• 为新产品开发和营销活动制订一个招聘计划
一流的绩效	
• 提升过程质量	• 支持六西格玛训练方案
• 将成本降低到一流标准水平	• 在全体员工中发展精益专家

5.5.6 七个管理和计划工具

"七个管理和计划工具"起源于第二次世界大战后美国运筹学的发展，但是在日本这些工具得到了进一步改善。这些工具通过咨询公司 GOAL/QPC 在美国流行起来，并且从 1984 年起，许多公司开始使用这些工具改进它们的质量。这些工具可以用来处理管理者通常遇到的问题，这些管理者需要构建非结构化想法，组织和控制大型、复杂的项目，以及更有效地制定战略。我们将会在为一个假想的高科技消费电子产品公司——微科技（MicroTech）公司制定战略规划的背景下阐述这些工具。微科技公司的使命是：

利用无线射频技术、数字信号处理技术以及最先进的表面贴装制造技术设计和制造微型电子产品。

5.5.7 亲和图

亲和图（affinity diagram）是一个用来组织大量想法、观点以及与一系列问题或主题相关的事实的工具。例如，在制定愿景声明时，高层管理者可能会组织头脑风暴会议以制定包含一系列想法的愿景。这个清单可能包括：

```
低产品维护          低生产成本
满意的员工          创新特征
周到的订单输入      高投资回报率
低价                持续的技术创新
快速交付            高质量
股东价值增长        积极的员工
团队工作            独特的产品
技术响应支持        小的、轻量设计
员工个人成长
```

一旦大量的想法产生，它们就可以根据每个想法之间的"亲和度"或关系聚合。上述列表的亲和图如图5-5所示。

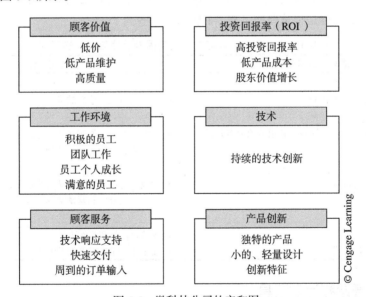

图5-5　微科技公司的亲和图

5.5.8 关联图

关联图（interrelationship diagram）识别和探寻相关概念或者想法之间的关系。它表明每个想法每次可以与不止一个其他想法有逻辑联系，并且考虑到了"横向思维"而非"线性思维"。这种技术经常用在亲和图已经阐明论点和问题后。图5-6展示了微科技公司的关键战略因素是如何相互关联的。有着最多净向外指的箭头（向外指的箭头数减去向内指的箭头数）的元素代表了公司使命的首要驱动因子（在这个例子中是工作环境和顾客服务）。因此，微科技公司可能会制定如下愿景声明：

我们将会以高性价比产品和高质量服务的形式为顾客提供超常的价值，并为股东产生卓越的价值。我们将提供一个支持性的工作环境，促进个人成长和追求卓越并且允许每个员工发挥他的全部潜能。我们承诺超越电子小型化和相关技术的最新水平，并开拓建立在我们独特技术专长之上的市场机遇。

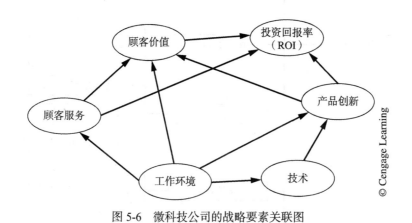

图 5-6　微科技公司的战略要素关联图

5.5.9　树形图

树形图（tree diagram）描绘了完成一个具体项目或者达到一个具体目标所必需的路径和任务。因此，计划者使用这种技术寻求诸如此类问题的答案，比如"要解决这一问题，要采取的工作顺序是什么""哪些因素对存在的关键问题有帮助"。

树形图把亲和图以及关联图所揭示的论点和问题带入运营计划阶段。清晰的表述明确指出了问题或过程。根据这个一般性表述，可以建立一个团队以提出解决问题或实施计划的步骤建议。这个团队所生产的"产品"是带有活动的树图，可能还有活动时间安排的建议。图 5-7 展示了树形图如何用于规划微科技公司的关键目标和战略。

5.5.10　矩阵图

矩阵图（matrix diagram）是以图形化方式展示想法、活动或者其他维度间关系的"电子表格"，用这样一种方式提供了每个项目间的逻辑连接点。矩阵图是质量计划中最常用的工具之一，用于第 3 章中的质量功能展开。图 5-8 中展示了一个案例，横行展示了微科技公司在愿景声明中清晰表达的三个首要目的，竖列展示了关键战略。通常，●、○和△这样的符号分别用于表示强、中和弱关系。矩阵图提供了一张关于两个目标或问题之间的相互关系如何的图，并且可以识别整个过程中的遗漏部分。例如，一个没有许多关系的行可能表示所提出的行动将不符合公司目标。在图 5-8 中，我们看到对这三个战略的关注应该满足微科技公司的目标。其他矩阵可以把短期计划与中期目标相关联，或者将个人行动与短期计划相关联。这种可视化描述可以帮助管理者设置计划和行动的优先次序。

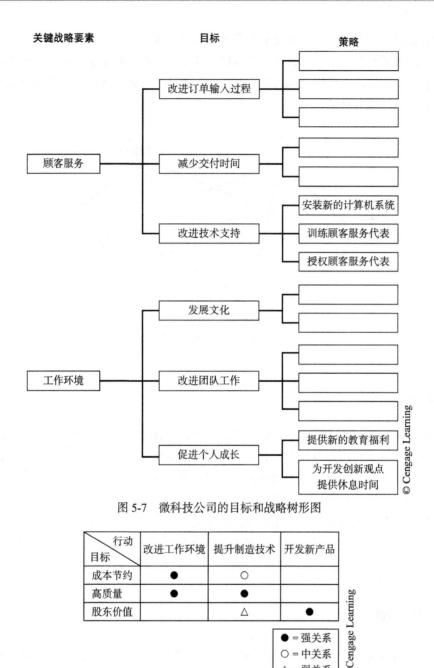

图 5-7 微科技公司的目标和战略树形图

图 5-8 微科技公司的目标和战略矩阵图

5.5.11 矩阵数据分析

矩阵数据分析（matrix data analysis）采集、整理数据以显示各变量之间的定量关系，从而使数据更加容易理解和分析。最早在日本使用时，矩阵数据分析是一个严密的、以统计为基础的"因子分析"技术。尽管在许多应用上有价值，但是许多人觉得这种方法太过量化以至于不能应用于日常基础工作中，于是他们开发了更容易理解和实施的替代工具。这些替代工具中的一些可能与你在定量方法课程中学习的决策分析矩阵类似。

图 5-9 展示了一个矩阵数据分析的小例子。在这个例子中，微科技公司的研究人员确定了四个最重要的消费者需求，即价格、可靠性、交付和技术支持。通过市场研究，对每个消费者需求都确定了一个重要度权重。他们还替公司以及公司的最大竞争对手确定了评分。这种分析提供了关于公司应该实施哪种行动以便更好地满足关键客户需求的信息。例如，在图 5-9 中，可靠性是最重要的，微科技公司在这方面略领先于自己的最大竞争对手，因此它应该继续努力提升产品的可靠性。同样地，技术支持也是相对重要的，但是微科技公司在这个方面要差于它的最大竞争对手。因此，改进支持服务的质量应该是一个主要的目标。

需求	重要度权重	最大竞争者评价	微科技评价	偏差①
价格	0.2	6	8	+2
可靠性	0.4	7	8	+1
交付	0.1	8	5	−3
技术支持	0.3	7	5	−2

图 5-9　微科技公司的顾客需求矩阵数据分析

①微科技公司评价系统－最大竞争者评价。

5.5.12　过程决策程序图

过程决策程序图（process decision program chart，PDPC）是在从问题描述转到寻找可能的解决方案时，详细描绘每个可能想到的会发生的事件和偶然事件的方法。PDPC 采用树形图的每个分支，预测可能出现的问题，并提供对策，这些对策将阻止存在的偏差，或者当偏差确实发生时，进行适当处理。图 5-10 展示了教育和培训所有员工使用一个新计算机系统这一战略实施的案例。

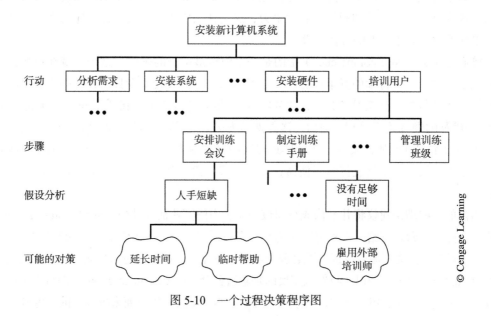

图 5-10　一个过程决策程序图

5.5.13 箭头图

多年来，建筑设计者使用箭头图（arrow diagram）对项目任务进行排序和调度。在美国，多年来，在定量方法、运营管理、其他商业和工程课程上，箭头图被广泛教授。不幸的是，其使用者一般局限于技术专家。将箭头图放到"质量工具箱"中，使得它能更广泛地被普通管理者和非技术人员使用，图5-11就展示了这样一个例子。为了计划和控制项目，时间预估可以方便地添加到每个活动上。

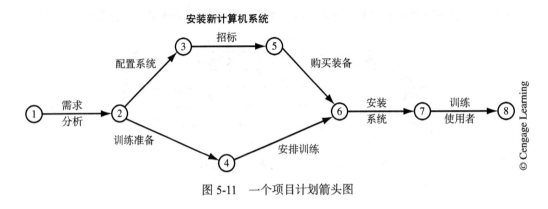

图5-11　一个项目计划箭头图

5.5.14 核心竞争力和战略工作系统设计

工作系统（work system）指的是一个组织的工作如何完成，协调内部工作过程和外部必需资源开发、生产和传递产品及服务给顾客并在市场上获得成功。工作系统涉及劳动力，关键供应商和合作伙伴，承包商，合作商以及需要生产和传递产品、服务的供应链，业务及支持过程的其他组成成分。例如，亨利·福特早期的工厂完成从钢铁制造到最终组装的所有事情，而如今的汽车公司被定义为更加分散化的复杂供应商网络。关于工作系统的决策是战略性的，这些决策涉及保护和利用核心竞争力，决定什么应当购买或者什么应当在组织外部生产，以确保效率和市场上的可持续性。

核心竞争力（core competency）指的是一个组织最擅长的领域，这个领域在市场或者服务环境中提供了一个持续的竞争优势。核心竞争力可能涉及技术专长、独特的服务供给、细分市场或者独特的商业头脑（例如，业务收购）。核心竞争力可能指质量和生产实践（例如，丰田）、优秀的顾客关系管理（例如，诺德斯特龙公司）、设计创新和新产品开发（例如，苹果）、供应商管理（例如，戴尔）或者市场/品牌专长（例如，宝洁）。一个组织需要理解它的核心竞争力以及它们如何支持组织使命，使其能够与竞争者对抗，并帮助驱动战略目标和行动计划。

当前的一些理论建议将并不构成组织核心竞争力的商业活动外包。**外包**（outsourcing）是将业务职能的运营转移给一个外部供应商。许多公司都已做了这个尝试，比如制造或者组装、信息技术运营、人力资源管理以及顾客服务电话支持业务。许多外包通过离岸外包来完成，即将外包职能委托给国外公司。与外包相反的是**垂直整合**（vertical integration），即特定企业职能被收购以及并入一家公司。例如，一家公司可能收购一个关键供应商来巩固它的价值链。

由于外包对组织的工作系统效率具有明显的影响，因此必须战略性地处理它。将高度依赖技术且影响整个产品绩效的关键活动外包，可能导致无法有效满足顾客需求，并使得解决像汽车这样的复杂产品的系统整合问题更加困难。[45]

外包或者垂直整合决策应当检查所有可能影响组织绩效的相关因素。在许多例子中，决策仅仅基于成本而没有考虑其他业务优先级，比如质量和顾客满意度或者与保护知识产权相关的风险。例如，戴尔为了降低成本将一个客户呼叫中心搬到了印度，但是之后因为不满意顾客所受到的技术支持水平关闭了这个中心，并将其转移到了美国。除成本之外，企业还应当检查产品和服务质量外包的影响。例如，有人可能问：外包是否能满足每个职能目标，包括维护内部服务质量？在多个职能方面广泛采用外包是否影响组织内部服务的整体水平？外包供应商能够满足服务、生产率和质量目标吗？[46]

5.6 卓越绩效的战略规划实例

本节将提供一些案例阐述已经讨论过的有关战略规划以及它与全面质量联系的主题。

5.6.1 布朗森卫理公会医院的卓越计划[47]

鲍德里奇奖获得者布朗森卫理公会医院（Bronson Methodist Hospital，BMH）的文化建立在对卓越的关注和激情上。该医院存在的目的和原因在它的使命中被描述为"提供卓越的医疗护理服务"。这种描述反映了什么是BMH所做的以及它为何存在。BMH提倡的价值观较为简单。

我们相信，并且我们的行动将会反映：

- 关怀和尊重所有人；
- 团队合作；
- 资源管理；
- 对我们社区的承诺；
- 追求卓越。

一种卓越护理和卓越病患看护承诺的理念提升了这些公司价值观。

卓越护理理念：

- 尊重；
- 同情；
- 专业；
- 影响；
- 自豪。

卓越病患看护承诺：

- 用我们的专业知识治愈患者；

- 用心关怀；
- 与布朗森的患者和家庭一起工作。

卓越病患看护的使命、价值、承诺以及卓越护理理念提供了支持组织战略的基础。其组织战略在使命中阐述为：布朗森将是一个医疗保健质量方面的国际领导者。它的三大公司战略为：临床卓越（Clinical Excellence）、顾客和服务卓越（Customer And Service Excellence）以及公司效能（Corporate Effectiveness）。包括卓越计划（Plan for Excellence，PFE）在内的各要素构成了该医院的文化，指导决策制定。

每年，执行团队和董事会参与战略规划过程，即制定战略管理模式（Strategic Management Model，SMM）。领导者和医师参与上述过程中的几个步骤并通过组织团队（即战略监督团队（Strategic oversight teams，SOT）、临床实施委员会、服务团队等）的成员身份为计划提供输入。规划周期开始于春季，企业发展部门使用多种多样的投入资源来准备战略输入文件。在季度战略规划（quarterly strategic planning，QSP）全天会议中，执行团队和关键主管参与其中，审阅战略输入文件以及去年的绩效总结。为了即将到来的年度周期计划，这次会议会确定领导体系和 SMM 的改进，并决定关键医疗保健服务和交付过程。在季度战略规划会议上，如果被批准的话，卓越计划的要素，包括使命、愿景和价值观以及组织的长期目标等会被重新审阅和修订。使用 SWOT 分析，执行团队提出了关键战略和预算设想，这些设想在一系列有领导者和医师参加的规划会议上被反复检验。执行团队指派责任给合适的战略监督团队。三个战略监督团队结成联盟支持公司的每个战略。每个战略监督团队有一个执行团队成员担任该职；其他团队成员包括医师和来自关键运营与支持部门的领导者。

战略监督团队制定了初步的短期目标。在夏季季度战略规划会上，战略监督团队会展示这些目标，寻求批准并开始策略性发展。在夏季，战略设想由董事会在年度战略规划会上重新评审。这次审阅使得董事会验证了基于当前信息的战略挑战并为下一年准备战略规划和预算批准提供了必要的基础。在夏季，人力资源和财务使用战略监督团队策略和领导输入形成人力资源的人员配置、教育和预算计划。战略监督团队在秋季制定策略和评分卡措施。战略、长期目标、短期目标、组织评分卡、预算、人力资源人员配置和教育计划经执行团队在秋季季度战略规划会上以及董事会在晚秋每月例会上批准。战略计划的实施从冬季开始。

每次季度战略规划会期间，执行团队检查组织绩效以及实现战略目标方面的进展。在每周会议和每月或者每两周的战略监督团队会上定期更新，支持了连续规划过程，并确保将最新的信息整合进 SMM 中。组织绩效的系统检查、季度系统指标报告（Quarterly System Indicator Report，QSIR）的审阅，以及定期的环境观测，降低了由战略目标和策略初始制定时可能已经改变了的因素所引起的盲点出现的可能性。业务开发部门持续对市场上的竞争活动进行信息收集。这些信息帮助识别潜在的可能影响该医院的市场趋势。执行团队建立了基于市场动态分析的远景规划。市场分析和情报资源表明在当前情况下，一年适用短期规划，以便对市场力量及时响应并和预算周期同步。长期规划周期为 3～5 年，具体由评估约束因素决定，比如引进新服务的时间、现存服务最优生命周期以及市场情报。这种途径使得布朗森卫理公会医院能够对市场因素的改变做出及时的响应，同时保持长期战略焦点的稳定性。SMM 促进了短期战略目标和支持实现愿景的长期目标的发展。在 SMM 过程中，要考虑那些必须完成以便使每个企业战略过程取得进步的行动计划。通过对运营、实践、财务、人力资源等视角的整合，加强的 SMM 促进了充沛资源的分配，完成支持短期战略目标和长期目标的行动计划。

5.6.2 史密斯印刷分部的战略规划[48]

布兰奇 – 史密斯公司（Branch-Smith, Inc.）是由亚伦·史密斯于 1910 年创立的家族企业，迄今已是第四代。史密斯印刷分部位于得克萨斯州的沃思堡，仅有 70 名全职员工，擅长制作多页装订资料，服务范围涵盖从设计到为特殊客户邮递等多种业务。公司产品涉及出版物、杂志、目录集、字典、书本以及一些常见的商业广告刊物，数量上一般不超过 2 万。公司为客户提供整套一条龙服务，包括设计、图像扫描、电子及传统预印刷工作、打印、包装以及邮递业务。

在印刷分部，公司的业务可以从其愿景描述中看出："通过专业团队为客户提供一条龙解决方案，提供市场领先的业务成果。"这个愿景展示出公司想通过平衡绩效改进来达到产出强大的、可持续成果的决心。它有助于长期客户实现成功并且给为公司发展机遇提供解决方法的员工给予相应的奖励。它的使命是这样描述的：布兰奇 – 史密斯印刷分部的使命是为出版商提供专家级解决方案。这个目标引导着布兰奇 – 史密斯印刷分部在业务范围内尽可能地满足客户需求。出版商愿意同布兰奇 – 史密斯印刷分部合作是因为公司注重为出版商的特殊印刷需求而服务，同时注重提供垂直集成的增值服务，以便达到较低的成本、较短的周期以及及时交货等目的。该解决方案的一个重要组成部分是方便顾客获取，以及及时、恰当的信息支持。这也可以从其质量方针中体现出来："布兰奇 – 史密斯印刷分部一直为所有股东通过应用创新卓越过程来追求持续改进。"

印刷产业竞争激烈，许多公司都在寻求市场份额。布兰奇 – 史密斯印刷公司能够从多数竞争者中脱颖而出，主要在于其对特定服务的识别和支持、注重长期关系的发展、与供应商的合作以及加入标准制定产业协会。为了确保其竞争优势，公司注重其他印刷商难以涉足的特定市场的服务。许多竞争者由于自身设备的局限性，只注重大批量的产出，对于小批量收费较高，这就让布兰奇 – 史密斯公司形成了市场优势。布兰奇 – 史密斯公司的设备和技术都具备成本效益。这种技术允许更快切换印刷类型，同时过程自动化带来了成本的节约。

尽管布兰奇 – 史密斯公司是一家小型的家族企业，但它每年都执行一个正式的规划过程，并在每个月的管理审查时更新。过程是围绕着一个持续性的学习周期建立的，这个学期周期从往年的经验教训学习开始来确定和实施改进。战略规划过程（strategic planning process，SPP）是公司将美好未来可视化并创造战略和计划来实现目标的一项关键工具，同时将改进机会纳入优先行动计划中。战略规划通常每年都会产生，并根据管理审查进行月度追踪。全年内的更新允许公司调整方向或对风险和机会做出前馈反应。

图 5-12 完整展示了战略规划、部署、审核的全过程。在战略规划的一个月前，印刷领导小组（Print Leadership Team，PLT）成员会制定一项任务来收集战略决策制定所需的相关信息。任务列表包括 28 个特定方面以阐述组织和供应商 / 合作伙伴的能力、市场状况、股东投入和要求、竞争信息、行业观点以及风险等。史密斯通过客户调查、收益损失以及投诉等

方式识别客户需求和它们在整个印刷行业的重要程度、趋势及导向，同时从行业协会网络中识别市场需求。

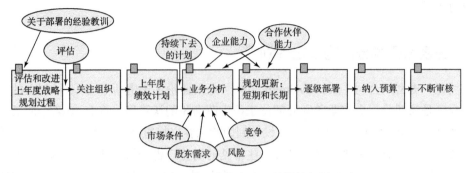

图 5-12　布兰奇 – 史密斯公司的战略规划过程

资料来源："Print Perfect" by Kristen Johnson, *Quality Progress*, July 2003. Reprinted with permission from Quality Progress © 2010 American Society for Quality. No further distribution allowed without permission.

参加专业协会可以提供行业知识和有关客户需求及竞争者行动的标杆，包括新兴工具和竞争者。贸易杂志以及与核心供应商的讨论可以提供客户需求、竞争者方向、供应商能力等方面的信息。技术和其他环境变化的趋势及方向同样可以通过贸易协会的介入、外部标杆群体以及从报纸、杂志、期刊等得到的对商业氛围的总体了解来识别。

涉及人力资源需求和能力的战略规划所需信息的一个重要来源是年度员工调查。人力资源和运营能力是通过对绩效和生产力的综合指标审核来识别的，这些能力通过计划好的 ISO 审核带来的反馈得到了提升——ISO 审核识别出了需要改进的过程。过程效率和能力方面的主要输入来自制造过程中采取的生产力指标，由顾客投诉导致的收益损失，以及主要包括损坏成本、频率、原因等的其他指标。这些指标每天都会通过电子数据收集记录。

与核心供应商的战略合作关系能对收集材料的可利用性等相关信息提供帮助，而供应商成长计划可以帮助判断他们的能力来满足布兰奇 – 史密斯公司不断变化的需求。最终，年度运营审核的一部分会涉及弄清楚供应商的当前财务状况以及盈利能力的趋势，同时与外部经济状况对比以识别有潜在风险的领域和短期及长期机会。

正式规划活动是在每年秋天，由印刷领导小组通过一系列线上和线下会议指导开展。图 5-12 的第一步确保战略规划过程中包含经验学习和周期改进。印刷领导小组分析全过程规划的有效性以及决策和执行改进的发展过程。此外，领导系统的有效性也同样被评估，并决定来年的改进领域。这些改进将被作为战略规划的潜在行动而记录在案。在第二步中，公司审查自身的愿景、使命以及价值观，从而确保它们依旧反映了当前状况。之后是管理审核和目的修正，这是为了与员工和所有股东交流以探讨公司在今后 3～5 年预计完成何种目标。

第三步，公司开展运营审核以分析前一年运营中的关键绩效指标结果。之后，它将反馈信息纳入规划中，并考虑基于鲍德里奇的自我评估或外部审核反馈。这个分析给第五步的 SWOT 分析提供了优势和劣势两方面的认知。第四步是通过商业分析评估外部环境，从而预测变化趋势和市场需求。印刷领导小组成员提出定义好的输入内容，包括环境方面的文献资料及研究成果，以及识别产品、服务、竞争优势、市场、技术路径等方面的新机会。从这些信息的审核中，印刷领导小组会形成一个针对每个环境因素的潜在机会和威胁的列表。第五步,在第一步、第三步和第四步的基础上开展 SWOT 分析,用来识别和授予需要处理的核心领域优先权。

根据 SWOT 分析结果,印刷领导小组制定短期和长期战略及行动方案,帮助公司朝着愿景和目标前进。方案中加入了仍在执行中的去年的行动计划,从而使得去年的行动计划同样可以被优先考虑,同时,小组为最终目的设定合适的指标和目标,对行动计划分类并设定优先级。行动计划被分配到印刷领导小组各成员,以制定(或更新)步骤、时间进度、资源、成本以及成功措施,这些计划会被载入质量改进数据库进行回顾和跟踪。最终,公司会举行一个平衡会议从整体上评审计划并在时间、财务和人力资源需求等方面做出必要的调整,从而使计划与资源约束相称。第六步,公司设立相关文档和方法以支持规划的部署。

领导首先会就战略规划的结果在部署会议上同员工交流。领导协同其分管团队成员会在之后的环节对规划进行深入讨论。团队和个人根据他们部门的相应情况更新目标与任务。其他利益相关者会进行一些交流,详细描述规划和战略细节,以做信息与计划方面的用途。例如,公司会举办一场供应商答谢午宴,提供更多的直接机会展示现有的关于核心供应商伙伴的规划,并获得相应反馈。第七步,确定完成行动计划所需的短期和长期的财务资源。第八步,通过月度管理评审总体进展和关键指标,实现对行动计划的持续跟踪。经过一整年的准备,战略规划通过能够反映环境变化的新的或修订过的行动计划得到更新。

5.6.3 佛罗里达州珊瑚泉市的战略工作系统设计[49]

佛罗里达州的珊瑚泉市(见第 11 章开始的卓越绩效引例)根据四项支持城市价值和鼓励创新的原则开展其工作系统设计。这四项原则分别是关注顾客、授权、持续改进和团队运营。这些设计特点包含在新员工培训中,这是因为不同层级的员工都要参与这个系统设计。"关注顾客"鼓励创新,而政府系统通常关注编制法规遵从;授权鼓励简化机构;持续改进促进创新;团队多样性会刺激产生创造力。该城市依据两个标准对内部资源运营过程做出决策:过程是否为核心过程,在保证质量标准的情况下外部资源是否会更加便宜。核心工作过程关乎公众信任,因此要通过内部资源进行运营。该城市需要直接管理这些领域以监控每天的产出质量,并需要敏捷性以满足变化的客户需求以及公众应急。有时,对当地政府不那么重要的过程需要提交提案申请(request for proposal,RFP),以决定政府职员是否能在较低的成本下,比私人更好地发挥职能作用。车队维护、网球中心运营、水费系统都是相应的例子。使用外部资源运营艺术中心是因为专业设施管理公司能够利用规模经济(专业设施管理公司在佛罗里达州运营多家设施)的优势在演出中获得更好的票价;废品管理公司为南佛罗里达州多个城市提供垃圾清除和回收服务;美国特许学校(Charter School USA)利用一个管理职员管理多个设施,并且专注于顾客导向的教育。

5.7 全面质量和战略管理理论[50]

正如鲍德里奇准则所反映的,TQ 视角为有效的战略规划提出了以下一些要求:

- 一种制定公司战略的确定方法。这种方法应该考虑与市场环境、竞争环境、风险、人力资源（HR）能力、公司能力以及供应商/伙伴能力相关的因素。
- 一个明确的公司战略和来自战略的行动计划，以及与行动计划相关的人力资源计划。企业应该识别并理解短期和长期计划的不同。
- 一种执行行动计划的方法。这种方法应该考虑执行行动计划的关键要求（包括人力资源计划、关键过程、绩效测量和资源）是如何被匹配和部署的。
- 一种监督公司与战略计划有关绩效的方法。
- 预测与战略相关的公司绩效关键指标的变化。这些预测应该包含与竞争者和其他标杆相关的比较，以及在预测中使用的假设。

战略规划和部署很多年来一直都是管理研究的主题，并且在战略管理方面的概念文献通常都支持上述要求。例如，一个深思熟虑的、具有确定的任务的战略组成了由战略学者提出的经典战略管理架构的基础元素。这些经典架构将战略描述为审视外部环境的机会、威胁，评估公司内部的资源以及优势和劣势的可能性，并且确定在公司目标环境下制定内外部匹配的战略计划。但是，战略对提升绩效的一般有用性没有被严格地确认。例如，亨利·明茨伯格认为组织实现的战略只是它计划的、打算好的策略和计划外的、意外的策略的产物，而不是正式的、自上而下的规划机制的结果。即使没有事先计划，很多成功的战略也会出现，这通常是对没有遇见过的情形的一种响应。

全面质量视角建议的六个因素中的三个——市场环境、竞争环境和公司能力在战略制定的经典著作中最为流行。然而，其他三个因素——财务和社会风险、人力资源能力以及供应商/伙伴能力仅从战略文献中获得了间接支持。人力资源能力和供应商/伙伴的能力的标准详述似乎有些多余，因为这些因素属于资产类别，可以很恰当地归入"内部能力"因素。

战略文献有时把战略规划称作战略内容（strategic content）。鲍德里奇准则很少提供关于战略或行动计划应该包含什么或者它应该采取的形式的细节。这种没有预先规定的立场正好匹配研究文献，因为战略学者提出了很多战略的目的和形式。在组织和战略理论家中，一个共同的观念是战略必须被分解为能够有效执行的行动计划。区分短期和长期计划的陈述获得了很少的直接文献支持，尽管这个概念与将战略分解为可执行细则的一般概念间接关联。

战略执行的结构，以人力资源计划、关键过程、绩效考核和资源的形式存在，必须得到匹配和部署。鲍德里奇准则将"匹配"定义为"计划、过程、信息、资源决定、行动、结果、分析和学会支持整个组织关键目标的统一"，它要求对目的和目标进行全面了解，对计划、追踪、分析采取补充措施以及在以下三个层次上提高：组织层次、关键过程层次和工作单元层次。把战略、资源和行动计划分别与竞争挑战、行动计划和测量相匹配，是组织必须完成的最重要的一部分活动。一个匹配良好的组织将使其过程聚焦于实现共享愿景和战略。

组织匹配是一项挑战性的任务，这项任务需要通过合理的战略和有效的部署来完成。很多全面质量活动之所以失败，应当归咎的最致命的匹配问题正是在从全面质量改变过程中出现的期望和奖励系统之间不匹配。在一项调查中，绝大多数被调查的管理者（65.8%）将"管理报酬与达到质量目标之间无联系"排在了阻碍 TQ 的第一位。[51] 管理系统在战略实施中扮演的角色，特别是与中层管理相关的角色，已经得到一些战略研究学者的检验。

尽管 TQ 观点仅要求明确绩效是如何被追踪的，但是它只间接解决了控制问题。然而，自从安东尼提出经典架构以来，控制已经成为管理的基础概念，并且文献中充满了关于管理控制系统的研究。也许，在战略管理中使用绩效考核最令人信服的一个支持是，其与管理控制概念相关，即测量结果为管理者提供了客观信息去判断战略目标的达成情况，并且给出了需要采取纠正措施的信号。

描述战略规划背后的假设在系统理论和一些战略开发文献中有一定的理论基础。在绩效规划中纳入竞争性比较和其他标杆，可以间接地与将行业及竞争审视作为战略组成部分的要求关联起来。

◼ 内容回顾与问题讨论

1. 一些组织设置了"胆大包天"（big、hairy、audacious、goal，BHAG）的目标，这通常是很难实现的挑战性目标。就促进和阻碍战略计划而言，这样做的优势和劣势是什么？

2. 解释为何TQ观点可以支持本章开始介绍的竞争优势的六个特征。

3. 讨论竞争优势的三个基本形式。一家公司是否可以获得全部这些形式？

4. 列举10个你曾经读到或者个人经历过的相关公司或者行业。描述它们竞争优势的来源以及你认为质量怎样支持（或者不支持）它们的战略。

5. 准备一份报告（使用例如商业周刊、个人访谈等资源），描述一家在本章介绍的差异化策略的每一个主要维度上都展开竞争的公司。它的TQ方法的哪些方面支持它的战略焦点？

6. 思考你曾经购买的产品或者服务。产品或者服务设计的哪个方面使它更加有吸引力？

7. TQ在获得竞争优势中的重要性如何体现？

8. 解释质量如何影响盈利能力。

9. 解释差异化战略关键质量维度。

10. 解释定制的、选择导向的以及标准化产品之间的不同。

11. 如何将本章讨论的产品设计维度（性能、特征、可靠性、耐久性和美观）应用到服务中？

12. 描述你曾经遇到的一个好的和一个坏的服务经历。它如何改变你对这家公司的感知？

13. 敏捷如何成为竞争优势来源？敏捷与质量之间的关系是什么？

14. 在创新中，质量的角色是什么？

15. 我们讨论的竞争优势的原理将如何被应用到你的学院或者大学管理中？如何被应用到一个联谊会或者学生专业的组织中？什么类型的结果指标合适？

16. 什么是战略？一个正式的战略包含什么元素？

17. 哪些因素使公司追求一个基于质量的战略？

18. 调查最近鲍德里奇获奖者的一些背景。他们怎样把质量整合到他们的商业战略中？讨论这些公司使用的不同方法。

19. 讨论战略形成的过程。TQ如何提升这些过程？

20. 采访一些当地企业管理者，确定他们的公司是否有定义完备的使命、愿景和指导原则。如果他们这样做了，如何把这些转化为战略？如果没有，他们应该采取什么措施？

21. 解释什么是方针规划或政策部署？解释这种方法是如何在组织中使用的？

22. 解释一下什么是核心竞争力，并且为什么在战略工作系统设计中考虑它是重要的？

23. 你的大学或者学院有使命和战略吗？政策部署在大学背景下如何使用？

◼ 案例

Bama 公司[52]

Bama 公司是一家私有公司，于1927年起步于康尼利亚·阿尔巴马（"Bama"）·马歇尔的"得克萨斯厨房"公司。该公司目前已经成长为冷冻、即食产品的领导开发商和制造商，其产品通过快餐服务，与像麦当劳、必胜客这样的休闲餐厅一样，服务于全世界范围的顾客。在俄克拉荷马州塔尔萨的四个生产车间和中国北京的两个生产车间，Bama公司的1 100名员工一年内产生了超过两亿美元的收入。公司的三个主要产品种类——手抓派、小点心和比萨薄饼占了总收入的92%。

在一个被数倍于自己大小的其他公司主宰的产业里，Bama公司的敏捷性、独特的产品创新方法和它的"系统视野"（System View）定价策略（自1996年以来从未提高手抓派和点心的价格）在市场上产生了巨大的影响力。连续性使得其第三代公司仍然牢牢地遵循公司最初的指导原则：关注质量并且牢记是人组成了一家公司。但是在如今竞争的商业环境里，Bama公司应用这些原则的方式绝不是传统意义上的。公司阐明的愿景是"在成为亿万美元公司的同时，为所有人创造和传递忠诚、繁荣和快乐。"Bama公司把它自己和它的使命视为"人们帮助人们变得成功"。

在对改进的无止境追求中，Bama公司使用了一连串高级战略和工具，包括基于戴明理念的Bama公司质量管理系统，以及公司自己的卓越绩效模型。Bama公司卓越系统提供了所有决策制定的框架。基于史蒂芬·柯维提出的原则，Bama公司的文化提供了创造和测量卓越的环境。自2000年使用六西格玛方法以来，Bama公司在整个公司内显著地改进了过程。自2001年以来，公司从六西格玛改进中共节省了1 700多万美元。

1999年，Bama公司使用了一个被称为普罗米修斯的战略规划过程制定公司的未来愿景——公司想在2010年实现的高水平景象。Bama公司的未来愿景包括：10亿美元的销售额、对公司一流质量的认可、在其所有目标市场成为第一选择供应商并且为员工和其他股东提供无与伦比的个人和财务机会。为了达到这些目标，并且维持它的小企业文化，公司聚焦于以下五个战略成果：①人——创造并传递忠诚、繁荣和快乐；②学习和创新；③持续改进；④成为顾客第一选择；⑤附加值增加。Bama公司使用它的"重力中心"（Centers of Gravity，一个短期行动计划）和平衡计分卡评估满足这些成果的过程。这些计划和计分卡在所有层次支持公司决策的制定过程，并被张贴在工厂以便所有员工可以一眼就知道他们的单位如何执行这些目标。高级管理者团队在每周以及每月会议中都会审核这些信息。

与供应商和顾客建立长期关系有助于Bama公司在竞争中占据首位。公司与大多数关键供应商成为合作伙伴超过10年或更久，其中两个供应商已经与Bama公司合作超过30年。Bama公司与顾客的关系也是持续稳定的。麦当劳体系成为Bama公司的顾客已有37年，必胜客已有11年。通过这些长期关系，Bama公司理解了它的顾客、顾客的市场和它的顾客需要什么才能成功。公司描述了它在关键领域满足顾客要求的服务，例如确保供应、精确生产和价值定价。自从2001年以来，Bama公司向顾客及时派送产品比例达98%，99%的订单第一批发货就能满足顾客需要。公司全国主要顾客的顾客满意度从2001年的75%上升到2004年的100%，显著高于85%的食品制造业基准。

Bama公司保证了公司业务的所有参与者（顾客、员工和社区）的成功。公司人员保险系统确保每个员工得到很好的训练、充分知情及授权，并且把帮助所有的员工开发他们的潜能和达到个人成功当作重点。Bama公司鼓励员工通过学费补助获得大学教育。它的员工的满意度和忠诚度是关键，并且当特定财务指标满足时，公司会与员工分享成功。从2001年以来，每个员工每年获得的利润分享支付大概是3 000美元。内部提升理念为每个有资格的员工提供晋升的机会，以及有职位空缺时纳入考虑范围的机会。Bama公司对员工的承诺获得了回报。该公司14%的员工流失率比塔尔萨区域平均数字20%低很多。

讨论题

1. Bama公司的愿景和使命如何在它的管理过程中得以反映？

2. 什么因素看起来使得 Bama 公司能够与更多、更大的竞争者竞争？

克利夫顿金属工厂

克利夫顿（Clifton Metal Works，CMW）是由唐纳德·查尔莫（Donald Chalmer）在20世纪40年代与其他9个人一起在3 000平方英尺的建筑里成立的一家生产定制机器零件的小型家族企业。20世纪60年代，随着企业的发展，它扩大了自己的工厂和产能，开发出了自有的工具模型，并最终搬到一个40 000平方英尺的建筑里。

但是，随着科技的提高，像CMW一样的小家族企业面临严酷的竞争。为了生存，公司了解到它必须更多地聆听顾客的声音。公司从调查和焦点小组中发现顾客对于他们收到的产品质量不满意。1985年，CMW通过雇用一个质量保证经理保罗·莱维特（Paul Levitt）对质量做出承诺。受戴明理念的推动，公司开发了多种质量方法，最终在1998年获得ISO 9000认证。CMW对产品质量做出了持续的改进，特别是降低了废品和次品率。保罗与直接对产品负责的员工密切合作，询问他们完成工作所需之物并且确保对提高管理必要的资源得到保证。例如，CMW投资基于计算机的统计过程控制技术，使员工可以监督过程并且在需要时调整过程。这个项目的成功使得公司授予员工管理系统其他方面的权力。

业务本已保持稳定，但是在听过一些鲍德里奇获奖者的报告后，查尔莫认识到还有很多事可以做。2005年，他聘请了负责卓越绩效的高级主管詹姆斯·哈伯德（James Hubbard）。哈伯德发现一个改变公司文化的机会，并引入了很多在之前的工作中学到的鲍德里奇准则（他之前工作过的制造公司已经应用鲍德里奇准则多年）。哈伯德做的第一件事是审查当前的使命陈述，这个使命从1985年以来相对保持不变：

在CMW，我们的使命是提高投资收益率。我们通过改变态度和质量/团队环境来完成。这将提高产品的质量、提高我们的生产力（这反过来允许我们报一个有竞争力的价格），并且提高我们对顾客的服务和响应水平。有几个因素使得积极的改变势在必行。

质量和服务竞争水平的标准变得越来越苛求。"世界市场"的出现带来了新的挑战。我们处在一个低增长率、成熟的市场中。为了提高CMW的投资收益率，我们必须在公司所有部门制定一个提高质量和响应性的战略。我们需要使所有员工认识到产品和服务质量的重要性并且带来更有吸引力的价格。我们需要在整个公司彻底地改变观念，使员工参与，鼓励团队合作，创立一个灵活的员工团队和适应性强的组织。我们需要在员工和产品中灌输自豪感。

我们相信我们可以通过学习和坚持戴明的教导，更好地达到所期盼的未来状态。

哈伯德认为这个使命陈述没有提供一个清晰和生动的方向，特别是在21世纪。因此，他发起了高级管理层（包括查尔莫）规划会议，制定新的战略愿景。

讨论题

1. 评价目前的使命陈述。它是否提供了使这家公司成功的必要战略方向？

2. 这个使命应该怎样改进？提出一个更好的使命、愿景和指导方针的陈述。

TriView 国家银行：评估战略挑战和优势

（见在第2章中对这个假想的组织的介绍。）

在评估它的战略地位时，TriView国家银行的记录如下：

由于持续几年的经济动荡，2009年年末，TNB开始几乎每周都讨论战略。该公司持续地关注有效率地提供服务，并且它几乎总能维持有效的成本控制，此时讨论战略前所未有的重要。由于这个区域的一些银行关闭，TNB获得了顾客，所以它的存款增长很快。TNB做出了关键的战略决定，利用联邦贷款作为问题资产救助计划（Troubled Asset Relief Program，TARP）的一部分，使得五年内资金成本降低。很多竞争者没有利用这个项目，如今承受着资本不足的风险。下面的表格列出了 TNB 面临的主要挑战和优势。

战略挑战

1. 应对银行规则和未来更多规则中的很多改变
2. 在为越来越多的顾客提供低利润服务的同时实现收入目标
3. 处理大众对金融行业通常信心不足的问题，及其对顾客信心和期望带来的影响，这对于 TNB 这样的本地社区银行尤为重要
4. 将需要简化的抵押贷款过程以及需要适当调整规模的劳动力整合进 TNB 的结构和文化中

战略优势

1. 在 2013 年利用成本相对较低的 TARP 资金（5%），不像一些当地竞争者目前正面临着资金限制
2. 有稳定和诚信声誉的家乡银行，由于得到了从其他银行撤离的顾客而获得了较高的市场占有率[①]
3. 许多与资金雄厚的银行资金合并或收购的机会
4. 尽管需要和难应对的顾客打交道，并且需要和同事一起开展多种工作来降低成本，但是员工流失率低[①]
5. 过程纪律和对 TriView 国家银行卓越运营的关注使得 TNB 处理交易比竞争者更好，并且成本更低[①]

① 影响组织可持续性。

银行可以采取什么步骤来应对战略挑战并利用它的战略优势？它们应该怎样把这些问题纳入差异化策略和行动计划中？用好的逻辑推理支持你的结论！

注释

1. 2010 Malcolm Baldrige Award Recipient Profile, National Institute of Standards and Technology, U.S. Department of Commerce.
2. Cargill Corn Milling 2009 Baldrige Application Summary. http://www.nist.gov/baldrige.
3. S. C. Wheelwright, "Competing through Manufacturing," in Ray Wild (ed.), International Handbook of Production and Operations Management, London: Cassell Educational, Ltd., 1989, pp. 15–32.
4. *The PIMS Letter on Business Strategy*, The Strategic Planning Institute, No. 4, Cambridge, MA, 1986.
5. Philip Crosby, *Quality Is Free*, New York: McGraw-Hill, 1979.
6. Kathleen Kerwin, "When Flawless Isn't Enough," *BusinessWeek*, December 8, 2003, pp. 80–82. The quote on Lexus appeared in a column by Carol Traeger, "Lexus IS 300 loses luster," *The Cincinnati Enquirer*, July 31, 2004, pp. G1, G2.
7. U.S. General Accounting Office, "Management Practices: U.S. Companies Improve Performance through Quality Effort," GA/NSIAD-91-190, May 1991.
8. "Progress on the Quality Road," *Incentive*, April 1995, p. 7.
9. Michael E. Porter, *Competitive Advantage: Creating and Sustaining Superior Performance*, New York: Free Press, 1985.
10. See, for example, J. Pfeffer and J. F. Veiga, "Putting People First for Organizational Success," *Academy of Management Executive*, Vol. 13, No. 2, 1999, p. 37; J. Pfeffer, *Competitive Advantage through People*, Boston, MA: Harvard Business School Press, 1994; C. A. O'Reilly III and J. Pfeffer, *Hidden Value: How Great Companies Achieve Extraordinary Results with Ordinary People*, Boston, MA: Harvard Business School Press, 2000.
11. Bradley T. Gale, "Quality Comes First When Hatching Power Brands," *Planning Review*, July/August 1992, pp. 4–9, 48.
12. H. Lee Hales, "Time Has Come for Long-Range Planning of Facilities Strategies in Electronic Industries," *Industrial Engineering*, April 1985.
13. J. M. Juran, *Juran on Quality by Design*, New York: The Free Press, 1992, p. 181.
14. Larry Selden and Geoffrey Colvin, "Will Your E-Business Leave You Quick or Dead?" *Fortune*, May 28, 2001, pp. 112–124.
15. Robin Yale Bergstrom, "People, Process, Paint," *Production*, April 1995, pp. 48–51.
16. Betsy Morris, "The New Rules," *Fortune*, July 24, 2006, 70–87.
17. Jeffrey Pfeffer, *Competitive Advantage through People*, Boston, MA: Harvard Business School

Press, 1994.
18. Town Hall discussion at the Quest for Excellence Conference, Washington, D.C., March 2000.
19. David A. Garvin, "What Does Product Quality Really Mean?" *Sloan Management Review*, Vol. 26, No. 1, 1984, pp. 25–43.
20. "Fast Talk: Hard Drive," Profile of Tim Benner, Honda Motor Company, Co-designer, Honda Element, *Fast Company*, May 2003, p. 62.
21. http://www.edmunds.com/honda/element/, accessed 6/12/12.
22. Dave Demerjian, "Hustle & Flow," *Fast Company*, March 2008, 60–62.
23. Tom Peters and Bob Waterman, *In Search of Excellence*, New York: Harper & Row, 1982.
24. F. F. Reichheld and W. E. Sasser, Jr. "Zero Defections: Quality Comes to Services," *Harvard Business Review*, September–October, 1990.
25. Ron Zemke, "Auditing Customer Service: Look Inside as Well as Out," *Employee Relations Today*, Vol. 16, Autumn 1989, pp. 197–203.
26. Jeffrey Margolies, "When Good Service Isn't Good Enough," *The Price Waterhouse Review*, Vol. 32, No. 3, New York: Price Waterhouse, 1988, pp. 22–31.
27. Charles A. Horne, "Product Strategy and Competitive Advantage," *P&IM Review* with *APICS News*, Vol. 7, No. 12, December 1987, pp. 38–41.
28. Thomas A. Stewart, "Brace for Japan's Hot New Strategy," *Fortune*, September 21, 1992, pp. 62–73.
29. *Fortune* special insert: CEOs on Innovation (undated).
30. Faith Keenan, Opening the Spigot, *BusinessWeek e.biz*, June 4, 2001, pp. EB17–20.
31. Joan Uhlenberg, "Redefining Customer Expectations," *Quality*, September 1992, pp. 34–35.
32. Jerry Useem, "Boeing Versus Boeing," *Fortune*, October 2, 2000, 148–160.
33. Kicab Casteñeda-Méndez, "Performance Measurement in Health Care," *Quality Digest*, May 1999, pp. 33–36.
34. Laura Struebing, "Measuring for Excellence," *Quality Progress*, December 1996, 25–28.
35. Robert S. Kaplan and David P. Norton, "The Balanced Scorecard—Measures That Drive Performance," *Harvard Business Review*, January/February 1992, pp. 71–79.
36. Ernest C. Huge, "Measuring and Rewarding Performance," in Ernst & Young Quality Consulting Group, Total Quality: An Executive's Guide for the 1990s, Homewood, IL.: Irwin, 1990.
37. *New Corporate Performance Measures, A Research Report*, Report Number 1118-95-RR, New York: The Conference Board, 1995.
38. Steven H. Hoisington and Tse-Hsi Huang, "Customer Satisfaction and Market Share: An Empirical Case Study of IBM's AS/400 Division," in Earl Naumann and Steven H. Hoisington, *Customer Centered Six Sigma*, Milwaukee, WI: ASQ Quality Press, 2001.
39. Matthew Boyle, "Best Buy's Giant Gamble," *Fortune*, April 3, 2006, 69–75.
40. 2007 North Mississippi Medical Center Malcolm Baldrige Application Summary.
41. Ronald E. Purser and Steven Cabana, "Involve Employees at Every Level of Strategic Planning," *Quality Progress*, May 1997, pp. 66–71.
42. Bob King, *Hoshin Planning: The Developmental Approach*, Methuen, MA: GOAL/QPC, 1989, pp. 2–3.
43. The Ernst & Young Quality Improvement Consulting Group, *Total Quality: An Executive's Guide for the 1990s*, Homewood, IL.: Dow Jones-Irwin, 1990.
44. Masaaki Imai, Kaizen: *The Key to Japan's Competitive Success*, New York: McGraw-Hill, 1986, p. 15.
45. Francesco Zirpoli and Markus C. Becker, "What Happens When You Outsource Too Much?" *MIT Sloan Management Review*, Winter 2011, pp. 59–64.
46. Jerry H. Seibert and William A. Schiemann, "Reversing Course? Survey sheds light on pitfalls of outsourcing," *Quality Progress*, July 2011, pp. 36–43.
47. Bronson Methodist Hospital, 2005 Malcolm Baldrige National Quality Award Application Summary.
48. Branch-Smith Printing, Application Summary, 2002. Reprinted by permission of David Branch, President.
49. Adapted from City of Coral Springs, Florida, Application for the 2007 Malcolm Baldrige National Quality Award.
50. Based on Ford and Evans, op. cit.
51. Nabil Tamimi and Rose Sebastianelli, "The Barriers to Total Quality Management," *Quality Progress*, June 1998, pp. 57–60.
52. Adapted from 2005 Malcolm Baldrige National Quality Award Recipient Profile, National Institute of Standards and Technology, U.S. Department of Commerce.

第6章

顾客－供应商关系质量

🌐 卓越绩效引例：仁惠医疗中心[1]

1989年，仁惠医院（Mercy Hospital）是一个主要服务于威斯康星州简斯维尔市的单一、独立的社区医院。如今，仁惠医疗中心（Mercy Health System，MHS）已是一个完整的集成化医疗保健系统，拥有3家医院以及一个由39个综合门诊中心的64台设备形成的网络——这些综合门诊中心遍布于威斯康星州南部及伊利诺伊州北部的6个县。仁惠医疗中心共有基层医生和专业医生285名，并在探索一种独特的W2医生合作伙伴模式。为达成"以卓越的医疗保健服务，达到最广泛意义上的治疗"的使命，仁惠医疗中心创造了一种高质量护理、顾客至上、伙伴合作、创新和成本意识的文化。整个组织都在感受这些文化要素和它的价值观：最广泛意义上的治疗；患者为先；像一家人一样相处；追求卓越。仁惠医疗中心的每个成员坚持把优质服务放在首位，致力于超越患者的期望。最佳实践标杆用来衡量临床护理，确保持续改进和患者安全。在仁惠医疗中心，一群投入工作并获得授权的员工，以及先进的医疗和信息技术是高质量医疗服务的关键。

仁惠医疗中心关注患者和顾客满意度、问题的及时解决、拓展和改善服务。持续标杆管理，跟踪质量指标，调查患者和顾客等举措能帮助仁惠医疗中心确保患者护理的卓越性。仁惠医疗中心的"实施L.E.A.D"项目（倾听顾客；重视顾客；接受顾客观点；道歉，抓住顾客关注点并采取行动弥补；引导顾客找到能改善这种状况的人）用于将负面的经历转化为良好的体验。仁惠医疗商城是一个提供一系列服务的一站式超级商场，包括针灸及按摩服务店、视觉中心、药店、耐用医疗设备零售商和供应商、紧急医疗诊所、心脏康复及健身中心、糖尿病门诊治疗中心，并且提供所有的保健品等。一个系统的、安全的电子网络给予被授权的合伙人访问患者健康信息的入网许可，包括过往诊断、药物清单、化验结果和医学影像。

包括W2合作模式下的285名医生在内的一群积极参与、有足够授权的重要伙伴，对于提供卓越的医疗保健服务至关重要，这是仁惠医疗中心的基本信条。这些人在被聘任的时候就被要求投身于完成仁惠医疗中心的使命，参与绩效改进的工作，创建自身的职业生涯发展规划。仁惠医疗中心的领导者遵循一种"仆从领导"哲学原则：当领导者为员工提供卓越服务时，员工会为患者提供卓越服务。仁惠医疗中心鼓励并引导员工提出创新想法，以便增加收益，减少成本和浪费，提高生产力和效率。

仁惠医疗中心成功达成了其使命，这体现在：

- 在威斯康星州，仁惠医疗中心是住院医疗和门诊手术市场的领导者。

2006年,约84%的医院患者和约90%的综合门诊中心患者将仁惠医疗中心推荐给他人,这是顾客忠诚度的关键指标和整体满意度的反映。
- 有效解决患者和顾客问题的比例已经从2002年的大约90%上升到2007年的94%。
- 仁惠医疗中心的员工流动率已经从2002年的13.5%下降到2007年的7.5%。

仁惠医疗中心的案例阐明了一个组织(一个"供应商")和它的顾客之间保持良好关系的重要性。正如第1章提到的,以顾客为中心是全面质量(total quality,TQ)的一个基本原则。唐·佩珀斯(Don peppers)和玛莎·罗杰斯(Martha Rogers)雄辩地总结了顾客的重要性:"没有顾客,就没有企业。"[2]

日语中的"okyakusama"一词有"顾客"和"贵宾"双重之意。世界一流企业执着于满足和超越顾客期望。诸如沃尔特·迪士尼公司、丰田汽车公司旗下的雷克萨斯等公司建立在"不仅满足顾客,还要取悦于顾客"这一观念的基础上。

近些年,商业领域内的供应链管理备受关注。企业意识到供应链管理对于(公司)有效运营和满足顾客需求至关重要。一条供应链包括:从供应商购买的原材料和其他投入、生产产品和提供服务时的投入、分销及为顾客提供的服务。质量应从顾客开始,通过供应链返回到采购来源。传统上,许多企业与供应商联系紧密,但产出(成品)的质量不会高于输入(组成零件)的质量。1982年,IBM从一家日本制造商购买了部分零件。根据要求,IBM能接受每100万个产品中有300个不合格品。来自日本市场的反应引起了许多问题,这为IBM改变对质量和供应商关系的看法提供了一个机会。日本制造商评论说:"我们在理解北美企业的惯例方面存在困难。但是对于每10 000个产品中有3个不合格品的规定,我们已考虑在内,并且将每件产品单独包装,希望这次它们能够满意。"[3]

构建供应链上顾客和供应商之间牢固与积极的关系是全面质量的一个基本原则。戴明很久之前就意识到了这一点。1950年,他在一块黑板上为少数的日本高层管理者绘制了下图:

资料来源:Adapted from *Out of the Crisis* by W. Edwards Deming. Published by MIT, Center for Advanced Educational Services, Cambridge, MA 02139. Copyright © 1986 by The W. Edwards Deming Institute.

戴明强调使用消费者调查来理解绩效以及改进输入、加工过程和输出的重要性。这个概念确立了将持续改进的基础作为质量管理的基石。

本章将会:

- 论证顾客–供应商关系对于实现卓越绩效的重要性;
- 确立顾客–供应商关系的原则和实践;
- 列举顾客和供应商之间有效合作关系的例子;
- 将一种注重顾客和供应商关系质量的方法与传统组织理论相对比。

6.1 顾客－供应商关系和卓越绩效

从全面质量（TQ）的角度来看，每家公司都是一条（实际上是许多条）长长的顾客和供应商链条的组成部分[4]。每家公司都是其供应商的顾客、顾客的供应商，因此仅仅认为一家公司扮演一个角色是没有意义的（见图6-1）。在某种意义上，这个观念暗示了：公司顾客的顾客也是其顾客。有时，一家公司必须关注它的直接联系顾客以及链条上的间接联系顾客。例如，宝洁公司（P&G）会努力满足其产品的使用者和销售产品的批发商。如同与顾客建立的某些富有成效的关系一样，公司应当尝试与供应商也建立这样的联系。

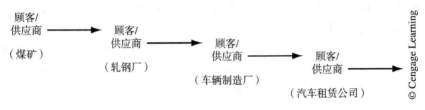

图6-1 顾客－供应商链条

许多公司与那些和自己价值观一致的供应商工作联系紧密。这种紧密联系可以使企业指导供应商提升运用与质量相关的工具和方法的能力。尽管许多企业有正式的供应商认证程序来评价供应商，但一些公司请求供应商像顾客一样评价公司本身。摩托罗拉公司成立了一个由15个供应商组成的委员会以评价摩托罗拉公司的做法并提供相关改进建议，比如摩托罗拉生产计划的准确性或设计布局的精确性等。[5] 公司可能会询问供应商以下典型问题：[6]

- 你还没有被满足的期望是什么？
- 从我们这里，你还期望得到的技术支持是什么？
- 从我们这里，你还期望得到的反馈是什么？
- 你想从合作关系中获得什么利益？

加强双向沟通能改进产品和关系。通过发展伙伴关系，顾客和供应商能够建立联系，这种联系进一步帮助他们满足顾客－供应商链上共同顾客的需求。这就是为何在同一章中论述顾客－供应商关系，而不是单独设置章节分别讲述顾客和供应商。在顾客和供应商之间建立互惠互利关系的思想与传统的顾客－供应商关系方法相违背。就像一本关于质量的书籍指出："顾客－供应商关系已经成为一场自私、互相抵触的对抗谈判，他们都以牺牲对方的利益而使自己的馅饼最大化。"[7] 在全面质量的视角下，作者将继续论述：顾客－供应商关系的关注点是双方一起做大馅饼，而不是纠结如何分配。

6.1.1 顾客的重要性

从把顾客作为买家增加盈利率的筹码，到把顾客作为一个活跃合伙人并关注所有质量活动可以看出，顾客的重要性在这些年逐步上升。顾客满意度直接带来利润的增长。然而，即使满意度重要，现代企业仍需要看得更远。获得较强的盈利能力和市场份额需要忠诚的顾客，即这些和公司在一起并做出积极推荐的人。满意度和忠诚度是完全不同的两个概念。引用丽思·卡尔顿酒店集团公司前任首席质量官帕特里克·梅内（Patrick Mehne）的话："满意度是一个态度，忠诚度是一种行为。"仅仅满意的顾客可能经常因为便利、促销或其他因素购买竞争对手的产品。忠诚的顾客优先选择某个特定公司的产品，经常费尽心思或者另付小费与公司共进退。忠诚的顾客花费更多，也愿意支付更高的价格，推荐新客户，并且和他们做生意的成本较低。例如，尽管美国家得宝公司的顾客每次光顾只花费38美元，但他们每年平均光顾30次，一生要花费超过25 000美元。[8] 达拉斯市休厄尔·凯迪拉克公司的拥有者卡尔·休厄尔（Carl Sewell），计算出一位忠诚的顾客在其销售商店一生的平均花费为332 000美元。[9] 统计数据也显示典型公司与现有顾客达成65%的生意，而寻找一个新顾客要比保留一个现有顾客花费至少5倍的代价。[5]

相反，质量差的产品和服务会导致顾客的不满，表现为抱怨、退货和不利的口碑宣传（见下面的专栏"'美联航弄坏了吉他'像病毒一样扩散"）。不满的顾客会从竞争对手那里购买产品。一项研究表明顾客因为服务问题更换厂家的概率是因为价格问题或产品质量问题更换厂家概率的5倍。[11] 研究还显示，不满的顾客会把糟糕的经历和成功的经历告诉朋友，关于前者的告知数量至少两倍于关于后者的告知数量。

 "美联航弄坏了吉他"像病毒一样扩散

2008年3月31日，加拿大音乐家戴夫·卡罗尔（Dave Caroll）和其所在乐队（麦氏兄弟音乐组合）的其他成员一起在芝加哥奥黑尔国际机场换乘航班。有旅客从窗口张望，惊呼道："我的天啊，他们把吉他给扔了出去。"猜猜是谁的？当乐队到达奥马哈市时，卡罗尔发现他的价值3 500美元的泰勒吉他已经损坏。他耗费大约1年的时间向美国联合航空公司在芝加哥和印度的代理商索赔，航空公司因为他没有在24小时之内提出索赔申请而拒绝赔偿。因此，他打算将这次奇葩经历编成歌曲。2009年6月，他放到视频网站上的歌曲《美联航弄坏了吉他》在前两天获得了15万的点击量，此后更是达到数百万的点击量。此外，他的经历出现在上百个全球新闻消息和网站上。不久之后，美联航一位发言人称："这件事触动了我们，我们已经与他直接取得了联系并采取了合理的举措。"自此，卡罗尔说他不再要求赔偿，但更乐意他们选择将赔偿金用于慈善。美联航随即向塞隆尼斯·孟克爵士乐学院捐赠3 000美元。

对于许多企业而言，"顾客第一"是一个指导原则（见后面的专栏"在对顾客友好的天空翱翔"）。无论怎么夸大顾客对于全面质量的重要性都不过分。顾客是每个全面质量活动的中心，以顾客满意为不懈追求是全面质量的第一原则。顾客被认为是公司赖以生存的保证。因此，关注顾客，而非内部问题，才是全面质量方法的基础。如今，组织开始关注**顾客参与**（customer engagement）。顾客参与是指顾客对于一个品牌和产品的投资或承诺。[12]

顾客参与胜过了忠诚，它是顾客导向文化，组织的倾听、学习，卓越绩效战略的一项重要产物。顾客参与的特征包括顾客维系和忠诚、与企业尽心做生意的意愿，以及对于一个品牌与产品大力支持与积极推荐的意愿。组织的诚信和与顾客建立的联系影响着顾客参与。就像一家小型公司的拥有者所言："我们通过告诉顾客真相建立顾客忠诚度，不管这个真相是好是坏。"[13]

在对顾客友好的天空翱翔[14]

美国西南航空公司成立于1971年6月18日，提供飞往休斯敦、达拉斯、圣安东尼奥的航班服务。就国内载客量而言，西南航空公司已是美国第五大航空公司。该航空公司每日有2 150个航班，拥有超过23 000名员工。西南航空公司以出色的服务而闻名，保证员工以友好、关心和热情的态度为顾客提供服务。《我为伊狂！美国西南航空为什么能成功》一书的作者雅姬·弗莱伯格（Jackie Freiberg）和凯文·弗莱伯格（Kevin Freiberg）指出西南航空公司卓越服务的一个关键要素是文化。

西南航空公司希望留给自己的顾客如下长久的印象：服务友好、温馨、有趣，能使他们开怀大笑……因此，对于可能违反公司政策而满足顾客的员工，西南航空公司全力拥护和支持。公司循序渐进地向每位员工灌输这种观念：高兴和满意的顾客会用一次次光顾创造工作保障。

每年大约有1 000名顾客向西南航空公司写信，他们中的每个人都会在4周内收到个人回应（不是一封统一回复的信），搭乘航班的常客还会得到生日卡片。得知每周跨州去上学的5名医学生抱怨每次航班致使他们迟到15分钟时，航空公司甚至提前飞行15分钟。关注顾客也包括关注内部顾客。每个运作部门都会确认内部顾客——服务飞机的机械人员将驾驶员视为自己的顾客，营销员将预订员视为自己的顾客。飞行员帮助地勤人员搬行李是很常见的。就像执行副总裁科琳·巴雷特（Colleen Barrett）指出的那样：" 我们不是一家在顾客服务方面做得出色的航空公司，我们恰好是航空公司领域中的一个出色的客户服务组织。" 西南航空公司被认为是美国最盈利的航空公司之一。

多年来，西南航空公司被认为拥有最好的行李处理措施、最少的顾客投诉、准确的航班抵达等服务。它已经获得很多荣誉，包括被《财富》杂志评选为美国最令人尊敬的公司之一。

6.1.2 供应商的重要性

从供应链的上游（供应商）接收产品和服务的质量对于下游顾客获取的产品和服务的质量有重要的影响。供应商是指为公司提供产品和服务，帮助公司满足自己顾客需要的组织。一家制造公司的许多加工配件都由供应商提供，该制造公司指出：最终成品的质量不会高于组成部件的质量。例如，通过对波音商用飞机进行广泛而全面的调研后，美国联邦管理局得出结论：公司对于它的供应商体系未能保持足够的控制。在一起事故中，几个供应商提供的铝配件是次品，部件安装之后容易开裂。已服役的飞机不得不做大量测试和检查，以消除突然出现故障的可能性。[15]

如果一个供应商的产品能够保持一贯的高质量，那么其顾客能够减少或取消昂贵的、对产品不会产生附加值的进厂检验。基于这些原因，许多组织已经不断要求所有供应商在提升质量方面要有实际的进展。不接受这一要求的公司要从供应商名单中被剔除。供应商的重要性不低于公司培训、软件和其他不能形成最终产品的产品或服务的重要性，不过它们是通过塑造用来生产产品的过程的质量来影响产品的质量的。

然而，美国美泰克公司全球采购部副总裁特里·A. 卡尔森（Terry A. Carlson）曾说：" 卓越的质量、持续的服务和富有竞争力的定价仅仅是进入这场游戏的入门要求。" 世界一流供应商区别于其他公司的地方在于：这些公司可持续性地改进它们的产品和服务，拥有与顾客一起整合产品、过程和企业战略决策的能力和意愿，证明有能力成为开发新技术和产品的先驱者。[16]

如今，全球的企业运作常常高度分权化和分散化。因此，管理一个复杂的供应商网络变成一个关键的跨组织的问题。在产品从设计到分发的过程中，供应商扮演着一个关键的角色。供应商为公司提供内部不具备的技术或生产过程、早期设计咨询和产能……这些可以降低成本，加快产品推向市场的时间并提升产品质量。相应地，他们是长期稳定业务量的保证。例如，在戴姆勒-克莱斯勒公司，供应商参与早期的过程设计。[17] 结果，戴姆勒-克莱斯勒公司会先于其他汽车制造商发现新材料、零件和技术。

6.2 顾客-供应商关系的原则

在全面质量（TQ）的视角下，有三个指导原则可以用来描述顾客-供应商关系：

- 认识到顾客和供应商的战略重要性；
- 构建顾客-供应商两者双赢的关系；
- 确立基于信任的关系。

首先，每个组织必须意识到顾客和供应商对于自身的成功绝对是至关重要的（见下面的专栏"寻找温馨服务"）。尽管这听起来不足为奇，但许多组织似乎由标准化的操作程序、过程化的工作规定等要求所驱动，而不是设法满足顾客的期望。

 寻找温馨服务[18]

诸如汽车销售商、银行、医院在内的很多公司不以出色的顾客服务见长，但它们正向那些长期以提供卓越服务而自豪的豪华酒店学习，如两次鲍德里奇奖获得者丽思·卡尔顿酒店和四季酒店。这些酒店的服务包括雷克萨斯经销商提供的代客泊车、在陈列室摆放的鲜花、浴室的大理石地板等。享受完这些酒店的服务后，客户开车时会发现酒杯架上放着瓶装水和好时巧克力——酒店经常提供这些令人愉快的事物。在获得鲍德里奇奖之后，丽思·卡尔顿酒店开设了它的著名服务策略的培训课程。今天，像梅西百货、星巴克这样的公司正在报名参与这一培训课程。

丽思·卡尔顿酒店的格言是：我们是为淑女和绅士服务的淑女和绅士，所有的员工都如同客人一样被对待。公司的关注点是培训"有技能和被授权的员工，并使其自豪、快乐地工作"，以确保所有员工知道他们应该做什么以及他们应该做多好，并且有权力做任何顾客需要的事。例如，员工有权力"动用一切以满足顾客需要"，要求其他员工帮忙解决复杂问题，花费多达 2 000 美元满足客人或解决投诉。另外，女招待的工作不仅是帮客户找座位，而且要给顾客创造难忘的经历。如果一个顾客问礼品店在哪里，女招待会引导顾客到那里，而不是简单地指出方位。员工的每次换班从一个 15 分钟的"指导会"开始，经理会详述公司的价值观和服务过程，并识别员工的超凡表现。虽然几乎所有人都对丽思·卡尔顿酒店及其竞争对手提供的温馨服务印象深刻，但是并非所有的行业都能使它们的工作如此顺畅和高效。实现这些目标需要特色文化和准则。

许多员工认为超出他们工作描述范畴的顾客服务不是他们的"工作"。例如，一个酒店接待员的正式职位描述可能是迎接顾客并进行登记，处理订单。但这是否这意味着他不应该提供特别的服务，比如将几个枕头带到房间（客房部的"工作"），或者预订房间（礼宾部的"工作"）？作为第一个和最后一个联系客人的员工，前台服务员对客人满意度的影响最大。前台服务员不良的服务态度会对组织造成严重的影响。当然，造成这种态度的原因从根本上看可能在于酒店鲜明地营造出了一种员工对保持工作界限比服务顾客更感兴趣的系统氛围。[19]

顾客必须是整体组织的中心（见下面的专栏"回旋镖原理"）。满足他们的需求可带来回头生意和积极推荐，截然相反的是一锤子买卖与负面推荐。供应商也被认为是组织成功的关键，因为他们使得建立顾客满意度成为可能。如果没有供应商的贡献，组织产品的质量和成本水平都不会具备竞争力，也不会得到持续改进。

 回旋镖原理[20]

费格尔·奎恩（Feargal Quinn）是超级奎恩百货连锁超市的执行官。该超市有 5 600 名员工和 19 家连锁分店。奎恩的每一个举措都注重说服顾客再次光临。奎恩称它为"回旋镖原理"。他不遗余力并且别出心裁地探索该原理，这使他赢得了爱尔兰"顾客服务的教皇"美誉。超级奎恩百货连锁超市推崇给予顾客强烈的关怀这一理念，使得许多远方的顾客驱车前往超级奎恩百货连锁超市购物，而他们以前是在几个最强的竞争对手那里购物。在超级奎恩百货连锁超市，你不必为你不用的西兰花茎和胡萝卜叶子付钱，超市为你提供剪刀以便切去你不想要的部分。付款时，收银员会使用一个面对顾客的屏幕滚动记录卡，而后按照产品类别整理最终收据，而不是按顺序扫描产品。

每个超市配备专业化的儿童游戏屋，当妈妈购物时，可以将孩子放在那里。这一设施花费不菲，但赢得了更多的忠诚的顾客和声誉。

国内的幼儿园教师（爱尔兰没有学前班）认为"超级奎恩百货连锁超市儿童"是每个新班级最擅长社交的孩子，并且他们的入学适应期很短。每月，超级奎恩百货连锁超市管理者需要将自己放在顾客的位置，花费时间陪他们购物，询问问题，听顾客的抱怨以及排队等候。超级奎恩百货连锁超市拥有新鲜果蔬、屠宰者和鱼商、超前的平板屏幕显示器、电子货架标签和顾客银行的缴费终端——超级会所账户，以及葡萄酒饮酒建议和可以互动的食谱建议师。奎恩指出："在公司看来，看似合理或具有价值的举措在顾客眼里常常是一大败笔。"

顾客–供应商关系的第二个原则是建立互惠的（常称为"双赢"）顾客–供应商关系。前面已经讨论了如何一起做大馅饼，而不是在如何分配馅饼方面较量。

"建立顾客和供应商之间的伙伴关系"这一目标被认为是团队合作原则的一种拓展，这些原则适用于所有全面质量活动；该目标也可以这样被解释：如果要创建富有成效的长期关系，双方的需要必须得到满足。爱德华·戴明提倡这一原则已数十年，这在他的14条中显而易见（见第2章）。约瑟夫·朱兰提出了一种实用的框架以区别公司与供应商之间的对抗关系和合作关系。[21] 传统上，顾客可选择许多不同的供应商来购买同样的产品，所以与供应商签订的通常为短期（年度）合同。这种做法促成了一种竞争情景：供应商争相压低价格，可能以牺牲产品质量来控制成本。而建立合作关系可导致企业所需的供应商数量降低，许多物品的采购来自唯一供方。在有较少的供应商的情况下，公司不需依靠年度投标就可以获得长期的合同。这增强了为相互利益而一起工作的动机。例如，供应商与顾客可以一起完成质量计划、问题解决活动和适应市场变化的工作，而不是各自为政。这有助于顾客和供应商在产品"适用性"方面满足顾客需求，而不是单单试图做到符合公司规范。这还有助于持续改进精髓的形成，大型公司能够帮助较小的供应商改进他们的质量管理系统、提高过程处理能力。类似的观点在戴明 14 条中也得到宣扬。

有效的顾客–供应商关系第三个原则是确立基于信任的关系。这一点被朱兰称为"合作模式"。猜疑的代价是令人吃惊的：美国国防部与供应商签订的合同详尽地罗列了无数详细的、严苛的规则。供应商经常因为多个层次的检查，在时间和金钱两方面遭受巨大的损失。尽管在采购武器方面需要一定的严格性，但这种做法若用于更为普通的产品的采购时结果很难想象。

暂且不论基于信任与怀疑的关系对团队合作会产生明显的影响，监控供应商或顾客行为并不会为产品增值。如果顾客与供应商之间的信任关系能发展到不必检查对方的行为，那么监控成本则会避免，比如检查和审计。许多日本公司对于本国公司的产品不会检查，但他们会检查购买的美国产品。信任不是一个面向未知的盲目跳跃；随着时间的流逝，它将遵循"各方按承诺全面且如实地贯彻一种成功模式"的发展路径。[22] 换句话说，信任依赖于顾客–供应商关系中彼此的可信行为。

6.3 与顾客打交道的实践

如何将这些原则转化为具体的做法？服务顾客最基本的步骤是：①收集顾客信息；②传播顾客信息；③使用这些信息设计、生产并提供组织的产品和服务；④测量顾客满意度、忠诚度以及参与度。

6.3.1 搜集顾客信息

获取顾客信息对于理解顾客需求和识别改进机会至关重要。日本汽车业以设法详尽了解顾客需求而出名，以至于它能够推出客户从未要求的设计特征，但顾客一旦使用就会喜欢这些设计特征。汽车设计者团队上门拜访顾客，观察他们的生活方式以便预测他们的汽车需求。本田公司执行副总裁——杉浦秀夫（Hideo Sugiura）曾对公司预测顾客需求做出的努力评论道："我们不应该尝试销售产品，因为市场就在那里。我们需要通过准确捕捉顾客和社会的潜在需求以寻求开拓一个新的市场。"本田公司豪华车生产商雷克萨斯公司采取这种方式并取得了巨大的成功，常在业主满意度调查中独占鳌头。

在第 1 章中，我们引用了诺顿的顾客需求模型：

- 不满意因素；
- 满意因素；
- 惊喜/愉快因素。

在试图理解顾客需求的同时，超越顾客谈及的需求并猜想真正使他们感到愉悦的需求很重要。一条众所周知的创新原则是：对于一件从未体验的产品，顾客几乎不会表达他们的激情。起初对于电脑的市场调查结果显示只有很少的电脑会被出售；3M 公司花费很多年才使得办公人员相信便利贴是有价值的。正如索尼公司的 Kozo Ohsone 指出的："当你引入一个以前从没出现过的产品时，市场研究所谓何用？"[24]

搜集顾客信息主要通过调查、服务满意度卡片、团队聚焦、倾听商业交易中顾客的声音等一些重要的方式，尤其是当他们抱怨的时候。一些公司，比如万豪酒店，构思新的方法以了解顾客需求的最新情况。下列内容在万豪酒店并不是什么低调行动：董事长比尔·马里奥特（Bill Marriott）每月亲自阅读大约 800 封来自顾客的信件和 15 000 个顾客调查问卷。[25] 重视顾客满意度引发的效益非常明显，万豪的入住率一直比行业平均入住率高 10%。

员工和高层领导都参与顾客信息的搜集，这能够使员工提升技能、增加知识，使工作更有意义并增强工作动机（见第 8 章）。例如，通用汽车公司旗下的前"土星"汽车品牌的员工实施了顾客调查，这使得员工在与顾客建立联系时对质量更为负责。[26] 同样地，另一个常见的实践是将员工放到顾客群里，这不仅能从顾客那里得到反馈，也可以为员工提供自身所做工作重要性的有价值的信息。一名遵循这一实践的铸造车间主任评论道："我们将车间人员带到顾客的工厂，希望他们能够在合适的场所看到最终产品。这使得我们的员工可以走出去与顾客碰面。如此一来，员工更加了解顾客，会有一个更出色、更贴心的态度，因为他们对正在进行的事情了解更深了。"

一个公司的高层管理者扮作组织的顾客：在他们自己的旅馆租住一个房间或从零售商店购买一套西装，这是更好地把握顾客需求的另一种方式。这不仅使高层领导重视服务质量，也让他们在制定组织政策时变得更为敏感。[27] 例如，瑞士信贷集团高层推出"浸入式体验"，他们观察顾客言行，执行典型顾客的任务，比如兑换外币或者浏览公司网站，甚至花费一天坐在轮椅上体验残疾顾客面临的问题。一位高管指出："在某些情况下，让顾客与我们做生意真是勉为其难"，以至于公司（不得不）重新推出一些设施和服务举措（以满足顾客）。[28]

近期搜集顾客信息使用较多的方式是监控网络和社会媒体。[29] 网络为公司了解顾客如何看待它们的产品提供了广阔的舞台。网络使用者经常向其他使用者寻求产品好坏的建议，分享服务质量的故事，或者提出他们需要解决的具体问题。通过讨论组、博客上的对话，管理者能获得顾客的感受以及产品或服务的质量问题。公开论坛上的顾客建议常会转化为创造性的产品改进。此外，网络可以成为一个了解竞争对手产品信息的良好渠道。

与其他调查类型相比，监控网络交流的花费是极小的，并且顾客对被提问的问题没有偏见。然而，交流或许被认为不够系统或者不够聚焦，因此，包含的有用的信息可能较少。此外，不像一个聚焦团队或电话访谈那样，认知偏差或事实错误不能被更正。诸如 Facebook 和 Twitter 等社交媒体也能提供丰富的信息，比如 K&N 管理公司使用一种市场分析工具监控社交媒体活动以此衡量客户参与度。

除了获取完全了解顾客需求的信息外，公司也需要评估它们的产品和服务在多大程度上满足了顾客需求。一种简单的方式是直接询问，使用一个称为"顾客之声"的过程（见后面的专栏"好的、坏的和糟糕的"）。在了解顾客时，一些公司利用非传统、创造性的方式。英国航空公司在伦敦外的希思罗机场和纽约的肯尼迪机场安装了影音大厅。当顾客对其服务感到失望时，可以进入该大厅并给英国航空公司发送视频信息。尽管起初只有高层管理者才可以观看这些资料，但随后，一线员工要求并被允许观看这些信息，这被证明很有作用。"直接询问"方法的重要性在于：它赋予人们一种与顾客感知服务质量相通的情感（"你弄丢了我的 &%$# 行李！"），这种情感不容易通过赋值 1～5 的顾客满意度调查体现，尤其是调查需要花费几周的时间。美国德州仪器公司创建了一个模拟课堂以了解数学教师如何使用计算器，李维斯公司的管理者过去常常与购买摇滚音乐会门票的青少年交谈。

 好的、坏的和糟糕的

一个地区的连锁餐馆意识到：顾客知道自己想要的，但将自己的需求完全传达给管理者非常困难。这就意味着公司必须能够将顾客的语句有效地转换成可执行的商业用语。以下是发生在该地区连锁店的、来自顾客的越来越多的真实案例。

- "我到这里了。像被放养的牛一样，我站在坚硬的水泥地板上，每次打开门，寒风吹打着我的脚踝，一直等到我的名字被叫到。"
- "然后我看到一个肮脏的标签在一张肮脏的桌子上晃荡。"
- "这是一个美妙的地方，你可以进来，扑通一下坐在卡座上，就像回到了妈妈家。"
- "经理说了，这不是一只小昆虫，而是黑胡椒。于是我说，我知道黑胡椒和昆虫的区别——黑胡椒上面没有翅膀！"
- "我发誓！沙拉看起来像服务员跑到河边采摘的一些杂草和种子——我再也不来了！"
- "到了他们那个年纪，上厕所是个激烈的运动——他们什么都碰、什么都抓，你试图阻止他们触碰任何东西，因为厕所是如此的肮脏。顺便问一句，厨房是不是距离厕所只有一步之遥？"
- "服务员只是站在那里看着我，像头牛一样反复咀嚼着口香糖。"

在第一个例子中，顾客真实的意思是：请让我感到舒适！你认为其他例子所表述的真实含义是什么？

走进顾客内心更为正式的方式被称作**印记分析**（imprint analysis）。[30] "印记"是指不自觉地与一个词、一个概念或一种经历联系在一起的联想和情感的集合。情感越强烈，印记越明显。早期带有强烈情感的事件和经历通常存在于一个人一生的下意识里。通过细致地研究人们的过去经历，印记分析可以帮助公司了解驱动（顾客）现在行为的因素。此外，当前经历的印记能反映未来顾客需求，因此，印记分析能如实预测顾客行为。面临健康饮食观念的转变，一家冰淇凌公司需要了解是否可以开发脱脂产品或者降低产品含糖量等信息。印记分析的结果发现了一个令人惊讶的顾客群体，他们的饮食习惯与常规相违背。工作日中，顾客消费低脂食物，剥夺享受甜食的权利。但到了周末，作为在一周中只吃健康食品的奖励——超级冰淇凌是他们的最爱。该分析揭示的另一个矛盾就是尽管顾客说他们想要许多不同的味道，但是他们倾向于购买以香草作为底料的食物。分析展示了对于味道的两种感觉：一种属于身体，另一种属于灵魂。通过用令人兴奋的名字开发香草系列产品（还有优质的富含乳脂的冰淇凌），公司在现有消费群体中确立了忠诚度，也吸引了新的顾客。

全面质量原则通过下列方式帮助组织搜集顾客信息：参与到每个接触顾客的员工的工作

中；关注搜集信息的过程，比如划分顾客团体和对顾客需求排序，并且不断改进这些过程。

顾客通常有不同的需求和期望。例如，美国梅西百货公司针对它的四种核心顾客总结出了四种生活方式："凯瑟琳"——传统的、古典的、不愿冒险且喜欢质量的顾客；"朱莉"——非传统的，稍微前卫，但仍崇尚经典的顾客；"伊尔琳"——当代喜欢新奇和品牌商店的顾客；"亚历克斯"——只喜欢最潮流产品的顾客（这是男性的专属）。[31] 另一种着眼于业务结果的顾客细分的方法是通过盈利能力来实现的。例如，加拿大皇家银行确认了一个称为"雪鸟"的关键顾客群体，也就是在佛罗里达州或亚利桑那州过冬的加拿大人。这些人希望在美国借钱购买公寓大厦或者房子，并且他们需要既了解加拿大也了解美国，在必要场合还会讲法语的员工服务。因此，加拿大皇家银行在佛罗里达州开设了分行并且成绩斐然。[32]

一家公司用一种相同的产品或服务不可能满足所有的顾客，这对做全球业务的公司而言显得尤为重要（考虑不同国家汽车规制的不同或者美国、欧洲之间电力系统的差异）。因此，公司将顾客细分为几个团体并以此定制产品或服务，这样更容易满足客户的需求。

6.3.2 传播顾客信息

公司员工搜集顾客需求的信息后，下一步就是在组织内传播这些信息。毕竟，公司员工要像一个团队一样工作以此达到顾客的期望，就像谚语所说，他们必须一起"唱响同一首赞美诗"。如果把信息带到组织内，但仅停留在个人或部门层面，那么它毫无用处。温莱特工业公司有独特的方法。位于总部大楼的一间被称为"愿景控制"（由一位《星际迷航》影迷的管理者命名）的房间充当公司的核心信息中心。不仅有顾客报告卡片张贴在墙上（与其他关键质量和商业信息一起），还有绿色和红色的彩旗用来诊断顾客事宜是否进展顺利或者问题是否开始显现。红旗信号预示要召开会议处理问题。

美国电话电报公司持续维持"以顾客为中心"的理念，其部门已多次获得鲍德里奇奖，杰尔·斯特德（Jerre Stead）告诫他的员工："如果你在开会，但开了15分钟仍没有谈论顾客和竞争对手，就该举起手询问缘由。如果会议继续这样开了半个小时，离开！离开这个会议！"[33]

顾客信息必须转换成组织产品或服务的特征。从供应商视角看待顾客-供应商关系的底线是：给予顾客所需。使用第3章中谈论的质量功能展开（QFD）工具以结构化的方式将顾客需求转变成产品特性。质量功能展开使得员工认清他们的产品和服务是如何影响顾客满意度的，应该如何改进产品。从信息来自顾客到提供优质产品，其使用的过程如图 6-2 所示。

6.3.3 使用顾客信息

如果顾客信息得不到利用，那么它是无用的。

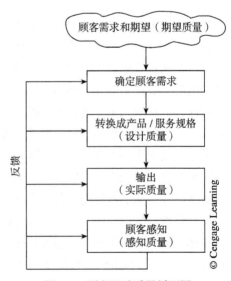

图 6-2　顾客驱动质量循环图

顾客反馈应该被整合到不断改进的活动中。例如，通过倾听顾客，第一银行（Bank One）在俄亥俄州和得克萨斯州的1 377家分行在周六营业的比例达60%，周日营业的比例达20%。一个24小时消费者热线也已开通。

Binney & Smith，一家生产克雷奥拉蜡笔和记号笔的公司，通过利用顾客反馈努力进行产品改进。公司收到许多来自家长的信，称赞蜡笔在孩子艺术开发中起到的关键作用。然而，一些来信抱怨记号笔在孩子的衣服上留下了永久的污点。经过两年的研究，该公司开发了一种可漂洗的记号笔生产线。记号笔销售量翻倍，这体现了公司的学习能力和能够提供顾客所需产品的能力。[34] 该公司赞助了一项比赛，客户可以为16种新蜡笔的颜色命名。"我们这么做的部分原因是从顾客的建议中推出新的色彩。50%的顾客希望我们扩充和增加新颜色种类。"公司的发言人布拉德·迪克勒（Brad Dexler）说道。也许顾客信息最重要的用处是完善企业战略、设计产品和服务（见下面的专栏"关注顾客可不是赌博"）。

关注顾客可不是赌博[35]

加里·洛夫曼（Gary Loveman）博士是哈佛大学商学院的一名教授，在教学中将"服务利润链"引入商业领域。他已是Harrah's Entertainment公司的首席运营官和首席执行官，并且是拉斯维加斯和其他地区赌场的老板。服务利润链理论认为：公司的盈利能力和关注顾客忠诚度之间存在直接的关联，要奖励与顾客联系最紧密的一线员工。认识到赌博从根本上来讲是一种娱乐，洛夫曼将公司的战略聚焦于赌场，而不是其他赌场公司特色的外围娱乐活动。他也直接将更多的注意力集中到大量忠诚但不是"挥金如土"的顾客上。例如，他帮助公司推出一套三级忠诚卡制度，鼓励赌客增加消费以得到宽厚优待：享受打折房间，登记时无须排队，拥有单独的自助餐座位。这种卡片也收集到了大量的顾客有用信息。该公司还推出了一个项目，就专门的飞机向这些顾客提供免费或打折机票，用班车把他们拉到赌场，甚至用蓝色玛格丽特迎接他们。当然，顾客也需报答这些恩惠。

例如，在美国鲍德里奇质量奖准则中，一个关键的问题是：一家公司如何搜集、分析顾客和市场的需求、期望以及机遇等信息，并将他们与战略制定联系起来。分析顾客信息能为新产品和改进的产品或服务提供大量机会。确保产品质量合适的一种方式是搜集有关关键质量特性的重要度和绩效的信息。例如，对于一家旅店而言，搜集登记入住的速度、退房的速度、员工的态度，以及顾客如何基于这些因素评价酒店这些信息非常重要。对于这种数据的评估可以通过在一个二维表格上画出每个属性的平均绩效和重要度分数来完成（例如第4章阐述的散点图）。理想的情况是，一家公司需要在重要特征上取得高绩效，不要在不重要的特征上浪费资源（也就是，可接受低绩效分数）。高绩效和低重要度的结果意味着公司在不重要的顾客属性上浪费了资源（行为过度），但是那些低绩效和高重要度的结果意味着公司的运作在重要的顾客属性方面并不如意，很容易使公司在竞争中失利。通常，挖掘的竞争对手的资料能够为竞争提供一个参考。

6.3.4　测量顾客满意度、忠诚度和参与度

有效的顾客满意度测量系统，能生成顾客对特殊产品和服务特色的评定等级，以及这些

评定等级与顾客在未来市场上可能的行为之间关系的可靠信息。顾客满意度测量包括产品属性，比如产品质量、绩效、可用性和可维护性；服务属性，比如态度、服务时间、及时支付、异常情况处理、责任和技术支持；形象属性，比如可靠性和价格；整体满意度测量。对于关键竞争者的比较可以使公司富有洞察力。企业经常依赖第三方进行不记名调查从而决定关键竞争者是谁，以及如何与他们的产品和服务做对比。竞争比较常用于阐明改进质量如何实现更好的顾客满意度，或者关键质量特性是否被忽略。

测量顾客满意度并且有效利用它的一种方式是收集关键质量特性的重要性和绩效信息。例如，一家旅店可能询问登记入住、退房的速度，员工的态度，以及顾客如何基于这些因素评价酒店。对于这种数据的评估能够通过一个二维网格测算个人属性的平均绩效分数和重要性分数来完成（见本章最后的"校园美食广场"）[36]。理想的情况是，一家公司需要在关键的顾客特征（也就是高重要性）获得高绩效，并且不希望在重要性低的特征上浪费资源（所以低绩效是可以接受的）。高绩效和低重要性的结果意味着公司在不重要的顾客属性上浪费了资源（行为过度），但是那些低绩效和高重要性的结果意味着公司的运作在重要的顾客属性方面并不如意，很容易使公司在竞争中失利。这种分析的结果帮助公司锁定改善和节约成本的空间，也为战略规划提供了有用的信息输入。通常，挖掘竞争对手的资料能够为竞争提供一个参考。

 不只是一堆岩石[37]

加利福尼亚州的花岗岩公司是一家优质建筑材料生产商，其业务主要面向公路和高速公路施工和维护、住宅以及商业建筑施工。它的主要产品系列包括岩石、沙子和砾石骨料、预拌混凝土、沥青等其他产品。考察主要顾客群体是该公司提升顾客满意度的关键方法之一。受访者不仅购买公司产品，还购买其他竞争者的产品，而通过向受访者询问购买沥青的影响因素排序这类调查，该公司确定了影响顾客购买最重要的因素排序依次为准时交货、产品质量、调度（在短时间内交付产品的能力）、问题解决、价格、信用期限和销售人员的技能。公司每年都调查顾客和非顾客以获得一张关于它服务的"报告单"。随着优先事项的改变，该公司每隔三四年会重复该调查，尤其是在经济转型的情况下。这项调查也会询问关于顾客喜欢和讨厌事宜的开放式问题。

他们根据重要性和竞争绩效的调查结果总结并绘制一幅重要性/绩效图表，以此评价公司自身和其他竞争者的优势与弱点。花岗岩公司会研究它与其他竞争对手之间评级的差别。如果评分接近，那么顾客就无法根据此种特定的指标将花岗岩公司与其他竞争者区别开来。通过将这些图表张贴在每个车间的布告牌上，公司能够确保所有员工，尤其是销售员工，完全得知调查结果。

测量顾客忠诚度和顾客参与的常用因素包括：[38]

- 总体满意度；
- 初次购买者回购的可能性；
- 推荐的可能性；
- 继续购买相同产品或服务的可能性；

- 购买不同产品或服务的可能性；
- 增加购买频率的可能性；
- 换一家不同提供商的可能性。

今天，许多公司使用一个被称作"**净推荐值**"（net promoter score，NPS）的指数——它（已是一个注册商标）是由三家公司（Fred Reichheld、Bain & Company、Satmetrix）发展起来的。净推荐值与良性利润和市场关系紧密。该度量基于下面简单的问题："你向朋友推荐我们产品的可能性有多大？"评价值从 0 ~ 10 分。9 分或 10 分通常为经常光顾的忠诚顾客（推荐者）；7 分或 8 分是总体满意，但会考虑其他竞争对手的产品的顾客（被动者）；6 分及其以下代表不高兴且可传播消极评论的顾客（贬损者）。净推荐值是"推荐者"的百分数与"贬损者"的百分数之间的差值。推荐者对价格不敏感，对公司而言更有利可图，但贬损者对价格提升较为敏感，更换产品或服务的概率更高，对公司而言常常无利可图。

6.4 管理顾客关系

通过与顾客交流的员工，公司能建立信任并有效管理与顾客的相互作用和关系，从而建立顾客忠诚度。真正优秀的公司会同顾客构建紧密而全面的关系。这些公司也为它们的员工提供便利。Ames Rubber 公司的顾客可以直接参与高层部门管理，与制造人员、质量工程师、销售和服务代表以及技术支持专家直接接触。

在服务中，顾客满意或不满意发生在关键时刻——顾客与公司员工接触的每个瞬间。关键时刻或许直接出现在与顾客或服务人员直接接触中，或者当顾客阅读信件、发票单等公司其他通信资料的过程中。在宝洁公司主要的根本变化中，首席执行官阿兰·雷富礼曾意识到宝洁公司是用技术而不是顾客需求引领新产品，公司与零售商联系不紧密，但顾客首先看到产品是在零售商的货架上——就像他说的，这是"第一关键时刻"；公司对于顾客在家里的体验不够关心，这是"第二关键时刻"。雷富礼简易概述了宝洁公司的战略："顾客即上帝"。[39]

一项研究归纳出 70% 的顾客离开公司是因为质量差的服务，而不是产品本身的问题，所以许多公司正努力使它们的服务水准超出它们的产品水平。[40] 公司关注的主要领域是电话接待服务，尤其是找到人去接听电话的时间，回答顾客一个问题或者完成订单的时间。许多公司努力确保座机铃声响三下的时候被接通，但对于世界上最大的电子互联系统制造商 AMP 公司而言，电话响三声已成历史。AMP 公司在 6 秒内接通顾客，也就是在第一次座机声响起的时候。为什么有这个宏伟目标？ AMP 公司发现如果响三声接听电话，8% 的顾客会挂断电话。现在他们不会失去很多电话了。[41] 全面质量原则将服务顾客视为一个过程，聚焦于提升服务传递质量、减少引发顾客不满的故障。与顾客建立关系的良好设计的过程能够帮助公司识别顾客不满意或顾客丢失的早期信号。

6.4.1 设置和使用服务标准

绩效水平或期望可用来定义公司与顾客联系的质量，而服务标准是可测量的绩效水平或期望。服务标准或许包括技术标准，比如响应时间（两次响铃之内接通电话），或者行为标准（只要可能，随时使用顾客的名字）。公司需要交流并不断强化自身的服务标准。最后，公司需要贯彻一个过程以监督标准的执行，并为员工提升工作绩效提供反馈。信息技术可有效追踪符合客户服务标准的行为，并为之提供数据支持。

与顾客相接触的员工对于服务标准的实现至关重要。他们的主要责任是定期与客户保持联系，包括亲自见面、通过电话或其他方式。例如，顾客很少看到银行幕后的一切，他们唯一与银行的交流是通过出纳员进行的。所有银行都能够提供快捷的服务和准确的交易，但是一家银行区别于其他银行之外在于员工的服务。出纳员能够提供卓越的服务，保持微笑，用顾客名字加深顾客好感，并说"谢谢您"，这些都是一种竞争优势。[42]公司必须谨慎地筛选那些训练有素的员工，赋予他们权力以满足并超越顾客的期望。求职人员需经过严格的筛选过程和大量的培训。世界上最具影响力的律师事务所之一杜威－路博律师事务所开设了一门内部课程，将工作场所作为"关心并为顾客服务"之地。这种行为强化了以下思想：无论公司的员工在哪里，他们首先是服务顾客的员工，他们的所作所为不仅代表公司也代表个人。这门课程呈现了真实的工作情景，聚焦于与改进活动相关的一系列问题，比如："当具体情况发生时，你认为如何做会给人留下印象？"和"你意识到你可能被别人认为……"[43]

货物配送[44]

京东商城是中国一家快速成长的电子商务企业。该公司设立了一些独特的服务标准，比如京东做出了这样的保证：如果顾客在中午11点以前提交订单，那么他在当日下午6点前就会收到产品。同样，如果顾客在晚上11点后提交订单，那么他在次日早9点前就会收到产品。然而，确保这些要求的满足，需要细心关注供应商的运营。就像首席执行官刘强东所说："赢得这个市场的关键不是所谓的商业模式，而是对细节的落实。"该公司以美国亚马逊公司为标杆，将注重物流作为运作的核心。他们的努力曾获得沃尔玛和其他美国公司共5亿美元的风险投资。

6.4.2 处理投诉

尽管公司千方百计地满足顾客，但它的每个商业实践都可能使顾客感到不满。如果不能有效处理顾客投诉，那么将对公司产生不利影响。许多顾客不投诉的原因在于他们感觉（投诉）不起作用或者他们对处理投诉的过程不胜其烦。世界一流的组织处理顾客投诉的方法很简单。除了提供拨打免费的公司电话号码（对于免费电话应该给予充分支持），许多公司还积极寻找并解决投诉。例如，Nissan公司向每一个汽车购买者打电话或者把某位购买者带进公司完成重要的保修工作。它的目标是在24小时内解决顾客的问题。[45]投诉的有效解决增加了顾客忠诚度和保留率（见下面的专栏"不要对顾客的抱怨不在乎"）。例如，在丽思·卡尔顿酒店集团，员工能够无条件使用多达2 000美元以解决顾客投诉的问题。

不要对顾客的抱怨不在乎[46]

大学生绘画作品公司位于加利福尼亚欧文市，马特·斯图尔特（Matt Stewart）是联合创始人之一。该公司每年雇用大学生制作数以千计的房屋绘画,有很高的顾客满意度。然而,有一天,一个不满意的顾客在网上发布了对公司坦率的评论。意识到即使有一个不满意的顾客也会造成很多麻烦,马特和他的合伙人亲自接见了一群顾客以了解他们不满的原因。顾客对此做法感到惊讶,马特立即意识到真正的问题是沟通不畅,而改善该状况所需的费用并不多。公司聘请了一个顾问分析与顾客互动过程的每一个环节。他们找出了可能出现在每个环节中的问题,制定了更好的标准,提出了超越顾客期望的方法。在网上散布不满信息的顾客也纷纷修改所发信息,并表示未来可能再次雇用该公司,因为他的问题得到了解决。

6.4.3 开发技术

技术能够大大增强一个组织利用与顾客相关的信息改进服务的能力。例如,在飞机延时、评估乘客需求、其他航班的延迟出发或者派车接送以方便乘客的时候,美国大陆航空公司的在线系统会对公司发出警告;英国电信集团为管理电信账户,修补了顾客使用的自我服务门户网站,并把它与顾客服务团队所用的系统连接在一起以提高一致性。[47]

技术是**顾客关系管理**(customer relationship management,CRM)软件重要的推动因素,该软件设计的目的在于帮助组织提升顾客忠诚度,把最有利可图的顾客视为目标,简化顾客交流过程。顾客关系管理软件为管理者提供多样化的有用操作数据,包括解决顾客提出的和关心的问题平均所花费的时间、订单跟踪平均时间、顾客(有时是他的家庭或公司)购买的所有商品和服务产生的总收益——顾客的经济价值全局布置,以及每个营销活动的成本和价格差异。顾客关系管理通过以下方面帮助公司获取并维持竞争优势:

- 基于地理和行为特征细分市场。
- 通过顾客和细分市场有效跟踪销售趋势并做广告。
- 确定和剔除浪费资源的无附加价值产品,以及确定更好地满足顾客需求的产品并创造更大的价值。
- 根据预测的高顾客响应率,识别出哪些顾客应当成为目标营销计划的焦点。
- 预测顾客的保留率(或者流失率),并就顾客离开公司的原因提供反馈。
- 研究哪些产品和服务可以一起被购买,采取好的方式进行捆绑销售。
- 研究和预测哪种网络特征最能吸引顾客,如何改进网站。
- 围绕顾客而不是传统职能部门简化过程,改进信息流动和循环次数。

尽管顾客关系管理有很多优点,但它不是解决顾客关系问题的方案,意识到这一点很重要。顾客关系管理帮助组织巧妙地使用数据来定制产品,从而更好地服务市场,但它首先需要了解顾客的需求。除此之外,一个人可以很轻易获取许多无用的信息(仅仅因为这很容易做到),这会造成分析困难,让使用者困惑。

6.4.4 不要忽视内部顾客

公司内部的单个部门和关键跨职能过程有自己的内部顾客,他们致力于公司愿景、依靠

（其他）部门的产品和服务最终为消费者与外部顾客提供服务。例如，制造部门是采购部门的顾客，一个护理单元是医院洗衣部门的顾客，预订部门是航空公司或者酒店信息系统部门的顾客。除此之外，每位员工从他人那里接收信息输入，并向内部顾客进行信息输出。内部顾客可能是下一站的装配线工人、经理的秘书、麦当劳公司里将订单传递给厨师的订餐员，或者满足患者需求的X射线技术员。在整个公司中，内部顾客之间建立起了"顾客和供应商链条"，将每个人及职能与外部顾客和消费者联系起来。

互利关系的原则也可用于内部顾客－供应商关系（见专栏"与内部顾客成为伙伴"）。

与内部顾客成为伙伴[48]

从办公用品到通信设施，GTE供应公司要洽谈合同、购买产品以及分发大量安装电话需要的货物。它的主要顾客是GTE每个地区电话公司内部的网络、商务和电话业务顾客群体。该公司创建了一个获取并使用内部顾客信息的系统化、高效化的过程，使得原先的敌对者成了合作伙伴，降低了成本并提高了顾客满意度。

这主要基于对内部顾客的系统调查，并以此结果作为质量改进的基础。受访者被要求评价GTE供应公司在以下方面做得怎么样：

- 提供完整的信息；
- 了解顾客需求；
- 第一次就把工作做对；
- 对问题和要求及时答复；
- 做生意轻车熟路；
- 完善服务；
- 提供清晰的交谈；
- 执行其他不同职能。

其他是寻找关于总体满意度、质量和价值观的问题，并询问有关改进机会的开放式问题。详细的报告和分析会被呈现给管理者，使他们以此设置目标，推行行动计划并将其贯彻落实。

调查和质量改进过程把该组织从一家最糟糕的公司塑造成一家最出色的公司。GTE供应公司领会到与内部顾客进行广泛而深入的交流能够明显带来满意度水平的提升和成本、周期时间的降低。

6.5 与供应商合作的实践[49]

如今的企业分散于世界各地，其运作常高度分权化。因此，管理一个复杂的供应商网络成为一个关键的跨组织问题。供应商在产品从设计到分销运作过程中起到关键作用。供应商能够提供内部没有的科技或生产工序，给出初期设计建议，扩大产能，所有这些使得产品成本更低，更快地投放市场，以及为消费者改进质量。从而，这能确立稳定和长期的商业关系。

成功的供应商推崇这样一种文化：员工和管理者分享顾客目标、承诺，分担长期合作关系的风险（回想戴明14条之一供应商关系——不要仅仅基于价格而采购）。牢固的顾客－供应商关系基于以下三个指导原则：

（1）意识到供应商完成企业目标时的战略意义，尤其是使所有者总体成本最小化。

（2）通过合作而不是敌对构建双赢关系。

（3）用率真和诚实建立信任，赢得互利

尽管顾客–供应商关系的原则在涉及供应商和涉及顾客时是一致的，但在某种程度上，做法是不同的。许多公司会将供应商看作自己的一部分。例如，诸如餐厅服务、邮寄、信息处理等职能，会由供应商在其顾客的场所内完成。随着此类工作越来越多地被外包，顾客和供应商之间的界限愈发模糊。

为确保供应商提供高质量的产品，降低入厂检验或测试的相关成本，许多公司通过开展质量保证计划或解决质量问题计划为供应商提供多种类型的帮助。联合会议、培训、激励、认可和长期协议可以帮助供应商提高自身能力以满足关键质量要求。德科·莫莱恩公司（Delco Moraine Division），一家汽车刹车控制装置的制造商，开展了一项增强质量意识的计划，该计划包含在供应商车间播放注重质量的录像演示。观看完演示后，供应商的员工在处理与德科·莫莱恩公司有关的工作中表现得更出色。

6.5.1 基于质量和成本的采购决策

首要的，也是最明显的原则是采购决策要基于产品质量而不是它的成本。[50]然而，大多数公司的实践与之背道而驰。一般而言，技术人员确定购买产品的性能，然后采购部门在几个供应商之间提出报价或最低价格，并与填写订货单的供应商谈判、签订合约。传统上，采购人员通常因为谈判时的低价成交而受到奖励，所以价格才是他们的关注点。供应商企业常用显而易见的方式做出回应：无论采取什么措施（包括牺牲质量）都要确保较低价格。

除了在最终产品的质量方面达成妥协外，这种方法还存在两个问题。第一，低的采购成本并不总是意味着低的总成本。如果一个便宜的（从某种意义上讲）零件导致大量废品或者导致很高的保修成本，则可能造成总成本过高，也就是生命周期成本过高。第二，迫使供应商不断降低价格会最小化他们的利润。尽管从短期来看，这有利于顾客，但从长期来看，这会使供应商走向极端从而忽视资本投入、维护和其他对提升甚至保持质量所必需的花费。[51]

6.5.2 减少供应商数量

追求全面质量的公司也会将与之合作的供应商数量减少到一家（负责一些组件制造）。施乐公司大约减少了90%的供应商——从超过4 000家到1990年的450家。[52]在汽车领域中，通用汽车缩减45%的国内供应商，从10 000家减少到1991年的5 500家。福特汽车公司同样将它的供应商数量从1 800家缩减到1 000家。[53]这同样与传统的采购实践背道而驰，因为这增强了组织对于供应商的依赖性，从而削弱了它的谈判地位，并在供应链可能中断的情况下暴露劳动停工或类似的问题。

以下两个优点可以抵消上述缺点。首先，行政成本大大降低（想象一下，这样可以消除与90%的供应商进行文书工作，节约大量的时间）。[54]其次，减少供应商数量可以降低入厂产品的变异性，更易对出厂产品的质量进行控制。这是因为有更少变异的"偶然原因"（这是戴明的术语）。

以全面质量为特征的牢固的顾客–供应商关系类型，根本不能由很多供应商来维持。如果你拥有过多的合作伙伴（像朋友或副总裁），那么他们的重要性将会消失。出于这些原因，许多组织继续在它们从事的商业领域中减少供应商数量。

6.5.3 建立长期合约

与减少供应商数量的观点相关的是与供应商建立长期合约关系。建立长期合约关系使得供应商在提升产品质量方面做出更大的贡献，为共同改进活动和跨组织边界的团队合作提供更大的机遇。

6.5.4 衡量、认证供应商绩效

美国德州仪器公司按每百万件缺陷数、按时交货率和购置成本来测量供应商的质量绩效。[55]一套电子化采购系统使得采购过程无纸化。800多家供应商通过一个信息交换系统与德州仪器公司联系。集成数据系统根据收到的货物跟踪进料质量、交付及时性。分析报告和网上数据被用来认定材料缺陷趋势。每月向主要供应商发送绩效报告。创建顾客-供应商联合团队的目的在于沟通以及提升绩效。由高层领导组成的供应商管理工作小组指导当前方法及未来战略以提升供应商管理实践。

很多公司将供应商认证作为它们供应商管理系统的焦点。通常，它们会确立正式项目来评估和认证供应商（根据它提供的优质材料是否划算并且及时）。在吉列公司，供应商认证项目始于供应商提供一种满足吉列公司规格要求的能力证明。[56]一旦一家供应商被选入其中，吉列公司期望它建立一个生产计划系统以评估它的过程能力来满足吉列公司的要求。这些整改措施引发的反馈信息有助于产品质量提高、成本降低。

一些公司让供应商扮演顾客的角色来对它们进行评级，比如摩托罗拉公司。该公司由15名供应商组成的委员会评估摩托罗拉公司的实践（例如摩托罗拉公司的生产计划及其设计布局的准确性），并提供改进建议。[57]康宁公司的技术产品文件（TPD）对供应商进行分级：一级供应商对顾客满意度有直接影响；二级供应商很重要，但是与顾客满意度没有直接联系；三级供应商提供商业化产品。跨职能团队支持一级供应商，并把它与开发活动整合在一起。阿姆斯特朗公司进行现场访问，用一个五级量表帮助供应商了解他们在满足公司要求方面所处的位置。意法半导体公司制订了一个供应商年度质量和服务计划，为供应商设置目标，并详细说明意法半导体公司如何评审绩效、分享数据以及承担其他责任。与具有质量意识的供应商建立伙伴关系确保得州铭牌公司省去对进料的检验。这些"直接配送至仓库"的供应商的产品至少两年无缺陷，满足指定的所有需求。

6.5.5 建立合作关系和战略联盟

供应商越来越被认为是顾客的伙伴，因为他们通常是共存关系。因此，全面质量模式下的顾客-供应商关系的基石是合作。在某种意义上，诸如建立长期合约和减少供应商数量等措施为合作营造了环境。与组织内团队合作类似（见第7章），顾客-供应商关系能帮

助彼此实现目标。

合作采取的一种常见形式是供应商早期参与新产品的设计。[58] 早期参与能够使供应商节约成本、提高设计质量，使产品变动较易实现，花费较低。出于对竞争对手的考虑，当产品设计直到过程较晚时候才展示给供应商，这就丧失了（改进）机遇。

公开协议能够解决安全问题。[59] 合作的另一个形式是顾客努力帮助供应商提高质量，这种形式可以采取很多种方式进行。以全面质量为导向的许多企业会为它们的供应商召开质量提升研讨会。[60] 朱兰提议供应商和顾客之间联合规划，该规划以交流质量相关信息为特征。[61] 尽管顾客通常压低供应商的价格，但在合作关系的基础上，顾客要重点帮助供应商降低成本，最终使双方受益。[62]

如今，供应商被要求要有更大的责任帮助顾客。随着公司将更多精力投入核心竞争力（公司最出色的部分）上，寻求外部组织改进非关键支持过程已提上日程。顾客－供应商关系代表了一个实现绩效和商业上的成功的重要战略联盟。例如，与供应商建立合作关系帮助戴尔公司将库存时间从 25 小时压缩到 3 小时。这些合作关系的效益包括：有权使用内部无法提供的技术或销售渠道、在新投资和产品研发中分担风险、基于供应商的早期设计意见改进产品、通过交流降低运营成本。例如，联邦快递和 Jostens 公司建立了战略伙伴关系，确保双方从新的学术方面的饰品和年鉴销售量中获利。[63] 它们充分利用彼此的优势：Jostens 公司用优质服务提供高质量产品，联邦快递为这些时间要求严格的产品提供可靠的大容量、短时间间隔配送。

6.6　顾客－供应商关系质量实例

我们已经讨论了顾客－供应商关系质量的诸多方面，下面是详细的案例说明。

6.6.1　通用电气设备公司和 D. J. 公司

通用电气设备公司和 D. J. 公司都位于肯塔基州的路易斯维尔市，它们之间是顾客－供应商关系。[64] 在 9 年的时间里，D. J. 公司从通用电气公司的 100 个塑料制品的供应商之一变成唯一的供应商。通过参与通用电气供应商的统计过程控制研讨会，D. J. 公司提升了产品质量。必须认真研究该公司，因为自从 1978 年开始，该公司的很多零件没有被通用电气拒绝过。早期参与产品设计在两家公司是司空见惯的。在一个典型的案例中，D. J. 公司提出产品设计上的一个细微变动，能够使一件产品成本降低 5%，寿命延长 16%。这个例子说明公司会从顾客－供应商关系中获益。

6.6.2　Unique 在线家具公司

Unique 在线家具公司销售多样化的家具，包括浴室柜、容器皿、水龙头、镜子、照明设备和窗帘杆。它通过一些电子商务网站（UniqueVanites.com、Unique Mirrors Online.com、UniqueLightFixture.com、UniqueEcoFurniture.com 和 UniqueIronCurtainRods.com）将产品卖

给美国和加拿大的个体零售客户。[65]

该公司有很多竞争对手，包括CSN商店、eBay和亚马逊。虽然这些竞争对手拥有品牌知名度和低廉的价格，但它们缺少密切的、个人化的顾客关系和交流。Unique在线家具公司寻找这些公司商业模式的竞争弊端，以此作为确定关键顾客需求的基础。

（1）支付能力：顾客要负担得起使用Unique的商品。

（2）多样化：市场的顾客寻求家居产品的多样化，这些产品在当地其他的实体店不一定找得到。

（3）网上购物安全性：当在网上购买昂贵的物件时，顾客希望在交易中感受到安全和保障。

（4）保证或者低风险：顾客希望在没有看到实物的情况下购买的风险最小。

（5）免费或者低成本运输：顾客希望大件物品送货上门而无额外费用。

Unique在线家具公司在网上出售了2 000多件独特的产品。其网站能够提供一个安全的网上购物体验（该公司已经在商业促进局注册）。它也有满意度保证退货策略，也就是客户只需付邮寄费用就可以以任何理由退还产品。与一般的零售商的做法不同，如果一个订单有任何问题，Unique公司会及时、针对顾客需求、真诚地处理复杂的情况。但是正是对个体顾客的特别关注使它与众不同。其购买过程提供了非常高水平的客户服务。其顾客服务团队成员遵循一套正式的顾客体验过程，并且通过多种交流机制（电话、邮件和在线聊天）满足顾客的交流需要。这包括：一封来自总裁的视频邮件，感谢顾客的订单并设立一些期望；在一份订单抵达后的24小时内，一个确认所有细节的私人电话；就如何合理接收大件物品提供详细说明的一封发货视频邮件；一个关于如何处理大量包装材料的环境友好型解决方案的视频；一个可以用于未来订单的礼券；一份由公司亲自包装并寄给每位客户的特殊的"感谢你"礼物。

或许更令人惊讶的是，Unique公司也将供应商视为顾客，并且认为这些人（许多人并不在组织里）能够为更好的顾客体验提供帮助。例如，它已经向与它联系的每个制造商的直接联系人赠送了圣诞礼物。另一个创新是将"你最酷"证明和一份小礼物送给帮助它摆脱困难的供应商的每位员工。通过这些顾客关注的方法，Unique在线家具公司已经拥有强大的顾客基础，以及建立在顾客服务和质量上的优良声誉，这使得它有别于其他竞争者。当你知道该组织仅有四人组成时，你是否感到惊讶？

6.6.3 EMC公司

第三个例子是数据存储系统制造商EMC公司。[66] 1999年冬，威斯康星州的一家银行突然无法登录数据储存设备。紧接着，银行的计算机屏幕开始闪烁"数据不可用"——这条信息基本上意味着"业务暂停"。几分钟内，EMC公司总部的顾客服务工程师就远程检索了EMC存储系统的银行日志并开始研究它们，但是弄清这些问题的起因并不容易。四小时后，设计这台机器的工程师加入其中。他们在价值10亿美元的设施中重置了银行的程序设定。这些设备是EMC专为此种仿真情况而创建的，其中包括EMC出故障的机器的备份。他们发现问题之后立即创建了一个补丁并立即送往威斯康星州。但这仅仅是开始，该公司全球技术支持副总裁直接坐上飞往威斯康星州的飞机，而后进入该银行的会议室，通过回答以下问题帮助公司恢复信心："发生了什么？""为什么会发生？""如何确保以后不会再次发生？"会议即将结束时，副总裁建议银行接受一个建立数据镜像拷贝的新 EMC 系统，这个系统能够永久可用。

6.7 基于组织理论的顾客–供应商关系

许多组织文献认为公司应当将顾客当作成功的合作伙伴。[67] 早在 1973 年，盖桑尼（Gersuny）和罗森格伦（Rosengren）认为不同的顾客角色需要相互依存的纽带和一个跨越传统组织边界的日趋复杂的社会网络。[68] 他们认为顾客有四个不同的角色：

- 资源；
- 员工（或同事）；
- 买主；
- 受益人（或用户）。

第五个角色已经从人类服务领域工作中浮现了出来：顾客可以是一个价值创造生产转换活动中的关键输出或者产品，比如教育和卫生服务。在前两个角色中，顾客充当转化过程的输入，但在后两个角色中，他们是输出。在一家公司内，每个角色在创造具有竞争力的质量方面都是有用的。

在对这些角色的组织文献材料回顾后，马克·伦尼克–霍尔（Mark L. Lengnick-Hall）认为以下组织实践与生产过程质量和成果的竞争性优势之间有正相关关系：

- 有意挑选和认真管理顾客资源的实践有助于在公司和它的顾客资源中形成有效联盟，并提高顾客资源的质量；
- 提供清晰的合作生产机会的实践增强了顾客作为合作生产者的能力，并增强了顾客愿意合作生产的动机；
- 促进信任、发展相互依存关系、分享信息并倡导友好的活动，有助于增强顾客–组织纽带关系；
- 增进与用户清晰的交流，关注顾客需求的满足，提供实况预览，注重顾客真正关心的质量维度，并确保产品的实际使用符合预期用途；
- 为使用者和生产/核心维修人员两者之间创造直接交流和互动的机会。

因此，公司应当设计输入–转换–输出系统关注顾客并授权顾客使用，而不是仅仅依靠顾客自己去定义他们的偏好和评价提供给他们的产品与服务。这个结论毫无疑问地成为现代全面质量方法的基础，也在鲍德里奇奖的标准中得以显现。实践中的一个例子是 ADAC 实验室，该实验室是一家高科技医疗保健设备制造商，并于 1996 年获得鲍德里奇奖，在 2000 年被皇家飞利浦电子公司收购。除了调查顾客和潜在顾客并测量其满意度，ADAC 实验室还邀请顾客参加战略规划会议，与参加新设备培训的顾客共进午餐，举办正式的用户小组会议以帮助设定产品改进的优先级，分享新的用途建议和提供其他信息。

全面质量也与很多传统的组织理论有关联。接下来的章节将探讨全面质量与资源依赖视角、整合式谈判理论的联系。

6.7.1 资源依赖视角

在组织理论中，与顾客–供应商关系的全面质量视角最具可比性的是杰弗里·普费弗（Jeffrey Preffer）与杰拉尔德·萨兰西克（Gerald Salanick）提出的资源依赖视角（Resource Dependence Perspective，RDP）。[69] 此观点论述组织如何获取环境中所需的资源，在某些方面与全面质量相类似，但在其他方面有不同之处。

上述两种视角最重要的相似点是都强调一个组织的成功源于它的边界之外。顾客最终保证了组织是否能够继续存在，尽管这种思想已经变成全面质量管理的基础原则，但普费弗与萨兰西克指出许多组织理论关注组织的内部运作，很少关注组织环境：

现在大多数学者仅仅考虑组织的环境背景。环境就在那儿，组织外部的某个地方，并且相关观点已经指出环境限制或者影响组织……此后才能考虑管理的任务。不知何故，需要管理的事务总是局限在组织内，假定受到了组织控制，并且经常与低级别雇用人员有关。当学者们开始考虑描述组织运作的任务时，就逐渐忽略了环境的关联。[70]

根据资源依赖视角，一个组织的有效性应当理解为它通过与之相关的行动和产品如何能够更好地满足外部团体和组织的需求。这与全面质量中满足和超越顾客期望的质量概念不谋而合。然而差别是有趣的，资源依赖视角中重点是有效性的概念，而全面质量中则是质量的概念。

传统上，全面质量仅仅关注组织的顾客，也就是那些购买组织产品，为组织提供赖以生存的资金的人。然而，资源依赖视角认为组织不仅必须满足顾客需求，也要满足环境中的其他群体，包括不同的政府机构、利益群体、股东和在某种程度上的社会整体。

如果组织不能按政府规章经营，那么政府管理机构可以处罚该组织，比如一个安全规程不合格的煤矿或者一家卫生不达标的餐馆。在极端的例子中，政府甚至会将其关闭。利益群体能够因为某些与产品质量无关的因素影响顾客去抵制一个产品。加利福尼亚葡萄酒的某些品牌被抵制了很多年，因为被指控虐待采摘那些葡萄的移民农场里的工人。

近些年，公营公司的股东已经成为一股不容小觑的力量。他们对企业运作不断提出要求，不仅包括经济，也包含社会和环境绩效，比如聘用少数民族和使用可回收的材料。

从这个角度讲，尽管"顾客很重要"这点很清楚，但团体和组织（除了顾客）也在决定组织成功方面起了重要作用。全面质量的提倡者可以采取两种途径解决这个问题。第一个就是把顾客概念扩大到与组织相关的所有人。根据这一逻辑，一个组织除非满足所有群体的期望（不仅仅是传统意义上的顾客），否则不能视作开展了全面质量实践。然而，不同的群体常会对于一个组织的行为有着差异很大的期望，因此让所有群体都满意变得异常困难。

对于全面质量的提倡者而言，另一条途径是：尽管为顾客提供质量是组织活动中压倒一切的焦点，但是仅满足顾客不能确保可持续的成功，因为还有其他群体的潜在影响。有趣的是，这个观点已经被纳入鲍德里奇奖准则，成为"公共责任与企业公民"一项的核心价值：

一个组织领导者应该向公众强调组织的责任以及践行良好公民的必要性。这些责任是与自身组织相关的商业伦理和保护公共卫生、安全和环境的基本期望……规划应该预见生产、配送、运输、使用和处置产品的不利影响。有效的计划应该避免问题，并且如果出现了问题要能给出一个快速的解答，同时当需要增强公众意识、安全和信心时要提供信息和支持……组织不仅要满足所有当地、州和联邦法律与监管要求，而且应该把这些及其相关需求当作改进的机会（2002年鲍德里奇国家质量奖卓越绩效准则，第3页）。

全面质量与资源依赖视角的另一个相似之处是两者都承认组织之间的相互依赖，都认为组织活动必须得到有效管理。

在如今复杂的环境里……相互依赖是一个问题。组织的首要问题慢慢演变成管理受其行动影响的不同利益方之间的交流和关系……不同利益方之间持续紧密的关系导致降低了对不受约束的市场力量的依赖意愿。谈判、政治策略、组织制度关系的管理，这些都愈发重要。[71]

因此，资源依赖视角和全面质量都认同：妥善处理与其他组织的依存关系是成功的关键。然而，这两种视角就如何管理相互依存关系时又产生了分歧。源自全面质量角度的顾客-供应商关系质量被视为互利合作关系的组成部分。然而，这样的一个观点并不是资源依赖视角所期望的。从这个视角来看，处理相互依存关系需要以下几种策略的组合：尽可能多地获得对其他组织的控制，最小化对手对于组织自身的控制，使其他组织难以监控和影响自身行为等。

相比资源依赖视角推崇的自身利益保护，全面质量的双赢主张听起来有些天真。然而大多数正在实践全面质量并与顾客和供应商建立伙伴关系的组织，以前习惯使用资源依赖视角的方法处理顾客-供应商的关系，但对已得的结果并不满意。合作努力主要出现在合作的早期阶段，而且无法保证它们最终成功。然而，就目前而言，它们仍是许多公司处理相互依存关系时优先选择的方法。

6.7.2 共赢谈判

建立有利于双方合作关系的谈判，这种思想并不是全面质量的学者或实践者创造的。互利关系和双赢交易的思想源于一项长期的、关于冲突管理和谈判的传统研究。[72]

传统研究背后的观点是：从长远来看，如果双方一起努力并互相帮助，而不是单方尽力赢得每一轮的谈判，那么彼此会受益更多。这个传统已被全面质量的学者借用，或许是因为它与全面质量倡导的顾客导向和团队工作的观点一致。这是全面质量主张从现有组织理论中简明、直接地获得支持的另一领域。

共赢谈判（或原则式谈判）的关键点包含：

- 将人与问题分离；
- 关注利益而不是立场；
- 为共同利益献策；
- 坚持使用客观标准。

这些原则对全面质量中的顾客–供应商关系有重要的意义。第一点涉及消除情绪问题，迫使参与者一起工作来对付问题而不是对付彼此。例如，关注利益而不是立场，意味着寻找满足每个参与方的需求的方式，而不一定是他们过去采用的方式，这很重要。在不关注立场的情况下（我想要在车里装空调），管理者需要寻找潜在的利益（我在车里坐了很久，舒适是很重要的），然后寻找满足利益的方法。第二点源于谈判立场往往掩盖了谈判者真正所需这一事实。双方常在联合协议中完成对立场的妥协，或许并不顾及导致人们首先采取的立场的真正需求。第三点，由于竞争对手的存在使做决策变得困难。在没有敌对谈判的压力下，要创造性地识别并调和不同利益并且"把馅饼做大"。第四点，公平的解决方案源自用客观准则来评判结果，而不是谈判者的人格特质。

◼ 内容回顾与问题讨论

1. 仁惠医疗体系是如何满足顾客的期望的？又是如何超越期望的？

2. 从 IBM 和它的日本供应商案例中，关于顾客–供应商关系，你学到了什么？

3. 顾客满意度和顾客忠诚度之间的差异是什么？为什么区分这两个概念是重要的？

4. 画一张包括至少四个组织的顾客–供应商链条图。链条上的每个连接需要哪种质量属性？链条起始的质量是如何影响链条末端的质量的？

5. 为什么供应商对一家公司的质量实践是重要的？

6. 详述公司更好把握顾客需求的三种实践。

7. 准备一份你在大学中一份典型季度或者学期的关键时刻清单。

8. 分析书中专栏"好的、坏的和糟糕的"中顾客要表达的真实意思，试着确定这些语句背后的含义对于餐馆经理意味着什么。

9. 考虑一种你非常了解的顾客类型，尝试确定这种顾客的未满足的需求，思考激发他们购买的产品或服务的一些特征。你认为为什么当前产品没有能提供这些特征？

10. 描述一种涉及你的顾客–供应商关系的例子。与全面质量关系的原则和实践相比，它怎么样？采取本章讨论的一些原则来提升此关系需要哪种具体的方法？

11. 细想以下顾客经历。[73] 你对每一个例子的反应是什么？

a. 在买手机时，我遇到做自我介绍的售货员，询问我的名字，了解我需要的产品的一些特征，并不向我出售最贵的手机。

b. 我在一家家居商店购物时，碰到的一位售货员说："为你丈夫买东西吗？"

c. 在一家餐馆，我们被困在一个没有餐具和服务员的位子上。我们最终联系到一个女服务员，她说："给你服务的服务员迟到了，而我不能受理你的点餐业务，因为你的位子不属于我的岗位范围。"

d. 我正在买电视天线，问售货员不同型号的天线之间有什么区别，他说："它们都差不多，一些稍微贵一些是因为它们看上去质量更好一些。"

12. 用于表示顾客的不同行业和职业的术语（例如患者、顾客、乘客、学生）是如何影响人们对于这个行业中顾客的看法的？

13. 思考医生可能开的处方，描述在抓药过程中不同类型的顾客。

14. 如何区分全面质量视角和资源依赖视角在描述州立大学的质量和有效性方面的差异。

15. 你能想象在何种情形下顾客对一个组织的成功是不重要的吗？

16. 一个组织应该如何确定它的顾客是谁？识别一个大学、政府机构以及电影制片商的顾客。

17. 作者以前的学生发现了一种接受高质量服务的方式：在交易结束之前进行满意度调查。其中一次经历就是，这个学生观察到她被服务的方式发生了即时性的变化。对于公司来讲，这样的经验告诉了你什么？

18. 下面罗列了一些全面质量的重要规则。描述一家公司可以让其供应链上游公司实践这些原则中的哪些。

　　a. 顾客驱动质量
　　b. 源头的内在质量
　　c. 依据事实管理
　　d. 重在预防而非检查
　　e. 过程关注
　　f. 努力实现零缺陷
　　g. 持续改进
　　h. 让质量成为每个人的责任

19. 顾客满意度通常是从消费者角度进行讨论，但是从企业对企业（B2B）交易视角进行分析也是同等重要的。讨论在其他商业模式下，供应商可以做哪些事情提高满意度。

20. 在你的大学周围可能分布着许多比萨连锁店。采用学生焦点小组的方法，进行采访以探究选择传统饮食或者比萨的影响因素是什么。一旦你确认了这些因素，调查你所在的区域内最受欢迎的餐厅，设计一份满意度调查问卷以比较消费者感知。选择一些至少去过两家餐馆的学生来完成这项调查。分析结果，并将结论写在分析报告中。

案例

丢失的预订

马克、杜娜和他们的孩子，以及另一个家庭，在一家大型的市区酒店参加复活节早午餐。杜娜在复活节前三周就打电话预订了这家酒店。

因为一半参会人员都是小孩，因此她们提前20分钟到场（11:30开始），以便提前占到座位。但是，当他们到了以后，女服务员告诉他们并没有预订。女服务员解释道，要是别的（预订的）顾客没来的话，她就会立即将这个位置留给他们用。马克和杜娜很生气，声称他们有预订，并且希望能马上入座。女服务员告诉他们："我相信您做了预订，但是只有当预约列表上的所有人入座后，我才能让你们坐。欢迎您到休息厅品尝赠送的咖啡和潘趣酒，稍等片刻。"当马克要求见经理时，这个服务员回复道："我就是经理，"并且转身办其他事情去了。尽管他们在11:45终于在派对上落座了，但是这完全是一次不愉快的经历。

第二天，马克写了一封信给酒店经理，阐述了整个事件的过程。马克在当地一个大学学习MBA课程，包括全面质量管理的相关课程。在课堂上，他们刚刚学习了顾客关注的一些事项，丽思·卡尔顿酒店案例中用到的一些方法（该酒店是两次鲍德里奇美国国家质量奖的得主）。马克在信中说道："如果您这是一家以质量为信仰的酒店的话，我对我们能够体验到如此境况表示怀疑。"大约一周后，他收到了如下回复：

我们很高兴收到顾客宝贵的意见，并且期望您在我们酒店享受我们竭诚为您提供的服务和住宿。我是全面质量负责人，所以在我们酒店经理收到您的来信后让我来回复您。

我们调看了预订记录，可是没能在本子上发现您和您家人的预订。我已经和相关部门的负责人处理了您的意见，以保证不再让其他人经历类似的事情。

在此感谢您与我们分享您的观点和想法。我们相信"持续改进"的理念，通过您这样的反馈，我们将不断改进对顾客的服务。

讨论题

1. 女服务员的行动与以顾客为关注点的质量理念一致吗？她当初本可以提供哪些不一样的服务？

2. 你如何看待马克收到的回信？全面质量负责人的回复可以稍做改变吗？酒店经理没有单独地回复顾客的这一事实，告诉了你什么？

保利餐厅和酒屋

保利餐厅和酒屋是一个在大城市很受欢迎的闹市区酒吧。假如你作为一个服务生在这里工作了几年,最近刚刚被升为总经理。保利在这个城市的六个区都有分店,并且拥有公司网站。该网站的特点之一是包含一个顾客反馈版块;反馈会被直接递交给企业高层和相关的经理。在这个岗位工作一周后,你收到以下评论:

我们上个周六在此餐厅经历了一次糟糕的服务。我们每年去剧院前都要在这里吃上好几次。我们预订的时间是6:15,我们通常用餐(包括餐后甜点)最晚到7:30或者7:45,以便我们能及时赶到剧院。周六晚上服务比较慢。我们最后点甜点的时间是7:20~7:25,但是至少花费了10分钟的时间,服务员才告诉我们没有椰子酸橙派,于是我们点了其他甜点,等了很长时间。最后我们不得不找到服务员取消用餐,因为没有足够的时间了。我妻子甚至请不来服务员进行咖啡续杯,尽管已经过去了半个小时。最重要的是,我们甚至没有收到任何道歉;服务员做的仅仅是迅速结算了清单。很明显,她对很多客人过度承诺,但是并没有提供足够到位的服务。这个地方曾经是我们最喜欢的地方,但是现在让我们非常失望,恐怕也很难带没有来过这里的朋友来了。

对该顾客的抱怨草拟一份回复信,然分析其他同学的回复。什么措施可以形成良好的"服务补救"响应?请提出一些一般的指导准则。

TriView 国家银行——关注顾客

(请参见第2章 TriView 国家银行的例子作为这个假想的企业的一个简介。)

TriView 国家银行(TNB)的顾客可以归为以下三类:消费者、小企业以及商业用户。每一个顾客所对应的要求如下表。顾客满意度和忠诚度一直以来都很重要,现在更是不可或缺的。影响竞争形势的关键变化是,对于许多金融产品和服务,顾客期望在更高利率、安心以及他们所能接近的、他们信得过的银行家之间进行权衡。

TNB 可以利用这种变化优势,而其他竞争者通常做不到这一点。从2008年年末开始,TNB 看到,随着顾客放弃更大的银行和外地的银行,TNB 的市场份额在逐渐增加。顾客存款创历史新高。尽管 TNB 从存款账户中没有获利,但这使得 TNB 进行了战略决策,以便增加这些账户,尤其是那些新消费者和小企业顾客。它意识到当经济增长时,这些顾客将需要贷款,这确实给 TNB 增加了利润。作为一家足够大的银行,即使近期的金融危机带来了挑战,TNB 仍能够利用其独特的地位,积累资本实现经济规模,做到足够的资金本地化,得到足够多的顾客信任。TNB 寻求机会去创新和合作,尤其是在服务方面,已经与几个伙伴进行合作,引入了新型、增强型服务。被严格管制的环境愈发受到了限制,这不利于产品创新。

分类	要求和期望
消费者	• 存款和信息的安全性 • 账户登录的便捷性 24/7 • 信息需求的响应能力 • 信息和声明的准确性 • 快速周转服务的及时性和无等待时间 • 富有知识的员工
小企业	• 存款和信息的安全性 • 支持社区利益 • 账户登录的便捷性 24/7 • 信息需求的响应能力 • 信息和声明的准确性 • 快速周转服务的及时性和较短等待时间 • 商业问题的保密性
商业用户	• 低利率 • 快速周转的迅速批准 • 利益和事宜的倡导 • 快速周转服务的及时性和无等待时间 • 信息需求的响应能力 • 信息和声明的准确性 • 商业问题的保密性

根据这些信息,TNB 需要什么类型的质量实践才能让顾客参与进来并进一步培养顾客忠诚度?

地标餐饮公司

地标餐饮公司（Landmark Dining Inc.），是得克萨斯州南部一家家庭式经营的牛排和海鲜餐馆小企业。第一家餐馆，哈里斯堡站（Harrisburg Station）及其餐饮业务，哈里斯堡站餐饮（Harrisburg Station，Catering）位于休斯敦最古老的地标之一——1857年在一个小村落里建成的火车站，这个小村落后来被称为哈里斯堡。第二家餐馆得克萨斯灯塔守护者（Texas lightkeeper），位于加尔维斯顿岛一个始建于1853年的灯塔内。地标餐饮公司为休斯敦和加尔维斯顿大都市区域提供了杰出的餐饮体验。

最近一段时间，地标餐饮的执行团队在讨论如何以更好的方式聆听和学习顾客的意见。一个经理学习了一本质量管理类的书籍后，建议增强对"顾客需求"过程的注意。他的建议可以用如下矩阵形式表示：

需求	用餐体验前	用餐体验中	用餐体验后
体验需求			
顾客需求			
服务员需求			
过程需求			

体验需求与从行业和市场资源中获取的知识有关，过程需求与服务传递过程获取的数据有关（例如等待时间）。为实现这种观点，地标餐饮需要识别数据和信息的类型与来源，这些数据和信息是从该矩阵里的每个格子里收集的。请提出一些能够提供需要的信息的建议以便真实地了解顾客体验，并能够提供一个确保高质量体验和潜在改进的机会。

在同一场会议中，另一个经理提到，地标餐饮需要为顾客建立传达质量与卓越服务的一套标准。他们划分出以下六类员工：

（1）在酒店里能够见着顾客的所有员工。
（2）男服务员和女服务员。
（3）吧台员工。
（4）餐饮服务员工。
（5）厨师。
（6）值班经理。

提出一些标准，使之能够确保一个出色的顾客体验。例如，一项顾客接触要求是让酒店员工询问顾客在之前服务中没有解决的任何问题，从而确保顾客的持续满意度。例如，服务员也可以询问顾客关于他们的预订、接待以及吧台服务等方面的内容。

校园美食广场[74]

一所大学里的校园美食广场的经理对学生进行了一场综合性调研，以此了解顾客关注的20个不同属性的重要性，同时也更好地理解，在这些属性方面，学生对于公司的接受度如何。调研中采用的具体属性如下：

（1）拥有一个吸引人的用餐区域。
（2）拥有整洁、干净、着装得体的员工。
（3）拥有与价格和形象相一致的装饰。
（4）拥有易懂的菜单。
（5）拥有完全整洁的用餐区域。
（6）在用餐区域里有舒适的座位。
（7）及时纠正有关服务方面的任何问题。
（8）服务是可靠的、始终如一的。
（9）在用餐高峰期，有轮岗的员工相互帮助以维持服务速度和质量。
（10）提供敏捷、快速的服务。
（11）在处理特殊请求时做出更多的努力。
（12）员工能够全面地回答顾客的问题。
（13）让全体员工愿意并且能够提供有关菜单、原料以及准备方式的任何信息。
（14）让全体员工接受较好的训练，干练且富有经验。
（15）给予员工支持，以便他们做得更出色。
（16）员工对于顾客个体需求和期望敏感，而不是总依赖政策和程序行事。
（17）让顾客感觉与众不同。
（18）预测顾客的个人需求。
（19）问题出现时，员工同情顾客并敢于担当。
（20）顾客利益至上。

在一个大样本学生群体中对平均重要性和绩效进行评定，按从1（很差）到7（很好）的评分标准，结果如下：

属性	重要性	绩效	属性	重要性	绩效
（1）	5.4	5.1	（11）	5.1	4.2
（2）	6.0	4.9	（12）	5.4	4.3
（3）	5.2	4.7	（13）	5.0	4.2
（4）	5.7	5.3	（14）	5.7	4.6
（5）	6.4	5.0	（15）	5.4	4.6
（6）	5.7	4.9	（16）	5.2	4.1
（7）	5.9	4.6	（17）	4.3	3.6

（续）

属性	重要性	绩效	属性	重要性	绩效
（8）	5.8	4.8	（18）	5.0	4.0
（9）	6.0	4.3	（19）	5.2	4.1
（10）	6.3	4.6	（20）	5.7	4.3

使用下面的重要性绩效表格分析这些数据，为经理提供一些建议。

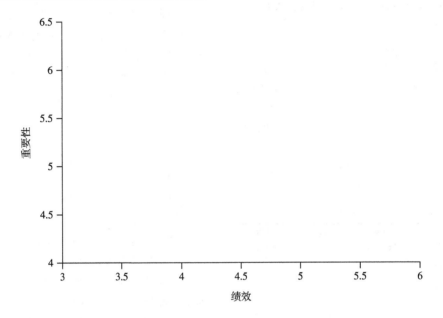

注释

1. 2007 Malcolm Baldrige National Quality Program Award Winner Profile, National Institute of Standards and Technology, U.S. Department of Commerce.
2. Don Peppers and Martha Rogers, "Customers Don't Grow on Trees," *Fast Company*, July 2005, 19–20.
3. Reported in "Total Quality Management and Competitiveness" by G. Pouskouleli, *Engineering Digest*, December 1991, pp. 14–17. The Japanese response is based on a story in the *Toronto Sun* by S. Ford, April 25, 1983, p. 6.
4. This idea has been promoted by Richard J. Schonberger in his book *Building a Chain of Customers*, New York: Free Press, 1990.
5. Myron Magnet, "The New Golden Rule of Business," *Fortune*, February 21, 1994, 60–64.
6. Patricia C. La Londe, "Surveys As Supplier Relationship Tool" *ASQ's 54th Annual Quality Congress proceedings*, Indianapolis, IN, 2000, pp. 684–686.
7. Arthur R. Tenner and Irving J. DeToro, *Total Quality Management: Three Steps to Continuous Improvement*, Reading, MA: Addison-Wesley, 1992, p. 197.
8. Patricia Sellers, "Companies That Serve You Best," *Fortune*, May 31, 1993, pp. 74–88.
9. Carl Sewell and Paul B. Brown, *Customers for Life*, New York: Doubleday-Currency, 1990.
10. Jane Norman, "Royal Treatment Keeps Customers Loyal," *The Cincinnati Enquirer*, May 31, 1998, E3, E5.
11. The Forum Corporation, "Customer Focus Research, Executive Briefing," Boston 1988.
12. Customer engagement was introduced in the 2009–10 Baldrige Criteria for Performance Excellence as a recognition of its increasing importance to organizations that compete in a global marketplace and in competitive local markets.
13. The Forum Corporation, "Customer Focus Research, "Executive Briefing," Boston, 1988.
14. Sources: Southwest Airlines home page, http://iflyswa.com; Richard S. Teitelbaum, "Where Service Flies Right," *Fortune*, August 24, 1992, pp. 117–118; and Kevin Freiberg and Jackie Freiberg, *NUTS! Southwest Airlines' Crazy Recipe*

15. Robert J. Trent, "Applying TQM to SCM," *Supply Chain Management Review*, May/June 2001, pp. 70–78.
16. Tim Minahan, "What Makes a Supplier World-Class?" *Purchasing*, Vol. 125, No. 2, August 13, 1998, pp. 50–61.
17. Justin Martin, "Are You as Good as You Think You Are?" *Fortune*, September 30, 1996, pp. 142–152.
18. Based on Jennifer Saranow, "Selling the Special Touch," *Wall Street Journal*, July 18, 2006, B1, B8; 1992 and 1999 The Ritz-Carlton Hotel's Malcolm Baldrige National Quality Award application summaries; Cheri Henderson, "Putting on the Ritz," *The TQM Magazine* 2, No. 5 (November–December 1992), 292–296; and remarks by various Ritz-Carlton managers at the 2000 Quest for Excellence Conference, Washington D.C.
19. David Waldman provided this insight.
20. Adapted from the article on Feargal Quinn by Polly Labarre in "Who's Fast in 2002," *Fast Company*, November 2001, pp. 88–94.
21. Reprinted with the permission of the Free Press, a Division of Macmillan, Inc., from *Juran on Leadership for Quality: An Executive Handbook* by J. M. Juran. Copyright 1989 by Juran Institute Inc.
22. John Carlisle, quoted in Tenner and DeToro, *Total Quality Management*.
23. Richard C. Whiteley, *The Customer-Driven Company, Moving from Talk to Action*, Reading, MA: Addison-Wesley, 1991, p. 7.
24. Quoted in "When Customer Research Is a Lousy Idea" by Willard I. Zangwill, *Wall Street Journal*, March 8, 1993.
25. Marriott's approach to gathering information from customers is discussed in detail in Whiteley, *The Customer-Driven Company*.
26. Mark Graham Brown, "And the Survey Says . . . Customer Behavior Can't Always Be Predicted," *The Journal for Quality and Participation*, Vol. 23, No. 2, March/April 2000, pp. 30–32.
27. See Benson P. Shapiro, V. Kasturi Rangan, and John J. Sviokla, "Staple Yourself to an Order," *Harvard Business Review*, July-August 1992, pp. 113–122.
28. Ian Wylie, "Talk to Our Customers? Are You Crazy?" *Fast Company*, July/August 2006, 71, 74.
29. Byron J. Finch, "A New Way to Listen to the Customer," *Quality Progress*, Vol. 30, No. 5, May 1997, pp. 73–76.
30. Cristina Afors and Marilyn Zuckerman Michaels, "A Quick, Accurate Way to Determine Customer Needs," *Quality Progress*, July 2001, pp. 82–87.
31. "Here's Mr. Macy," *Fortune*, November 28, 2005, 139–142.
32. Larry Selden and Geoffrey Colvin, "5 Rules for Finding the Next Dell," *Fortune*, July 12, 2004, 103–107.
33. Quoted in "Could AT&T Rule the World?" by David Kirkpatrick, *Fortune*, May 17, 1993.
34. Whiteley, *The Customer-Driven Company*.
35. Julie Schlosser, "Teacher's Bet," *Fortune*, March 8, 2004, pp. 158–164.
36. Importance-performance analysis was first introduced by J. A. Martilla and J. C. James, "Importance-Performance Analysis," *Journal of Marketing* 41, 1977, 77–79.
37. Malcolm Baldrige National Quality Award Profiles of Winners, 1988–1993; Graniterock 1992 Malcolm Baldrige Application Summary; Edward O. Welles, "How're We Doing?" Inc., May 1991; Martha Heine, "Using Customer Report Cards Ups Service," undated reprint from *Concrete Trader*; and "Customer Report Cards at Graniterock," available at http://www.baldrigeplus.com.
38. Bob E. Hayes, "The True Test of Loyalty," *Quality Progress*, June 2008, 20–26.
39. Robert Berner, "P&G, New and Improved," *BusinessWeek*, July 7, 2003, pp. 52–63.
40. Whiteley, *The Customer-Driven Company*.
41. "Complex Quality: AMP Rings up Service Success," by Dick Schaaf, *The Quality Imperative*, September 1992, pp. 16–26.
42. "Bank Tellers Have Huge Impact on Customer Satisfaction," http://www.prweb.com/releases/2011/2/prweb8205782.htm.
43. Ron Zemke, "The Best Customer to Have Is the One You've Already Got," *The Journal for Quality and Participation*, March/April 2000, pp. 33–35.
44. Bill Powell, "China's New E-Commerce Star," *Fortune*, October 17, 2011, pp. 66–68; "How Jingdong Mall (360buy.com) became China's Top B2C Retailer and Plans to Stay There," http://techrice.com/2011/08/04/how-jingdong-mall-360buy-com-became-chinas-top-b2c-retailer-and-plans-to-stay-there/.
45. "Focusing on the Customer," *Fortune*, June 5, 1989, p. 226.
46. "Painting Company Refuses to Brush Off Customer Complaints," *Orange County Register* (CA), January 24, 2008, http://www.asq.org/quality-news/qnt/execute/displaySetup?newsID=2931.
47. "Pacesetters–Customer Service" BusinessWeek, November 21, 2005, 85.
48. James H. Drew and Tye R. Fussell, "Becoming Partners with Internal Customers," *Quality Progress*, Vol. 29, No. 10, October 1996, pp. 51–54.
49. These practices are based on *The Deming Route to Quality and Productivity* by William W. Scherkenbach, Rockville, MD: Mercury Press, 1988; and on *Juran on Leadership for Quality* by Joseph M. Juran, New York: Free Press, 1989.
50. This idea has long been championed by Deming. See the discussion of his 14 Points in Chapter 2.

51. For a discussion of these two points, see David N. Burt, "Managing Suppliers Up to Speed," *Harvard Business Review*, July-August 1989, pp. 127–135.
52. Tenner and DeToro, *Total Quality Management*.
53. John R. Emshwiller, "Suppliers Struggle to Improve Quality as Big Firms Slash Their Vendor Rolls," *Wall Street Journal*, August 16, 1991, B2.
54. Patrick J. McMahon, "Supplier Involvement," Chapter 9 in *The Improvement Process* by H. James Harrington, New York: McGraw-Hill, 1987.
55. Texas Instruments Defense Systems & Electronics Group, Malcolm Baldrige Application Summary (1992).
56. Mike Lovitt, "Responsive Suppliers Are Smart Suppliers," *Quality Progress*, June 1989, pp. 50–53.
57. McMahon, op. cit.
58. This point is discussed by Randall S. Schuler and Drew L. Harris in *Managing Quality: The Primer for Middle Managers*, Reading, MA: Addison-Wesley, 1992.
59. McMahon, op. cit.
60. McMahon, op. cit.
61. Juran, *Juran on Leadership for Quality*.
62. Schuler and Harris, *Managing Quality*.
63. AT&T Corporate Quality Office, Supplier Quality Management: Foundations, 1994, p. 52.
64. This example is discussed by David N. Burt in "Managing Suppliers up to Speed," *Harvard Business Review*, July–August 1989, pp. 127–135.
65. We are grateful to Julia Ritzenthaler, owner of Unique Online Furniture, Inc., for providing this information.
66. Mike Ruettgers, "When a Customer Believes in You . . . They'll Stick with You Almost No Matter What," *Fast Company*, June 2001, pp. 138–145.
67. Cynthia A. Lengnick-Hall, "Customer Contributions to Quality: A Different View of the Customer-Oriented Firm," *Academy of Management Review*, Vol. 21, No. 3, 1996, pp. 791–824.
68. C. Gersuny and W. R. Rosengren, *The Service Society*, Cambridge, MA: Schenkman Press, 1973.
69. Jeffrey Pfeffer and Gerald R. Salancik, *The External Control of Organizations: A Resource Dependence Perspective*, New York: Harper & Row, 1978, pp. 257–258.
70. Ibid., pp. 257–258.
71. Ibid., p. 94.
72. See, for example, David W. Johnson and Frank P. Johnson, *Joining Together: Group Theory and Group Skills*, Englewood Cliffs, NJ: Prentice Hall, 1975; Max H. Bazerman and Roy J. Lewicki (eds.), *Negotiating in Organizations*, Beverly Hills, CA: Sage Publications, 1983; M. Afzalur Rahim, "A Strategy for Managing Conflict in Complex Organizations," *Human Relations*, Vol. 38, No. 1, 1985, pp. 81–89. From a popular standpoint, the book *Getting to Yes* by Roger Fisher and William Ury, New York: Penguin Books USA, 1981, addresses the principles described in this section in more detail.
73. "Getting to Very Satisfied," *Fast Company*, February 2004, p. 32.
74. Adapted from Henry Aigbedo and Ravi Parameswaran, "Importance-performance analysis for improving quality of campus food service," *International Journal of Quality and Reliability Management* 21, 8, 2004, pp. 876–896.

第 7 章

卓越绩效的组织设计

卓越绩效引例：波音航空支持部门 [1]

波音航空支持（Aerospace Support, AS）部门是世界最大的航空公司波音公司的一个部门。波音航空支持部门的产品和服务包括航行器的维护、改造和修理，机组人员和维护人员的培训，以此降低全生命周期成本并提高航行器的使用效率。波音航空支持部门97%的业务来自美国军方，超过13 000名员工就职于波音航空支持部。公司总部位于密苏里州，拥有九个主要的场所：八个位于美国，一个在澳大利亚；有129个二级站和下属站。在这个高度竞争的行业里，波音航空支持部的产品和服务订单自从1999年每年递增，并显著高于其他所有竞争对手累计年增长率。

波音航空支持部门成功的关键因素是它致力于对顾客满意、绩效计划执行、优质产品和服务及时配送的追求。从1998年，政府部门的顾客对波音航空支持部门的"杰出"和"非常好"的评价率上升到23%。2003年，"杰出"的评价率是2002年的两倍。由一家第三方独立机构所做的顾客调查显示，正向反馈的顾客从2001年的60%增长到2002的75%以上。

经营有方并细心规划的管理过程，以及鼓励知识共享和携手共进的企业文化，这些就是波音航空支持部门生产高质量产品和服务的基本要素。在定义、操作、稳定和改进管理过程方面，波音航空支持部门已经提出一个七步骤方法。基于过程的管理（Process-based management），也称为PBM方法，也可以用来设置目标和绩效指标，这些方法需要来自过程所有者、使用者、供应商及顾客的互动和肯定。

公司产生高绩效的工作环境的核心是这些员工，他们对公司复杂的运作和过程负责。一个高度结构化的"AS人才系统"帮助员工理解何为"优先"和"期望"，包含员工工作所需的知识、培训和工具，并对其完成工作目标进行绩效评估，根据他们的成绩认定和奖励。表彰突出团队成就的项目（比如阿特拉斯奖）、现金奖励、优先认股权常用来认可提出创新解决方案的员工。对做出突出贡献的团队和个人的奖励现金在过去三年已经翻了三倍。

制定一个明确而又长期的策略，而后将这些策略意图转化成有意义的行动是波音航空支持部门的一个强项和竞争优势。波音航空公司服务支持部门使用企业规划过程（enterprise planning process, EPP）有效设计和执行关键战略。企业规划过程包括4个过程因素——关键数据因素、战略、计划和执行，10个含有课程学习和过程提升的明确步骤。高层领导部、商务部、战略策划部、职能部等各部门在开展和执行企业策划过程方面都发挥着作用，从而确保所有的业务功能、业务场所集成在一起，并符合总体的战略规划。

为了改善绩效，一个五步系统可以帮助波音航空支持部门选择、分析、整合数据和信息。此系统起始于对利益相关群体需求和期望的收集，形成的结果是行动计划和绩效目标、指标的集合。一个"目标分解"过程不仅向整个组织，也向顾客和供应商传递了目标与方向。测量系统、分析系统和知识管理系统可提供绩效状态信息与决策制定所需的其他信息。最后，该系统定期进行绩效分析和审查，在各个层级上可得到绩效改善的建议或举措。

在这个大型、分布范围较广的组织中，沟通至关重要。员工跨业务、跨地区、跨部门的"厚着脸皮分享"信息是被鼓励的。持续的信息流也来自多个渠道，包括会议、圆桌会谈、在线通讯、商务部门和职能部门会议。

波音航空支持部门在组织的多个方面力争实现高绩效，比如认真设计过程，基于团队聚焦方法等。许多追求卓越绩效战略的组织发现，重新设计它们的组织结构是必要的。本章探讨对实现全面质量（TQ）所必要的组织设计变革。本章将会：

- 讨论与选择组织结构有关的问题；
- 描述企业中最常见的结构——职能型结构；
- 展示职能型结构妨碍质量的多个方面，以及在创建组织结构时，为有效改进质量和实现高绩效，哪些变革是必要的；
- 提供几个关于公司如何对自身进行有实质性变革以更好落实全面质量和高绩效的例子；
- 从全面质量（TQ）、更传统的观点两种角度出发对比组织设计。

7.1 组织结构

在某种程度上，一个组织能否取得成效依赖于它的组织结构——组织每个层级的个体对权威、责任、工作汇报和绩效标准都有清醒的认识。传统的组织倾向于设计出帮助管理者维持组织稳定性的结构。就规章制度以及企业"晋升阶梯"的高度而言，它们拥有一套高度结构化的系统，有时 CEO 和一线员工隔着七层管理者。但是，如今的外部环境千变万化，组织不得不设计灵活的组织结构。因此，组织倾向于扁平化和拥有较少规章制度的组织结构。

与组织背景有关的几个因素影响着组织结构的设计，包含以下方面：[2]

（1）公司运营和指导方针。公司历史上形成的标准化实践常常指导着公司如何组织和运营。

（2）管理风格。每家特定的公司都有特有的管理团队运作方式。例如，管理风格可能是正式的或者非正式的，民主化或者独裁专制。如果一家公司在正式的氛围中以高度结构化的方式运行，那么花费巨大精力召开非正式会议也可能收效甚微。

（3）顾客影响。顾客，尤其是政府机构，可能需要正式规范或者行政管制。因此，组织需要理解这些需求并对其做出响应。

(4) 公司规模。大型公司有能力维护正式系统和档案,然而小公司未必有这个能力。

(5) 产品线的多样性和复杂性。制造少量尖端产品的组织可能与生产大量标准化商品的组织之间的组织结构有巨大的差异。

(6) 产品线的稳定性。稳定的产品线能生成规模经济效应,它会影响监督、纠正措施以及其他与质量相关的事宜。质量系统需要有更强的控制力与应变力以应对产品的频繁更新换代。

(7) 财务稳定性。质量经理需要确保其工作务必在公司整体预算范围内完成。

(8) 职员的可用性。缺乏特定技能的员工可能需要监督者确保他们不被分配到不该承担任务的岗位上。

接下来,我们将讨论组织结构最常见的类型——职能型结构。

7.2 职能型结构

职能型结构如图 7-1 所示,组织被划分为运营和维护等职能部门,每个部门由一个管理者进行领导。这些管理者的头衔在小型组织中被称为"主任",在大型组织中被称为"副总经理"。在这些组织里,沟通发生在垂直指挥链的上下级,而不是跨部门的横向联系。

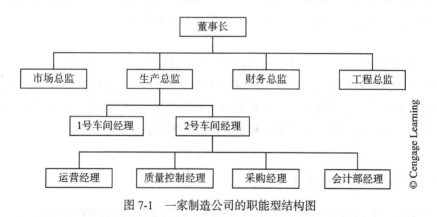

图 7-1 一家制造公司的职能型结构图

职能型结构为组织提供了一条清晰的指挥链,使得员工专注于最适合的工作。它也很容易基于一组狭窄但是清晰的责任来评估员工。基于这些原因,在制造和服务领域组织内的车间和业务部门中,职能型结构很常见。

职能型结构的问题

尽管职能型结构很流行,但设计它主要是为了方便组织的行政管理,而不是为顾客提供高质量的服务。从全面质量的角度来看,职能型结构存在一定的不足。

1. 职能型结构隔离了员工和顾客

在职能型结构里,几乎没有员工与顾客有直接的联系,甚至也没有员工清楚地知道自己的工作如何配合他人的工作以满足客户需要。职能型结构阻碍了员工对顾客期望和顾客满意度等方面的了解。脱离顾客群体使得员工对责任的理解很狭窄。这经常体现在诸如"这不是我的工作"或"我只是个打工的"的语句中。即使当这些员工想要帮助顾客时，通常由于他们对组织系统的理解十分有限以至于力不从心。这常常使得员工失去动力，导致低质量的工作。

很多人经历过这样的事情：当我们向一家大型公司寻求帮助时，在找到愿意且有能力帮助自己的员工（如果我们幸运）之前需要与许多员工沟通。作为顾客，如果我们的需求是整个产品或服务，但是与我们沟通的员工只负责自己职责范围内的那部分，我们注定会失望。[3]更严重的是，职能型结构还提倡这样的理念：员工的"上帝"是顾客，员工必须满足顾客。当然，每一层管理者也在尝试满足下一层的管理者，依此类推。如果这个链终止于顾客，这个结构或许起作用，但是情况通常不是这样的。在职能型组织中，管理者通常因为实现职能目标而受奖赏，比如满足设计期限、限制制造成本，而不是为客户增加价值。

专注垂直汇报关系而排斥横向部门沟通，这使得评论者将职能型结构组织的部门描述为"烟囱"或者"筒仓"。就像迈伦·翠柏斯（Myron Tribus）描述的那样："整个集团被看作孤立的、高度专业化的个人执行者和单元的集合体……接近顶层的职权仲裁者完成横向沟通任务。"[4]

施乐公司前任董事长和首席执行官保罗·阿莱尔（paul Allaire）曾负责公司的一次大规模重组。他将职能型结构组织的弊端和尝试的新方法描述如下：

我们是非常职能化的组织。如果你在加工，你要努力把加工工作做得更好，但首先要处理好影响完成加工工作的因素。这同样适用于销售、研发等其他职能……我们（现在）希望员工同时谨记两件事：考虑他们个人的职能以及将公司作为一个整体。如果每位员工仅仅局限于自己的工作而不与大家一起共事，那么我们的工作不会奏效。[5]

2. 职能型结构阻碍过程改进

尽管大多数过程涉及许多职能部门，但没有一个部门单元能够掌控一个完整的过程。这是由于组织分解为许多部门，而这些部门与一个将产品交付给顾客的过程之间通常并无联系。这个结构易于形成复杂、浪费的过程，因为员工要么在一个领域重复劳作，要么在其他领域无所事事。例如，一些组织拥有一群工程师只负责产品的重新设计，以使得生产更有效率。这些设计产品的工程师首要考虑的仅仅是产品性能，而不是可制造性。更糟糕的是，如果一个职能部门只是试图改进分内之事，这也许会使过程的其他部分变得更糟（更加耗时耗力，成本更高）。在此环境里，持续的过程改进绝不可能。

施乐公司质量和转型部门前任副总经理理查德·巴勒莫（Richard palermo）用"巴勒莫定律"解释了职能型结构的问题所在。该定律为：如果一个问题一直困扰你的公司和顾客许多年，而且无法得到解决，这就是跨职能争议造成的后果，没有一个人可以完全控制整个过程。巴勒莫定律的推论就是"不同职能部门的员工彼此反感"。[6]

3. 职能型组织常有单独的质量职能部门，叫作质量控制或者质量保证

这给组织其他部门传递了这样的信息：有一个群体致力于质量改进，所以质量问题不是我们的责任。此外，它破坏了传递需要改进员工工作信息的反馈回路。质量控制部门通常负责质量统计数据的搜集和维护，这或许不如其他部门的工作富有成效。[7] 这种安排显然妨碍持续的过程改进。追求全面质量的组织通常保留它们的质量保证部门，但是这些单位更多地充当员工的教练或者协调员角色，而不是为质量承担首要责任。

总之，职能型组织不利于全面质量的几点是：它拉远了员工和顾客的距离并且将顾客期望隔离开来。它引发了复杂、浪费的过程并且阻碍了过程改进。它将质量部门与其他部门分离，为员工不必担心质量问题提供了一个借口。接下来的章节将讨论职能型结构所引发的质量问题的补救措施。

7.3 为卓越绩效进行组织重构

糟糕的组织设计能摧毁一家公司（见下面的专栏"沟通失败"）。戴明14条之一是"打破部门之间的障碍"，因为"不同部门的员工必须像一个团队一样工作"。[8] 这个标语简洁地概括了全面质量的哲学思想。如果员工只停留在自己的职能位置而不去接触顾客或者倾听顾客的想法，这样不利于顾客满意和持续改进。一些更有效打破障碍的方法包含：聚焦过程，使每位员工的工作有质量，把外部顾客放在首位，识别内部顾客，创建团队组织，减少层次结构和使用领导团队。

 沟通失败

网络革命，或者我们叫它"新经济"，被认为会给商业带来革命性变化。确实如此，许多读者无法想象没有它的世界。然而，电子商务行业的成长遇到了许多烦恼。例如，在1999年感恩节和圣诞节期间，2 200万名消费者在网上花费了500亿美元。[9] 像雅虎和KBkids.com的网站拥堵率增长了500%。不久，互联网留言板充斥着这样的评论："我怀疑我将不会在圣诞节从网上购物"（其他评论不宜写出）来。就像《财富》杂志描述"……需要更多努力去打造网络零售运营，而不仅仅是一个标志或一个网站。网上零售商与实体店不同。它们库存不足，出售损坏的商品并且雇用粗鲁无礼的销售人员……大量这样的企业充斥着整个市场。大多数组织在营销上花费不菲以提高品牌知名度，关注如何将产品配送给顾客，但在基础设施建设方面精打细算。结果常是灾难性的。"例如，亚马逊网站起初试图让供应商维持库存，但发现此做法需要在全国建立传统的配送中心以提升顾客服务水平并且增强对产品的控制。

朱兰研究院前任首席执行官A.布兰顿·戈弗雷（A.Blanton Godfrey）指出许多组织面临"沟通失败"。[11] 除了电子零售商面临的这个问题，他还引用了其他例子。一个例子是机场超负荷运转。在下午4:15～4:30这个时间段内，亚特兰大需要安排35个飞机航班进站。但是在最适宜的天气条件下，机场仅能在15分钟内完成25个进站安排，天气糟糕的情况下完成17个进站安排。另一个公司在庆祝自成立以来签订的最大的销售合同时，却发现所有制造关键材料的合格供应商都达到了产能上限。第三个例子是部门之间合作的不情愿。例如，制造或使用中的产品不达标，原因不在于设计者选择了失败的原材料，而是他们经常对于这个导致他们选择（材料）的问题认识有限。这里的教训就是组织必须设计流程以满足顾客和运作的需求，并且协调两者之间的需求。

7.3.1 关注过程

关注过程是全面质量（TQ）的基本原则之一。我们在第1章中描述了它的概念并在第3章中介绍了设计过程的诸多工具和技术。**被称作过程所有者**（process owner）的个体或团体，对过程绩效负有责任并有权管理和改进过程。从掌管跨职能过程的高层经理人员到在车间运行机器的工人都可以是过程所有者。公司要指派过程所有者以确保一些人负责掌管过程并使之富有成效。

驱动产品和服务创造的过程对顾客满意度至关重要，对组织的战略目标有巨大的影响，这个过程也被称为企业的**价值创造**（value-creation），或**核心过程**（core process）。价值创造过程是"经营业务"、保持或实现一个可持续竞争优势的最重要内容。价值创造过程通常包括设计、生产/交货和其他关键性的过程。设计过程涉及一系列活动，包括把顾客期望、新技术和原有学习整合到一个生产产品或服务的功能规范里，从而定义它的适用性。生产/交付过程创造或交付实际产品，例如制造、装配、配药、教书等。过程设计必须确保产品符合规格（质量在制造业中的定义）并且以经济、有效的方式进行生产。因为产品设计对制造效率和服务战略柔性有重大的影响，所以它必须与生产/交付过程协调一致。产品的最终价值和消费者的感知质量依赖于这些过程形式。

在许多组织里，价值创造过程表现为**项目**（project）形式：成立临时工作机构，生产产品或服务直至停工。[12] 一些组织因为其工作性质只关注项目。它们倾向于为单个客户的特殊需求交付独一无二的产品或服务，比如为制药公司执行临床试验，开展市场研究调查，进行咨询和系统建设。因此，项目是价值创造的主要形式。项目通常能打破组织的约束障碍，需要许多不同部门和不同职务的员工合作。

支持过程（support process）指那些对一个组织的价值创造过程、员工和日常运作最重要，但通常不直接参与产品或服务增值的过程。支持过程可能包含财务和会计过程、设施管理、法律服务、人力资源服务、公共关系等其他行政服务。例如，在一个学校系统中，支持过程可能包括交通、监管、校内商店、信息技术及维护。诸如像订单输入过程可能被认为是一家公司（比如直接邮件分发商）的价值创造过程，也可能被认为是其他公司（比如定制生产商）的支持过程。

美国东南部一家区域性的连锁快餐店Pal's Sudden Service定义的价值创造过程和其需求如表7-1所示。其支持过程包括财务和会计、人力资源、维护、管理信息系统、订单和存货。

表7-1 Pal's Sudden Service 的价值创造过程

过程	基本要求
接受订单	准确、迅速、友好
烹饪	温度合适
产品组装	合适的次序、卫生、正确的成分和含量、速度、合适的温度、整洁

(续)

过程	基本要求
收取现金	准确、迅速、友好
切片	切断/尺寸、新鲜、颜色
准备辣椒	合适的温度、质量、新鲜度
准备火腿/鸡肉	合适的温度、质量、新鲜度
供应链管理	价格/成本、订单精确率
资产收购	销售潜力、预算控制
建造	按时、符合预算
营销和广告	信息清晰、品牌认可

资料来源：Courtesy of Pal's Sudden Service。

价值创造和支持过程在不同组织间差异很大，这主要是由产品或服务的性质、顾客和市场需求、全球聚焦和其他因素造成的。例如，一所医院或许定义它的关键价值创造过程为入院前检查、入院及注册、评估与诊断、治疗与出院及其回访；服务支持可能包含员工管理、医疗记录及其信息技术、财务规划、供应链管理、环境服务和体检设备操作等。诸如像订单输入过程可能被认为是一家公司（比如直接邮件分发商）的核心过程，也可能被认为是其他公司（比如定制生产商）的支持过程。总之，核心过程由外部顾客需求驱动，而支持过程由内部顾客需求驱动。

聚焦过程能帮助组织定义组织设计（见下面的专栏"辣椒、意大利面、奶酪：过程说了算"）。例如，过程常常创造一个自然阶层。在上层，一个组织必须确认需要高层经理关注的主要价值创造和支持过程。每个主要过程包含许多由职能经理或者跨职能团队负责的子过程。最后，每一个子过程包含许多工作步骤，这些工作由执行层员工完成。

 辣椒、意大利面、奶酪：过程说了算

你或许认为一个区域性的连锁辣椒公司不会重视过程管理，但是位于美国俄亥俄州辛辛那提市的金星辣椒公司（Gold Star Chili, Inc.）不是这样的。这家公司拥有超过100家地区店（大多数是特许经营店，其余是公司餐厅或者共同拥有）。金星辣椒公司的菜单是基于一个独特的"辛辛那提风格的"辣椒食谱——它有"三种利器"：一盘意大利面、上面是掺杂着来自全世界的香料的辣椒、下面是精细粉碎奶酪（见公司网站 http://www.goldstarchili.com.）。

图7-2显示了基于过程的公司组织。三种主要的核心过程——①特许经营；②商店；③制造/分销，将公司运作与其顾客和其他利益相关者连接起来。维持这些核心过程的是多种支持过程，诸如研发、人力资源、审计、购买、运营、培训、营销和消费者满意度。从过程聚焦来看餐馆运营，诸如现金出纳机、水蒸气表、汽车餐厅、餐桌、碗碟收拾工和管理等关键过程能确保顾客需求及时得到满足。在每个餐馆开业之前进行课程培训，确保公司的过程按照标准被成功执行。

正如第1章中提到的，与职能结构相反，聚焦过程涉及跨职能部门合作的形式（见图1-1）。过程视角可以帮助管理者识别那些源自过程的问题，而不是员工的问题。通过协调组织结构与组织执行的实际工作过程，组织服务顾客的效率会更高。下一章将论述设计和管理过程的更多细节。

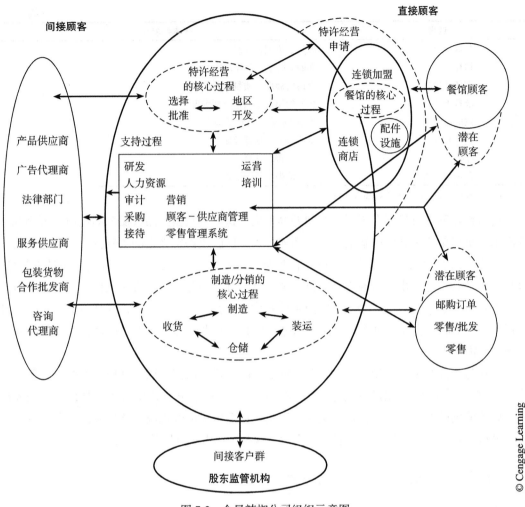

图 7-2 金星辣椒公司组织示意图

7.3.2 让质量成为每个人的工作

职能型组织通常有单独的质量控制或质量保证部门。对于专注全面质量的组织来说，取消质量部门并让每位组织员工成为一名"质量经理"并非不寻常。第 3 章"卓越绩效引例"引用的得州铭牌公司（TNC）在这方面就做得极其出色。[13] 得州铭牌公司仅拥有 66 名员工，规模虽小但工作突出——从流线型沟通、迅速决策，到目标分享、沟通型领导者，再到竞争优势。结果是形成了一个真正致力于满足顾客需求的、紧密相连的组织。得州铭牌公司旨在创造一个持续性的学习环境，使得团队成员高质量地完成管理过程、交付产品和提供服务等任务。与顾客和供应商建立长期合作关系是它的原则。通过与有质量理念的供应商维持关系，得州铭牌公司几乎可以省去来料检查。

公司董事长和首席执行官戴尔·克劳诺弗（Dale Crownover）与其他七名高层经理组成了企业绩效领导团队，将所有员工的目标和焦点同公司"成为美国认可的商业品牌的供应商"的愿景结合起来。完成公司目标的首要条件取决于工作团队，公司因此在 1998 年解散了质量控制部门。因为团队合作已经根植于公司文化中，得州铭牌公司员工轮岗不需要正式程序。富有灵活性地设计过程和工作，使得员工对顾客需求和业务需求的变化能够做出快速响应。生产工人负责调整和优化该过程，满足小组设定的标准并实现公司目标。

7.3.3 把外部顾客放在首位

与我们在图 7-1 中展示的传统职能结构相反，许多组织将组织图"倒转"，将顾客放在最顶层。一个典型的例子如图 7-3 所示。佛罗里达州的珊瑚泉市采用了这一组织结构形式。[14] 组织图的顶层是珊瑚泉市的市民/顾客（它的居民和业务），紧接着是市民咨询委员会和董事会、城市委员会、市执行长等 27 个机构，最下面是诸如公共工程、巡警、公园娱乐等运作机构。该组织机构有助于珊瑚泉市"成为美国首屈一指的适宜居住、工作、安家的社区"愿景的实现。举行了社区愿景务虚会，就城市发展方向达成共识。该城市的组织文化是通过以愿景为基础的四种核心价值来展示的：

- 专注于顾客——展示为顾客服务的热情；
- 领导力——建立一个令人振奋的愿景，创造一个运转更好、花费更少的政府；
- 员工授权——对最接近顾客的员工授权，以此不断提升组织的质量和服务；
- 不断改进——遵循"每一天，用每一种方式，变得越来越好"的信条。

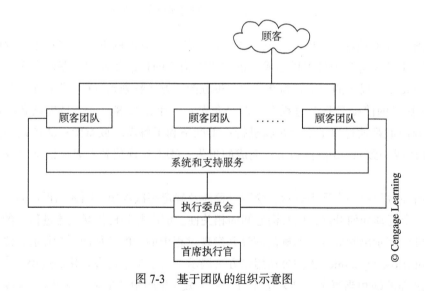

图 7-3 基于团队的组织示意图

7.3.4 识别内部顾客

第 6 章已探讨了内部顾客的概念。内部顾客是指需要依靠组织内部其他人的工作来完成自己的工作的组织内的个人或团体。例如，一个制造车间里的机器操作者是维修部的顾客，如果维修部工作不力，那么机器将不能生产合格的产品（或许并不是所有产品都是这样）。在一所大学里，教授和学生都是负责视听教学设施人员的顾客，这些人提供并维护高射投影仪和录像机。

在一个餐馆里，服务员是厨房员工的内部顾客。因为服务员为顾客及时提供可口的食物依赖于厨房员工。在图7-4中，产品设计部是研发部和营销部两者的顾客，制造部是产品设计部和采购部的顾客，销售部是制造部的顾客。尽管图上未显示，但所有的部门均是诸如像人力资源部和财务部的顾客。

改进质量和团队合作的方式就是承认内部顾客的存在。然而，制造和质量领域一位著名的咨询专家和撰稿人理查德·舍恩伯格（Richard Schonberger）已经将内部顾客理念推进了一步，他声称组织应当按"顾客链"进行设计，也就是应该构建顾客－供应商链条，一次一个，从组织所有形式的供应商到外部（真正的）顾客。[15] 如果员工既与顾客沟通，也与供应商联系，那么跨职能过程的本质就会变得清晰。最终，每位员工都会更好地理解这种角色：他们不仅要满足内部顾客，还要满足外部顾客。

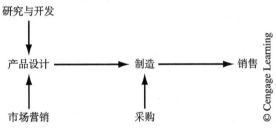

图7-4　一家制造公司的内部顾客示意图

过程图是理解顾客－供应商关系、改进过程的一种有效的方法，这在第4章已经探讨过。过程图通常是将一个过程描述成一系列步骤构成的标准作业图。费尔南多·弗洛里斯（Fernando Flores）提出的一个颇为新颖的"过程图"方法越来越流行。[16] 这个方法称为"协调图"，它基于的前提是每个过程含有两个角色：一个是顾客，一个是提供者。这些角色的每个协调沟通都通过以下四个步骤进行：①准备和了解需求或意图；②谈判并达成一致（或者没有达成一致）；③执行和工作完成的报告；④工作评估和发表一份满意或不满意的声明。

这种循环过程用一个环来表示。绘图过程涉及确定每次沟通、顾客和提供商、顾客的满意条件、每个行动如何开展，以及沟通间的相关性。解决并分析相互交流过程中的一个个问题，常常可以揭示出隐藏或不明确的假设并发现过程中的中断。如图7-5所示，位于辛辛那提市的Workflow Dynamics咨询公司用该方法展示了大学学生宿舍入住的过程。[17] 表面上看似简单的过程的确相当复杂，结果是无数过程失效（见图中"暴雨"符号）。这些过程图为过程再造和其他过程改进工作类型提供了依据。

竭力宣扬内部顾客的理念并不能改变组织结构，实际上它可以改变人们理解组织结构的思维方式。员工并不是把重点放在取悦自己的顶头上司上（垂直方向），而是考虑如何满足过程中的下一位员工（水平方向），而这位员工更接近最终顾客。在一项比萨外送业务中，外送比萨的员工是制作比萨的内部顾客。满足外部顾客的一种最好的方式是首先满足内部顾客。俄勒冈州立大学的例子揭示了顾客－供应商之间一种不寻常的关系（见后面的专栏"文书去哪儿了？俄勒冈州立大学的质量改进"）。

第 7 章 卓越绩效的组织设计 243

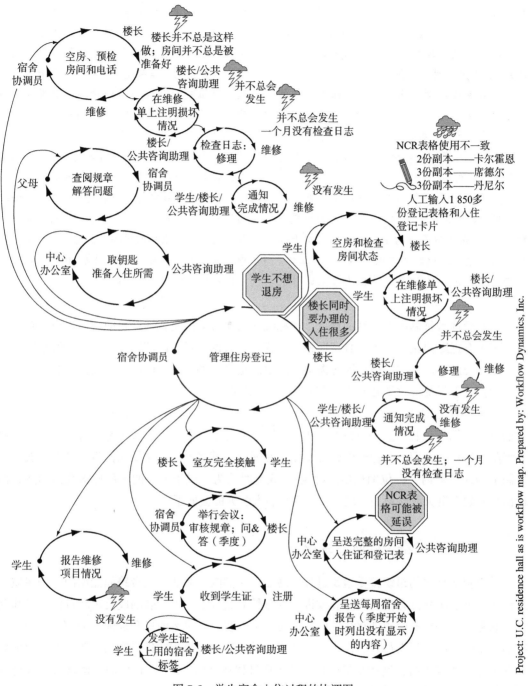

图 7-5 学生宿舍入住过程的协调图

 文书去哪儿了？俄勒冈州立大学的质量改进[18]

俄勒冈州立大学是率先推崇全面质量的大学。1990年，面临美国财政预算缩减，俄勒冈州立大学推行了质量改进过程以提高运营质量。像许多大学一样，它首先关注行政领域的改进。

第一批被挑出进行质量改进的部门是学校设备部。具体而言，负责大学中修理和改造的团队处理了完成一份工单所需要的时间——内部顾客认为这是首要工作。当团队着手解决该问题时，他们发现完成一项工作的时间是195天，刚好超过6个月。

实际完成这项工作的所有人都不会相信全部过程会持续这么长时间，因为每个人都认为自己的工作只是拖延了几天或一周左右。为了试图了解时间持续如此之久的原因，小组建立了过程流程图。

他们发现另一个小组的一位女士首先接到工单，在递交到修理和改造团队之前需要花费10天完成文书工作。小组成员与该女士接触，询问她在这段时间内做了哪些文书工作。她告诉他们她做的工作，并自认为完成得很好，与要求的完全一样。

她到底在做什么？当文书到达后，该女士把它放到一边。10天后，她再把它送到修理和改造团队！结果是，曾经有一段时间，团队在获取交付作业所需的材料方面遇到了困难。由于不能加快材料配送，他们就放慢了文书工作，从而当文书到达时，他们在作业中就可以占据主动。最终物料配送的问题得到解决，但是没人想起取消这10天的等待期。因为这项文书工作被另一个职能小组承担，该小组没有一名成员对文书工作非常了解。有时过程改进是一项艰巨的任务。但是，在这个案例中，修理和改造团队直接减掉10天的时间就可以获得一个快速的开始。

一些管理者抵制内部顾客的理念，声称唯一需要考虑的是花钱消费的顾客。但是对于这些从来没有近距离接触一名"真正"顾客的管理者来说，对于内部顾客的关注能够帮助他们知道该去帮助谁。当然，内部顾客需要展现出满足真正顾客需求的能力，这样才会奏效。一定的信任对于系统奏效是必要的（情况一般是这样的）。

一个很好的例子是一家全球电子连接器公司AMP公司在内部顾客和供应商之间搭建了沟通平台。销售工程师参观AMP公司两个制造车间并为生产工人做烤肉午餐。餐后，销售工程师进行自我介绍，与他们的顾客交流，并展示了某些成品，比如如何将电动工具放入工厂制造的连接器内。一位助理生产师说："我有时认为，成千上万的零部件被我们制造，但运出去后如石沉大海般消失。现在我知道它们大多数的去向了。"[19]

7.3.5 建立一个基于团队的组织

随着越来越多的组织接受组织过程的观点，它们围绕职能型或者跨职能型团队构建质量组织——每个团队都有责任实施和改进一部分核心过程。[20] 团队鼓励成员之间自由参与和互动。联邦快递公司有超过4 000个质量行动团队。波音公司运输机和加油机分部（A&T）拥有超过100个由工程人员、工作小组、顾客和供应商代表组成的集成产品团队。该部门成立了9个专家突破小组，这些小组被称作"实现过程卓越的团队"。这些团队确认过程改进以便更快地在市场上开发和部署产品。花岗岩公司员工少于400名，但有大约100个运作团队，包括10个公司质量团队、项目团队、采购小组、特别小组、由在不同地区完成同一工作的人员组成的功能团队等。公司付出特别的努力以保证这些团队之间息息相关，确保团队存在的意义并不仅仅是为了拥有这些员工。

得州铭牌公司基于一个团队框架构建了自身的领导团队，该团队包括卓越绩效领导团队、日常运营和创新团队、生产和服务部门内部负责日常工作活动的团队、纠正措施团队和其他像嘉奖委员会等的团队。相似地，斯通纳公司（一家员工人数少于50人的小型化学专业制造和销售公司）有一个由六人组成的高级管理团队，该团队被赋予管理和领导整个公司的权力。该领导团队创建和改善了斯通纳公司的卓越系统，对公司如何更好地运转进行了交流和定义。该系统以领导、战略和过程为基础（它们结合了评估/提升/贯彻等不断改进的方法）。利益相关者价值是该系统的核心，表现为关注顾客。斯通纳公司的领导方法建立在以下基础上：①所有层级的领导者；②员工领袖；③基于斯蒂芬·柯维《高效能人士的七个习惯》的强有力的领导技能。

马克·凯利（Mark Kelly）在《一个自我管理团队的冒险》一书中给出了一个团队组织结构的例子。[21] 清水湖工厂组织的构建模块是基于过程的团队。抽调每个过程的团队成员来处理跨越过程（诸如创新和安全）的任务。图7-6展示了该组织结构（将该图与图7-1职能型组织对比，了解组织规模大小的变化）。

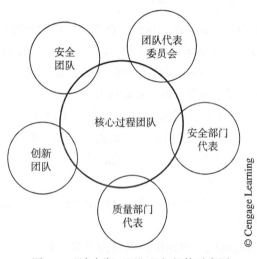

图7-6 "清水湖工厂"组织机构示意图

另一个例子是之前的GTE目录公司（因为它已被威瑞森信息服务公司收购），如图7-7所示。在这个组织结构里，管理委员会引导质量改进努力，每月开两次会议就管理和质量问题进行探讨和检查。改进质量的多个小组包括：核心过程业务团队、跨职能协调委员会、地区管理委员会、主要业务过程管理团队、美国鲍德里奇质量奖小组和质量改进小组。地区管理委员会确认和解决关键的区域问题；跨职能协调委员会检查主要的提案与战略计划、业务重心是否保持一致；"质量部门"充当内部咨询团体的角色，为其他小组提供咨询、培训和组织发展的服务。显然，每个组织需要创建一个能满足自身独特需求的结构。

根据组织规模和过程本质，团队可能吸纳对特定的过程付出努力的员工，或有代表性的小团体的员工。同样地，团队或许会不断进行大规模会面直至新的过程设计完成，之后会定期会面或根据需要随时碰面。例如，Solectron公司两次获得鲍德里奇国家质量奖，拥有一个聚焦于每位顾客的团队。该团队成员由质量、制造管理、项目工程、营销、生产控制、测试工程等部门员工，以及产品买家、项目经理等人员组成。

这种方法能解决职能结构的很多问题。将与过程有关的所有员工汇聚到一起，就容易确认和消除在质量层面浪费或妥协的现象。如果一个团队负责整个过程，它不必担心其改进工作被低估,即使其他团体做出有意或无意的行为。

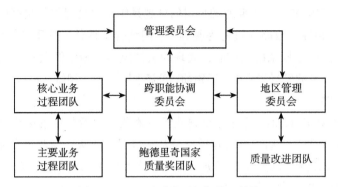

图 7-7　GTE 目录公司初期管理结构

资料来源：Courtesy of Verizon Information Services.

员工无法在职能型结构里看到和改变步骤,但以过程作为分组方法能做到这一点,这样能为组织带来实质性的改进。就像施乐公司的一个过程组织成员 Robert Brookhouse 指出的那样:"当你创建一个流(施乐公司过程组织的术语),你会发现你在哪里浪费了时间,做了两遍相同的事情。因为拥有整个过程,所以我们能改变它。"[22]

这当然不是说改变一个基于过程的组织是简单的或者容易的。相反,变革需要深思熟虑,因为这基本上意味着要将组织解体,而后进行组合。就像罗伯特·克诺尔(Robert Knorr)和爱德华·迪德(Edward Thiede)描述的那样:"定义完每一个过程的运营、信息和技能的需求规定后,再进行组织重组……过程定义给出了关于部门整合的关键问题的答案(这都蕴含在过程和职能之间)。必须与谁接触?什么时候?上游的过程适应下游的过程的需求需要哪些变革,反过来呢?"[23]

项目小组是六西格玛的基础。六西格玛项目需要多样化的技能,从技术分析技能到创造性解决方案的开发及落实技能。此外,六西格玛团队不仅要解决当前问题,还要为个体学习、管理发展和职场晋升提供一个良好的环境。对于六西格玛团队,我们将在第 8 章中进一步探讨。

7.3.6　减少层级结构

专注于内部顾客和创建过程团队常引起的一个组织变化是组织层级结构的减少。几个中间管理层通常会被取消(当然,如果一个组织从成立以来就以质量为导向而运转,这些层级结构一开始就不存在)。由于中层管理者承担了大量信息汇总和传递的角色,信息系统的改进也会推动中间管理层的削减。

非增值活动的消除、对改进过程的一线员工的赋权,减轻了管理者的检查和协调负担。这个"更扁平"化的组织的另一个优势在于加强了高层领导者与一线员工的对话,以及顾客和决策制定者之间的对话。

这并不是说组织结构的扁平化没有弊端。员工(有时很多员工)会失去他们的工作。这不仅会使员工个人的生活受到影响,而且也会使组织失去他们的经验。此外,留职员工的斗志可能会受到影响。综合以上原因,组织应当以一种谨慎和关心的态度尝试进行组织扁平化。

7.3.7 利用领导团队

与全面质量相关的一个组织变化是创建一支高水平的规划团队，赋予他们指导组织卓越绩效的工作的权力。传统上，这些团队被称作"指导委员会"或者"质量委员会"，但在今天习惯被称为"领导团队"。该团队是许多组织结构的重要部分。例如，在 Custom Research 公司（CRI），一个由四人组成的指导委员会是这个领导系统的核心（见图7-8）。这个指导委员会确立公司发展方向，整合卓越绩效目标，促进所有员工发展。领导团队成员经常与同事沟通交流，并且每日检查公司整体绩效。他们每月正式会面，评估绩效，确认有待改进的地方。位于得克萨斯州的帕克·普雷斯·雷克萨斯公司曾获得鲍德里奇国家质量奖，该公司的合作领导团队由董事长、经销商集团的总裁、人力资源部的副总裁和首席财务官、个别经销商的管理团队（包括总裁、总经理和其他管理者）组成。

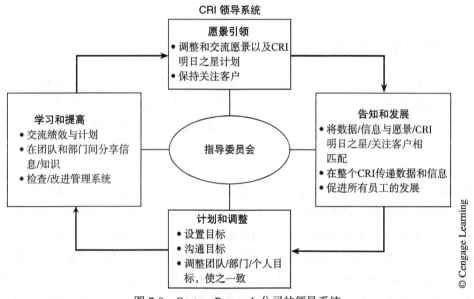

图 7-8 Custom Research 公司的领导系统

领导团队通常有四个特色的因素。[24]

- 领导：推进和阐明质量愿景，沟通管理行动的责任和期望，匹配企业管理过程与质量方法，保持投入和参与的高可视性，以及确保以教育、咨询、方法和工具的形式提供业务范围支持。
- 规划：规划战略质量目标，了解基本的顾客需求和业务能力，确定长期发展目标与近期优先事项，规划人力资源目标和政策，理解员工对质量和工作的感知度，确保所有员工有机会、有技能去开展质量实践，调整奖励和认可系统以支持质量实践。
- 贯彻：创建关键的业务过程团队，授予团队管理和改进过程的特权，检查改进计划，为过程改进提供资源，赢得过程中所有管理者的支持，检查主要组织单元的质量计划，与供应商和商业伙伴一起落实质量计划。
- 评估：通过顾客满意度和内部质量指标追踪进度，监控改进后的过程，庆祝成功，通过检查和识别改进机会优化质量系统，规划改进方案，落实改进影响。

尽管许多公司仅由高层管理者组成领导团队，但一家集工业设备销售、服务和租赁为一体的公司——波特曼设备公司的领导团队由来自所有工作部门的员工组成。波特曼设备公司质量部的副总裁理查德·巴克（Richard Buck）提出，领导团队中存在一线员工对于制定组织决策意义重大：

我们有总经理、一些监督者，也有临时工。由于我们研究过的每家公司的指导委员会都仅由高管组成，于是在组建指导委员会时我们决定打破先例。在制定规划时，我们选择打破惯例，倾听所有员工的意见。我认为这是制定的最好的决策之一。回顾指导委员会制定的决策，如果指导委员会不存在临时工代表，我们的一些决策会不一样，我想这是很好的证据。我认为，管理者倾向于用管理者的思维方式去思考……拥有临时工带给我们一个不同的视角。我们的视野更为开阔，这有利于质量创新。[25]

7.3.8 创建一个敏捷组织

第 5 章已经介绍了敏捷性。对于任何一个期望创建和维持聚焦于顾客的战略，对竞争挑战做出回应的组织而言，敏捷性都是一个重要特征。尤其是随着电子商务行业的成长，组织的响应要更为迅速、更富有弹性、更为定制化。新产品（服务）或改进产品（服务）的不断涌现，使得企业面临更短的产品生命周期。这就需要工作过程的简单化，从一个过程到另一个过程的迅速转换。

在早期，质量运动是大公司取得的荣耀。摩托罗拉公司、施乐公司和美国电话电报公司是曾经获得鲍德里奇国家质量奖的大型公司，一些公司甚至多次获得不同方面的鲍德里奇国家质量奖。大型公司是早期质量工具和过程的践行者，有很多资源实践质量运动。尽管一些诸如波音等的大型公司在卓越绩效方面更胜一筹，但许多小型组织，比如员工人数都低于 50 的斯通纳公司和得州铭牌公司、员工数大约是 100 名的 Custom Research 公司，也获得了鲍德里奇国家质量奖并拥有优秀的质量体系和经营绩效。更为敏捷的小型组织能够对顾客要求和需求做出更为迅速、更具弹性的响应，这在今天全球化的竞争市场中至关重要。更易接触顾客的小型组织，其领导系统更简单，员工更有干劲。除此之外，小型组织可规避官僚壁垒，这些壁垒扼杀创新并引发复杂过程。因此，小型组织推进变革进程更有效、更容易。

近几年，种种迹象显示许多大型公司，比如强生公司、美国电话电报公司、IBM 和微软公司，通过组建小公司或部门进行大规模重组。重组的目的在于采取大型公司和小型公司混合结构方式，将大型公司的资源、市场份额和小型公司的简易化、弹性化和更易接触顾客的理念体系结合起来。

研究表明，组织规模对员工工作满意度和顾客满意度有重大影响，因此，组织在组建大型公司和小型公司混合结构时应当密切关注员工满意度。

7.3.9 重新设计工作系统

在一个组织机构或者战略方向上做出任何基础性的变革，而不考虑对工作系统的影响是困难的。全面质量组织设计工作系统的目的在于获取高绩效。简言之，**绩效**（performance）就是衡量个体为实现组织目标付出的努力程度。**高绩效工作**（high-performance work）的特点是富有弹性、创新、知识和技能共享、与组织目标一致、关注顾客、对商业需要和市场需求迅速响应。团队常常为高绩效工作系统提供基础架构。

高绩效工作文化会带来良好的效果。员工需要理解顾客满意度的重要性，接受培训并肩负责任，认为他们的确能有所作为。创造这种文化首先需要高层领导对员工做出承诺。[27] 领先的组织会对员工在愿景、使命和价值观方面做出明确的承诺，凭借强大的系统倾听员工并了解什么对他们而言重要。他们为企业成为最好的工作地方而奋斗。科罗拉多州柯林斯堡市的波德尔谷医疗系统的董事长兼首席执行官鲁伦·斯塔塞（Rulon Stacey）说："我喜欢在员工都热爱工作的地方工作。我喜欢在组织内走动，与员工交流，看见他们一脸幸福的模样。我们首要的战略目标就是满足员工的需要，因为烦琐的工作消磨了他们激情。"此外，他告诉员工："我们希望你能给患者所享受过的最好的护理，如果你不是在最好的地方工作，但我们仍期望你提供最好的护理，这是不公平的。"[28]

凯里·肯达和格林·波特森提出高绩效的文化以五种"合作情境"为特征：尊重、价值观一致、共同目标、沟通和信任。尊重意味着相信每个人具有与生俱来的价值，也需要将他人的观点和动机考虑在内。如果你尊重他人，那么在做计划和做决策的时候，你会考虑到他人的利益。价值观体现在一个组织和员工被期望以何种方式经营上。价值观反映并加强组织的文化。价值观一致有助于组织主张和个人信仰达成一致。目标是组织存在的根本原因。它激励组织，引导组织价值观的设定。通常，与组织目标相一致的个体常常更有动力。一个共同目标能促进合作，因为这会使得对个体目标的关注最小化，有助于更好地实现组织目标。沟通被认为是与员工动机相关的最重要的几个因素之一。沟通可以全方位促进合作。信任（管理者相信员工，反之亦然）至关重要。位于弗吉尼亚州安南达尔市的 Mastery Works 公司做了一项调查，推断员工是否因为不被信任而辞职。结果显示"几乎每位员工辞职的原因都是不被信任"。[29] 如果上述五种特征都极为突出，那么该公司是一个适合工作的优秀场所。

可以从三个层次来审视组织：个体工作层次、过程层次和组织层次（考虑一线或生产员工、中层管理者和高层领导）。公司可参考该框架设计高绩效工作系统。在个体层次上，工作系统应当确保工作活动的有效完成，在管理和改善工作过程方面提高灵活性并激励员工的进取心。对员工授权和使用工作团队是达成这些目标的方式。在过程层次上，工作系统必须促进合作、跨职能团队合作和沟通。通常可以通过项目团队和其他跨职能合作形式（比如产品设计团队）完成这些任务。在组织层次上，高层管理者必须通过补偿和认可政策，以及健康服务、安全服务和支持服务等举措营造一个支持性的工作环境。

其他常见的工作设计形式有工作扩大化、工作轮换和工作丰富化，这些方法有力地支持了全面质量的工作系统。IBM 似乎是最早使用**工作扩大化**（job enlargement）的企业：员工的工作扩大到包括多项任务而不是一项单一的、低级别的任务。该方法减少工作的细分，通常使得生产成本更低、员工满意度更高和产品质量更高，但它需要更高的工资水平、购买更多的检测设备。**工作轮换**（job rotation）是指个体学会几项任务后进行任务轮换。轮换的目的在于重新激起员工的兴趣或动机并增加他们的技能互补性。然而，一些研究显示：工作轮换虽然增加了员工技能互补性，但很难激发员工的动机。最后，**工作丰富化**（job enrichment）

使员工承担"垂直工作负荷",需要给予员工更多的权力、责任和自主权,而不是仅仅完成更多的或不同的工作。工作丰富化被许多公司成功实践,尤其是美国电话电报公司,该公司在提升员工满意度和绩效方面颇有经验,还有美国德州仪器公司、IBM 和通用食品公司。下面的专栏"他们没有丢脸"很好地体现了这些方式的价值。

 他们没有丢脸[31]

嘉吉厨房解决方案公司(以前叫阳光保鲜食品公司)为超过 2 000 个顾客制作和配送超过 160 种基于鸡蛋制作的不同种类的食物产品,顾客有快餐服务餐厅、学校、医院、便利店和食品加工厂等。嘉吉厨房解决方案公司的一家子公司有五台制造机器,拥有大约 620 位员工。一个优秀的、充满斗志的团队是公司良好经营绩效的重要因素。

公司将员工视作利益相关群体,并且确保他们享受持续改进带来的好处。例如,尽管设置的基本工资底线略低于行业中薪资所得者水平,但激励措施能使工资增加 75%。除此之外,丰富的奖励和认可系统,包括为模范安全绩效设置金钱报酬,根据质量成绩增加假期天数……这些都能激励员工,使他们为公司的目标改进出谋划策。

嘉吉厨房解决方案公司设计的工作系统强调安全、质量、薪酬、认可和员工发展,支持个体发展和公司长期目标。它的许多工作系统在这个行业中都是独一无二的。比如,在一个"慢热"计划表中,新员工被允许在特定的几个小时内学习他们的工作,最大化减少潜在的重复应力伤害;一个轮换系统可以使员工每隔 20 分钟换一个工作地点。这些形式确保了员工在过程的任何阶段都能理解产品质量问题并对此做出回应,了解他们的内部顾客。它也有助于员工打发无聊的时间,降低重复应力伤害,促进学习。此外,该公司使用一个名为"伙伴"的系统,在该系统里,新员工与绩效优异、经验丰富的员工通力合作。这些经验丰富的员工发挥卓越运营和行为职能的模范作用。

在现今科技主导的世界中,工作的本质就是不断变化。如今,刚入门的员工习惯互动的新型方式,比如博客和维基百科(可编辑的网站)。例如,财务公司 Dresdner Kleinwort Wasserstein 大约有 1 500 名员工把维基百科和博客作为他们及时创建、编辑、评论和修改项目的虚拟工作场所。另一个例子是 Basecamp®,一个协同的项目管理服务软件,可以让团队成员为同一个项目张贴信息和文件,列出要办事情的清单,设立里程碑(这些都在简易的私人网页上展示)。一家公司使用 Basecamp® 重新设计一个项目可以缩短至少两年到八个月的时间。在任何时间、任何地点,Basecamp® 的新技能都可以通过 iPhone 应用程序获得。[32] 因此,随着新技术不断得到应用,管理者面临设计工作的新的挑战,这些工作必须满足组织目标和宗旨,使组织员工得到激励与满足。

7.4 基于质量的组织设计实例

发扬内部顾客理念,组建过程团队,减少层级机构和创立领导团队都能提高质量。本部分展示了组织使用这些思想在运营中确保或提升质量的范例。

7.4.1 波音公司运输机与加油机项目 [33]

波音公司运输机与加油机项目设计、开发和生产 C-17 空运机,美国空军使用该飞机将大型、繁重的货物托运到全世界各地。1996 年,美国空军向波音公司运输机与加油机部门采购了 80 架 C-17 飞机,价值高达 142 亿美元。几年前,美国国防部因为技术问题、成本超支和交货延迟等原因威胁说要取消 C-17 项目。而后,麦克唐纳·道格拉斯公司对它的业务进行了全面的、彻底的检查,旨在让它成为"以过程为导向、以消费者为导向"的公司。它开始与顾客、工会和供应商建立伙伴关系,用当代小型公司倡导的授权团队取代管理者控制的团队,按部就班地发展目标。在所有组织层面上,波音公司运输机与加油机部门与 7 000 家空军客户和供应商联系,完成其规划和决策制定工作。

相互依赖和一体化刻画了波音公司运输机与加油机部门组织结构和绩效改进的方式。一个高水平的"企业过程模型"将整个企业视作八个相互联系的过程"家族"。关键分组涉及从公司领导、新业务开发到产品售后支持。

每一组包含至多 10 个主要过程,这些过程依次又由几个支持子过程组成。这就是过程管理的理论框架。该模型使得该公司倡议的工作计划、团队目标和员工目标清晰可见。它也帮助(公司)识别明显的操作依赖关系(这种关系通过连接过程小组的子集形成)。波音公司运输机与加油机部门把跨部门关系当作"庞大过程"进行管理,这个过程范围通常延伸到供应商和顾客。

7.4.2 退伍军人医院 [34]

退伍军人医院的医疗系统曾被认为是全美最差的医疗保健系统之一,甚至在流行电影《生于七月四日》中受到了汤姆·克鲁斯的嘲讽。而今,退伍军人医院为退伍军人提供残疾领域相关服务的终身医疗护理,也为低收入和其他特殊情况的退伍军人及他们的家庭提供服务,这为它赢得了声誉。作为全美最大的健康网络中心,退伍军人医院拥有近 1 300 家医院、社会诊所和其他机构,在数十个质量指标层面完胜其他医疗提供商,比如实施常规癌症筛选或者为心脏病发作幸存者配制受体阻滞剂。

这种改变就是通过本章描述的许多改进组织设计的方法完成的。20 世纪 90 年代中期,退伍军人医院的卫生部副部长肯尼斯·W. 凯泽医生,在美国建立了最昂贵的电子病史档案系统。肯尼斯还下放决策制定权,关闭未充分使用的医院,重新分配资源,最为关键的是营造了一种评估责任与质量的文化。现在,肯尼斯已是一家致力于提升医疗保健系统的非营利性机构——国家质量论坛机构的主管。他说:"我们所有的动机就是使医疗系统能为患者服务,我们从上至下进行一次大变革,但始终对目标铭记于心。"

接管公司后不久,肯尼斯召集了 12 位高层管理者进行为期一周的头脑风暴座谈会。他们决定改变组织结构,解除华盛顿决策集权化,开拓 12 个地区(每个地区都有独立的预算、经理和绩效目标)。几年后,它从一种昂贵的、以医院为基础的模式转变成一家注重门诊患者的社区诊所和基层医疗机构。

肯尼斯也鼓励创造性思考。1998 年,在和高层管理者举行的每月一次的会议上,一位退伍军人医院的职员提出,通过将条形码扫描仪与患者、药物和医嘱相匹配,托皮卡市的一家医疗中心的用药错误率降低了 70%。一位在医院长期工作的护士休·坎尼克在看到汽车出租代理商使用一个无线的条形码扫描仪为她的车办理登记手续时，产生了这一想法。出于好奇，肯尼斯做了一次短途飞行，前往托皮卡市，这一切如他所闻，于是决定采取这一技术。到 2000 年 9 月，这项技术在退伍军人医院的每个分院得以应用。

科技是这一改变的核心。一项被称作"dubbed Vista"的网络化软件项目运行着强大的电子医疗档案跟踪系统。该系统是退伍军人医院的"大脑"。通过"dubbed Vista"，医生提交电子处方，最小化字迹模糊的手写错误。当他们的患者需要注射流感疫苗、X射线检查或其他后续医疗时，系统便会进行提醒（在一个试点的项目里，许多退伍军人也会通过家庭计算机得到提醒）。通过使用技术实施预防医疗，减少不必要的求医次数，退伍军人医院已经证实改进质量能节省金钱。私人非营利性组织——国家质量保证委员会通过各种绩效测量方法鉴定医疗卫生组织，该机构的主席玛格丽特·奥凯恩（Margaret O'Kane）说，"退伍军人医院已经颠覆了传统模式，表明质量改进是值得的。"

7.4.3　Solar Turbines 公司 [35]

Solar Turbines 公司（以下简称"Solar"）是卡特彼勒公司独家拥有的一家子公司，它是世界中档工业燃气轮机系统最大的供应商之一。Solar 将传统的职能组织结构与团队协作方法结合在一起。首先，通过由总裁班子成员领导的职能型结构，Solar 保持对于职能绩效的关注。这种关注是通过招聘、雇用、关键技能发展、不断改进职能效率的工具和日常过程的操作方式进行的。其次，由组织多层级选拔的管理者和技术专家组成的三个跨职能领导力团队促进了全公司的团队合作和决策制定。

由运营理事会（72 名来自不同业务的领导者）和扩展领导小组（超过 400 名管理者和监管者）组成的扩展领导团队能够确保 Solar 培养下一届领导集体。它也促进了组织所有层次上的跨职能团队员工之间进行迅速且有效的沟通交流。

第三个组织结构由协调和整合所有公司业务的 10 个委员会交叉组成。包括销售和运营计划委员会、产品委员会、企业资源规划/信息技术委员会、道德规范委员会在内的各个委员会通过跨职能部门共享、全公司交流、战略目标设定等方式，构建了一种机制以增强组织学习。总裁班子成员主持关键委员会并与公司其他高层领导一起，积极参与到为每个人的决策提供指导、支持等事宜上来。

7.4.4　Octicon 公司 [36]

这听起来真像未来的企业天堂：没有中层管理，没有等级森严的制度，没有一成不变的任务，员工可以自己管理自己，自由选择项目并加入跨职能小组工作。

这就是丹麦一家中型助听器生产商 Octicon 公司于 1991 年开始建立的企业文化。当年的首席执行官拉斯·柯林德（Lars Kolind）在颠覆传统办公场所设计的同时，对整个公司的组织架构进行了根本性的改变。柯林德是一名叛逆者，他将陈旧的结构摒弃，使每个员工可以自主选择项目、团队。

柯林德的意图是改变公司内部已经僵化、平庸的文化，营造有利于自由创新的氛围。他把新总部的办公环境设计成无障碍、开放式的空间，总部 150 名员工都没有固定办公室和办公桌，可以自由地推着带轮的文件柜从这个项目团队到那个项目团队，会议区域也没有桌椅。他称之为"意大利面组织"。这些改革取得了巨大的成效，各种创意点子层出不穷，创新技术不断发展，公司的销售和利润随之大幅上扬。公司从而也成为管理改革创新的典范，甚至美国有线电视新闻网络（CNN）出面录制了一个短片。但是，随着企业壮大并且走入公众视野，许多陈旧的结构重现。

柯林德最后离开了，这些日子很少有人谈论他的意大利面改革。每位员工都有要进行直接报告的上司，并且不再有完全的自由选择项目了。

但是，改革的精髓留下来了。Octicon 公司总部的 500 名员工，没有人用独立的办公室。最新的总部大楼也基本保持开放式的办公空间，每层楼中间有一些沙发供员工开会使用。宽松的氛围有利于留住顶尖的技术人员，使 Octicon 公司能保持革新技术领域的领先地位。其新推出的 Delta 助听器非常成功，Octicon 的母公司威廉·戴蒙特控股集团的销售额从 2002 年至今，增长了 36%，达 9.27 亿美元，营业利润也增长了 57%，达 2.32 亿美元。

7.4.5 圣迭戈动物园 [37]

7 500 万美元的收入、1 200 名员工、每年 500 万名游客，圣迭戈动物学会（又名圣迭戈动物园）在动物世界是一股不容小觑的力量。即使在 20 世纪 90 年代早期的大萧条时期，该动物园（和它的野生动物公园）仍设法增加了入园人数。它的整体目标包括娱乐、教育和保护。

圣迭戈动物园成功的一个原因也许在于它的重组。在旧的系统里，动物按物种（如，树袋熊属）分类，员工按职能（如，会计）分配。实际上，员工被分为 50 个不同的部门，每个部门在关注顾客、动物方面起到了相应的作用。

这在一定程度上为每个员工营造了一个枯燥无味的、不真实的环境。例如，一名保洁员坦言自己偶尔会把路上的一个烟头扫到灌木丛中，使得这件事情的责任落在园丁身上而不是他们身上。

在新的组织里，动物按反映它们的自然栖息地的生物气候带分类。一个非洲热带雨林聚集着热带地区的大猩猩，而老虎河再现了亚洲丛林的环境。负责老虎河区域运营的团队包括哺乳动物及其鸟类领域的专家以及维护和施工人员。尽管在旧的组织里大家都瞪大眼睛地守护着自己的地盘，但如今团队成员都在学习他人的技能，以及在超越旧的职能边界方面合作得非常好。随着团队承担起以前管理特权活动的责任，管理者开放思维，寻求各种方式吸引更多顾客光临动物园（由于每个组织面临着很高的固定成本，所以保持连续的高收益对于组织生存至关重要）。

7.5 与组织设计理论的对比

本节将从全面质量的角度与组织理论的角度对组织设计进行对比，探讨的话题主要有：组织结构的结构权变理论与制度理论、全面质量实践与绩效的情景因素的影响。

7.5.1 结构权变理论

起源于 20 世纪 60 年代的结构权变模型是管理学组织设计领域中的一种主流观点。根据该观点，组织结构有两个主要的类型：机械化组织（集权、许多规则、严格的劳动分工、部门间的正式合作）和有机式组织（分权、较少规则、宽松的劳动分工、部门间的非正式合作）。[38] 大多数管理类和组织理论类的书籍都对这些结构进行了详细的描述。结构权变理论认为：没有最佳的途径进行管理，应当根据特定的权变因素选择机械化组织或有机式组织，大多数权变因素是组织的环境和技术特征。

通常根据不确定性来选择机械化组织或有机式组织。如果组织面临复杂多变的环境并且它制造产品所用的技术不容易被接受，那么该组织面临极大的不确定性。微型计算机行业就是典例。权变理论声称：面临不确定性的组织应采取有机式结构。相反，如果企业经历着较小的不确定性，即组织环境简单且稳定，它的技术很成熟，那么该企业需要机械化组织。

这些论述的合理之处在于有机式组织处理的信息比较适合复杂的环境和不确定性的技术。这类组织也更富有弹性，更适合不稳定的环境下的变化情形。

然而，信息处理和适应能力的获取要以牺牲效率与控制力为代价。尽管机械式组织或许不能完成不确定性或者迅速变革的任务，但它更适合在一个可预期的环境里完成简单的任务。机械组织可以非常可靠地完成这些任务，并且员工去寻找是否有更好的工作方式时几乎没有风险。有机式组织富有弹性，但缺乏可靠性。

很显然，一个实践持续改进的质量导向型组织无法承受使用一种机械式结构从而导致其过程僵化，尽管有些组织这样做过。一些组织将质量视为一组团队之间存在的严格程序和正式合作活动。这种组织通常会使他们的质量努力达到一个稳定水平或者最终解散质量努力。大多数践行全面质量的组织会朝有机式组织方向发展。在这种组织中，层次结构减少，多个团队被组建，并且员工会被授权以发现更好地完成任务的新路径。合作常常是非正式的，因为没有官僚化的层级结构干预，这些相互依赖的员工在个体基础上能够一起合作。开展全面质量管理的公司内相对广泛的工作使员工对其工作如何促成顾客（无论是内部顾客还是外部顾客）满意度有更好的理解。

IBM 公司前任总裁约翰·埃克斯（John Akers）曾负责公司的一次实质重组，提出"每个重组在解决问题时也会引发新的问题"。[39] 这些新产生的问题是由于采取了有机式全面质量组织设计引起的吗？这样说还为时过早。多数组织实践全面质量的时间较短，因此没有足够的追踪记录进行判断。很少有组织从一个全面质量模式设计复原到更为机械化的设计，更多的组织总是采取一种以内部顾客、过程团队、更广泛的员工责任和质量控制委员为特色的组织设计方法。这表明随着管理者和组织的增多，这些结构是需要且可行的。

如何根据组织理论历史中对设计的权变方法的支持，证明质量运动就是"最佳方法"？第一种可能性是很少有行业和技术是简单且稳定的，这就使得采取机械式组织更有效率地运作是不可能的。

第二种可能性是全面质量设计有能力实现旧的机械–有机区分中未曾料想的生产效率。一个特定过程的改进，一旦达到了已很难获取更多收益这一水准，团队也许会将该过程确立为它的标准,并且在没有管理者参与的情况下的,每次都尝试着去完美地重建该标准。换句话说,这种组织提高效率的方式比机械式组织多。

第三种可能性是以全面质量为导向的公司会为其组织结构付出效率上的代价,但是他们的产品的优越性超过了由于效率而导致的更高价格。但此类公司不能在那些价格是主导竞争因素的市场中有效地参与竞争,如纺织业。

第四种可能性是寻求质量的公司会因为它们的优势不能抵消效率低下而付出代价。在这种情况下,这种结构在长期发展中不可行。基于现在可利用的有限信息,情况似乎并非如此。

7.5.2 制度理论

像大多数组织设计理论那样,组织权变理论基于的假设是组织选择帮助它们运营更好的结构,以提供高质量、低成本等。相反,制度理论认为组织通过创建合适的结构来取得成功,这种适当性源于重要的外部拥护者——顾客、行业其他机构、政府机构等。[40]

根据制度理论,组织结构的一部分不一定服从于组织也理所应当。如果采取一种特定的结构在有权力决定组织命运的管理者眼中是合理的,那么这种结构是值得的。例如,许多组织拥有致力于实现环境目标的部门。不论这些部门帮助实现这些目标是否有争议,但这些部门的存在有助于提升组织关注环境的正当性。

根据制度理论的立场,一些组织以质量为导向,组织设计包括质量委员会和团队的广泛运用等内容,但这些组织是否真打算提升质量,或者仅仅将其标榜成一个先进的、关心质量的组织,这个问题很重要。几乎没有可搜集的证据来论证这些结构可以明确提升绩效,但是大量组织的经济部门都会采取这一结构。一些学者将这些结构描述为"奇想"或者"时尚"。[41] "奇想"通常是一个新的想法,在一个模糊的和以前未定义的区域兴起,并且使用者起初抱有很大热情但很快失去兴趣。"时尚"被认定为了自己的利益而追寻的新奇事物。在一个组织里,这两者都是暂时阶段,除非它们在组织里确立自己的地位,否则从长远看,它们不能发挥作用。

在一些情况下,以质量为导向的组织采取结构形式主要考虑制度。例如,任何期望在欧洲竞争的企业必须拥有被认证的 ISO 9000 质量标准。美国汽车生产商的供应商必须提供详尽到位的质量计划。许多组织采取六西格玛方法,主要因为通用电气公司的杰克·韦尔奇对六西格玛应用的广泛宣传。因此,在组织加快推广并建立以质量为导向的结构方面,制度理论提供了另一种思考的方式。尽管一些组织或许主要通过团队和指导委员会追求更高的绩效,但仍有组织主要通过寻求重要拥护者的支持来追求更高的绩效。

7.5.3 情景因素与全面质量管理绩效

尽管现在有很多针对质量问题的文章,但是很少有人会注意到情景因素对质量与绩效的潜在影响。[42] 而在已出版的刊物中,运用组织学理论来解释这种因素带来的影响的文章则更少了。但是有一项研究从制度理论与权变理论入手,并检验了一系列有趣的命题。研究使用的数据来自一项调查,该调查分析了五个情景因素(三个制度因素、两个权变因素）对全面质量实践的结果的影响，以及对全面质量关键组织绩效指标的影响。三个制度因素包括全面质量实践、ISO 9000 注册和原产国；两个权变因素包括公司的规模与公司经营的范围。四个绩效指标是指组织效能、人力资源结果，财务与市场结果、消费者结果。

这些结果显示，在每个情景因素下，全面质量实践的实施在公司子组之间是类似的。另外，在公司子组之间全面质量对四个性能指标的影响与这些指标之间的联系总体上也是类似的。因此，基于对五个情景因素的分析，大部分研究显示全面质量和全面质量绩效的关系不依赖情景，全面实施全面质量实际有助于在每个制度和权变因素下持续改进公司子组的绩效。通过有效地实施这些措施，管理者能够预期这四个绩效方面都有一定的提高。但是，人力资源结果、消费者结果以及组织效能方面的改善可能比财务与市场结果更快地体现出来。这些研究支持这样一种观点：长期的视野应该放在注重全面质量的实施上，如果在短期内没有取得比较显著的改善，全面质量的实施也不应被终止。

全面质量公司与非全面质量公司之间的研究揭示了一家公司要想成为全面质量公司，没有必要正式地实施全面质量。同样在进行 ISO 注册的公司与没有进行 ISO 注册的公司之间也没有很大的区别。这些结果可以用这样一个事实来解释：调查中的一大部分企业已经有了许多其他的质量改进努力，比如：改善、精益生产、约束管理、朱兰培训以及其他一些没有正式名称的质量改进努力。因此，重要的问题是在没有正式质量项目的公司中，如何有效地实施全面质量的各个部分。对于是否应该分配相应的资源与努力来实施全面质量计划以取得期望的绩效产出，公司需要对此做出决策。那些已经有其他质量改进方法的公司需要确定，如果独立地实施全面质量计划是否能够取得额外的效益。这些结果显示了不管是实施一些其他的质量改进计划，还是简单地建立包含普通全面质量实践的组织系统，都会有相似的绩效产出。

这项研究同样显示：在美国，美国公司与非美国公司实践全面质量是相似的。这项研究对那些计划使用全面质量计划的公司的管理者而言是十分有用的。此外，他们应该期望在绩效的一些方面看到不一样的结果。尽管全面质量实践第一次是在大公司实施的，但是一些小型与中型公司从全面质量定义出发，开展的一些长期的实践也能取得与大公司进行全面质量实践相似的结果。这些发现都支持着这样的研究结果：小型公司能与大型公司一样有效进行全面质量实践并取得丰厚产出。这个结果同样也适用于那些在国内与国际上运营的公司。这也解释了那些在国内运营的公司为什么已经进行了相当多的全面质量实践。尽管国际公司可能很快学习并接受一种新的管理方法，但全面质量哲学在实践中已得到长久运用的事实，可能缩小了两个群体间的全面质量知识差距。

内容回顾与问题讨论

1. 许多管理者认为过程思想只跟运营有关（如制造与服务交付），那么为什么在本章开始提到的卓越绩效引例当中，关注过程在波音航空支持部门所做的每一件事中都有所反映？回答该问题对管理者有什么启发？

2. 职能型结构的优点与缺点是什么？关注过程如何克服了其中一些缺点？

3. 在追求全面质量的组织中发生的主要结构类型变化是什么？

4. 回想过去某个组织给你带来糟糕的顾客

服务经历。谁应该对此负责？你知道有关于组织设计的知识吗？你认为这是由于组织中个人的错误还是由于设计较差的系统导致的呢？学习完本章后，你对受到较差的服务的反应会有所改变吗？怎么改变？

5. 影像出租店的关键过程是什么？超市呢？杂货店呢？这些组织怎样围绕这些过程来重新设计？为了达成这样的目标，它们应该去克服哪些障碍呢？

6. 找一张你所在院系或者学校的组织结构图。它是属于职能型还是关注过程型呢？对于这种组织结构，你认为有什么优点和问题呢？怎样来设计组织的结构可以更好满足学生与其他利益相关者的需求呢？

7. 金星公司的组织结构是如何反映戴明对于产品系统的观点的（参考第6章的介绍）？

8. 解释如何关注内部消费者与团队组织以支持组织的过程观点。

9. 为实现全面质量，团队如何支持组织设计？

10. 什么是高绩效工作？什么类型的人力资源（HR）实践能够促进高绩效工作环境？

11. 解释工作扩大化、工作丰富化和工作轮换的区别。列举你经历的案例。

12. 讨论在"基于质量的组织设计实例"章节的每个组织是如何运用"基于质量的组织重新设计"部分提出的准则的。

13. 施乐公司的理查德·帕勒莫在接受《财富》杂志的采访时说到"不同职能部门的员工彼此反感"，剔除他为达到娱乐效果而夸大的偏见，你是否认同他的观点？与一些职能部门的人交谈，并询问他们对其他职能部门人的看法。你怎样解释他们态度的不同？如果将解决部门之间彼此反感这个问题指派给你，你会从哪里开始入手呢？

14. 在机械式结构的公司中，全面质量是否仍然有效呢？它又是怎样奏效的？

15. 结构的制度理论很好地解释了组织为什么选择以质量为导向的组织设计，你认为是这样吗？为什么是或为什么不是呢？

案例

现代广告代理公司 [43]

现代广告代理公司（Modern Ad Agency, MAA）已经运营了大约10年，有强烈的组织荣誉感并强调以顾客需求为导向。它的客户中有5个是属于世界500强的企业。联合创始人和总裁迈克尔·纽伯格在关注客户、遵循质量体现和做出快速反应能力的基础之上成立了公司。

它最大的顾客之一，一家世界500强消费品公司，要求遵守共同制定的协议和成熟的质量管理体系，但不要求进行ISO注册。一个记录系统已经到位，纽伯格掌管着一个充满活力的指导委员会。它的成员都是各个部门的领导，包括质量经理与每个部门的总裁。像往常的惯例一样，系统进行了升级。但是这个重要的顾客——美嘉产品公司已经错过了一项新的、很重要的大型产品的预定发布日期，这是由于它与现代广告代理公司团队的沟通错误以及错误的广告宣传册造成的，这个广告宣传册本应该在打印后予以修订。如果遵守现代广告代理公司协议并且执行必要的质量检测，这些问题完全可以避免。

时间很重要，因为尽管MAA遵守了协议，但不合格的产品已经送到了顾客手里。负责产品质量的经理起草了很多文件材料并由总裁进行修订。这些材料由经理和主管进行审核，并在各自的部门内实施适用的内容，但审核几乎不存在。结果，很多程序和说明没有反映工作事实。他们描述了一个理想状态，最终为监督者和操作工的落实带来了挑战。因为时间在一点一滴地过去，并且美嘉产品公司还威胁要撤销订单，进一步采取措施实施彻底、高质量的管理体系改革迫在眉睫。

使质量体系变得可操作的过程十分混乱。由于不愿面对由于改变他们的责任和权力带来的不确定性，管理者还是选择维持现状。只针对低层次的员工的培训使得监督者无法对新的需求有良好的理解。他们说一套做一套。尽管在组织结构图和关于权力与责任的陈述中已经描述了部门和个人之间的接口，但这种接口不会在真正意义上起作用。系统工作过程举步维艰，因为新的关系和相互关联碰上了旧的部门壁垒。由于害怕影响交付承诺，总裁不断践踏着质量经理的权威，审核报告和纠正措施毫无用处。然而，早期的实施步骤处理得很好。差距和不足会被识别，建议性的解决方案会被提及。但是，由于时间因素，假定管理者自动接受和采纳（解决方案）。指导委员会成员认为每位员工知道自己该去做什么是合理的，因为寻找解决方案已花费了很多精力。然而，像许多改进工程一样，汇总步骤经过了充分思考但没有得到良好管理。提议的方案不能完全融入日常工作中。

最终，指导委员会成员认识到他们缺少使体系运营变得完全可行的全局计划。他们也意识到这会造成管理层的优柔寡断，协调不充分以及使那些试图让变革可行的管理者不满。他们发现一线设计项目经理、写手、画师都通过退回到以前的惯例来维持一种秩序感以及完成他们的工作。令人惊奇的是，他们的"权宜之计"行动使得他们重新得到一些美嘉产品公司的项目，但是他们认识到他们要重新开始去制订一个全局计划。时间已经没有了。

讨论题

1. 在最初的协议与文档起草过程中和前期的实施阶段中，纽伯格与指导委员会犯了什么样的错误？
2. 系统没有按计划运转有哪些早期的迹象？为什么他们忽视了？为什么没有进行更有效的改进努力？
3. 修订并落实改进的组织结构与质量管理系统需要采取哪些步骤？

你想让我们和市场部一起工作？[44]

在凯当上财务部门经理的第二天，她的一位员工（她已认识这位员工几年了）告诉她一个关于销售数据的交易问题。凯建议这个员工在市场人员的帮助下解决这个问题。该员工的回复是她遇到的最奇怪的一件事：我们部门已经7年没有与市场人员打交道了。

感到震惊的同时，凯决定做一些调查。她打电话给一个她认识多年的市场部经理，问他关于这个问题都知道些什么。他证实这两个部门之间确实存在一些问题，但是他并不了解其中的细节。更加让人迷惑的是，6年前，整个部门（85个人）从丹佛搬到菲尼克斯后，这个界限依然存在。两个团队间紧密联系的工作可以获得重要的协同效应。怎样才能让每个部门的经理允许这些接触呢？他们是缺少解决问题的勇气吗？或者说他们每天的工作是如此清闲以至于都没有发现这个问题？

为了解决这个问题，凯派遣两个团队在一系列的联合会议中共享他们的工作过程。每次会议帮助他们建立过程思想，以及将两个团队彼此视为顾客和供应商来帮助他们理解如何互相支持对方。她再次打电话给市场部经理告知她的计划。市场部经理毫不犹豫地答应帮忙。市场部已经与顾客分享了过程图。他们答应不告诉他们的团队是什么情形启动了这些会议。

在一周内，第一次会议就召开了。每个人都找到一个合适的位置是一件很有意义的事。一个小组聚集在房间的右边，另一组聚集在房间的左边。这次会议进展非常顺利。开始阶段并没有任何的提问或讨论，但是在会议快要结束时，两边的员工开始对于如何协调两个部门间工作过程的重叠部分进行了交流。在第一次会议过后的那个早上，一个市场部门的员工来到凯的部门寻求关于某个过程问题的帮助。在3个星期内，一位顾客服务经理要求她的团队参加计算机辅助部门的电话会议。这个电话会议的目的在于解决由于市场部门与自身部门的数据错误导致的市场系统问题。

由于市场部门现在愈发理解部门之间数据流的联系，所以懂得了系统错误造成的影响往往会超出市场部门之外，也意识到帮助两个团队解决问题的潜在可能性。这次合作是两个部门间第一次共同努力。保持定期召开过程审核会议的习惯，两个部门间的合作也得到不断增强。

讨论题

1. 阻碍改进的典型文化障碍有哪些特征？

2. 关注过程如何打破组织界限？

3. 什么样的工具与技术能够帮助支持过程关注与改进过程变革？

重新审视沃克汽车销售服务公司

沃克汽车销售服务公司的组织如图 7-9 所示，我们将用它解决以下问题。

讨论题

1. 在汽车经销商的特定情景中（见第 1 章章后案例），讨论职能型结构可能存在的问题。

2. 结合本章的理论，请提出有关组织设计的建议以促进该公司追求卓越绩效战略。

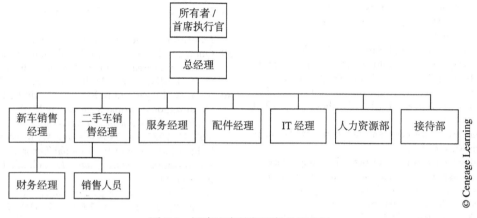

图 7-9 沃克汽车销售服务公司组织

注释

1. 2003 Malcolm Baldrige National Quality Award Recipient Profile, U.S. Department of Commerce.
2. Kermit F. Wasmuth, "Organization and Planning," in Loren Walsh, Ralph Wurster, and Raymond J. Kimber (eds.), *Quality Management Handbook*, Wheaton, IL: Hitchcock Publishing Company, 1986, pp. 9–34.
3. An interesting perspective on this problem is provided by Benson P. Shapiro, V. Kasturi Rangan, and John J. Sviokla, in "Staple Yourself to an Order," *Harvard Business Review*, July–August 1992, pp. 113–122.
4. Myron Tribus, "Total Quality in Education," unpublished manuscript. Hayward, CA: Exergy, Inc.
5. Quoted from "The CEO as Organizational Architect: An Interview with Xerox's Paul Allaire" by Robert Howard, in *Harvard Business Review*, September–October 1992, pp. 106–121.
6. Thomas A. Stewart, "The Search for the Organization of Tomorrow," *Fortune*, May 18, 1992.
7. J. M. Juran, *Juran on Leadership for Quality: An Executive Handbook*, New York: Free Press, 1989.
8. W. E. Deming, *Out of the Crisis*. Cambridge, MA: MIT Center for Advanced Engineering Study, 1986.
9. Adapted from Katrina Brooker, "The Nightmare before Christmas," *Fortune*, January 24, 2000, pp. 24–25.
10. Robert Hof, Debra Sparks, Ellen Neuborne, and Wendy Zellner. "Can Amazon Make It?" *BusinessWeek*, July 10, 2000, pp. 38–43.
11. A. Blanton Godfrey, "Planned Failures," *Quality Digest*, March 2000, p. 16.
12. Paula K. Martin and Karen Tate, "Projects That Get Quality Treatment," *Journal for Quality and Participation*, November/December 1998, 58–61.
13. Adapted from Texas Nameplate Company, Inc. 1998 Award Winner Profile, Baldrige National Quality Program, U.S. Department of Commerce.
14. City of Coral Springs Florida 2007 Baldrige Award Application.
15. R.J. Schonberger, *Building a Chain of Customers*, New York: Free Press, 1990.
16. See Jack Reilly, "Using the Methods of Fernando Flores," *Center for Quality of Management Journal*, Vol. 6, No. 1, Spring 1997; and Grant Harris and Steve Taylor, "Escaping from the Box: Using a New Process Model to Support Participation and Improve Coordination," *Center for Quality of Management Journal*, Vol. 6, No. 3, Winter 1997.
17. The author is indebted to Jackie Messerschmidt of Workflow Dynamics for graciously providing this example.
18. Based on "TQM-Quality with Reduced Resources," a talk given by Dr. Edwin Coate, vice president for

18. finance and administration, Oregon State University, presented via teleconference by Cuyahoga Community College, September 9, 1992.
19. Jerry G. Bowles, "Leading the World-Class Company," *Fortune*, September 21, 1992.
20. Jeannie Coyle, "Aligning Human Resource Processes with Total Quality," *Employment Relations Today*, Vol. 18, No. 3, Fall 1991.
21. Mark Kelly, *The Adventures of a Self-Managing Team*, Raleigh, NC: Mark Kelly Books, 1990.
22. Stewart, "The Search for the Organization of Tomorrow."
23. Robert O. Knorr and Edward F. Thiede, Jr., "Making New Technologies Work," *The Journal of Business Strategy*, Vol. 12, No. 1, pp. 46–49.
24. AT&T Quality Steering Committee, *Leading the Quality Initiative*, AT&T Bell Laboratories, 1990, pp. 13–14.
25. Interview by former co-author James W. Dean, Jr. with Richard Buck.
26. Nadav Goldschmidt and Beth G. Chung, "Size Does Matter: The Effect of Organizational Size on Customer Satisfaction," *Journal of Quality Management*, Vol. 6, 2001, pp. 47–60.
27. See Kay Kendall and Glenn Bodinson, "The Power of People in Achieving Performance Excellence," *Journal for Quality and Participation*, July 2010, pp. 10–14 for an interesting discussion of this concept.
28. Poudre Valley Health System Baldrige Award Video, U.S. Department of Commerce, Baldrige Award Program.
29. "It's My Manager, Stupid," *Across the Board*, January 2000, 9.
30. J. R. Hackman and G. R. Oldham, *Work Redesign*, Reading, MA: Addison-Wesley, 1980.
31. Malcolm Baldrige National Quality Award, Profiles of Winners, National Institute of Standards and Technology, U.S. Department of Commerce.
32. Robert D. Hof, "Teamwork, Supercharged," BusinessWeek, November 21, 2005, 90–94.
33. Adapted from Boeing Airlift and Tanker Programs 1998 Award Winner Profile, Baldrige National Quality Program, U.S. Department of Commerce.
34. Sources: David Stires, "How the VA Healed Itself," *Fortune*, May 15, 2006, 128–136; Catherine Arnst, "The Best Medical Care in the U.S.," *BusinessWeek*, July 17, 2006, 50–56.
35. Solar Turbines, Inc. Malcolm Baldrige National Quality Award Application Summary, 1999, p. 4.
36. Jack Ewing, "No Cubicle Culture" Business Week, August 20, 2007. http://www.businessweek.com/magazine/content/07_34/b4047412.htm. Reprinted with permission.
37. Based on Stewart, "The Search for the Organization of Tomorrow."
38. This version of the contingency model comes from T. Burns and G. M. Stalker, *The Management of Innovation*. London: Tavistock, 1961.
39. Quoted in D. Hellriegel, J. W. Slocum and R. W. Woodman, *Organizational Behavior, 5th ed.*, St. Paul, MN: West Publishing Company, 1989.
40. See J. W. Meyer and B. Rowan, "Institutionalized Organizations: Formal Structure as Myth and Ceremony," *American Journal of Sociology*, Vol. 83, 1977, pp. 340–363; and W. R. Scott, "The Adolescence of Institutional Theory," *Administrative Science Quarterly*, Vol. 32, 1987, pp. 493–511.
41. R. E. Cole, *Managing Quality Fads*, Oxford University Press, New York, 1999; B. G. Dale, M. B. F. Elkjaer, A. van der Wiele, and A. R. T. Williams, "Fad, Fashion, and Fit: An Examination of Quality Circles, Business Process Re-engineering and Statistical Process Control," *International Journal of Production Economics*, Vol. 73, 2001, pp. 137–152; Gerald Zeitz, Vikas Mittal, and Brian McAulay, "Distinguishing Adoption and Entrenchment of Management Practices: A Framework for Analysis," *Organization Studies*, Vol. 20, No. 5, 1999, pp. 741–776.
42. Ismail Sila, "Examining the effects of contextual factors on TQM and performance through the lens of organizational theories: An empirical study," *Journal of Operations Management*, 25, 2007, pp. 83–109.
43. This case was inspired by the article by John R. Schultz "Eight Steps to Sustain Change," *Quality Progress*, November 2007, 25–31.
44. "The Power of Process Orientation" by Kay Sever, *Quality Progress*, January 2007, pp. 46–52. Reprinted with permission from Quality Progress. © 2010 American Society for Quality. No further distribution allowed without permission.

第三部分

卓越绩效与组织行为学

- 第 8 章　质量团队合作
- 第 9 章　参与、授权和激励

第 8 章

质量团队合作

🌐 卓越绩效引例：卡利公司[1]

卡利公司（KARLEE）位于得克萨斯州的加兰市，是精密片状金属、机器零件的合同制造商。其主要顾客集中于通信、半导体和医疗设备行业。公司始建于1974年，从最初建立在车库里的个体机器商店，已经发展成为一站式制造服务提供商。公司的产品范围包括从初始设计、原型设计到喷涂、布线及动力元件的装配集成。卡利在1999年获得得克萨斯州质量奖，在2000年被授予年度得克萨斯商业奖，同年获得鲍德里奇奖。

卡利是一个由不同小团队组成的大团队，这些小团队之间拥有一个共同的使命。不管是执行、管理、运营、行政还是支持团队，都旨在"超越股东的期望"。尽管这个组织愿景并不是卡利独有的，但该公司利用团队工作法提升了公司整体对顾客的强烈关注，从而使自己脱颖而出。公司鼓励团队之间公开交流，团队参与设定目标以及在管理和改进过程中肩负起团队责任。例如，为了培养业务导向的共识，卡利取消了制造单元，从而每个人都可以参与到整个公司范围的会议中。然而，公司在激发共同努力中最主要的财富或许是卡利领导层积极倡导的互相信任、诚信、尊重的文化。

一个集成领导系统将卡利现阶段的运营过程与它的未来方向联系起来。高级执行领导（senior executive leader）团队专注于确定和明晰长期战略问题和机遇，包括未来的消费者需求。卡利指导委员会（steering committee）由七个高级执行官以及各部门团队的领导组成，负责从高级执行领导团队的五年规划及其富有远见的绩效目标中提取出每一年的商业和运营目标。决策由顾客评价进行引导，而顾客评价则是基于每年的调查结果和几乎每一天的顾客反馈。另外，决策同样也受对卡利的绩效、职工数量、工作能力的详细审核的影响。

年度目标与公司五个关键业务驱动因素一致，即员工满意度，运营绩效，财务绩效，社会服务，团队成员的安全感、满意度以及发展。指导委员会的成员与职能团队以及跨职能团队合作，将这些目标转化成具有可测量目标的改进方案。

制造团队利用统计过程控制方法来监控过程绩效。另外，不同领域的团队每个月都进行自我审核，质量保证部门每个月都对各团队绩效进行评估，得到每个团队和部门的加权质量评定等级。这些评估结果张贴在各团队、部门以及公司的布告栏中。这使得所有团队成员都可以检查进展以便完成公司目标。

卡利在整个团队结构中提倡协作、合作和主动性。团队被期望表现出色并且肩负起满足内部和外部顾客需求的全部责任。公司鼓励交叉训练和轮岗，因为这可以培养组织灵活性，拓展快速应对消费者需求变化时所需要的基本技能和知识。

制造单元团队可以自主安排工作时间表，管理库存并设计工作环境的布局。每个团队都有认可和奖励预算，这是对公司更广泛的奖励和认可计划的一个补充。奖励和认可计划包括免费电影票和对团队成员及领导杰出绩效的月度和季度奖励。

文化咨询委员会建议采用新的方法来培养公司的家庭氛围，并加强团队成员致力于实现卡利使命的承诺。为反映公司员工的民族多样性，该委员会成员均经过精心挑选。另外一些建立团队工作和相互支持氛围的方法包括卡利关怀小组，即小组成员组织起来帮助其他处于个人危机的成员。

戴明主张领导者放弃竞争而去寻找合作。团队提供了实现这一主张的一种方法，同时也强调了戴明关于"工作中的自豪与乐趣"的观念。团队是在一起工作并且相互合作来分担工作和责任的一群人。[2] 团队在我们的世界中无处不在——不管是在足球场还是在篮球场，具体的例子如真人秀《急速前进》、海豹突击队、东京弦乐四重奏、丹妮卡·帕特里克的维修团队。就像在本章开始的引例里介绍的卡利公司一样，团队对于实现卓越绩效动机至关重要。

尽管追求质量与卓越绩效的组织中存在很多类型的团队，但是团队合作的概念是广泛流传的，并且在任何环境中都是关键的成功因素。本章的内容是：

- 解释在质量环境下团队的重要性；
- 识别组织里经常出现的不同团队的类型；
- 解释一些与团队成功应用有关的因素；
- 列举一些有效团队的例子；
- 将以质量为核心的团队的应用与组织行为理论联系起来。

8.1 团队的重要性

团队在高效组织中无处不在：在顶层和底端，以及在每个职能部门和各部门之间。例如，上一届鲍德里奇奖获得者康宁电信产品部门，有员工设计团队、顾客账户团队、市场团队、新产品开发团队和生产运营团队。联邦快递有超过 4 000 个质量行动团队；波音公司运输机和加油机部门有超过 100 个集成产品团队（integrated product team，IPT），通常由工程方面的、团队管理方面的、顾客和供应商等代表组成。花岗岩公司的员工不到 400 人，有大概 100 个职能团队，包括 10 个公司质量团队、生产团队、采购团队、任务小组和由在不同岗位做同样工作的人构成的职能团队。

为什么有这么多团队？全面质量管理原则识别出了组织各个不同部分的独立性，并将团队作为一种协调工作的方式。团队合作可以使组织中的不同部分一起工作，来满足那些员工局限于某一专业时很难实现的顾客需求。团队提倡个人之间的平等，鼓励一种积极的态度和信任。团队固有的多样性经常能提供关于工作的独特观点、自发的想法和创造力。另外，团队能够培养出一种更强烈的完成目标和执行任务的责任感。总的来说，团队提供了多种多样的好处，这无法从个人独自工作中得来。观察一下苹果公司难以置信的成功。一个咨询顾问注意到，在苹果公司，史蒂夫·乔布斯手下的很多高层管理者都和他共事超过 10 年，并指出"他是唯一一位在大公司建立这样一个团队的人"。³

高绩效组织比传统组织更加承认员工潜在的贡献，而团队是利用这一潜力的一种尝试。另外，当代商业竞争环境要求灵活、快速地应对消费者需求或者技术能力的变化。团队能够提供快速反应的能力。很多公司已经公开了成功团队的故事，同时分享了他们的认可工作（详见专栏"团队就是激励"）。管理者总是寻找出成果的方法，团队当然正好属于这个范畴。

 团队就是激励⁴

2007 年，很多来自波音的团队获得了由美国质量团队协会和职场卓越论坛发起的国际团队卓越竞争奖。利用多种质量工具，第一名的团队开发出一种在 C-17 飞机尾椎体末节安装时消除不安全情况的方法。该团队也在质量、成本、计划等直接影响组织目标的领域发起了积极有效的过程改进。或许，团队经历最激励人的一点正如其中一个团队成员所说：

看到"其他"波音团队为我们公司带来了极大的荣誉感，获得他们的奖励，给我们带来了一瞬间空手而归的感觉……"2007 年美国质量团队协会国际团队卓越金奖获得团队是 C-17……"我们所需要知道的是我们刚刚在质量团队竞争中获得了最高奖励。当他们刚宣布完之后，我们已经站起来并且走向那个舞台。不仅仅是荣誉和祝贺，我从这个经历中重新燃起了一种欲望，那就是作为波音的一分子，我要在项目中达到更高的质量水平。我进一步理解了使用质量工具的实质，了解了它们如何有助于在管理项目中确定方向和主旨，以及如何更好地为未来的竞争构建团队。

丹尼尔·穆诺茨

8.2 团队的类型

组织使用了太多类型的团队，有时候很难对它们进行分辨。一些常见的组织类型如下所述。

- 领导团队（经常称为指导委员会或质量委员会）：在一个组织中领导质量改进努力并提供导向和聚焦点的团队。
- 问题解决团队：团队中的工作人员和管理者聚在一起，提出工作场所中涉及质量和生产力的问题，或者正如之前章节所讨论的有特殊任务的临时团队，比如担当变革设计师角色的组织设计团队。
- 自然工作团队：人们每天在一起工作，去执行一个完整的工作单元。
- 自我管理团队：工作团队得到授权，去做出和控制他们自己的决定。
- 虚拟团队：团队成员的交流电子化，轮流担当领导者，并在需要的时候进入和离开。这种类型的团队综合使用互联网、电子邮件、电话、传真、视频会议、个人计算机间互联，以及计算机屏幕共享技术来完成工作。
- 项目团队：团队得到一个特殊的使命，去开发一些新事物或者完成一些复杂的任务。最近，项目团队在六西格玛环境中获得了一种新的重要性标准以及尊重。

领导团队、自然工作团队、自我管理团队以及虚拟团队通常致力于常规商业活动——管理组织、创建新产品或者设计电子系统，并且是工作如何被组织和设计的一个组成部分。相反，问题解决团队和项目团队更多地基于一个特定的基础开展工作，处理和质量改进有关的特殊任务和问题。

8.2.1 领导团队

在之前的第 7 章我们提到过，质量领导团队长期以来得到了质量专家如朱兰和克劳士比的推广。朱兰倡导利用被称为**质量委员会**（quality council）的指导委员会，而克劳士比建议利用**质量改进团队**（quality improvement team）[5]。指导委员会对建立全面的质量政策、指导整个组织进行质量的实施和改进负责。质量改进团队在组织的中层和底层对于质量的改进发挥领导作用。

组织的高层领导往往是质量委员会的成员，因为他们是对质量负全部责任的管理者（例如副总裁／卓越绩效指导者）。当开始一项质量提议时，指导委员会成员可能会见得相当频繁，但是一旦事情走上正轨，可能每月或者每季度会见一次。这个团队做出关于质量过程的关键决定——应该如何测量质量以及应该用什么结果和方法来改进质量。指导委员会也会周期性地审核努力的状态并做出必需的调整，以确保顾客满意度和持续改进。总体上，指导委员对整个卓越绩效的过程和成功负有全部责任。这经常涉及利用鲍德里奇准则以及进行常规自我评估或外部评估来测量进步并识别提升的机会（见第 11 章对这个话题进一步的讨论）。

随着卓越绩效成为整个商业管理的常规组成部分，在很多组织里，独立的质量委员会的角色被执行领导团队吸收，这代表着质量计划并不是一个独立的活动，相反，是整个商业计划的一个不可分割的部分。因此，这个执行领导团队既是一个质量委员会又是一个商业领导团队。例如，在 Custom Research 公司，一个四人的指导委员会设定公司的方向、整合卓越绩效的目标并促进所有职员的发展。委员会成员经常与顾问交流，每天审核公司的绩效，并且每月进行正式会议来确认需要改进的地方。

8.2.2 问题解决团队

在质量改进中用到的第二种同时可能也是最常见的团队类型是问题解决团队（problem-solving team）。正如名字所示，问题解决团队通过识别和解决组织面对的与质量相关的特定问题来提高质量。这种团队一般指的是纠正措施小组（corrective action team）或质量圈（quality circle），尽管很多公司给这些团队起了自己的名字。质量圈是第一种类型的团队，专门关注质量。尽管在 20 世纪 60 年代初的日本，质量圈已经普及并在一个广泛的基础上得到了实施，且经常归功于东京大学的石川馨，但是历史显示，这个概念第一次是由丹尼尔·威拉德在巴尔的摩和俄亥俄铁路公司（Baltimore and Ohio Railroad）的"合作计划"中一个部分里实施的。它始于联合工人管理会议，该会议旨在提出和评估与服务质量相关的问题和建议。[6] 质量圈仍然很活跃并十分国际化，特别是在亚洲范围内（详见专栏"质量圈在日本：从未间断"）。

质量圈在日本:从未间断

质量圈是第一批在美国应用的日本管理实践之一。19世纪70年代,美国管理者访问日本时,注意到日本工人团队在开会时会提出质量问题。这些管理者意识到这个做法很容易复制,并把它带回美国在自己的公司应用。当对日本管理的狂热达到顶峰时,质量圈开始在美国兴起,并且诸如洛克希德公司和美国西屋公司也报道了有关质量圈的早期成功。随着大多数美国公司引入这项活动,这项运动在19世纪80年代得到急速发展。

但是这片花瓣很快从玫瑰上凋落了,因为公司发现,它们花费了很多时间但是收到相当少的回报。管理者仅在会议上鼓励员工致力于质量问题(通常大约每星期一个小时),在其他工作日则"干自己的事儿"。监督人员并不经常参与这个项目,并且即使不是完全抵制的,也是漠不关心的。或许最大的问题是质量圈"仅仅是一个项目",脱离了或者经常与组织日常工作相悖。管理者在质量圈活动中鼓吹质量工作的重要性,但当关键时刻到来时,他们的态度用一个质量圈成员的话来说就是"如果它不起作用,就把它拿走"!毫不意外,公司开始解散质量圈项目,很快它就像其他流行一时的风尚一样烟消云散。在当前关注全面质量的背景下,很多管理者回过头来看,认为质量圈实质上是通往质量管理道路上一个错误的开始。有趣的是,即便如此,我们仍然可以注意到很多日本公司依然在执行质量圈,并且认为这是全面质量控制努力的一个重要部分。[7]

根据日本科工联合会的报告,约有550万工人参与了750 000个质量圈项目。参与者涉及管理者和一线员工,他们认为质量圈是工作中的一个正常部分而不仅仅是一个项目。事实上,质量圈经常能够在改善过程中达到设定的目标(见第6章),这使其在全面质量管理中成为主流。一些公司的员工每年提出许多建议,而组织也为质量圈提出的建议提供金钱激励。在美国,错误不是在于引进了质量圈,而是在于没有认真对待它。

问题解决团队的两种最基本的类型是部门型和跨职能型。这些团队的成员仅限于特定部门的员工,范围也限于该部门内部的问题。团队通常每周开一次一两个小时的会议并且根据标准的问题解决方法取得进展。首先,团队成员识别出一系列问题然后选择一个去解决。然后,他们收集关于问题原因的数据并且确定解决问题的最佳方法(通常会用到很多在第7章中描述的技术)。

如果解决方法不需要在过程或者重要的资源上发生重大改变,那么问题解决团队经常可以实施自己的解决方法。反之,团队成员将会向某些级别的管理人员做汇报,请求对方批准他们的解决方案以及实施方案的资源。这些团队通常会保持不变,因为他们总是连续处理一系列问题。

问题解决团队处理的问题可能是相当多样化的。美国钢铁公司加里炼钢厂的小时工团队已经解决了造成严重后果的质量问题,帮助公司把汽车行业顾客拒收的钢铁数量降低了80%。[8]一个在设备租赁公司的服务技术团队简化了过去进行定期检修的形式,为公司的工作过程节约了大量时间。一个来自联邦快递公司分类部门的团队改进了包裹分类的过程,节约了劳动成本并帮助避免了通过商用飞机运输隔夜包裹带来的成本和尴尬。[9]一个制造公司的信息系统团队解决了一个严重的与公司对应用程序变化的响应相关的内部顾客满意度问题,有助于公司应用新的软件。[10]

8.2.3 自然工作团队

自然工作团队（natural workteam）被组织起来去执行一项完整的工作单元，比如组装一辆摩托车，开发电视机的电路平面图，或者从头到尾进行一项市场调查。"工作单元"不一定是最终产品，也可以是一些中间产品。自然工作团队是传统工作组织的替代而非补充。这种工作设计结构的不同之处在于，例如，工作任务并不像装配线上的任务那样狭义。

团队成员共同承担完成工作的责任，经常进行交叉培训以执行全部工作任务，并且经常在工作之间轮岗。在汽车制造工厂的一个团队在当地报纸的分类板块投放了一条广告，部分内容如下：

我们的团队将是一个厉害的角色。加入我们的多技能维修联合会，通过一起工作来服务我们的装配团队……我们寻找一个全能的人……拥有装配和操作不同焊接机器的能力……愿意在较长时间内致力于详细的工作……并且有汽车制造过程的一般整体知识……你必须是一个真正的团队成员，有优秀的人际交往能力并且在一个高度参与的环境中积极工作。[11]

这则广告表明，自然工作团队和传统工作团队对非管理层员工来说存在很多不同。例如，这些团队的成员被期待如一个真正的团队那样工作，而不是仅仅有能力执行他们自己的工作。他们的知识必须是广泛的而不是狭隘的，他们的人际交往技能要和技术能力一样好。自然工作团队引出了自我管理团队，接下来对其进行讨论。

8.2.4 自我管理团队

自我管理团队（self management team，SMT），也被称为自我导向团队或者自主工作团队，是具有更广泛责任的自然工作组，其中的责任包括自我管理。SMT拥有采取纠正措施和解决日常问题的权力；它们也可以直接接触到信息从而能够计划、控制和改进运营。自我管理团队已被应用了数十年（19世纪50年代英国和瑞典最早提出SMT理论，瑞典汽车制造商沃尔沃公司最先采用了这一理论），在全面质量组织中十分普遍。

在不存在管理者的情况下，SMT自行管理预算、安排日程、设置目标和订购物资。一些团队甚至彼此相互评价绩效并且为离开的团队成员雇用替补。例如，位于北卡莱罗纳州达勒姆的GE飞机发动机工厂就是一个完全自我管理的工厂。团队管理从过程改进到工作计划再到加班预算的每件事。每台发动机都由一个单一团队的人员制造，并且这个团队"拥有"这台发动机——从最初的制造到把它装在运载设备上。GE/达勒姆团队成员以他们制造的发动机为荣，他们常常自己用扫帚去清扫运输这些发动机的18轮汽车的底盘——仅仅为了确保发动机在运输过程中不会受损。机械维修和诸如浴室等区域的清洁已经被承包出去，但是团队成员也会保持自己区域的洁净。[12] 总而言之，这些团队里的成员比传统概念里的员工更像是管理者，因此这些团队是自我管理的团队（详见专栏"团队合作中的调味品和秘方"）。

SMT带来了改进的质量和顾客服务，更好的灵活性，降低的成本，更快的回应，更简单的工作分类，员工对于组织承诺的上升，有能力吸引和留住最好的人力资源。[13] 专家评估SMT比传统团队的生产力高出30%～50%。例如联邦快递，降低了13%的服务失误；3M

公司的生产力提高了300%；在梅赛德斯-奔驰工厂，缺陷降低了50%。一项对22家利用SMT的制造工厂的研究表明，一半以上的工厂在质量和生产力上做出了改进，减少了至少一个管理或者监督层级，降低了抱怨、旷工和人员流失的水平。[14]

团队合作中的调味品和秘方[15]

好的餐厅当然应该有优质的食物、怡人的环境和一个优秀的厨师。一家位于波士顿的餐厅雷迪尔斯则添加了另外一种调味品——团队工作。在厨房中，两个人在同一个装配站工作，负责肉类、鱼或者糕点。他们对一餐饭中属于他们的部分承担全部责任。例如，配肉团队将负责切肉、调味并且烹饪。而在大多数其他餐厅中，副主厨只烹饪。团队协作将在会议中定期得到加强。例如，每周厨师、服务生和后勤人员在一起开会，审核菜单和过程并且讨论服务问题。每一天，员工都开会，关注厨房运营并和厨师讨论日常计划。另外，服务生、店主和女店主以及楼层经理每天都见面并检查用餐预订，以便于他们定制客户体验。这些会议也可以作为训练课程——管理者可能让一个服务员描述一盘菜，甚至会细化至每种特殊的调料。

8.2.5 虚拟团队

虚拟团队（virtual team）是一些尽管在地理上分开但是仍然在一起紧密工作的人组成的团体。虚拟团队很少面对面会见；他们主要是通过电话、传真、共享的数据库和合作软件系统、互联网、电子邮件以及视频会议等互动。1998年，超过800万工作人员是这种团队里的成员，并且这个数量随着新科技扩散已经毫无疑问地增长了。

随着逐渐全球化、扁平化的组织结构、向知识型工作的日渐转变，以及把多样化的才能和专业知识带到复杂项目和顾客解决方案中以满足市场需求，虚拟团队正变得越来越重要。例如，一个在美国的产品设计团队可以把他们的工作交给在亚洲或者澳大利亚的其他团队，实现几乎连续不断地工作，相当可观地加快了开发时间。

因为虚拟团队在物理上是分离的，所以一些人难以把团队概念应用到虚拟团队中。虚拟团队可能遇到一些非同寻常的挑战，包括语言、文化、风格差异以及缺少社交关系以至于减少团队承诺等。[16]这就要求付出特殊的努力去确保团队氛围真正实现，尤其要关注交流、牢固的人际关系和支持工作的正式结构。例如，团队成员的责任和目标常常需要制定得更加明确。在接下来的部分，我们描述的所有问题对虚拟团队的影响都与对现实团队产生的影响相似，并且必须包含在虚拟团队的设计中。详见专栏"MySQL的虚拟团队"，作为关于这些问题的一个有趣案例。

MySQL的虚拟团队[17]

MySQL是一个市值4 000万美元的公司，它的经营业务是开发开源数据库软件。

MySQL在25个国家雇用了320名员工，其中超过三分之二的人在家里工作。由于在地理上如此分散，所以这个公司必须依靠虚拟团队。每天早上，支持主管（director of support）托马斯·巴兹尔登录公司的多人在线交谈系统（internet relay chat，IRC），按照名字向每个支持团队的成员打招呼。

员工也可能会在和一个顾客进行电话会

议的时候开始在线交谈。除了 IRC，公司也用 Skype 与员工保持联系，以消除邮件泛滥。在 MySQL，团队不仅仅是对技术的简单应用，员工还学习建设有效团队的行为技能，比如知道什么时候不能寄一封情绪化的邮件以及为什么在某些交流中电话是必需的。

8.2.6 项目团队

项目团队（project team）是得到特许，去执行例如技术实施这样的一次性任务的团队。它们对于六西格玛项目非常重要。六西格玛项目需要多样化的技能，包括技术分析、创造性地开发解决方案以及执行。因此，六西格玛团队不仅仅处理直接的问题，更为个人的学习、管理的发展和职场晋升创造了环境。六西格玛团队由以下不同类型的人组成。

- 倡导者（Champion）：促进和领导六西格玛在关键业务领域开展的高级管理者。倡导者理解六西格玛的思想和工具，选择项目，设定目标，分配资源和指导团队。倡导者拥有六西格玛项目并且对它们的完成和结果承担责任；通常，他们也拥有项目关注改进的过程。他们选择团队、设定战略方向、开发可测量的目标、提供资源、监控绩效、做出关键的执行决定并且向最高管理者汇报结果。更重要的是，倡导者致力于消除障碍——组织层面的、财务层面的、个人层面的——可能阻止一个六西格玛项目成功实施的障碍。
- 黑带大师（Master Black Belt）：全职的六西格玛专家，对六西格玛的战略、训练、指导、部署和结果负责。黑带大师在如何使用六西格玛工具和方法以及提供高级的专业技术方面训练有素。他们跨组织工作，创立和指导团队，进行培训和引导变革，但通常不是六西格玛项目组的成员。
- 黑带（Black Belt）：接受过全面训练的六西格玛专家，受训多达 160 小时，可以执行六西格玛项目要求的大部分技术分析，通常是全职工作。他们掌握先进的工具和 DMAIC 方法的知识，不论作为个人还是团队领导都可以应用这些知识。他们也指导和培养绿带。黑带需要较好的领导力、交流能力以及专业技能和过程知识。他们需要高度的激励，渴望获得新的知识，并且在同事中备受尊重。因此，黑带经常被组织定位为未来的商业领导。
- 绿带（Green Belt）：职能性员工，在入门的六西格玛工具和方法方面接受训练并且以兼职的方式为项目工作，在提高自己知识和技术的同时协助黑带。通常，获得绿带称号的一个要求是成功地完成一个六西格玛项目。成功的绿带经常晋升为黑带。
- 团队成员（Team Member）：支持特定项目的、来自不同职能领域的个体。六西格玛倡导者和黑带大师领导者的角色与负责人和发起人很相似。黑带与员工质量专家相似，而绿带通常扮演团队领导角色。

8.3 跨职能团队合作

自然工作团队、自我管理团队和问题解决团队是典型的内部组织团队；团队成员经常来自相同的部门或者承担相同职能。领导团队、虚拟团队和项目团队通常是跨职能团队；他们致力于打破若干不同部门界限的特定任务或者过程，不管他们来自哪一个组织大家庭。跨职能团队不是质量管理中独有的（在新开品开发中也普遍应用），但是其正逐渐成为质量改进努力中的中流砥柱。这些团队在很多方面与刚讨论过的部门团队相似：他们接受问题解决方面的训练，确定和解决问题，以及实施或推荐解决方案。

两者的差别在于，跨职能团队的成员来自不同的部门或者职能，解决的问题涉及多样化职能，并且通常解决一个问题后便解散。例如，在一项经纪人业务中，跨职能团队可能涉及处理来自客户的提问。这些问题并不仅限于股票、债券或者共有基金，所以来自以上所有领域的人都必须包括在内。

因为大多数过程都没有考虑职能边界，所以跨职能团队对于一个致力于过程改进的组织意义重大。如果一个过程需要得到全面的解决，那么当团队解决它时，就不能因成员或者章程而限制在某一职能部门里。为了更加有效，跨职能部门应该包括来自多个部门的成员：那些能感受到问题影响的人，可能引起问题的人，能够提供补救的人，能够提供数据的人。[18]

跨职能团队经常用以解决特殊的问题。例如，一个由护士、营养学家、其他护理单位和餐饮服务人员组成的跨职能团队解决了患者延迟收到食物的问题。这个问题经常激怒患者，但是如果它仅由护理单位来解决，那么餐饮服务部门的忽视和冷漠将很有可能受到指责。如果这个问题由餐饮服务部门来解决，那么护理部门很有可能受到指责。这两种情况下都是什么也做不成。一个跨职能团队需要解决与问题相关的复杂的调度和交付难题。同样，一个在纽约人寿保险公司的跨职能团队解决了邮件退回的问题。这对于公司来说很重要，因为如果投保人没有收到保费通知，纽约人寿保险公司就不会获得报酬（详见专栏"纽约掘墓者"）。

 纽约掘墓者[19]

你是否邮寄过信件，却因为邮局无法投递而被退回？每周有7 000封无法投递的信件应该怎么办？这是就纽约人寿保险公司所面临的问题。很多被退回的邮件是提醒人们保险费到期了，所以会损失很大一笔收入。实际上，公司估计这个问题将会造成高达8 000万美元的损失。

成立的攻克这个问题的小组被称作"掘墓者"，因为他们无情地挖掘地址从而使得保险费通知被寄达。这个18人的小组成员从全国各地选拔，通过远程电话每周开一到两次的会议。依照全面质量准则，这个小组从寻找无法投递的邮件的根本原因开始着手。最常见的一些是：①投保人搬家的时候忘记告知纽约人寿保险公司；②长地址无法在邮件封面的窗口显示。"掘墓者"制定了一系列相关的措施来解决这个问题。他们在每一个公司的营业所建立部门，以便寻找地址并保证档案随时更新；他们和邮局签订协议，让邮局转发邮件并为公司提供正确的地址，并且使用了更加详细的有条形码的邮件分类系统。早期结果表明，被退回邮件的数量减少了超过20%，并且邮局在9个月内为公司提供了61 000个正确的地址。实际上，"掘墓者"团队在纽约人寿的全面质量改进历史上已经位于最成功的团队之列。

跨职能团队是执行大规模组织变革的自然工具。因为竞争威胁，一家大型北美批发和零售食品杂货公司已经开始了一项重要的组织变革。公司成立了多个跨职能的团队来支持变革。

一些是领导团队，支持组织变革和改进；另外一些是更加侧重具体工作的设计和开发团队。[20]

团队跨职能特性的一个例子是由克莱斯勒公司提出的在汽车开发中采用的平台团队方法。[21]这个跨职能团队的方法把来自工程、设计、质量、制造、商业规划、程序管理、采购、销售、市场和财务的专家集中起来一起工作，从而将一种新车推向市场。这个想法因为克莱斯勒与更灵巧更富创新的 AMC/Jeep 合并而被引入公司。如果没有重要的剧变和斗争，这个方法是不会被接受的。"当你说起内部的斗争，"一个克莱斯勒拥护者回忆说，"这是战争！"[22]但是，这个观念正是把公司从破产和濒临崩溃中拉回来所需要的。1992 年引进的道奇蝰蛇（Dodge Viper）和 1993 年生产的吉普大切诺基（Jeep Grand Cherokee）检验了这个方法，使得克莱斯勒协和式超音速喷射客机、道奇无谓（Dodge intrepid）和鹰牌威神（Eagle vision）在 39 个月内研发成功，不仅准时且在预算之内，更超过了 230 个产品卓越指标。如今，所有的汽车制造商开发产品都使用相同的跨职能团队方法。

8.4 有效的团队合作

团队是很多高绩效组织的主要结构。[23]因此，有效的团队合作对于成功的质量改进是很重要的。如果团队不是有效的，关键业务过程就会遭受损害：指导委员会将会为组织选择错误的方向和政策；部门或者跨职能问题解决小组将会选择不合适的问题或者将不能解决它们识别出的问题；自我管理团队将不能实现获得授权的、有创造性劳动力的承诺。

这个部分探索团队需要什么才能在高绩效环境中变得有效。虽然这些因素的相对重要性将会因团队类型不同而有所变化，但它们普遍适用于各种类型的团队。阅读这一部分时，请思考你自己经历过的、对团队有益或者相反的那些想法。如果你目前正处于一个团队，那么你可能会识别出一些改进的想法。

8.4.1 团队有效性的标准

这里有团队有效性的几个标准。第一，团队必须**实现质量改进的目标**。例如，监督管理委员会必须推进卓越绩效努力，问题解决团队必须确定和解决重要问题，自我管理团队必须管理和提高生产或服务过程。

第二，迅速提高质量绩效的团队比那些需要花费很长时间做到的团队更加有效。团队的一个优势是他们对于变化的环境快速适应的潜力。做任何事情都花费很长时间的团队，失去了使问题快速解决的潜在利益并且消耗了超过必要的资源数量，包括投入的团队开会时间。简而言之，这样做是低效率的。

第三，团队必须保持或提高它作为一个单元的优势。将团队视为整体代表着一种资产，即一定量的人力资本，超过了由它的个体成员所代表的资产。这种额外的人力资本基于理解和适应彼此工作方式的能力、一套行之有效的例行程序的开发、团队成员之间信任的提升，等等。一个在一段时间内保持完整的团队将会维持并提高这种人力资本。一个解决了重要问题的团队，如果其中存在令人压抑的人际关系，就不能做到这些。虽然对质量管理工作做出了贡献，但是它在过程中浪费了相当数量的人力资本。

第四，团队必须保持或加强它与其他团队的关系。正如约翰·多恩的观点，"没有任何团队是一个孤岛"，特别是在一个高质量的环境中。当很可能需要同其他团队合作时，一个团队以疏离其他组织的代价完成它的项目违背了团队工作中的 TQ 原则，并且会损害它在将来成功执行任务的能力。

彼得·斯科尔特斯，一位质量改进团队权威，对一个成功的团队提出了 10 条要素。

（1）明晰的组织目标。作为一个可靠的基础，一个团队在任务、愿景和目的上达成一致。

（2）一个改进计划。通过帮助团队确定它需要什么建议、帮助、训练、材料以及其他资源，计划可以引导团队来确定日程和安排。

（3）清晰定义的角色。所有的成员必须理解他们的责任并且知道谁应该对什么资源和任务负责。

（4）清楚的沟通。团队成员应该清楚地表达，主动地聆听，并且分享信息。

（5）有益的团队行为。团队应该鼓励成员利用有效的技能和实践使得讨论和会议更便利。

（6）明确定义的决策程序。团队应该用数据作为决策的基础，同时学会在重要的问题上达成一致。

（7）均衡的参与。每一个人都应该参加，贡献自己的才智，并且对团队的成功承担义务。

（8）确定基本原则。团队描述可接受的和不可接受的行为。

（9）团队过程意识。团队成员显示出对非语言交流的敏感性，理解团队动态，并且致力于团队过程方面的问题。

（10）利用科学方法。利用结构化的问题解决过程，团队可以很容易地找到问题的根本原因。[24]

8.4.2 团队成员和角色

正如其他系统一样，如果没有高质量的输入团队就不会有效地运转。乍一看，我们应当诉诸梦之队——集结一支像 1992 年获得巴塞罗那奥林匹克运动会金牌的美国篮球队那样的明星团队。但这个方法经常失败（2004 年美国奥林匹克团队也全部由 NBA 明星组成，但它输给立陶宛并以取得第三名结束）。相反，1980 年美国冰球队没有使用所谓的最佳运动员，却在普莱西德湖奥运会上震惊全世界；它是建立在团队配合能力上的。

一个已经在选择团队成员方面成功的公司是沃辛顿工业公司，它是一个位于俄亥俄的钢铁加工厂。在这里，工人受雇用加入工厂团队，工作满 90 天的试用期，之后团队投票决定他是否可以留下。这个系统起作用是因为这个团队的薪水大部分是基于绩效的，所以成员都是眼睛明亮的并且严格地评价一个候选人的贡献。沃辛顿的 CEO 是约翰·麦康奈尔，当他说起"给我们那些致力于团队工作的人，而不是一群有强烈自我意识的有才华的人，我们可以在任何时候胜利"的时候，他可能是谈论任何一个层次的团队。[25]

团队过程最重要的要素是团队成员自身。管理者需要理解为什么人们愿意或者不愿意加入这个团队。人们参加团队的理由有很多：[26]

- 他们想在做出影响他们工作的决定时更加进步；
- 他们认为加入团队将会增加他们晋升的可能性或者其他工作机会；

- 他们认为团队将会秘密享有一些个人不可能得到的信息；
- 他们喜欢有成就的感觉并且认为团队提供了更多的可能性；
- 他们想利用团队会议来处理个人工作；
- 他们真诚地关心组织的未来并且感到一种责任感去提升组织；
- 他们喜欢与团队活动相关的认可和奖励；
- 他们认为团队是一个舒适的社交环境。

同样地，很多人因为很多原因拒绝参加团队，例如外部承诺、恐惧或者尴尬、大量的工作负担、管理者的不信任、对失败或丢掉工作的恐惧，或者仅仅是一种我不关心的态度。真正的领导者应该开发策略解决这些问题。

为了行之有效，团队成员必须是与问题解决有关的部门或者职能的代表。例如，一个指导委员会如果仅仅由来自组织的某一部分成员组成就不能充分代表整个组织，从而无法成为有效的。代表性对于跨职能团队特别重要。

团队成员在完成责任时承担各种各样的角色。一些是任务导向的，例如，发起项目，收集信息，分析数据，利用质量工具（流程图、因果图等），创立行动计划，写报告，等等。另外一些是关系导向的，例如，鼓励其他团队成员，认真聆听，尊重别人的意见。所有角色的类型都是团队职能有效开展所必需的，并且合适地选择及训练团队成员对确保他们拥有完成这些角色的技术和人际交流技能十分重要。实际上，跨职能组织设计团队研究表明，团队技能以及明晰的目标和期望都是团队绩效的重要指标。[27]

团队成员应当掌握必需的技术知识去解决手边的问题。这可能意味着在钢铁厂让一个团队理解冶炼术或者在银行让一个团队理解信用卡许可。所有的成员不需要掌握同样的知识，实际上，团队成员是根据专业知识挑选的，但是应该包含所有适当的技术基础以使团队有效。

来自一本关于自我管理团队的书籍当中的一段文字证明了人际交往能力的关键重要性："我经常听到有经验的团队领导和成员发出这样的言论，'不管怎样，我会选择有良好态度的人而不是仅仅有专业技术的人。我可以培训那些技术。'随着进一步的推进，我们经常发现他们确实关注人际交往能力……因为这些素质很难在一个非正式的选择过程中被觉察，它们经常在追求表面的、更能客观测量的专业技术的过程中被忽略。"[28]

考虑一下：人际交往能力意味着什么？想一想容易在团队中工作的人。他们是很好的聆听者，并且不会为了推销自己而忽视和小看其他人的想法。他们尝试理解别人的位置，即使他们的意见不一致。他们经常为团队中的其他成员提供帮助，而不是仅仅等着被询问。他们经常愿意并且能够与其他人交流任何需要分享的观点、想法和信息。他们可以处理矛盾而不是将它们转化为个人问题。最终，他们希望能够与团队的其他成员分享成就的荣誉，而不是试图将聚光灯聚焦在自己身上。[29]如果你已经处于一个团队中，和正好拥有绝大多数这些技能的人在一起工作，那么你着实很幸运！

团队成员另外一个重要的特质是多样性。很多组织已经发现，最好的决策来自有不同背景、经验和兴趣的个体的想法的相互碰撞；"一群上了年纪的白人男子做出的决定没什么用处"已经成为陈腐思想。[30]例如，卡夫食品公司为每一个新员工开发了一个名为差别的力量

（The Power of Difference）的课程。这个课程聚焦于公司的信仰，即公司是一个以团队为基础的组织，创新和想法对于它的业务很重要，并且想法的多样性可以给出最好的答案。这个课程指出，这些解决方案来自风格、方法和人格类型的相互作用。它让人们思考我们的技能组合是什么，我们的对手是什么，以及当我们确实有盲点时我们如何知道。

8.4.3 团队过程

很多过程都在全面质量团队中进行，包括质量计划、问题选择和诊断、交流、数据收集和执行解决方案。团队过程与组装电子设备、获取一个患者的生命体征或者准备酒焖仔鸡这些过程没有本质差别。所有过程的顾客都能被识别，过程的要素将被放入流程图，不增加价值的步骤将被取消并且过程的质量可以持续地提高。

但是很多人都不习惯用这种方式来思考团队过程。这可能是为什么团队会议总是又长又无聊，为什么这么多人试着逃避委员会的任务，并且就像躲避瘟疫一样躲避委员会会议的原因。有忍受低质量团队过程的意愿，就没法在组织中实践全面质量。这个部分识别出了一些在团队中使用的过程，并提供了一些关于团队如何使用它们才能运转得更加有效的想法。

（1）问题选择。一个至少大部分团队都会偶尔执行而问题解决团队经常会执行的一个过程是：选择问题或者难题去解决。这个过程对于新授权的员工可能特别难，他们更加习惯被告知应该做什么而不是建立他们自己的工作日程。新的团队通常会尝试选择眼前最大、最耀眼的、萦绕他们多年的问题。但选择这些问题（经常称为"世界饥荒"问题）通常是个错误。

新的团队经常不够熟练，无法解决这些大问题，并且团队可能很难克服没有成功地解决这个明显问题的挫败感。团队最开始选择一个重要性和难度都适中的问题，然后当团队建设得更加完备时，转向更复杂、更困难的问题是比较合理的。这个方法更有可能通向成功的解决方案，可以为每个团队和整体的质量努力创造动力。

另外一个在新的团队中常见的问题是，他们选择的问题（至少在管理者眼中）与重要的业务或者质量问题没有关联。当第一次拥有发言权时，很多团队会要求他们过去被拒绝的东西，比如更好的用餐环境或者休息间。尽管管理者经常把这些行为当作质量团队的控诉，但是它实际上是对管理本身的控诉。当管理者没有认真对待员工对于充足设施的需求时，他们也无法期望员工可以关心公司的问题。实际上，这些问题最好在启动一项基于团队的质量努力之前得到解决，而不是放任它们破坏这些努力。

团队选择不重要的问题可能也暗示了管理者没能有效地与团队成员分享信息。如果他们真的理解组织面对的重要问题的本质，团队就更可能会选择值得的问题去解决。

（2）问题诊断。需要解决的问题明确之后，必须查明它们的原因。因此，在 TQ 团队里第二个关键的过程是问题的诊断，通过这个过程，团队调查问题的原因并确定可能的解决方案。朱兰把这个过程称为"诊断之旅"，并说明了它的三个组成部分：

a. 理解这个症状（例如，一个失控的过程）；
b. 从理论上阐明原因（例如忽视了预防性维护）；
c. 验证理论（例如审核预防性维护记录，查看它们是否与经历的问题有关）。

很多团队想要绕开问题诊断并且尽快开始问题解决，因为它们经常错误地相信问题原因是显而易见的。花费更多时间诊断问题的团队比那些直接"进入"问题解决方案的团队被证明更加有效。花费时间确定问题的来源与基于事实做决定的 TQ 原理一致，并且降低了有时人们所谓的"第三类错误"——解决了错误的问题。训练诊断的方法和分析对团队有效性很重要。

（3）**工作分配**。另外一个重要的过程是在团队中工作的分配。很多团队随意地处理这个过程，把任务按照顺序交给下一个人或者给第一个自愿接受的人。分配任务是团队有效性的关键之一，不应该轻率对待。[31] 每个团队的成员都拥有某项技能并且能够利用这些技能执行好任务，但对于其他技能的掌握却有所欠缺。团队应该尽最大可能给人们分配可以利用他们的技能的任务。

想象一下一个由很多高个子女生组成的女子学校篮球队，她们是优秀的篮板手、内线射手和一些矮的（身高受到挑战）熟练的控球者和外线射手。如果教练花时间评估每个球员的技术并且安排她们在能够最好地帮助团队的位置，那么这个队伍将会更加成功。

当在这个背景下进行解释时，这种观点是显而易见的，但是你将会惊讶有多少团队让高个子成员抢下篮球并将它传给篮筐下的矮个子成员！如果团队中职位较高的成员总是被分配更加光鲜的角色（即使其他人更有资格去完成），那么团队里身份的差别就可能成为一个问题。[32] 这个问题在有很高和很低地位成员的组织里是特别严重的，特别是当（例如在医学方面）这些差异在社会上成为惯例时。一家医院的质量副主席描述了存在这个问题的一个团队：我们有一个急诊室医师，他是一个灾难。他是位非常保守的专家并且处事不公平。这给团队带来了很多问题。尽管我们可以和那个团队一起取得一些成绩，但是我确定，这很有限。如果说存在什么（伤害了我们的）因素，那就是他对这个团队的影响。

（4）**交流**。交流对任何尝试提高质量的团队都是一个关键的过程。指导委员会优先与员工沟通。问题解决团队成员之间相互交流并且与外部和内部顾客交流，例如，问题解决团队经常表达他们对管理的建议。自我管理团队也有相同的交流需求，并且经常在各班次之间有效地交流。

在数以千计的医院、矿山和制造工厂中，护士、矿工和机器操作者每天向下一个班次的人解释三次在之前八个小时中发生了什么以及在接下来需要完成什么。交流的质量可以显著地影响下一轮团队的绩效。这个交流过程可以通过仔细地给他们分配关键交流任务和在交流方面训练他们而得到改进。

我们在日常生活交流中花费了很多时间，以至于有时候我们忘记了诸如聆听和提问问题的技能对有效的交流同样重要。在组织内部和跨组织的交流都可以通过利用多种媒体而提升效果。很多组织用电子邮件和传真设备，但同样也从低技术含量的媒体那里获益，如粘在墙上的海报和图表。正如很多团队过程中所表明的，任何明确的建议都没有将交流视为一个由一系列可以提高的步骤组成的过程这个中心思想重要。

（5）**协调**。另外一个关键过程是与组织里其他团队或者部门协调组织的工作。团队不能孤立地工作，与组织外保持好的关系是团队有效性的标准。

例如，新产品团队虽然依赖组织中其他部分的资源信息和支持，但也扮演了初级内部供应商的角色。洛克希德的臭鼬工厂（Lockheed's Skunk Works）挑战航空研究和发展的极限，催生了 F104 星式战斗机以及 U-2 和 SR-71 间谍机，它运营成功的一个特殊原因是它的领导者让设计者在金属加工工人的旁边工作，因此他们就不会设计出任何无法建造的东西[33]。协调经常涉及解决相互关联的日程安排的问题，但是也包括一些协商。因此，团队经常扮演一个"跨边界者"的角色。[34] 跨边界者的相关研究文献显示出交流和绩效的正向联系。但是，研究者也经常发现团队向内部转变的趋势，即相信它们自己的需求、想法和计划比"外人"的更加有效。讽刺的是，团队凝聚力越强，这种事情发生的可能性越大。[35]

这个趋势与 TQ 是相反的，但事实上这是所有团队面临的危险。团队可以尝试着通过把它们的顾客记在心中和利用顾客满意度作为标准去衡量想法和计划来克服这个问题。对改进团队过程的必要性保持认识，也应当防止出现低估非团队成员潜力的趋势，因为外部人员经常是改进想法的来源，而这些改进经常被团队成员忽视。

最后，良好的沟通也有助于与其他团队和部门的协调工作。如果团队与其他团队更早且更经常地交流，那么团队沿着一条违背其他团队的需求和计划的路径而工作的可能性将会减少。诸如在第 3 章和第 5 章讨论的质量功能展开和亲和图工具，能够分别用来提升这种交流。

在某种意义上，质量导向的过程改进和问题解决对于毫无戒备的团队是充满潜在危险的。改变无论什么时候在组织中发生，既定的利益都会受到挑战。通过仔细地管理协调过程，团队将会降低与组织外部团队发生不必要的矛盾的可能性，并会极大地提高保持长期有效性的潜能。

总之，团队过程可以像其他任何过程一样改进。一些有待改进的关键过程是问题的确定和诊断、工作分配、交流以及与其他团队和部门工作的协调。

（6）组织支持。无论团队如何老练，它们都会发现除非它们的努力受到组织整体和特定管理者的支持，否则很难成功。组织支持是有效团队工作的基础。

如果团队想要成功，管理层就必须实现如下情形。第一，管理层必须给团队发出一个明确的命令，也就是，描述什么是期望和不期望团队去做的。很多团队在一些它们随后发现没有被授权从事的事情上浪费了很多时间和精力。管理层关于组织质量优先顺序的指导是至关重要的，特别是在团队工作的早期阶段。第二，人力资源管理系统（Human Resource Management，HRM）必须经常调整。常规的 HRM 系统可能是有效团队工作的障碍，如果不改变，就可能会破坏 TQ。[36] 强化训练是十分重要的，因为团队必须使成员在实现有效团队工作所必需的不同类型技能上取得突飞猛进。

绩效评价和奖励系统也是另外一个关注点。很多系统被设计来奖励个体的努力或者职能目标而不是团队的成就。过去几十年的大量研究已经指出了绩效评价的问题和缺陷。[37] 可以提出很多合理的反对意见：[38]

- 绩效评价倾向于培养平庸和阻止冒险。
- 绩效评价关注短期和可以测量的结果，因此阻止了长期的计划或者思考，并忽略了更难测量的重要行为。
- 绩效评价关注个体，因此倾向于阻止或者破坏在部门内部和之间的团队协作。
- 绩效评价使得这个过程是以检测为导向而不是以预防为导向的。
- 绩效评价经常是不公平的，因为管理者通常不具有精准的观察力。
- 绩效评价经常无法分辨员工控制范围内的因素以及超出控制的因素。

这些很可能破坏团队工作，并且如果不解决，后果可能是致命的。

当绩效评价基于支持组织的团队协作目标时，它是更加有效的。[39]在这个方面，它充当了诊断工具并且评审了个人、团队和组织发展及成就的过程。当团队自己开发和利用绩效评价时，它也是一个激励因素。当赋予团队成员权力来监控自己工作场所的活动时，团队努力可以得到利用。在卓越绩效文化里，质量改进是评价员工的主要维度之一。

例如，施乐公司改变了绩效评价标准，用基于质量改进、问题解决和团队贡献来评价员工的方法替代了诸如"遵照进程"和"符合标准"的传统指标。很多公司将同行评价、顾客评估和自我评价作为评价过程的一部分。

选择过程在卓越绩效环境里也会被改变。像宝洁一样的公司寻找懂得 TQ 入门原理的大学毕业生，它们特别希望新员工能够思考如何为顾客创造质量和价值，去理解他们的顾客和需求，并且迎难而上，朝着目标工作。自我管理团队的成员经常为帮助他们的团队招聘人手承担相当多的责任。但是，人力资源专家仍应该在这些努力中扮演一个咨询角色，确保选择在某种程度上公平和合法地完成。

第三，管理层必须给团队提供必要的资源以使其成功。这包括会见的场所和时间以及完成工作的工具。人力资源也非常重要：管理者应该避免使人频繁地离开团队，因为这可能破坏团队协作，并且释放出一个质量和团队协作对于这个组织来说不享有高度优先权的信号。

第四，当团队提出建议时，管理层必须迅速且有建设性地回复。提出的每一个质量改进建议都被团队执行是不现实的。对于那些不能执行的建议，管理层应该给团队一个关于它为何不可行的正当解释以及一些这个建议应该如何修改以便使它可以接受的建议。没什么能像做了一个详细的、理由充分的报告却只得到管理层充耳不闻的沉默一样使质量团队受挫。这是破坏质量圈项目的问题之一。这对于有广泛权力去执行自己的解决方案的自我管理团队来说则不是什么问题。

对于那些被接受的建议，应该有一些针对团队的奖励形式。在丽思·卡尔顿酒店公司，团队奖励包括奖金基金和共享酬金系统。很多公司有正式的公司奖励计划，例如 IBM 公司为在质量改进中的杰出个人和团队设立的市场驱动质量奖，或者施乐公司董事长奖和团队优秀奖。通常更有效的奖励形式是象征性的，比如在公司新闻中的褒扬和图片。

很多组织把团队建设视为一个重要的业务过程并进行相应的管理。图 8-1 显示了波音公司运输机和加油机项目把原材料团队发展成为自我管理团队时所利用的方法，这是一个在公司和工会之间达成的支持员工参与的历史性协议的结果。参见专栏"团队有效性和组织设计"中一些有效团队绩效管理的研究视角。

（7）**团队章程**。团队的责任和过程经常总结在团队章程里。团队章程是一个明确的、文字性质的文件，为团队成员提供指导方针、规则和政策。它通常包括一个任务陈述，指导行为的价值观，后勤、会议日程、任务责任和目标日期等结构性问题，团队决策制定的方法，处理矛盾的过程，团队成员解决问题的方法。一些组织研究人员发现有章程和明确期望的团队的绩效有所提高。[40]其好处包括减少群体成员内部之间的矛盾，提高制定决策的速度，实现更好的决策质量、更强的共同价值观，更高的组织成员满意度和减少违规。

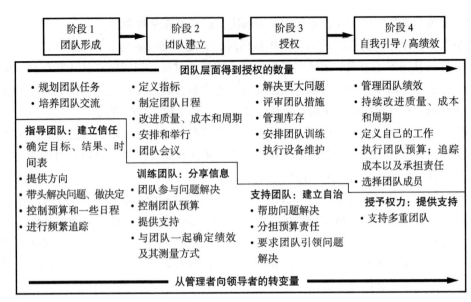

图 8-1 波音公司运输机和加油机团队开发过程

资料来源：Reprinted by permission of Boeing Global Mobility.

 ### 团队有效性和组织设计[41]

利用深入的案例研究分析，来自西班牙巴伦西亚大学的研究员调查了组织设计变量和团队绩效之间的关系。他们主要的结论如下所述。

- 分权水平越高，在组织成员内部的协调程度和团队自治程度越强大，团队越有效。
- 公司正规化水平越高，协调和职能（在跨职能团队之间）的联系程度越高，结果是，团队将会越有效。
- 领导参与程度越高，分权水平越高，团队自治程度和获得行使相应权力的资源的水平就越高，因此团队就越有效。
- 激发积极性的人力资源政策以及组织中高水平的社会化和良好的价值观，会加强公司使命的团队内化，继而增强了团队有效性。
- 团队被置于的层级越高，为团队设计的奖励系统会越发达。
- TQM 实践的存在加强了对不同设计变量（分权、领导类型、激励政策）的利用，并且其结果是，提高了公司社会化和价值观的关联，为在这个框架里创造出的团队贡献了有效性。

鉴于这些结果，管理者可以通过识别这些关键设计变量（专门化、分权、人力资源政策、领导类型和奖励）的影响更好地理解团队的职能，并且可以通过改变这些变量调整公司组织环境以提高团队有效性。

8.5 团队实例

这个部分提供两个质量团队协作的例子：一个是综合性医院的问题解决团队，另一个是模拟设备公司（Analog Device）的高科技团队。阅读以下例子的时候，思考一下这些团队是否像我们讨论的那样有效地执行团队过程。对于其他一些运行中的团队的例子，详见专栏"ASQ 团队卓越奖"。

 ASQ 团队卓越奖 [42]

国际团队卓越奖比赛于1985年发起。其由美国质量协会（American Society for Quality，ASQ）承办，已经吸引了来自美国、哥斯达黎加、墨西哥以及中国的参与者。团队提交一个25分钟的视频来解释它们的项目和过程，然后评委将会评价它们满足36条标准的程度，标准涉及从项目选择、行动计划到结果和项目对组织目标的影响。一些参加决赛的选手的案例如下所述。

富达全过程散装航运过程管理团队（金奖获得者）

这个团队的目标是减少可控的航运成本和操作单元成本，并且提高散装操作区间的生产力。通过一个跨职能过程管理团队的实施和对质量工具的利用，航运成本降低了20%，生产力提高了30%，单位成本低了36%。

DM 石油运营公司，交通事故绩效改进团队

交通事故预防团队获得特许，制定策略以降低政府车辆交通事故数量。团队活动的结果是，这个比率从每运行100万英里发生5.6起交通事故下降到1.8起。

哥斯达黎加卡塔戈的百特麻醉管问题解决团队

这个团队面临着麻醉管拆分问题，根本原因在于艾索福雷克斯管卡套。解决方法包括新的卡套设计，新的树脂和组装操作的改进。结果是降低了100%的抱怨，节省了24万美元，并且形成了一个更好的经济组装过程。

美国摩根大通银行，在第一时间就做对

这个团队利用六西格玛方法分析数据和内部过程，并且在东北部项目处理中减少了50%的调整过程。这个有72名职工的跨职能团队通力合作，提升顾客体验，使内部过程合理化，并且每年降低了140万美元的成本。

8.5.1 一个存在显而易见问题的团队 [43]

你是否曾经惊讶，已经在医院做完了检查，但是为什么把结果拿回来要花费如此长的时间？在弗吉尼亚州诺福克市的森塔拉诺福克综合医院，放射科的员工和管理人员也有这样的疑惑。

尽管与这个过程相关的每个人都觉得他们在以最快的速度工作，但完成并报告 X 射线或者 CAT 扫描的结果却需要平均花费 3 天的时间（精确地讲，是 72.5 小时）。他们成立了一个九人小组来解决这个问题，并且立誓要把时间减少到 24 小时。

第一个步骤是使团队关注过程，而不是关注个人绩效上，并且创造出一种忽略地位差异的团队工作氛围，因为地位之间的差异有时会阻碍医疗专家的工作。帕特柯蒂斯，心脏护理护士长，被选为团队的推进者，一部分是因为她的组织能力，但也是因为她来自放射科外部并且对团队成员没有直接控制权。

尽管这个团队不经常开会，但是成员在会议之间有大量的工作要做，主要是收集信息。利用诺福克市综合医院的持续质量改进（continuous quality Improvement，CQI，作为健康护理领域的 TQ 而被熟知）努力，团队确认了 X 射线过程的 40 个步骤和大约 50 个延迟原因，极个别原因导致了大部分问题。团队在发现它们的时候就对过程做出了改进，而不是在工作的最高潮期待一个巨变。并且，这一事项因为团队中跨职能代表和管理者的参与而得到极大的促进。正如一个成员所说的，"产生改变的人也是决策制定的一部分"。团队做出的改变都不是特别剧烈的。柯蒂斯帮助护理部门减少了诸如忘记注意患者是否需要担架或者氧气的错误。X 射线技术专家开始主动把冲洗好的片子交付给过程中的下一个人，而不是等着内部邮件服务催着他们行动。40 个步骤中的 14 个步骤在过程中得到了重新设计。

结果是引人注目的。处理一次 X 射线的平均时间降低到 13.8 小时，提高了 81%！这个成就足够使人印象深刻，并且使团队获得了针对非营利分类团队成就的罗彻斯特理工学院/美国今日质量杯。

医院医师报告说，诊断信息的快速获取帮助他们改进了他们自己的过程，同时，诺福克市地区的其他公司和政府部门也向医院寻求针对自身质量改进挑战的帮助。

这个团队用一个对持续改进的全新承诺回应了它的成功。引进基于 CD 的数字系统来代替记录医生意见的磁带将有希望把时间减少到 11 小时。这个团队的新目标是多少？——8 小时。

8.5.2　美国模拟器件公司自我管理团队 [44]

1996 年，美国模拟设备公司（Analog Devices）的一个单位在时间紧急的巨大压力下要在马萨诸塞州剑桥市的一座空建筑里安置芯片制造车间并运行。这个新的"晶元厂"（这些工厂在半导体行业典型的称呼）是一个全新的部门，并且就晶片制造而言规模是相当小的。在过程的早期步骤中，很明显他们需要有经验的人，这些人需要很有经验、异常灵活，受到过高度交叉训练，并且有着极富效率和效果的沟通技巧。制造主管把这个小规模、全新的环境视为他应用自我引导工作团队（self-directed work team，SDWT）的机会。

这个模拟设备剑桥晶元厂每天工作 24 小时，每周 7 天。四个独立的团队按照持续的轮班运营日程表依次运行。在任何一个班次中，当值的那个团队就经营这个工厂。每个团队必须覆盖化学气相沉积、修剪、扩散、蚀刻、嵌入、光刻、覆膜领域。每个领域包括很多相关的职能，所以非常需要团队成员在多个领域的所有职能上都是合格的。这些团队在轮班中不需要监督者。实际上，四个团队中的所有操作者（在剑桥工厂中被称作制造技术员（manufacturing technician，MT））都向生产经理汇报。这些没有监督者的团队每天完完全全地经营这个工厂，包括制订计划和确定每一件必须完成的事。

因为运营的多个方面需要特别注意，所以每个团队都轮换使用不同角色的员工——生产代表、产出代表、安全代表、持续改进代表和训练代表，去推进交叉训练。其中一些角色需要与工程和工厂的高级管理者协调，并且适当地举行会议。相关代表不值班的时候，则被要求去参加这些会议。在团队中还指定了一些人为"现场管理员"：在出现一些紧急情况时全权代表工厂。

另外，这个公司不仅使得新工厂利用很少的员工在短时间内建立并良好运转了起来，还发现从长期来看生产力已经比预期的要高，因为自我引导工作团队使这个工厂运营得极富效率和效果。

一些来自团队成员的评论显示了他们对于 SDWT 的观点：

最大的赞成意见是，SDWT 使一群人为了组织的共同目标，通过不断的交流和对指导意见的再定义，利用预定好的指导意见管理自己。另外，它提供了一种个人在普通工作环境中经常感觉不到的价值感。

反对意见？在一个平等的平台交流上需要极大的尊重，无论对你自己还是对你的组员。很多人都缺乏这种尊重，正因为如此，产生了很多问题并且挥之不去。

信任对于 SDWT 的成功是一个重要的因素。当团队的成员丧失信任时，团队将会瓦解，引起敌意。重新获得信任是必要的。保持一种积极的态度和一种开放的心态可以带来灵活性并鼓励所有成员参与进来。意见不应该私下采纳，而是应该以专业视角解读并且在规范决策过程中应用。

8.5.3 一个百万人的团队

维基百科是一个在线的百科全书，有超过 100 万的条目并且由非营利的维基百科基金运营。它只有四名有报酬的员工，但是有数以百万的活跃志愿者。自 2001 年创立时起，它的创始人吉米·威尔斯就使贡献者之间相互监督变得非常容易。当他们曾经编辑过的页面出现任何改变时，"维基百科客"（那些对维基百科做出贡献的人）都会接到通知。每次编辑都可以追溯到它的发起人，并且能够检索到每个条目的更多版本以及网上关于它的讨论。尽管蓄意破坏者偶尔会袭击它，但虚拟义务警员总是在巡逻。行为不端的志愿者有被驱逐的风险。官方政策强调，条目应该保持中立并且成员应该礼貌对待其他人。[45]

8.6 与组织行为理论的对比

利用 TQ 团队和组织行为理论之间很少存在矛盾，但是需要强调的是，两者之间也有一些差别。和社会心理学和社会学一样，组织行为（organizational behavior，OB）是大部分有关群体和团队的知识的来源。由于关于 TQ 团队没有独立的传统研究和思考，事实上所有的实践和建议最终都从传统的（或者非传统的）管理理论中得来。

社会技术系统（Sociotechnical System，STS）方法致力于技术（工作需求）和社会工作环境方面的协调。这两个方面必须结合考虑，因为最优化一个因素的工作设计可能对于另外一个因素并不是最优的。STS 方法从 20 世纪 50 年代开始普及，它的原理最先由主要创始人埃里克·特里斯特在制造领域建立，他受到了早期的系统思想、有关参加（participation）的研究以及库尔特·勒温行为研究著作的指导。最近，这个方法已经被非制造业组织采用并重新定义。因为组织人员寻求更富有成效的授权方法，同时他们的组织在愈发混乱的环境中谋求更好的生产力和生存能力，所以这个方法比之前任何时候关联度都更高。[46] 团队——特别是自我导向团队——证实了 STS 方法的很多好处。

关于群体的研究知识大部分集中于组织发展（organizational development，OD），这是有关改变和改进组织的组织科学的分支。在 TQ 中，很多基于团队的实践来自 OD。其中一些实践基于组织行为或者社会心理学的研究，例如名义群体法；其他的则不是。

团队实际上是群体组织行为或者社会心理学概念的子集。所有的组织都是群体，但不是所有的群体都是团队。把我们对团队的定义"人们在一起工作去实现一个目标"与接下来的群体的定义做出比较："在一定时间跨度内若干相互交流的人，并且人数较少从而每个人都可以与其他所有人进行交流。"[47]

很明显，我们对团队比对群体要求得更多！组织行为通常关注工作组，即为相同职能而在一起工作的人们。理论已经解决了为什么有些团队比其他的更加紧密或者有生产力，以及团队是否可能支持或者破坏组织目标。

在 TQ 努力中用到的特殊团队类型来源于组织行为研究。自我管理组织是半自治工作群体的一个现代版本，40 多年前，它在地下煤矿中的应用得到了来自英国塔维斯托克研究所的研究员的支持。同样地，跨职能团队作为一种使横跨独立职能的工作结合起来的方式，在 OB 中已经被讨论了很多年。[48]

OB 关于团队研究的许多知识没有被 TQ 思想广泛吸收，但是它应该被吸收。这包括对同质和异质团体的相对优势的研究，它看起来与有效组织的建立有关。研究显示，同质团体（里面的成员年龄、种族、性别、经验等相似）更适合定义明确的、熟悉的工作，有效率的生产是其中的重点。

另一方面，异质群体更善于需要创造性思维的任务。因为团队面对的任务重点强调创造性和新鲜思维，所以这意味着在 TQ 努力中采用的团队通常需要更加多样化。基于这项研究，管理者为团队选人时需要遵循异质化的目标。

研究也显示，文化价值在员工对自我管理团队（SMT）的支持和抵制中扮演重要角色。[49] 由于公司的全球化扩张，这一点显得特别重要。（例如，摩托罗拉和伊士曼柯达在超过 50 个国家有业务。）来自集体主义文化（那些更重视群体的利益而非个人福利的文化，例如，韩国、中国和瑞典）的人似乎有更多使得 SMT 被接受的相关技能和态度。相反地，在个人主义文化中，例如美国，人们则更倾向于抵制 SMT。因此 SMT 的成功与组织成功应对基于文化的阻力的程度有关。实践者应该在每个国家利用选择系统去获得拥有与 SMT 的要求相兼容的价值观的员工，并且采取与那个国家的文化价值观相契合的 SMT。

最近，更多关于多样性影响的研究正在进行。[50] 尽管坊间认为多样性是有益的，研究结果却表明存在一些例外。例如，一个由 92 个工作组开展的多方法实地研究探索了三种工作组多样化类型（社会类别多样化、价值多样化和信息多样化）和两种调节变量（任务类型和任务相关性）对工作成果的影响。信息多样化正向影响团队绩效，同时社会类别多样性正向影响团队成员的士气。

但是，价值多样性降低了满意度、保持原样的意图以及对组织的承诺。另外一个研究表明，尽管团队成员表示士气增加，但是社会类别多样性导致了关系矛盾，这与传统的观点和过去的研究不同。这个研究也阐明了从业者可以期待的多样化工作群体模式。特别地，任务矛盾可能存在于这些团队中，并且这些矛盾可能会增加绩效，这是跨职能团队的管理者和成员能够从中得到安慰的事情。同时，种族和任期的多样性可能加剧情感矛盾，特别是在拥有非常规任务的新群体中。如果组织希望能够成功地管理员工的背景差异，那么预期到这种可能性是十分关键的。

内容回顾与问题讨论

1. 描述一下在卓越绩效引例中团队在卡利公司的应用。这个基于团队的结构如何支持卓越绩效？

2. 福特前任CEO唐纳德·彼得森说道："无论你想要做什么，团队都是使工作完成的最快方式。"你是否同意？为什么同意或为什么不同意？

3. 皮德罗纽斯，一个罗马讽刺作家，早在公元66年写道："我们训练得很刻苦——但是好像每次当我们打算开始成立团队时，我们就需要重组。我在后来的生活中学到，我们倾向于通过重组去满足任意一种新情况，重组是一个能产生进步幻觉的好办法，然而同时它带来了混乱、无效和堕落。"这个引述对于现代管理者有什么含义？

4. 为何爵士四重奏会被用来比喻商业团队？如果可能的话，观察在爵士四重奏中表演的每个人，而不是仅仅听听音乐（作者最爱的是戴安娜·克瑞儿在巴黎现场直播的DVD！）。

5. 在TQ中采用的团队类型的相似和不同之处是什么？

6. 想想你所在的一个团队，或者曾经所在的一个团队。它是如何根据质量团队准则而组织起来的？哪个特殊的步骤可以用来提高你所在团队的绩效？TQ技术怎样用来改进团队过程？

7. 六西格玛项目团队与在这个章节讨论的其他团队类型有何不同？

8. 诺福克市综合医院如何证明在文章中讨论的有效团队合作实践？

9. 如果自我管理团队在没有来自管理层的主动干预时可以成功，那么如果有的话——这对组织中的传统管理角色（计划、组织、控制）意味着什么？是否可以为这些情况重新确定一个新的角色集？

10. 你认为目前在组织中团队的普及是一种时尚还是我们管理组织的方式的一种根本性改变？为什么？

11. 团队对TQ成功是不是绝对必需的？粗略描述一个不涉及团队的TQ努力计划。

12. 讨论团队激励可能起作用的条件。何时设置这种体系是一个不好的主意？

13. 当团队成员是希望不劳而获的人，愿意去获得团队的利益却不想自己做工作时，一个团队领导应该如何处理"社会惰化"？如果这种情况在一项课程计划中发生，你应该怎样处理？

14. 维基百科虚拟团队环境如何反映了在本章中讨论的原理？例如，彼得·斯科尔斯的哪些要素对一个成功的团队而言是显而易见的？

15. 假设你被分配到学生项目团队中，被指派与你的同学组队一起工作，完成一项学期专题。请制定一个指导你的工作的团队章程，与其他同学的做比较并讨论相似性和不同之处。

案例

金座大厦

桑德拉·沃尔福德最近被任命为旧金山金座大厦的总经理。她之前在丹佛公司的饭店已经是经理助理。丹佛饭店是一个真正基于团队的组织。桑德拉已经见证了团队合作的好处，即促使这个饭店在消费者满意的公司排名中位于首位。实际上，这正是她接管旧金山资产的一个理由。之前的总经理的政策已经引起了大量的员工流失并且持续损失市场份额，这导致他被解雇了。

桑德拉回顾了她与饭店的所有主管和经理助理的一次会议的笔记。这个会议尝试确定为什么这么多员工不愿意成为"团队玩家"，甚至不愿意加入她基于自己在丹佛的经验发起的团队。她所知道的理由如下所述。

- 抚养儿童的义务、课程或者其他外部的责任使一些同事在轮班前后很难见面。
- 很多"半文盲"的保管人员在与其他

同事交往时显得很不舒服。
- 一些同事感到他们目前的工作要求太高,以至于无法参加那些必要的额外会议。
- 一个经理助理感到手下的一些人更倾向于独立工作,并经常打断他们参与的会议。
- 因为之前的总经理,同事中有很多怨气并且他们不相信管理者。他们认为团队仅仅是一种政治活动,只是为了使不受欢迎的决策能够得到支持。之前的总经理建立了一些惨败的团队,很多同事既痛苦,同时又和其他部门有矛盾。这里好像有种普遍的态度就是:"这对我来说有什么意义?"
- 一些同事认为团队过程的期望难以应付并且害怕万一这个团队失败,他们将会承担个人的责任,他们的职业也会受到危害。另外一些人认为他们可能会失去工作。

桑德拉注视着这个列表,好奇她应该如何开始。你将给她提出什么建议来解决这个问题?

领导团队的力量[51]

当佐治亚能源公司的哈蒙德工厂的高级管理团队决定成为一个团队时,每个人都相当确定他们已经是一个团队并且很好地在一起工作了。在1995年早期,高级领导团队由来自三个管理层次的10个人及两个独立工作者组成。管理方式与他们在电力行业已经使用了很多年的方式很像,并且以对大多数决定都要强调命令链条为特征——最重要的决定仅由一两个人制定。信息和业务结果以一个"领知事项"的方式进行传达。对大多数情况,每个部门独立运营并做出决定。

考虑到它的业务需求,这个管理类型可以很好地为电力行业服务。这种业务相对是可预言的和结构化的,有一个规定的回报率、区域性市场保护和对下属分厂100%的控制。20世纪90年代出现了一个分水岭式的进展——去管制化。这需要哈蒙德工厂在运营和管理资源的方式上有根本转变。

20世纪90年代,工厂减少了大概三分之一的员工,导致了更少的管理层和每层更少的管理者。在1995年早期,母公司(南方公司)实施了一项变革过程来提高工厂的竞争力。

这个变革过程要求强调每一层级的业务结果,并创造一种可以应对不确定性和竞争的组织文化。

由于工厂经理考虑到未来的需求,他决定工厂的结构、过程和文化都要改变。因此,高级管理层应当在所有层次改变运营方式并扩大生产能力。工厂需要能管理决策风险并在方向上取得共识的过程。转变的早期步骤之一是建立了一个新的组织结构。这种结构提供了一个"从边缘向中心"的焦点——把业务职能确定为主要的内部顾客,并且把工厂活动整合为几个职能领域。

但是工厂管理者明白,简单地改变组织结构图对真正的变革而言是不够的。在1995年夏天,当他们在一个非现场促进会上聚在一起的时候,工厂的管理者和其他九个员工向成立团队迈出了第一步。他们阐明了这个新团队中的个体的角色和责任并开始发展团队关系。他们认为,每一个领导团队成员的角色都应该是一个"关注职能,共担责任"的人。这个工厂的高级管理者不再从他们自己部门的角度制定决策。实际上,管理者需要考虑他们决策的影响——不仅仅是对于整个工厂,而且是对于南方公司的整个运营系统。

每个成员都应该为领导团队支持特殊的变革活动承担责任。团队开始定期举行为期一天的会议,讨论和制定关于策略和运营问题的决策。这个管理团队在1996年采取了一个关键的发展步骤,即在审核1996年工厂的战略规划时,设定了他们的行为预期,并且向组织进行了展示。将这些预期"记录在案"为按照预期行动提供了激励。

这个工厂发现一些工具在它的运营和发展中很有帮助。一个是为多个目标服务的共同工作计划:①确保他们的努力得到整合并追踪团队结果;②建立员工问责制;③促进传统工厂管理者任务的委派；④作为表面战略问题的一个催化剂。每个团队成员承担完成特定部分的工作计划的责任。

团队也用了多种评价工具来理解和应对团队成员的不同个体类型。每个团队成员在开放论坛中讨论他/她的评价。结果，成员为改变和支持做出了承诺。每个团队成员也基于这些和其他的评价制订了自己的发展计划。

因为工厂的策略之一是提高管理团队的能力，所以这个团队与一个外部的咨询顾问合作来确定优势和劣势。在很长一段时间内，这个咨询顾问在工作环境中观察每个团队成员，提供了详细的个人反馈和建议。每个团队成员与团队一起回顾他/她的评价并且询问反馈和建议。

咨询顾问也提供了对于团队过程的反馈，并且与一个本部的顾问一起工作以改进团队过程。

讨论题

1. 你认为这个公司在将领导系统变革成基于团队的组织的过程中学到了什么？
2. 你认为在什么情况下管理团队需要成为一个真正的团队而不仅仅是一群相互合作的独立职能管理者？
3. 这种领导团队面临什么样的挑战？

地标餐饮：团队过程

地标餐饮公司（Landmark Dining, Inc.）是一家位于南得克萨斯州的家庭式经营的牛排和海鲜餐馆类小企业。它的第一家餐馆，哈里斯堡站餐馆，及其相应的餐饮企业，哈里斯堡站餐饮公司，位于休斯敦最古老的地标——在一个小村落始建于1857年的火车站，这个小村落后被称为哈里斯堡。第二家餐馆，得克萨斯灯塔守护者（Texas Lightkeeper），位于一个修复的灯塔，该灯塔1853年始建于加尔维斯敦岛。地标餐厅为休斯敦和加尔维斯顿的大都市的广大区域提供了高价值、超乎寻常的就餐经历。

作为一个关键的战略挑战，获得熟练、积极的员工对地标餐饮在优秀服务方面的竞争性成功因素和员工发展价值项目都很重要。为了应对这个挑战，公司关注团队和员工发展，提高了服务，降低了员工流失。直到20世纪90年代初，工作和职位仍按照行业实践惯例进行组织。员工被雇来做特定的工作、在特定的时间工作，却很少关注如何执行这个任务。随着一个正规的战略规划过程开始启动以及它的愿景、使命和价值观相互衔接，地标餐饮开始开发创新过程来管理支持高绩效的工作和职位。

为了促进合作和授权，包括餐厅、正餐配送服务和管理部门在内的所有业务部门的员工都被编入与关键过程匹配的授权过程团队中（见图8-2）。每个团队对它自己的日程安排和过程改进都承担责任，并且每个团队都有一个成员扮演团队领导者的角色。团队领导不被认为是管理的一部分，而是作为承担必需的额外责任的补充，包括：①确保制订了团队日程计划；②训练新的员工并为团队成员提供进修培训；③监督和协调团队过程改进（包括汇报指标）；④为团队绩效评价提供输入要素。

任务：审视图8-2中地标餐饮的过程并撰写一份正式文件，向团队建议如何更好地完成工作，以保证达成过程的需求。在你的回答中，应用团队成员和角色以及团队过程来解决这些问题。

	过程	要求
餐厅	预约和欢迎	准确的预约 迅速地入座 及时/有礼貌地问候
餐厅	订单处理	短暂的等待时间 准确的订单 有求必应的/具备知识的服务人员
餐厅	食物准备	健康的饮食 吸引人的展示 良好的味道 与菜单描述一致
餐厅	餐桌服务	合适的速度和步伐
餐厅	餐桌清理	用餐结束时盘子被端走
饮食服务	活动计划	及时的活动安排 积极的客户关系
饮食服务	食物准备	（与餐厅中的相应内容相同）
饮食服务	派送和活动善后	按照计划派送/服务
家庭替代餐	家庭替代餐派送订单处理	准确的订单
家庭替代餐	家庭替代餐派送服务	准确及时的派送
所有业务部门	新产品介绍	顾客重视的新产品和服务
所有业务部门	菜单设计和再设计	良好的菜单性能 半年度的菜单审核 菜单季度改变
所有业务部门	采购联盟	准确交付产品
所有业务部门	设施清洁	餐馆、休息室和厨房保持清洁，没有害虫

图 8-2　地标餐饮价值创造过程

注释

1. 2000 Malcolm Baldrige National Quality Award Recipient Profile, U.S Department of Commerce.
2. *Dictionary of Human Resources and Personnel Management* (2006), © A & C Black Publishers Ltd 2006. Retrieved from http://www.credoreference.com/entry/acb/team, accessed 2/6/12.
3. Geoff Colvin, "Tem Players Trump All-Stars," *Fortune*, May 21, 2012; http://management.fortune.cnn.com/2012/05/23/executive-dream-team-players/
4. "A Gold Medal Solution" by Nicole Adrian, *Quality Progress*, March 2008, pp. 44–49. Reprinted with permission from Quality Progress © 2010 American Society for Quality. No further distribution allowed without permission.
5. J. M. Juran, *Juran on Leadership for Quality: An Executive Handbook*. New York: Free Press, 1989; P. B. Crosby, *Quality Is Free: The Art of Making Quality Certain*, New York: McGraw-Hill, 1979.
6. David M. Vrooman, *Daniel Willard and Progressive Management on the Baltimore and Ohio Railroad*, Ohio State University Press, Columbus (1991).
7. The information on quality circles in Japan is from B. G. Dale and J. Tidd, "Japanese Total Quality Control: A Study of Best Practice," *Proceedings of the Institution of Mechanical Engineers*, Vol. 205, No. 4, pp. 221–232.
8. James R. Healey, "U.S. Steel Learns from Experience," *USA Today*, April 10, 1992.
9. Martha T. Moore, "Hourly Workers Apply Training in Problem Solving," *USA Today*, April 10, 1992.
10. Helene F. Uhlfelder, "It's All About Improving Performance," *Quality Progress*, February 2000, pp. 47–52.

11. Richard S. Wellins, William C. Byham, and Jeanne M. Wilson, *Empowered Teams: Creating Self-Directed Work Groups That Improve Quality, Productivity, and Participation*, San Francisco: Jossey-Bass, 1991, p. 21.
12. Charles Fishman, "How Teamwork Took Flight," *Fast Company*, October 1999, p. 188.
13. Ron Williams, "Self-Directed Work Teams: A Competitive Advantage," *Quality Digest*, November 1995, pp. 50–52.
14. Peter Lazes and Marty Falkenberg, "Work Groups in America Today," *The Journal for Quality and Participation*, Vol. 14, No. 3, June 1991, pp. 58–69.
15. Gina Imperato, "Their Specialty? Teamwork," *Fast Company*, January 2000, p. 54.
16. Jane E. Henry and Meg Hartzler, "Virtual Teams: Today's Reality, Today's Challenge," *Quality Progress*, May 1997, pp. 108–109.
17. Josh Hyatt, "The Soul of a New Team," *Fortune*, June 12, 2006, pp. 134–143.
18. Juran, *Juran on Leadership for Quality*.
19. Based on Jerry G. Bowles, "Leading the World-Class Company," *Fortune*, September 21, 1992.
20. Eileen M. van Aken and Brian M. Kleiner, "Determinants of Effectiveness for Cross-Functional Organizational Design Teams," *Quality Management Journal*, Vol. 4, No. 2, 1997, pp. 51–79.
21. "Platform Approach at Chrysler," *Quality '93: Empowering People with Technology, Fortune*, September 20, 1993, advertisement.
22. Brock Yates, *The Critical Path*, Boston: Little, Brown and Co., 1996, p. 76.
23. P. Alexander, M. Biro, E. G. Garry, D. Seamon, T. Slaughter, and D. Valerio, "New Organizational Structures and New Quality Systems," in J. P. Kern, J. J. Riley, and L. N. Jones (eds.), *Human Resources Management*, Milwaukee: ASQ Quality Press, 1987, pp. 203–268.
24. Peter R. Scholtes, et al., *The Team Handbook: How to Use Teams to Improve Quality*, Madison, WI: Joiner Associates, Inc., 1988, pp. 6-10–6-22.
25. Geoffrey Colvin, "Why Dream Teams Fail," *Fortune*, June 12, 2006, pp. 87–92.
26. Michael Jaycox, "How to Get Nonbelievers to Participate in Teams," *Quality Progress*, March 1996, pp. 45–49.
27. Van Aken and Kleiner, op. cit.
28. Wellins et al., *Empowered Teams*, p. 147.
29. Partially based on Wellins et al., *Empowered Teams*, and H. J. Harrington, *The Improvement Process: How America's Leading Companies Improve Quality*, New York: McGraw-Hill, 1987
30. Willard C. Rappleye, Jr., "Diversity in the Workforce," *Across the Board*, Vol. 37, No. 10, November/December 2000, special advertising section.
31. This point is based on a model developed by I. Steiner in his book *Group Process and Productivity*, New York: Academic Press, 1972.
32. The problems of differential status in groups are discussed by Alvin Zander in *Making Groups Effective*, San Francisco: Jossey-Bass, 1982.
33. Stuart F. Brown, "The Right Stuff," *Fortune*, June 12, 2006, special insert: "The Secrets of Greatness."
34. Deborah G. Ancona and David F. Caldwell, "Bridging the Boundary: External Activity and Performance," *Administrative Science Quarterly*, Vol. 37, No. 4, December 1992, p. 634.
35. The classic statement of this problem is by Irving Janis in his book *Groupthink*, 2nd ed. Boston: Houghton-Mifflin, 1982.
36. Wellins et al., *Empowered Teams*. See also S. A. Snell and J. W. Dean, Jr., "Integrated Manufacturing and Human Resource Management: A Human Capital Perspective," *Academy of Management Journal*, August 1992, pp. 467–504.
37. Douglas McGregor, "An Uneasy Look at Performance Appraisal," *Harvard Business Review*, September/October 1972; Herbert H. Meyer, Emanuel Kay, and John R. P. French, Jr., "Split Roles in Performance Appraisal," *Harvard Business Review*, January/February 1965; Harry Levinson, "Appraisal of What Performance?" *Harvard Business Review*, January/February 1965 A. M. Mohrman, *Deming versus Performance Appraisal: Is There a Resolution?* Los Angeles: Center for Effective Organizations, University of Southern California, 1989.
38. John F. Milliman and Fred R. McFadden, "Toward Changing Performance Appraisal to Address TQM Concerns: The 360-Degree Feedback Process," *Quality Management Journal*, Vol. 4, No. 3, 1997, pp. 44–64.
39. Stanley M. Moss, "Appraise Your Performance Appraisal Process," *Quality Progress*, November 1989, p. 60.
40. William I. Norton Jr. and Lyle Sussman, "Team Charters: Theoretical Foundations and Practical Implications or Quality and Performance," *Quality Management Journal*, 16, 1, pp. 7–17. Also see Van Aken and Kleiner, op. cit.
41. M. Ángeles Escribá-Moreno, Maria Teresa Canet-Giner, and María Moreno-Luzón, "TQM and Teamwork Effectiveness: The Intermediate Role of Organizational Design," *Quality Management Journal*, 15, 3, pp. 41–59.
42. "The International Team Excellence Award" by ASQ Staff, Journal for Quality and Participation, June 2004, pp. 34–41. Reprinted with permission from Quality Progress © 2010 American Society for Quality. No further distribution allowed without permission.
43. Based on Kevin Anderson, "X-Ray Processing

Time Cut 81%," *USA Today*, April 10, 1992.
44. Adapted from Ira Moskowitz and Ken Bethea, "Self-Directed Work Teams at Analog Devices," *Center for Quality of Management Journal*, Vol. 9, No. 1, Summer 2000, pp. 17–24.
45. "The Wonder of Wikipedia," *Fortune*, June 12, 2006, p. 140.
46. William M. Fox, "Sociotechnical System Principles and Guidelines: Past and Present," *The Journal of Applied Behavioral Science*, Vol. 3, No. 1, March 1995.
47. G. C. Homans, *The Human Group*, New York: Harcourt, Brace, and World, 1959, p. 2.
48. E. Trist and K. W. Bamforth, "Some Social and Psychological Consequences of the Long Wall Method of Coal-Getting," *Human Relations*, Vol. 4, No. 1, 1952, pp. 3–38.
49. Bradley L. Kirkman and Debra L. Shapiro, "The Impact of Cultural Values on Employee Resistance to Teams: Toward a Model of Globalized Self-Managing Work Team Effectiveness," *Academy of Management Review*, Vol. 22, No. 3, 1997, pp. 730–757.
50. This discussion stems from Karen A. Jehn, Gregory B. Northcraft, and Margaret A. Neale, "Why Differences Make a Difference: A Field Study of Diversity, Conflict, and Performance in Workgroups," *Administrative Science Quarterly*, Vol. 44, No. 4, December 1999, pp. 741–763; and Lisa Hope Pelled, Kathleen M. Eisenhardt, and Katherine R. Xin, "Exploring the Black Box: An Analysis of Work Group Diversity, Conflict, and Performance," *Administrative Science Quarterly*, Vol. 44, No. 1, March 1999, pp. 1–28.
51. Adapted from Billie R. Day and Michael Moore, "Plugging Into the Power of Leadership Teams," *The Journal for Quality and Participation*, May/June 1998, pp. 21–24.

第9章

参与、授权和激励

卓越绩效引例：美国退伍军人事务部合作研究计划临床研究药剂协调中心[1]

美国退伍军人事务部合作研究计划（Veterans Affairs Cooperative Studies Program，VACSP）临床研究药剂协调中心是一个联邦政府组织，该中心支持以改进美国老兵健康为目标的临床试验。这个中心重点关注与设计和执行临床试验有关的制药、安全和管理等方面，VACSP、其他联邦机构和相关行业都进行着这些试验。这个中心专注于制造、包装、存储、标注、分配和追踪临床试验材料（药品和设备），并且监管患者的安全。

中心有五项核心价值观：领导、顾客服务、安全、团队工作和持续学习，以此来支持目标并助力于实现杰出的绩效，包括如下的例子：

- 中心的财务结果证明了它的成功和可持续性；从2002年到2008年，收入增加了143%，而同期美国退伍军人事务部的收入只增加了58%。
- 2008年，中心每个全职员工带来的收入是221 000美元，高于排名前八位的竞争者，其中，竞争者中绩效最高的大概是195 000美元。
- 从2001年以来，中心的药品实现了零质量缺陷（只有一年除外）。

这些成功来源于敏捷的、学习型的组织，它通过多种团队方法来维持可持续性：一个完全部署的矩阵管理系统，一个环环相扣的委员会管理结构，以及跨职能战略规划团队。

在每项临床试验开始时，矩阵管理系统会跨部门建立团队。因为每个员工既作为职能部门的一员，又作为临床试验团队的一员，所以矩阵管理系统能够确保整个公司中开放的沟通、合作和技能分享。

卓越绩效要求组织拥有参与的员工以及参与的顾客。为了使这一概念被所有人铭记于心，每个员工的徽章中都铭刻着如下的箴言："我们对质量的承诺与我们如何开展运营、对待员工和对顾客信守承诺是一脉相承的。通过愿景式领导、员工发展、持续改进，以及系统地关注安全与顾客，来加强我们对质量的承诺。"

中心将参与度当作员工满意度的唯一至关重要的标准。中心绩效管理系统通过诸如休假和现金等可见、有形的利益，对工作场所中的卓越表现、优质的顾客服务和在组织改进中的个人参与给予奖励。当一件工作出色完成时，管理者和同行会利用多种方法表示认可。中心也通过提供财务、教育及训练支持，鼓励员工的职业进步和个人进步。实际上，员工需要申请正式和非正式的学习，才有资格获得组织最高绩效评级。

中心的员工参与等级已经超过盖洛普Q12测评（Gallup Q12）在专业、科技和技术服务部分的75百分位。员工满意度结果已经超过盖洛普测评总体的 75 百分位。员工流失率低、支持学习的环境和领导的有效性是公司在 2008 年、2009 年被评为"联邦执行委员会最佳雇主"以及 2009 年入选"新墨西哥州十大最佳工作场所"的主要原因。

1988 年，日立公司的三浦武夫对一些美国企业的高级主管人员做了如下的论述：

我们将要获胜，西方工业将要失败。你们无可奈何，因为你们失败的原因在于你们自己……当你们的老板在思考而员工却在使用螺丝刀时，你们在内心深处深信这是开展业务正确的方式。对你们而言，管理的本质是获得来自老板头脑中的想法，并把这些想法移植到员工的手中。我们已经超越了泰勒模型：商业，是如此复杂和艰难，以至于公司的生存……取决于日复一日地对每一盎司智慧的调动。[2]

三浦武夫向美国商业发起了挑战：将全组织的智囊团投入到竞争中，或者准备永远失败。像 VACSP 一样高绩效的组织意识到，参与的员工（合伙人、团队成员、股东或者不管团队用什么来描述员工）将实现更好的绩效并提高顾客满意度。然而，盖洛普机构估计整个美国超过半数的员工并不参与，并且相当大比例的人实际上是在积极地逃避自己的工作！

这个章节的内容包括：

- 解释员工参与的范围；
- 解释授权的重要性和成功授权的原理；
- 介绍公司实践员工参与的案例；
- 将参与和授权与激励原理结合。

9.1 员工参与

商业组织已经学会，为了使顾客满意，必须首先使自己的员工满意。例如联邦快递已经发现了顾客和员工满意度之间的联系；员工满意度的得分出现下降两个月后消费者满意度也随之出现下降。学术研究发现了相同的关系。[3] 例如，在一个从通信业、银行业到快餐业的行业服务运营研究中，研究人员发现，随着员工满意度的提高，顾客对组织的满意度和忠诚度也提高了。如果员工对他们的工作环境或者工作感到满意，他们将留在公司，熟悉顾客和顾客的需求，并且有机会改正他们的错误，因为顾客逐渐了解并且相信他们，这样一来，公司就有了更高的生产力和服务质量。公司的这些顾客将会更加忠诚，并提供更多回头客生意，也会愿意投诉有关服务的反馈，员工也可以纠正自己的错误，并且从更低的成本和更好的服务关系中获益，因此，这又带来了新一轮顾客满意度的提升。

所以组织如何才能创造更多满意的员工呢？一种方式是使他们参与工作并且使他们成为组织结构的一部分。**员工参与**（workforce engagement）指的是员工致力于完成工作、任务和组织愿景的程度，既包括情感方面的也包括智力方面的。它意味着员工对组织有更加强烈的情感纽带，积极地参与并致力于自己的工作，感到自己工作是重要的，自己的观点和想法是有价值的，并且经常超越直接工作责任使组织变得更好。参与在员工中产生了更高层次的境友好车型，公司将会给你补贴 5 000 美元。

想要推荐朋友在谷歌工作吗？谷歌也喜欢这样，并且会给你 2 000 美元的奖金。刚有一个新生儿？祝贺你！你的老板将会在外卖食物上给你补贴高达 500 美元，以便使你在家的前四个星期更轻松。想要结交新朋友？参加每周的 TGIF 派对吧，在那里经常有乐队演奏。五个在场的医生可给你做一个免费的检查。

参与始于投入。**员工投入**（employee involvement，EI）指的是一切员工参加的与工作相关的决策和改进活动，其目的在于激发所有员工的创造潜力并提高工作积极性。汤姆·皮特建议，可以通过诸如质量和生产力改进、测量和监控结果、预算计划、新技术评估、招聘和雇用、电话拜访顾客以及走访顾客等活动，让每一个人投入到所有事情中来。[14] 皮特·库尔斯（库尔斯啤酒公司 CEO）简单地解释道："以前的管理者会说，'你应该这样做，如果你不喜欢这样，请另谋高就。'我们从这样一种环境中脱离出来，去一个管理者可以与变化一同成长的环境，管理者会集合他的团队并且说，'看，你们正在操作这个设备，你认为我们应该怎么做？'"[15] EI 方法包括简单的信息分享或者为工作相关问题提供意见，也包括在跨职能团队里为自我导向的责任（例如制定目标、做出商业决定）提出建议，以及解决问题。

EI 提议绝不是近来才有的。100 年前，行业工程师、统计学家和行为科学家已经开展了很多项目和试验。早期的尝试对现代实践的影响非常大。遗憾的是，这些方法缺少 TQ 补充要素，例如顾客导向、高层管理者的领导和支持以及一套解决问题和持续改进的工具。

在个人基础上让员工投入的最简单的方法之一，是员工建议制度。**员工建议制度**（employee suggestion system）是提交、评价和执行员工关于节约成本、提高质量或者改进比如工作安全要素的想法的管理工具。公司通常会对提出可实施建议的员工进行奖励。例如在日本丰田汽车公司，员工每年产生将近 300 万个想法（每个员工平均 60 个），85% 被管理者采纳实施。建议制度依赖于激励。

温莱特工业公司开发出了一个特殊且有效的方法，这个方法已经被广泛地视为标杆。[16] 有些建议项目既不系统也不连续，并且没有融入日常运营，而温莱特提出的方法则通过如下方式来克服这些缺点：

- 使员工在自身责任范围和可控领域内关注细小的、渐进的改进；
- 依据员工的参与水平而不是改进的价值对所有员工进行认可；
- 以停工时间最少为标准衡量团队的改进努力，并且为他们提供实现成功结果的工具和技术；
- 在员工参与和改进过程中，让管理者通过发挥领导和支持作用，成为促进文化变革的催化剂。

这个过程包括两个主要方面：个人执行的改进和以团队为基础的系统改进。员工并不需要将建议提交给某人来批准和实施，他们受过训练，负责在自己的主要工作责任范围内采取改进措施，无须预先批准。实施改进后，他们将完成的事情填入一个表格并交给管理者，管理者的角色不是批准或者不批准，而是认可改进并指出员工需要考虑的问题。每星期，随机抽取提交的所有表格，由各个工作单元确定某种类型的奖励。每季度末，每个达到执行改进目标的人将获得一定价值的奖励。基于团队的方法，将大的方案变成了小的可控的项目。把大的任务进行分解，使得员工能够理解他们自己的工作如何融入全局，并且这种最广泛的参与减少了对任一特定员工的时间需求。温莱特公司平均每位员工每年有超过 50 项实施的改进受到表彰，远超过大部分美国和日本公司。

培养员工的创造性有很多益处。在工作中思考问题的解决方案，使得例行工作也充满了乐趣；写下建议则提高了员工的推理能力和写作技巧。满意度是执行一个计划和更容易、更安全或者更好地完成工作的副产品。对建议的认可则带来了高层次的激励、同行赏识和可能的现金奖励。员工获得了对工作的更深理解，这可能带来工作上的晋升和更好的人际关系。

 不够精益？看一下员工投入

一个调查研究比较了成功和未成功实施精益计划的样本，并且总结出，在表现不佳的计划中丢失的一个关键能力，就是从前线员工中获得大量改进想法的能力。"高效点子系统"——作者将其定义为那些每年每个人执行 12 个或者更多点子的系统——在三个方面都被认为是成功实施精益计划的首要因素。首先，它们创立了一种逐日改进的精益文化。第二，它们处理了那些对管理者来说很难发现的改进机会。第三，它们促进了组织迅速学习。它们也给出了这样的系统在企业中相当少见的原因：企业对老式建议箱的依赖，以及在运营实践中往往需要企业做出重大而艰难的改变。[17]

9.2 授权

授权代表着最高层次的参与。授权（empowerment）意味着给某些人权力——授予权力去做使顾客满意的任何必需的事情，并且相信员工可以做出正确的选择而不是等着管理者的许可。授权的目标是"利用公司里每个人的创造力和智力，而不仅仅是那些行政管理者的……为每个人提供责任和资源，让他们自己在个人能力范围内展现真正的领导力"。[18] 通过授权，组织使得决策制定在可能的最低层级开展。因为需要更少的管理者来"指导和控制"员工，所以授权允许组织瓦解自己的组织结构。赋予员工对自己工作的责任不仅仅在激励、服务和士气上实现了提升，也在质量、生产力和决策制定速度上实现了改进。[19]

授权是员工投入概念的自然延伸。在很多公司中，授权被当作在决策制定中提升员工投入程度的统称。但是，授权绝不仅仅是投入的另外一个术语。它代表高度的投入，员工自己做决定并对他们的结果负责。与仅仅让员工投入领导者决策（即使领导者已经受到了一些影响）相比，这是一种更彻底的改变（见图 9-2）。

图 9-2　员工参与实践的连续图

授权的例子到处都有。前面的章节讨论的自我管理团队就是一个完美的例子。库尔斯啤酒集装箱作业员工相互评估绩效,甚至为生产线筛选、面试和雇用新人。摩托罗拉公司销售代表在产品销售后 6 年内有权替换有缺陷的产品,而过去这个决定常常需要高层管理的许可。在俄亥俄州代顿的 GM 的防抱死制动系统工厂,临时员工可以召集供应商帮助解决问题,以及管理废品、机器故障、缺料和返工。专栏"意外发生了"就是一个很好的例子。

意外发生了[20]

吉米·凯利,美国邮政服务公司(UPS)董事长兼 CEO,在罗格斯大学的演讲中讲述了一个授权的例子:

在 UPS,每天都有成千上万的英雄。他们不是那种制造头条的人,而是那些带来影响的人。例如,下面就是一个客户经理的故事,他对各种因错误打包而受损的包裹负责。这个特殊的包裹是一个带编号的稀有艺术印刷品,由一对在佛罗里达闲居的年老夫妇寄给他们在威斯康星州的儿子。这个印刷品价值 350 美元,但是它蕴含着更多的情感价值。它是一张限定版的森林里的美丽麋鹿印刷品,这对夫妇把它当成是给他们在自己农场里养麋鹿的儿子的最好祝福。它抵达威斯康星州时损毁严重,这对老夫妇非常震惊。

但是,我们在威斯康星州的客户经理想要有所帮助。他自己是野生动植物艺术品收藏者,知道大多数艺术家会将一些额外的未编码的印刷品保留在身边以防这样的不测。他联系了在佛罗里达的艺术家,让他们将一个新的印刷品重新编号并用船运回威斯康星州。然后他自己将它交付给了这个欣喜的儿子。这个人很受感动,他的父母也喜出望外。关键是,我们中的一员对甚至不是由他直接引起的问题采取主动并且承担了责任。他接手了一个很糟的境况,但是他扭转局面,借此获得了终身顾客。

一个调查表明,超过 40% 的美国最大的公司适度或频繁地运用员工参与实践,例如授权。[21]制造业企业,特别是化学和电子行业中,已经倾向于比服务型组织给员工更多授权,尽管财务服务行业已经处于领先地位。

授权甚至在例如福特的金牛座项目的商业成功中也发挥了作用。[22]员工的想法使得装配线上不同焊接枪的数量从三个降低到一个,并制定了一种在汽车内部塑料模具中使用的标准螺丝尺寸。尽管这些改变看起来不是很引人注目,但是福特总经理经常评价,这些想法每个的价值都超过 30 万美元。

尽管授权近年来才得到实践,但是为了达到质量成功而授权给所有员工的需求早就已经被识别了。戴明 14 条管理原则中的 5 条直接与授权概念联系。

第 6 条:建立培训。

第 7 条:教授和建立领导。

第 8 条:驱赶恐惧,建立信任,建立创新的氛围。

第 10 条:消除对员工的训诫。

第 13 条:鼓励每个人接受教育和自我提升。[23]

朱兰写道:"理想的质量控制应该委托给员工,以便达到最大程度的可能性。"[24]授权与朱兰"自我控制"的概念类似。对于员工来说,要实践自我管理,他们必须知道工作单元的目标和实际的绩效,并且如果目标没有实现,他们必须有方法做出改变。[25]尽管这很困难,但是组织正在逐渐满足这些条件。

为了实现授权,管理者必须采取两项主要行动:[26]

（1）识别和改变组织中那些使人没有权力的环境；

（2）增加员工可以成功完成一些重要事情的信心。

这两项都需要完成，这意味着组织体系内经常出现没有权力的员工，并且这些体系必须首先自我改变。需要改变的体系指的是那些指定谁可以（或者不可以）做某种类型决定的体系，以及制定标准运营过程（和谁可以推翻它们）的体系。甚至当体系改变成允许授权的时候，受这些体系统治的个人也不能马上在一种授权的方式下运作。在授权给员工时，另外一个需求是通过使人们相信他们实际上可以"产生影响"来处理无权心理后遗症。授权是TQ团队原理的应用，使管理人员和非管理人员之间的"垂直"团队合作具体化。如果员工能担负重要的责任（并且有伴随着责任的权力），那么此时，把他们在管理上的关系描述成团队比在一个等级体系中这样描述更加真实。毕竟，如果人们仅仅执行其他人制定的决策，那么他们很难被视为团队成员。

美国管理者对待员工的传统方式，使爱德华·戴明忍不住"恳求"他们能驱逐恐惧，这种"恐惧"，即"大声说出跟工作有关的事情后，对可能产生的反应感受到威胁"。[27] 在以质量为导向的公司中的管理者，几十年来曾一直受到敦促员工保留自己想法的政策的束缚，如今，他们需要努力找到方法，来鼓励员工对他们的工作承担责任。

9.2.1 授权原则

尽管很多组织已经走上授权之路，但也有很多已经在这条路上迷失了。授权可能听起来简单，但仅仅告诉员工他们已经被授权了是远远不够的。给员工成功授权涉及若干原则。

1. 真诚地并且完全地授权

授权应该真诚，不能流于表面，这毋庸置疑。一个总经理发现，在很多公司，90%以上的授权是心理上的并且仅有极少是真实的。[28] 为了获得授权的好处，管理者必须因改进的价值而授权，而非因公共关系价值而授权。正如丹·钱帕，一个有授权经验的专业顾问所指出的："仅仅通过每个月把员工集合在一起一次，并且劝告他们努力工作来达到企业目标，这是不够的"。[29]

我们需要一个促使员工在自己的工作领域做出重大改进的过程，来帮助实现商业需要，这可以通过满足个体员工需求的方式来实现。[30] 另外，某些管理者告知员工对一些事情负责，但在困难和不确定性刚开始显现时又把他们拉回来，没有比这更糟糕的事情了。管理者必须在对员工做出承诺前长时间、努力地思考，一旦做了，就不能半途而废，仅仅"半授权"是不起作用的。高级管理者需要问这三个关键的问题：

（1）为什么我可以做出更少的决定，从而使其他人更多地参与到企业管理中？

（2）我应该如何指导其他人，使得他们在拥有机会时能做出可靠的决定？

（3）我应该如何招聘那些更能意识到为了使我们公司具备竞争力而需要做出改变的人——并且之后帮助他们认识到，他们自己能够做出改变，不需要每次都请求许可？[31]

这不意味着没有限制。相反，管理者必须清楚到底什么责任和权力由员工来决定。例如必须提前询问"我们可以改变什么步骤"和"我们可以投资多少钱"等问题。最终，管理者

必须愿意等候结果，正如奇迹不会一夜发生。³²

2. 建立相互信任

正如朱兰曾经指出的，"管理者必须充分信任员工并愿意做出授权，员工必须对承担责任有充分自信"。³³ 信任不仅仅是你说自己信任某些人；它必须由很多行动支持（详见栏目"你所需要的只是信任"）。

 你所需要的只是信任 ³⁴

在第 3 章开头的卓越绩效引例里，我们介绍了得州铭牌公司。1992 年，该公司开始通过统计过程控制来降低不合格品，总的不合格品大约占到订单的 15%～18%，这是一大笔利润损失。在 1997 年左右，改进活动使这一比例降低到了 3.7%，行业平均水平是 10%。但是公司的董事长戴尔·科伦欧尔并不满足。他开始推动一个对所有员工平等分配收入分成的计划。开始时不合格品率不到 5%，统计结果每天都张贴出来。到了 1997 年底，TNC 员工将不合格品降低到 1%。1998 年 1 月，在尝试进一步改进这个问题时，TNC 开始与它的质量控制部门一起解决这个问题。在这一行动（即科伦欧尔所谓的公司战略规划）的一部分开始后的第一个月，不合格品减少了一半。质量改进目前由日常运营创新团队（daily operation innovation team，DOIT）执行，管理者每隔一周便开会讨论进一步的改进和机会。他们也与员工分享在会议上讨论的信息。

"在基层的员工可以指出发生了什么并且最快地做出调整。"特洛伊·诺尔顿（公司的运营经理）说。他补充道，当有一个人遇到问题时，他们可以很快帮助这个人摆脱困难；他们知道问题出在哪里。"相比管理者，人们更愿意听从同事的。我们尝试了 45 年的监督，但是它没有起作用。我们已经发现了让人们放手工作所产生的价值，而管理者只给出指导意见。"果然，在 1998 年，TNC 成为获得鲍德里奇美国国家质量奖中最小的公司，并且两次获得这一成就。

在一个利用自我管理团队的工厂中，信任的象征就是给每个新员工一枚工厂的钥匙，这是一个很通常的做法。³⁵ 然而，对于很多员工来说，最终的问题是职业安全感。他们必须相信管理者不会因为生产力提高而减少劳动力，导致他们自己丢掉工作。进行员工投入活动的公司通常会就这种影响向员工做出明确的承诺。³⁶ 例如，西南航空甚至在经历航空燃油价格上涨、经济衰退和海湾战争后，都没有缩减一个员工。

2001 年 9 月 11 日，在恐怖袭击的余波中，当竞争者宣布削减 20% 的员工时，西南航空的管理者则研究如何通过延迟新飞机交付和旧飞机报废计划来降低成本，以使公司总部振作起来。CEO 詹姆斯·F. 帕克解释道："我们愿意经历一些损失，甚至是我们的股票价格，以保证我们员工的工作。"员工是非常忠诚的吗？当然。并且授权是这家航空公司经营哲学的主要原理，正如在第 4 章中的例子所阐明的。

3. 为员工提供商业信息

为了授权成功，必须专注于使组织更有竞争力。³⁷ 只有当员工能接触到关于公司及其绩效的必要信息（如人事档案和质量改进预算等资源）时，授权才可以为组织绩效做出贡献。³⁸ 员工部门和其他单位的信息尤为必要，因为它们可以影响这些绩效水平。和员工分享商业信息与质量、顾客服务和竞争力直接相关。[39] 例如，在杜邦德拉瓦河工厂，管理者与所有工人分享成本数据。[40] 通过分享这一信息，管理者认为工人将会为他们自己而思考，并且明确公司的目标。为帮助员工做出可以影响生产问题的决定，得克萨斯的伊士曼化学公司的部门管理者为操作员提供了一份每日财务报告，显示他们的决定如何影响盈亏底线。结果，部门利润在四个月内翻倍，并且因为员工就成本节约改进给出了建议，质量也提高了50%。[41]

由于缺少合适的信息，被授权的员工可能在次要问题上浪费他们的权力。正如彼得·森格所说，"一致程度较低（组织目标和员工目标之间）时向个人授权会加剧混乱并且使管理……甚至更加困难"。[42]

关于目标错位的批评通常针对早期的员工投入努力，例如质量圈。尽管在以前，管理者会指责员工的优先顺序是错误的，但是如今，精明的管理者已经认识到了他们有责任为员工提供必要的信息，来建立良好的优先顺序。

4. 确保员工有能力

"你不能授权没有能力的人。"一个管理者如是说。如果员工将要承担重要的组织责任，他们就必须对此做好了准备。在一个授权的、TQ质量环境中开展运营，员工必须不仅拥有技术技能（包括统计方面的），还要拥有人际和问题解决技能（详见专栏"泄密：星巴克成功的秘密"）。遗憾的是，如今很多人在开始工作时，甚至缺少最基本的阅读和数学能力，更不用说与这些相关的高级技能了。[43]

 泄密：星巴克成功的秘密[44]

从西雅图的一个小零售店成长为世界奇迹的星巴克咖啡，在美国任何城市、机场甚至航班上都能够找到。它的一致性和精确性起源于员工培训计划。所有的"伙伴"（正如员工被称呼的那样）在他们到公司的前六个星期内完成五门课程，包括"冲泡完美的咖啡""学习咖啡知识"以及"学习顾客服务"。所有的伙伴都需要记住并且实践这些规则。牛奶必须用蒸汽处理到150℉～170℉。每份浓缩咖啡必须在23秒内提拉或者摇晃。培训人员展示了如何把咖啡桶里的油擦掉，打开一大包咖啡豆（以一种卫生的方式，绝不能把手放到里面）以及清洁浓缩咖啡机里的牛奶注入棒（就像刮一个小男孩的鼻子）。他们还展示了如何把咖啡装到袋子里并且贴上星巴克标志性的半英寸标签。比如，在练习冲泡拿铁咖啡时，培训人员说："要冲出完美的泡沫可以这样练习，来回拉十次，然后倒出来。当拿铁里的牛奶达到190℉时，尝起来怎么样？"

有三个指导方针（星技能）用来管理人际技能：保持和增加自信、聆听并答谢，以及寻找帮助。纵观整个训练，伙伴们受到鼓励，去分享关于销售、咖啡以及为公司工作的感觉。他们也学会了放松技巧，因此可以专注于制作卡布奇诺、主动承担咖啡箱的清洁责任（甚至当这是其他人的工作的时候），并且尊敬地对待伙伴，即使他们当中的一员洒了一加仑咖啡，他们也能够正确应对。

员工的能力可以通过选择和训练过程来保证。如果人力资源管理过程不能提供有能力的员工，那么授权就不会成功，管理者的噩梦将会出现。不幸的是，很多员工没有在这方面受到过训练，这也有助于解释很多已经开展授权活动的公司为什么得到了形形色色的结果。[45]

这个原则在纽约欧文的康宁玻璃工厂中得到了证实。[46] 这个组织同意用一种"专业"工作来替换21种不同的工作。其将员工选入团队并在生产计划和劳动分工上给予广泛的权力。欧文出现了新曙光吗？并没有。矛盾和困惑出现了，并且生产力下降了。工厂管理者加里·沃格特总结道："我们采取措施授权员工，但由于我们没有使他们准备好，因此没有达到想要得到的结果。"后来他们建立了一个详尽的训练项目，员工经过考试符合了运营中各种任务的需求。授权的承诺目前已经实现，并且质量和生产力也已经提高了。

授权也要求员工理解他们的自主权的适当限制。在丽丝·卡尔顿酒店集团公司，每个员工可以"不遗余力"并且花费多达2 000美元来满足一个客户。但是，不管他们何时应用特权，都必须完成一个报告来解释这个问题和采取的行动，报告将被评估，以确定为何问题发生、采取的预防措施并且确保采取的授权行动合适。

5. 不要忽略中层管理

"组织是系统"是另一个被戴明普及的著名组织理论原理。当改变组织的一部分时，需要去考虑改变对系统其他部分的影响。因此，管理者必须考虑授权底层员工对中层管理者的影响。如果忽略中层管理者的需求和期望，授权将会使更多的人困惑并且造成灾难。

一个管理者如是描述他的公司里中层管理者的境况：

我们晋升职工在很大程度上是由于他们的技术知识，而不是他们的管理能力。因此，在监管位置上我们有一群不以人为本的员工；他们不想从人群中了解如何获得想法和解决方法，以及更好地做事的方式。同时，他们也不能接受员工参与项目，他们不能接受在他们的生活中有太多的改变，他们在这种执行者角色中比在教练或者引导者角色中更能感到舒适。所以，我们必须训练这些人去换个角度思考，从一个管理者的视角而不是一个执行者的视角管理他们的部门……中层管理者从老的管理方式到新管理方式的转换是一个问题，这个问题阻碍了诸多公司以尽可能快的速度到达它们需要到达的地方。

组织的中层管理者在员工授权中扮演的角色有：[47]

- 保持关注组织的价值观；
- 管理系统层面的问题（那些涉及很多职能和部门的问题）的解决方案；
- 像老师和教练一样行动。

我们很容易认为中层管理者面对授权努力时就像是恐龙一样，迅速灭绝的原因是对他们来说世界变化太快了。但是，请记住，大多数中层管理者都是他们组织的产物，如今他们在一个鼓励差异的环境而不是有求于管理者的环境中达到了他们的成功水准。如果高层能够给予一套新的指导方法，并得到一套新的绩效评估标准的支持，很多（但绝不是所有）管理者将能够实现必要的转变。

6. 改变奖励系统

在不改变奖励系统的情况下，我们无法建立可持续的组织变革。当组织要求员工去承担新的挑战和责任时，最终会面对"这对我有什么好处"的疑问。奖励系统包括所有员工获得的奖励，以及分配这些奖励的标准。组织之于它的奖励系统就像一个船对于它的锚：除非奖励系统改变，否则组织只可能向一个或者另外一个方向漂移一点点，但是它不会达到远方。

准确地指定需要用哪种奖励系统来补充授权是十分困难的。组织中普遍使用的一些实践包括：技能工资制，当员工学到新的与工作相关的技能时，他们的薪酬将提高；利润分摊，即员工收到与他们的组织利润有关的奖金[48]（详见专栏"你所需要的只是信任"对得州铭牌公司的收入分享计划的描述）。不应该忽视内在奖励：管理者简单但真诚的赞美、在公司新闻通讯中的一幅图，或者一场庆祝重大成果的晚会，都会对过去很少获得任何认可的员工有巨大价值（详见专栏"抓正面典型"）。实际上，世界企业联合大会的一项调查发现，在商业组织中，对临时/生产工人的非金钱认可达到"非常/在一定程度上"有效的占84%，相比之下，现金奖励只占63%。[49]

 抓正面典型

很多公司在员工工作出色时都会对他们表示认可。在帕尔（Pal）的意外服务中心，对于每位在生产或者顾客服务中做出了改进或者做出模范工作贡献的员工和团队，管理者都会通过书面的公开奖励当场给予认可。他们把这个叫作"抓正面典型"（Caught Doing Good，CDG）项目。任何职员、助理经理、所有者/操作员或者高层领导（甚至顾客或供应商）都能在一张专门设计的表格中记录CDG，并且把它张贴在布告牌上。[50] 一位肯德基母公司的高级副总裁，在肯德基餐厅受到了优质的服务，在众人面前奖励了一位员工，并说："你不知道我在Yum（肯德基母公司）工作。我想让你知道我多么以你为荣。"[51]

1994年10月，美国大陆航空公司的新CEO戈登·贝休恩计算出每个月晚点和取消的航班给公司造成了600万美元的损失，这导致乘客坐上了竞争对手的航班，或者公司必须把他们送往酒店。他宣布，如果大陆航空在每月的准时性排名前三，他将会与员工分享节约下来的钱的一半（大约每人65美元）。不到两个月，大陆航空就成了第一。为了确保奖励留下深刻印象，贝休恩分别开好支票并且跑遍全国亲自给数以千计的员工分发奖金。行为的改变可以用下面这个高管们喜欢说起的故事来阐明。一辆供给车为一架飞机供餐，但是餐品少了10套。以往，航班服务员会告诉驾驶员去取其余的餐品并在飞机门口等40分钟。但是现在，同心合力的航班服务员清楚地告诉供给人员不要再搞砸了，并且关上舱门。飞机准时出发了，航班服务员找到一群投资银行家乘客，为他们提供免费的酒水，来替代缺少的飞机餐。[52]

9.2.2 授权何时不起作用

贝弗利·雷诺兹觉得，她想成为一个得到授权的员工。[53] 然而，在伊顿公司工厂待了九个月之后，她离开并找到了另外一份工作。尽管她喜欢自己做主，但是又痛恨它带来的烦恼——修理坏掉的机器并且不得不学习广泛多样的工作。

很多员工更加偏爱有详细、确定的任务的传统方式，并且发现授权组织文化不适合他们。例如，土星公司发现很多来自通用汽车工厂的工作候选人不能适应新的工作类型。这对公司在最初招聘时找到合适的人来说是一个挑战。

另一个授权努力失败的原因是管理者不能正确地理解和执行授权。在导致失败的原因中最主要的有：[54]

- 管理支持和承诺不存在或者不可持续。
- 授权仅被作为一个操纵的工具来确保员工完成任务和工作，而没有给员工任何真正的责任或者权力。
- 管理者通过授权来放弃职责或者任务责任，只接受成功的荣誉并且在失败时让其他人承担错误。
- 有选择地进行授权，把员工分为没有被授权的人和被授权的人。
- 把授权作为在训练和员工晋升方面不进行投资的借口。
- 管理者不能提供反馈并且没有意识到成绩。

这些问题可以通过之前章节讨论的原理来避免。

9.3 员工参与实例

我们介绍三个实行授权的例子，接下来观察它为何缺少广泛的吸引力。

9.3.1 DM 石油运营公司 [55]

DM 石油运营公司是唯一负责为能源部（DOE）管理美国石油战略储备（Strategic Petroleum Reserve，SPR）的承包商。DM 应用了很多在本章讨论的关于员工参与和授权的因素。合作、主动、创新和授权是他们的高绩效的、基于价值观的文化的基础。所有的员工都得到授权，去创新和提出改进过程，并且在自我导向的、非正式和正式的、多职能工作团体或者团队中完成他们的工作。正式的团队是特许建立和管理的，其成员在绩效改进过程中得到了及时的训练，正式团队利用六西格玛和精益工具来系统地分析过程和减少变异及浪费。

通过个人授权和许可，以及在需要额外资源时利用来自不同职能、学科和地点的成员团队（包括供应商/承包商人员），实现利用多样化的技能并且促进部门之间合作，DM 适应了不断变化的商业需要。他们利用团队完成重大行动、持续的责任和改进。在应用先行指标测量标准时产生了一个新的需求，即蒸汽压力，这是 DM 的一项重大工作。为了最大化合作、协调并确保把合适的技能放在合适的位置以支持这项工作，这个项目由一个跨职能项目团队来管理。项目包括工作任务分配、工作描述、招聘和训练，结果 2004 年 4 月，蒸汽压力工厂成功启动。

DM 员工绩效管理系统利用绩效评估来管理员工的职业生涯、制定工作目标、加强和奖励卓越绩效、为每个员工绩效提供及时的反馈，并且建立个人发展计划（Individual Development Plan，IDP），确保对员工职业发展的支持。DM 大力支持训练并且为个人的发展提供资源。员工绩效评估过程要求员工的目标直接支持组织目标、行动计划，并且加深对他们的绩效如何为 DM 成功做出贡献的理解。HR 也定期进行每个工作的完整评估，确保工作描述与 DM 使命相关，要求员工技能与企业需求和顾客需求相匹配。这个系统过程为每个员工提供了参与整体评估过程的机会；支持员工工作所有权来支持 DM 的行动计划，从而实现使命；促进对员工训练和发展需要的及时识别，从而最大化敏捷性和响应性以适应变化的任务要求。最重要的奖励是员工利润分成，利润分成基于 DM 公司从 DOE 收到的绩效费用，而绩效费用视公司整体绩效而定。

作为 DM 年度绩效奖励基金过程的一部分，HR 进行薪酬方案的全面评估，包括全面评估行业实践以及测量关键项目要素，例如工资幅度结构，以确保这个项目能够吸引并且留住有合适技能的员工。DM 参加了一系列全国工资标杆学习来支持这一努力，通过与标杆数据比较，DM 可以估计整个竞争性市场的情况，并且确定必需的调整，以保持它在薪酬方案上的竞争性地位。

由于 SPR 的特殊需要和当前预算的减少，DM 意识到，必须保留有才华的员工。为了实现这个目标，在绩效评估过程中，每个管理者与他们的员工一起工作，评审组织的目标和与员工个人职位相关的个人目标。他们回顾并更新之前商定的训练计划，以使员工可以达到他的规定目标。DM 为员工提供了一个持续的教育报销项目。员工可以参加大学生、研究生和单门课程学习项目。另外，员工可以选择会议和研讨会发展自身潜能。工作和事业发展是年度绩效评估过程的一部分。员工和他们的管理者一起为下年选择发展目标，并且一起评审过去一年目标的完成情况。

9.3.2 翰威特咨询公司[56]

翰威特咨询公司，位于伊利诺伊州林肯市，是一个 HR 外包和咨询公司。翰威特（以及其他很多非常依赖顾客服务来提供外包过程的公司）要求顾客服务（customer service，CS）职位的员工在处理客户组织数据的专属系统方面受到过有效训练。留住离职率通常较高的 CS 人才，是一件需要优先考虑的事情。提高员工参与是实现这个目标的一个方式。基于翰威特与它的 HR 咨询客户做的工作，公司发现参与和组织绩效之间有很强的正向关系。特别是，参与度高的公司可能拥有更大幅度的工资增长和更高的股东总回报。

翰威特做了一个年度公司参与度调查，不仅测量了所有标准的员工意见调查要素，例如机会满意度，还试图展示已知的对公司结果有影响的特定行为，参见图 9-3。这个调查的其中一个条目问："你从现在开始将会在翰威特工作一年的可能性有多大？"预测分析显示，在那些回复"不可能"的员工中，将近一半实际上会在一年内离开，因此，这个条目成为留职的一个重要的先行指标。翰威特也利用回归分析确定了 CS 代表决定留职的重要驱动因素。研究认为，与满意度低但是留职率高的工作环境相关的因素是成长、训练和奖励（回报和认可）的机会。

在一个环境里，满意度很高但是对留职的威胁也很大是因为这个环境忽略了工作积极性、管理和领导力。理解这些因素可以更好地帮助公司做出关于招聘、薪酬和其他人力资源实践的决定。

9.3.3 洛斯·阿拉莫斯国家银行

洛斯·阿拉莫斯国家银行（Los Alamos National Bank，LANB）是新墨西哥州最大的独立银行。[57] 20 世纪 90 年代，员工调查结果显示，员工没有理解他们在银行战略方向中所扮演的角色。于是，来自公司每个领域和每个层级的员工组成的 LANB 质量委员会重新设计了绩效评估体系，来加强工作绩效和公司绩效之间的直接联系。

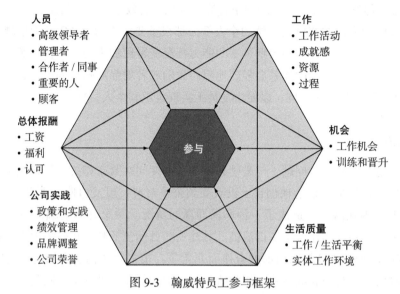

图 9-3 翰威特员工参与框架

资料来源："Talent Show" by Jon Leatherbury, *Quality Progress*, Nov.2008, pp.48–55. Reprinted with permission from Quality Progress © 2010 American Society for Quality. No further distribution allowed without permission.

这个体系利用表格列举公司目标、部门目标以及员工每年和长期的目标，这些目标由员工在向管理者询问后填写。员工也完成一份自我评估，评价自身的能力，从而提高自身的顾客服务水平和技术能力。一旦他们完成了每年的评价过程，员工就对他们需要做什么从而在一个较高水平开展工作以及赢得随之而来的激励和奖励，包括利润分成和员工股票所有权，有了一个完整的初步印象。这些激励支出平均超过一个员工年薪的 21%。

员工授权对于完成 LANB 绩效改进和实现每年收入两位数的增长目标是很重要的。管理自觉地扮演了在整个组织中分配领导责任的角色。实际上，1999 年超过 90% 的 LANB 员工受到了领导力训练，与之相比，全国的银行员工受到训练的比例是 8%。

员工被寄予了为顾客创造价值的期望，并且他们得到了权力和资源来主动地、果断地行动。例如，所有员工都有权力当场解决抱怨。另外，高的贷款限制和灵活性的承保标准可以使贷款工作人员创造性地回应特殊情况下的贷款申请。还有，LANB 的贷款损失冲销（以平均资产的百分比计）从 1997 年以来下降到当地竞争者平均百分比的 1/3。银行的授权策略在 2000 年那场毁坏面积超过 48 000 英亩并损坏了 280 间房屋的塞罗格兰德大火中作用十分明显，员工在学校和其他地点建立店铺以保证银行运营，同时提供额外的措施，帮助社会渡过危机。

9.4 激励

如果没有自愿的、持续的个人努力和关注组织目标实现的团队协作，TQ 就是一个不可能的梦想。但是，当组织要求员工承担新的挑战和责任时，最终会被员工问起"这对我有什么好处"的问题。理解人的行为和激励是在第2章中讨论的戴明渊博知识体系的主要元素。戴明认为,激励主要是内在的(内部的),并且对外在的(外部的)激励形式持怀疑态度,比如鼓励和奖金,尽管它们在商业组织中很普遍并且似乎有效地支持了员工。

所有外部的和内部的奖励对持续的个人努力都很重要。作为在TQ环境里越来越多地担当教练和促进者的管理者,他们激励员工的能力甚至变得更加重要。不存在所谓的没有动力的员工,只是人们为之工作的体系会强烈地阻碍激励或者增强激励。因此,必须认真设计补偿、认可/奖励系统和工作环境,以便激励员工实现组织和个人目标。

9.4.1 薪酬

薪酬一直是一个棘手的问题,与激励和员工满意度问题紧密相关。尽管钱可以是一种激励,但是它也经常让员工认为他们自己没有受到公平对待,以及迫使管理者传递消极消息。最终,它降低了内在激励,造成了一种非输即赢的情况。一个好的薪酬体系的目标应该是吸引、保留员工,并且不让员工变得消极。另外一些目标包括减少在薪酬中无法说明的变动(思考一下戴明原理)并且鼓励内部的合作而非竞争。很多公司仍然采用传统的财务测量指标,例如收益增长、利润和成本管理作为薪酬的基础;更多先进的组织则利用比如员工满意度、缺陷预防和周期缩短等指标做出薪酬决定。

很多公司把薪酬与公司业绩记录、单位绩效、团队成功或者个人成就联系起来(详见专栏"激励薪酬")。[58]例如,美德瑞达的工资水平是以市场价格为基础的,而不是以内部的关注工作的评估过程为基础。2001年,一个跨职能项目团队开发了一个基于市场的薪酬体系,强化了公司的目的和目标,该薪酬体系根据市场上的相似职位,按前四分之一的水平支付基本工资。团队重新设计了薪酬结构以实现如下目标:

- 在整个公司的各个层次,留住并且吸引高绩效的个人;
- 使个人和团队与公司的目标保持一致;
- 支持美德瑞达文化、员工增长和发展;
- 坚持这样一个观点:基本工资是总薪酬的一部分,总薪酬还包括可变激励工资、收入分成、福利和其他奖励及项目。

 激励薪酬

美国纽柯钢铁公司是全国最大的钢铁生产商之一,因成功"攻克"了质量、生产力、参与和薪酬问题而闻名。[59]在美国,纽柯钢铁公司的工厂有超过6 000名员工。从董事长往下所有的员工都享有相同的福利;个人酬劳的差别只和责任相关。在纽柯钢铁公司的五个不属于工会的工厂中,工人的基本收入是计时工资,比加入工会的钢铁工人的现行工资率低一半以上。纽柯钢铁围绕包括秘书和高级管理者在内的40~50名员工组成的团队设计了薪酬激励。他们提供了四个基本的薪酬计划:

1. 生产激励计划。直接参与制造的员工每周基于他们工作团队的生产力获得奖金,每个工作团队有20~40个工人,并且奖金可以达到平均基本工资的80%~150%。工厂每周都支付这个奖金以加强激励。在纽柯钢铁公司,中等熟练程度工人每年能比行业中的中等熟练程度工人多赚几千美元,而公司也可以把他们的钢铁卖出有竞争力的国际市场价格。

2. 部门管理者激励计划。部门经理每年收到主要基于工厂资产回报的激励奖金。

3. 非生产和非部门管理人员激励计划。相关人员包括会计人员、工程师、秘书和其他员工。奖金基于工厂的资产回报。每月每个运营部门都会收到显示进展的报告，报告张贴在员工自助餐厅或休息区，员工据此评估他们全年预期的奖金水平。

4. 高级职员激励计划。高级职员没有利润分成、津贴、年终奖或者退休金计划。他们薪酬的一个重要组成部分是基于纽柯钢铁在超出最低收入部分后给股东的权益回报。如果纽柯经营良好，薪酬就会高于平均值，甚至是基本工资的几倍。如果公司经营不善，薪酬就限制在基本工资内，要低于可比公司的平均工资。

在经济低迷时期，尽管临时工仍然收到基于生产率的奖金，纽柯的管理者却经常发现他们的奖金减少了。但是，即使是在艰难时期，纽柯也维持着不裁员的政策，正如如今纵观这个公司的整个历史，它一直坚持的那样。更多纽柯的故事可以在它的网站 http：//www.nucor.com 上找到。

美德瑞达利用职责简介，使所有工作与市场薪酬数据相匹配。这个新的薪酬等式将给定工作的市场价值和个人独特才能结合了起来。目前，每个工作都对应一个设有目标区域的市场薪酬范围。美德瑞达的目标是，基于员工绩效和经验，随着时间增长，使他们能够达到目标薪酬区域。

基于团队的薪酬和收入共享是一种让所有员工平分利益的方法，越来越受到欢迎和重视。个人薪酬有时依赖新技能的获得，这通常发生在持续改进的项目背景下，所有员工都被赋予同样的拓展与工作相关技能的机会。

9.4.2 认可和奖励

特殊的认可和奖励政策可以是金钱的或者非金钱的，正式的或者非正式的，个人的或者集体的。这些奖励可能包括旅行、促销礼品、衣服、休假或者特定公司赞助的奖励或者活动。更重要的是，奖励必须能够带来提升顾客满意度的行为。不管是哪种认可，它都应该有象征价值，从而使员工可以在将来激励其他员工。美国咨询会研究发现，现金和非现金的结合认可对行政工作人员和临时工比对管理者或者专业/技术员工更加起作用；对于管理者和专业技术员工，基于薪酬的激励例如股票所有权更加有用。

认可提供了一种看得见的提升质量的努力，并告诉员工组织重视他们努力的方法，这激发了他们改进的积极性。员工应该对公司绩效和认可方法做出贡献。例如，里昂比恩公司提供晚餐或者商品兑换券。由跨职能团队基于创新想法、优越的顾客服务、职责模范、工作专业知识和超常的管理能力挑选出"比恩最佳奖项"（Bean's Best Awards）的获得者。[60]

几种关键的实践将带来有效的员工认可和奖励，例如：

- 既给个人也给团队以奖励。在丽思·卡尔顿酒店集团公司，个人奖励包括口头的和书面的评价，以及分配给个人其最喜欢的工作任务。团队奖励包括奖金池和分红体系。很多公司都有正式的公司认可项目，例如 IBM 的市场驱动质量奖，颁发给在质量改进方面取得成就的杰出个人和团队，还有施乐的董事长奖和团队卓越奖。

- 涉及每个人。认可计划应该对公司里每个人都有效，包括所有一线员工和高级管理人员。孟山都公司化学工厂把员工奖金与工作单元的结果联系起来，并且奖励那些帮助防止事故的员工。61 特别有趣的是，在不同的孟山都工厂，计划都不同——所有计划都是在员工参与下制订的。那些失败的奖金计划则是由公司总部颁布，而不是与员工合作制订的。
- 把奖励与基于可测量目标的质量相结合。奖励应该促进提升顾客满意度和质量的行为。当 Custom Research 公司达到一个特定的公司目标时，这个公司就会去例如旧金山和迪士尼世界这样的地方旅行！
- 允许同事与顾客提名和认可优等绩效。在联邦快递，收到顾客赞许评价的员工将会自动获得金鹰奖提名。复核委员会选中的获奖者将会获得金徽章，以及来自 CEO 的祝贺电话、在公司时事通讯里的表扬和一定数目的公司股票。
- 广泛的宣传。很多公司通过时事通信、证书和徽章、独特的早餐或午宴以及年度活动（例如比赛等）来认可员工。使认可公开可以加强它的重要性，并且让高层领导主持认可过程会传递一种他们真正理解并且欣赏员工努力的信号。
- 使奖励更加有趣。富国银行给员工不寻常奖励的选择权，例如"在公司自主餐厅里以你命名的菜单"，或者"主席或者董事长做一天你的工作，而你来训练或者监督"。一个牙科医生关上办公室门并带着员工去购物中心，以此代替给员工的现金奖励。他交给每个人一个装着钱的信封，并且说："你必须花掉所有的钱给自己买礼物。你有一个小时做这件事，并且你必须买至少五个不同的商品。一小时之后任何你没有花完的钱都得还给我。去买吧！"员工花一个小时疯狂地从一个商店冲向下一个，呼前喊后地跟其他人说着他们找到的宝藏。在下一次员工大会上，每个人拿着他们为自己买的礼物，向团队做展示说明。62

9.4.3 工作环境

在关心员工的组织里工作，可能是最佳形式的激励（详见本章前面的专栏"你怎么能不喜欢在这里工作"里关于谷歌公司的介绍）。大部分公司提供了很多提高工作生活质量的机会。这些公司可以提供个人和事业的咨询、事业发展和就业服务，娱乐或者文化活动、日托、关于家庭事务或者社区服务的特别休假、弹性工作时间、再就业辅导服务和为退休工人延长的健康服务。在俄亥俄的蓝灰镇，强生公司的爱西康内镜治疗部门有一个带训练室和器械的健身中心，供制造和R&D部门的员工使用。员工可以在工作前后或休息时使用健身中心。另外，组装产品的员工每隔几个小时可以接受有规律的、程序化的"人体工学"休息，在那里，他们可以进行设计好的预防重复运动损伤的锻炼。所有这些机会都为创造一个更有生产力、更安全和愉悦的工作环境做出了贡献。

9.5 员工参与和激励理论

从 TQ 角度来看，员工参与和授权与组织行为（organizational behavior，OB）理论是相当一致的。实际上，很多基于 TQ 的有关授权和激励的观点都直接或者间接地来源于 OB 理论。然而，管理者接受这些想法并且把它们付诸实践的意愿，都因这些想法与 TQ 体系结合而极大地增强了。

一些例子有助于证明我们的观点是正确的。组织心理学家克里斯·阿吉里斯提出了质量问题通常应当归咎于通过管理建立起来的系统而不是员工激励的观点。[63] 伦西斯·利克特描述了一个他称为"系统 IV"的组织系统，以授权工作团体和跨职能部门为特征。道格拉斯·麦格雷戈创立了著名的" Y 理论"来管理员工，该理论基于员工希望把工作做好的假设，并且强调在组织里的个人应该为自己做决定。这些是卓越绩效里关于人这一方面的主要原理，但是，它们是由那些关注调节人心理需求和商业经济需求的理论家在几十年前创立的。

卓越绩效原理与一些较新的工作激励理论也一致。这意味着，实施 TQ 理论也能够增强员工激励，因为根据理论，TQ 代表的变化类型将会增加工作努力。特别地，接下来的部分将依据工作特性理论、需求满足理论和目标设定理论进行讨论。因为这些理论在 OB 和管理书籍中都有所涉及，所以不再详细描述。这里将把它们与 TQ 实践做个比较。

9.5.1 工作特性理论

工作特性理论（job characteristics theory）指出，当人们的工作在一定程度上拥有特定的重要特性时，他们将会更乐于去工作，并且对工作更加满意。这些特性包括：技能多样性、任务完整性（做一个有意义的工作单元）、任务重要性、自治和反馈。如果工作没有这些特性，也就是涉及很少的技能并且在员工所做的事情上给予他们很少的控制权，那么很多员工将会感到没有受到激励，并且不满意。[64] 这个理论由哈克曼和奥尔德姆提出。他们的模型在大量的组织情境中得到了证实。

这个模型提出，工作设计的五个核心特性影响了三个关键心理状态，而这些心理状态驱动了工作产出。这些核心工作设计特性如下所述。

（1）任务重要性：工作赋予参与者的、他们对组织或者世界有明显影响的感觉的程度，例如能解决顾客的问题而不仅仅是归档文件。

（2）任务完整性：员工可以感到任务从头到尾是一个完整的、可识别的工作的程度，例如构建一个完整的部件而不是执行小而重复的工作。

（3）技能多样性：工作要求员工利用技能和天赋多样性的程度，例如加工零件所需要的体力技能和使用计算机跟踪质量测量的智力技能。

（4）自治：任务允许员工在工作期间自由、独立和行使个人控制的程度，例如有能力停止一条生产线来解决问题。

（5）工作反馈：关于个人绩效有效性的清晰、及时的信息的可获得程度，这些信息不仅仅来自监督者，也来自员工可以直接进行的测量。

高水平的技能多样性、任务完整性和任务重要性建立了一个"感觉到有意义"的心理状态——员工有认为他们的工作对于整个组织和社会是一种重要贡献的心理需求。

高自治驱动了"感觉到有责任"的心理状态——员工有为生产的产品的质量和数量负责

的需要。

最后，来自工作的反馈构建了"结果回馈"的心理状态——员工有了解他们的工作如何被评估以及评估结果的需要。

总的来说，这些心理状态推动了员工激励、成长满意度、整体工作满意度和工作有效性。这个模型建议，如果管理者想要提高员工激励、满意度和工作效力，那么他们应该通过改进五个关键工作特性来努力提高工作的意义、责任和结果反馈。

总而言之，通过提高上述任务特性，我们就可以得到对卓越绩效的关注，来提高工作的激励潜能。实际上，卓越绩效实践与很多工作设计专家就使工作更加激励人心而提出的一些步骤类似。例如，使人们投身问题解决和其他质量改进活动，将会提升在工作中使用的多样化技能以及他们对自己在做有意义的工作单元的感知。授权将提高人们在工作中感受到的自治程度。努力专注于提升顾客满意度，将提高人们对于自身在组织中的角色重要性的感知。

已经确定有三种因素会影响人们对高水平任务特性工作的反应方式：知识和技能、成长需求强度以及环境因素满意度。[65] 应该通过训练来增强关于如何开展工作的知识，这些训练经常伴随着卓越绩效计划和授权。相反，成长需求强度根植于人们的个性，并且不可能被TQ影响。当组织中的各个团队做出改进以使内部顾客满意时，环境因素满意度（公司政策、工作条件）会随着卓越绩效的实施而提高。这意味着，它不仅可以提高使人们感受到激励的任务特性水平，也会改变影响人们对这些特性的反应方式的三个因素之中的两个，在这种方式下，他们更加可能找到那些使人感到激励的工作。这些工作设计实践在高绩效组织中是很普遍的，因为工作扩大化、工作轮换、和工作丰富化都得到了这个理论的支持。

9.5.2 后天需求理论

另外一个关于员工激励的观点指出，人们会从满足需要的工作中感受到激励。特别地，成就需求、归属需求和权力需求已经成为广泛研究的主题。[66] 有强烈成就需求的人将会很努力地工作，来达到一个较高的卓越标准。归属需求是指与其他人有亲密关系的欲望，例如成为团队的一部分。权力需求是指希望影响一个环境和其中的人。

卓越绩效的实施，包括授权实践，如何影响被这些需求所激励的人们？由于研究没有解决这些问题，所以我们只能推测。在基于质量的项目里，最可能通过参与实现的需求是归属需求。实现它的最显而易见的方式是建立自我管理或者跨职能团队。关注TQ促进了在相同或不同单位，甚至是顾客-供应商这个链条上不同组织之间的人的紧密关系。

质量和成就需求的联系不太明显。质量理论的有效应用将使得组织在质量和顾客满意度上获得更高的绩效水平，但是这些成就更有可能通过团队而不是个人努力来实现。因此，只有当人们能够看到自己的工作和团队绩效的关系并且因此感到有意义时，参与这些努力的机会才会激励有高成就动机的人们。卓越绩效和授权很有可能激励对权力有更高需求的员工。实际上，对权力有高需求的员工很可能会在传统组织中感到相当挫败，因为传统组织对他们不怎么关注。授权，如果按照这一章描述的原理，在减少这种挫败并且为有高权力需求的人提供新发现的激励上，应该有很长的路要走。

但是，授权可以是一把双刃剑。其下属得到授权的中层管理者感到他们自己在卓越绩效环境中对于权力的需求很少得到满足。这种需求要想得到满足，那么在给低层员工授权时必须要同时给中层管理者寻找一个新的、能实现个人抱负的角色。但是很多组织不能实现这个目标，并且即使它们这样做了，一些有高权力需求的中层管理者也仍然会怀念老的"命令和控制"式的组织类型。

9.5.3 目标设定理论

目标设定理论的中心观点是有明确目标的人将会比缺少清晰目标的人工作得更快，执行得更好，并且通常更容易被激励（可以回顾洛斯阿拉莫斯国家银行作为这个概念的实例）。关于目标设定理论，学者们开展了大量研究，并且大都支持这个理论的预测。根据这个理论，当目标明确而困难时，目标将会激励人们，并且人们会把它们视作自己的目标。[67]但是，目标应该是可达到的；明确地讲，看起来不可能的挑战性目标是令人消极的。

目标设定理论如何在总体上与TQ以及在特定方面与授权相关联？这种联系并没有成为研究的主题，但是我们可以提供一些关于它的猜想。一个授权和目标设定之间可能的关系在于理论的目标可接受性方面。尽管在学者中有一些争论，但是看起来设定自己目标的人（如在授权组织中）比那些目标是由他人设定的人（如在传统的组织中）更容易被激励。设定自己目标的人也发现他们的目标更加清晰（至少对于他们而言）。

目标应该明确并且困难的原理可以与TQ和授权相关联。通常，突破性改进带来了相当困难的目标。在传统管理中，当实现了一个可以接受的绩效水平时，人们就会仅仅设法去维持它。而在关注质量的环境中，一个可以接受的绩效将是进一步改进的基石。因此，目标的困难程度将会通过卓越绩效的方法提高。目标不可以是不可能的，甚至持续改进原则支持的渐进式（并且因此看起来是可能的）改进目标也属于这个范畴。因为人们会怀疑这是否会在长远上损害目标的明确性。

持续改进是一个崇高的理想，在很多案例中能可能激发英雄般的努力。如果有可能的话，何时达到目标？员工是否会被一个持久的改进目标所激励？或许随着组织获得更多关于卓越绩效的经验，我们将会回答这些问题。鉴于持续改进对提升竞争力不断增加的重要性，组织需要找到激励员工持续改进的方法，以便在当今复杂的商业环境中满足经济可行性。

■ 内容回顾与问题讨论

1. 解释员工参与的概念。它与员工投入有什么不同？
2. 在提供员工真正参与证据的组织中，你可能会看到什么？
3. 提供一些员工投入的例子。这些怎样符合图9-2的连续图？
4. 什么是员工授权？你觉得什么是对员工授权的首要障碍？
5. 授权的概念如何应用在课堂？
6. 你是否在工作场所感到过害怕？这对你的绩效有什么影响？有一点恐惧对激励绩效是不是一件好事？
7. 员工授权的环境是会损坏还是会提高质量？为什么会这样？
8. 授权给员工的组织将会面临什么风险？
9. 员工如何知道他们何时被授权？
10. 哪种绩效评价过程对一个实施TQ的公司里的被授权的员工更合适？

11. 你认为哪一种授权原理是最重要的？为什么？

12. 你是否收到过来自被授权员工的优异服务？当时发生了什么事？你的反应是怎样的？

13. DM石油运营公司、翰威特咨询公司和LANB用哪种方式例证了员工参与原理？

14. 管理者们怎样才能减轻与员工授权相关的失败风险？

15. 你认为哪种激励理论与授权最为一致？为什么？

16. 菲利普·阿特金森讲述了一个政府机构利用野外训练经验去激励员工做大事的故事。[68]一个年轻人某天在回到工作岗位时，发现部门拥有的停车场处于城市繁华地带。这些空地总是空着的，可以大量出租。年轻人为此提议，但是立即遭到了拒绝。因为受阻，于是他自己出租了这些空地，但发现没有办法把支票存入政府机构账户。最终，年轻人离开了政府机构，去了一家认真对待员工想法并且重视提议的公司工作。这个故事怎样证明了在本章所讨论的授权原理？

17. 思考你曾经有过的工作。应用哈德曼和奥尔德姆模型评估工作设计如何影响了你的动机和满意度以及组织效力。

18. 授权与工作丰富化等方法和其他一些员工投入形式有何不同？

■ 案例

沮丧的管理者

一位教授全面质量概念的专业同事从以前的学生那里收到了如下电子邮件：[69]

我想知道您是否可以就给我的公司造成麻烦的一个特殊情况给我一些意见。我们的员工组成工会反抗公司已经有很长一段时间了。上层管理人员已经把装配部门包装成了一个员工参与的范例并且向顾客炫耀员工授权的发展情况。这的确吸引了顾客，为公司获取了一些合同。有一个顾客对成本、质量和计划很敏感，并且在过去和我们有过一段糟糕的经历。这个顾客明确告诉我们想要看到授权的员工做出关键决定。如果这个没有发生，他就不会签署合同。这个信息被转告给在这个部门的员工团队，但是很多团队在他们的团队会议上告诉我们，他们不想被授权。态度（如我所观察的）似乎如下所述："我们知道如何生产我们的产品，顾客又不懂。所以让顾客置身业务之外，当我们完成时，告诉顾客把产品带走就行了，而不用考虑我们如何生产。"我多次提醒他们，如果采用那种方式，顾客可能不会买我们的产品，但我都得到相同的回答。应该怎样才能让他们别自寻死路，您会给出什么样的建议呢？他们有一个愿意移交权力的管理者，他们也有必要就地做出决定的工具，但他们没有拥有权力及运用权力的欲望。我的问题是：是否可能在一个老的工会环境中开展员工授权？

你的建议是什么？

无能的经理

克里斯蒂娜在一个购物中心的零售商店工作。她的经理使这个工作压力很大。经理从来都没有按时制订下一周的工作计划表，所以克里斯蒂娜和其他员工无法充分准备。他们总是说："好吧，如果经理不能做好她的工作，凭什么我应该做呢？"当值班人员需要和经理一起工作时，经理通常用手机发短信，不关注顾客，但不允许员工在工作时使用他们的手机。结果很多员工在经理不在周围时玩手机并且不干活。经理很少注意库存管理，导致员工和顾客之间关系紧张，因为很多顾客要买的东西在计算机上显示存在但就是找不到。经理还经常错误地记录工作时间，导致薪水也出现错误。员工流失率很高并且销售量很低。不久之后，商店更换了经理。新经理利用频繁的清点使库存控制精确率超过99%；提前两周制订计划，关心薪水方面的错误以确保其总是正确的，并且对员工的工作表达感激。员工可以更加容易地实现销售配额并且销售量也增加了。克里斯蒂娜说道："之后我很高兴去工作，这使我很快乐、很友善并且想要更加正确地完成我的工作。"

讨论题

1. 克里斯蒂娜的经历怎样与本章的概念联系起来？请充分解释其含意及其与我们讨论的多种概念的关系。

2. 你怎样改进商店的日常运营？

TriView 国家银行：员工参与

（建议先回顾第 2 章 TriView 国家银行的案例，了解这个假想的公司的概况。）

TriView 国家银行（TNB）进行了一个年度合伙人参与度调查。这个调查要求合伙人提供他们关于六项参与度因素的看法。参与度因素是：①对使命、愿景和价值观的承诺；②情感承诺；③智力承诺；④工作中的个人意义；⑤在 TNB 里的信任关系；⑥一个安全、合作的环境。写一个短文描述 TNB 在这些方面将会采取的一些加强员工参与度因素的计划和行动。清楚地证明你的推理，并解释你的建议如何以及为什么能解决这些因素。

地标餐饮：员工参与和激励

地标餐饮密切监视员工营业额、个人发展计划完成率、缺勤率、每个服务人员销售量、离职谈话的结果和工作环境。当任何指标下降时，他们就通过跨职能改进团队进行调查和改进。例如，上一年，一个团队调查发现在离职谈话完成度上出现了下降。这个团队发现下降的数量表明是与服务员的谈话时间下降了，并且认为这和卓越业务指导员没有时间管理谈话过程有关。于是，这个做法得到了简化，并且谈话过程被委托给了人力资源方案公司（Staffing Solutions, Inc.）。目前，完成率比以前的年份提高到了更高的水平。

但是，公司并没有感觉到这个消息（似乎有些消极和事后地）提供了一个员工满意度的完整解决方案。因此，它认为应该开发一个正式的员工满意度调查作为决定员工满意度的关键工具。它应该在这个调查中提出哪些因素（第 8 章的地标餐饮案例有与这里相关的团队过程描述）？它如何结合需求系统（见第 6 章的地标餐饮案例）来利用这些结果？

MBA 候选人

格雷琴福克纳正在面试 MBA 项目。她在大学里进修文科专业，最后一年在她上大学的城市的艺术博物馆工作。在谈话中，MBA 项目主任问她为何决定离开，来读 MBA 学位。"实际上，我对这个工作很满意，"她说，"在那里三年之后，我可以更加自主地工作，解决问题，并且主动提升我的工作。通过博物馆和部门的任务陈述指导，我得到授权去做出改变或者采取措施来实现博物馆的战略目标。过了一阵，我意识到我的工作不是循规蹈矩。我发现自己可以做出决定并且从我的角度使参观者、志愿者、同事等人受益，这是一个顿悟。例如，每年五月，博物馆处在学校旅游的繁忙季节。这是一年中最忙的时刻，学校团体每天参观（从周二到周五）一个小时或者半个小时。我在这个高峰时刻工作的年份越多，越能够准备好为'春季参观潮'带来积极的改变。两天前，博物馆开展了一个埃及艺术品的春季展览，期望吸引更多学校旅游。通过与其他诸如保卫和营销部门一起工作，我可以帮助安排学校在周一开展参观，通常这天是对外关闭的，这样做可以缓解需求高峰问题。然而，我离开博物馆是因为我在职位上没有提升空间。"

如何将格雷琴的工作与哈克曼和奥尔汉姆的工作特性理论联系起来？哪些方面激励了她？模型中的哪些积极结果是显而易见的？理论的哪些方面解释了她离开的决定？

注释

1. 2009 Malcolm Baldrige National Quality Award Recipient Profile, U.S. Department of Commerce.
2. Quoted in David Ulrich and Dale Lake, "Organizational Capability: Creating Competitive Advantage," *Academy of Management Executive*, Vol. 5, No. 1, 1991, pp. 77–92.
3. James L. Heskett, W. Earl Sasser, Jr., and Leonard A. Schlesinger, *The Service Profit Chain*, New York: Free Press, 1997, p. 101.
4. Lawler, Mohrman, and Ledford, *Employee*

Involvement, p. 60.
5. Linda Grant, "Happy Workers, High Returns," *Fortune*, January 12, 1998, p. 81. A formal research study of the relationship between employee engagement and business outcomes is reported in James K. Harter, Frank L. Schmidt, and Theodore L. Hayes, "Business-Unit-Level Relationship Between Employee Satisfaction, Employee Engagement, and Business Outcomes: A Meta-Analysis," *Journal of Applied Psychology* 87, 2, 2002, pp. 268–279.
6. See Casey Ichniowski and Kathryn Shaw, "The effects of human resource management systems on economic performance: An International Comparison of U.S. and Japanese Plants," *Management Science*, May 1999, Vol. 45, No. 5 pp. 704–721; Juan J. Tarı and Vicente Sabater, "Human aspects in a quality management context and their effects on performance." *Int. J. of Human Resource Management*, Vol. 17, No. 3, March 2006, pp. 484–503.
7. Quoted in Whiteley, *The Customer-Driven Company*, p. 180.
8. Lawler, Mohrman, and Ledford, *Employee Involvement*, p. 105.
9. *Right Management Global Benchmarking Employee Engagement Study*, December 2008; cited in Tom Becker, "Happiness Helps: Career development breeds employee engagement, boosts organizational performance," *Quality Progress*, January 2011.
10. The Employee Involvement Association's e-newsletter *Ideas & Inspirations*, which gave credit to *The CEO Refresher* by Freda Turner, PhD. http://www.bcpublicservice.ca/awards/ai/ai_index/emp_engage/emp_engage.htm.
11. Hal F. Rosenbluth, "Have Quality, Will Travel," *The TQM Magazine*, November/December 1992, pp. 267–270.
12. Adam Lashinsky, "Google is No. 1: Search and enjoy," *Fortune*, January 8, 2007. http://money.cnn.com/magazines/fortune/fortune_archive/2007/01/22/8397996/index.htm accessed on 4/9/09.
13. Joseph J. Gufreda, Larry A. Maynard, and Lucy N. Lytle, "Employee Involvement in the Quality Process," in Ernst & Young Quality Improvement Consulting Group, *Total Quality!: An Executive's Guide for the 1990s* (Homewood, IL: Richard D. Irwin, 1990).
14. Tom J. Peters, *Thriving on Chaos: Handbook for a Management Revolution* (New York: Alfred A. Knopf, 1988).
15. Alan Wolf, "Golden Opportunities," *Beverage World*, February 1991.
16. From materials provided by Mike Simms, former plant manager.
17. Alan G. Robinson and Dean M. Schroeder, "The Role of Front-Line Ideas in Lean Performance Improvement," *Quality Management Journal*, 16, 4, 2009, pp. 27–40.
18. M. J. Kiernan, "The New Strategic Architecture: Learning to Compete in the Twenty-First Century," *Academy of Management Executive*, Vol. 7, No. 1, 1993, p. 14.
19. Lawler, Mohrman, and Ledford, *Employee Involvement*; Dan Ciampa, *Total Quality: A User's Guide for Implementation*, Reading, MA: Addison-Wesley, 1992.
20. "UPS: Its Long-Term Design Delivers Quality Millions of Times Each Day" by Brad Stratton, *Quality Progress*, Oct. 1998, pp. 37–38. Reprinted with permission from Quality Progress ©2010 American Society for Quality. No further distribution allowed without permission.
21. E. E. Lawler, S. A. Mohrman, and G. E. Ledford, *Employee Involvement and Total Quality Management*, San Francisco: Jossey-Bass, 1992.
22. Richard C. Whiteley, *The Customer-Driven Company: Moving from Talk to Action*, Reading, MA: Addison-Wesley, 1991.
23. Phillip A. Smith, William D. Anderson, and Stanley A. Brooking, "Employee Empowerment: A Case Study," *Production and Inventory Management*, Vol. 34, No. 3, 1993, pp. 45–50.
24. J. M. Juran, *Juran on Leadership for Quality: An Executive Handbook*, New York: Free Press, 1989, p. 264.
25. Juran, *Juran on Leadership for Quality*, pp. 147–148.
26. J. A. Conger and R. N. Kanungo, "The Empowerment Process: Integrating Theory and Practice," *Academy of Management Review*, Vol. 13, No. 3, 1988, pp. 471–482.
27. Kathleen D. Ryan and Daniel K. Oestreich, *Driving Fear Out of the Workplace*, San Francisco: Jossey-Bass, 1991.
28. Tom Brown, "The Empowerment Myth," *Across the Board*, March/April 2001, pp. 71–72.
29. Dan Ciampa, *Total Quality: A User's Guide for Implementation*, Reading, MA: Addison-Wesley, 1991.
30. Ciampa, ibid.
31. Brown, ibid.
32. Lawler, Mohrman, and Ledford, *Employee Involvement*, p. 51.
33. Juran, *Juran on Leadership for Quality*, p. 277.
34. Adapted from Brad Stratton, "Texas Nameplate Company: All You Need Is Trust," *Quality Progress*, October 1998, pp. 29–32.
35. Mark Kelly, *The Adventures of a Self-Managing Team*, Raleigh, NC: Mark Kelly Books, 1990.
36. Lawler, Mohrman, and Ledford, *Employee Involvement*, p. 47.
37. Ciampa, *Total Quality*.
38. A. R. Tenner and I. J. DeToro, *Total Quality Management: Three Steps to Continuous Improvement*, Reading, MA: Addison-Wesley,

1992.
39. Lawler, Mohrman, and Ledford, *Employee Involvement*, p. 60.
40. "Changing a Culture: DuPont Tries to Make Sure That Its Research Wizardry Serves the Bottom Line," *Wall Street Journal*, March 27, 1992, p. A5.
41. Robert S. Kaplan, "Texas Eastman Company," Harvard Business School Case, No. 9-190-039.
42. Peter M. Senge, *The Fifth Discipline: The Art and Practice of the Learning Organization*, New York: Doubleday Currency, 1990.
43. See *America's Choice: High Skills or Low Wages!*, National Center on Education and the Economy's Commission on the Skills of the American Workforce, National Center on Education and the Economy, 1990.
44. Jennifer Reese, "Starbucks: Inside the Coffee Cult," *Fortune*, December 9, 1996, pp. 190–200.
45. Lawler, Mohrman, and Ledford, *Employee Involvement*, p. 16.
46. Based on Ronald Henkoff, "Companies That Train Best," *Fortune*, March 22, 1993, pp. 62–75.
47. Based on Jack Johnson and Jack T. Mollen, "Ten Tasks for Managers in the Empowered Workplace," *Journal for Quality and Participation*, December 1992, pp. 18–20.
48. Lawler, Mohrman, and Ledford, *Employee Involvement*, p. 20.
49. The Conference Board, "Innovative Reward and Recognition Strategies in TQM," Report Number 1051, 1993, p. 15.
50. Curtis Sittenfeld, "Great Job! Here's a Seat Belt!" *Fast Company*, January 2004, p. 29.
51. Pal's Sudden Service 2001 Malcolm Baldrige National Quality Award Application Summary, www.nist.gov/baldrige
52. Brian O'Reilly, "The Mechanic Who Fixed Continental," *Fortune*, December 20, 1999, pp. 176–186.
53. Timothy Aeppel, "Not All Workers Find Idea of Empowerment as Neat as It Sounds," *Wall Street Journal*, September 8, 1998, pp. A1, A13.
54. Sharafat Khan, "The Key to Being a Leader Company: Empowerment," *Journal for Quality and Participation*, January/February 1997, pp. 44–50.
55. 2005 Malcolm Baldrige National Quality Award Program Application Summary.
56. "Talent Show" by Jon Leatherbury, *Quality Progress*, Nov. 2008, pp. 48–55. Reprinted with permission from Quality Progress ©2010 American Society for Quality. No further distribution allowed without permission.
57. Los Alamos National Bank 2000 Award Winner Profile, Baldrige National Quality Program, U.S. Department of Commerce, and Los Alamos National Bank Baldrige National Quality Award Application Summary.
58. "Bonus Pay: Buzzword or Bonanza?" *BusinessWeek*, November 14, 1994, pp. 62–64.
59. Nancy J. Perry, "Here Come Richer, Riskier Pay Plans," *Fortune*, December 19, 1988, pp. 50–58; "The Nucor Story," available at http://www.nucor.com.
60. Dawn Anfuso, "L.L. Bean's TQM Efforts Put People Before Processes," *Personnel Journal*, July 1994, pp. 73–83.
61. "Bonus Pay: Buzzword or Bonanza?" *BusinessWeek*, November 14, 1994, pp. 62–64.
62. Matt Weinstein "Having Fun With Reward and Recognition," #284 from *Innovative Leader* Volume 6, Number 7, July 1997, http://www.winstonbrill.com/bril001/html/article_index/articles/251-300/article284_body.html, accessed 3/4/12. Reprinted by permission.
63. This discussion of organizational behavior theory's contribution to TQ thinking is based on J. J. Riley, "Human Resource Development: An Overview," in J. P. Kern, J. J. Riley, and L. N. Jones (eds.), *Human Resources Management*, Milwaukee: ASQ Quality Press, 1987.
64. Job characteristics theory is described in J. R. Hackman and G. R. Oldham, *Work Redesign*, Reading, MA: Addison-Wesley Publishing Company, 1980.
65. Hackman and Oldham, *Work Redesign*.
66. D. C. McClelland, *Assessing Human Motivation*, Morristown, NJ: General Learning Press, 1971. See also D. C. McClelland and R. E. Boyatzis, "Leadership Motive Pattern and Long-Term Success in Management," *Journal of Applied Psychology*, 1982, pp. 67, 737–743.
67. Edwin Locke, "Toward a Theory of Task Performance and Incentives," *Organizational Behavior and Human Performance*, Fall 1968, pp. 167–189. For a more recent treatment of goal-setting, see Mark E. Tubbs and Steven E. Ekeberg, "The Role of Intentions in Work Motivation: Implications for Goal-Setting Theory and Research," *Academy of Management Review*, January 1991, pp. 180–199.
68. Philip Atkinson, "Leadership, Total Quality, and Cultural Change," *Management Services*, Vol. 35, No. 6, 1991, pp. 16–19.
69. My thanks go to Professor James Thom of Purdue University for sharing this anecdote. The actual letter was edited to preserve the confidentiality of the company.

第四部分

领导与组织变革

- 第 10 章　卓越绩效领导
- 第 11 章　卓越绩效与组织变革

第10章

卓越绩效领导

🌐 卓越绩效引例：斯通纳公司 [1]

斯通纳公司（Stoner Inc）是一个小型家族企业，位于宾夕法尼亚州兰卡斯特。公司由保罗·斯通纳（Paul Stoner）在60多年前创立。保罗·斯通纳是一位孤儿，后来成为化学家、企业家，他成立斯通纳公司的目的是生产印刷油墨。1986年，这家公司被保罗·斯通纳的外孙罗伯·爱克林（Rob Ecklin）收购，他重新定位了公司的发展，将产品线扩展到超过300种专业化的清洁剂、润滑剂、涂料和汽车保养用品。今天，斯通纳公司是美国最大的气雾剂供应商和塑料以及其他成型材料所用脱模剂的供应商。另外，斯通纳公司还涉足了汽车保养用品和电子产品清洁剂市场。斯通纳公司是一家小型企业，却比其他很多大公司更具竞争力。

在整个20世纪80年代，斯通纳公司的董事长罗伯·爱克林都亲自管理公司。尽管爱克林仍是公司的唯一所有者，但是在1990年，他授权了一个六人高级领导团队来管理公司的业务。这些亲力亲为的领导者制定公司战略、改进团队工作过程并且指导团队成员实施公司战略。公司的核心价值观是超越顾客期望，培养和发展一支积极性高的团队，对安全、健康、环境负责，提出新的更好的解决方案，以及持续改进——这些核心价值观指引了斯通纳公司文化的各个方面。

斯通纳公司成功的核心是斯通纳公司卓越体系（Stoner Excellence System），其表现为金字塔型，位于金字塔顶层的是领导，由战略和过程支撑。利益相关者价值在这个体系的中心有着突出的位置，围绕在其周围的是评价、改进、实施——简单却很有效的三步式持续改进过程。所有斯通纳公司的员工都被认为是团队成员，他们能够认识到持续改进是保持竞争成功的关键，并且重在发现和实施为顾客创造价值的方法。斯通纳公司的咨询委员会（Stoner's Advisory Board）包括来自公司外的人员，这一咨询委员会是帮助提供业务引导并且聚焦于战略规划过程和优先改进建议的另一项资源。委员会帮助评估风险、评价领导效能并且监督财务和道德治理。

这个领导团队使用一种叫作"斯通纳60"（Stoner 60）的计分卡去制定目标并且测量业务活动的积极性。这个计分卡确定了60个关键的运营测量指标、相关的目标和未来五年的战略里程碑。高级领导者定期监测和讨论经营成果，并与"斯通纳60"的目标相比较，然后在周会、月会和季度会议上研究改进行动。斯通纳公司还使用一种被称为"Key 1"的综合性关键指标数据库来收集、分析和部署数据，为日常决策提供帮助。如果公司内需要纠正措施或者进行资源的重新分配，这一数据库就可以帮助识别出这一趋势。为了管理数据并且提升顾客满意度，斯通纳公司已经实施了企业资源计划系统，来确保百分之百的订单都在规定起运日期就开始发货，并将所有已经发货的订单的发货错误率降低到 0.05% 以下。

借助合理的领导系统、清晰表述的目标、公司的愿景和使命、战略目标、价值观和信仰，以及已制定的斯通纳公司卓越体系，斯通纳团队已经取得了非凡的成就。伴随着销售量的增长，斯通纳公司保持了持续稳定的盈利能力，为公司做出改进和保持增长注入了强大的动力。气雾剂的每周平均产出量在 1998～2003 年增长了 33%。斯通纳公司高达 39% 的资产收益率超过行业平均水平 29 个百分点，超过公司最好的竞争对手 14 个百分点。

领导是管理和组织行为学的基础，而且几乎每个人提到组织成功的必要条件时都会提及领导。因此，在像斯通纳公司这样高效的组织中，领导扮演了重要的角色，这一点并不奇怪。事实上，与质量相关的每一篇文章和每一本书都会强调领导。戴明为领导在质量中发挥作用搭建了舞台。他的 14 条中有一些条目直接或间接地涉及领导：

- 第 1 条：创建并向全体员工发布关于公司或其他组织目标和意图的陈述。管理层必须经常展现他们对这一陈述的承诺。
- 第 7 条：教导并实施领导。
- 第 8 条：排除恐惧，创造信任，营造创新的氛围。
- 第 12 条：移除那些会剥夺员工工作自豪感的障碍。
- 第 14 条：采取行动来实现转变。

毫无疑问，其他几条也需要强大的领导来确保实施。

领导是鲍德里奇奖的第一个类目，而且被认为是卓越绩效的"驱动因素"。事实上，领导被很多专家认为是质量与卓越绩效的必要条件。一个强有力的例子就是摩托罗拉公司（Motorola）的前任首席执行官，鲍勃·高尔文（Bob Galvin），是他把将质量放在员工会议第一项议程的做法变成了惯例——并且在讨论财务问题之前就离开会场。他的行动比言辞更有力：如果质量方面受到特别关注，良好的财务业绩表现就会追随而至。他的领导带领摩托罗拉公司成为鲍德里奇奖首批获得者之一。明尼苏达大学朱兰领导中心的一位联席主任注意到：

- 尽管付出了大量的努力，但是只有一小部分美国组织达到了世界级的卓越绩效水平。
- 能够在领导层发生变化时保持卓越绩效水平的公司数量更少。
- 大多数公司在质量方面的失败都源自领导层。[2]

正如一位专家所观察到的，管理者管理的是现在，而领导者领导的是未来。有效的领导需要持续不断的学习和不断适应变化着的全球商业环境。组织可持续性的一个重要环节就是确保未来的领导。因此，培养未来领导者和制订正式的继任计划是至关重要的。2011 年，一个由世界大型企业联合会（Conference Board）资助的面向首席执行官的调查表明，人才因素是领导面临的最大挑战之一。[3] 应对这一挑战最通行的两种策略分别是改进领导发展项目从而在内部培养人才，以及加强高级管理团队的效力。

这一章将会：

- 讨论领导对质量的重要性；
- 描述卓越绩效中领导者的角色；
- 提供一些激励所在组织改进质量并在业务活动中实现了卓越绩效的领导者的例子；
- 提供一些高绩效组织的领导实践案例；
- 将领导的全面质量观点与其他一些著名领导理论对比。

10.1 关于领导的不同视角

在实践中，领导的概念和质量的概念一样难以界定。大多数领导的定义只是反映了领导活动的某个方面，例如：

- 能够激发希望的愿景和能够把希望转变为现实的使命；
- 渗透整个组织的纯粹的仆人心态；
- 面向自身资源的管理工作；
- 驱动经济发展的整合；
- 为了更大的集体利益而牺牲自己或团队目标的勇气；
- 为协调各方努力而做的沟通工作；
- 能够确保目标一致性的那些共识；
- 允许犯错、鼓励诚实接受错误并从错误中学习的授权；
- 为朝着卓越目标不断努力提供动力的坚定信念。[4]

关于领导的多项研究已经明确了关键的领导活动和能力：

（1）领导者在一个组织的成员中创造共享的价值观，建立一个振奋人心的愿景和使命。这通常意味着风险的存在，而期望的结果并不总能实现。

（2）领导者认真倾听，并且促进诚恳的双向沟通。

（3）领导者担当指导者和行为楷模的角色，并且帮助其他人提升领导能力。

（4）领导者通过正式和非正式的活动提升自己的技能和知识水平。

（5）领导者建立起强大的领导系统并且为实现组织的愿景和使命提供必要的资源。

（6）领导者激励下属以确保他们的表现能够满足期望。

为了实现这些内容，领导者必须：承担责任，为他们的行为和结果负责；具备在一个不确定环境中担任领导的勇气和毅力；具备谦逊的美德并且理解他们是为别人服务的（通常被称为"仆人式领导"）；在决策过程中能够做出正确的道德判断；能够在新的创造性的视角下看清未来（联想一下史蒂夫·乔布斯）；即便正在进行的工作变得困难也要坚持；保持物质和精神层面上的健康以确保能够开展工作而不会崩溃。这些特质为锻炼能力提供了基础。许多著名的领导（从总统到首席执行官）都已展示出这些特质。这些特质都已反映在鲍德里奇领导的类目标准中。

尽管真正的领导适用于组织中的每个人，但是我们使用这个词的时候通常考虑的是高层

领导,更关注高层管理者在引领组织实现使命和目标的过程中所发挥的作用。高层人员从事的活动包括下列内容:

- 定义和传达业务方针;
- 确保目标和期望得以实现;
- 评估业务表现并且采取适当的措施;
- 创造一个能够促进创造力、变革和持续改进的令人愉悦的工作环境;
- 征求来自顾客的意见和反馈;
- 确保员工都是有效的业务贡献者;
- 激励、鼓舞、活跃员工;
- 肯定员工的贡献;
- 给予真诚的反馈。

卓有成效的领导者授权员工针对问题和机会行使自身权力,积极主动地实施改进并进行决策,实现组织的最大利益。以前的 GTE 目录公司(GTE Directories Corporation,现在是威瑞森电信公司的一部分)首席执行官的理念对领导的这个方面给出了一个精彩的总结:夯实基础,想出办法,坚持到底。

 通过领导来重建组织[5]

浸信会医院(Baptist Hospital Inc,BHI)是佛罗里达州浸信会医疗保健系统的一部分。高层领导制定了愿景:成为全美国最好的医疗系统,并且高层领导决定依靠员工参与和倾听顾客的声音来重建组织。他们最初的行动之一是基于沟通交流活动创建一个扁平、流动和开放的领导系统。在这个新系统下,员工不仅是受到鼓励的,他们还被要求随时都要与组织内包括总裁在内的任何人进行沟通,以便能够讨论工作事务和改进机会。为了强化这一做法,总裁还朝向医院最繁忙区域设立了一个有着巨大玻璃窗的办公室,叫作"敞开的门"(open-door)。高层领导扮演了行动楷模的角色,依靠诸如每日上线(即所有领导者和员工在每次换班时聚在一起,评价和讨论浸信会日报和每季度的全天候员工论坛上的信息)等行动,亲自参与创建"无秘密"(no secrets)工作环境。他们还要根据"不找借口"(no excuses)的政策来为组织绩效负责。

为什么领导对质量与卓越绩效这么重要?因为领导者要为组织制订计划和目标。如果计划和目标中不包括质量,甚至更糟糕地与质量保持对立关系,那么质量方面的努力就会消失。领导者也要通过关键决策和象征性行动来帮助塑造组织的文化。如果他们帮助塑造一种优先考虑便利性与短期利益而后才会考虑质量的组织文化,那么这个组织就会消亡。领导者还要分配资源。如果资源被大量用在降低短期成本的项目上,而质量方面得不到资源分配,那么质量就会失控。这种会造成质量失控的行为还有很多。事实上,组织在满足顾客期望时需要各个方面的成功——目标、计划、文化、资源,它们既能被领导者促进,也可以被损害(详见专栏"讨厌质量的人")。有了这个认识之后,接下来让我们通过更多细节问题来审视领导者在遵循全面质量理念的公司里所扮演的角色。

讨厌质量的人[6]

杰克·韦尔奇（Jack Welch），通用电气公司（General Electric）的首席执行官，大概是他所处的那个时代中最受推崇的首席执行官。在韦尔奇先生退休前，《财富》杂志的一位记者于1999年采访了他，采访内容主要是关于通用电气的六西格玛质量改进活动（参见第3章）。当被问到为什么决定在其他大部分公司已经着手实施10～15年以后才开始追求全面质量改进时，韦尔奇先生讲述了一个关于拉里·博西迪（Larry Bossidy）的故事。拉里在联合信号公司（Allied Signal）工作，曾是通用电气的员工。韦尔奇说他讨厌质量，并且认为它可以通过良好且迅速的运转产生。他说博西迪讨厌质量更甚于他。但是当博西迪需要重建联合信号公司时，他对摩托罗拉公司如何运用六西格玛进行了了解，并且告诉杰克·韦尔奇这是"真正伟大的东西"。韦尔奇采纳了博西迪的建议，进行了一些调查，认识到通用电气需要改进质量，然后迅速采用了六西格玛。1999年，这一改进活动令通用电气节省了超过10亿美元，并且改善了经营利润率和资金周转情况。杰克·韦尔奇的经历不仅说明了他是一个强大的领导者，也说明了他并不知道所有答案。韦尔奇需要不断学习——这是质量领导的标志之一。

有许多作家和管理者尝试对一个管理者作为有效的质量领导者应该做些什么给出定义。埃德温·L.阿提兹（Edwin L. Artzt）是宝洁公司（Procter & Gamble）的前任董事长和首席执行官，宝洁公司是美国最古老、最成功而且是最早强调质量的公司之一。他坚信："引领质量活动——我指的是对组织内每个层级的领导者而言，意味着提供清晰的战略选择、指导原则、持续改进和重塑自我的规范化应用方式，并且带着对整体利益的专注去这样做。"[7]

鲍德里奇准则也非常深入地阐述了领导。鲍德里奇准则中关于领导的思想是：一个组织的高层领导者应当设定方向，并且建立以顾客为中心的清晰可见的价值观以及很高的期望值。这些方向、价值观和期望值应当平衡所有利益相关者的需要。领导者应当确保创建策略、体系、方法以实现卓越绩效、鼓励创新、构建知识和能力体系。这些价值观和策略应当帮助引导你的组织的所有行动和决策。[8]

高层领导者应当启迪和激励全体员工，并且鼓励所有员工去做出贡献、去学习和成长、变得更具变革性和创新性。高层领导者应当通过他们的职业道德和个人在计划、沟通、教导、未来领导者培养、组织绩效评估、员工认同方面的投入，来担当行为楷模的角色。作为行为楷模，在全组织范围内，他们可以在构建领导、做出承诺、发起倡议的同时，强化价值观和期望。[9]

关于质量领导概念的最终概述来自丹·西恩帕（Dan Ciampa），他是专注于全面质量的瑞斯壮管理咨询公司（Rath & Strong）的董事长和首席执行官，他提出：领导就是鼓舞、激发承诺、使员工能够构建一个不一样的组织概念，在这个组织中，他们深信不疑并且不惧挑战、坚持变革。[10]

10.2　一个质量领导者的角色

对于追求质量领导的管理者而言，质量领导概念所隐含的是三种必要的行为。第一，他们必须设立愿景。第二,他们必须践行价值观。第三,他们必须领导为改进而做出的工作。下面让我们逐条审视。

10.2.1 设立愿景

领导者是有远见的梦想者;他们为了未来而从事管理工作,而不是为了过去(回想一下戴明14条中的第一条)。在变革时期,每个层面的愿景都是至关重要的。领导者认识到,正在发生的根本性的组织变革是朝着全面质量目标更进一步的机遇。例如杰克·韦尔奇,他在注意到他的夫人通过互联网进行圣诞购物之后,推动通用电气成为传统经济拥抱互联网的领导者。"我意识到,如果我没有看到那一幕,我将会以一个穴居人的身份退休,"他在接受采访时说,"所以我立即开始尽可能地阅读与此相关的材料。"开始时,他通过将1 000名精通网络的导师与高层人员成对组合的方式,使他的高层团队能够很快跟上互联网的步伐。[11] 有远见的领导者为理想的未来状态创建形象生动的描述,并且与组织伙伴包括顾客、供应商和员工分享这些愿景。

愿景(vision)是关于一个组织可以发展成什么样子的生动概念(我们在第5章的战略规划部分介绍过这一点)。对于得州铭牌公司(Texas Nameplate Company)来说,愿景是简单的:我们要成为最好的。愿景是关于可能性、关于潜能的振奋人心的描述。它是一个梦想,既是合乎需求的,又是与现状还有一定距离要走的,但是它绝不是一个"无法实现的梦想"。"设立"愿景意味着既要在智慧上又要在情感上去构思愿景,能够与组织沟通这一愿景并且领导那些促使员工去拥抱愿景的一系列人事和管理工作。这一过程是领导的责任。

质量导向的愿景已经激励并鼓舞了商业历史上一些最引人注目的成功公司。国际商业机器有限公司(IBM)就是基于独特的顾客服务和平等对待员工的理念而创建起来的。联邦快递(Federal Express)追求在那个时代的包裹递送市场中被认为是几乎不可思议的速度和可靠性。苹果电脑公司(Apple Computer)希望让计算机能够接近广大民众。[12] 这些愿景都是创造性的、有魅力的,最重要的是可实现的。

简·卡罗尔(Jane Carroll),论坛公司(The Forum Corporation)的亚欧区总裁,强调质量领导在愿景方面的作用,她将其称为焦点。她认为大多数管理者不理解质量愿景和他们亲自投身设立愿景的必要性:"在我们的经验中,极少有首席执行官真正理解他们在质量改进过程中的角色。它远不止是做一个啦啦队长和偶尔发放奖励。高层管理者必须为组织提供必要的焦点。这不是可以授权给下属的工作。"[13]

将愿景整合起来是一件非常困难的工作,但是质量领导者们不需要非得单独完成。他们可以利用组织中所有成员的才能和想象力来创造愿景。事实上,在许多组织中,人们总是在围着自己的"小愿景"绕来绕去,听起来就像:"但愿我们能够(做一些被告知不能做的事情),那样情况将会大为改观。"愿景的原材料可能就在组织里的领导者们周围。第一步仅仅是去倾听。能够对整个组织成员提出的想法持开放态度的领导者会更好地提出一个大家都能接受的愿景。

在当前激烈的竞争环境中,如果某个组织没有追求一个以顾客为导向的愿景,与之竞争的组织就很有可能会利用他们的愿景在这一竞争格局中获得更多的顾客(可能这种情况已经发生了）。这就是为什么设立质量愿景是质量领导至关重要的第一步。一个组织如果没有关于建立长期顾客忠诚度的愿景，那么它将不可能存活下来（当然，除非它是一个垄断寡头）。

设立愿景的第二步是向组织的每个成员逐渐灌输愿景。如果许多成员都参与了第一步，那么这一步将会非常简单，领导者也就不会表现得好像是一个"独裁者"。在康宁玻璃公司（Corning Glass）创立了质量愿景后，董事长杰米·霍顿（Jamie Houghton）将其介绍给在世界各国的各个层级的员工。沟通是极其重要的。依照美国亨氏集团（Heinz USA）质量经理弗朗西斯·亚当森（Francis Adamson）的观点，一个有能力将愿景以容易引人关注的方式展示出来的领导者，在尝试激发组织人员想象力的时候具备优势："使人着迷的能力是魅力型领导者最有力的工具之一。领导者可以利用这一能力，在整个组织中建立承诺。这是领导的授权职能：允许每个人加入到这一愿景中。"[14]

10.2.2 践行价值观

追求质量愿景可以使组织遵循诸如为顾客奉献、持续改进、团队合作等一系列价值观。如果管理者希望组织能够拥抱并且遵循这些价值观，他们自己就必须尽可能地去遵循。就像宝洁公司的埃德温·阿提兹所说："那些顶级公司的领导者们深信并且推崇以顾客为中心的质量价值观。"[15]通过一致的言行，领导者们为整个组织扮演了行为楷模的角色。

许多首席执行官主持质量培训课程，为质量改进团队服务，参与到那些通常不需要高层投入的项目中去，并且亲自拜访顾客。例如，德州仪器防御系统与电子集团（Texas Instruments Defense Systems and Electronics Group）的高层管理者领导了 1 900 个交叉职能团队中的 150 个。在 Custom Research 公司，四位高层领导者通过授权所有人去做那些服务于顾客的事情，来保证员工拥有责任心、受到培训并且获取了工作所需的信息，他们还和其他九位高层人员共同工作并制定战略，使得中层管理人员成为真正的领导者。

当引人注目的组织变革正在发生时，组织中的人们对任何虚伪的迹象都十分敏感。只要有一个决策表明领导者关于质量的投入是表面文章，那么他 100 个小时的演讲所能带来的效果就全都被破坏了。这不仅仅是一个象征性的问题：哈佛大学的戴维·加文（David Garvin）在面向空调产业的一个调查中发现，一个公司的产品质量与公司管理人员表达出的价值观密切相关。[16]

管理者可以用很多实际行动来表达他们对质量导向的价值观的承诺。例如，他们可以亲自参加围绕质量各个方面开展的培训项目，而不仅仅是安排别人去参加。他们可以在他们控制的过程中（例如战略规划和资金预算）践行持续改进。也许更重要的是，他们可以为质量工作提供足够的资金，以使与其他业务内容相比全面质量不会沦为"配角"。[17]

实际上，每个已经开展了质量活动的管理团队都已认识到质量活动需要"践行"质量而不是"谈论"质量。当回顾公司从濒临破产到财务成功的历程时，哈雷戴维森摩托车公司（Harley-Davidson）的罗恩·哈钦森（Ron Hutchinson）表示：我们意识到，如果我们真的希望向我们的员工传达公司方向和道路方面发生的变化，那么作为高层管理者，我们需要做的是向大家表明我们即将遵循一系列新的规则。

10.2.3 领导持续改进

除了为组织设立愿景并通过决策和行动来传达质量价值观之外，质量导向的领导者还必须领导持续的过程改进努力，这是全面质量管理最基本的部分。如果在顾客看来组织没能持续努力提升绩效，那么世界上所有的愿景和价值观都是没有意义的。高质量产品愿景和价值观只有在组织持续探索更好、更快的运作方式的前提下才会得以实现。领导者必须处于这些工作的核心位置。

管理者有时由于担心支配或者剥削刚得到授权的员工，所以不太愿意参与组织的改进活动。就像管理的许多方面一样，这是一个平衡的问题，但是对于管理者而言，不参与过程改进工作是一种错误。塞拉半导体公司（Sierra Semiconductor）的质量领导者哈里·莱文森（Harry Levinson）和查克·德空（Chuck DeHont）思考过这一难题并且总结道："人们经常错误地认为，管理者不应该具体关心问题是如何被解决的，那样做会被认为是不合理的权力分配。但真正正确的是，那些没有为解决问题制定规则的管理者实质上已经放弃了他们的领导者角色。"[18]

管理者有许多方式来领导持续改进，哪些方式更有意义取决于特定的组织。已经提到的一个选项是领导者可以以身作则，在他们能够控制的过程中践行持续改进。对于有些过程，组织成员也是顾客，这给了管理人员就获得和应对顾客输入向组织成员做出示范的机会。[19]如果管理层能够通过过程加速和精简非增值环节来使资金预算过程更加合理化，那么上述内容就能成为人们模仿的一个绝佳案例。

管理者领导过程改进的第二个方法是帮助组织成员区分工作过程的优先顺序。在这里，管理者可以借助他们纵览全局的能力，提出那些能够在质量改进和顾客满意方面获得最大回报的改进建议。跨国公司阿西亚布朗勃法瑞公司（Asea Brown Boveri，总部位于德国）首席执行官格哈特·舒迈尔（Gerhard Schulmeyer）在最近的言论中强调过这一点："这不仅仅是简单地鼓励每个人努力工作。关键是我们需要重新审视问题，将我们的努力集中到那些能够最大限度地提高我们市场地位的核心过程上。"[20]

第三种办法是激励人们去做那些他们认为不可能完成的事情。摩托罗拉设定了极具挑战性的目标，要求每四年将所有运作环节产出的单件缺陷数减少两个数量级，每年将周期循环时间缩短50%。惠普公司的目标之一是在五年内将生成产品概念到回收投资之间的间隔缩短一半。3M公司（3M Company）尝试在不超过两年的时间内将营业额提高25%。为了推动实现这些极具挑战性的目标，领导者们提供必要的资源和支持，尤其是培训。

当然，领导过程改进行动的管理者有责任培训他们的同伴，帮助他们了解公司里的各个业务环节是如何连接在一起的。如果有效地完成了这项工作，组织成员最终就能够在过程改进行动中找到自己的位置。

管理者还可以通过移除过程改进活动中阻碍成功的因素来领导这项工作。[21]此类障碍因素可能包括恼人的标准操作步骤或者一个身居要职的固执的领导者。没有来自管理层的领导，这些障碍会破坏掉过程改进的工作成果。当然，在应对这些障碍因素的过程中，管理者必须在行动中始终贯彻质量价值观。例如，拒绝改变的管理者必须受到尊重，其观点必须得到充分考虑，即便它们最终可能会被否决。

管理者领导过程改进的最后一个方法是跟进改进工作，带来鼓励和促进，并且在实现关键里程碑式的目标时表示肯定。公司经常识别和奖励那些表现非同一般的员工。除了奖金以外，他们还可以为整个部门买一份午餐或者为整个公司带来一些冰激凌。我们认识的一个高级管理者经常出席这些嘉奖仪式。如果他无法参加，仪式就会改期。通过这一行为，这名管理者能够立即得到了几项收获：他展示了对整个过程的真诚的兴趣，他对那些做出了关键变革的人进行了强化支持，同时，他使下属认识到为缺席与质量相关的职能活动找借口是不会被接受的。（关于领导持续改进的补充案例，详见专栏"蒲公英：对完美面汤的追求"。）

蒲公英：对完美面汤的追求 22

如同组织的许多方面一样，领导的属性也因全面质量而发生了显著变化。全面质量组织中的领导者帮助同伴为顾客提供更好的产品和服务，而不再是只有命令和控制的心态。这一领导风格被电影《蒲公英》（*Tampopo*）中的卡车司机和面条专家山崎努人格化，他帮助拉面店店主蒲公英做出了完美的面汤。《蒲公英》把老套的西部片和日本武士片几乎不太可能地混合在了一起，它既是一部模仿作，也是关于持续质量改进的虚拟蓝图。

山崎努和朋友渡边谦停在莱莱拉面店门口准备随便吃点东西，此时他们遇到了蒲公英。山崎努向一名喝醉的顾客说蒲公英做的面条非常一般，结果他被拉出去痛打了一顿。如果领导者在公开场合表示现状不够好，同样的命运也会来临（至少这是个隐喻）。但是蒲公英足够聪慧，她接受了山崎努关于面条质量不好的论断，并且向他求助。

山崎努的第一个建议是当顾客走进店里时向顾客请教，这样她就可以调整她的服务来满足顾客的要求。蒲公英很快开始认识到，高品质的面汤包含的内容远不止烹饪。她暂时关掉了她的店，恢复营业时间另行通知，然后全身心投入到改进面条生意的行动中。在一幕很容易让人联想到电影《洛奇》（*Rocky*）的场景中，蒲公英（现在身着运动套装）跑步穿过公园，山崎努骑着自行车跟在后面。然后她练习举起盛着开水的锅，努力将面汤制作时间降低到三分钟以内。

接下来是向竞争对手学习。山崎努和蒲公英参观的第一家附近的店是满员的，这说明如果蒲公英做得足够好的话，顾客是存在的。在第二家店中，厨师相互之间聊得太多，忘记了客人的订单。在第三家店中，厨师的举止动作非常优雅干练，没有多余的动作。第四家店是在火车站附近的一个繁华地段，这家店的厨师必须同时盯着许多订单。蒲公英连珠炮般地说出了所有订单，显示出她更胜一筹。在第五家店中，汤品非常好，山崎努和蒲公英甚至要去偷师，尝试复制那份配方。在第六家店，餐厅主人知道他们是干什么的，将他们赶了出去。但是蒲公英告诉餐厅主人说他们的店里没有值得偷师的地方——他们的面团暴露时间太长，他们的猪肉煮得太过，而且他们的汤也非常乏味。

尽管这次面条对比之旅已经大幅提升了蒲公英的拉面店面汤的品质，但蒲公英认为这还不够好。之后的帮助来自一个意料之外的人。山崎努的一位老朋友住在一个全是美食家的贫民窟里。这位老朋友带他们来到了更多的餐厅，包括那个他们曾经在里面救助过一位窒息顾客的餐厅。那位顾客将司机介绍给他们。司机竟然也是一位拉面专家，他甚至带着这几个人到了更多的餐厅。（对质量的追求可能会消耗很多精力，在这个案例中则是腰围会变得很粗。）

在一家做出绝佳拉面的店里，蒲公英不得不蒙骗诱使店主说出他的做法和步骤："这些面条不像平常的一样好，可能你没有把它们放置足够长的时间。""我像往常一样把它们放了一整个晚上，"他咆哮道，然后接着说了许多内容，直到蒲公英掌握了整个配方。

在这个时候，山崎努和蒲公英的其他顾问劝她重新开张，并且改为以她的名字命名。那个在她的旧店里喝醉的顾客原来是一位装修承包商，他重新改装了商店使之变得高效而且充满吸引力。蒲公英自己也重新打扮了一下，丢掉了笨重老旧的装扮换了一身新的厨师套装。这些变化是非常明显的。

对改进的追求仍在继续。专家告诉蒲公英说她的汤"缺乏厚度"，建议她加入一些大葱。尽管别的要素都已接近完美，但是汤品跟其他的相比没什么区别，没有那种出乎意料的东西能够让顾客非常满意并超出他们的期望。她开始了新的尝试，加入了一些大葱。专家将她的汤喝得干干净净。

胜利！客人很快挤满了她的新店，山崎努和其他人逐渐离开，蒲公英也不再需要他们了。一个质量领导循环完成了，山崎努骑车离开，消失在夕阳里。

10.3 卓越绩效领导实例

关于领导力的一些最佳范例来自鲍德里奇奖获得者。在本节内容中，我们将介绍其中两名获得者——布兰奇史密斯印刷分部（Branch-Smith Printing Division）和 SSM 医疗保健（SSM Health Care）的一些领导活动。我们将关注之前讨论过的质量领导力的三个关键作用。这些组织提供了有趣的对比，因为它们在规模和经营范围方面都有所不同。

10.3.1 布兰奇 – 史密斯印刷分部[23]

布兰奇 – 史密斯公司（Branch-Smith Inc.）是一个已经传至第四代的家族企业。布兰奇史密斯印刷分部是公司的两大分部之一。这个印刷分部是一个拥有不足 100 名员工的小公司，专门制作多页、装有封面的资料，业务范围从设计到面向特定顾客的产品寄送。他们向顾客提供全方位服务，包括设计、图像扫描、电子化处理和传统的印前工作、印刷、装订和邮寄/寄送。

1. 领导的角色：设立愿景

在组织的各个层面，公司都设定了组织价值观和利益相关者的期望。在高层，董事会和公司领导团队建立了公司价值观陈述（Corporate Values Statement），使各个分支部门都聚焦于顾客、员工、公司所有者和社会的需求。这些价值观是：

- 我们所做的一切都是为了信仰；
- 追求卓越并保证正直和诚信；
- 帮助人们发展自身和团队；
- 通过致力于我们的顾客的成功来实现盈利增长。

这一使命得到了印刷领导团队的拥护和认可，并且被用作分部使命陈述（Division Mission Statement）的基础，这一说明是为了"向出版者提供专业的解决方案"。从公司价值观和分部使命陈述中可以看出，公司对于质量的专注和整个分部对满足顾客和利益相关者需求的重视。这在质量政策中得到了描述——"布兰奇史密斯印刷分部会通过应用它的创新性卓越绩效过程，为所有利益相关者追求持续改进"，并且在分部目标（Division Objective）里也得到了呈现，分部目标是这家公司的最高指示和绩效预期。这些部门目标是：

- 持续改进经营成果；
- 成为顾客的最佳伙伴；
- 成为最佳雇主。

公司的高层领导在年度战略规划过程中审核组织价值观、期望和指导，以使其保持一致。根据从利益相关者那里收集来的反馈信息，他们会从中提出更多、更细致的对组织和员工的短期/长期指导方针及期望。在一整年里，通过管理评审过程和印刷领导团队的决策，他们持续借助行动计划（Action Plans，AP）和质量改进计划行动来修正发展方向。

2. 领导的角色：践行价值观

战略制定环节之后的会议可以确保价值观、指导思想和期望被传达给全体员工。高层领导介绍这一年的指导思想以及他们在其中扮演的角色。在这一会议之后，是各个部门内由各自领导召集的沟通交流会议。每个团队/部门必须理解他们在组织成功中被赋予的任务，并且需要创建一个使命宣言，说明它在实现分部使命过程中的作用。基于他们的特定使命任务，每个团队都确定能够支持分部目标和战略的策略。所有员工都要制定工作目标，来支持公司和部门的指导方针。这一措施驱使整个组织自上而下关注所有利益相关者的需求。这些工作目标是在管理者的帮助下制定的，管理者帮助员工设立目标并取得成果。借助员工手册、工作说明书和ISO工作指导，那些与员工责任感和生产性工作有关的价值观和期望会被传达给员工并得到强化。

高层领导希望员工在接受有关质量和问题解决方法的培训后积极参与绩效改进活动，并怀着这种期望鼓舞和激励员工参与到创新和持续改进活动中。所有员工都会在他们刚进入公司时就接受与质量、团队合作要素和问题解决技能有关的培训。质量经理和质量改进过程团队提供持续培训。质量经理还会监督统计过程控制和持续改进工具的使用。

3. 领导的角色：领导持续改进

高层领导使用结构化的综合方法来评估表现。评估是面向个人和团队的，而且是连续的，首先评估他们的工作和成果，然后在连续的组织会议上将这些成果汇总。这种自下而上的方法在各层级上确保了信息准确、人员投入、广泛沟通和问责制度。管理评审会议是高层领导的核心会议。设立这一会议的目的是确保他们充分了解现状和未来展望，因为这些将影响公司的战略地位和方向。高层领导者对商业和产业活动的知识有全面的了解，这要归功于他们的外部投入；高层领导者对他们当前职位的最新知识也有全面的了解，这归功于他们各自部门和职能的集体会议。

这一会议最初的驱动因素是质量改进数据库（Quality Improvement Database，QID），这一数据库囊括了评估过的措施和行动。所有的顾客抱怨、不合格采购品、内部分歧、生产能力、面向部门和分部目标的过程和其他质量数据，都被地区领导者根据评估结果录入到系统中。与目标不一致的过程将会通过"资源绩效图"进行报告，在相应级别的月度会议上接受评审，并在公告板上以柱状图形式公布出来。由质量改进团队取得的进展也会被录入质量改进数据库，并在会议上接受评审。为了管理评审会议的评审工作，质量改进数据库会自动完成分部层面的数据汇总。这一数据库确保了所有关键绩效信息能够被高层管理者用来分析优先级和行动。除此之外，高层领导者还会为他们的年度战略计划会议进行一系列的评审工作。这样就可以形成上一年绩效结果的汇总，并决定下一年和未来的行动。

通过管理评审过程，每一项顾客抱怨、不合格品供应、顾客建议和开放式质量改进过程、内部分歧、及时交货问题都接受状态审核，评定优先顺序，或接受审核并完结，抑或推荐给个人或者团队。这涉及质量改进过程的建立——管理系统中的核心问题解决、实施和评价机制。质量改进过程和一个特定的目标和战略相关联。与现行计划有关的开放式质量改进过程会在过程领导团队的公告栏中公布。在完结之前，质量改进过程的所有者将会根据挑选出的指标对质量改进过程的有效性进行评价对比，并且可能会发起新的努力以提高解决方案的有效性。

10.3.2 SSM 医疗保健[24]

SSM 医疗保健（SSM Health Care，SSMHC）的总部位于密苏里州圣路易斯市，由玛丽修女圣方济会（Franciscan Sisters of Mary）资助，是一个非营利性私人医疗系统。SSMHC 联合了位于密苏里州、伊利诺伊州、威斯康星州和俄克拉荷马州的 17 家急性护理机构，在住院医疗、门诊医疗、急诊和手术等方面提供医疗保健服务。

1. 领导的角色：设立愿景

SSM 医疗保健致力于向每个需要护理的人提供独特的医疗保健服务。SSM 医疗保健董事会设定了组织愿景陈述，认可由全体员工制定的使命和核心价值观陈述。董事会包括九位成员，既有宗教人士，也有非宗教人士，他们每年见面四次。四个区域委员会和三个地方委员会在 SSMHC 董事会设定的指导方针下进行日常运营，并且负责他们服务区域内的医疗人员认证、SSMHC 机构绩效评估和改进。

接近 190 名区域和系统主管、机构负责人和管理委员会成员、医师、以及企业副总组成了 SSMHC 的领导系统。医师行政领导通常是主管医疗事务的副总，除他们之外还有医疗顾问或者机构或网点首席医疗官，都是领导系统的全职人员。领导系统主要包括以下授权团队：

- 系统管理团队，包括 11 位高层领导，每月见面一次。
- 运营委员会，包括 9 位高层领导，是系统管理团队的子团队，每月见面一次。
- 因斯布鲁克团队（Innsbrook Group），包括 31 位系统、网点和机构高层领导，每年见面三次。因斯布鲁克团队包括系统管理团队全体成员，所有医院负责人，医疗组织代表，网点、家庭护理和信息系统主管。
- 网点领导团队，包括网点负责人／首席执行官及其下属，共 8～10 位成员，每一周或两周见面一次。
- 机构领导团队，包括所在机构管理委员会的负责人和成员以及医务人员领导，共 8～10 位成员，每一周或两周见面一次。

1999 年，大约 3 000 名 SSMHC 的员工和医疗专家加入焦点小组，来确定组织使命和价值观。会议的结果是一份单独的、更加准确并容易记住的使命陈述和核心价值观。2000 年，各个机构召开培训会议，向全体医疗专家和员工沟通传达新的使命和核心价值观。这一旨在传达使命和价值观详细说明的培训活动，包括了关于使命和价值观对于个人的重要意义的小组讨论。他们使用一种称为"盒中会议"（Meeting in a Box）的工具箱（其中包括视频、小册子和小卡片），来开展长期工作。2001 年，团队开展了旨在部署 2002～2004 年战略、财务和人力资源计划（Strategic, Financial & HR Plan, SFP）的培训规划，这有助于强化使命和价值观。

2. 领导的角色：践行价值观

SSMHC 是一个由使命和价值观驱动的组织。每位高层领导都有责任确保 SSMHC 的使命和价值观被传达和部署下去。具有使命感的集团副总裁，借助来自大约 12 位员工和机构/网点中具有使命感的代表组成的使命智库的反馈意见，提出了 SSMHC 的使命倡议。系统管理团队要求每个机构有一个由不同职能员工组成的使命感团队（Mission Awareness Team, MAT）。遵照使命和价值观，这些团队为他们的同事和慈善工作（例如为当地慈善活动募集资金）主办休息日活动。使命和价值观陈述和质量方针通过系统、网点和机构出版物得以强化，例如 SSM 网点、SSMHC 双月刊，并且张贴在整个系统的会议室里。

因斯布鲁克团队通过战略、财务和人力资源计划过程（Strategic, Financial & HR Planning Process, SFPP）设定了组织的短期和长期战略方针以及绩效预期。他们制定的目标与愿景和使命相吻合。交互式过程发生在每一个机构和网点中，最终实现机构/网点的战略、财务和人力资源计划。SFPP 的运用，使得因斯布鲁克团队可以通过确保目标反映了每个利益相关者的诉求来为所有利益相关者（患者及其家属、员工、所有积极参与的医师、主要供应商、付款人）创造和平衡价值。

系统管理团队负责诠释短期和长期指导方针，并且通过一个叫作"护照"的全系统范围工具将组织价值观和绩效预期传达给所有员工。SSMHC 的员工收到"护照"，即一张卡片，上面写有：SSMHC 的使命和价值观；2002～2004 年 SFPP 中确定的独特医疗服务的特征；为机构、部门和个人目标以及措施留出的空白；为员工和管理者签名和日期留出的空白。护照建立起了从个人目标到组织目标的"瞄准线"。SSMHC 的高层领导者使用沟通计划（沟通计划确定了关键信息、受众、领导发言人、方法和时间表）和一个类似"盒中会议"的工具，来保证领导系统中的以及面向全体员工和受聘医师的关于价值观、指导方针和期望的持续交流。

3. 领导的角色：领导持续改进

SSMHC 承诺在全系统范围内推行持续质量改进（continuous quality improvement, CQI），这在美国医疗保健系统中尚属首次。总裁/CEO（玛丽修女圣方济会的修女玛丽·珍·瑞安）和系统的高层领导团队是在得到一项研究结果之后做出这一承诺的。该研究表明，SSMHC 的价值观和质量原则之间具有明显的相似之处。SSMHC 已经成为全美国范围内乃至国际上致力于创建持续改进文化的医疗系统的楷模。

SSMHC 的高层领导者使用一种全系统范围的绩效管理过程来评价组织在实现 SFPP 短

期和长期目标、满足不断变化的医疗服务需求方面的绩效表现。这一过程加强了对绩效波动的根本原因的识别，并且对与采取正确行动相关的责任机制进行了明确设定。这一绩效管理过程由全系统范围的责任团队（Accountability Team）在 2000 年制定。该过程改进了组织各层级的责任制度和监督机制。绩效管理过程明确了领导团队在管理 SSMHC 及其机构的绩效时所扮演的角色和承担的责任；确定了在整个 SSMHC 使用的一套一致性的绩效报告工具；建立了标准化的定义和指标以确保绩效测量和评估工作的持续性。这一业务过程涵盖三个常规区域的报告：财务、顾客满意和临床质量绩效。

通过检查联合财务报表以及综合考量由医院运营服务、家庭护理、长期（私人疗养）护理和医疗质量等因素确定的 16 个系统级指标，系统管理团队每月对 SSMHC 进行全面健康评估。借助 SSMHC 运营绩效指标报告，运营委员会每月分析 SSMHC 的运营绩效。SSMHC 运营绩效指标报告又被称为信号灯报告（Stoplight Report），其中包括由系统管理团队评审的 16 个指标和其他关键测量指标。这一报告涵盖了网点和其他独立的区域机构。当这些系统级指标中的某一个发生不良的波动时，运营委员会将查看医院运营绩效报告来判断起因。

系统、网点和机构领导团队以及区域委员会通过质量报告评估 SSMHC 医院的质量改进效果和患者的安全情况。季度电子报告包括了四大类共计 14 个指标：顾客满意类指标、员工安全类指标、临床医疗质量类指标和患者安全类指标。它还包括与风险管理、感染控制和护理环境相关的信息。纠正不良波动需要纠正措施计划。如果不良波动造成上述 16 个系统级指标中任何一个的预设绩效阈值被超出，网点或者独立机构（非网点）就需要使用标准化工具，制订并实施纠正措施计划。纠正措施计划包括根源起因分析、详细的实施计划、关于所需支持的描述、时间表和责任。这些计划需要由 SSMHC 主管副职领导和运营委员会评审。网点/机构负责在主管副职领导/首席沟通官和运营委员会的监督下推行实施这些计划。

SSMHC 的高层领导会将组织的绩效结果通报给相应系统、网点和机构的员工。在系统管理团队、运营委员会和因斯布鲁克团队会议上，他们针对系统绩效评估结果、改进活动的优先顺序和他们所属区域内的创新机会进行沟通。网点/机构负责人在管理委员会和机构部门会议上沟通结果、顺序和各自网点/机构的机会。网点/机构负责人指派团队或者其他负责的团队去部署纠正措施计划。机构负责人和其他领导者在医疗主管委员会会议（月度）、医务人员会议（至少一年一次）和医师会议（月度）上向医师们通报绩效结果。

10.4 领导系统

在复杂的组织中，成功的领导能力需要一个有效的领导系统。领导系统指的是贯穿整个组织中的领导职能的执行形式，包括正式的与非正式的。这些要素包括关键决策如何在各个层级中被制定、传达和实施。领导系统包括：决策结构和机制；领导者和管理者的选拔与培养；价值观、发展方向、绩效期望的强化。它基于共享的价值观建立忠诚和团队合作，鼓励创新和风险共担，并且使组织遵守目标和职能。它尊重员工和其他利益相关者的才能和需求，并为绩效和绩效改进设定高的期望目标。一个高效的领导系统还包括领导者自我检查和自我改进的机制。

卡特彼勒公司（Caterpillar）子公司Solar公司的领导系统可以很好地阐释这些要义。该领导系统在三个明显不同但又高度整合的模式下运作。第一，借助一个由首席班子领导的功能性组织架构，Solar公司通过招聘、雇用、关键能力培养、工具和通用过程的应用，保持对卓越职能的关注，持续改进职能有效性。第二，三个跨职能领导架构的成员是从多个层级中选出的管理者和技术专家，他们推进全公司范围内的团队合作和决策。这个扩大的领导团队包括运营委员会（来自各项业务的74位领导者）和扩大领导小组（超过400位管理者和主管），它使得Solar公司能够培养下一代业务领导者。它还能促进组织各个层级中跨职能团队员工之间快速、有效的沟通交流。第三个领导架构是10个紧密相连的委员会，它们负责协作和整合各个业务领域。这些委员会提供了一个机制，通过跨职能分享、公司内部沟通和战略方针制定来加强组织学习。首脑班子的成员与其他高层业务领导一起，在关键的委员会中担任要职，积极参与其中，以领导者的身份提供指导，并且分享和支持其他人的决策。[25]

与Solar公司的大型制造业环境不同，斯通纳公司（本章开始时提到的）是由六位成员组成的高层领导团队在公司所有者的授权下管理和领导。领导团队创建并且完善了斯通纳卓越体系，定义业务运行方式并且传达给所有团队成员。这一系统是基于领导、战略和过程的，并与评估/改进/实施的持续改进方法相结合。利益相关者价值位于这一系统的核心位置，显示了对顾客的重点关注。斯通纳领导方法的基础是：①各层级的领导；②员工领袖；③斯蒂芬·科维（Steven Covey）的《高效能人士的七个习惯》（Seven Habits of Highly Effective People）中强大的基本领导技能。

这些案例说明每个组织的领导系统都是独特的，反映了各自组织的愿景和文化。

10.5 卓越绩效和领导理论

学界中存在非常多的领导理论，在这里，我们只讨论全面质量原则和卓越绩效及其中一小部分理论之间的关系。这一节将会对一些看起来与质量管理思想最密切相关的理论进行概述。

10.5.1 领导者的角色

亨利·明茨伯格提出的一个著名模型将管理者的工作分为10种角色。尽管这本身是一个管理理论模型而不是一个领导理论模型，但是它对于探索和研究管理者在尝试践行卓越绩效领导时的角色变化仍然非常有用。

该模型中的角色包括人际关系角色（名义领袖、领导者、联络者）、信息传递角色（监督者、传播者、发言人）和决策制定角色（企业家、混乱驾驭者、资源分配者、谈判者）。[26]这些角色中的任何一个都有可能由践行全面质量的管理者来扮演，尽管这些角色的相对重要性和扮演它们的方式与传统组织中不同。

1. 人际关系角色

名义领袖角色：涉及管理者的仪式性和象征性任务，无疑会在全面质量组织中得到体现。

管理者为取得质量成果的团队主持嘉奖仪式时就是在担任这一角色。领导角色对于全面质量导向的管理者明显是非常重要的，但是这一角色的指引作用和控制作用会被淡化。

联络者角色：面对顾客、供应商和其他人时仍然会由管理者扮演，但是也会越来越多地由员工体现出来，这可以看成是授权的结果。

2. 信息传递角色

管理的信息作用将持续发挥，但非管理人员将更多地参与到这些活动中，而不是指望管理者成为所有信息的来源。例如，参与到标杆管理中的员工，会在监测和传播信息中扮演重要角色。但是高层管理者仍保有发言人的重要角色，这一角色也会很快被整个组织中的人分享。到目前为止，大概已经有几百位，或许几千位非管理人员走到麦克风前，向全世界分享他们团队的成就。

3. 决策制定角色

许多行为领导者习惯于发起并支持对于卓越绩效的关注，他们被看作企业家角色，该角色是决策制定角色中的一种。扮演该角色的管理者通过识别问题和创建过程来解决问题，从而改进他们的组织。随着人们对于组织使命有着更为整体的认识，混乱驾驭者角色——在该角色中领导者化解各个子单元之间的冲突——至少在长期过程中应当减少。资源分配者角色依旧是关键，因为只有领导者遵守他们针对持续改进和顾客满意而做出的资源承诺，卓越绩效才可能实现。最后，谈判者角色仍然会被扮演，但会发生变化，因为公司尝试与供应商、同盟和顾客建立长期双赢的模式。

明茨伯格模型尝试描述管理者的行为，而不是规定他们应该做什么。它还试图涵盖不同类型的组织中的管理活动的广阔范围。由于这个原因，我们很难将它与更狭窄却又阐述得更明确的卓越绩效领导的有关内容进行直接对比。然而，将该议题与关于领导的主流管理学文献联系在一起比较将会非常有意义。全面质量背景中的领导者将会比其他管理者更多地扮演有些角色（企业家），有时更少地扮演其他一些角色（混乱驾驭者），有时还会以不同的方式扮演一些角色（领导者）。

10.5.2 关怀与倡导

在俄亥俄州立大学（Ohio State University）几十年前的研究中，研究者尝试识别出与有效领导相关联的行为。这些研究认为许多行为都可以归结到两个维度：关怀和倡导。

关怀（也被称为社会情绪导向）意味着关心下属，向他们解释事物，为人平易近人并且关心他们的福祉。**倡导**（也被称为任务导向）意味着将人们组织起来，包括设定目标、建立并执行时间期限，以及标准化的运作过程。研究已经表明，尽管不同情况需要不同风格的领导行为，但是大多数组织单元在一段时间内需要这两种领导风格的组合才能成功。[27]

这一经典的领导理论与全面质量观之间的一个明显区别是前者强调工作小组层面上的领导，而后者针对的是组织的全局层次或者说是主要部门。卓越绩效领导方面的作家对低层领导者的关注较少，这可能是因为那些层面大多强调自我管理。

尽管存在这些差异，关怀和倡导对于组织追求卓越绩效并不是不相关的。这样的组织总体上识别出了员工在质量努力成功和绩效方面的重要性。因此，领导者毫无疑问需要关心员工的需求。第9章中关于罗森布鲁斯的部分，阐明了对员工的关怀是如何将他们的挫折感降到最小并且促使他们专注于顾客服务和持续改进的。在全面质量环境中，关怀不能通过家长式作风来实现，因为这一作风强调领导权力高于下属。相反，员工应当被视为平等的伙伴。

倡导也适合全面质量环境，但是可能需要通过有别于传统组织环境中的方式来实现。传统意义上，领导者对与全盘行动相关的活动——创立结构设置的目标、确立时间期限、规则强化等负责。在追求合理授权的组织里，许多此类行动都可以由员工接手。

关于卓越绩效领导的讨论表明，质量领导所包含的内容不仅仅是通过设定愿景和定义价值观来指引方向。通过领导持续改进工作，领导者可以为整个组织的活动确定优先顺序。这些活动可以为员工提供必要的环境以使他们自我倡导。

10.5.3 转变型与交易型领导理论

另一个对卓越绩效有重要意义的模型是转变型领导理论（transformational leadership theory）。[28] 根据这一模型，领导有四个基本维度：

（1）精神激励：为追随者提供意义感和工作挑战；
（2）智力启发：鼓励追随者去质疑假设，探索新的思路和方法，接受新的观点；
（3）魅力影响：追随者努力去仿效或复制的行为；
（4）个性化关怀：特别关注每位追随者对于成就和成长的需求。

希望对自己的组织有重大影响的领导者必须有长远眼光，努力在智力层面激励他们的组织，投资那些能够提升个人和团队水平的培训活动，承担一些风险，推崇共同的愿景和价值观，并且从个人角度关注顾客和员工。

交易型领导理论（transactional leadership theory）假设有些领导者会培养自己通过诸如权变奖励、主动的和被动的例外管理，激励下属为实现组织目标而付出非同寻常的努力的能力。权变奖励行为包括阐明获得奖项所必需的工作，这些奖项的设立本身就是为了影响员工动机。被动的例外管理包括权变惩罚的运用和其他面向绩效标准偏差的纠正措施。主动的例外管理定义为寻找错误并强化规则以避免错误。伯纳德·巴斯（Bernard Bass）将转变型领导与交易型领导区分开来，表示："转变型领导者对持续的组织变革和改进更有兴趣，为了组织及其成员更长期、更大的利益而超越或者调整自身利益。这与更注重自身利益满足和保持组织现状的交易型领导形成了对比。"[29]

转变型领导与全面质量和鲍德里奇卓越绩效模型所必需的组织变革有着更为密切的联系。几乎每个鲍德里奇奖获得者的首席执行官和执行团队成员都塑造了此类领导行为的典范，调查研究中一些经验证据表明，与其他方式相比，转变型领导行为与较低离职率、较高生产率和质量和更高的员工满意度之间的关系更紧密。它的许多方面（例如强调愿景、从个人角度关注顾客和员工）正是出自鲍德里奇奖指导文件，其他的方面通常也与卓越绩效准则保持一致。举例来说，戴明强调管理者必须要有"恒心"——通过持续改进过程来不断追求保持竞争力的长期目标。他们还应当传递一个强调持续改进、团队合作和顾客服务的充满吸引力的愿景从而鼓舞追随者。此外，管理者可以通过亲自参与到与改进过程和增进顾客关系有关的活动中，来充当行为楷模的角色。[30]

一项关于医院中患者的安全问题的有趣研究使得可信度成为质量与卓越绩效中的转变型领导的角色之一。[31] 建立一种能够维护患者安全的文化很可能需要医院内重大的组织变革。研究指出，转变型领导推崇与患者安全、患者安全行动倡议和积极结果有关的文化。通过分析来自371所医院的数据，研究提供了实验性证据来说明改进患者安全始于组织顶层的、有转变型领导风格的医院首席执行官，并且表明领导风格与医院内关于安全的文化直接相关，这种文化有助于成功落实患者安全倡议，并且最终改进了患者安全结果。

大家往往认为全面质量组织中的所有管理者都应该是转变型领导者，但这是不现实的，而且很可能是不明智的。这是不现实的是因为极少有组织（甚至没有）会把转变型领导者聚集起来。这是不明智的是因为这种聚集更有可能产生的是混乱而不是质量。一个追求卓越绩效的组织既需要设立愿景的领导者，也需要那些能够高效完成日常工作的领导者。[32] 这些"交易型领导者"在提升全面质量的过程中扮演了重要的角色，详见专栏"转变型还是交易型：基于一个研究视角的探讨"，你可以得到更多关于这些理论的实例说明。

 转变型还是交易型：基于一个研究视角的探讨 [33]

一项研究探讨了转变型和交易型领导对于质量改进效果的重要性。该研究通过运用从前人文献中得到的条目，测量了转变型领导的六个维度和交易型领导的两个维度。这些条目是通过七点李克特量表进行测度的。问卷面向的样本是163家公司的质量经理群体的代表。根据收集到的数据，这些公司在质量改进方面被分为成功的和不成功的两类。作者发现转变型领导能够显著影响基础的和核心的质量管理实践，而交易型领导对这两类实践都没有显著影响。但是，成功的公司展现出的两类领导行为的水平都明显高于不成功的公司。关于转变型领导与成功的质量改进密切相关的重大发现，支持了转变型领导为成功的质量管理提供了必需的愿景管理这一理论观点。一些前人的理论认为交易型领导会削弱质量改进，因为权变奖励和权变惩罚会鼓励员工以牺牲公司质量改进目标为代价追求个人目标。这些发现支持了一类观点：交易型领导不是转变型领导的对立面，而是领导的必要类型之一。因此，领导者不仅要提供愿景管理，还要运用奖励和惩罚的权力来指引员工行为。

10.5.4 情境领导理论

肯·布兰查德（Ken Blanchard）和保罗·赫塞（Paul Hersey）研究总结出：没有任何一个领导理论能够在所有情境下都有效。他们在20世纪60年代末建立起一个简单的模型，这一模型被称为**情境领导理论**（situational leadership）。该模型认为，一个人应当采用的领导风格取决于被领导者的成熟程度。情境领导理论的前提是领导风格在人与人之间是不同的，其取决于人们的"准备就绪程度"，它是由人们履行工作的技术和能力、自信心、承诺和积极性来界定的。情境领导理论模型定义了四个层次的准备就绪程度：

（1）缺乏能力和意愿；

（2）缺乏能力但有意愿；

（3）有能力但没有意愿；

（4）有能力也有意愿。

布兰查德和赫塞定义了最能诠释准备就绪程度四个层次的四种领导风格：

（1）指挥型领导。在这种领导风格中，管理者定义任务和角色以及严密的监督工作机制。沟通一般是单向的、自上而下的。这种模式最适用于管理那些缺乏执行工作所需的技能和知识并且对工作缺乏信心和承诺的下属（缺乏能力和意愿）。

（2）教练型领导。在这种风格中，领导者设立总体方法途径和指导方针，但是他们和下属一起工作，并允许下属从事细节管理工作。领导者可能需要为那些有驱动力和动机去做好工作，但是可能缺乏一些经验和技能的下属提供一些经验或者支持（缺乏能力但有意愿）。

（3）支持型领导。在这种情况下，领导者分配任务并设定方向，但是下属全权掌控工作绩效。这些下属不需要太多监督或指导，但是需要激励和自信心（有能力但没有意愿），尤其是在面对全新任务的时候。

（4）授权型领导。在这种风格中，下属可以在几乎没有监督和支持的情况下进行工作。一旦工作得到授权，领导者就可以采取放手措施，除非下属要求提供帮助。这些下属既有能力又有意愿在几乎没有监督和支持的情况下独立完成一个项目。

一个领导者还可以在不同时间对同一个人采取不同的领导风格。这会很难，因为大多数人都觉得在一种固定风格下工作好像比较舒服。但是，这一选择不应被个人倾向所驱使，而应当根据下属的需求来决定。在充分授权的组织和那些有着强烈自我引导性的团队中，你很可能会发现授权型风格是最普遍的。但是，当面向组织推广新技能（例如六西格玛）的时候，员工在学习和实践新技能或者在向新的工作职责过渡，为他们提供更直接的管控、教导或支持就是必要的。管理者与处在职业生涯和成熟度的不同阶段的人一起工作，适应不同人员和不同情境下的领导风格是他们的责任。

情境领导模型直接反映在第 8 章（参见图 8-1）提到的波音运输机和加油机部门创建自我引导型团队的过程模型中。它提供了一个向被授权组织过渡的结构机制。实际上，一些研究表明，这一模型为在组织追求卓越绩效过程中引领组织变革提供了一个天然的基础。[34]

10.5.5 管理和领导

由约翰·科特（John Kotter）完成的关于领导的最新研究将领导的概念与管理的概念进行了对比。[35] 根据这一观点，管理的任务是在复杂环境中创建秩序，而领导的任务是激励那些为了跟上变化的环境而必需的组织变革。这一观点避免了那些过分简单化的观点，认为管理从某种意义上讲是不重要的，通常是不必要的，而且应当被领导取代，同一个人不可能同时践行管理职能和领导职能。

科特通过对比两者各自的核心活动，将领导与管理区分开。管理是从做计划和编制预算开始的，领导是从设定指导方针开始的。设定指导方针包括创建未来的愿景以及实现这一愿景的一系列方法途径。为了促进目标的实现，管理主要实施组织和人事关系管理，而领导则致力于将人员联合起来——传达愿景并建立与其相关的承诺。管理通过控制和解决问题来实现计划，而领导则是通过激励和鼓舞来实现团队愿景。

科特关于领导的观点（与转变型理论相近）和我们对质量领导的刻画相吻合，都集中于建立和传达一个愿景。科特关于激励的观点与我们关于让人们去追求价值观然后确保领导者在践行它们的讨论很相似。将人员联合起来的观点与授权的观点是一致的，因为它也是给了人们一个目标，然后让人们朝着这个方向行动。我们关于领导者在持续改进中的角色的描述，比科特的描述更注重领导者亲力亲为，这可能表明一些管理行为对于全面质量组织的领导者而言依旧是重要的。

10.6 领导、治理和社会责任

组织领导的一个重要方面是它对公众的责任和践行良好公民责任。通用电气首席执行官杰夫·伊梅尔特（Jeffrey Immelt）指出："好的领导者回报社会……我们应当利用我们的平台来成为一个好公民。因为这不仅是去做一件好事，还是商业需要。"[36] **企业社会责任**（corporate social responsibility，CSR）是"企业关于它们对社会的影响的责任"。[37] 企业社会责任观点意味着组织必须遵循道德，并且对社会、文化、经济和环境事务保持敏感。这包括遵守法律和道德标准、公司治理、保护公共健康和安全以及环境保护。这些因素对劳动力、对顾客甚至对投资者都越来越重要。企业社会责任已经成为一个战略需要，并且是保持竞争力和市场地位的必需要素，特别是在一些公司爆出丑闻事件之后。证据表明，企业社会责任和商业绩效之间存在正向关系。[38] 一个合乎道德的商业环境可以建立起来自顾客和员工的信任，进而带来更高的顾客满意度、更强的员工承诺和得到改进的质量水平，所有这些都会带来更高的利润。

企业社会责任早在鲍德里奇奖创立之时就已经是其非常重要的准则。[39] 在最初的1988年版本中，公共责任的重点仅仅是关于企业对质量保证和支持企业外部改进行动的信息的外部沟通机制。在随后的几年中，这一类目得到了扩展，涵盖公司如何将质量领导拓展到外部团体和如何将关于公共健康、安全、环境保护和合乎道德的业务实践的责任整合到其质量政策和行动中。这包括公司如何提升质量意识并与外部团体共享；公司如何促进和提升员工领导及参与外部组织的质量行动；公司如何定义和设立质量改进目标和指标来监测质量及评审进步。

当鲍德里奇项目第一次在1992版准则中阐释其核心价值观和概念时，最初的10个核心价值之一就是公共责任：

> 一个公司的顾客需求和质量体系目标应当包含企业公民意识和责任。这包括商业道德、公共健康和安全、环境，以及公司业务与社会团体之间对质量相关信息的共享。健康、安全和对环境的关心需要考虑到产品和服务的生命周期，并且包含诸如废弃物生成等因素。这些情况下的质量计划应当考虑到产品生产、分销和使用的整个生命周期中可能发生的紧急情况。计划应当涵盖问题预防和预防措施失效时公司的应对措施，包括如何维持公众信任和信心。质量体系应涵盖公共责任领域，这意味着不仅要满足当地、州和联邦的法律和管制要求，还要将这些内容和相关需求当作持续改进的领域。另外，公司应当在资源的合理范围内

支持那些共享非专属质量信息的国家、行业、贸易和团队活动。

1993年，核心价值观引入了将当地、州和联邦的法律和管制要求当作持续改进的领域而"不仅仅是遵守"这样一个概念。它还扩展了企业公民意识的定义，陈述为："企业公民意识指的是在公司资源的合理范围内对重要的公共事务的领导和支持——包括上面提到的公司在各个领域的责任。这些事务可以包括教育、资源保护、社区服务、改进产业和商业实践以及与质量相关的非专属信息的共享。"这一定义在1994年和1995年得到了扩展，增加了如下补充性陈述："领导指的是作为企业公民需要对其他组织施加影响，无论是私人的还是公共的，使其为这些目的共同合作。"例如，个人企业可以致力于帮助定义行业的社区义务。

2000年，核心价值观做出了一次重大修订：

对组织的领导需要加强公共责任并践行公民义务。这些责任指的是对组织商业道德与保护公共安全、健康和环境的基本期望。健康、安全和环境包含组织运营及产品与服务的生命周期。组织还需要重点关注资源保护和减少废弃物。计划需要预期来自产品的生产、分销、运输、使用和处置各个环节的负面影响。计划应当力图防止问题发生，提供问题发生后的直接应对措施并且对维持公共意识、安全和信心所需要的信息和支持提供保障。对于许多组织而言，从公共责任的视角出发，产品设计阶段是至关重要的。设计决策影响你的生产过程和城市垃圾与工业废料的总量。高效的设计策略应当预测到发展中的环境要求和相关因素。组织不应该只满足当地、州和联邦的法律和管制要求，还应当将这些内容和相关需求当作持续改进的领域而"不仅仅是遵守"。这需要在管理绩效过程中运用合适的测量指标。践行良好公民义务指的是在公司资源可承受范围内对重要的公共事务的领导和支持。这些事务可能包括改进教育、社区医疗保健、卓越环境、资源保护、社区服务、产业和商业实践、非专属信息共享。作为企业公民领导指的是需要对其他组织施加影响，无论私人的还是公共的，使其为这些目的共同合作。例如，你的企业可以致力于帮助定义你所属行业的社区义务。

2003年，核心价值观被更名为社会责任（social resposibility），最新说法是社会方面的责任（societal resposibility）。

10.6.1 组织治理

高层领导对于创建一个员工的决策和行动以及利益相关者的互动活动都能够符合组织道德和职业原则的环境至关重要。高层领导者必须在公司治理中建立利益相关者和员工的信任，确保遵守法律，行为合乎道德。对于任何组织而言，对道德的关注都会使组织形成一种重视良好治理，重视透明度、完整性和社会责任的组织文化。例如在美德瑞达（MEDRAD），行为准则（Code of Conduct）定义了所有交易活动和内部沟通活动中合乎道德的行为，并且在遍布全球的员工以及供应商中推行。行为准则培训是公司入职培训中的一部分，并且以电子邮件的形式将季度行为准则挑战任务发送给全体员工来加以强化。另外，美德瑞达还有一个匿名的道德热线电话和电子邮箱地址，一个商业道德委员会和一个法律咨询委员会。

任何领导系统都有一个重要方面,那就是**治理**(governance),它指的是在组织管理工作中实施的管理和控制系统。公司章程、规定细则和政策以文件的形式说明了公司所有者/利益相关者、董事会和首席执行官的权利和责任,描述了组织应当如何被管理以保证责任制度施行、业务透明度和平等对待利益相关者。治理过程可能包括批准战略方针、监督和评估首席执行官绩效、继任计划、财务审计、管理层薪资管理、问题披露和利益相关者报告。高效的管理过程可以减轻过去那些由于股票操纵、财务瞒报以及公司和个人的贪欲所造成的各种问题。事实上,证据表明,良好的公司治理和整合是成功的重要条件;例如,有着最佳治理实践的那些组织,其业绩表现一般都会优于主要股票指数。

2002 年的《公共公司会计制度改革和投资者保护法案》,通常被称为《萨班斯－奥克斯利法案》(Sarbanes-Oxley Act),它的通过就是以安然公司为代表的公司财务丑闻带来的结果。根据这一法案,所有上市公司都必须向证券交易委员会提交年度报告,来说明其公司内部财务管控的有效性。萨班斯－奥克斯利法案强化了对违法行为的刑事惩罚和民事惩罚,强调内部审计证明的必要性,改进了财务披露。

同样是在 2002 年,大概在萨班斯－奥克斯利法案通过的同时,商业圆桌会议(Business Roundtable),一个由财富 500 强企业首席执行官组成的深受尊敬的团体,发布了一系列公司治理指导原则(Principles of Corporate Governance),为遵纪守法提供了指导方针。[40] 这些原则阐述了公司董事会在监督高层领导者和公司经营道德、管理运营效率和道德性、建立公平和及时的披露制度、使用独立的审计公司来审计财务报表、独立的会计师事务所根据公认的审计标准来避免利润和工作之间的冲突、以公平和平等的态度面对员工、董事会回应利益相关者关心的内容、公司以公平和平等的态度面对股东等方面的责任。举个例子,卡特彼勒金融服务公司(Caterpillar Financial Services Corporation,CFSC)已经实施了强大的内部财务管控机制。职责分离和认证制度避免了权力滥用,系统也可以接受内部和外部审计。卡特彼勒金融服务公司的卓越业务委员会监督组合投资的质量。同时,作为公开交易债券的发起人,卡特彼勒金融服务公司的财务和投资活动的实施及成果会由外部的评级机构和分析机构进行评估与公布。卡特彼勒董事会的经理办公室和审计委员会对卡特彼勒金融服务公司进行监督。尽管法律没有明确要求,但卡特彼勒早在十多年前就采取措施,规定了被授予股票期权的人的股权要求。股东们也批准了这些股权项目。

10.6.2 社会责任

企业社会责任的一个重要方面是产品设计和制造。计划工作,例如产品设计,应当考虑到产品生产、分销、运输、使用和处理环节可能产生的负面影响,以保护消费者和社会利益。另一项责任是敏感信息的管理和保密。例如,美国国家农业保险为保护消费者信息实施了实体、电子和组织三个层面的保护措施。他们持续评审他们的政策和实践做法,监控计算机网络,测试安全强度以确保消费者信息安全。最后,组织有保护环境的责任。研究表明,优良的环境绩效和优异的质量之间是互补的。在产品和服务方面提高质量的公司能够较容易地将它们的知识和认识转移到环境过程中去。另外,还有证据表明,良好的环境绩效可以成为实现更高质量水平的重要推动力。[41]

践行良好公民义务指的是对重要的公共事务的领导和支持（在公司资源可承受范围内），包括改进教育、社区医疗保健、卓越环境、资源保护、社区服务、专业实践。它还要求企业致力于帮助界定该行业对其社区的义务。例如，15区联合学校通过多种方式支持和帮助社区。它是当地"联合之路"活动的最大捐赠者之一，捐赠额从1998～1999年到2002～2003年增长了超过50%；它设立了阿拉斯加州胡佛市/PTA健康基金，与当地医疗捐赠者一起为15区那些无法获得必需医疗服务的学生提供服务；它的管理者在48个当地委员会中贡献了超过1 500个志愿者工时。另外，15区还为它的学生创造了许多社区服务机会，例如维修流浪者避难所、将衣物和书籍捐赠给需要的家庭、为医院里的孩子缝补被子、参加食品捐赠。42

 社会责任是战略

Solar公司是卡特彼勒公司的全资子公司，它是世界上最大的中型工业汽轮机系统供应商。它的社会责任核心商业原则（Social Responsibility Core Business Principle）和环境、健康与安全政策（Environmental, Health, and Safety Policy）引领着公司的责任使命和公民行为。Solar公司内部运行的环境健康和安全战略不仅仅是遵守标准，而且是要争取行业领导地位。产品和服务必须在不同地方和国家都遵守当地、州和联邦标准，并且严格遵守关于废弃物排放的国家特定及主管部门标准。Solar公司的战略已经实现了有害原材料使用量和有害废弃物产出量的大幅下降，改进了循环再利用情况，提高了能源使用效率，降低了用水量。Solar公司和它的一个关键供应商一起与加州州立理工大学合作建立了振动与转子动力学实验室。

内容回顾与问题讨论

1. 在卓越绩效引例中，斯通纳公司是如何践行领导的？类似斯通纳公司这样的一个小型公司的领导工作与那些非常大的公司（例如波音公司、施乐公司等）相比会有哪些不同？

2. 领导者必须完成哪三个过程以提高组织的全面质量？

3. 约瑟夫·康克林（Joseph Conklin）提出了10个自我测试问题，来帮助你了解你的领导能力。43 回答下列问题，然后讨论为什么它们对于领导而言是非常重要的。

   a. 我有多喜欢我的工作？
   b. 我每隔多久就不得不重复一次我说过的话？
   c. 我如何应对失败？
   d. 我承受和应对事后批评的水平怎么样？
   e. 做决策时，我会在多早时提出问题？
   f. 我多久会说一次"谢谢你"？
   g. 对于规章制度，我倾向于一个宽松的解释还是严格的解释？
   h. 我能从一个理由中识别出一种阻碍吗？
   i. 我对别人足够尊重吗？
   j. 我是否感觉不再是必不可少的？

4. 通过一些例子讲述与你一起工作过的领导者展现出的领导实践行动（本章节讨论过的）。你能否提供一些他们没有做到某些领导实践的例子？他们的表现如何影响了你和你的工作伙伴？

5. 回顾一下第3章中的戴明14条。从中能够找到关于领导理论的哪些方面（不管是单独的还是整体的）？

6. 关于质量领导的讨论大多重点关注高层管理者。中层和基层管理者能够做些什么来提高组织的质量？这与高层管理者的角色有怎样的不同?

7. 约翰·杨(John Young),惠普公司前任董事长和首席执行官,在下列建议中对质量改进过程中首席执行官的角色进行了总结。[44]

　　a. 强化质量对组织的重要性。
　　b. 建立商定的措施。
　　c. 设置挑战和激励目标。
　　d. 为人员提供完成工作所需的资源和信息。
　　e. 针对结果进行奖励。
　　f. 保持这样一个态度:高质量不仅仅是应当具备的,而且还是能够具备的。

这些建议与本章节提出的内容有怎样的不同?它们是真的不同还是只是用了不同的语句来表达同样的意思?

8. 鲍德里奇准则将领导系统定义为:"在整个公司,领导是如何得以实施的,包括正式和非正式情况——这是关键决策得以制定、传达和实施的基础和途径。它包括决策制定结构和机制,领导者和管理者的选拔和培养,价值观、实践和行动的强化。"一个高效的领导系统有哪些属性?你如何为一个组织设计领导系统?

9. 质量专家和戴明理论的推崇者,威廉·舍肯巴赫(William Scherkenbach)指出:"如果管理者想要改进他们的组织,他们就必须改变过程。这意味着他们不接受来自会议室的承诺,而是必须直接与过程中的人员一起工作,观察他们的工作方式并分析原因。在这一过渡时期,每个人必须保持学习的态度……没有人会因为身居高位而免于参与。"[45]你同意这一观点吗?为什么?

10. 组织文化或组织结构的哪些方面使得管理者无法高效地从事领导工作?

11. 约翰·哈维·琼斯爵士(Sir John Harvey-Jones),于1982年到1987年担任英国的帝国化学工业集团(Imperial Chemical Industries)的领导者。他曾经认为:"领导的任务实际上是使得现状变得更加凶险而不是投入到未知之中。"[46]你是否认为这一表述代表了全面质量领导的一个方法?为什么?

12. 对比布兰奇史密斯印刷分部和SSMHC的领导实践。这些实践与本章节提到的概念有什么联系?你可以指出哪些异同点?

13. 领导可以视为一个业务过程吗?如果可以,该业务过程是什么样的?组织如何量化其领导系统的绩效?

14. 在下列环境中,哪种情境领导风格是最合适的?解释你的理由。

　　a. 团队成员有能力去完成工作,但是没有经验或者信心以自我管理型团队的形式来工作。
　　b. 团队成员执行任务的知识和经验很少,而且缺乏动力。
　　c. 团队成员渴望超越,积极性很高,并且有执行任务所必需的技能和知识。
　　d. 团队成员执行任务的能力相对较低,几乎没有经验。

15. 什么是企业社会责任?为什么企业社会责任对于组织是非常重要的?

16. 阐释鲍德里奇准则是如何体现企业社会责任的。

17. 什么是治理?为什么组织拥有强大的治理体系很重要?

18. 举例说明组织如何履行其社会责任。

案例

大卫·基恩斯与施乐公司的变革[47]

大卫·基恩斯(David Kearns),施乐公司前任董事长和首席执行官,为质量领导提供了一个模范案例。施乐公司在20世纪80年代初期面临的问题是众多美国制造企业的典型问题,它们第一次感受到来自国外的严酷竞争。令施乐公司倍感恐惧的是它发现日本公司能够在美国以几乎等于施乐公司生产成本的价格来销售复印机。这一复印机行业巨头的市场份额减少到只有8%。即使在那个时期产能每年提升高达7%~8%,施乐公司也很难沾沾自喜。基恩斯通过计算得知,如果要追赶公司的那些竞争对手,公司的收益每年必须增长接近18%才行。

大约就在这个时候,基恩斯读到了菲利普·克劳士比的《质量免费》一书,并邀请克劳士比参与到施乐公司的管理中。基恩斯关于变革的请求最初被一个管理团队拒绝了,该团队声称自己已经是在竭尽所能地进行工作。这使得基恩斯告诉他的经理们,尝试改变施乐公司极其艰难。该来一些更猛烈的行动了!

1983年,施乐公司高层管理团队设计了一套旨在提高质量的方法,称为"让质量来领导"。这一新方法的核心原则是质量被定义为顾客满意,而不再仅仅是内部标准。如果顾客不满意,就没有达到质量。第二个原则是关注过程,而不是结果。

在过去,结果不佳就会责备某些人,然后竭力向他们传达质量的重要性。这一做法被新方法所取代:检查与产出结果相关的过程并对这些过程进行改进。

为了使经营活动能够遵循这些原则,施乐公司推行了一系列特别的措施。施乐公司最为著名的就是对标杆管理的广泛应用——该方法过程将公司的业务表现与其他公司中的最佳表现进行对比。公司的方法是与任一行业中能找到的最好的公司进行标杆比对。施乐公司将其记账过程与美国运通公司(American Express)进行比对,将其分销过程与里昂比恩公司(L. L. Bean)进行比对。

为了体现他们对于这些原则的承诺,基恩斯和他的管理团队首先接受了全新策划的质量培训,然后他们担任下一层级管理者的指导老师。培训教育就通过这种方式贯穿整个组织。在一项标志着企业彻底告别传统的行动中,每位高层管理者每月有一天时间负责接听来自顾客的电话。施乐公司管理者甚至会中断会议来接听电话。

尽管基恩斯的努力对于整个过程是至关重要的,他坚信领导还必须(在这个案例中也的确如此)来自别的渠道,包括服装与纺织工人联合会(Amalgamated Clothing & Textile Workers)这一代表了施乐公司生产工人群体的工会组织。施乐公司还意识到,拥有一位从管理的角度坚定致力于质量过程的工会领导者是非常重要的。一个强大而开明的工会领导层分享管理层的愿景,认同如果施乐公司全体员工想拥有未来就必须做出改变这一事实。工会领导层与公司管理层建立了互信。[48]

施乐公司的竞争力是引人注目的。市场份额、营业额和利润迅速回升。1989年,施乐公司成为第一家同时赢得美国和加拿大国家质量奖的企业。

基恩斯认为"施乐公司可能是美国第一家在某个要从日本公司手里收复市场份额的行业中没借助关税或政府帮助就赢得胜利的公司"。[49]尽管公司水平逐步恢复并得到嘉奖,但是基恩斯没有放弃这些持续改进原则。在那一时期,他表示,"我们在收获这些奖励的过程中得到了极大的满足感,但实际情况是我们距离改进的终点还有很远。我们认识到对质量的追求是一场没有终点线的跑步比赛。我们看到了一场不断向前而没有终点的螺旋式上升的竞争和不断提高的顾客期望。"[50]

1991年,大卫·基恩斯在施乐公司的董事长职位由保罗·阿莱尔(Paul Allaire)继任。基恩斯后来就职于美国教育部,负责将质量观推广到美国的学校中。

讨论题

1. 大卫·基恩斯如何扮演其在施乐公司的质量领导者角色?

2. 基恩斯的方法可以广泛适用还是说在其他情况下需要采取不同的方法?

3. 基恩斯通过要求高层领导者亲自接听来自顾客的投诉电话来开始他的践行计划。尝试给一个组织(你是其顾客)的总裁打电话,然后报告你正在面对的一个产品或服务的问题。那个总裁会接电话吗?总裁或者其他人会回复你的电话吗?(如果你联系到了某个人,请对他们的响应表示认可,然后在描述你的问题时尽量富有建设性。)

爱德维科特·古德·撒马利亚医院的领导[51]

爱德维科特·古德·撒马利亚医院(Advocate Good Samaritan Hospital, GSAM),是位于伊

利诺伊州小镇唐纳斯格罗夫（Downer's Grove，芝加哥市的郊区）的爱德维科特医疗中心的一部分，是一家急性病医疗机构。自1976年成立以来，它已经从一个中等规模的社区医院发展成为全国医疗行业公认的领导者。但是，它并不一直都是全国公认的领导者。2004年，古德·撒玛利亚医院仅仅配得上它的名字"古德"（Good，良好），而不是"伟大"（Great）的医院。质量是好的，但是护理水平参差不齐；合伙人满意度还不错，但并不是特别好，医师的满意度水平不一致，患者满意度顶多也就是普通而已；技术和设施越来越落后于其他医院；古德·撒玛利亚医院的财务状况在激烈的市场竞争中苦苦挣扎。它的领导层下定决心要实现、保持并且重新定义卓越医疗，所以它开始着手组织变革，引领组织"从良好到伟大"（from Good to Great，G2G）。这样做的基本出发点是：

- 实现其使命，成为"一个治愈疾病的地方"。
- 创建一个框架结构，使之能够激励和整合努力，来构建忠诚关系并提供伟大的医疗服务。
- 实现差异化并通过成为医师最佳实践场所、合作伙伴最佳工作场所、患者最佳医疗场所来确保未来的成功。

古德·撒玛利亚医院最初的步骤包括：

1. 设立一个鼓舞人心的愿景：提供以顶级医疗效果、服务和价值观为标志的超乎寻常的患者医疗体验。
2. 使领导者融入这一愿景。
3. 创建合作、所有制和透明性来支持这一愿景。借用甘地的名言，董事长表示："你必须成为你想在世上看到的改变。"他认为对组织进行转变是不能委托给他人进行的。领导需要营造一种紧迫感，解释"为什么"，并且以十倍的力度充分沟通。

截止到2006年，G2G之旅已经在患者满意度和临床检测方面取得了一些突破性结果，并且已经在医疗方面衍生出了前沿创新。但是，关键问题依旧存在：如何保持长期稳定性？如何为未来打下基础？如何固化最佳实践？如何实现可重复的卓越表现？他们的回答是，围绕鲍德里奇准则使自己成为一个过程驱动型的组织。

下一个关键步骤是构建系统的领导职能系统：古德·撒玛利亚领导系统（Good Samaritan Leadership System，GSLS）。GSLS确保了组织各个层次的所有领导者都能够理解他们被寄予的期望。患者和股东位于领导系统的核心地位，由使命、价值观和理念来驱动，所有领导者都必须理解股东的诉求。在组织层面，这些诉求通过战略规划过程来决定，进而被用来设定方针、设立目标并且将其串联起来。实现目标相应的行动计划得以创建、校准和传达，从而激励员工。医院还会系统性地审查目标和过程内指标，并做出必要的进程调整，来确保计划的效果。对绩效的关注创建了良好的责任制氛围，并且能力评定、员工学习和培训系统以及对高水平绩效的奖励和认可带来了后续的合作发展。培训和认可机制确保合作者获得认同感并受到激励。拓展后的战略规划过程中设立了目标，对现状的不适将促使人员在绩效改进系统中学习、改进和创新。当领导者评审年度绩效、查看环境现状和设计组织挑战任务时，沟通机制则被用来进行激励和提高门槛。

医院有一套系统性的8步治理过程，将从医疗董事会和高层领导到医院委员会/高层领导团队再到全体员工的指导串联起来。各级组织的指导方针和步骤确保了治理的全部意图得以实现，并且可以通过检查目标完成情况来进行跟踪。这一过程借助治理委员会的监管、独立审计以及董事会成员队伍的多元化构成，来为全体股东保证透明度和公平。关于指标、使命、愿景和理念的年度审核和行为标准确保了责任制和符合性。

随着这些措施的推行，市场份额增加了；多个部门的患者满意度超过全国排名的90百分位，医师和工作人员满意度达到97百分位。德尔塔集团在2010年将爱德维科特·古德·撒玛利亚医院排在伊利诺伊州医疗护理类第一位、全美综合医疗护理第四位，它还入选路透社2011年评出的心脑血管护理医院前50名、路透社2010年评出的患者安全最高水准医院。

讨论题

1. 在案例中可以看到哪些领导行为和实践？
2. 这些领导方式更像是转变型的还是交易型的？为什么？
3. 使用草图大致描述一下GSLS，这会以一种更有意义的方式向医院工作人员传达其思想和方法。

情境领导实例[52]

一个大型制药商被充分调动起来，迎接质量挑战。它实施了ISO 9000质量体系，以确保不仅遵守美国食品药品监督管理局的要求，还要满足顾客需求。由于制造工厂由内部审计部门进行审计，显然一些工厂满足要求，而其他工厂则继续在质量和生产的管制方面苦苦挣扎。这一事实在内部报告和美国食品药品监督管理局的调查报告中体现得非常明显。

在很大程度上，制造工厂共享着一样的资源，面临着相似的挑战。所有的制造工厂都被赋予通过相同的机制来满足质量系统期望的责任。所有制造工厂都明白不履行责任的结果，那就是被一纸判决书解除生产许可资格。这一情况进而就变成了为什么有的工厂能够成功地设计和落实质量系统要求，而有的则是曾经不能并且现在还是不能。

尽管工厂在很多方面都是相似的，但它们在领导方面是不同的，因为每个工厂都有自己的首席执行官。首席执行官，作为其所在工厂的领导者，肩负着确保成功推行质量系统的责任。工厂在组织成员方面也是不同的，这些组织成员将由首席执行官来带领。领导者和组织成员之间的关系对于工厂落实高效的质量系统是至关重要的，而效能正是判断一个工厂能否成功遵守美国食品药品监督管理局的管制要求和内部质量标准的重要测量指标。

两个工厂有着相似的文化，可以表述为：在响应外部环境时保持和体现出一定程度的僵硬，但都显示出了组织认同感。工厂A的领导者采用的战略是适量至大量的规划活动加上大量至适量的激励活动；工厂B的领导者采用的是适量至少量的规划活动加上适量至大量的激励活动。

讨论题

1. 两个工厂的首席执行官分别展现出了什么类型的领导风格？
2. 哪种领导风格更符合情境领导模型的观点？为什么？
3. 你会不会对工厂A在实现质量系统目标时有更成功的表现这一结果感到惊讶？

为地标餐饮公司构建领导系统

鲍德里奇卓越绩效准则要求组织能够描述高层领导者如何带领和维持他们的组织。准则中有一系列问题：

高层管理者如何制定组织愿景和价值观？高层管理者如何通过领导系统酌情向工作人员、向关键供应商和伙伴、向顾客和其他利益相关者充分阐述这些愿景和价值观？高层管理者的个人行为如何反映其对组织价值观的承诺？

高层管理者如何创建一个可持续发展的组织？如何为组织绩效改进、实现使命和战略目标、创新活动、竞争性或者模范性绩效领导和保持组织敏捷性创建一个良好的环境？如何为组织和人员学习创建环境？如何发展和加强个人领导技能？如何参与到组织学习、继任计划和未来组织领导者的培养中？

阅读第8章中的地标餐饮公司的背景故事，为公司构思一个"理想的"领导系统。你将如何应对上述问题？特别地，为组织设计一个领导系统并描述公司为解决上述问题而应当追求的卓越绩效实践。

注释

1. 2003 Malcolm Baldrige National Quality Award Recipient Profile, U.S. Department of Commerce.
2. Debbie Phillips-Donaldson, "On Leadership," *Quality Progress*, August 2002.
3. "Answering the 2011 CEO Challenge: Accelerating Growth through Quality," The Conference Board, CP-031, June 2011, available at http://www.conferenceboard.org.
4. Rick Edgeman, Su Mi Park Dahlgaard, Jens J. Dahlgaard, and Franz Scherer, "On Leaders and Leadership," *Quality Progress*, October 1999, pp. 49–54.
5. 2003 Baldrige Award Profiles of Winners, National Institute of Standards and Technology, U.S. Department of Commerce.
6. Jack Welch, Herb Kelleher, Geoffrey Colvin, and John Huey, "How to Create Great Companies and Keep Them That Way," *Fortune*, Vol. 139, No. 1, January 11, 1999, p. 163.
7. Quoted in Jerry G. Bowles, "Leading the World-Class Company," *Fortune*, September 21, 1992.
8. 2006 Malcolm Baldrige National Quality Award Criteria for Performance Excellence, U.S. Department of Commerce.
9. 2004 Criteria for Performance Excellence, Baldrige National Quality Program.
10. Dan Ciampa, *Total Quality: A User's Guide for Implementation*, Reading, MA: Addison-Wesley, 1992, p. 115.
11. Award, the Newsletter of Baldrigeplus, May 7, 2000. Available at http://www.baldrigeplus.com.
12. These examples are from A. R. Tenner and I. J. DeToro, *Total Quality Management*, Reading, MA: Addison-Wesley, 1992.
13. Quoted in Bowles, "Leading the World-Class Company."
14. F. B. Adamson, "Cultivating a Charismatic Quality Leader," *Quality Progress*, July 1989, pp. 56–57.
15. Quoted in Bowles, "Leading the World-Class Company."
16. D. Garvin, "Quality Problems, Policies, and Attitudes in the United States and Japan: An Exploratory Study," *Academy of Management Journal*, 1986, Vol. 29, No. 4, pp. 653–673.
17. These and other means of demonstrating commitment to TQ values were suggested by Tenner and DeToro, *Total Quality Management*.
18. Levinson and DeHont, "Leading to Quality," p. 56.
19. See P. Richards, "Right-Side-Up Organization," *Quality Progress*, October 1991, pp. 95–96.
20. Quoted in Bowles, "Leading the World-Class Company."
21. This idea is discussed in Howard S. Gitlow and Shelly J. Gitlow, *The Deming Guide to Quality and Competitive Position*, Englewood Cliffs, NJ: Prentice Hall, 1987.
22. Based on James C. Spee, "What the Film *Tampopo* Teaches about Total Quality Management." *Tampopo* is directed by Juzo Itami and stars Nobuko Miyamoto and Tsutomu Yamazaki (1987 Itami Productions). Available on Republic Pictures Home Video in Japanese with English subtitles.
23. Adapted from Branch-Smith Printing Division Malcolm Baldrige National Quality Award Application Summary, 2002.
24. Adapted from SSM Health Care Malcolm Baldrige National Quality Award Application Summary.
25. Solar Turbines, Inc., Malcolm Baldrige National Quality Award Application Summary, 1999.
26. Henry Mintzberg, *The Nature of Managerial Work*, New York: Harper & Row, 1973.
27. R. House and M. Baetz, "Leadership: Some Generalizations and New Research Directions," in B. M. Staw (ed.), *Research in Organizational Behavior*, Greenwich, CT: JAI Press, 1979, p. 359.
28. The term *transformational leadership* has been attributed to James M. Burns. See his book, *Leadership* (New York: Harper & Row, 1978). B. M. Bass, *Leadership and Performance Beyond Expectations*, New York: Free Press, 1985. This discussion is based on David A. Waldman, "A Theoretical Consideration of Leadership and Total Quality Management," *Leadership Quarterly*, 1993, Vol. 4, pp. 65–79. See also J. Conger and R. Kanungo, "Toward a Behavioral Theory of Charismatic Leadership in Organizational Settings," *Academy of Management Review*, October 1987, pp. 637–647.
29. Bruce J. Avolio and Bernard M. Bass, eds., *Developing Potential Across a Full Range of Leadership: Cases on Transactional and Transformational Leadership*, Mahwah, NJ: Lawrence Erlbaum Associates, 2002, pp. 117–118.
30. David A. Waldman, "The Contributions of Total Quality Management to a Theory of Work Performance," *Academy of Management Review*, Vol. 19, No. 3, pp. 510–536.
31. Kathleen L. McFadden, Stephanie C. Henagan, and Charles R. Gowen III, "The patient safety chain: Transformational leadership's effect on patient safety culture, initiatives, and outcomes," *Journal of Operations Management* 27, No. 5, October 2009, pp. 390–404.
32. Philip Atkinson, "Leadership, Total Quality and Cultural Change," *Management Services*, June 1991, pp. 16–19.
33. Tipparat Laohavichien, Lawrence D. Fredendall, and R. Steven Cantrell, "The Effects of Transformational and Transactional Leadership on Quality

Improvement," *Quality Management Journal* 16, 2, 2009, pp. 7–24.
34. Richard A. Grover and H. Fred Walker, "Changing from Production to Quality: Application of the Situational Leadership and Transtheoretical Change Models," *Quality Management Journal*, 10, 3, 2003, pp. 8–24.
35. J.P. Kotter, "What Leaders Really Do," in J. J. Gabarro (ed.), *Managing People and Organizations*, Boston: Harvard Business School Press, 1992, pp. 102–114.
36. Marc Gunther, "Money and Morals at GE," *Fortune*, November 15, 2004, 176–182.
37. This definition was put forth by the European Commission as noted in http://europa.eu/rapid/pressReleasesAction.do?reference=MEMO/11/730, accessed 4/4/12.
38. Bjorn Andersen, "A Framework for Business Ethics," *Quality Progress*, March 2000, 22–28.
39. A review of management theories and their relationships with CSR and the Baldrige Criteria can be found in Jessica Foote, Nolan Gaffney, and James R. Evans, "Corporate Social Responsibility: Implications for Performance Excellence," *Total Quality Management & Business Excellence* 21, No. 8, August 2010, pp. 799–812.
40. n.a. The Business Roundtable. Principles of Corporate Governance (May 2002, revised in November, 2005), http://www.businessroundtable.org/pdf/CorporateGovPrinciples.pdf (accessed 3/2/06).
41. Frits K. Pil and Sandra Rothenberg, "Environmental Performance as a Driver of Superior Quality," *Production and Operations Management*, 12, No. 3, 2003, 404–415.
42. Consolidated School District 15, Malcolm Baldrige National Quality Award Application Summary, 2003.
43. Joe Conklin, "What It Takes to Be a Leader," *Quality Progress*, November 2001, p. 83.
44. John A. Young, "The Quality Focus at Hewlett-Packard," *The Journal of Business Strategy*, Vol. 5, No. 3, 1985, pp. 6–9.
45. William W. Scherkenbach, *The Deming Route to Quality and Productivity*, Washington, D.C.: SPC Press Books, George Washington University, 1986, p. 139.
46. Quoted in Sir John Harvey-Jones, Harvard Business School Case 9-490013, p. 8.
47. This case is based on David Kearns, "Leadership through Quality," *Academy of Management Executive*, 1990, Vol. 4, No. 2, pp. 86–89; "A CEO's Odyssey Toward World-Class Manufacturing," *Chief Executive*, September 1990; and Alan C. Fenwick, "Five Easy Lessons," *Quality Progress*, December 1991.
48. Kearns, "Leadership through Quality," p. 88.
49. Ibid.
50. Ibid.
51. Adapted from Advocate Good Samaritan Hospital Baldrige Award Application Summary, www.nist.gov/baldrige; and PowerPoint presentation by David S. Fox, President "Leadership: Our Strategic Advantage," presented at the 2011 Quest for Excellence conference, Washington, D.C.
52. "Leading for Quality: The Implications of Situational Leadership" by Lisa Walters, *Quality Management Journal*, Oct. 2001, pp. 48–63. Reprinted with permission from Quality Progress © 2010 American Society for Quality. No further distribution allowed without permission.

第 11 章

卓越绩效与组织变革

🌐 卓越绩效引例：佛罗里达州珊瑚泉市[1]

珊瑚泉位于佛罗里达州南部的布劳沃德郡，设立于1963年，曾经被称为"乡村中的城市"。在20世纪80年代，佛罗里达州珊瑚泉市是美国发展最快的城市之一。该城市有一个经理制的政府，市议会就像董事会，城市管理者就像首席执行官，接受来自市民和商人的意见。

1993年，珊瑚泉市开始了它通向高绩效"市政团体"的征程，这是一个遵循企业管理模式的城市治理形式。城市的组织文化反映在四个核心价值观上：以顾客为中心——显示了对顾客服务的激情；领导——落实鼓舞人心的愿景，创建一个工作更好、成本更低的政府；充分授权的员工——授权那些最接近顾客的员工，去持续改进组织质量和服务；持续改进——承诺每天通过各种途径来变得越来越好。这个城市的战略规划每年都审查并更新一次，它代表了关于团队未来的一个共同愿景，并且明确了其中的重点：顾客参与型政府；财政健康和经济发展；优质的教育；充满活力的社区和环境；青少年发展和家庭观念；多样化；交通便利，行动方便，沟通快捷。这一战略规划过程已经被许多组织引用过，包括美国生产力与质量中心，其将之评为"最佳实践"。

这个城市在很大程度上依赖其两大关键顾客群体的投入——当地居民和商人，并且通过数据分析来制定优先级并做出战略与业务决策。这些包括邻里之间名为"一湾泉水"的会议的结果；由居民和商人组成的27个咨询委员会和董事会；顾客调查；人口统计中的趋势；关于当地、州和联邦经济状况的信息；技术发展概述；关于目前的优势、劣势和机会的分析。

一系列机制保证顾客能够尽可能方便地获取关于服务的信息，开展业务，以及与城市官员和工作人员沟通。这些机制包括该城市的网站、播客和流媒体、电子邮箱、城市服务台（自动化评价和投诉系统），提供诸如有线电视缴费、水费缴费、申请护照和许可证等服务的综合市政大厅。

一个受到激励的、充分授权并且有着高绩效水平的工作人员队伍对于珊瑚泉市实现其使命和要务，对于整个城市通过工作保障、有竞争性的薪酬和福利、安全而积极的工作环境以及充分的认可来保证一流的工作人员队伍，都是至关重要的。城市的扁平式组织结构、教育培训和认可机制促使员工在处理顾客关心的问题和进行实地改进的过程中更具创造性。来自整个组织的工作人员队伍通力协作来解决问题并审视过程，提升合作水平，驱动组织创新。在过去的十年，超过90%的员工表示对他们自己的工作满意，发自内心地称赞这个城市，认为该市是一个良好的工作地点，这一结果胜过另一个由联邦政府职员组成的对照小组。珊瑚泉市是第一个获得鲍德里奇奖的州或地区政府机构。

心理学家认为，个人会经历学习的四个阶段：

（1）不自觉不足：你没有意识到其实你不懂；

（2）自觉不足：你意识到你不懂；

（3）自觉有能力：通过有意识的努力，你学会如何去做；

（4）不自觉有能力：好的表现来得毫不费力。

组织似乎也遵循了同样的范式。美国的许多公司在第一阶段失去活力，直到它们在20世纪80年代听到了质量敲响的警钟。许多企业发现它们处于相同的境地。不幸的是，当许多组织步入第二阶段时，它们倾向于"击毙信使"，拒绝承认它们现在的"不足"。要想从第二阶段过渡到第三和第四阶段，组织必须做出改变。谈及吸取一些来自行业外的最佳实践经验，珊瑚泉市为我们提供了一个关于组织拥抱变革的绝佳案例，这一点对于市政府而言是非常不寻常的事情。

3M公司（3M Corporation）前任首席执行官路易斯·雷尔（Lewis Lehr）曾经表示："我们过去的成功不是未来的保障。或许3M最大的需求就是那些不满足于毫无变化的人。"[2] 组织变革对于卓越绩效而言是基础。任何一个关心如何在一个致力于卓越绩效的组织中开展管理工作的人，都必须明白哪种变革在这个组织中是必需的，如何使变革发生，如何管理变革。这一章将会探索这些问题，特别地，我们会：

- 解释组织变革对于实现卓越绩效的重要性和适用范围；
- 探究组织如何建立深厚的质量文化，保持绩效，持续改进组织有效性；
- 提供一些着手实施变革的公司的案例，说明这些公司所采用的方法；
- 解释组织变革的全面质量观如何与组织理论联系起来。

11.1　变革的重要性

对于承诺追求卓越绩效的组织，变革是一种生存方式。需要组织变革来发起卓越绩效倡议并在此后不断跟进。在最初的阶段，想要开始改变组织文化必须投入巨大的努力。一旦关于质量的思维模式根植于组织中，那么持续改进方面的努力将会源源不断地带来产品设计、标准业务过程和组织的几乎所有其他方面的变革。如果一种基于顾客、持续改进和团队合作的组织文化没有得以落实，那么质量活动也不过"只是又一个管理项目而已"。实际上，这经常是全面质量改进努力失败的原因。

为什么组织会发现自身需要变革？最重要的原因是顾客期望和外部环境在不断地发展变化。那些能够在上一年中取悦顾客的特色产品或者服务可能在随后就变得司空见惯，顾客在某一年能够接受的产品可能随后就变得不符合标准。竞争持续提升质量标准，组织必须能够跟上（详见专栏"质量永远不会过时"）。当《今日美国》（*USA Today*）首次出版时，它对颜色和图像的使用是超时代的。但是很快，许多报纸都从各个方面抄袭了这些特征，以至于只使用黑白两色对首页进行设计的做法变得过时了。伴随着互联网在今天变得无处不在，传统报纸发现它们需要将更多的注意力转移到线上内容和服务上。

任何一个组织，如果只关注应付一组固定的质量目标，很快它就会发现自己已经被那些紧紧追随顾客的竞争者大幅超越。就像施乐公司的一位管理人员所说："质量是一场没有终点线的跑步比赛。"变革是必需的，还因为不论过程最初的设计是多么明智和谨慎，它们在一段时期内总会变得冗杂。每一个在过程中工作的新人都会带来一两个小波折，最终酿成一个混乱局面。

 质量永远不会过时[3]

1853年，一位叫作施特劳斯的年轻德国移民乘坐一艘高速帆船，航行了17 000英里，从纽约绕过南美洲到达旧金山。他打算开一家店，向被淘金热诱惑到加利福尼亚州的人销售纺织品。但是等他到了旧金山，他已经把他带来的除了做帐篷用的帆布以外的其他所有商品全都卖完了。

矿工告诉他，他应该带一些直筒裤而不是帆布来卖，因为大多数直筒裤都在他们掘金的时候很快烂掉了。有着强烈事业心的年轻的施特劳斯立刻将沉重的棕色帆布拿给了裁缝，然后创造了世界上第一条牛仔裤。这些"李维（施特劳斯的名）的直筒裤"（pants of Levi's）非常受欢迎，因而他很快卖掉了他所有的帆布，转而采用法国尼姆地区产的一种厚重的粗缝纺织材料（"尼姆斜纹布"，后来被称为"丹宁布"）。当这种新布料用靛蓝色燃料处理后，它的表面就会变成深蓝色。

李维从不喜欢"牛仔裤"（Jeans）这个字眼，所以他将他的直筒裤称为"齐腰工装裤"。实际上直到他逝世很久以后，他的公司才开始使用这个名字——衍生自法语中关于一种棉质裤子的词语"genes"。

李维注意到矿工经常抱怨沉重的金矿石会把他们的口袋撕裂，他一直寻找能够提升直筒裤质量的方法，他和裁缝雅各布·戴维斯（Jacob Davis）在1873年为一项能够提升强度的口袋铆接结构的创造发明申请了专利。到了20世纪30年代，从牛仔到在校儿童，每个人都穿着李维斯裤子。这一连接结构被许多矿工认可，却引发了其他顾客的问题，不过很快得到了解决。1937年，为了应对一些关于铆接结构磨损马鞍和课桌的抱怨，公司改进了设计，遮住了后面袋上的铆钉。

公司总裁沃尔特·哈斯（Walter Hass）在距离熊熊篝火很近的地方蹲的时间稍微有点长，这个铆接结构变得很烫。在发现牛仔们也在抱怨同样的内容之后，公司颁布强制命令去掉了这一结构。

在20世纪50年代，演员詹姆斯·迪安（James Dean）在电影《无因的反抗》中穿的就是李维斯牛仔裤，李维斯牛仔裤的普及度再次迈向高峰。现在，李维斯牛仔裤在超过70个国家中销售。公司表示，李维斯牛仔裤是用"最上等的面料，最牢固的线，一流的纽扣、铆钉和卡环，精确的缝合以及严格的检验"制造而成。这些牛仔裤带着一个"李维斯承诺"的卡片来确保顾客满意。伴随着应对顾客需求而做出持续改进的历史，毫无疑问，就像公司口号所言："质量永远不会过时。"

战略变革与过程变革[4]

将由战略开发和实施引起的组织变革（也就是"战略变革"）和由运营评估活动引起的组织变革（也就是"过程变革"）区分开来是非常重要的。战略变革来自战略目标，一般更关注外部，与重要顾客、市场、产品/服务或者技术机遇与挑战相关。这是一个组织想要保持竞争力或者变得更具竞争力所必须改变的。战略变革的范围很广，受到环境力量的驱动，与公司实现目标的能力紧密相连。这方面的例子包括通用电气公司在全公司范围内推行六西格玛管理，惠普公司对康柏计算机公司（Compaq）的并购决策。与此不同，过程变革针对的是组织的运作。过程变革的一个例子是一个医疗组织发现了其在收集和分析信息方面的组织能力劣势，之后更新了一套价值 5 000 万美元的信息系统；另一个是美国电话电报公司（AT&T）的某个部门发现许多员工无法回想起部门的战略愿景，于是敦促管理者增加会议和员工交互活动来促进沟通交流。

尽管对业务过程的变革常常具有持续的效果，但是其范围很小。不像战略变革能够带来组织在行为方面的广泛变化那样，过程变革被限制在组织的某个特定单位、分支或者职能部门内。例如，改变组织的顾客满意度测量过程需要一定职能领域内的实质性调整，例如市场或者信息系统。在表 11-1 中，我们对比描述了战略变革与过程变革的特点。战略变革是对文化影响最大的因素。

表 11-1　战略变革与过程变革

	战略变革	过程变革
变革的主题	组织方针方面的变化	组织过程的调整
驱动因素	通常是环境因素——市场、竞争和技术方面的变化	通常是内部的——"我们应当如何调整改进过程？"
典型的前提	战略规划过程	管理系统自我评估
组织改变了多少	通常非常广泛	通常很小——事业部门或者职能部门
例子	进入新市场 追逐低成本定位 兼并收购	改进信息系统 建立招聘指南 改进顾客满意度指标

11.2　文化变革

组织在追求卓越绩效的过程中必须进行的一个主要战略变革是文化的变革。文化是组织中的人们所共享的一系列信念和价值观。文化是能够将人们凝聚在一起的东西，可以帮助人们了解公司正在发生的事情（详见专栏"伊士曼方法"）。一家公司和另一家公司的文化可以有着显著的差异。在一些公司中，赤裸裸的野心被认为是理所应当的，但是在其他公司中，个人安排服从组织利益是被普遍认可的。一些公司创建了能够让人联想到路易十四时代的等级机制，而另一些公司则淡化地位层级差异。

伊士曼方法[5]

伊士曼化学公司（Eastman Chemical Company）认识到人员可以创造质量，该认识在一种被称为"伊士曼方法"的思想中得以体现。伊士曼方法描述了一种基于关键信念以及合作、公平、信任和团队合作原则的文化。培养这样的文化不仅取决于如何对行为进行识别和奖励，还取决于理解那些对实现公司目标有效的过程和步骤。

20 世纪 70 年代末期，警钟敲响了，那时一位重要顾客告诉公司它的产品没有竞争者的那么好，指出如果情况没有发生改观，伊士曼公司将会失去生意。伊士曼公司的第一反应是顾客反馈对生存是至关重要的。1983 年，公司制定了一项质量政策，随后很快开始了统计过程控制、流程图和其他基本工具方面的培训。生产人员被敦促提交后来慢慢被称为"问题表"的质量结果报表。就像一位员工说的："你要求我们所有人提交我们所有的错误。这些内容有什么用？"传统的层级制和纪律奖惩制度下的组织文化与全面质量所需的开放、坦诚的环境之间的矛盾催生了伊士曼方法，内容如下所述。[6]

伊士曼员工是成功的关键。纵观我们的历史，我们已经认识到带着尊重平等面对每个人的重要性。我们将会通过建立如下的价值观和原则来强化这些信念：

诚实和正直。我们对我们自己和其他人诚实。我们的正直通过与合作者、顾客、供应商和邻里的关系展现出来。我们的目标是存在于所有关系中的信任。

公平。我们以我们希望被对待的方式来对待彼此。

信任。我们尊重并依赖彼此。我们的关系中的公平对待、诚实和彼此间的信心产生了信任。

团队合作。我们被授权管理我们的责任区域。我们一起工作以实现共同目标，取得成功。全面参与、合作和开放的沟通会带来绝佳的效果。

多样性。我们重视不同的观点。来自不同人种、文化和背景的男性与女性丰富了这些观点的来源和作用。我们建立一个使得全体员工都能在追求企业目标时发挥最大潜能的环境。

员工福祉。我们有一个安全、健康和理想的工作场所。雇用关系的稳定性被认为是非常重要的。员工技能提升是必不可少的。对员工贡献的认可和对员工能力的充分运用能够提升工作满意度。

公民精神。我们因我们作为个体和一个公司所做出的贡献而被社会所重视。我们以产品和服务的管理者身份保护公共健康和安全以及自然环境。

求胜的心态。我们乐于进取的态度和对卓越绩效的渴望促进持续改进，让我们成为我们所做的每件事上的成功者。

文化对人们的行为是一种强大的影响因素；历史上，大部分 IBM 的员工除了白衬衫不会穿其他衣服，然而大多数苹果公司员工则不会选择穿白衬衫。文化有着如此强大的力量，因为它在组织内是被广泛接受的，而且也因为它会在没被说起，甚至想都没想过的时候发挥作用。

组织在某些方面就像一个高中朋友的圈子，他们有着同样的观点，认为某些活动、人群和音乐是不错的，而有些则不是。一个因为做某些事而触犯了公司文化的新员工可能会被告知，"那不是我们这些人做事的方式"。这名员工的错误以及关于哪里错了的疑惑都会被原谅，因为这些文化规定常常不是被明确记录下来的，而是必须解释出来的。

尽管文化具有无形性，一个人还是可以通过许多方式来了解一个组织的文化。人们如何穿着，他们如何对待其他人，这些都能提供线索。办公室、车间和休息室的布局也可能揭示出在组织中什么是重要的。例如，是不是经理有预留停车位而员工没有？办公室有门吗？有没有私人办公室？文化会在人们讲述的故事和笑话中、在他们如何花时间去工作中、在他们办公室里摆放的东西中、在其他许多或大或小的方面体现出来。文化还会在管理政策和做法中反映出来。因此，那些更加信仰全面质量原则的组织更有可能成功地贯彻实施全面质量。反过来，行为也能够树立文化。行为引领人们通过某些特定的方式思考。因此，全面质量实践在组织中定期展开，组织中的人员学着去信仰这些原则，文化变革就会发生。

从这些描述中可以发现为什么公司决心追求全面质量就需要文化变革。如果一个质量改进努力与组织文化相悖，那么它就会被破坏。比如，假如一个公司里的所有人都在小心地维护自己的地位，那么某位员工将会因为与来自三个不同管理层级的人员一起参加一个平起平坐的会议而感到不适。那些深信稳定性是业务成功源泉的人会对持续改进有所怀疑。在这样的情况下，全面质量就像是一个不匹配的移植器官，会被排斥。

与文化相关的一个概念是组织氛围。尽管一些作者将两个概念互换了，但是许多人认为组织氛围相对于文化是独立的。氛围被比作是组织的人格——组织的期望、态度和偏见——本质上，是组织的心理情绪。一些研究者认为组织有一套总体文化，但是具体的氛围则在不同领域有所差异。例如，公司内可能存在关于质量的氛围、关于安全的氛围、关于伦理的氛围，每个都是由不同的管理措施和政策驱动的。[7]因此，尽管一个组织有着支持团队合作和鼓励人员参与的文化，它却未必有一个能够促进全面质量原则广泛推行的氛围。

11.2.1　卓越绩效文化的要素

支持卓越绩效所需的组织文化是重视顾客、重视改进和重视团队合作的文化。在一个有着质量友好型文化的组织中，每个人都坚信顾客是组织未来的关键，他们的需要是摆在首位的。如果两名员工正在对话而这时一名顾客走进店中，那么对话必须结束直到顾客接受完服务。

在支持卓越绩效的文化中，员工希望他们的工作会因那些根据顾客需求所做出的改进而改变。他们一直在寻找更好的（更快、更简单、成本更低的）方式来做事情。"因为那是我们做这件事的一贯方法"不是做任何事情的正当理由。关于改进的文化已经通过李维·施特劳斯和伊士曼化学公司的故事得到了例证（另见专栏"定义一个以绩效为基础的文化"）。

 定义一个以绩效为基础的文化[8]

茱莉亚·格瑞艾姆（Julia Graham）从一系列文章和书籍中总结出了一种以绩效为基础的文化应当具备的特点：

- 在一种基于绩效的文化中，重视和鼓励卓越绩效，来实现渴望得到的行为和结果。按资排辈的文化强调"比其他人待得更久"。在尽力而为型的文化中，尽最大的努力则是核心——即使预期效果没有得以实现。
- 组织如果有着基于绩效的文化，那么就会认为它们的成功靠的是员工的成功表现。它们认识到，组织推行其使命并实现预期结果的能力依赖于其工作人员队伍的竞争力、创新和生产力。
- 对于有着基于绩效的文化的组织，战略成果驱动了其工作。它们的人员为了实现目标去工作，而不是为了遵守规定。管理者和员工的心态都是互相协作并且朝着一个共同的目标一起高效地工作，通过向顾客及时交付高质量的产品/服务来确保组织成功。这类组织的管理工作是庄重地承诺创建能够支持和维护强劲表现的情境和效果。期望的绩效被实现并且得到奖励，糟糕的表现不会被容忍。所有政策和措施都落实到位以支持持久的高水平绩效。

在质量导向的文化中，员工本能地以团队的形式开展行动。如果某个人离开办公桌而此时她的电话响起，另一名员工就会接听电话而不是让顾客等着。如果一个组织把对顾客、持续改进和团队合作的重视视为理所当然的，那么它就有机会赢得全面质量的成功。大多数组织在接触全面质量原则之前没有这样的文化；一定程度的组织变革是必需的。

这些要素，连同其他内容，在卓越绩效鲍德里奇国家质量项目准则（Baldrige National Quality Program Criteria for Performance Excellence）中都得以明确体现。这些标准建立在一系列"核心价值观和概念"之上：

- 愿景式领导；
- 顾客驱动型卓越；
- 组织学习和个人学习；
- 重视工作成员和伙伴；
- 敏捷性；
- 关注未来；
- 创新管理；
- 基于事实的管理；
- 社会责任；
- 关注结果，创造价值；
- 系统观点。

这些价值观提供了一系列保持全面质量环境所必需的文化要素，并且被嵌入到高绩效组织的信念与行为中。

实现卓越绩效所必需的一系列文化价值观的存在，并不意味着所有希望践行全面质量的组织都必须有着相同的文化。在以质量为导向的不同公司之间，文化的许多方面都会存在巨大差异。公司人员可能倾向于当面或者以书面形式交流；他们在公司野营活动中可能会提供熏鲑鱼和香槟，也可能是一些螃蟹和一桶啤酒；他们可能穿着制服、灰色法兰绒西装或者是牛仔裤。只要他们把握了全面质量的核心价值观，质量就会在他们的组织中找到归属。

11.2.2 为卓越绩效而改变组织文化

可能第一个需要解决的问题是，组织为什么决定追寻一种基于卓越绩效的组织文化。在追求卓越绩效方面感到勉为其难经常是因为一些常见的误解，比如追求卓越绩效意味着做大量类似于采集数据和组织团队的工作，或者是追求卓越绩效仅仅适用于大公司。但是，对质量的关注的确需要组织设计、过程和文化的重大变革。这样广泛的变革已经成为许多公司的绊脚石。

公司决定采取卓越绩效理念是基于两个基本原因：

（1）一个公司通过致力于质量来应对那些给它的盈利和生存带来威胁的竞争；

（2）卓越绩效代表了改进机会。

大多数公司（甚至是鲍德里奇奖获得者）已经因为第一个原因而做出了决策。例如，施乐公司目睹了其市场份额在短短十几年内从 90% 下降到 13%；米利肯公司（Milliken）面临着来自亚洲纺织品生产商的日益激烈的竞争；波音公司运输机和加油机项目正面临失去其唯一的顾客——美国国防部。尽管并没有面临致命的危机，但是未来可预见的威胁仍是联邦快递和温莱特工业公司发展的驱动力。当面临生存威胁时，一个公司酝酿文化变革会更容易；在这样的情况下，组织通常可以高效地实施全面质量。在没有面临危机的时候，公司通常在获得变革所需的支持方面会面临更多困难。这种勉为其难是一种态度的反映："如果它没有坏掉，就不要去修理它。"在这种情况下，公司可能需要尝试营造危机感以便能够推进变革。不过，许多组织，例如得州铭牌公司、SSMHC 和嘉吉谷物加工公司，开始追求卓越绩效仅仅是因为它们意识到这将会让它们变得更强大、更具竞争力。

最大的危险在于缺乏全面理解和模仿他人的倾向——而这是一条简单的出路。许多专家和顾问都围绕他们自己的学科领域改写了全面质量管理，例如会计学、工程学、人力资源或者统计学。卓越绩效的"最佳模型"可能无法与组织文化紧密结合；大多数成功的公司都开发了它们自己的独特方法以迎合它们自身的需求。研究表明，模仿成功组织的行为可能不会为另一个组织带来好的结果（详见专栏"良方奏效"）。创建和维持卓越绩效需要做好变革的准备、采用合理的方案和实施战略以及高效的组织。

公司如何改变其文化才能与质量更好地相容？就像卓越绩效的大多数方面一样，它开始于领导（详见专栏"对人们的真诚信念和信任"）。[9] 领导者必须向员工清晰表述他们希望的公司前行的方向。他们必须通过自身行为和对其他有着相同做法的人员进行认可和嘉奖来树立典范。一位在旧体制下工作受到挫折的质量总监的陈述，描述了一个铸造车间的新领导团队树立持续改进和团队合作价值观所需做出的努力：[10]

他们带来了一个以人为本的环境。他们让这个环境更有利于变革并且尽力达到让员工对变革感到安全的状态。在此之前，你执行老板要求你做的任务，如果不执行的话，你就会被辞退。现在，我们配备了教练还有引导者，他们希望从员工那里获得想法，这极大地减轻了他们的付出。

良方奏效 [11]

迈克·卡内尔（Mike Carnell）提供了一些分析，阐释了为什么一些"良方"常常不能在组织中广泛起效。许多公司尝试模仿具有传奇色彩的丰田生产系统（Toyota Production System），但是却无法实现丰田公司所达到的卓越成果。这是为什么？因为丰田公司有愿景和战略来支持这个能够为他们的组织创造价值的系统：

- 他们持之以恒，发展、执行并且修正这个系统直到它适合这个组织；

- 他们不会花时间为所有问题去寻找预先设定好的可能有效也可能无效的答案；

- 他们花时间去理解他们的组织和业务，创建一个系统去产生那些能够使他们成为产业中的一方势力的东西。

一个相似的场景是，通用电气公司的六西格玛方案逐步面向公众公开。人们争相将通用电气视为标杆。不幸的是，那些因为先天缺乏创造力而穷尽一生匆忙地从一个标杆转向一个标杆的人在他们与标杆进行比对时依旧缺乏创造力。他们与那些很容易、很明显而且经常是无关的东西进行对标。他们问道:"通用电气项目成功是不是因为黑带每年做了××数量的项目,在每个项目投入了××数量的时间?每个项目的平均价值是不是推动通用电气成功的真正因素之一?"事实是,通用电气公司在开始六西格玛项目时已经是一辆飞速行驶的列车了。一些倡议,例如群策群力倡议和变革加速过程,已经实施到位,这是杰克·韦尔奇领导团队的经验。

 对人们的真诚信念和信任[12]

关于文化变革重要性的一个有力的案例是温莱特工业公司,它曾经获得鲍德里奇奖。在20世纪七八十年代,温莱特公司的销售额下降了几百万美元;每周只有三天运营;员工和管理人员之间的紧张关系日益加剧。认识到管理层的问题之后,公司首席执行官做出了一些根本性的改变。工作人员被称为"合伙人",每个人都可以得到工资。即便他们不工作,也会得到工资,而且仍会因为加班而得到比标准工资多出一半的工资。在这一改变发生之后,公司保持了超过99%的出勤率。

管理者脱下了他们的白衬衫和领带,自首席执行官向下的每个人都穿上统一的制服,上面绣着"温莱特团队"字样的标签。一个由合伙人组成的团队提出了一个利润共享方案,每个人因此可以每六个月得到一份奖金。每位员工都可以接触到公司财务记录。另外,所有专用停车位都被撤掉;办公室的墙——包括首席执行官办公室的墙——全都被玻璃替代。顾客(包括外部和内部的)都被视为伙伴进而开展广泛、深入的交流。一个最突出的例子是,尽管大多数员工都害怕报告自己不小心损坏了设备,但有一名员工还是承认了他的失误。公司首席执行官召开了全公司会议,解释了发生的事情。然后他叫那个人起来,同他握手,感谢他报告了这一事故。事故报告从零增加到90%,伴随而来的还有关于如何避免事故的建议。温莱特公司的文化可以总结为对人们的真诚信念和信任。公司成功的一个表现是平均每人每年得以实施的建议数量超过50条,而温莱特公司以前确定的标杆数字只有15条。

领导者在文化变革方面付出的许多努力都用在了沟通交流上。全公司的员工都要被告知新的价值观和期望的行动。新方法在早期的成功还必须得到宣传。这通常并不容易,尤其是当组织的员工在地理上很分散的时候。在南太平洋铁路公司尝试改变公司文化的过程中,铁路管理人员在员工工作的多个地点累计召开了125场"小镇会议",有时候规模只有5~10个人。[13]

在推行新文化时,领导者还必须亲自践行那些与新文化相关的行为。这既能为员工树立行为榜样,又象征着管理层对新做法的真诚态度。当印度肥皂公司戈德瑞吉肥皂公司(Godrej Soap)尝试倡导持续改进时,工人很不愿意打开有缺陷的肥皂去查看,从而弄明白将来如何避免这些错误。被告知这一情况后,公司总经理说他会进入工厂去打开那些肥皂。实际上,他不需要那样做。当工人听说总经理要做这种工作时,他们便同意自己去做了。[14]

这些事情中没有任何一条可以被理解为文化变革十分容易。相反地,它非常困难,需要花费数年时间去完成，而且常常会失败。[15] 困难的原因之一是中层管理人员的抗拒。管理者抗拒变革，因为变革常常会在他们感觉负担过重的时候为他们带来更多的工作量，并且打乱了组织中稳定的工作过程。[16] 将变革融入文化中需要管理者认识到现有方法在一定程度上是有缺失的，尽管他们之前发表过相反的言论。他们还担心他们在新的文化中无法高效地进行工作。

通常，奖励体系会阻碍组织变革，必须根据新的文化进行调整。在许多公司中，电话接线员是根据他们处理呼叫的速度得到奖励，而不是根据满足呼叫顾客需求的程度。除非这种奖励体系被改变，不然管理者对于提高顾客满意度的诉求就不会被理睬。做出这种改变的意愿体现了管理层对于新文化的决心。

变革管理需要一个定义明确的过程，就像其他任何业务过程一样。实际上，如果组织没有意识到变革是一个过程，那么它就不会在全面质量方面做得很好。这一点非常关键，因为大约70%的变革都失败了。[17] 把变革管理视为一个过程有助于定义实现期望结果所必需的步骤。

它还促使组织将其员工视为会被变革影响到的顾客。比如，美国运通公司（American Express）认为其变革过程包括五个步骤：[18]

（1）审视变革——我们为什么要这么做？
（2）设定愿景——变革后会是什么样的？
（3）推进承诺——需要什么来使变革产生效果？
（4）加速转变——我们如何在不断变化的基础上管理我们的工作？
（5）保持势头——我们学习到了什么，我们如何利用它？

11.2.3 组织变革中人的作用

高层管理者、中层管理者和基层员工都在改变文化的过程中扮演关键角色。高层管理者必须确保他们的卓越绩效愿景在组织中成功实现。中层管理者为设计系统和过程担任领导工作。最后，带来良好质量的是基层员工。

1. 高层管理者

高层管理者必须理解质量如何改进公司的使命、愿景和公司价值观及其对顾客和利益相关者的影响。高层管理者必须识别出需要特别注意和改进的关键过程，以及为支持这些倡议所需要做出的资源权衡。他们必须审视整个过程，移除实施障碍。最终，他们必须改进涉及他们的过程（例如战略规划），既要提升过程绩效，又要展示出他们运用质量工具解决问题的能力。[19]

2. 中层管理者

中层管理者已经被许多人认为是营造卓越绩效的支持性环境的直接障碍。[20] 中层管理者经常被认为是在进行地盘斗争、阻断信息流而不是推动员工进行变革或者帮助员工进行准备，而且他们还会因为持续改进工作而感受到威胁。但是，中层管理者对营造和保持一个专注于质量的文化可以发挥的作用是至关重要的。中层管理者改进业务过程，那是顾客满意的基础；他们可以建立或者破坏协作和团队精神；他们还是基层员工为变革进行准备所倚重的主要因素。

马克·萨缪尔（Mark Samuel）认为，要想将中层管理人员转变成变革推动者，需要一个消融传统管理边界并用一种充分授权的、团队导向的卓越绩效责任制来将其代替的系统性过程。[21] 这一过程包括如下内容：

（1）授权。中层管理者必须对组织在实现目标方面的绩效表现负责。

（2）设定一个共同的卓越愿景。这一愿景随后会转化为关键的成功因素，描述了与内部和外部顾客满意相关的关键绩效领域。

（3）新的组织规定。领域间的围墙必须被破除，并让位于团队合作精神。一个新方法是关联责任制，在该制度中每个管理者都要根据其绩效相互负责。第二个是团队代表制，在该制度中每个管理者负责向团队以外的其他人精确描述团队的想法和决定。

（4）实施持续改进过程。这些项目应当改进运作系统和过程。

（5）培养并且留住顶尖的执行者。中层管理者必须识别和培养未来的组织领导者。

3. 基层员工

基层员工必须培养对质量过程的主人翁精神。主人翁精神和授权使得员工有权力在决定需要做什么和怎么做的时候发出自己的声音。[22] 这一点是基于这样一个理念：对组织有好处的事物也对个人有好处，反之亦然。

在西屋公司（Westinghouse），主人翁精神被定义为："……对我们的工作负有个人责任……以确保我们达到或者超越顾客要求以及我们自己的标准。我们相信主人翁精神是思维和心灵的一种境界，体现在带着自信和主人翁领导精神去接手每个决定和任务时的个人和情感承诺。"在第8章中讨论过的自我管理型团队，就是主人翁精神的一种表现形式。

培训、识别和更有效的沟通是将主人翁精神传递给基层员工的关键成功因素。但是，伴随不断增强的主人翁精神而来的是更加扁平化的组织———一些中层管理人员的离去。增强的主人翁意识还需要强化与基层员工的信息共享以及在情况好和坏的时候都要对基层员工做出承诺。在经济低迷时期这可能意味着在裁员前减少股息和高管奖金。这正是经济气候不利时日本公司做的事情。

11.2.4 实施过程中的常见错误

卓越绩效倡议经常在人们还没有全面掌握其本质时就被贸然尝试。常见错误如下：[23]

（1）努力被认为是短期项目，尽管措辞上并不是这样表达的。

（2）令人叹服的结果无法很快实现。可能是没有尝试去取得短期结果，或者是管理层认为可测量的收益只存在于遥远的未来。

（3）过程不是由对顾客、战略业务问题和高层管理者的关注所驱动的。

（4）组织中的结构性因素（比如薪酬体系、晋升体系、财务体系、严格的政策和程序、专门化和职能化以及地位象征（例如办公室和额外收入））阻碍了变革。

（5）目标设定得太低。管理者没有尝试设定挑战性目标或者使用外部标杆作为目标。

（6）组织文化依旧维持着一种"命令与控制"的模式，由畏惧或者博弈策略、预算、计划安排或官僚主义所驱动。

（7）培训没有妥善落实。几乎没有对基层员工的培训。培训方式也可能是错误的，比如，仅仅提供课堂教学而没有在职强化环节，或者重点关注使用工具的技能而没有关注识别问题。

（8）关注的焦点主要在产品，而不是过程。

（9）几乎没有给予实质性授权，已经给予的权力没有在行动上得到支持。

（10）组织过于成功和自满。它不积极接受变革和学习，患上了"非我所创"综合征。

（11）组织未能解决三个基本问题：这是不是又是一个项目而已？这件事对我意味着什么？最重要的是我该如何去做？

（12）高层管理者没有做出个人明确承诺，也没有积极参与。

（13）团队在解决跨职能问题方面的作用被过分强调，而忽略了个人在局部改进中发挥的作用。

（14）流行这样一种观念，总是需要更多数据，而不考虑其相关性——"分析导致了麻痹"。

（15）管理者未能认识到在组织的各个层级中质量改进都是个人责任。

（16）组织没有将其自身视为组成整个系统的相互关联的过程集合。个体过程和完整系统都需要被识别和理解。

尽管这个列表涉及广泛，但它绝对还没有详尽。它反映了在组织中变革所面临的持续性困难。卓越绩效需要一系列新的技能和学习过程，包括人际交往意识和能力、团队建设、鼓励开放和互信、倾听、给予和得到反馈、集体参与、问题解决、阐释目标、化解矛盾冲突、指派和辅导、授权以及作为一种生活方式的持续改进。[24] 这个过程必须开始于建立一系列通向持久的价值观的感受和态度。

11.3 保持质量与卓越绩效

成功的组织会意识到，追求质量与卓越绩效的过程是永不停歇的。就像古老的中国谚语所言，千里之行始于足下。与保持对卓越绩效的关注相比，启动往往看起来很简单。许多组织障碍和挑战挡住了路。新的努力常常始于巨大的热情，这在某种程度上是因为它是一个很新奇的事物。过了一段时间以后，一切重回现实，疑惑开始出现。当早期的支持者开始质疑这一过程时，真正的问题产生了。此时，组织会屈从于不可避免的失败，或者坚持并且努力克服这些困难。

11.3.1 质量改进努力的生命周期

为帮助理解这些难题，一个可行的办法是认识到质量改进努力（以及大多数业务行动）都遵循着一个自然生命周期。[25] 伦纳德（Leonard）和麦克亚当（McAdam）认为，理解生命周期概念可以在主动应对实施过程中的缺陷时（例如停滞和有限适用性，这些会最终导致失败），提供一个战略机制来记录和保持质量。质量生命周期的六个阶段如下所述。

（1）采纳：一项新的质量改进努力的实施阶段；

（2）再生：当一项新的质量改进努力连同现有的倡议一起实施以产生新的能量和影响时；

（3）激活：当一项现有的质量改进努力重新受到关注并且被给予新的资源时；

（4）成熟：当质量在整个组织中得到战略性调整和部署时；

（5）限制或者停滞：当质量还没有得到战略性驱动或者调整时；

（6）衰退：当一项质量改进努力已经产生了有限的影响，正在衰退，并且这项努力在等待终止时。

下面这一案例有助于阐释生命周期模型的含义。一个组织通过团队建设和设立问题解决团队开始推动质量改进努力。但是，四年后，质量管理努力失败了。最初的培训受到了限制，实施没有得到关注并且没有与组织战略目标直接相关。因此，新的团队合作方式对组织而言成了一种文化冲击，质量改进努力开始衰退。组织决定继续进行质量管理，随后采用了第二套行动。这包括新的培训和团队建设，并提供了基于问题解决工具和技术的改进方法体系。另外，高层管理者关注改进活动与组织战略目标的协同。结构化的绩效评价机制监控着这一过程。质量经理将"来自高层的质量承诺和领导"表述为第二套质量改进努力成功的关键。第二套质量改进努力的质量生命周期反映了它从被采纳到成熟的过程。这一方法产生了强大的质量动力，实现了整个组织的战略统一和部署。

从这一案例中，我们发现了两件事：

（1）意识到不同的努力具有累积效应，从而认识到对新的质量改进努力的选择必须要基于组织目前在质量生命周期中所处的位置。

（2）理解了质量生命周期要素使得一个组织能够将激活或再生行动提前应用到成功维持其质量征程中去。

理解这些对质量动态的影响，尤其是对质量生命周期特征的影响，通过基于激活和再生要素来战略性地采取回应，提供了一种维持成功的质量管理的能力。

在研究医疗领域分支的鲍德里奇奖获得者时，由之前的鲍德里奇奖审查员和评委组成的一个小组提出了一个相似的模型，描述了鲍德里奇奖历程，如图11-1所示。[26] 在第0阶段，组织选择等待指令和规章制度，然后它们在被要求服从的时候着手实施变革。它们可能会经历偶尔的"随机的改进行动"，但没有一股能够支配一切的动力去驱使组织达到更高水平的绩效。在第1阶段，组织承诺采取积极主动的方法进行改进。最初的步骤可能包括学习和贯彻使用质量改进工具和方法。这一专注于项目的阶段常常带来一些新的能力，来更好地执行那些能够改变例行步骤和过程并使之变得更好的努力。但是，组织在这一阶段明显进入了一种稳定状态。领导者变得对他们的持续改进工作带来的全面冲击和变革的步伐感到沮丧。对大多数这样的组织，项目常常可以足够成功，但是整体文化没有改变，整个系统的卓越绩效也难以实现。有远见的领导者能够认识到，用基于项目的方法来实现卓越绩效具有固有的局限性：变革缓慢、递增式收获、消耗殆尽的组织热情。他们寻求方法来建立横跨各个机构和部门的系统整合形式，以便能够在整个组织中建立高绩效、结果导向的文化氛围。

当高层领导者开始亲自积极参与到标准和反馈当中时（无论通过简单地回答问题和进行自我评价，还是撰写州或者联邦奖励计划申请），他们都开始在组织转型战略中体验到引导阶段（第2阶段）。这一时期标志着从仅仅关注项目中的变革（无论项目执行得有多好），转向系统性地评估和改进领导方法。项目变得越来越被关注，并且与组织战略联系更加紧密，同时领导和管理过程也受到了关注，增强了传播改进项目和稳固可持续性的能力。当组织通过这些方法变得更有能力时，整合阶段（第 3 阶段）开始发生。领导的方法和过程，例如价值观落实和文化建设，开始与战略规划和行动规划、积分卡和指示板、工作描述和绩效评估方法以及其他运营过程等产生联系并结合在一起。没有结合点的改进努力会被放弃或者推迟，因为关注努力取代了疯狂行为。整合阶段以对反馈采取措施为特征，通常是将其纳入战略规划过程中。

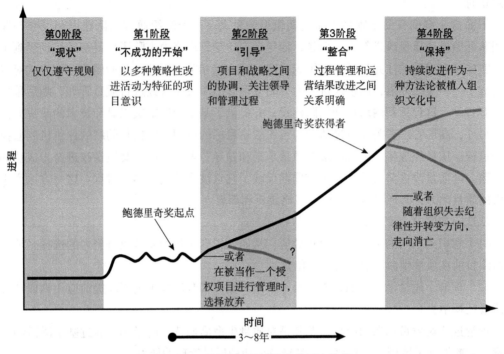

图 11-1　通向卓越绩效的鲍德里奇路线

最后，保持阶段（第 4 阶段）会带来两个结果：持续改进；因为失去焦点或者失去方向而使组织消亡。尽管获得鲍德里奇奖也许会带来失去动力的可能性，但许多组织更新了它们对于实现更高水平绩效的承诺。这可能有赖于它们每年都参加某个以鲍德里奇准则为基础的奖项评选过程，或者是借助内部评价过程，该做法经常是年度战略规划的第一步。

11.3.2　自我评估

组织应当就其处境开展严格的自我评估。这些评估可以识别出优势和待改进领域，并且决定什么样的行动会带来最大收益。自我评估至少应当包括如下内容：

- 管理投入和领导。各个层级的管理者以什么程度投入其中？
- 产品和过程设计。产品是否满足顾客需求？是否所有产品都基于易制造性进行设计？
- 产品控制。强大的产品控制系统是否正常运行以便能够防患于未然，而不是在产品制造出来以后消除缺陷？
- 顾客和供应商沟通。是否每个人都理解谁是顾客？顾客和供应商之间的互相沟通达到了怎样的程度？
- 质量改进。质量改进计划是否正在实施？已经实现了什么成果？

- 员工参与。是否所有员工都积极投入到质量改进中?
- 教育和培训。有没有做一些事情以确保每个人都理解他的工作并具备必需的技能?是否所有员工都接受了质量改进方法方面的培训?
- 质量信息。质量结果的反馈信息是如何收集和使用的?

存在许多可以提供组织质量现状全景式描述的自我评估工具。[27] 但是,大多数自我管理活动调查只提供对组织优势和劣势的基本评估。而评价组织卓越绩效水平层次的最完善的方法是通过受过培训的内部或外部评审人员,依照鲍德里奇国家质量奖准则来评价其行为和结果,或者是申请鲍德里奇奖或某个相似的国家级奖项然后获得全面的审核员反馈(详见专栏"通过评估实现协调")。理解一个组织的优势和改进机会可以为朝着更高绩效水平发展创造基础。当然,许多公司,尤其是刚开始质量征程的小公司,应当从基础做起,比如建立一个文件规章齐全并且具有一致性的质量保障体系,就像第 2 章讨论过的 ISO 9000 质量标准。

 通过评估实现协调[28]

哈特福德医院运用鲍德里奇评价来指导其质量改进工作。这家医院需要令其过程与快速发展的健康管理环境相匹配,充分利用内部临床财务优势,令员工和部门目标相互匹配并与组织战略目标相一致。通过运用鲍德里奇医疗保健准则,医院在 1996 年完成了一个为期一个月的评估。分析指出,医院有许多优势和大量改进机会。医院大部分领域未能相互协调,这导致了战略规划和许多业务单元、过程和工作人员之间存在隔断。主要体系,例如人力资源、领导和规划,都是各自独立运作。绩效指标不符合趋势,无法带来改进行动。绩效改进是临时的、缺乏优先顺序的,并且不是由战略计划所驱动的。

最初的六个绩效改进项目包括领导架构、传递战略规划信息、改进战略规划的部署、改进人力资源配置、对业务和项目进行规划、使投诉管理过程集中化。这些项目的成功超出了预期。尽管撤掉了超过 15% 的床位,但是哈特福德医院没有失去任何市场份额,反而赢得了许多奖项,成为康涅狄格州最出色的医院之一。

尽管一些研究发现了实施自我评估和绩效结果之间的正向关系,但是其他一些证据也表明,许多组织在实施自我评估后收效甚微,几乎没有实现自主学习中建议的过程改进。[29] 这一后续结果的缺失看起来有些令人惊讶。为什么组织花费时间去实施自我评估然后却没有实现这些结果?毕竟,改进机会经常为组织有效性和实现具有竞争力的绩效带来巨大收益。一些管理者没有实现这一点可能是因为他们没有意识到一个问题——尽管信息已经指出有问题了,但是,管理者常常收到了信息却不予反应。许多管理者做出消极的反应或者拒绝:"它们是错的""这不是这里的实际情况"以及"这些人(审核员)错过机会了",人们经常听到这些声音。当报告指出组织在高层管理者本以为是优势的某些领域并不完美时,这些言论尤其有可能出现。

其他管理者可能不知道面对信息时应该做什么。那些几乎不了解组织如何运营的管理者可能不知道应当采用什么手段来影响变革,或者仅仅是为了应付上级而采取行动。比较有代表性的说法包括"这里有一些非常不错的东西,但是我不知道应该基于此往哪个方向前进"

和"对我来说,理解如何将这个(评估报告)转化为行动实在是太难了"。在读了反馈报告副本之后,一家制造企业的领导抱怨道:"好吧,我们又完成了老板关于这一年实施自我评估的要求。现在我们可以把报告扔到一边去,回到工作中来。"

下一步需要高层管理者参与两项活动:行动计划和之后的跟踪实施过程。管理者必须采取积极的态度面对自我评估结果,无论它们看起来多么令人讨厌——"好,我们应该做些什么来改进这些领域?"积极的反应常常会强化长期以来持有的但是受到了压制的那些关于组织如何运作的观点。例如,在一个讨论结果将会被呈送给高层管理团队的会议中,首席工程经理听到关于组织沟通过程的较差评价时,表示:"我已经跟你们这些人说了好多年了!可能现在你会相信我们需要做些什么了。"行动计划指明了落实改进机会所必需的特别行动。有效的行动计划往往都具备几个共同特点。首先,必须识别出落实机会的关键行动。一场与关键员工一起讨论评价结果的会议往往是一种极佳的开始方法。一旦关键行动被识别出来,行动计划应当被记录下来,详细说明每个行动项目的人员、内容、时间、地点和方式。然后,行动计划的草拟版本应当被传达给那些被直接影响的人并获得他们的协作。最终,应当审核行动计划以确保它能够有效落实那些根据自我评估结果识别出的关键机会。

许多管理者认为他们的工作在行动计划开动之后就结束了。然而,计划好的变革很少能如最初所设想的一样进行。而且,那些负责实施计划的人可能需要运用鼓励或者亲身参与来有效地执行他们在变革计划中的那部分工作。变革的实施需要有效的后续措施——跟踪行动计划执行过程,来为管理者提供关于介入是否有效的重要反馈。

11.3.3　知识管理和组织学习

惠普公司的一位管理者指出:"一个现代化组织建筑的基础建材是知识。"H.詹姆斯·哈灵顿观察到:"所有组织都拥有知识,但是大多数组织不知道它们知道什么,不会运用它们知道的内容,不会重复使用它们拥有的知识。"[30] 六西格玛工作在组织中带来了大量的知识,但是知识是容易消失的,如果它没有得到更新和补充,那么就会变得没有价值。

知识资产(knowledge assets)指的是一个组织拥有的累积下来的智力资源,包括信息、想法、学习、理解、记忆、洞察力、认知技能和专业技能以及能力。**显性知识**(explicit knowledge)包括存储在文件或者其他媒介形式中的信息。**隐性知识**(tacit knowledge)是从个人经验得来的围绕无形因素存在的信息,是个人的并且是有特定内容的。这两个方面代表了组织可以运用、投资并且培养的专有知识。员工、软件、专利、数据库、文件、指南、政策和步骤以及技术图纸是整理知识资产的仓库。顾客、供应商和合作伙伴也可能掌握着关键知识资产。在许多组织中,知识资产已经变得比财务和实体资产更加重要。过程改进需要新的知识,以便带来更好的过程和步骤。在个人层面和组织整体层面上,增加组织的知识都是学习的本质。如果信息没有被记录下来,或者一旦个人晋升或离开组织,知识很容易就会丢失。

 利用自我评估的结果

调查表明,要想利用自我评估的结果,管理者必须做四件事情:[31]

● 准备好深感惭愧。"自觉惭愧"是我们在管理者读完评估结果之后经常可以听到的一个词。许多管理者很难相信组织绩效水平竟然那么差。通过了解自我评估和学习其他组织的经验，管理者可以适当地调整期望。和同事通电话来了解、参加讨论会，都使得管理者能够了解到关于他人自我评估经验的一手资料。
- 针对结果展开讨论。在高层管理团队讨论自我评估结果时，后续工作便得到了强化。对问题、关心的事情以及想法进行讨论能够在管理者中催生更伟大的观点并提升共识。
- 认清制度影响。管理者应当对作用在自我评估活动上的制度力量十分敏感，例如来自顾客的压力。制度影响可以通过文本、展示和管理者参与的对话而默默传递开来。在评估活动的计划阶段，围绕项目的环境激励因素展开诚恳的讨论可以使管理者对这些外部影响因素具备充分的敏感性。
- 用心实施后续行动。尽管后续行动可能不如谋划竞争性战略或者招待顾客那么有吸引力，但是它们为实现自我评估得出的可行的过程改进打下了基础。

知识管理（knowledge management）包括识别、获取、组织和运用知识资产来建立和维持竞争优势的整个过程（见专栏"改变智力流失现状"）。知识管理与信息管理的不同在于信息管理的重点是数据，而知识管理则重点关注信息。一个知识管理系统使得无形的信息能够像组织的资产一样，通过与有形资产类似的方式得到管理。斯堪地亚是瑞典的一家大型金融服务公司，每年对其智力资本进行内部审计并将其纳入公司的年度报告。一个高效的知识管理系统应当包括如下内容：

- 一种获取和组织与业务如何运行有关的各种隐性及显性知识的方法，包括对现有业务的功能过程的理解；
- 一套关于将新知识吸收到业务系统中并以持续改进/创新为导向的系统管理方法；
- 一个用来管理知识的通用框架和根据需要对新知识进行验证与整合的若干方法；
- 支持横跨各职能部门的知识合作共享，鼓励所有员工全面参与到这一过程中的一套文化和价值观。[32]

改变智力流失现状[33]

老员工退休并离开组织，大量的关键知识会很容易随着他们而丢失。1999年，田纳西流域管理局（Tennessee Valley Authority, TVA）开始尝试处理这一问题，通过向基层管理人员询问三个问题，它完成了将知识保留成易于管理的各个部分的艰巨任务：

1. 当特定员工离开时，哪些知识最有可能丢失？（"什么？"）
2. 丢失这些知识会给业务带来什么后果？（"然后呢？"）
3. 需要做什么来避免这些损失或者将其减到最小？（"现在要做什么？"）

为了解清楚谁准备退休，TVA向13 000名员工全部发出调查问卷，询问他们的退休计划（"什么？"）。基于调查结果，他们为每位员工打分，分数区间为1～5，1分代表该员工在六年甚至更长时间内不计划退休，而5分表明该员工准备在一年内离开。管理者和主管人员为员工打出1～5的第二个分数（"然后呢？"），表示他们的知识对于发电厂运营的重要程度，其中5分意味着最为重要。例如，一位计划在六个月内退休的掌握着几十年机密级知识的核工程师在这两个维度上都会得到5分，这意味着管理者需要解决这个严重的问题。

该过程的第三部分（"现在要做什么？"）是让人们分享他们的知识。一些信息很容易获取：例如，在通用电气公司，当一个汽轮机出现问题时，应该给谁打电话。

更难替代的是"部落知识"。例如，TVA某一个工厂有一位蒸汽管道工领班，他开发出了一种独特的方法，通过用扳手轻敲给水管道并且注意听特定的声音来检测管道中的锈蚀状况。相应的方法非常简单：在老工程师退休前，安排一位年轻工程师跟着他。约翰迪尔公司（John Deere）、雪佛兰公司（Chevron）及世界银行（World Bank）已经学习和采用了TVA的方法。

知识在组织内的转移和最佳实践的识别与分享往往能使高绩效组织独树一帜。许多组织在不同的地点或者通过不同的人员展开了相似的行动。现在，想象一个有着多位六西格玛黑带和黑带大师的大型组织。当一位员工开发出一个极具创新性的方法时，会发生什么？该知识如何在其他有着相似工作内容的员工中共享？在许多组织中，答案是该知识可能永远都不会被共享。

麻省理工学院的教授彼得·森格（Peter Senge）提出了"学习型组织"这个术语。如果没有创建"学习型组织"，那么持续改进和组织变革会非常难以实现。他定义学习型组织为："……一个不断拓展其能力以创造未来的组织。"对于这样一个组织，仅仅生存下来是不够的。"生存学习"或者说经常被提到的"适应性学习"是很重要的——而且事实上是必需的。但是对于一个学习型组织，"适应性学习"必须与"创造性学习"结合起来，这是一种提升我们的创造力的学习。[34]与森格共事并且长期工作在模拟设备公司的阿特·施耐德曼（Art Schneiderman）提供了组织学习的简单定义："……对新工具和方法的获取、应用和掌握，使得那些对于组织成功至关重要的过程能够得到更迅速的改进。"[35]

森格多次指出："从长远来看，最出色的绩效依赖于最出色的学习。"组织学习的概念可以理解为在我们本章最开始时提到的学习四阶段中不断推进的过程。高效的学习需要理解并整合全面质量理念中的许多概念和原理。它可以帮助组织避免重复犯错，培养敏感性，更好地适应一个变化中的世界，并且通过了解过去的劣势以及如何修正这些劣势来改进运营。[36]

 杰克·韦尔奇和通用电气公司：始终在学习

学习型组织（也是学习型个人！）的一个很好的例子是通用电气公司和它的前任首席执行官杰克·韦尔奇（我们在之前的章节中已讨论过韦尔奇先生作为一个学习型个人的例子）。1981年，在他给通用电气公司全体股东的第一封信中，他指出："对质量和个人卓越的极致追求是商业活动可持续成功的最可靠途径。质量是顾客忠诚的保障。它是我们面对国外竞争对手时最强的抵御力量，而且是获得持久成长和利润的唯一道路。"韦尔奇关于业务改进的方法包括三个周期的学习：

1. 在第一个周期（20世纪80年代前期到80年代后期），他要求通用电气注重根据市场绩效进行判断，减少不良业务单元，进而降低业务组合的种类。剔除盈利性差的业务可以确保更好地利用营运资本。但是，只获得这些成果的话，通过调整组织或者降低官僚主义就能实现，这就带来了下一阶段的学习。

2. 在20世纪80年代后期到90年代中期，他要求公司通过创造性地运用群策群力方法和变革行动过程（后来被更名为变革加速过程）来关注简化和削减非增值活动。群策群力是一种方法工具，它使来自所有职位、层级和不同职能部门的全体人员投入到问题解决和改进中。群策群力方法拆除了组织中存在的人为障碍，慢慢诞生了"无边界学习"的理念。

3. 在韦尔奇的整个学习过程中，他发动人员去不断地寻找创造性方法，将来自任何渠道的新知识都应用到改进业务当中。1995年，韦尔奇发现了六西格玛方法并且研究了它在摩托罗拉公司和联合信号公司的实施情况。这一发现阶段关注的是在已经精益化的业务运营中减少变异，在更关注顾客的情况下赢得生产率和财务绩效方面的收获。

韦尔奇的持续学习过程带来了一个发现，即业务首先必须简化，然后使那些为了在业务状况波动时稳定绩效而设计出来的最佳实践能够自然而然地实施。就像韦尔奇指出的："是学习和分享的热情营造了不屈不挠、保持乐观的精神基础，带着这种精神我们可以放眼未来，坚信更伟大的日子就在前方。"基于六西格玛建立起来的对质量和改进的重视，在杰夫·伊梅尔特那里得到了延续，他在2001年接替杰克·韦尔奇继任为通用电气公司首席执行官。伊梅尔特推动了精益六西格玛的实施，并且开展了被称为"简化"（Simplification）的一个广泛的运营计划，来衡量与顾客满意和顾客成长不直接相关的所有事物的"非增长性成本削减"的效果，例如法人实体、总部、计算机系统等。[37] 2007年的年度报告将这一计划的运行结果描述为"过程般的成长"，实现卓越运营的方法包括运用精益六西格玛、质量和简化以提升价值。

组织学习被认为是鲍德里奇评价准则的基本内容，其定义为"对现有方法与过程的持续改进和对变革的调整适应，并带来了新的目标和（或者）方法"。[38] 准则认为学习拥有四个不同的阶段：

（1）做出计划，包括过程的设计、评价指标的选择和需求的展开；
（2）执行计划；
（3）过程评价，考虑内部和外部结果；
（4）基于评价结果、学习、新的意见和新的需求，对计划进行修正。

例如在"领导"这一类目，组织绩效评审要求组织专注于提供它们"健康状况"的全景报告，检查它们现行状况的良好程度，以及它们在何种程度上朝着未来迈进。这一评审过程利用了对业务结果进行测量和分析得到的信息，其目的是在战略规划层面提供可靠的方法来引导改进和变革。

许多公司向鲍德里奇奖获得者学习（详见专栏"德州仪器公司的组织学习"）。例如，斯科特·麦克尼利（Scott McNealy），太阳微系统公司（Sun Microsystems）首席执行官，邀请三家鲍德里奇奖获得者（联邦快递公司、摩托罗拉公司和施乐公司）的首席执行官访问他的公司，讨论他们的质量过程。在那些会议中诞生了太阳微系统公司如今运用的核心原则和战略。太阳微系统公司学习到的关键内容是：

- 质量必须被提升到一个"核心管理过程"的高度；
- 质量必须是每次高层管理人员和董事会成员会议的第一个议题；
- 质量只有在被测度的情况下才能被管理；
- 质量始于员工；

- 质量方面的成果必须是报酬的一个因素。

在对这一方法的探索中，麦克尼利指出："太阳微系统公司成立于1982年，大概正好是施乐公司开始实施'让质量过程来领导'的时候。我们希望尽已所能地多学习，了解什么是有效的以及什么是无效的，防止我们尝试解决那些已经解决的问题。"[39]

一个真正的学习型组织的特征之一是在全组织内识别和传达最佳实践的能力，有时这被称为**内部对标**（internal benchmarking）。在这一方面，即便是最成熟的组织也会步履蹒跚，甚至是那些擅长进行外部对标的组织也不例外。美国生产与质量中心（American Productivity and Quality Center，APQC）指出，长期以来，高管们因为无法识别或者将出色的实践从一个地点或者职能部门向另一个进行转移而倍感沮丧。他们知道一些地方有着最出色的方法和过程；然而，业务单元仍然可能被彻底改造，也可能无视这些解决方案而重复错误。[40]

 德州仪器公司的组织学习

许多公司参照鲍德里奇准则，运用自我评价作为组织学习的一种方式。因此，学习型组织的最佳范例恰好是鲍德里奇奖获得者就不足为奇了。在追求全面质量理念并最终获得荣誉的过程中，它们不断地、系统性地将审核员的反馈意见转化为它们管理实践的改进内容。

德州仪器防御系统与电子集团（Texas Instrument Defense Systems & Electronics Group）的一位副总经理指出："参与鲍德里奇奖评价过程激励了改进工作。"[41] 到1997年，就在被雷神公司收购前，德州仪器防御系统与电子集团在获得鲍德里奇奖时已经将过程中的缺陷数量降低到了以前的1/10。多年前长达4周的生产过程被缩短到了1周，成本降低了20%～30%。

德州仪器防御系统与电子集团的方法开始于1994年，当时德州仪器公司开始实行德州仪器公司卓越业务标准（TI Business Excellence Standard，TI-BEST）——一套产生于德州仪器防御系统与电子集团的鲍德里奇奖获奖经验的评价和改进过程。[42] 该过程应用于德州仪器在全球的业务。TI-BEST 的四个步骤是：

1. 围绕你的业务为卓越下定义；
2. 评估你的进展；
3. 识别改进机会；
4. 落实和部署一套行动计划。

德州仪器公司的卓越业务是通过第1章讨论过的全面质量核心原则以及通过运用过程、团队合作和授权等形式来实现顾客满意从而关注卓越运营来实现的。这一方法是通过年度改进过程（战略规划）来落实的，借助一个包含顾客、过程、人力资源和财务测量及指标在内的平衡计分卡来评价。

德州仪器公司是世界上仅有的在1997年前连续4年不断扩大市场份额的两个半导体公司之一，在那段时间里，与英特尔公司、摩托罗拉公司和国家半导体公司相比，德州仪器公司的净资产回报从落后地位上升至第一名。

APQC 认为，尽管大多数人对学习和分享他们的知识有着天生的需求，但组织有着逻辑方面、结构方面和文化方面的种种障碍需要克服。这些包括：

- 提倡"竖井"思维模式的组织结构，即各个地区、分支和职能部门注重自身成就和回报的最大化，或者，就像戴明所说的，局部最优化；

- 重视个人专业技术和知识创造而对知识共享不够重视的一种文化；
- 那些不在一起工作的人员之间缺乏沟通、关联和共同观点；
- 过度依赖显性信息的传递，而非隐性信息——人们执行一项实践所需要的却无法编码或记录下来的那些信息；
- 不允许人们花费时间去学习和分享以及在他们自己的小圈子之外互相帮助，或者不对此类行为进行奖励回报。

内部对标需要一个过程：第一步，识别和收集内部知识和最佳实践；第二步，分享和理解这些实践；第三步，调整它们并将其应用到新的环境中，将它们提升到最佳实践绩效水平。技术、文化、领导和测量是能够促进或者阻碍这一过程的重要因素。许多组织已经建立了内部数据库，员工可以通过内部数据库分享他们的方法和知识。例如，德州仪器公司有一个最佳实践知识库（Best Practices Knowledge Base），借助邮件系统、局域网和德州仪器公司的大型主机系统进行传导。信息常常是围绕业务核心和支持过程来组织的。文化方面的事务包括如何激励和奖励人们去分享最佳实践和创建一种支持性的文化。就像其他卓越绩效工作一样，高层领导者扮演了重要的角色。这可以通过将倡议写入公司的愿景和战略、在高层业务会议上交流成功故事、移除实施的障碍、强化和奖励正面行为、以身作则和宣传全体员工共享最佳实践的重要性等方式来实现。最终，测量这些方法的使用频率和最佳实践方法数据库的满意度，将实践方法与财务和顾客满意度联系起来，关注实施最佳实践方法的周期时间，评估分享信息的虚拟团队的成长状况，这些是组织能够监控其方法有效性的途径。

或许组织需要做的一件更难的事是接受来自组织外的援助——这一点与"非我所创"综合征有关。例如，通用电气公司突然要求西南航空公司允许通用电气公司的人员帮助其将业务变得更高效、成本更低。通用电气公司无偿派出一位六西格玛黑带来解决一个问题，该问题涉及另一家公司生产的零件。西南航空公司犹豫了，它不希望与另一家公司共享关于一个供应商的机密信息，另外许多管理者也不愿意将严格、科学的六西格玛方法纳入西南航空公司的随心所欲的文化中。不过最终，西南航空公司的态度缓和了下来，通用电气公司的黑带帮助公司消除了一部分问题。从那以后，西南航空公司开始允许通用电气公司的其他许多员工从事一些项目，例如财务分析和票据工作过程。[43]

尽管这一故事关注的是西南航空公司的组织学习，但是其潜在的根本原因是来自通用电气公司的推动，促使其通过供应链将最佳实践与顾客分享。通用电气公司有这样的口号，"立足于顾客，服务于顾客"（At the Customer, For the Customer）或者 ACFC，该倡议的目的是提升顾客价值，使公司在竞争中别具一格。持续改进可以成为一项独特的公司战略。

11.4　组织变革实例

许多组织已经做出了巨大的变革，这反映在持续改进、突破性改进和学习等方面。在本节内容中，我们将突出展示它们的一些做法。

11.4.1　波音公司

许多组织尝试改变它们的文化，以便更好地响应顾客需求。波音公司是一个在艰难的竞争环境中实现这一任务的好例子。[44] 自从波音公司在 1916 年制造了其第一架飞机——一架单引擎水上飞机,波音公司就成了航空产业里的标杆。波音公司的飞机在第二次世界大战中得到了广泛使用,接近 7 000 架飞机由波音公司生产,另外 13 000 架飞机则是由其他制造商采用波音公司的设计进行生产。现在,世界上几乎一半的商用飞机是由波音公司制造的;公司通过向全世界出口飞机,为美国的贸易顺差做出了巨大贡献。

但是,波音公司不满足于停留在公司殊荣上,它是美国最早的质量运动领导者之一,在 1980 年实施了质量圈活动。(质量圈是指每周大约见面一个小时以解决质量问题的工作人员团队;在许多组织中它们是全面质量运动的先驱。)但是,波音公司的管理者很快意识到,如果质量运动想要成功,公司文化就必须做出变革,于是他们启动了一项活动来做这件事。这一活动包括五步:

(1)识别当前对行为和态度起引导作用的规范;
(2)识别那些让组织在明天可以赢得成功所必需的行为;
(3)列出能推动组织前进的新规范;
(4)认清差异——所需的模式与实际模式之间的差异;
(5)推出并实施一套行动计划,来落实新的文化规范。这些新的规范会取代原有规范,而这一转变会得到监控和强化。

波音公司通过大量的培训、员工与顾客调查和管理者承诺来将这一承诺转化为文化变革。今天,公司面临严峻的挑战,包括军用飞机需求的减少、来自空中客车公司(欧洲的飞机制造财团)的竞争、疲软的全球喷气式飞机市场。但是,它的质量导向文化,即基于顾客、持续改进和团队合作,会帮助其在今后保持竞争力。

就像波音公司的约翰·布莱克所阐述的:

我们承诺的持续改进过程不是一个很快就可以移植到其他公司的过程。每个组织都必须制定属于自己的过程。必须要提供高层管理者的领导,所有管理人员都必须参与进来。只有当所有人都全身心投入并且这一过程被定格在长期过程中时,组织才能实现这一过程并收获这一过程能够带给我们的重大突破——未来经济效益成功的关键。

11.4.2 摩托罗拉公司

尽管摩托罗拉公司早在 1986 年就引进了六西格玛的概念,但当时的概念与现在的概念极为不同,这清晰地体现了组织变革在长期可持续性方面的价值。摩托罗拉公司的"第二代"六西格玛方法是一个执行业务战略的高水平绩效的整体系统。[45] 其结果是很明显的,摩托罗拉公司的商业、政府和工业解决方案部门在 2002 年获得了鲍德里奇奖。他们关于六西格玛的新方法基于如下四个步骤。

(1)将高层管理与恰当的目标相匹配。这一步意味着创建一套关于战略目标、指标和倡议活动的平衡计分卡体系,以识别出那些对盈亏底线有最大冲击的改进活动。项目不局限于传统的产品和服务领域,而是扩展到提高市场份额、改进现金流和改进人力资源过程。

(2)围绕恰当的指标,动员改进团队。团队使用结构化的问题解决过程来推进以事实为基础的决策;但是,关注缺陷和百万机会缺陷数(defects per million opportunities,DPMO)

的西格玛水平并不重要，尤其是在人力密集型过程中，比如营销和人力资源。举个例子，如果一个缺陷的定义是"员工表现降低到一定水平之下"，那么这一定义是有争议的，很容易被操纵和篡改。连续型测量指标，例如发货交付时间或者信贷审批响应时间，正在取代计数型测量指标，例如逾期交货的次数或者不满意顾客的百分比。

（3）加速结果。摩托罗拉公司采用了一种行为学习框架方法，将与实时团队工作相关的正式教育和帮助员工从学到做的指导教学相结合。项目团队在准时制的基础上接受来自教练的支持帮助。项目被要求快速完成，而不是经过很长一段时间。最终，一个活动管理方法帮助整合了多个项目团队，以使其对组织的累加影响得以加速。

（4）管理持续改进。领导者积极、明显地帮助那些执行商业战略所必需的改进项目，并基于结果目标对它们进行评审。对于领导者来说非常重要的一步是积极地与组织中其他可能受益的人员一起分享关于改进的最佳实践和知识。

六西格玛方法仍然是摩托罗拉公司改进盈亏底线所选择的方法。更多的努力将聚焦于通过价值链全面提高顾客体验的产品设计。与此同时，六西格玛项目越来越多地将关键顾客、供应商和其他业务伙伴包含在内。

11.5 组织变革与组织理论

关于组织理论的大量研究和文章都重点关注组织变革。比较突出的几个组织模型包括：维斯波德（Weisbord）的六盒模型（six-box model）、纳德勒（Nadler）和图斯曼（Tushman）的一致性模型（congruence model）、麦肯锡公司的 7S 模型（seven-S model）、蒂奇（Tichy）的变革框架和 TPC（technical、political、cultural，即技术、政策、文化）矩阵以及伯格－李特文模型（Burke-Litwin model）。极少有变革模型是经过严格检验的。或者说，大多数变革模型的有效性只是经过了非正式检验，这常常是通过对顾客进行调查和与经验观测值的对比来进行的。变革模型种类之多表明了，关于如何实现组织变革存在着许多观点。但是，这些模型中的一部分已经被学者和咨询人士在实证情况中所采用，这说明这些观点是有效的。

这些变革模型的一个共性是组织变革的目的论视角。范德文（Van de Ven）和普尔（Poole）[46]认为，目的论是变革过程理论的四个分类之一。变革目的论假定组织通过设定目标、实施目标、评估和修正的这一迭代重复过程进行变革。与其他一些变革理论将环境视为主导变革的力量不同，目的论表明变革是由隶属于组织的个人主动实施的。

组织学习方面的文献对单环级别的学习和双环级别的学习进行了根本性的区分。单环学习是最常见的学习级别，主要包含组织识别、感知绩效中的偏差及"修补"偏差的能力。例如，当管理者在实施某个战略举措的过程中发现问题然后采取措施去纠正这一偏差时，单环学习就发生了。大多数诊断性管控系统体现了单环学习的特点。双环学习更为复杂，因为组织必须首先审核，确认造成问题的根本假设得到了"修正"，然后采取一系列更好的假设来支持未来的绩效。

研究表明，当人们聚在一起开展"对话"时，组织学习就会得以加强。对话被定义为针对组成日常经历的过程、假设和必然事件开展的持久共同探讨活动。高效的组织对话的重要作用之一是减少"习惯性防御"，这指的是防止参与团队活动的人感觉尴尬或者受到威胁，同时阻碍人们学习如何减少尴尬或者威胁发生的一系列政策、做法或行动。习惯性防御会对组织落实大规模战略变革的能力产生消极影响。在一个调查试验中，高管们学习通过参与到对话中来克服习惯性防御，这些对话要求管理人员阐述他们关于将要在组织中实施的某些战略决策的潜在设想和保留意见。在这一试验之后，大多数管理人员表示他们的战略得以更高效地实施。[47]

一些研究者尝试明确表示出组织学习与战略和领导之间的紧密关系。[48]例如，克罗珊（Crossan）等人认为组织学习是一个基本的战略过程，是实现战略更新的原则性方法。薇拉（Vera）和克罗珊在不同领导风格环境中研究了组织学习，推断出在稳定时期，组织学习过程在交易型领导风格环境中进展得更好，而在变革时期，其从转变型领导风格中会收获更多。

组织变革与全面质量

本节内容会将组织变革的全面质量观与组织理论文献的内容进行比较。考虑到该领域工作成果的规模总量，我们仅仅研究组织变革方面文献的主要观点中的一小部分，说明它们如何与全面质量联系起来。组织行为学和组织理论方面的教科书一般都会在组织理论领域安排一个专门的章节，要了解该领域研究的更多细节，可以查阅这些资料。我们根据变革的原因、变革的来源、变革的性质、变革的难度和如何管理变革，将全面质量与组织理论进行比较。我们的总体结论是，尽管各自的关注点存在一定差异，但是组织理论学家在变革方面进行的研究是开展全面质量变革所需信息的丰富来源。

1. 变革的原因

全面质量导向变革的背后原因是为顾客满意而进行质量改进。这并不是组织理论的相关文献在变革方面的主要关注点，这方面的文献一般主要关注的是为提高生产率和/或改善工作满意度而进行的变革。当然，许多质量导向的变革可能会提升生产率或工作满意度，但这通常不是它们的主要目标。

2. 变革的来源

组织理论中考虑的变革大多数来源于高层管理者。一般而言，高层管理者对组织环境中的变化（例如不断加剧的竞争，或日渐萎缩的需求）做出了反应。这与全面质量的文化变革方面是并行的。实际上，组织理论在变革方面的文献大多与文化变革相关，而不是持续改进或过程再造。

3. 变革的类型

组织理论中考虑的变革类型与全面质量导向的变革部分重叠。特别地，有关价值观和范式方面的变革的组织理论与全面质量中文化变革方面的转变相关联。组织理论中的其他类型的变革，例如新技术的引入，与全面质量并没有那么直接相关。（但是，再造经常涉及某些方面的信息技术的应用。）

此外，组织理论中讨论的变革和全面质量导向的变革有两个方面的区别。第一，它们的范围狭窄，经常限定在一两个部门内，甚至限定在这些部门的一小部分工作上。第二，它们的持续时间有限,其想法是把变革做完就了事,继续组织生活。这可能会适用于文化变革(在一定程度上也可能适用于过程再造),但是与持续改进非常不同。实际上,组织理论研究并没有经常提到长期持续变革的管理,这提供了一个明确的研究机会。

组织变革的早期研究之一是由科克(Coch)和弗兰奇(French)在弗吉尼亚州的一个生产睡衣裤的工厂中完成的。[49] 在这项研究中,他们对过程步骤进行了变革,采用了三种不同的方式。在第一组中,工人自行对变革进行设计。在第二组中,工人指派代表对变革进行设计。在第三组中,新系统被管理层强加给工人。

这一研究发现,在更具参与性的小组中,变革会更成功;这一研究经常被引用来支持组织变革中员工的参与需求。有意思的是,从全面质量视角来看,这是一项关于过程再造的研究,并且至少对参与型团队而言,这是一项由真正从事这项工作的人发起的过程再造的研究。因此,它预料到了40年后在践行全面质量的公司中已经司空见惯了的变革类型。但是,我们应正视那时的局限,这一改进是个一锤子买卖。持续改进是一个当时还没产生的理念。

全面质量和组织理论的相关研究都认同成功改变组织有一定的困难,并且认同一个事实,那就是"抗拒变革"经常是一个潜在的根本问题。组织理论研究已经在明确为什么组织成员拒绝变革的方面,甚至是探究应对这一问题的各种方法的方面,都取得了重要进展。[50] 抗拒来自管理者的可能性绝不低于来自低层级员工的可能性。

但是,关于抗拒的整体想法,来自高层管理强行指定变革这一概念。管理者或者员工不太可能拒绝他们自己设计的一个过程变革。抗拒变革方面的文献似乎和这种变革不太相关。

群体生态学(population ecology)方面的文献可能会为在全面质量环境中组织变革面临的困难提供一个更有帮助的研究视角。[51] 从这个角度看,员工的抗拒不应该为变革的困难负责。应该说,管理层创建的架构和体系是问题所在。例如,大多数公司的层级式组织架构使得它们很难高效地适应环境变革,比如顾客需求的演变。这一观点与戴明的理论一致,即问题更多的是与体系缺陷有关,而不是与员工无能或者缺乏激励有关。

群体生态学理论学家一般认为对结构、权威、奖惩体系等进行改变所面临的困难使得大多数组织在变革工作中失败。全面质量方面的作家常常批评架构和体系造成的主要障碍,但接下来也会识别如何才能除掉这些障碍。这一差异不应掩盖生态组织理论视角和全面质量观在结构障碍与体系障碍对变革的重要影响方面的基本共识。

从生态视角来看,一群相似的组织中发生的变革常常产生于低效组织退出相应业务领域并被新的组织所取代的过程,而不是产生于由低效转变为高效的过程。很显然,两个过程都会发生。许多无法提供顾客所需的质量水平的组织已经不再和我们在一起了,而其他的(施乐公司就是一个很好的例子)则成功转变并生存下来。毋庸置疑,在全世界的许多公司中,转变与灭绝之间的战役每天都会打响。

许多来源于组织理论相关文献的变革管理原则都直接适用于全面质量变革。其中一些原则如下所述。

(1)在人们能够被改变之前,必须"解冻"人们的心态和行为。[52] 这一原则是组织理论对变革的理解的主要内容,与全面质量直接相关。在组织朝着践行全面质量的方向做出改变之前,人们必须明白为什么现在的方法是不合理的或者不完善的,这会造成竞争力和顾客满意度方面的哪些问题。全面质量中的文化变革通常是解冻人们的行为的工具。

（2）必须有高效的领导，变革才会成功。这一观点的早期支持者是托马斯·贝内特（Thomas Bennett）。[53] 贝内特认识到领导需要应对下属在面临变革时情感方面存在的问题、对清晰明确的目标的需求，以及合乎逻辑的问题解决过程的重要性。组织理论学家识别出的这些以及其他方面的领导角色很明显与全面质量相关。

（3）变革推动者必须管理好相互影响。组织很少有事物（例如，工作或技术）可以在不影响其他事物（结构或过程）的情况下得到改变。许多组织理论学家认识到了这一事实，以对组织现象中的相互影响进行识别和管理的需求为基础建立了他们的理论。[54] 这直接适用于过程再造，与戴明强调的组织系统性是一致的。

（4）高效的变革必须涉及所有被改变了工作的人员。这一点在科克和弗兰奇的研究中被提到过。尽管人们已经提出了各种各样的关于参与的重要性的基本原理，但它在减轻阻力方面的重要性才是组织变革理论学家最为坚信的事实。[55] 这可能是组织理论和全面质量之间最重大的重叠区域。大约50年前由组织理论学家所倡导的"参与"和"投入"的概念，现在在产业中已经被广泛地接受，它们已经演化成为今天的"授权"和"自我管理"的概念。

（5）要使所取得的成就长期保持下来，重新冻结是必需的。组织理论方面的研究已经得出结论，锁定已经做出的改变需要几个步骤。[56] 这一观点并没有被全面质量团体所抛弃，因为与做出改变相比，许多组织开始逐步关注维持改变。组织理论相关文献中的许多建议，尤其是对于持续监控和修正变革努力的需求这一方面，与全面质量关系密切。

或许引用亚里士多德的这句话来结束本章和本书是最合适的：

"卓越是通过训练和习惯而得到的一种艺术。我们不是因为拥有美德或者卓越才正确地行动，而是因为我们正确地行动所以才拥有那些东西。我们不断重复做的事造就了我们。然后，卓越不是一种行动，而是一种习惯。"[57]

我们希望质量与卓越绩效能够成为你的生活和职业生涯中的一个习惯。

内容回顾与问题讨论

1. 描述你在经历本章提到的学习的四个阶段时的切身体会。

2. 简要描述全面质量活动中实施的三种组织变革。

3. 你可能已经在社会新闻中不幸听到过"不健全家庭"这个词。那么，"不健全的公司文化"可能代表着什么？

4. 描述你工作中的或者熟悉的一个组织的文化。这种文化重视什么方面？你认为这种文化是否为全面质量提供了肥沃的土壤？为什么？

5. 一个组织的文化是在各处都一样还是在不同部门之间存在差异？为什么？

6. 专栏"伊士曼方法"中讲述的价值观是如何培养卓越绩效文化的？

7. 寻找并且检查五家大公司的网站。这些网站在公司文化方面告诉了你哪些内容？

8. 围绕鲍德里奇准则中的每一个核心价值观，描述你心目中高绩效组织在践行这些价值观时的具体做法。

9. 在 http://www.nist.gov.baldrige/（NIST官方网站）下载最新版本的鲍德里奇准则，讨论鲍德里奇奖的基础核心价值观和概念是如何在该准则的每个章节中得以体现的。

10. 管理者可以对人们在工作时做什么事和说什么话进行规范。但是他们可以规定一种文化吗？如果可以，他们应该怎么做？如果不可以，这意味着管理者的能力在保证质量方面存在什么限制？

11. 在美国实施全面质量的一个重要障碍是工会和管理层之间的传统对立关系。工会和管理层在构建全面质量文化的过程中应当扮演什么样的角色？

12. 将质量生命周期与图11-1中的鲍德里奇模型进行对比。它们有哪些相似之处？它们又有哪些不同之处？

13. "学习型组织"的概念对于一个学院或者大学意味着什么？

14. 如何将内部对标应用到你的学院中？哪些类型的活动会比较合适？

案例

通向质量的黄砖路[58]

在电影《绿野仙踪》中，多萝西学到了很多东西。令人惊讶的是，管理者也可以在《绿野仙踪》中学到很多。针对下列每一个电影场景的总结，讨论一下组织在追求变革和卓越绩效文化时可以学习的内容。

A. 多萝西对她了解的世界不满意。一场龙卷风袭来，她被带到了奥兹国。龙卷风将多萝西的房子丢在了东方邪恶女巫的头顶，杀死了那个女巫。"叮咚，女巫死了！"响彻整个梦幻仙境，但是多萝西激怒了死去的女巫的妹妹。多萝西只是暂时失去了身处堪萨斯州的家人的帮助。但在奥兹国，并非一切都好。多萝西的难题是如何找到回家的路。她的行动号召受到了一场危机的影响——那场将她带到异国他乡的龙卷风。

B. 经历了堪萨斯龙卷风之后，多萝西被带到了一个陌生的国度。很快，她意识到她所处的世界是不同的，她遇到的过程和人员是不同的，但是与她在堪萨斯州的生活存在一些相似之处。她变得失落、困惑，不知道下一步该怎么走。她意识到她是处在一个发生了变化的地方——奥兹国，她必须想出一个计划回到家里。

C. 多萝西是杀死东方邪恶女巫的英雄。善良女巫格林达送她去见奥兹国的巫师，他可以帮助她回到堪萨斯州。西方邪恶女巫想尽办法想要得到多萝西刚拿到的红宝石鞋，但是没有成效。多萝西和托托取道黄砖路前往奥兹国。在这一路上，他们与稻草人、铁皮人和狮子相遇并聚集在一起。通过他们的团队合作，他们相互帮助走完了这段痛苦的旅程。他们在通向奥兹国的路上克服了许多危险和障碍，包括一大片让他们沉睡的罂粟花、飞猴和闹鬼的森林。

D. 多萝西和她的随从最终到达了奥兹国，见到了巫师。巫师并没有立刻满足他们的愿望，而是交给他们一项任务——拿到邪恶女巫的扫帚。他们出发前往西方。

E. 被授予拿到扫帚的任务之后，多萝西和她的伙伴们经历了几乎毁灭性的灾难，包括多萝西被囚禁在女巫的城堡里，一个沙漏在为她的死亡倒计时。在努力扑灭稻草人身上的火的时候（邪恶女巫点起的火），多萝西将一桶水泼洒出去，一些水溅到了女巫并将其融化。多萝西得到了扫帚，回到了奥兹国。

F. 返回奥兹国后，这个团队告诉巫师，希望他能帮助多萝西回到堪萨斯州。但是在了解巫师的情况之后，他们发现他不知道该怎么做。巫师尝试使用一个热气球返回，但在起飞之前意外地把多萝西和托托留了下来。格林达赶过来，帮助多萝西认识到她可以借助红宝石鞋自己返回堪萨斯。

G. 多萝西从梦中醒来，对她在堪萨斯的家庭有了新的认识和欣赏。"噢，婶婶，没有一个地方像家里一样好。"

绿草坪的寓言[59]

一个新的住宅区有大量的土地和杂草，但是没有草坪。两个邻居打赌谁会首先拥有茂盛的草坪。快先生明白，如果没有草种，草坪是不可能长起来的。所以他立刻买了他能找到的最贵的草种，因为每个人都知道一分价钱一分货。此外，他可以通过他的赌注来弥补成本。然后，他站在齐膝深的种子里，将种子撒向他的院子。他很自信他比他的邻居领先一步，于是开始了下一项工作，而他的邻居还没做多少可以看得见的工作。

慢女士是在乡村里长大的，她一步一步地清理土堆、疏松土壤，甚至对倾斜的地势进行了调整以形成良好的水道。她检查了土壤的酸碱度，施用除草剂和化肥，然后用播种机均匀地播种。她使用了覆膜，并且合理地浇水。她比邻居晚了几天结束这些工作，邻居快先生问她是否要承认失败。毕竟，他已经有一些绿苗生长出来了。

快先生被少量发芽的草丛鼓舞起来。尽管这些小绿岛比慢女士光秃秃的草坪的长势要好一些，但它们周围都是裸露的地面和种子。如果他能保持住这些据点，他推断这些据点就会很快蔓延到院子的其他地方。他注意到邻居的草坪更加规整，并且已经开始生长了。他将这一现象归因于慢女士的孩子，他们每个晚上都为草坪浇水。快先生不想看起来好像他在模仿邻居，所以他要求他的孩子在中午为草坪浇水。

在中午浇水被证明是有害的，所以他决定为草坪剩余的地方施肥。因为他想弥补中午浇水带来的损失，所以他施肥的量是建议使用量的两倍。但是，大多数逃脱了被化肥烧死的命运的草坪，最终被疯长的杂草扼杀了。

在赢了与快先生的赌局以后，慢女士在露天平台里躺着，享用她的烧烤，这是用赌局赢得的钱买来的。她的草坪仅需要少量的维护工作，所以她可以积极投入到院子美化工作中。草坪与园艺相融合，使得居民委员会认为她的院子是一处美景，并为她颁发了奖项。

快先生依旧在为他的草坪工作着。他抱怨他的孩子不能合理地为草坪浇水，抱怨不合格的种子、不充足的阳光和贫瘠的土壤。他声称邻居有不公平的优势，而她的成功是基于她那块独一无二的地皮。他认为失败是非常不合理的，毕竟，他比慢女士在草坪上花费了更多的时间和金钱。

他继续抱怨种子是那么贵，抱怨他围着仅有的仍在生长的草丛移动洒水车花费了多么长的时间。但是快先生认为明年情况会好起来，因为他计划安装一个自动洒水系统，并且和慢女士进行一场赌注加倍的赌局。

讨论题

1. 以持续努力构建"世界级"草坪和"世界级"业务为背景，对比分析落实全面质量理念时的一些事件。

2. 特别地，将这里描述的问题翻译成商业语言。全面质量的实施障碍是什么？

有竞争力的建筑公司[60]

中西部的两家建筑公司在争夺市场份额主导地位。公司A信奉全面质量理念，而公司B则不是。在由一系列变革举措引发动荡的早期过渡阶段中，公司A因为一些质量举措而失去了一些员工。在该阶段之后，随即而来的是一段时期的均衡与成长。公司进行了顾客调查，并对员工进行了培训，团队开始致力于顾客价值和满意度改进。最初，公司B不是太关注公司A。公司B雇用了公司A的前员工，观察公司A的员工如何与顾客进行交流并在淡季进行员工培训，组建问题和项目团队。但是，情况发生了变化。公司B的好主顾开始投入他们的竞争对手的怀抱，取而代之的是一些认为他们信誉堪忧、对他们有着种种不满的顾客。另外，公司B的一些最出色的员工加入了公司A，尽管公司B承诺更高的薪水和未来的奖金。公司B决定效仿公司A的质量项目，聘用外部咨询顾问。之后公司B花费了一些时间来宣传招聘和筛选一名合适的顾问。这名顾问被授权在公司所有者和总裁的祝福和支持下领导一个项目。咨询顾问会见了管理团队成员，并随后会见了员工，为这一新的质量项目设定了他的愿景。这包括向所有员工培训全面质量的概念和原理。培训课程结束之后，团队很快就需要面对一些特定的问题。同时，宝贵的淡季时间消耗殆尽，建筑的旺季马上就要到来。这一新的时期意味着员工工作任务加重，进而需要更多的工作时间。

利润机会很快取代了质量会议，情绪爆发了，替罪羊也出现了，员工变得愤怒和困惑。最初的美好愿望是更多地参与工作活动，与顾客进行更好的沟通，增进交流。这些美好愿望被沮丧和愤怒代替了。还没有做多少工作，新的施工旺季已经全面展开。

之后，随着公司 B 的施工旺季步入尾声，这名咨询顾问很难再发动质量团队自觉开展工作。人员被召集起来，团队重新恢复各自的工作。团队会议被个人攻击、相互指责、普遍的冷漠和矛盾所困扰着。在整个质量项目被束之高阁前，员工受到了威胁，有时还被解雇。

请思考：是哪里出了问题？为什么公司 B 不能效仿公司 A 在质量方面的成功？如果是你，你的做法会有怎样的不同？

圣卢克医院[61]

圣卢克医院在 1998 年前后开始了它的质量之旅。关键的组织里程碑概括如下。

1988～1991 年：
- 从关注范围有限的患者护理委员会向一种更广泛的质量概念转变；
- 从层级制的护理管理转变为共同管理模式；
- 减少对"烂苹果"的关注，转变为对过程改进活动的关注；
- 从各专业委员会转变为跨职能的多学科团队。

1992～1993 年：
- 推行全组织范围内的顾客满意度调查项目；
- 从个人护理计划转变为规范化的临床护理方法体系；
- 落实向组织授权的文化；
- 董事会、医务人员和管理人员转向全面质量管理。

1994 年：
- 建立关于统计过程控制工具的组织学习机制；
- 发起以患者为中心的业务再造行动；
- 采用了鲍德里奇框架；
- 加入密苏里州质量奖（Missouri Quality Award, MQA）的医疗评价标准设计团队。

1995～1996 年：
- 推崇与外部绩效考核有关的组织文化；
- 获得密苏里州质量奖；
- 开始向社区主动报告成果信息；
- 在密苏里州分享最佳实践；
- 使用密苏里州质量奖的反馈内容来改进绩效。

1997～1999 年：
- 落实"卓越承诺"举措（一个基于鲍德里奇奖的内部评估活动）；
- 第二次获得密苏里州质量奖；
- 在副总裁级别，质量已经成为正式的"焦点"；
- 重新构建指标结构体系，推行平衡计分卡。

2000～2001 年：
- 使用 1999 年鲍德里奇奖和密苏里州质量奖的反馈内容来改进组织过程并分享最佳实践；
- 准备内部鲍德里奇评价，并从外部对其进行打分；
- 关注以行动为导向的多样化过程团队；
- 医疗人员和高层领导者参与到通过绩效改进指导委员会（Performance Improvement Steering Committee, PISC）来驱动组织绩效的过程中。

2002 年：
- 第三次获得密苏里州质量奖；
- 接受鲍德里奇国家质量奖的实地考察；
- 对平衡计分卡进行第三次优化调整；
- 落实 90 天行动计划过程（90-Day Action Planning Process）。

2003 年：
- 开始为获得"有吸引力的护理"荣誉称号做准备；
- 设立首席学习官（Chief Learning Officer）这一角色；
- 在关键领域开发和部署过程水平计分卡；
- 被选为鲍德里奇奖获得者。

请从质量生命周期和图 11-1 的角度分析这些信息。判断圣卢克医院在哪些时候完成了从一个阶段到下一阶段的转变。

注释

1. 2007 Malcolm Baldrige National Quality Award Profile, U.S. Department of Commerce.
2. Quoted in E. F. Cudworth, "3M's Commitment to Quality as a Way of Life," *Industrial Engineering*, July 1985.
3. Based on *Everyone Knows His First Name* by Levi Strauss & Company.
4. Matthew W. Ford and James R. Evans, "Baldrige Assessment and Organizational Learning: The Need for Change Management," *Quality Management Journal*, Vol. 8, No. 3, 2001, pp. 9–25.
5. Adapted from Weston F. Milliken, "The Eastman Way," *Quality Progress*, Vol. 29, No. 10, October 1996, pp. 57–62.
6. Source: "To Be the Best," Eastman Chemical Company publication ECC-67, January 1994. © 1996 American Society for Quality. Reprinted with permission of Eastman Chemical Company.
7. See, for example, B. Schneider, *Organizational Climate and Culture*, Jossey-Bass, 1990; and B. Schneider, S. K. Gunnarson, and K. Niles-Jolly, "Creating the Climate and Culture of Success," *Organizational Dynamics*, Vol. 23, Summer 1994.
8. "Developing a Performance-Based Culture" by Julia Graham, *Journal for Quality and Participation*, March 2004, pp. 5–8. Reprinted with permission from Quality Progress © 2010 American Society for Quality. No further distribution allowed without permission.
9. For a more detailed look at leadership's role in performance excellence, see Chapter 9.
10. Interview with Richard Garula.
11. "3.4 Per Million: Forget Silver Bullets and Instant Pudding" by Mike Carnell, Quality Progress, Jan. 2008, pp. 72–73. Reprinted with permission from Quality Progress © 2010 American Society for Quality. No further distribution allowed without permission.
12. Gregory P. Smith, "A Change in Culture Brings Dramatic Quality Improvements," *The Quality Observer*, January 1997, pp. 14–15, 37. Reprinted with permission.
13. J. M. Delsanter, "On the Right Track," *TQM Magazine*, March/April 1992, pp. 17–20.
14. Kiron Kasbekar and Namita Devidayal, "Improvement Is Not All Smooth Sailing," *The Times of India*, January 8, 1993.
15. Dan Ciampa, *Total Quality: A User's Guide to Implementation* (Reading, MA: Addison-Wesley, 1992); Ciampa cautions about trying to change culture.
16. Several reasons for managerial resistance to change are outlined by J. M. Juran in *Juran on Leadership for Quality*, New York: Free Press, 1989.
17. Michael Beer and Nitin Nohria, "Cracking the Code of Change," *Harvard Business Review*, May–June 2000.
18. Janet Young, "Driving Performance Results at American Express," *Six Sigma Forum Magazine*, Vol. 1, No. 1, November 2001, pp. 19–27.
19. Arthur R. Tenner and Irving J. DeToro, *Total Quality Management: Three Steps to Continuous Improvement*, Reading, MA: Addison Wesley, 1992.
20. Mark Samuel, "Catalysts for Change," *TQM Magazine*, 1992.
21. Samuel, "Catalysts for Change."
22. James H. Davis, "Who Owns Your Quality Program? Lessons from the Baldrige Award Winners," College of Business Administration, University of Notre Dame (n.d.).
23. Leadership Steering Committee, *A Report of the Total Quality Leadership Steering Committee and Working Councils*, Procter & Gamble Total Quality Forum, November 1992.
24. Thomas H. Patten, Jr., "Beyond Systems—The Politics of Managing in a TQM Environment," *National Productivity Review*, 1991/1992.
25. This discussion and examples are adapted from Denis Leonard and Rodney McAdam, "Quality's Six Life Cycle Stages," *Quality Progress*, August 2003, 50–55.
26. Kathleen J. Goonan, Joseph Muzikowski, and Patricia K. Stoltz, "Journey to Excellence: Healthcare Baldrige Leaders Speak Out," *Quality in Healthcare*, American Society for Quality publication, January 2009, p. 11–15, www.asq.org/qhc.
27. See, for example, Mark Graham Brown, "Measuring Up Against the 1997 Baldrige Criteria," *Journal for Quality and Participation*, Vol. 20, No. 4, September 1997, pp. 22–28.
28. Mark S. Leggitt and Rhonda Anderson, "Linking Strategic and Quality Plans," *Quality Progress*, October 2001, pp. 61–63.
29. Matthew W. Ford and James R. Evans, "The Role of Follow-Up in Achieving Results from Self-Assessment Processes, (with M. W. Ford), *International Journal of Quality and Reliability Management*, Vol. 23, Issue 6, 2006. See also Matthew W. Ford, "A Model of Change Process and Its Use in Self Assessment," Doctoral Dissertation, University of Cincinnati, 2000.
30. H. James Harrington, "Creating Organizational Excellence—Part Four," *Quality Digest*, April 2003, p. 14.
31. Ford and Evans, op. cit.
32. Chuck Cobb, "Knowledge Management and Quality Systems," *The 54th Annual Quality Congress Proceedings*, 2000, American Society for Quality, pp. 276–287.
33. Anne Fisher, "Retain Your Brains," *Fortune*, July 24, 2006, pp. 49–50.

34. Peter M. Senge, *The Fifth Discipline: The Art and Practice of the Learning Organization,* New York: Doubleday Currency, 1990, p. 14.
35. Arthur M. Schneiderman, "Measuring Organizational Learning," Unpublished note; http://www.schneiderman.com/.
36. Thomas H. Lee, "Learning, What Does It Really Mean?" *Center for Quality of Management Journal,* Vol. 4, No. 4, Winter 1995, pp. 4–14.
37. Letter to Stakeholders, p. 4, http://www.ge.com/ar2004/letter3.jsp, accessed 3/03/06.
38. See Matthew W. Ford and James R. Evans, "Baldrige Assessment and Organizational Learning: The Need for Change Management," *Quality Management Journal* 8, No. 3, 2001, pp. 9–25.
39. Larry Hambly, "Sun Microsystems Embeds Quality into Its DNA," *The Quality Observer,* July 1997, pp. 16–20, 45.
40. Carla O'Dell and C. Jackson Grayson, "Identifying and Transferring Internal Best Practices," APQC White Paper, 2000 (www.apqc.org/free/whitepapers/cmifwp/index.htm).
41. Ann B. Rich, "Continuous Improvement: The Key to Success," *Quality Progress,* Vol. 30, No. 6, June 1997.
42. Brad Stratton, "TI Has Eye on Alignment," *Quality Progress,* Vol. 30, No. 10, October 1997, pp. 28–34.
43. Diane Brady, "Will Jeff Immelt's New Push Pay Off for GE?" *BusinessWeek,* October 13, 2003, pp. 94–98.
44. Based on John R. Black, "Boeing's Quality Strategy: A Continuing Evolution," *The Quest for Competitiveness: Lessons from America's Productivity and Quality Leaders,* Y. Krishna Shetty and Vernon M. Buehler (eds.), New York: Quorum Books, 1991.
45. Matt Barney, "Motorola's Second Generation," *Six Sigma Forum Magazine* 1, No. 3, May 2002, pp. 13–22.
46. A. H. Van de Ven and M. S. Poole, "Explaining Development and Change in Organizations," *Academy of Management Review,* Vol. 20, No. 3, pp. 510–540.
47. C. Argyris, "Strategy Implementation: An Experience in Learning," *Organizational Dynamics,* Vol. 18, No. 2, pp. 5–15.
48. Dusya Vera and Mary Crossan, "Strategic Leadership and Organizational Learning," *Academy of Management Review,* 2004, pp. 29, 2, 222–240.
49. L. Coch and J. P. French, "Overcoming Resistance to Change," *Human Relations,* Vol. 1, 1948, pp. 512–532.
50. For a summary of this material, see J. P. Kotter and L. A. Schlesinger, "Choosing Strategies for Change," in J. J. Gabarro (ed.), *Managing People and Organizations,* Boston: Harvard Business School Publications, 1992, pp. 395–409.
51. See, for example, H. A. Aldrich, *Organizations and Environments,* Englewood Cliffs, NJ: Prentice Hall, 1979.
52. K. Lewin, "Forces Behind Food Habits and Methods of Change," *Bulletin of the National Research Council* 108, 1947, pp. 35–65. See also E. Schein, "Organizational Socialization and the Profession of Management," *Industrial Management Review,* 1968, pp. 1–16.
53. See Thomas R. Bennett III, *Planning for Change,* Washington, D.C.: Leadership Resources, 1961.
54. See, for example, Harold J. Leavitt, "Applied Organization Change in Industry: Structural, Technical, and Human Approaches," in W. W. Cooper, H. J. Leavitt, and M. W. Shelly (eds.), *New Perspectives in Organizational Research,* New York: Wiley, 1964.
55. For an interesting (and now classic) discussion of this issue, see P. R. Lawrence, "How to Deal with Resistance to Change," *Harvard Business Review,* May/June 1954.
56. See Schein, "Organizational Socialization," *Industrial Management Review.* See also, P. S. Goodman and J. W. Dean, Jr., "Creating Long-Term Change," in P. S. Goodman (ed.), *Change in Organizations,* San Francisco: Jossey-Bass, 1983.
57. QuotationsBook, http://quotationsbook.com/quote/12996.
58. "We're Not in Kansas Anymore, Toto: or Quality Lessons from the Land of Oz" by David M. Lyth and Larry A. Mallak, *Quality Engineering,* March 1998, pp. 579–588. Reprinted with permission from Quality Progress © 2010 American Society for Quality. No further distribution allowed without permission.
59. "Laying the Groundwork for Total Quality" by James A. Alloway, Jr., *Quality Progress,* Jan. 1994, pp. 65–67. Reprinted with permission from Quality Progress © 2010 American Society for Quality. No further distribution allowed without permission.
60. This example was described in "15 Waste Scenarios" by Gregory S. Shinn, *Quality Progress,* Dec. 2002, pp. 67–73. Reprinted with permission from Quality Progress © 2010 American Society for Quality. No further distribution allowed without permission.
61. Adapted from presentation notes at the 2004 Baldrige National Quality Program Quest for Excellence XVI conference, Washington D.C.